# 湖州交通志

（1991—2010）

谭建丞题

时年九十五

湖州市交通运输局 编

沈莉莉 主编

方志出版社

**图书在版编目（CIP）数据**

湖州交通志：1991～2010 / 沈莉莉主编；湖州市交通运输局编. -- 北京：方志出版社，2016.2
ISBN 978-7-5144-1944-3

Ⅰ.①湖… Ⅱ.①沈… ②湖… Ⅲ.①交通运输业—概况-湖州市－1991～2010 Ⅳ.①F512.755.3

中国版本图书馆CIP数据核字（2016）第042726号

湖州交通志（1991—2010）

编　　者：湖州市交通运输局
主　　编：沈莉莉
责任编辑：刘方圆
出 版 人：冀祥德
出 版 者：方志出版社
地址　北京市朝阳区潘家园东里9号（国家方志馆4层）
邮编　100021
网址　http://www.fzph.org
发　　行：方志出版社发行中心
电话（010）67110500
经　　销：各地新华书店
印　　刷：浙江德清县新市彩虹印刷有限公司
开　　本：787×1092　1/16
印　　张：45.625
字　　数：758千字
版　　次：2016年2月第1版　2016年2月第1次印刷
印　　数：0001～1000册

ISBN 978-7-5144-1944-3　定价：380.00元

架桥

筑路

申苏浙皖高速与杭宁高速湖州互通枢纽

被誉为“中国小莱茵河”的长湖申线

品质致胜

杭宁高速与104国道并驾齐驱

长牛线与长和线互通立交夜景

201省道安吉幽岭段

百里香樟大道（104国道湖州段）

杭宁高速公路德清秋山互通

中嘉湖高速公路

浙江省首条千吨级内河航道湖嘉申线湖州段

新颖别致的湖州新船闸

205省道青临线安吉段

杭长高速公路安吉

湖州市海拔最高的农村公路——安吉县水淋坑九亩村公路

位于环太湖公路长兴段的百叶龙桥

## 百姓出行沧海桑田

城乡公交开通前，村民经常搭乘的“三卡”

第一条乡村公交线2005年7月31日开通

1978年湖州黄沙路（现红旗路）市民乘坐公交车情景

2011年湖州城市公交车

德清美式校车

## 道班房新旧对比

老秋山道班房

20世纪50年代318国道东迁道班房

20世纪80年代公路道班房旧容

新秋山道班房（养护站）

1994年新建的湖盐公路双林养护站

# 港口码头变化

20世纪90年代作业设施简陋的小散乱码头

安吉川达物流码头
（2010年11月投入试运行）

德清升大物流码头
（2010年3月完成一期工程

## 新老火车站

老火车站

湖州高铁站（湖州综合交通枢纽）

## 公路旧貌换新颜

1990年时318国道湖州段

1990年时104国道市境

104国道湖州段现状

318国道湖浔段现状

按一级公路标准设计建设的县道湖织线

德清水乡公路新

安吉县山区公路旧貌

德清县乡道旧貌

德清县新山区公路

湖州至梅峰乡村公路新貌

康庄路通到安吉章村镇高山村

## 航道面貌今非昔比

1990年代的长湖申线浙江段航道

长湖申线湖州老船闸

改造后的长湖申线航道

长湖申线湖州段水上服务区

京杭运河湖州段航道旧容

湖嘉申线湖州段航道旧貌

改造后的京杭运河湖州段航道

改造后的湖嘉申线湖州段生态航道

## 公路建设养护的昨天与今天

20世纪90年代的沥青拌和现场

20世纪90年代的沥青铺浇现场

现代化沥青拌和楼

人工养护作业现场

现代化沥青摊铺机

现代化压路机

## 工程质量监测实现现代化

2006年前弯沉检测方法

2006年前路面测厚方法为钻芯取样

现代化激光自动弯沉车检测

“弯沉值”是反应沥青路面施工质量的重要指标，是沥青路面质量检测必测项目。采取人工检测体力消耗大、工作效率低、安全隐患大，数据准确性低。市交通工程质监站试验检测中心于2006年筹资150余万元从交通部公路科研院引进激光自动弯沉车，极大提高弯沉值检测科学性、准确性和工作效率。

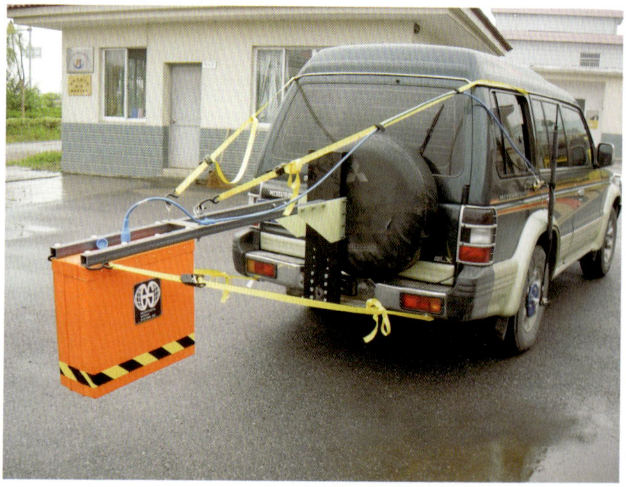

雷达测厚系统

路面厚度是路（桥）面施工质量的关键指标。过去采用的检测手段主要是钻芯法，因对路面损害大，不可能高频率地抽检。因此，减小路面厚度成为不法施工单位最贯用偷工减料手段。市交通工程质量监督站试验检测中心多方筹措10余万美元从美国GSSI公司进口一套雷达测试系统用于路面厚度检测，这是无损检测，可连续对路面扫描，任何路面厚度不足均能在图像中清晰反映。

# 序　言

湖州，太湖之州，1991 年以来，她带着历史的印迹，带着文明的传承，以昂扬的姿态、开放的胸怀，抢抓发展机遇，创新发展举措，创优发展环境，从“苕溪时代”走向“太湖时代”，朝着现代化生态型滨湖大城市目标迈进。作为经济社会发展先行的公路水路交通事业更是实现了历史性的跨越式大发展，交通基础设施面貌发生了深刻变化，运输服务水平显著提高，安全保障能力不断增强，基本建成安全、通畅、便捷、经济、和谐的公路水路交通运输服务体系。

1991 年以来的二十多年，是迄今湖州交通发展史上投资规模最大、建设任务最重、推进速度最快、改革力度最强、惠民措施最多、综合效果最好的时期。期间经历了突破发展(1991—1995 年)、加速发展(1996—2002 年)、跨越发展（2003—2007 年）及和谐发展（2008 年至今）四个阶段。湖州交通人站在全面贯彻落实科学发展观的高度，抓住机遇、艰苦奋斗、开拓创新、与时俱进，努力谱写湖州交通发展新篇章。

二十多年间，湖州交通实现七大突破：一是实现高速公路零的突破，境内三县二区陆续通达高速公路；二是全市等级公路大幅增长，湖州中心城市到各县区首位镇实现一小时公路交通圈；三是实现三级内河航道零的突破，沟通上海国际航运中心的湖嘉申线成为全省最高等级内河航道；四是整合港口资源，湖州港吞吐量突破亿吨成为国内首个沿河亿吨大港；五是突破城乡交通二元化模式，实现城乡公交一体化和城乡物流配送网络化；六是交通科技水平突破性提高，境内特大桥梁、立交桥梁横空出世，桥梁顶升技术全国领先，“数字化”交通建设初具规模；七是加快铁路建设，实现了湖州高铁零的突破。

交通基础设施建设突飞猛进，交通运输业蓬勃发展进而步入转型升级新阶段。湖州以科学的生态理念和技术，构建综合交通体系，发展现代物流，提高交通资源整体利用效率。运输方式向高速运输、集装箱运输和特种运输转变，车辆船舶结构向大型化、专业化、环保化发展，基本适应了湖州市经济社会发展和人民生活水平提高的需要。

湖州交通面貌的极大改善，促进了区域经济联动发展，促进区域产业结构和空间布局的优化，产生了巨大的经济社会效益。织里童装市场、南浔建材市场依托横贯湖州东西的318国道、申苏浙皖高速公路和长湖申航道三条大动脉而享誉全国；纵跨湖州南北的104国道、杭宁高速公路、宁杭高铁、杭湖锡航线及环太湖大道催生了生态农业产业带和观光旅游产业带；建设“大物流”战略优化了资源配置，促进了产业升级、产业结构调整和生态环境保护，适应了区域外向型经济发展需要，强化了湖州区位优势。

放眼湖州大地，一条条高速公路、高等级航道，一座座现代化桥梁和站场、码头，一辆辆穿梭于乡间的农村客运班车，以及承载湖州人民进入高铁时代的宁杭客运专线，处处显示湖州交通又好又快发展足迹，处处凝聚“惠民、奉献、服务、和谐”为核心的交通精神。进入“十二五”期后，湖州五大交通（网络交通、秩序交通、民生交通、智慧交通、阳光交通）建设如火如荼。未来的湖州交通，布局将更完善、能力更充足、衔接更顺畅，将真正实现旅客“零距离换乘”、货物“无缝隙衔接”，“出行无忧”、“运输无阻”的目标，从而全面适应湖州经济社会现代化发展需要。

《湖州交通志（1991—2010）》是湖州市交通运输局主持编纂的第二部市级交通志，囊括1991—2010年期间（个别延伸至2013年）湖州市交通运输行业全部史料，是一项艰巨而庞大的交通文化工程，为交通系统干部职工和社会各界关心、研究湖州交通人士提供系统详尽基础资料，具有重要的“资政”“存史”作用。值此志书出版之际，谨向为编修本志辛勤笔耕、做出贡献的所有单位和个人，致以诚挚的谢意！

**湖州市交通运输局局长　房石磊**

**二〇一五年五月**

# 凡　例

一、本志以辩证唯物主义为准则，以国家交通法律、法规和现行政策为基本，以市委、市政府、省交通运输厅、市交通运输局各时期重要决策为引领，实事求是，客观准确，全面记述市境交通运输历史与现状。

二、本志续 1994 年出版《湖州交通志》（简称前志），续前志有，补前志缺。上限 1991 年，下限 2010 年。为顾及单个事物发展完整性，有关内容记述适当简要上溯、下延。机构沿革及领导任期延至 2012 年，大事记延至 2013 年。

三、志书结构按交通行业门类横向编排分篇、章、节、目，纵述史实，并辅以条目形式详记重点内容。全志分《陆路》《水路》《管理》《科教》《丛录》五大编及《概述》《大事记》《编后记》。《概述》《大事记》置编前，《编后记》殿后。

四、按 2010 年底行政区划，“湖州市”辖吴兴区、南浔区、德清县、长兴县、安吉县。缘于 2003 年 3 月成立吴兴、南浔两个行政区前实行市直管乡镇体制，其区域代称“湖州市直辖区”，指今吴兴区、南浔区范围；“湖州市区”指城市建成区，即湖州老城区、湖州经济开发区、太湖旅游度假区、仁皇山新区。

五、按国家有关规定，使用语文体、规范简化字编写，外文字母一律按印刷体书写，标准使用数字、标点符号。计量按国家法定计量单位，占地用“公顷”，重量用“吨”“公斤”，长、高度用“公里”“米”。

六、清以前用历史纪年，括注公元年份；民国时期用民国纪年，括注公元；1949 年 4 月 27 日湖州解放后（简称“解放后”）用公元纪年。

七、1966 年至 1976 年无产阶级文化大革命简称“文化大革命”。“改革开放后”指 1978 年 12 月中国共产党第十一届三中全会后。“八五”指第八个五年计划（1991—1995），“九五”指第九个五年计划（1996—2000），“十五”指第十个五年计划（2001—2005），“十一五”指第十一个五年计划（2006—2010）。其他名称首次出现用全称，括注简称，以后用简称。凡“市”“省”称谓，均指“湖州市”“浙江省”，其他省、市明确指称。

八、资料源自档案、报刊、志书及文献，表格及其他数据主要源自《湖州市交通统计年鉴》，或由公路、港航、运管等行业管理部门和县、区交通局提供并经审核。

# 目 录



## 第一编 陆 路

# 第二编　水　路

## 第三编 管 理

## 第四编　科　教

## 第五编　从　录

# 概 述

## （一）

湖州市位于浙江省北部，地处长江三角洲中心，东接嘉兴（桐乡）市及江苏省吴江市，南连杭州（余杭）市，西依天目山脉与安徽省广德、宁国两县毗邻，北濒太湖，与苏州市、无锡市隔湖相望，下辖德清、长兴、安吉三县和吴兴、南浔两区。地理位置介于北纬 30° 22′—31° 11′ 、东经 119° 14′—120° 29′ 。全市地域东西长度 126 公里，南北宽度 90 公里，中心城市建成区面积 71.2 平方公里，土地总面积 5818 平方公里，占全省土地面积的 5.72%。

境内地势自西南向东北倾斜，西南部为山地丘陵，属天目山余脉，山岭起伏，最高峰为安吉县境龙王山，海拔 1587.4 米。西部垄岗蜿蜒，构成大小不等河谷平原。东北部平原属长江三角洲冲积平原，土壤肥沃，河港密布，平均海拔 2.5 米左右。全市山地丘陵占土地总面积的 49.3%，水面占 9.2%，概称“五山一水四分田”。

湖州属亚热带季风气候区，四季分明，雨热同季，降水丰沛，光温同步，日照较多。多年平均气温 15.2℃—17.4℃、降水 938.6—1936.1 毫米、无霜期 232—250 天，日照时数 1666—1766.3 小时，属全省日照较多地区之一。因地势起伏高差大，垂直气候明显，形成诸多小气候，适于多种农作物生长。

湖州历史悠久，远在旧石器时代就有人类繁衍生息。周武王十一年（前 1066），地属吴国；周元王三年（前 473）越灭吴，属越国。周显王三十五年（前 334）楚灭越，属楚国，楚考烈王十五年（前 248）春申君黄歇封于吴，置菰城县，为湖州建置之始。秦始皇二十五年（前 222）菰城县改称乌程县，属会稽郡。三国 · 吴宝鼎元年（266）置吴兴郡，是湖州郡州级建制之始，“吴兴”之称始于此。至隋仁寿二年（602），以因滨太湖为名置湖州，“湖州”称谓始此。元代置湖州路。明洪武二年（1369）设湖州府，清袭之。民国肇始取消府制，合乌程、归安为吴兴县，与湖州市并治，先后隶属浙江省、钱塘道、浙江省第二和第一专员公署。1949 年 4 月 27 日湖州解放。新中国成立后，原吴兴县、湖州市的行政建制变动频繁。1958 年 12 月，嘉兴地区专员公署迁驻湖州。1978 年改名嘉兴地区，仍驻湖州。1981 年 1 月，吴兴区并入湖州市（县级市）。1983 年撤地建市，成立湖州、嘉兴两个省辖市，湖州市辖城区、郊区和长兴、德清、安吉三县。1988 年 11 月撤销城区、郊区建制，市直管乡镇，其辖区统称市区。2003 年 3 月，正式成立吴兴、南浔两个行政区，湖州市辖两区三县。2010 年末，全市总人口 2599778 人，其中农业人口 1770777 人、非农业人口 829001 人；按行政区域分，吴兴区 598488 人（农业人口 277140 人）、南浔区 490552 人（农业人口 368798 人）、德清县 429964 人（农业人口 303558 人）、长兴县 623057 人（农业人口 460903 人）、安吉县 457717 人（农业人口 360378 人）。

湖州境内气候温暖湿润，水美地肥，物产丰富，文明深厚。自古就有 “鱼米之乡”“丝绸之府”美誉，亦有“舟车之会”“江南桥乡”美称。

## （二）

古代苕溪流域是人类起源和区域。据考古发现，气候宜人、雨水丰沛的东西苕溪腹地至少 80 万年前就有古人类聚居。发源于天目山麓的东、西苕溪，自西南向东北贯穿全境流注太湖，并与长兴水系在东部平原散作千港万湖，形成河网湖群。丰富的水资源带来了水运的最早开发和利用。湖州城南 7 公里常路乡百廿亩村钱山漾遗址出土的划船木桨证明，距今 4700 年前新石器时代，在苕流两岸繁衍生息的湖州远古先民已能“刳木为舟，剡木为楫”。春秋时代，湖州水行被描述为：“以舟为车，以楫为马，往若飘风，去则难从”。湖州东南部平原地势低洼多水，易患水灾，故兴修水利是历代地方政府最重要的政务之一。三国吴·永安年间（258—263），吴景帝孙休下令，发民 3000 人在乌程城北 3 里筑青塘，自迎禧门外至长城（今雉城镇）长数十里；东晋咸和年间（326—334），杨州都督郗鉴在乌程城内开漕渎（今城西入水至苕梁桥）、官渎，接西苕溪之水通霅水；东晋永和年间（345—356），吴兴太守殷康开荻塘，自城东门外至平望（其时平望属乌程县），长 125 里；东晋太和年间（366—371），吴兴太守谢安开城西官塘，沟通西苕溪和荻塘；南朝齐时太守李安民又开泾（溇港），泄水入太湖。兴修水利保障农业生产，使吴兴郡成为当时国家重要粮仓之一。兴修水利工程又促进水上运输进一步发展。水利工程与天然河流连接形成四通八达的水运网络，航船（载客及寄书带货来往近处城市）遂成古代湖州城乡交通主要工具。明清时湖州航船“东至上海、嘉兴，西至四（泗）安、梅溪，南至杭州，北至苏州，及各县、各村镇皆有之，有日航船和夜航船之分”。清同治十二年（1873），湖州境内出现轮船。清光绪十一年（1885）8月，上海至湖州客运轮船通航。清宣统年间（1909—1911），湖州与苏州、常州、镇江、嘉兴、上海、杭州、芜湖等地都有轮船互通。辛亥革命以后，民族轮船运输业加快发展，民国19年（1930），开设在湖州城内的轮船公司（行）共有32家；1948年有33家，营运轮船38艘，另有航（快）船50余艘。

湖州水运虽历经数千年，但基础设施非常落后。新中国成立初期，湖州客轮集中在馆驿河头利用驳岸停靠。1954年9月，由省航运局投资在新开河建成湖州城区第一座公共客运码头。20世纪50—60年代，陆续在菱湖、南浔镇北和镇南、双林、练市、德清新市和城关、安吉梅溪、长兴雉城等地建起9座公共客运码头。境内河流普遍淤浅，主要航道通航能力仅40—60吨级。“文化大革命”期间，水运建设投入少，设施改善力度小。改革开放后，水运基础设施建设步伐加快，航道等级逐步提升。水路运输经营随着“改革、开放、搞活”方针深入贯彻，从计划经济时期运输专业企业独家经营转变为国营、集体、个体（联）户以及其他经济部门船舶共同参与，货物船运生产进入开拓发展时期。水上货运以其运量大、运价低、运距长优势在湖州综合运输体系中始终独占鳌头。持续兴盛到20世纪80年代中期的普通客船班线运输随着道路建设加快逐渐萎缩，水上景观旅游渐成水上客运主流。

人类生活、生产活动和诸侯列国之间交往、战争形成山林、田间小径和列国间通道，多数沿山傍水利用自然地形践踏而成。战国时期，境内始终处在吴、越、楚三国称霸争斗的夹缝。因战争需要而开拓的“吴越间道”是见于史载最早“跨国”道路，其线路大约南从今德清县入境，北经今吴兴区、长兴县，沿太湖西岸入江苏境。“吴越间道”因其地理位置重要，故为历代重视，得以不断开拓。“吴越间道”大约为今过境104国道的雏形。秦汉时，自会稽郡（治所在今苏州）有郡县道路到达乌程县治（今湖州），由乌程经故鄣（今安吉县及长兴县部分）西通丹阳郡治宛陵（今安徽宣城）。郡县道路随古代邮驿发展而发展，邮驿制度促进境内道路成网。至唐代，驿道遍布州境各县，通途大道30里设一驿，非通途大道设一馆。据明成化《湖州府志》，自府治湖州四出郡县道路有3条，其中东出迎春门，升山、晟舍、骥村、南浔后出境，入江苏震泽、平望达吴江，境内段全长60里，即今318国道过境段雏形；南出定安门，经施渚（埭溪）入杭州府界；西北出迎禧门，经青塘路入长兴县界，至广德州界。湖州府七县有县道23条，其中乌程县3条、归安县2条、长兴县4条、德清县2条，武康、安吉、孝丰县各4条。以湖州为中心的驿道网络至民国初驿站裁撤时无大变动，亦是现代国省道、县道网络之原始基础。

陆路运输工具随人类文明进步而发展，经历了漫长历史发展过程。中国商周时期甲骨文、青铜器铭文中有表示车的象形字，反映中国当时已有辕和可供乘坐的车厢，且已掌握“驾马服牛”技术。车出现后，为加快运送速度和提高负荷量，便产生修筑道路要求。秦始皇统一六国后，大修驰道，颁布“车同轨”法令，使车辆可畅行全国。18世纪下半叶蒸汽机发明，并相继应用于船舶和在铁路行运的车辆。19世纪末20世纪初，汽车诞生，成为道路运输工具发展重要里程碑。

民国11年（1922），湖州市境内第一条小铁路建成，服务于长兴煤矿。民国18年（1929），建杭州经湖州、长兴、通往南京公路，次年12月在湖州境段设上柏、武康、三桥埠、莫干山、埭溪、湖州、长兴等7个车站；民国25年（1936）初，建成湖州至南浔公路，湖州绅士陈勤士等人集资创办湖嘉苏长途汽车公司，相继取得湖州至平望、嘉兴、苏州的公路运输经营权。民国26年（1937），市境公路209公里，湖州至杭州、南京、广德、嘉兴、苏州等地通行班车。抗日战争和解放战争期间，公路及行车设施遭到严重破坏。1949年解放时，市境通车里程减至176.5公里，公路技术标准低，通过能力差。新中国成立后，公路、铁路得到发展。20世纪50—60年代，重点修建山区地方公路，改善山区百姓交通和毛竹基地运输条件。1958年底，国营嘉兴专区公路运输公司在湖州成立。“文化大革命”期间，交通发展缓慢。1978年改革开放后，市境农村公路建设重点从山区向水乡转移，努力改变东部水乡地区“出门靠摇船，无船路不通”状况；国道公路市境段改造提升，主干道“车辆跳，湖州到”，“大堵三六九、小堵天天有”的情况逐步改变。同时，个体运输户大量涌现，乘车难、运货难状况有效改善。1990年末，全市公路通车里程1841.3公里；境内有铁路线141.17公里。公路运输占据陆路运输主导地位。

## （三）

1990 年后，交通事业发展加快。湖州交通从严重滞后到基本缓解，又到基本适应，进而适度超越经济社会发展需求。创新发展思路，创新建设投、融资体制，创新行业管理机制，是一个前所未有的高投入、高产出、高效率的跨越式发展时期。20 年间，全市累计投入交通基础设施建设资金达 485.51 亿元，其中公路建设 331.64 亿元、航道建设 35.06 亿元、港口建设 10.54 亿元、站场建设 20.97 亿元、铁路建设 87.3 亿元。交通面貌发生了翻天覆地的变化，综合服务保障能力飞速提升。交通作为经济发展先行，有力支持湖州市经济又好又快发展。2010 年，地区生产总值（GDP）1301.73 亿元，比 1990 年增长 23.67 倍。其中，第一产业增加值 104.22 亿元，比 1990 年增长 5.53 倍；第二产业增加值 715.01 亿元，比 1990 年增长 29.62 倍；工业增加值 637.57 亿元，比 1990 年增长 29.82 倍；第三产业增加值 482.5 亿元，比 1990 年增长 40.21 倍。人均生产总值 50149 元，比 1990 年增长 22.32 倍。财政总收入 172.35 亿元（含地方财政收入 97.27 亿元），比 1990 年增长 34.26 倍。全社会固定资产投资额 719.98 亿元，比 1990 年增长 61.28 倍。农林牧副渔业总产值 176.32 亿元，比 1990 年增长 6.07 倍。规模以上工业总产值 2666.53 亿元，比 1990 年增长 35.1 倍。

1991—2010 年，是湖州陆路交通发展最快时期。浙江省出台公路建设“自行贷款、自行建设、自行收费、自行还贷”政策，变交通部门一家筑路为全社会共同参与筑路，使境内公路高速化和网络化进程加快，20 年间全市公路通车里程新增 6048.83 公里。2010 年末，全市公路通车里程 7890.12 公里，比 1990 年增长 4.29 倍；公路密度为 135.6 公里/平方公里和 30.4 公里/万人，分别高出全省平均水平 27.4 公里/百平方公里和 7.08 公里/万人。境内公路交通圈从 2 小时跃升到 1 小时。公路主骨架从一纵一横发展到三纵三横；高速公路横空出世，进而通达每个县区。农村公路交通实现“乡乡镇镇通公路”“村村通公路”“城乡公交一体化” 三大跨越。发达的公路交通促进城市带、经济带和旅游带的形成，全市公路客、货运量以平均每年 6.5%和 7.6%的速度增长。2010 年末，市境已建铁路线 173 公里，宁杭客运铁路快速专线湖州段（77.5 公里）正在建设（2013 年建成通车），总投资近 10 亿元的湖州综合交通枢纽带动湖州城市品位和城市功能提升。公路高速化大大缩短湖州与沪、宁、杭等周边大城市“距离”，为湖州接轨上海、接受上海辐射，享受上海经济发展“回流效应”，承接世界产业转移创造了良好交通环境。

改革开放后，湖州交通运输形成国营、集体、个体一起上，多家经营、共同发展的新格局。这种低水平扩张、粗放型发展模式有效缓解“乘车难、运货难”状况。随着经济改革深化，人民生活改善，城市化进程加快，提升交通运输品质成为首要。“九五”期始，进一步深化公路运输企业改革，加强宏观调控和行业管理，整顿运输秩序，规范经营行为，提高服务质量。全市公路运输组织结构、运力结构和经营结构得到优化，公路交通运输逐步转入规范化、科学化、质量型发展阶段，基本形成“人便于行、货畅其流”，“安全、便捷、舒适、环保”的公路交通运输网络。2005年初，湖州率全省之先建成覆盖“长三角”其他 14 个城市的快速旅客运输网络。1995—2010 年，年均公路客运量占到全市综合客运总量 99%以上。

2010 年末，全市民用客货汽车 218000 辆，比 1990 年（8412 辆）增长 25.92 倍。其中，营运载客汽车 3350 辆、68309 客位，载货汽车 15751 辆、74596 吨位。运输车辆逐步向大型、高档、专业化方向发展。大型营运客车 1136 辆，比 1990 年增长 2.27 倍；营运客车平均客位从 1992 年 14.76 客位/车提高到 20.39 客位/车。大型货车 5025 辆，比 1990 年增长 1.39 倍；营运货车平均吨位从 1992 年 3.46 吨/车提高到 4.74 吨/车。集装箱运输车辆实现零的突破，冷藏保温车、罐车等特种货运车辆大大增加，逐步适应各类社会运输需求。全市有道路旅客运输经营户 164 家（含个体运输户 128 家），道路货物运输经营业户 11844 家（含个体运输户 8562 家）；道路客运站 1544 个（一级站 1 个、二级站 5 个、三级站 13 个、四级站 24 个、港湾式停靠站 1501 个）；客运线路 648 条（比 1990 年增加 300 条），其中跨省线路 152 条（比 1990 年增加 87 条），跨市线路 171 条（比 1990 年增加 113 条），跨县线路 59 条（比 1990 年增加 29 条），县内线路 266 条（比 1990 年增加 71 条）；全市道路客运日发班次 12130 个，与 9 个省（直辖市）104 个县级以上城市之间有客运班车对开。2010 年全市公路客运量 9938 万人，客运周转量 332719 万人公里，比 1990 年增长 3.54 倍和 3.61 倍；公路货运量 6798 万吨，货运周转量 383672 万吨公里，比 1990 年增长 4.28 倍和 12.09 倍。

古老的湖州水运，承载着傍湖之州厚重历史，在改革开放新时代重焕光彩。1991—2010 年，水上交通基础设施建设投入之大可谓空前，水上运输市场持续开放搞活，水上运力不断优化改善，航区货物运输量大幅攀升。

改革开放带来国民经济的全面复苏，航道运输量迅速增长。受航道标准低影响，“卡脖子”航段频频出现，船舶轧档，航运受阻，堵航几十小时的现象时有发生。1990 年，市境内河航道总里程 1205.32 公里，其中六级航道 385.06 公里，干线航道中仅京杭运河市境段全线达到六级，可通 100 吨级船舶。“八五”和“九五”期间，湖州内河航道进入全面改造时期。前五年，实现“部分航段改造向全线改造”和“按较低通航标准改造向较高标准改造”两个转变，长湖申线、京杭运河、杭湖锡线等干线航道市境航段至少达到五级航道标准；后五年，继续提高航道等级，强化内河航道网络技术状况，境内干线航道重要航段按四级技术标准进一步改造。“十五”和“十一五”期间，内河航道建设进入网络完善和重点提升时期。2007 年 12 月，可通航 1000 吨级船舶的三级航道湖嘉申线湖州段建成通航，填补了浙江省千吨级内河航道空白。至 2010 年末，全市航道总里程 1171.51 公里，其中三级航道(可通 1000 吨级船舶)77.38 公里、四级航道（500 吨级）207.3 公里、五级航道（300 吨级）94.65 公里、六级航道（100 吨级）192.57 公里、七级航道（50 吨级）115.43 公里、等外航道 484.18 公里。每百平方公里航道密度 20.1 公里，形成以京杭运河（四级）、长湖申线（四级）、湖嘉申线（三级）、杭湖锡线（四级）、东宗线（四级）等 5 条干线航道为骨架，梅湖线、李湖线、东苕溪、武新线、泗湖线等 5 条支线航道为射线的航道网络。

通航基础设施改善，为水上运力结构优化，推行内河船型标准化创造良好条件。2010 年末，全市拥有各类运输船舶 5564 艘、1427068 净载重吨，其中机动船 5256 艘、1389340 净载重吨，载客量 965 客位，功率 803246 千瓦；非机动船 308 艘，37728 净载重吨。与 1990 年相比，船舶数量下降 218.5%，净载重吨位上升 417.5%，功率增加 832.2%，显示出市境货运船舶随航道等级提高，朝大型化、快速化方向发展。全市营运船舶单船平均吨位 256.5 吨，比 1990 年末的平均 35.3 吨位提高 7.3 倍。进入 2000 年后，水上货运量以每年 12.1%速度递增。2010 年全市水上货运量达到 11310 万吨、1750948 万吨公里，分别占全行业货运总量 62.5%和 82%。比 1990 年分别增长 7.27 倍和 7.38 倍。

湖州港为浙北地区货物重要集散地，是上海、江苏、嘉兴等周边省市城市建设所需建筑原材料主要供应港。2004 年，湖州港被交通部列入全国 28 个主要内河港口。2008 年，根据《湖州港总体规划》，将 21 个内河港口整合为新湖州港，下辖吴兴、南浔、太湖旅游、德清、长兴、安吉 6 个港区，共设 26 个作业区。经整合，湖州港与苏州港、南通港、南京港并列成为全国四大内河亿吨大港。2010 年末，市境内河港区拥有 435 家港口经营单位，1109 个泊位，码头总延长度 56756 米，最大靠泊能力 1000 吨级；湖州港全年完成货物吞吐量 14357 万吨，其中出港 11311 万吨，进港 3046 万吨。总吞吐量比 1994 年增长 8.67 倍、出进港量分别增长 62.84 倍和 2.07 倍。

通过港口和航道资源整合改造，较大地提升湖州集聚临港产业能力。以铁水中转港、西塞物流园区、南浔鑫达物流中心、长兴捷通物流园区为代表，依靠航道发展的物流产业板块开始崛起，物流淘宝网、太湖金属物流园区、能源物流基地、易通物流第三方物流基地等一批港口物流“大好高”项目在湖州落地。以八里店临港装备制造业、练市临港装备产业区为代表，依托港口形成的装备制造产业板块和以吴兴工业区、菱湖临港化工产业园为代表，依存岸线各自布点的工业园区板块，都呈现良好发展势头。2004 年后，水运经济的贡献额（即水运创造的全部增加值）逐年提升，从 72.21 亿元增加到 132.6 亿元，每年水运经济对 GDP 贡献率均超过 11%。

20 年来，湖州市综合交通运输主骨架从“二横四纵”逐步发展到“四横六纵”。由申苏浙皖高速公路、申嘉湖高速公路、318 国道、长湖申航道构成横贯东西四条运输主通道；由宣杭铁路、杭宁高速公路、杭长高速公路、104 国道、京杭运河、杭湖锡航道构成纵贯南北六条运输主通道。在综合运输网络中，公路水路运输占据主导地位。2010 年末，全市公路、航道、铁路交通网络总里程 9235 公里，其中公路 7890 公里、航道 1172 公里、铁路 173 公里，三种运输方式分别占综合交通网络里程的 85.4%、12.7%和 1.9%。

## （四）

1991—2010 年，湖州市交通发展取得巨大成就。但从综合交通科学发展角度，从“接轨大上海、融入长三角、呼应苏南、辐射皖赣”高度，综合交通体系结构性矛盾比较突出。水运资源尚未得到更好利用，铁路发展相对滞后。受管理体制制约，公路、水路与铁路未能充分统筹协调，难以有效衔接，综合交通一体化运输优势还未充分实现。随着国务院《关于进一步推进长江三角洲地区改革开放和经济社会发展的指导意见》出台以及《长江三角洲地区区域规划》实施，长三角区域经济一体化进程不断加快。作为长三角地区重要城市之一和浙江“北大门”，湖州具有区位、生态、文化等多方面优势，是浙、苏、皖三省交界之交通枢纽，肩负长三角枢纽节点城市和浙江省新一轮经济发展重要使命。为支撑并带动湖州经济在长三角城市带中崛起，湖州交通必须加快交通行业转型升级，大力推进结构调整，继续深化改革和创新，交通运输发展方式将逐步从主要依靠基础设施投资拉动向建设、养护、管理和运输服务协调拉动转变；由主要依靠增加物质资源消耗向科技进步、行业创新、从业人员素质提高和资源节约环境友好转变；由主要依靠单一运输方式发展向综合运输体系发展转变，充分发挥各种运输方式整体优势和组合效率。

湖州交通运输发展目标和任务，是以科学发展观为指导，以加快转变发展方式为主线，大力推进“五个交通”建设：建设干支相连、四通八达的网络交通；公正透明、规范守信的秩序交通；安全便捷、舒适低碳的民生交通；科技引领、高效迅捷的智慧交通以及勤政务实、廉明清正的阳光交通。其中，“网络交通”是根本基础，“秩序交通”是重要内容，“民生交通”是核心目标，“智慧交通”是动力之源；“阳光交通”是关键保障。通过“五个交通”建设，努力构建起“通达、快捷、经济、安全”的现代化综合交通运输体系，全面提高交通“服务国民经济和社会发展、服务社会主义新农村建设、服务人民群众安全便捷出行”能力水平，为开创湖州科学发展新局面提供支撑保障。

# 大事记

（1991—2010）

## 1991 年

1 月 3 日，湖州船闸管理所成立，隶属湖州市航管处，为副科级全民事业单位。

3 月 28 日，湖州至海盐公路 7K～27K 砂石路面改造沥青路面工程开工，10 月 31 日竣工，全长 20 公里，总投资 320 万元。

6 月 14 日至 7 月 9 日，梅汛暴雨，太湖水超过警戒水位，3000 多艘船舶滞航，直接经济损失 230 万元。

10 月 1 日，宣杭铁路与长兴站接通。

11 月 27 日，长湖申线湖州市河改线工程通过省级验收，并被评为优良工程。

12 月 27—29 日，大雪，湖州至杭州因青山岭结冰，公路交通中断。

## 1992 年

1 月 7 日，湖州荃仁乡至花林乡公路通车，市本级实现乡乡镇镇通公路。

1 月 24 日，就地重建的南门汽车总站举行落成典礼。

2 月 25 日，湖州市汽运总公司长兴、德清、安吉三个分公司全部成建制下放当地县政府管理。

4 月 11 日，市境首座公铁立交桥——宣杭铁路长兴公铁立交桥通过验收并通车。桥长 444.2 米，横跨 3 股铁轨、3 条公路。

11 月 10 日，交通企业深化改革，市交通局所属的菱湖运输装卸公司等 8 家区镇交通企业逐个成建制下放到所在区镇管理。

12 月 6 日，交通部副部长李居昌在浙江省交通厅厅长邵尧定、湖州市市长袁世鸣等人陪同下，视察西塞仓储区工程建设。

12 月 30 日，全市实现乡乡镇镇通公路。湖州市最后两个未通公路乡——德清县高林乡、油车乡，随跨京杭运河韶村大桥主桥贯通而通达公路。

## 1993 年

1 月，湖州市航运管理处增挂“湖州市港务管理处”牌子。

2 月 25 日，湖州 318 国道南浔—湖州—杨家埠、318 国道长兴—泗安段改造工程被列入浙江省第一批公路“四自”工程。

8 月 5 日，湖州航运总公司撤销最后一条客运航线。国有航运企业自 20 世纪 50 年代开始经营的内河客运宣告结束。

8 月 9 日，经省政府同意，湖州首次在 318 国道与 104 国道重合处湖州杨家埠、318 国道长兴公铁立交桥设站点，征收车辆通行费。

9 月 8 日，湖州市编委批复同意成立湖州市车辆通行费征收所。

10 月，湖州市境首座干线公路隧道——安吉幽岭隧道，建成通车，全长 310 米。

## 1994 年

1 月 18 日，湖州市编委批复同意组建湖州市交通工程质量监督站。翌年 12 月 8 日，挂牌成立。

4 月 27 日，时任国务院副总理朱镕基到湖调研时乘坐湖州市航运管理处“太湖航政艇”，视察长湖申航道和沿途各地情况。

5 月 9 日，世界银行官员到湖考察市境内首次利用世界银行贷款改造内河航道网项目——长湖申线旧馆市河改善工程。

9 月 8 日，经省人民政府批准，318 国道湖州至南浔段开征车辆通行费。

9 月 11 日，湖州市编委批复同意，湖州市交通建设投资开发公司为正科级事业单位。

## 1995 年

2 月 27 日，京杭运河湖州段改造工程举行开工典礼。市委书记俞国行等领导出席。

4 月 4 日，交通部部长黄镇东、副部长刘锷在省交通厅厅长邵尧定、副厅长黄廷兰陪同下，到湖州视察交通基础设施建设。

4 月 15 日，湖州市副市长叶兆旭代表湖州市政府与省交通厅签订《湖州市内河世界银行贷款项目工程建设协议书》，双方就湖州航区的京杭运河新市至邵家村航段 18 公里、长湖申线吕山至杨湾航段 8 公里和湖州铁水码头中转港工程建设达成了建设依据、建设规模、工程主要内容、建设资金、工作分工等方面的协议。

7 月 17 日，湖州主城区首次投入 20 辆夏利出租车。

8 月 23 日，《湖州市交通志》出版发行。志书记述时间上限至事物发端，下限至 1990 年。为湖州历史上第一部交通志。

9 月，湖州市政府颁布《湖州市船舶修造业管理办法》，10 月 1 日起施行。

9 月 28 日，湖州市第一条高等级公路——318 国道湖州至南浔（31 公里）拓宽改造工程竣工。该路段路基宽 24.5 米，沥青路面，双向双车道，为二级加宽标准，工程总投资 2.08 亿元。

## 1996 年

4 月 12 日，组建湖州市港务有限公司，为国有独资企业。

4 月，《湖州市出租车客运管理办法》首次以政府令形式颁布。

5 月 1 日，湖州市铁路南站建成启用。

5 月 22 日，世界银行向湖州内河航运建设贷款 829 万美元，由湖州市财政局与市交通局、长兴和德清县政府分别签订转贷协议。转贷期限 20 年，自 2001 年起每年分两次偿还贷款本金。

6 月 10 日，市境 09 省道乔莫线德清段，104 国道长兴段、湖州段，04 省道幽岭至递铺等 4 项改造工程被省政府列为第五批公路建设“四自”工程。

10 月 15 日，长兴铁水中转港建成，总投资 3500 万元，吞吐能力 100 万吨。

12 月 4 日，湖州市港航处增挂港航监督处、船舶检验处、航道管理处 3 块牌子。

12 月 26 日，省委副书记、副省长柴松岳一行，视察湖州铁水中转港。

## 1997 年

1 月 27 日，省长万学远到湖州航运实业总公司慰问困难职工。同时，万还写亲笔信，请上海市政府领导敦促有关部门尽快偿付拖欠湖航公司运输款 2600 万元。

2 月 3 日，通往解放军第一集团军军部驻地公路——杨家埠至白雀线举行通车及路碑落成典礼。路碑碑词“军民鱼水情”，由国防部部长迟浩田上将题写。

4 月 9 日，湖州公路路政管理支队成立，挂牌于市公路管理处。下设湖州、长兴、德清、安吉和长广路政管理大队。

4月17日，菱湖区埭溪镇一农民因对公路路政处罚不服向法院提起诉讼，这是贯彻《中华人民共和国行政处罚法》后市交通系统第一个诉讼案件。行政处罚权受委托单位市公路管理处改进处罚不当之处，原告撤诉。

5月21日，长广煤矿矿区公路段划归市公路管理处管理。

6月5日，湖州铁水中转港全面竣工并交付使用。

8月18日，11号台风侵袭湖州，狂风暴雨致使14条县乡公路交通中断，干线公路1700多棵行道树倒损。

8月30日，交通部副部长李居昌视察京杭运河含山至新市段。

12月16日，G25国道（杭宁高速）湖州段动工建设。

## 1998年

3月1日，全省交通绿化会议在湖州召开，会议提出“311交通绿化工程”，即用3年时间，绿化1000公里国省道干线公路和100公里京杭运河浙境段航道。

4月，《湖州市公路水运交通建设规划（1996—2010）》出台。

5月22日，交通部副部长胡希捷一行，在省交通厅领导陪同下到湖州视察。

5月28日，湖州市编委批复同意，在市直辖区38个乡镇建立船舶管理机构，核定每乡配备一名乡管员。

8月8日，在湖州举行浙江省工商银行向杭宁高速公路湖州段建设项目提供7亿元人民币贷款的协议签订仪式。

9月2日，09省道德清段“四自”公路开征车辆通行费。

11月16日，湖州至杭州“快客”班车开通。

## 1999年

2月1日，首次执行鲜活农产品运输“绿色通道”优抚政策，即日起至5月10日期间，运输鲜活淡水产品、鲜笋和常年运输蔬菜车辆，在市境范围内凭产地开具“绿色通道”证书免收车辆通行费。

4月，中国首架实用地效翼船——天翼1型利群号在湖州太湖乐园下水首航。

5月7日，湖州汽运总公司与湖州市广达实业总公司合并为湖州汽车运输（联合）总公司。2001年企业改制，改称湖州市长运汽车运输有限公司。

6月25日起，全市连降暴雨，导致洪灾暴发。10万公顷农田受淹，57个城镇积水。全市交通处于紧急状态，其中44条公路受淹致交通中断；航道全部封闭，2万艘船舶滞航。直接经济损失总计8873万元。

10月，各县公路段成建制下放到县交通局管理，形成条块结合、以块为主，属地管理的公路管理新体制。

12月，《湖州港总体布局规划》经省交通厅和市政府联合批复同意，正式出台。

## 2000年

3月1日，交通部部长黄镇东在湖州市委书记斯鑫良、市长黄坤明陪同下，视察湖州交通。

3月2日，湖州市公路水运工程监理咨询公司成立。

5月，104国道湖州段被列入“全国绿色通道示范段”。

6月12日，浙江省副省长卢文舸一行到湖州视察杭宁高速公路建设工程。

7月3日，经省政府批准，湖州市境新增6项公路“四自”工程：318国道湖州环城公路东段、北段，青山互通至竹墩，04省道良朋至泗安，104国道长兴雉城分流线及立交桥，11省道鹿山至马家渡、安吉至孝丰，09省道跨宣杭铁路和104国道立交桥。

7月，湖州航区最后19艘客运班船被相继注销经营资格。至此，水上客运班线全部取消。

10月1日，长兴至杭州快客班线开通。

10月19日，经市编委同意，湖州市机动车驾驶员培训管理处、湖州公路运政稽查支队分别在湖州市公路运输管理处挂牌；湖州市航政管理支队在湖州市航运管理处挂牌；建立湖州市公路路政管理支队杭宁高速公路大队。

11月1日，安吉至杭州快客班线开通。

11月16日，湖州市东门绿色汽车站启用。

11月17日，湖州市汇通实业总公司及其下属5个独立核算单位，经市中级人民法院裁定宣告破产。

12月25日，湖州市运输装卸公司及其4个下属独立核算单位，经市中级人民法院裁定宣告破产。

12月27日，湖州市首条高速公路——杭宁高速公路湖州段一期（35公里）建成通车。

## 2001年

2月10日始，全市开展汽车驾驶员培训业户重新登记、换证工作，驾驶员培训行业管理从公安部门移交到交通部门。

4月8日，湖州公路运输管理部门在全省率先开通“96520”投诉热线。

4月16日，经省政府批准，湖盐公路开征车辆通行费。

5月21日，市直辖区80余辆出租车车主聚集广达公司停车场，绝食静坐，抗议对车辆承包经营期限规定及即将出台的出租车经营权有偿使用办法。至5月23日10时，公安、交通等部门出动人员强行疏散闹事者及其车辆，拘留1人。同时要求出租车经营企业降低管理费用，减轻承包经营者负担。

9月18日，湖州市船舶修造协会成立，成员单位共60余家船厂。

12月27日，湖州东航船厂、湖州市起重安装运输公司，经市中级人民法院裁定，宣告破产。

## 2002年

2月1日，德清武康至杭州快客班线开通。

7月15日，湖州首批（8辆）双燃料出租车推出。

9月，湖州港1—9月累计完成货物吞吐量首次超过杭州港，成为浙江省第一大内河港口。

11月28日，杭宁高速公路浙江段全线通车典礼在长兴父子岭苏浙省界收费站举行。

12月5日，时任浙江省委书记、代省长习近平一行，在市委书记杨仁争、市长黄坤明等领导陪同下，视察湖州高速公路建设。

12月25日，为期三年的水泥船淘汰计划完成，累计淘汰水泥质船舶930艘。

## 2003 年

2 月 21 日，设置吴兴区城乡建设与交通局、南浔区城乡建设与交通局

4 月 16 日至 5 月 20 日，全市交通系统进入防控“非典”紧急状态，尽最大努力防止非典型肺炎通过交通工具传播和扩散。

6 月 12 日，副省长巴音朝鲁在省交通厅、省航运局有关领导陪同下视察京杭运河湖州段。

7 月，50 国道（申苏浙皖高速）湖州段开工建设。

7 月 14 日，交通部副部长翁孟勇等一行到湖州视察长湖申航道湖州段航运情况，对湖州市提出的改建湖嘉申航道（长湖申复线）方案表示赞同。

7 月 29 日，根据省交通厅部署，湖州市启动交通“六大工程”（高速网络工程、干线畅通工程、水运强市工程、绿色通道工程、乡村康庄工程、廉政保障工程）。

8 月 1 日，湖州市航区在全省率先开通“港航短信服务系统”。

8 月 5 日，湖州中源船务代理有限公司组织集装箱运输船舶首次启运，标志湖州至上海国际航运内河支线开通。

11 月，经省政府批复同意，妙湖线、武新线航道被列入“四自”改造工程，开全省“四自”航道建设先河。

11 月 10 日，经省政府批复同意，湖州至织里公路收取车辆通行费。

12 月，湖州实现市中心至各县区首位镇“一小时公路交通圈”。

## 2004 年

2 月 20 日，湖州市政府作出“实施城乡公交一体化”决定。

3 月 29 日，湖州市政府发出关于推进内河船型标准化工作通知，提出至 2006 年底湖州航区全面淘汰挂桨机船舶。

4 月 8 日，湖州市政府下文，禁止占用基本农田植树。高速公路和国省道绿色通道建设标准是公路用地范围以外每侧绿化带宽不得超过 5 米，县乡道路以种植行道树为主，绿化带宽度不得超过 3 米。

6 月，《湖州市公路水路交通建设规划（2003—2010）》出台。

9 月 28 日，杭宁高速公路江苏段举行通车典礼。至此，杭宁高速公路全线贯通。

9 月 30 日，12 省道（申嘉湖高速）湖州市境段开工建设。

12 月 23 日，湖嘉申航道湖州段改造工程动工。

12 月 27 日，杭湖锡线改造工程完工，航道改造标准为四级。

## 2005 年

1 月 1 日，湖州至舟山、南通快客班线开通。湖州初步建成覆盖“长三角”其他 14 个城市快客运输网。

3 月 17 日，交通部副部长翁孟勇一行，在省交通厅、省港航局有关领导陪同下视察湖州内河航道，关注境内长湖申线、京杭运河航道频发堵航。

5 月 1 日，14 省道（杭长高速）开工建设。

5 月 19 日，湖州境内最长隧道——申苏浙皖高速公路弁山隧道全线贯通。

6 月 29 日，申苏浙皖高速公路 318 国道长兴县雉城高家墩至泗安界牌段道路资产转让协议签约仪式在长兴举行。

8月6日，“麦莎”台风袭击湖州，使省道青临线、临莫线与县道王章线、埭昆线多处路基和边坡发生坍塌，公路两侧行道树被刮倒、刮断，严重影响公路交通。据统计,台风造成干线公路路基塌方9800立方米，冲毁挡墙2200立方米，冲毁边沟及路肩9000米，刮倒行道树1200株，估计直接经济损失300万元。农村公路水毁情况更为严重，全市39条路线受损，经济损失1004万元。

9 月 14 日。副省长王永明一行视察申嘉湖高速公路和湖嘉申航道建设工程。

10 月 8 日，交通部副部长徐祖远批示“浙江湖州探索个体船舶公司化管理”报道（刊于中国交通报）：内河水运业发展要解决组织化程度低的问题。

10 月 25 日，浙北干线航道开始收取船舶通行费。收取形式为上月 25 日至当月 5 日趸缴当月通行费。

11 月 23 日，《湖州港总体规划》出台。

11 月 28 日，湖州市交通投资集团有限公司揭牌成立。

12 月 16 日，安吉县梅溪镇红庙村公路完工。至此，历时三年“乡村康庄工程”全部完成，全市 1053 个行政村全部通达等级公路，受益人口 129 万。

12 月，长兴县在全国首创利用民间资金实施“建养结合、拼盘建设”水运建设项目——青山港航道改造工程竣工。

## 2006 年

3 月 1 日，根据省地方海事局的统一部署，即日起京杭运河浙江段实施挂桨机船永久性禁航，是全省继长湖申线后又一条禁止挂桨机船舶航行的干线航道。

3 月 18 日上午，省级重点项目安吉川达物流有限公司集装箱码头项目开工。

3月28日，“湖航公司改革解困工作”列入湖州市政府第38次常务会议议题。要求切实启动自建房建设（用于安置生活困难又无房职工），落实改制解困资金。

4 月 25 日，《湖州市交通行政执法责任制实施办法》出台。

4 月 26 日，《湖州市交通行业重特大事故应急救援预案》出台。

6 月 29 日，104 国道浙北地区最大三层立体高架桥——苏家庄互通四个匝道同时开通（4 月 10 日主线通车）。

9 月 13 日，湖州妙湖线航道改造工程完工并通过交工验收。工程为全省首批“四自”航道之一，2004 年 4 月开工。2007 年 1 月 1 日，开征通行费。

9 月 27 日，交通部“内河航道视频分析系统”在湖州港航管理局南浔站完成最后设计和调试，并选定为全国内河航道唯一试运行点。

9 月 30 日，13 省道（申嘉湖杭高速）练杭段开工建设。

10 月 30 日,湖州市第一条通往上海的高速公路——申苏浙皖高速公路浙江段建成通车。

11 月 20 日,南浔区菱湖镇南溪东渡口,全市最后一艘渡船“光荣退役”，标志水乡湖州几千年渡运历史宣告结束。

11 月 29 日，湖州五千余艘营运挂桨机船舶全部退出水运市场。退市仪式在南浔区善琏镇含山丰顺造船厂举行。

12月27日上午,湖州全市最后一个行政村——南浔区和孚镇横港村公交线开通。至此，历时三年城乡公交一体化工程完成，湖州市在全省率先完成“市—县区—乡镇—行政村”三级公交运营网络建设。

## 2007 年

2 月 1 日，浙北客运中心试运营。

4 月，湖州市公路部门启动全市公路桥梁普查工作。

4 月，湖州市直辖区 47 所中小学学校学生上下学全面实施专业运输企业接送。

5月8日，湖州市政府和农业银行浙江省分行在湖州举行“2007湖州交通投资集团有限公司债券”担保签约仪式。企业债券总额15亿元，主要用于高速公路等重大交通基础设施建设。为湖州市首个成功发行的交通投资债券。

6月20日，德桐公路收费站干山收费点开始对过往机动车辆收取车辆通行费。

8月27日，交通部总工程师蒋千带领各省交通厅、港航局有关领导、专家近100人到湖参观湖嘉申线航道建设。

11月15日，一卡通船舶电子签证系统在湖投入使用。

## 2008年

1月1日，安吉县首条高速公路——杭长高速公路一期（安城至泗安）开通营运。

1月18日，湖州市首条跨市公交线——德清至杭州开始营运。

1月，德航游艇制造有限公司联合万向集团共同研制国内第一艘锂电池游船在德清试航成功。锂电池游船航速可达10公里/小时。

1月26日,湖州普降大雪，降雪时间持续到2月5日，积雪最深32厘米，湖州遭遇50年一遇大雪灾，全市公路严重受阻。据统计，雪灾损坏公路路面1895967平方米、安全设施4352处、道路标牌设置及告示2866处、压垮压坏树木198168株，边坡碎落及坍方48650立方米、沿河堤岸损毁1542米、桥梁防撞护栏损毁1228米、压毁大棚7处，直接经济损失26299万元。客运班车因雪灾路阻停发42179班，累计退票16027人、发送旅客231.94万人，为上年同期的75.78%。客运企业运费直接损失累计1304万元。

1月28日,申嘉湖高速公路工程在浙沪交界处(杭浦高速主线全塘收费所广场)举行通车仪式。

1月，《湖州港总体规划》经交通部和浙江省政府联合批复同意出台。根据规划，全市21个内河港整合为一个湖州港。

2月28日，在省交通投资集团公司、湖州市人民政府共同主持下，浙江申苏浙皖高速公路有限公司、浙江杭长高速公路有限公司股权置换协议签订仪式在湖州举行。省交通集团公司将其持有浙江杭长高速公路有限公司股份转让给湖州市交通投资集团有限公司，湖州市交通投资集团有限公司将其持有浙江申苏浙皖高速公路有限公司股份及浙江申嘉湖杭高速公路有限公司股份转让给省交通投资集团公司。

3 月 17 日，副省长王建满到湖州调研交通工作。

5 月 1 日，湖州路政开通“96266”服务热线。

5 月 30 日，长湖申线（浙江段）扩建工程启动。概算投资 18.59 亿元，建设工期 5 年。

7 月 4 日，湖州市政府出台《湖州市农村公路管理养护体制改革的实施意见》。

7 月 15—16 日，交通部副部长徐祖远一行在湖参加湖嘉申线湖州段航道验收，并树为全国内河生态航道建设典范。

7 月，长兴县交通建设投资公司与西部证券股份有限公司签订企业债券承销协议。长兴县交通建设投资公司发行 15 亿元企业债券。

8月2日，举行北京奥运会湖州市服务车队发车仪式。湖州市长运汽车运输有限公司出资1800万元购置20辆环保车辆，选拔23名优秀驾驶员，分别驻北京3所高校，承担部分奥运赛会志愿者通勤运输任务。

8月5日，湖州市第三次全国港口普查现场调查工作启动。

9月19日，《湖州市公路系统打造“五型公路”实施细则》出台。

10月8日，湖州航区全面启用“12395”水上搜救电话，同步执行《湖州市“12395”接处警实施办法》。

11月5日，《湖州市交通物流业发展实施意见》及《市级交通重点扶持物流基地和物流龙头企业申报评定标准》出台。

11 月 7 日，湖州市政府下达《湖州市服务业发展工作机制》，全市物流业发展指导协调工作职能从市发改委划归市交通局。

11月19日，德国联邦交通、建设与城市规划部代表团一行5人，在交通部水运司和省港航局有关领导陪同下，到湖考察湖嘉申线。

12 月 2 日，湖州市人民政府正式颁布（第 26 号政府令）《湖州市农村公路养护与管理办法》，2009 年 1 月 1 日起施行。

## 2009 年

1 月 1 日，《湖州航区通航管理办法》实行。

1 月 4 日上午，省委书记、省人大常委会主任赵洪祝在杭州市委、市政府、省发改委、省交通厅、省公路局等有关方面领导陪同下视察申嘉湖杭高速公路建设。

1月21日，浙江省内河首条按三级通航标准改造的高等级航道——湖嘉申线，投入试运营。

3月30日，湖州市政府与省农业银行在湖州举行杭长高速二期项目融资签约仪式。杭长高速公路二期项目总投资66亿元，农行将提供42亿元贷款支持项目建设。

4月1日，宁杭客运专线湖州段开工建设。

4月30日，《湖州港港口章程》公布。

5月21日，“2009年度湖州市交通投资集团有限公司债券”发行，总额15亿元。融券资金主要用于缓解宁杭城际轨道项目及杭长高速公路二期项目建设资金压力。

5月25日，湖州市财政部门划拨3000万元地方政府债券资金，用于长湖申线浙江段航道扩建改造，在内河水运建设中尚属首次。

7月3日，《湖州市农村公路管理养护检查考核办法（试行）》出台。

7月21日，浙江省首个交邮合作城乡物流配送体系启动仪式在安吉举行。

8月6—11日，受第8号台风“莫拉克”影响，湖州市平均降雨量158.8毫米，其中安吉县雨量225.9毫米。短时间强降雨造成市境尤其西部山区暴发洪水、泥石流、山体滑坡、塌方、积水等，交通基础设施损毁严重。安吉县境4条省道、21条县道不同程度受损，13省道数次中断，乌象坝大桥、梅园大桥等6座较大桥梁完全冲毁，全县公路交通直接经济损失达8813万元，占全市公路水毁损失总额的90%。

8月11日，德清临杭物流园区被列入省重点扶持物流基地。

8月18日，王建满副省长率省交通厅、省水利厅、省港航局等部门领导视察湖州航区船舶滞留情况。湖州船闸自8月7日17：30时关闭，航区滞留船舶8000余艘、船民2万余人。

8月25日，浙江省运管局与长兴县政府签订长兴综合物流园区共建协议。

9月29日，湖州市中心城区至三县城际公交线开通仪式在浙北高速客运中心举行。

9月，《湖州市公路水运建设工程生产安全事故应急预案》出台。

9月，整合后的湖州港1—9月累计完成货物吞吐量10681万吨，成为国内17个亿吨港口中唯一内河沿河亿吨大港。

10月16日，湖州市交通投资集团与浦发、民生、深发展、招商4家银行举行银团贷款签约仪式。本次银团贷款项目融资12亿元，期限10年。

10月，德清洛洋游艇制造有限公司成功开发以石油液化气为燃料的新型能源游船。

11月，湖州城区宝亮船厂接下75TEU（标准箱）、1200总吨内河集装箱船舶1艘建造合同。是市境目前承建总吨位最大内河船舶，其船型在湖州建造史上尚属首艘。次年5月，船厂与嘉兴内河航运公司顺利交接。

12月13日，长湖申线南林大桥完成顶升，13000吨大桥成功增高3米，创国内桥梁整体同步顶升跨度最长、高度最高、重量最重3项新纪录。

12 月 30 日，市交通局出台《湖州市交通运输节能减排专项行动计划（2009—2012 年）》，要求在全市范围内组织开展“道路运输结构优化”“水路运输结构优化”“港口技术设施改造”“废旧沥青再生利用”“隧道照明技术改造”“驾培设施技术改造”六项专项行动。

12月31日，湖州市政府出台《关于加快推进现代物流业发展的意见》。

12月，《湖州市物流基地布局规划》出台。

## 2010 年

1月11日，湖州市交通局与浙江省交通规划设计院联合编制《湖州市综合交通体系建设与发展研究》通过评审。

2月6日，13省道（申嘉湖杭高速）练杭段建成通车。

2 月 28 日 23 时 58 分，浙江境内政府还贷二级公路全部停止收费，湖州市境内 104 国道湖州收费站、318 国道湖州收费站南浔点、湖盐公路（练市）收费站、湖盐公路（浔练）收费点、11 省道鹿山公路收费站和 10 省道长兴收费站等 6 个收费站点停止收取车辆通行费。

3 月 5 日，《湖州港岸线利用规划》出台。

4月29日，浙江省内河首家船舶交易市场——湖州船舶交易市场开业。

4月，湖州入沪运输船舶专项安检、专项签证、港航综合监管信息平台应用、汽车客运站安检、入沪车辆管理等工作启动，以确保上海世博会安全。

6月1日，全省首个内河船舶无线视频远程监控及卫星实时定位项目在长兴顺利实施。

7月22日，副省长王建满到宁杭铁路德清段施工现场看望慰问在高温酷暑下坚守岗位一线建设者。

8月18日，湖州市中心城市外环道路工程举行开工典礼。外环线共有5个项目组成，计长43.68公里，概算总投资40.7亿元。

8月31日，宁杭铁路客运专线湖州站暨湖州综合交通枢纽举行开工典礼。

9月21日，湖州市财政局、湖州市交通局联合制定出台《湖州市本级农村公路养护专项资金管理暂行办法》。

9月28日，天津渤海现代物流股份有限公司创立并落户长兴城南工业区。

10月28—29日，全省城市公共交通管理工作座谈会在湖州市召开，交通部门将承担城市公共交通管理职能。

10月，湖州港至上海各码头集装箱内支线获交通运输部批准。

11月5日，《湖州市县道建设项目管理办法（试行）》出台。

11月16日，德清临杭物流园区举行开工典礼。

11月25日，《湖州人民政府机构改革方案》下达，湖州市交通局更名湖州市交通运输局，原市交通局职责和市规划与建设局城市客运管理职责整合划入市交通运输局。次年6月8日，湖州市人民政府办公室印发的《湖州市交通运输局主要职责内设机构和人员编制规定》实施。

12月16日，安吉至上海的集装箱内支线班轮运输线开通。

12月28日，首条跨省城际公交线路——湖州至苏州开通。

## 2011年

1月18日，长湖申线湖州枢纽改建工程动工建设。湖州枢纽位于长湖申线中段，是控制船舶上下行重要控制性建筑。改建工程保留2号船闸及其控制楼，拆除原有两孔16米防洪闸及1号船闸，新建两孔净宽20米防洪闸兼作1000吨级船舶通航孔，同时改建临时交通桥、启闭机房等配套设施，计划建设工期18个月。

4月21日，宁杭铁路德清站配套工程全面开工，包括连接线工程和站前广场工程两大块，概算总投资约3.33亿元。配套工程连接线全长约3.7公里，站前广场总面积约12.63万平方米。

6月2日，德清县三桥至莫干山公路改造提升工程举行开工仪式。改造工程路线全长6.64公里，计划工期18个月，总投资1.3亿元，道路设计时速60公里，路基宽 26 米，二级公路标准。

6 月，申嘉湖高速公路湖州段工程获 2011 年度浙江省建筑行业协会最高奖“钱江杯”。

7 月 1 日，市境首批（12 辆）天然气公交车投运湖州市区公交 2 路线。

7 月，湖嘉申线湖州段航道建设工程获“2010 年度水运交通优质工程奖”，此奖由交通运输部和中国水运建设行业协会组织评审。

8 月 25 日，湖州港口船业有限公司制造的国内首艘拆装式动力系统船舶交付菲律宾客户，用于近海勘探铁矿砂。船总长 22.8 米、宽 6 米、深 2 米，湖州市内河船舶制造首次走向国际市场。

同日，104 国道杨家埠至鹿山段改建工程举行开工典礼，工程全长 10.14 公里，一级公路标准，设计速度 80 公里/小时，概算投资 12.13 亿元，计划 2013 年建成。

8 月，德清县在教育部 6 个地区开展中小学校车运营管理试点中，是浙江省唯一试点地区。

9 月，湖州长运公司首批（7 辆）40 座 LNG 清洁能源城际大巴投运湖州至无锡、常州、镇江、溧阳、扬州等 5 条班线，是全省首批投入到城际班线天然气长途客车。

9 月，湖州市列为全省出租汽车服务管理信息系统试点建设城市，是全国出租汽车智能信息系统首批启动建设城市之一。信息系统项目建设内容主要包括改造更新出租车车载终端设备，建设出租车信息系统三大中心（电召中心、数据中心、监控指挥中心），建设出租车服务管理综合应用系统、网络服务及存储服务等基础支撑系统。

9 月，市交通局被交通部评为全国农村公路建设质量年活动先进集体。活动为期 3 年（2008—2010），湖州市在实现农村公路通村率、路面硬化率达到“双百”目标基础上进一步实施县乡公路、通村联网公路和危桥改造工程，农村公路建设坚持标准、科学规划，工程合格率达到 100%，并注重生态环境保护和资源节约。

10 月 25 日，318 国道李家巷至界牌段改建工程通过交工验收并通车。工程 2008 年全线开工，全长 42.5 公里，一级公路标准，概算总投资 11.96 亿元。工期 42 个月。

同日，104 国道长兴段雉城过境段通过交工验收并通车。工程于 2009 年 12 月开工，全长 10 公里，六车道一级公路标准，设计速度 100 公里/小时，概算投资 3.33 亿元。

10 月 29 日，江浙沪两省一市“十二五”内河航道规划建设交流联席会议在湖州召开。交通运输部综合规划司、交通运输部规划研究院、浙江省港航管理局、上海市航道管理中心、江苏省交通运输厅航道局等单位代表参加会议。

12 月，13 省道安吉段改建工程开工建设。工程全长 18.7 公里，其中一级公路 7 公里，二级公路 11.7 公里，概算总投资 5.77 亿元（安吉段 5.2 亿元，临安段 5700 万元）

12 月 26 日，市公管处被全国绿化委员会授予“国土绿化突出贡献单位”荣誉称号，全国交通运输系统仅两家单位获此殊荣。2001—2011 年，完成公路绿色通道建设 1377 公里、绿化工程 780 公里、国省道边坡荒地复绿 178525 万平米。

## 2012 年

5 月 22 日，湖州市首批新能源 LNG（液态天然气）货运车辆在长兴县投入运营，实现市货运行业新能源车辆零突破。

7 月 25 日，市运管处荣膺“全国军民共建社会主义精神文明先进单位”称号，受到中宣部、中央文明办、总政治部联合表彰。

7 月，湖州市首个 BT 项目[①]杨家埠至丘城公路开工。公路位于吴兴区，全长 8.5 公里，一级公路标准，估算投资 3.7 亿元。计划 2013 年建成。

7 月，301 省道长兴公铁立交建成通车。位于长兴县城西南侧，跨宣杭铁路南北连接 10 省道和 318 国道，总长 2.2 公里（其中主线长 1.6 公里、匝道长 0.6 公里），按一级公路标准建设，主线设计时速 60 公里/小时，匝道设计速度 30 公里/小时。横断面结合城市道路功能布设，即铁路跨线桥宽 25 米、匝道宽 8.5 米。2010 年开工，2012 年 8 月建成通车。实际完成投资 2.82 亿元。

8 月 8 日 14 时，受“海葵”台风影响，全市停开客运班线 460 条，停运班次 2437 个。其中，省际班线 75 条、停运班次 154 个，市际班线 136 条、停运班次 474 个，县际班线 36 条、停运班次 181 个，县内班线（城乡公交）213 条、停运班次 1628 个。市区公交线路部分停班。

8 月 15 日，副省长王建满率省交通运输厅副厅长徐纪平一行到南浔区视察 318

① ·BT 项目，即工程按照投资、施工一体化的公开招标形式确定具有相应投融资能力和施工资格 BT 合作方，建成后再转让给业主，有利于缓解时下基础设施建设需求与建设资金紧缺的突出矛盾。

国道南浔至吴兴段改建工程。

10月15日零时，湖州市最后一个非高速公路收费站104国道长兴收费站15年收费期限届满，停止收取通行费。

10月，长兴综合物流园区被中国物流与采购联合会评为“中国物流实验基地”，是2012年度浙江省唯一入选的物流基地。

11月16日，经湖州市委同意，湖州市机构编制委员会下发《关于市公路管理处等单位更名的通知》：湖州市公路管理处更名为湖州市公路管理局，浙江省湖州市港航管理局、浙江省湖州市地方海事局、浙江省湖州市航道管理局分别更名为湖州市港航管理局、湖州市地方海事局、湖州市航道管理局，浙江省湖州市公路运输管理处更名为湖州市公路运输管理局。

12月6日，304省道德清秋山至乾元段改建工程（一期）通过交工验收。工程2009年12月开工，长4.64公里。一级公路，双向八车道，总投资约6.55亿元。

12月26日上午，省交通运输厅、杭州市人民政府、湖州市人民政府联合在安吉隆重举行杭长高速公路二期工程建成通车仪式。下午3时开通运营。自此，杭长高速公路全线贯通运营。

12月31日，长湖申线一期（长兴段）扩建工程举行通航仪式。

同日，长湖申线湖州枢纽改建工程阶段初验。经验收具备试通航条件，定于2013年1月1日投入试通航。

## 2013年

1月14日，《湖州交通运输发展2013—2017年行动计划》实施。

1月14—15日，“申嘉湖高速公路湖州鹿山至安吉安城段预可行性研究报告”通过评审。路线起于湖州鹿山枢纽，终点至安吉杭长枢纽，全长44.8公里，全线设置互通式立体交叉5处（含枢纽互通2处），设计时速120公里。概算总投资67.7亿元。

1月16日，《湖州市政府购买公共交通服务办法（试行）》印发，在“购买范围、资金来源、购买方式、购买程序、监督管理”等方面作出具体规定。

2月5日，宁杭铁路德清站配套工程（一期）通过交工验收。位于德清县乾元镇西，由主线、支线和站前路三部分组成，路线全长1.76公里，采用公路结合城市道路标准设计，双向四或六车道，设计时速60公里。2011年4月开工，概算投资2.6亿元。

2月15日，104国道长兴夹浦段改建工程开工，全长5.3公里，按六车道一级公路标准设计建设，设计速度100公里/小时，概算投资2.57亿元。

2月22日，“2013年度浙江省德清县交通投资集团有限公司债券”发行，发行总额10亿元，期限七年，年利率6.40%。

3月8日，《湖州市公路边洁化专项行动实施方案》实施。

3月14日，湖州航运实业总公司LNG燃料动力船舶“浙湖新48号”轮试点方案专家论证会在杭州召开，交通运输部海事局主持。同年12月10日，国家海事局核准“浙安吉货1777”等5艘船舶LNG燃料动力改造试点。

3月20日，交通运输部党组副书记、副部长翁孟勇一行到湖州视察交通运输工作，省交通运输厅厅长郭剑彪等领导陪同。

4月26日，长湖申线湖州枢纽改建工程通过交工验收，并投入试运行。

4月28日，318国道改建工程（南浔段）举行开工仪式。项目东起老318国道南浔五桥，跨长湖申航道，经外环东路，接新荡路，向西与浔练公路、三新公路相交，跨白米塘、丁泾塘，终点接吴兴区八里店镇，全长27.7公里，建桥梁38座，工程用地总面积约210.7公顷，概算投资24.6亿元。计划工期36个月。

4月，201省道安吉兰田至良朋段整治工程开工，全长5.2公里，按一级公路标准设计建设，兼顾城市道路功能，设计行车时速度80公里，路基宽39米，概算投资8860万元。

5月3日，老104国道李家巷段市政改造工程通过竣工验收。2012年9月开工，北起新104国道，南至李家巷镇318互通立交南段，全长5.863公里，总投资1.08亿元，采用城市主干道标准，路面由原26米拓宽为30米。

5月19日，湖州市区公交车为全市城乡残疾人提供免费出行服务。凭“爱心卡”可乘坐市区设有刷卡付款功能各路城市公交车。

5月23日，杭宁高速公路长兴北互通工程开工，互通主线长0.96公里，匝道总长2.5公里，互通匝道设计时速40～60公里，概算投资1.65亿元。

5月27日，长兴杭宁高速公路至环太湖公路段（中央大道）改造工程通过交工验收。项目起自经四路交叉口处，向东上跨杭宁高速公路，经新开河村、南张浜村至站前大道，下穿杭宁高铁后，利用原太湖大道拓宽，终于环太湖公路，全长 5.23 公里。按市政主干道路一级标准建设，双向六车道，设计时速 60 公里，路基宽 38 米，配套市政、绿化等设施，配套路基宽度 50 米。全线设大桥 1 座，中桥 4 座，小桥 2 座。项目总投资 5.45 亿元。

5 月，《湖州市区城市公共交通提升行动方案（2013—2017）》出台。

6 月 9 日，《湖州市公路边“三改一拆”三年行动实施方案》实施。

6 月 14 日，G50 申苏浙皖高速公路湖州段、S12、S13 申嘉湖高速练杭段与湖州段、安吉县农村公路唐皈线被省交通运输厅命名 2012 年度文明公路。

6 月 23 日，交通运输部副部长、国家铁路局局长陆东福、中国铁路总公司副总经理卢春房一行到铁路湖州站视察。

6 月 26 日，省政协主席乔传秀一行到铁路湖州站视察。

7 月 1 日，宁杭高铁通车。铁路湖州站站前广场同时举行宁杭高铁（湖州站）开通首日体验暨湖州市高铁旅游启动开幕仪式。

7 月 21 日，S12 申嘉湖高速绿色长廊工程全面开工。工程起于桐乡与练市交界处 59K+050m，终点于东苕溪大桥 94K+800m 处，除去跨河流部分全长约 35 公里。

7 月，华能长兴电厂“上大压小”工程码头及航道工程初步设计获交通运输部批复。位于长兴县吕山乡长湖申线航道北岸，设计新建 7 个 1000 吨级泊位，码头总长 620 米，设计年通过能力 365 万吨，核定工程总概算 16645 万元，计划工期 12 个月。

7 月，《104 国道湖州五一大桥改建工程可行性研究报告》获省发改委批复。项目起于 104 国道与车站路相交处，终于 104 国道与二环南路交叉口南侧，全长约 2 公里，按一级公路标准兼顾城市道路设计，双向六车道，设计时速 60 公里,概算总投资 7.5 亿元。

7 月，湖州鑫达国际物流有限公司与上海汉升国际物流有限公司达成合作协议，联手经营吴兴区、南浔区内河集装箱运输，同年 8 月 26 日 14 时，第一艘上海至南浔内河集装箱船舶承运 20 个空箱驶入湖州鑫达国际物流有限公司集装箱专用码头。

8 月 22 日,安吉县 205 省道改建工程潘村水库段通过交工验收。205 省道改建工程潘村水库段路线全长 4.6 公里，起于原 205 省道潘村水库左坝头，终于西石坑，设隧道 3 座，总长 2.6 公里。概算投资 1.2 亿元。

8 月，长兴综合物流园区码头工程“初步设计”获省发改委批复。位于长兴县雉城镇石仙浜村长湖申线航道左岸，湖州南太湖产业集聚区长兴分区长兴综合物流园区 B 区以西，浙北大桥以南。设计建设 500 吨级泊位 10 个（水工结构按 1000 吨级设计），其中多用途泊位 2 个、杂件货泊位 6 个、散粮泊位 2 个，港区采用挖入式港池，配套建设相应的装卸设施、道路堆场、锚地、环保和管理用房等配套设施，码头年设计通行能力 262 万吨。概算总投资 40685.17 万元。

9 月 12 日，湖州市区首批公共自行车项目开工建设。设置 31 个服务亭,86 个公共自行车服务点，2400 个锁止器，2000 辆公共自行车。同年 12 月 1 日，项目投入使用。总投资 1954 万元。

9 月 18 日，市交投集团 2013 年度第 1 期中期票据（总第 3 期中票）发行。本期中票发行规模 5 亿元，期限 5 年，平安银行担任主承销商。

9 月 26 日,《湖州中心城区水上巴士发展规划》通过评审。初步确定 5 条双向对开线路，其中 3 条近期规划线路，2 条远期规划线，沿线设置 34 个站点。同年 12 月 18 日，湖州市政府印发。

10 月 6 日至 8 日，受第 23 号台风“菲特”影响，安吉县平均降雨量 349 毫米。306 省道王家庄到塘舍岭段多处山体塌方、挡墙倒塌、路面及边沟冲毁；205 省道青临线潘村水库路段路基塌方 1500 立方米、挡墙损毁严重、沿线硬路肩及边沟大范围冲毁，交通几度中断；乡村道损毁更严重；马家渡、吴山港航管理站受淹；全县运输车辆停运、船舶停航。截至 9 日上午，全县交通设施与运输业损失约 12550 万元。

10 月 14 日，湖州市交通运输应急指挥中心建设工程启动。是交通运输行业信息化管理基础性和系统性工程，主要包括应急处置、稽查指挥、行业日常运行监测、综合分析和辅助决策等核心功能。

10 月，德清县公共自行车项目启动，首批公共自行车服务站点 66 个、1500 辆公共自行车、1300 套锁止器，建设 40 个停车棚、16 个服务亭及服务网点通信、监控设备、后台管理系统等，项目概算投资 1716 万元。计划 12 月底投入使用。

10 月，吴兴区国省道干线公路保洁服务项目首次在市公共资源交易中心公开招标，标志吴兴区公路保洁工作推向市场化。

11 月 5 日，长兴捷通物流有限公司经营长兴至乍浦内河集装箱运输首航启动，标志长兴县步入海河联运时代。

11 月 19 日，安吉川达物流公司与上海国际港务集团签约，共同投资建设安吉国际物流园区。上海国际港务集团将专门为川达船舶设立中转平台，减少内河船舶靠泊时间，提高内河船舶转运效率，同时享受上海港河海中转优惠政策。

11 月，湖州市港航局自主研发的全省首艘内河航道多功能养护船在杭州钱塘船厂建成。集航道疏浚、清障、混凝土搅拌及输送、打桩等水上作业功能为一体，有船舶定位桩、混凝土搅拌及输送集成、船舶平衡稳定性自动调节、信息化监控集成等四大系统。船长 32 米，型宽 8.4 米，型深 2.5 米，吃水 1.6 米，主机 133.7 千瓦，适应五级航道以上水域航行和作业。

12 月 16 日，湖州南方物流有限公司码头工程初步设计联审会议在杭州召开，省发改委和省交通运输厅主持。位于长兴县小浦镇、长湖申线航道起始段，码头设计顺岸式布置，设计新建 11 个 500 吨级散货泊位，其中水泥熟料泊位 7 个、煤炭泊位 4 个，配套建设相应装卸设施、锚地、水泥熟料和煤炭堆存场地、环保设施等，设计年通过能力 1285 万吨，概算总投资 3.3 亿元。

12 月，长兴县长桥至虹星桥公路工程可行性报告获省发改委批复。项目起于长兴长桥乡（老 318 国道与画溪大道相交处），终于虹星桥镇，与新 318 国道相交，路线全长约 8 公里，按一级公路标准设计，兼具城市道路功能，设计时速 80 公里，概算投资 6.4 亿元。

12 月末，杭长高速公路北延（泗安至浙苏界）工程开工。项目起自长兴泗安枢纽，向北经泗安镇、槐坎乡、白岘乡，终于浙苏交界葡萄岭，与江苏省宜长高速公路相接，全长 30.24 公里。按高速公路标准建设，设计时速 100 公里。全线设一般互通 3 处、枢纽互通 1 处，匝道收费站 3 处、主线收费站 1 处，服务区 1 处。建特大桥 2 座、大桥 11 座、中小桥 10 座，长隧道 1.5 座、中短隧道 2 座。概算投资 40.42 亿元。

# 第一编　陆　路

陆路运输是人类最先应用的运输方式。从战国时“吴越间道”和历代驿道到民国时“杭长公路”，从人力车到机动车，经历漫长历史发展过程。各种机动车辆问世经百余年历史，成为人类生活和生产活动不可缺少的运输工具。尤其近 20 年间，湖州市机动车数量激增，全市道路建设规模空前。1992 年末实现乡乡镇镇通公路，2000 年实现境内高速公路零的突破，2003 年末实现湖州中心城市到各县区首位镇 1 小时公路交通圈，2005 年末提前两年实现全市建制村全部通公路，2006 年末实现“城乡公交一体化”，2008 年初县区全部通达高速公路。铁路建设步伐不断加快，2009 年启动宁杭高铁建设，与高铁相伴随，湖州综合交通枢纽带动湖州城市品位和客运功能提升。“三园六中心”物流基地布局正推动传统公路货运向现代物流转变。

# 第一章　公路交通设施

前志载，湖州市境公路建设始于民国 14 年（1925）7 月，余杭西门至武康上柏，境内长不足 5 公里。至民国 26 年（1937）抗日战争爆发前夕，建成 4 条公路计 208.5 公里，路宽 3～5 米，路面为泥石或泥土。至 1949 年 4 月解放时，市境公路通车里程为 176.5 公里。新中国成立后，公路建设步伐不断加快。1951 年 9 月，交通部将公路划分为国道、省道、县道、乡道。国省道干线公路由省统一计划投资建设改造。县乡道地方公路以民工建勤（民工义务劳动为主，有少量补贴）、民办公助（地方自建、国家补助）、厂矿单位自建等办法修建。1978 年改革开放之前，建设资金缺少，技术标准不高，公路修建以但求其通为主要目标。1978 年末，全市公路通车里程 1200.4 公里，其中市直辖区（今吴兴、南浔两区域）176 公里，德清县 186 公里，长兴县 232 公里，安吉县 607 公里。1980 年后，公路建设开始推行“普及与提高相结合，以提高为主”方针，改革计划管理体制，多渠道筹集建设资金，加快公路建设改造步伐。1990 年末，全市公路 1841.29 公里（市直辖区 359.27 公里、德清县 285.06 公里、长兴县 404.01 公里、安吉县 772.3 公里），其中国道 174.98 公里、省道 277.80 公里，县道 727.07 公里、乡道 622.52 公里、专用公路 38.92 公里。以国土面积和人口计算全市公路密度 31.65 公里/百平方公里和 7.51 公里/万人。全市等级公路 1602.68 公里，其中二级公路 102.53 公里、三级公路 208.74 公里、四级公路 1291.41 公里。高级[①]次高级[②]路面 408.14 公里，其中高级路面 127.69 公里。全市 141 个乡镇，有 133 个通公路。

1992 年 12 月，省政府《关于加快交通基础设施建设的通知》，明确支持地方政府实施“四自”工程（自行贷款、自行建设、自行收费、自行还贷）。公路建设自此步入快速发展时期。“四自”政策缓解公路建设资金长期短缺状况，逐步向高标

① 高级路面，指水泥混凝土路面和沥青混凝土路面。

② 次高级路面，指简易铺装硬化路面

准、高质量迈进。1993 年，市境出现第一个“四自”公路项目。至 2010 年末，全市陆续经省政府批准的“四自”公路项目 27 个，新建、改造公路里程 787.39 公里，其中高速公路 264.11 公里、一级公路 262.44 公里、二级公路 260.85 公里。“四自”公路建设总投资 201.41 亿元。1991—2010 年经历 4 个五年计划，其中“八五”期间，全市公路建设完成投资 18.37 亿元；“九五”期间，形成并开始实施“四纵三横三连”公路干线网络建设规划，规划期完成公路建设投资 44.97 亿元；“十五”期间，公路干线网络建设规划提升为“五纵四横十连”，全市实现“一小时公路交通圈”，完成建设投资 104.8 亿元；“十一五”期间，公路建设规划发展为“三纵两横高速公路网”“三纵两横八连干线公路网”和“城市快速网”建设，规划期内完成建设投资 163.5 亿元。

2010 年末，全市公路总里程 7890.12 公里。以市境国土面积和人口计算，公路密度为 135.62 公里/百平方公里和 30.44 公里/万人，分别高于全省公路密度平均水平 27.39 和 7.08 个百分点。

**湖州市历年公路里程等级**

表 1-1　　　　单位：公里

| 年度 | 公里里程总计 | 等级公路 | | | | | | | 等外公路 |
|---|---|---|---|---|---|---|---|---|---|
| | | 合计 | 高速 | 一级公路 | 二级公路 | 三级公路 | 四级公路 | 准四级公路 | 合计 |
| 1991 | 1919.49 | 1658.89 | — | — | 102.53 | 221.84 | 1334.52 | — | 160.6 |
| 1992 | 1848.69 | 1751.84 | — | — | 102.53 | 257.46 | 1391.85 | — | 96.85 |
| 1993 | 1866.23 | 1751.84 | — | — | 102.53 | 257.46 | 1391.85 | — | 114.39 |
| 1994 | 1913.747 | 1894.557 | — | — | 145.89 | 323.456 | 1425.211 | — | 19.19 |
| 1995 | 1961.496 | 1859.616 | — | — | 145.89 | 420.925 | 1292.801 | — | 101.88 |
| 1996 | 2055.936 | 1977.156 | — | — | 161.05 | 458.465 | 1357.641 | — | 78.78 |
| 1997 | 2155.3 | 2083.5 | — | 151.8 | 46.5 | 471.3 | 1413.9 | — | 71.8 |
| 1998 | 2188.072 | 2116.282 | — | 144.72 | 83.01 | 464.97 | 1423.582 | — | 71.79 |
| 1999 | 2240.32 | 2149.9 | — | 144.72 | 83.01 | 442.73 | 1479.44 | — | 90.42 |
| 2000 | 2240.32 | 2149.9 | — | 144.72 | 83.01 | 442.73 | 1479.44 | — | 90.42 |
| 2001 | 2470.26 | 2359.08 | 34.42 | 240.06 | 257.18 | 303.52 | 1523.9 | — | 111.18 |
| 2002 | 2800.715 | 2673.733 | 86.064 | 240.062 | 259.281 | 317.221 | 1771.105 | — | 126.982 |

续表 1-1

| 年度 | 公里里程总计 | 等级公路 | | | | | | | 等外公路 |
|---|---|---|---|---|---|---|---|---|---|
| | | 合计 | 高速 | 一级公路 | 二级公路 | 三级公路 | 四级公路 | 准四级公路 | 合计 |
| 2003 | 2815.45 | 2690.598 | 86.064 | 241.288 | 271.718 | 349.235 | 1742.293 | — | 124.852 |
| 2004 | 3039.462 | 2924.669 | 86.064 | 270.356 | 276.148 | 342.829 | 1942.272 | — | 114.793 |
| 2005 | 3044.862 | 2930.069 | 86.064 | 273.375 | 273.129 | 342.829 | 1954.672 | — | 114.793 |
| 2006 | 6937.598 | 5066.383 | 174.289 | 288.103 | 320.304 | 303.1 | 3573.451 | — | 1871.215 |
| 2007 | 7107.439 | 5323.475 | 235.388 | 290.044 | 359.003 | 310.208 | 3822.491 | — | 1783.964 |
| 2008 | 7386.111 | 6098.505 | 235.388 | 333.79 | 391.845 | 307.322 | 4830.16 | | 1287.606 |
| 2009 | 7747.001 | 6951.924 | 263.97 | 345.61 | 413.975 | 307.571 | 5620.798 | | 795.077 |
| 2010 | 7890.123 | 7143.514 | 264.107 | 347.04 | 462.502 | 330.605 | 5021.242 | 718.018 | 746.609 |

说明：2006 年始，公路总里程中包括了村道里程数并增加准四级公路统计数据（准四级公路部报时计入四级）

## 2010 年末公路里程到达数（按技术等级分）

表 1-2　　　　单位：公里

| 类别 | 总计 | 等级公路 | | | | | | 等外公路 |
|---|---|---|---|---|---|---|---|---|
| | | 合计 | 高速 | 一级公路 | 二级公路 | 三级公路 | 四级公路 | |
| 总计 | 7890.123 | 7143.514 | 264.107 | 347.04 | 462.502 | 330.605 | 5739.26 | 746.609 |
| 1.国道 | 352.379 | 352.379 | 174.645 | 176.817 | 0917 | — | — | — |
| 其中：国家高速公路 | 174.645 | 174.645 | 174.645 | — | — | — | — | — |
| 2.省道 | 376.29 | 376.29 | 89.462 | 66.049 | 130.828 | 69.738 | 20.213 | — |
| 3.县道 | 1625.689 | 1622.68 | — | 95.562 | 292.859 | 200.116 | 1034.143 | 3.009 |
| 4.乡道 | 1391.543 | 1391.543 | — | 2.301 | 18.515 | 21.147 | 1349.58 | — |
| 5.专用公路 | 83.228 | 83.228 | — | — | 1.523 | — | 81.705 | — |
| 6 村道 | 4060.994 | 3317.394 | — | 6.311 | 17.86 | 39.604 | 3253.619 | 743.6 |

说明：一级公路统计中含二级加宽公路（即路基路面宽度达到一级标准）。

## 2010 年末公路里程到达数（按路面类型分）

表 1-3　　单位：公里

| 类别 | 总计 | 有铺装路面（高级） | | | 简易铺装路面（次高级） | 未铺装路面（中级、低级、无铺装路面） |
|---|---|---|---|---|---|---|
| | | 合计 | 沥青混凝土 | 水泥混凝土 | | |
| 总计 | 7890.123 | 5598.913 | 4051.259 | 1547.654 | 1028.93 | 1262.28 |
| 1.国道 | 352.379 | 352.379 | 350.005 | 2.374 | — | — |
| 其中：国家高速公路 | 174.645 | 174.645 | 174.645 | — | — | — |
| 2.省道 | 376.29 | 376.29 | 367.78 | 8.51 | — | — |
| 3.县道 | 1625.689 | 1084.834 | 974.727 | 110.107 | 540.855 | — |
| 4.乡道 | 1391.543 | 985.044 | 691.643 | 293.401 | 406.499 | — |
| 5.专用公路 | 83.228 | 54.597 | 51.964 | 2.633 | 28.631 | — |
| 6.村道 | 4060.994 | 2745.769 | 1615.14 | 1130.629 | 52.945 | 1262.28 |

## 2010 年公路密度及乡村通达情况

表 1-4

| 行政区划 | 公路密度 | | 乡（镇）通达情况 | | 建制村通达情况 | |
|---|---|---|---|---|---|---|
| | 以国土面积计算（公里/百平方公里） | 以人口计算（公里/万人） | 乡镇总数（个） | 通达乡镇数（个） | 建制村总数（个） | 已通达建制村（个） |
| 湖州市 | 135.62 | 30.44 | 59 | 59 | 992 | 992 |
| 吴兴区 | 133.14 | 19.24 | 8 | 8 | 214 | 214 |
| 南浔区 | 207.10 | 29.82 | 9 | 9 | 221 | 221 |
| 德清县 | 118.73 | 25.94 | 11 | 11 | 166 | 166 |
| 长兴县 | 141.95 | 32.71 | 16 | 16 | 222 | 222 |
| 安吉县 | 113.56 | 46.85 | 15 | 15 | 169 | 169 |

# 第一节　国　道

前志载，1990 年末，经湖州市境的国道公路有 G104 线和 G318 线两条。104 国道（北京—济南—南京—福州线）经浙江省线路 717.81 公里（长兴父子岭—温州分水关），湖州管养里程 100.438 公里，318 国道（上海—武汉—成都—拉萨—聂拉木线）经浙江省线路 100.032 公里，均为湖州管养里程。

2002 年，交通部根据全国公路普查及公路发展需要，调整公路编号，长深高速和沪渝高速纳入国道等级，线路编号分别为 G25 和 G50。至此，湖州市境有 4 条国道。如下表：

**2002 年湖州市域国道情况**

表 1-5

| 线路名称 | 线路编号 | 起讫地点 | 路线里程（公里） | 所经县（区） | 路线起讫桩号 | 路段里程（公里） |
|---|---|---|---|---|---|---|
| 长深高速 | G25 | 父子岭—獐山 | 86.42 | 长兴县 | 2191—2221.35 | 30.35 |
| | | | | 吴兴区 | 2221.35—2254.9 | 33.55 |
| | | | | 德清县 | 2254.9—2277.42 | 22.52 |
| 沪渝高速 | G50 | 南浔镇楼东村东侧—界牌 | 88.225 | 南浔区 | 111—120.789 | 9.789 |
| | | | | 吴兴区 | 120.789—148.284 | 27.495 |
| | | | | 长兴县 | 148.284—199.225 | 50.941 |
| 京福线 | G104 | 父子岭—马头关 | 99.849 | 长兴县 | 1310—1343.76 | 33.76 |
| | | | | 吴兴区 | 1343.76—1389.956 | 46.196 |
| | | | | 德清县 | 1389.956—1409.849 | 19.893 |
| 沪聂线 | G318 | 古楼港村—界牌 | 77.885 | 南浔区 | 119—129.862 | 10.862 |
| | | | | 吴兴区 | 129.862—168.319 | 29.392 |
| | | | | 长兴县 | 168.319—215.971 | 37.631 |

# 一　25 国道湖州段

25 国道即原“长深高速”，其湖州段又名杭宁高速公路湖州段。

25 国道（长深高速）是国家规划建设的 12 条国道主干线之一，是浙江省“两纵两横十八连三绕三通道”公路主骨架重点工程。省境内全长 99.161 公里，市境内长 86.064 公里。南起杭州市绕城高速公路北线和进出市区快速干道衢州路相连的南庄兜，往北经余杭、德清、湖州、长兴，至浙苏两省交界处父子岭。全线共征地 825.35 公顷，拆除永久性建筑 22.76 万平方米、临时性建筑 2.02 万平方米。其中市境征地 694.27 公顷，拆除永久性建筑 17.67 万平方米，拆除临时性建筑 1.5 万平方米。全线软土地基占总里程的 48%。全线建造桥梁 114 座，平均不到 1 公里有 1 座桥梁。项目工程总投资 40 亿元，由省、市、县（区）共同投资联合建设。工程分两期实施。

杭宁高速公路湖州施家桥段

一期工程起于湖州长兴县长洪公路南侧王家浜，止于湖州市青山集镇东南侧，全长 35.2 公里。工程采用交通部《公路工程技术标准》及《公路路线设计规范》规定的平原微丘高速公路标准，全封闭全立交，设计车速 120 公里/小时，桥涵设计荷载汽—超 20，挂—120。路基宽度 33.5 米，预留六车道，路面宽 17.5 米（按四车道设计）。全线有桥梁 28 座，其中多孔跨径总长度 100 米以上的大桥 11 座、3823.62 延米，互通式立交桥 3 座。路面采用沥青混凝土铺筑。1997 年 12 月 16 日动工建设，2000 年 12 月 18—22 日，省交通厅工程质量监督站组织交工质量鉴定。经鉴定，工程质量综合评定 89.7 分，单位工程合格率 100%，单位工程优良率 90%。2000 年 12 月 27 日通车投入营运。

二期工程分杭州绕城公路北段与进出市区快速干道衢州路相连的南兜庄至湖州青山段、长兴王家浜至父子岭段两段，全长 63.961 公里，其中市境内 55.233 公里（长兴县 21.507 公里、湖州市区 11.696 公里、德清县 22.03 公里）。工程采用交通部《公路工程技术标准》和《公路路线设计规范》规定的平原微丘高速公路标准，全封闭全立交，设计时速为120公里/小时。全线采用高速公路六车道标准建设，路面采用沥青混凝土铺筑，路基宽度34.5米，路面宽17.5米（按四车道设计），桥涵与路基同宽。全线桥涵设计车辆荷载汽车—超20、挂车—120，地震基本烈度为六度。市境段有桥梁65座，其中多孔跨径总长度1000米以上的特大桥1座、1319.5延米（秋山互通1号桥），多孔跨径总长度100米以上的大桥24座、7569.48延米，设互通立交5座（鹿山互通立交、长兴互通立交、夹浦互通立交、青山互通立交、秋山互通立交）。市境段总投资27.8亿元，1999年9月28日开工建设。2002年10月14—18日和10月29日至11月1日由省交通厅质监站组织交工质量鉴定，工程合格率100%，单位工程优良率96.8%。2002年11月28日，杭宁高速公路浙江段全线建成通车。2004年4月21日，组建浙江杭宁高速公路股份有限公司，经营和管养杭宁高速公路浙江段，市境吴兴区域段占股15.037%，长兴县段占股8.685%，德清县段股权于2005年12月以4.5亿元出售给上海标准基础设施投资集团有限公司。

2004年3月17—18日，省交通厅工程质量监督站根据《浙江省交通建设工程质量监督实施细则》，对杭宁高速公路浙江段一期、二期工程进行竣工质量检验，来自设计、施工、监理、建设单位和省高速交警、路政等有关部门的人员参加，认为杭宁高速公路浙江段一期工程建成通车三年多、二期工程投入运营一年多，保持路基稳定，路面平整，线性顺适，桥梁使用状况良好，绿化及交通安全设施齐全，较好处理交工验收报告中遗留问题，检验评定一期工程综合得分89.7分，二期工程综合得分93.3分，均为优良工程。

杭宁高速公路浙江湖州段设7个收费站点、2个服务区。

**德清收费站**　位于德清县武康镇秋山村，设8个车道，包括3个进口车道和5个出口车道。2002年11月28日起收取车辆通行费。

**青山收费站**　位于吴兴区东林镇青山南侧，设7个车道，包括3个进口车道和4个出口车道。2000年12月27日起收取车辆通行费。

**湖州收费站**　位于湖州南门外鹿山，共设9个车道，包括3个进口车道和6个出口车道。2000年12月27日起收取车辆通行费。

**湖州南北收费站**　位于湖州市区西杨家埠集镇西侧，设9个车道，包括3个进口车道和6个出口车道。2000年12月27日起收取车辆通行费。

**长兴南收费站**　位于长兴县冯家湾，设11个车道，包括4个进口车道和7个出口车道。2000年12月27日起收取车辆通行费。

**长兴收费站**　位于长兴县开发区中央大道与陈王路交叉路口，设10个车道，包括4个进口车道和6个出口车道。（2014年5月18日起收取车辆通行费。）

**夹浦收费站（长兴北收费站）**　位于长兴县夹浦镇夹浦村，设5个车道，包括2个进口车道和3个出口车道。2002年11月28日收取车辆通行费。（2014年5月改名长兴北收费站。）

**父子岭浙苏省际收费站**　位于长兴县父子岭村，共设20个车道，包括10个出口和10个进口车道，与江苏宁杭高速公路实行联合收费。于2002年11月28日起收取车辆通行费。

**太湖服务区**　地处江浙两省交会处的太湖之滨，占地10公顷，建筑面积5000多平方米，集加油站、停车场、汽车维修站、餐厅、商场为一体综合服务区，2003年8月开始对外营业。

**湖州青山服务区**　位于东林镇青山附近，占地73205平方米。服务区项目包括东西两区综合楼、停车泊位、出入口连接线及消防通道和绿化，集停车、休息、餐饮、购物、住宿及机修、加油、水电配套设施等功能为一体。原定湖州停车区，2003年省交通厅制定《浙江省高速公路网服务设施总体布设规划（2003—2010年）》被列入湖州服务区工程项目。2008年3月18日开工建设，2009年建成对外营业。

**G25国道（杭宁高速公路）湖州境段车流量与收费额**

表1-6

| 年份 | 进出口年交通流量 | 年收费额 |
|---|---|---|
| 2005 | 2258万余辆 | 约8亿元 |
| 2006 | 2352万余辆 | 约8亿元 |
| 2007 | 2596万余辆 | 约8亿元 |
| 2008 | 2817万余辆 | 约10亿元 |
| 2009 | 3149万余辆 | 约10亿元 |
| 2010 | 3542万余辆 | 约10亿元 |

说明：表中收费额为杭宁高速公路股东湖州市交通投资集团提供的估算数

**25 国道（杭宁高速公路）湖州市境段出入口**

表 1-7

| 序号 | 出入口名称 | 公路桩号　地域位置 | 连接线路 |
|---|---|---|---|
| 1 | 父子岭 | K2190+860　长兴县 | 宁杭高速（江苏段） |
| 2 | 夹浦（长兴北） | K2198+510　长兴县 | 104 国道 |
| 3 | 长兴 | K2208+000　长兴县 | 104 国道 |
| 4 | 长兴南 | K2212+309　长兴县 | 104 国道 |
| 5 | 湖州北 | K2224+924　吴兴区 | 104 国道 |
| 6 | 湖州南 | K2233+687　吴兴区 | 104 国道 |
| 7 | 青山 | K2249+094　吴兴区 | 104 国道 |
| 8 | 德清 | K2267+537　德清县 | 304 省道 |

## 二　50 国道湖州段

50 国道即原沪渝高速公路，其湖州段又名申苏浙皖高速公路湖州段。

50 国道是国家高速公路“7918 网”中东西横向 18 条主线公路中上海至重庆高速公路组成部分，省 2003—2020 年公路建设规划“两纵两横十八连三绕三通道”中一连，是浙江连接上海、江苏、安徽两省一市省际干线公路。全长约 1768 公里。其中浙江段 88.226 公里，途经湖州市八里店、环渚、白雀、李家巷、林城、泗安等乡镇，设浙苏、南浔、织里、湖州、长兴（西）、林城、泗安、浙皖交界八个收费站和湖州、长兴两个服务区，有特大桥 4 座、大桥 10 座、中小桥 44 座、通道 134 座、涵洞 151 座、分离立交 17 座、隧道 1 座（单洞 1050 米）。浙江段全线征地 9159.31 亩（610.62 公顷），工程总投资 52.34 亿元。工程分两期实施：

一期工程（湖州南浔至长兴姚家桥段），线长 60.886 公里，工程采用平原微丘区高速公路标准设计，路基宽度 35.0 米，计算行车速度 120 公里/小时，双向六车道、全封闭、全立交。分别在南浔、织里、湖州、李家巷（跨杭宁高速公路）、长兴五处设置互通立交，在南浔区洪塘设服务区 1 处，工程概算总投资 41.34 亿元。2003 年 7 月开工建设，2006 年 10 月 30 日建成试运营。

二期工程（长兴姚家桥至浙皖界牌），与一期工程终点相接，经林城、泗安、止于浙皖界牌，与安徽省境内宣广高速公路相接，全长 27.34 公里，利用原 318 国道改建。工程采用平原微丘区高速公路标准设计，路基宽度25.5米，计算行车速度100公里/小时，双向四车道（按六车道路基宽33.5米预留征地）、全封闭、全立交。工程概算投资10.61亿元。2004年8月开工建设，2006年10月30日建成并试运营。

经4年多通车试运营，2010年12月31日，50沪渝高速浙江湖州段一、二期工程项目建设综合质量分别以93.9分、90.7分通过省交通运输厅组织的竣工验收，综合评价等级优良。公路进入正式营运阶段，由浙江省交通投资集团有限公司全额出资组建的浙北高速公路管理有限公司经营和管养。

50沪渝高速（申苏浙皖高速）公路浙江湖州段有特大桥梁4座（吴越分离式立交特大桥、织里互通主线特大桥、长兜港大桥、李家巷枢纽主线桥），有互通立交7座（南浔互通立交、织里互通立交、湖州互通立交、李家巷枢纽、长兴西互通立交、林城互通立交、泗安互通立交）。

湖州境段设7个收费站点和2个服务区：

**浙苏收费站**　位于南浔区富强村浙苏两省交界处，设26个收费车道，包括13个进口车道和13个出口车道。2006年10月30日起收取通行费。

**南浔收费站**　位于南浔镇东迁圣驾村，设9个收费车道，包括3个进口车道和6个出口车道。2006年10月30日起收取通行费。

**织里收费站**　位于织里镇大港村，设5个收费车道，包括2个进口车道和3个出口车道。2006年10月30日起收取通行费。

**湖州收费站**　位于吴兴区环渚乡新安村，设19个收费车道，包括9个进口车道和10个出口车道。2006年10月30日起收取通行费。

**长兴西收费站**　位于长兴县姚家桥长桥村，设7个收费车道，包括3个进口车道和4个出口车道。2006年10月30日起收取通行费。

**林城收费站**　位于长兴县林城镇石狮村，设6个收费车道，包括3个进口车道和3个出口车道。2006年10月30日起收取通行费。

**泗安收费站**　位于长兴县泗安镇太平村，设6个收费车道，包括3个进口车道和3个出口车道。2006年10月30日起收取通行费。

**浙皖主线收费站**　位于长兴县泗安镇大东村，设14个收费车道，包括5个进口车道和9个出口车道。2006年10月30日起收取通行费。

浙皖高速公路主线收费站

申苏浙皖高速公路湖州服务区

**湖州服务区**　位于南浔区塘洪村，占地 10.47 公顷，建筑面积 5623.28 平方米；集加油站、停车场、汽车维修、餐厅、商场为一体综合服务区，2006 年 10 月 30 日开始对外营业。

**长兴服务区**　位于长兴县林城镇阳光村，占地面积 9.99 公顷，建筑面积 5048 平方米。集加油站、停车场、汽车维修、餐厅、商场为一体综合服务区，2006 年 10 月 30 日起对外营业。

### G50（申苏浙皖）高速公路浙江湖州段车流量与收费额

表 1-8

| 年份 | 进出口年交通流量（辆次） | 年收费额（元） |
|---|---|---|
| 2007 | 6626927 | 321963235 |
| 2008 | 10018715 | 385183955 |
| 2009 | 11872581 | 440863320 |
| 2010 | 13549349 | 515475810 |

### G50（申苏浙皖）高速公路湖州境段出入口

表 1-9

| 序号 | 出入口名称 | 公路桩号 地域位置 | 连接线路 |
|---|---|---|---|
| 1 | 南浔 | K116+340　南浔区 | 南浔大道 |
| 2 | 织里 | K127+250　织里镇 | 湖织大道 |
| 3 | 湖州 | K138+630　湖州市区 | 湖织大道 |
| 4 | 长兴西 | K170+450　长兴县城 | 318 国道 |
| 5 | 长兴林城 | K178+480　长兴林城 | 鼎兴中路 |
| 6 | 长兴泗安 | K191+120　长兴泗安 | 204 省道 |

## 三　104国道湖州段

前志载，104国道湖州境段始建于民国18年（1929），次年建成，路宽3～5米，泥石路面。后因战争破坏、连年失养，路况极差。1949年解放时道路坑洼连片、杂草丛生，桥梁摇晃。解放后历经数度改造，路况逐步改善。尤其是改革开放后，改造力度空前加大。1986—1989年全线按二级公路标准进行改造。1990年末，104国道湖州境段长100.4公里，自江浙两省交界处父子岭（公路桩号1310K+000）入境，至余杭县和德清交界点马头关（公路桩号K 1409+761）止，路面大多为单向二车道，路基宽以12米为主，路面宽以9米为主。

1994后，湖州交通部门继续对104国道市境段拓宽改建、裁弯取直，长度减为99.76公里（1310K—1409.849K），水泥路面，宽度大多增至16～18米（最宽路段路基达到46米）。随着公路使用年限增加，水泥混凝土路面在水乡地区的不适应性逐渐显现。受湖州境内地下水位高，水稳性差，浸水时间长等因素影响，水泥混凝土路面破损率逐渐增加，且水泥板块修复期长，一旦修理只能实行半幅通车，严重影响公路畅通。为此，2001年开始实施“白改黑”工程，即破碎水泥板块，铺装沥青混凝土面层，同年吴兴、长兴段各自改建试验，2004年起，实施全线路面改造，至2009年，全线完成改建。

**104国道吴兴境段**　1994年10月起，改建起自杭长桥（1354K+100）经一字桥终于五一桥（1357K+900）计2.75公里，按平原微丘二级加宽标准，设计双向四车道，时速 80 公里。路面除桥头过渡段沥青铺装，余为混凝土路面。桥梁负载汽—20，挂—100，总造价1780万元。1995年5月至1996年底，改建起自五一大桥（1357k+100），终于城南村（1361k+100）计4公里路段（一期工程）。1996年4月至1997年底，实施二期改建，改建里程39.03公里，北起与长兴交界界牌处，终于与德清交界之耀武关。按平原微丘二级公路加宽，基本沿原公路侧另建一条二级公路，其中分离式路基各宽12米，路面各宽9米，整体式路基横幅大于或等于24.5米，水泥混凝土路面，桥涵荷载汽—20，挂—100，总投资 16.5 亿元。至此，104国道吴兴境段改建基本完成。2001年3月，104国道湖州鹿山立交改建工程开工，全长0.85公里，其中桥长303米。同年10月完工，12月通过交工验收。2002年6月至2003年11月，对一字桥北境—杭宁高速鹿山口子段进一步拓宽改建。其中，

“一字”“五一”2 座桥梁实施拓宽，5.08 公里路段拓宽为双向六车道，工程造价 8873 万元。2004 年 3 月至 2006 年 11 月，湖州—杨家埠段拓宽改造，工程全长 10.54 公里，按一级公路标准建设，路基宽 46 米，双向六车道，公路中间绿化隔离带 10 米，新建大桥（九九桥）1 座，改建大桥（杭长桥）1 座，新建苏家庄高架互通立交 1 座，总投资 3.7 亿元。

**104 国道长兴境段** 全长 33.76 公里。1994 年，雉城过城段东移出城区，新建过境段 4.95 公里，新建过境段路幅 32 米。1996 年 4 月至 1997 年 7 月，全线拓宽改建。雉城镇以北（1310K+000—1328K+800）新建二级加宽公路，与 104 国道原公路组成上下行分离式公路，路基各宽 12 米，路面各宽 9 米；雉城—李家巷路段（1334K+250—1344K+350）路基拓宽为 27.5 米，双向四车道，两侧再分设 5 米慢车道。长兴境段行车道 24 厘米厚水泥混凝土路面，中小桥涵与路基同宽，设计荷载汽—20，挂—100。全线改造桥梁 25 座 762 延米，其中大桥 1 座、中桥 17 座、小桥 7 座。工程总造价 1.74 亿元。1999 年 1 月 20 日，长兴雉城过境分流线工程开工，分流线长 3.14 公里，2000 年 9 月 10 日完工。2001 年 8 月 5 日，冯家湾分离立交及接线工程开工，次年完工。2007 年 5 月 12 日，长兴段东移一期工程（经三线南延）开工，工程北起经三路南端，与已建成经三路相接，南与 104 国道相接为终点，一级公路技术标准设计，双向六车道，大桥 1 座（杨湾大桥全长 338 米，宽 52 米），长 1.92 公里，总投资 1.93 亿元，2008 年 12 月 27 日通过交工验收。经三线南延工程的建成通车拉伸长兴城区框架，改善长兴经济开发区交通状况和投资环境。2009 年 12 月 1 日，104 国道经三线北延段开工建设，长 4.31 公里，技术标准六车道一级公路，设计速度 100 公里/小时（2011 年 10 月 25 日，104 国道经三线北延段 4.31 公里通过交工验收并通车）。

**104 国道德清段** 全长 19.893 公里，北起耀武关（1389K+956），南止马头关（1409K+849）。1994 年 3 月起，按平原微丘二级加宽（一级路幅）拓宽改建，由原 12 米路基拓宽为 24.5 米，9 米路面拓宽为 15 米（双向四车道），水泥混凝土路面，其中武康城区段 4.27 公里实施 18 米宽机动车道，2×2 米绿化带，2×6 米非机动车和人行道。桥涵荷载汽—20，挂—100。一期工程 1994 年 3 月—12 月；二期工程 1994 年 8 月至 1995 年 10 月；三期工程 1996 年 4 月—11 月，工程总投资 1.3 亿元。

## 2010年末104国道湖州境段概况

表1-10

| 路段桩号 | | 里程（公里） | 路段名称 | | 技术等级 | 面层类型 | 路基宽度（米） | 路面宽度（米） | 车道分类 |
|---|---|---|---|---|---|---|---|---|---|
| 起点 | 止点 | | 起点 | 止点 | | | | | |
| 1310.00 | 1326.03 | 16.03 | 父子岭 | 新港桥 | 一级 | 沥青 | 24.4 | 22.4 | 四车道 |
| 1326.04 | 1328.59 | 2.56 | 新港桥 | 长兴无限转盘 | 一级 | 沥青 | 49.8 | 35.8 | 四车道 |
| 1328.59 | 1331.62 | 3.03 | 长兴无限转盘 | 钮店湾 | 一级 | 沥青 | 49.6 | 34.4 | 四车道 |
| 1331.62 | 1333.74 | 2.12 | 钮店湾 | 冯家湾 | 一级 | 沥青 | 38.2 | 32.4 | 四车道 |
| 1333.74 | 1336.61 | 2.87 | 冯家湾 | 刘家渡 | 一级 | 沥青 | 28.4 | 25.4 | 四车道 |
| 1336.61 | 1337.71 | 1.10 | 刘家渡 | 大茆洋桥 | 一级 | 沥青 | 32.4 | 31.4 | 四车道 |
| 1337.71 | 1341.13 | 3.43 | 大茆洋桥 | 戚家山 | 一级 | 沥青 | 28.8 | 28.8 | 四车道 |
| 1341.13 | 1343.76 | 2.63 | 戚家山 | 黄芝山 | 一级 | 沥青 | 28.8 | 28.8 | 四车道 |
| 1343.76 | 1344.71 | 0.95 | 黄芝山 | 老杨家埠收费站 | 一级 | 沥青 | 24.5 | 15 | 四车道 |
| 1344.71 | 1344.96 | 0.25 | 老杨家埠收费站 | 杨家埠 | 一级 | 沥青 | 30.2 | 22.5 | 六车道 |
| 1344.96 | 1351.68 | 6.71 | 杨家埠 | 立交桥北 | 一级 | 沥青 | 30.2 | 22.5 | 六车道 |
| 1351.68 | 1352.83 | 1.15 | 立交桥北 | 龙溪 | 一级 | 沥青 | 30.2 | 30 | 八车道 |
| 1352.83 | 1353.30 | 0.48 | 龙溪 | 立交桥南 | 一级 | 沥青 | 30.2 | 30 | 八车道 |
| 1353.30 | 1361.36 | 8.06 | 立交桥南 | 宛山对坞村 | 一级 | 沥青 | 30.2 | 24.5 | 六车道 |
| 1361.36 | 1371.68 | 10.32 | 宛山对坞村 | 1371.677 | 一级 | 沥青 | 24.5 | 15. | 四车道 |
| 1371.68 | 1372.82 | 1.14 | 1371.677 | 1372.82 | 一级 | 沥青 | 24.5 | 18 | 四车道 |
| 1372.82 | 1380.50 | 7.68 | 1372.82 | 1380.5 | 一级 | 沥青 | 24.5 | 15 | 四车道 |
| 1380.50 | 1381.45 | 0.95 | 1380.5 | 官泽2号桥 | 一级 | 沥青 | 24.5 | 16.5 | 四车道 |
| 1381.45 | 1389.96 | 8.51 | 官泽2号桥 | 耀武关 | 一级 | 沥青 | 24.5 | 15 | 四车道 |
| 1389.96 | 1396.13 | 6.17 | 耀武关 | 1396.126 | 一级 | 沥青 | 25.2 | 17 | 四车道 |
| 1396.13 | 1401.00 | 4.88 | 1396.126 | 1401.004 | 一级 | 沥青 | 37.2 | 17 | 四车道 |
| 1401.00 | 1409.76 | 8.76 | 1401.004 | 马头关 | 一级 | 沥青 | 25.2 | 17 | 四车道 |
| 1409.76 | 1409.85 | 0.09 | 1401.004 | 马头关 | 一级 | 沥青 | 25.2 | 17 | 四车道 |

说明：104国道市境段路基路面宽度达到一级标准。其余指标有部分未达一级，实际为二级加宽标准，统计时归入一级公路

## 四 318国道湖州段

318 国道即上海至西藏聂拉木公路。市境段自南浔入境，在长兴县与安徽广德县交界处出境，全长 96.971 公里，桩号为 119K—215.971K。其中，与 104 国道重复 19.086 公里（318 国道的 159.254K—178.34K 与 104 国道 1337.39K—1352.825K 重复），按省交通厅规定统计在 104 国道中，故 318 国道统计里程 77.885 公里。

前志载，318 国道南浔—湖州段始建于民国 23 年（1934），次年建成，路宽 5 米，泥石路面，石台木面桥梁。抗战时期路毁桥拆，1948 年浔湖段修复通车。长兴段始建于民国 31 年（1932），次年建成，泥石路面宽 3 米，木桥 40 余座。抗日战争战争期间全路掘毁。解放后，浔湖段、长兴段历经改造。至 1990 年，浔湖线路宽 9 米、长兴段路宽 7 米，其中出入城镇路段 12～14 米，沥青或水泥混凝土路面。

1991—2010 年，318 国道在市境走向有较大调整。原从南浔入境，经湖州南门菜花径，过杭长桥，在长兴县走雉城南门，从与安徽交界处出境。经改造，原经湖州南门菜花径调整为北移外环，从八里店蜀山东侧起，新建 318 国道湖州外环线，经南塘漾、龙溪港、新塘港、凤凰经济技术开发区，再延入 104 国道与 318 国道重复地段，调整长度 11.498 公里。长兴雉城城市路段走向，南移路段从雉城南长兴电厂西侧起到三星圩村接回 318 国道，其中新建里程 4 公里。因新建申苏浙皖高速公路（即沪渝高速，50 国道）长兴三星圩村至浙皖交界界牌段设计与 318 国道重叠，改建为高速公路，同时新建此段 318 国道，从 104 国道李家巷处接入，途经吕山、虹星桥、林城、天平桥、泗安，终点为浙皖两省交界处的界牌。原南移雉城城市路段为城镇道路。

**318 国道浔湖段** 1990 年，318 国道湖州市境段大多为三级公路。1991—1992 年，湖州—南浔段不符合二级公路标准路段予以改善，投资 1000 万元，拓宽路面 13 公里，改建桥梁 15 座，改线改弯 1.3 公里。

1993 年 6 月 28 日，318 国道南浔—湖州改建工程开工，全长 31.07 公里，列入浙江省首批“四自”工程。按平原微丘二级公路加宽标准实施，设计时速 80 公里，荷载汽—20、挂—100。1995 年 9 月 28 日全部完工，成为市境首条路宽 24.5 米、双向四车道高等级公路。工程总投资 2.08 亿，其中引进日本国松尾桥梁株式会社投资 460 万美元（按当年汇率折合人民币 4278 万元），合作期 11 年（1995—2006 年）。

1994年9月，经省人民政府同意，318国道湖州至南浔段开征汽车通行费，为市境首条利用外资建设“四自”公路。

1997年4月至2000年7月，实施318国道湖州市区外环线建设工程，以缓解318国道湖州市南门菜花径地段交通严重堵塞，工程按平原微丘一级标准，时速100公里设计，路基宽24.5米，行车道宽2×8米，中央绿化分隔带1.5米，沥青混凝土路面。外环线全长10.5公里，起自318国道147K+228（八里店镇蜀山东侧）经龙溪港、凤凰经济技术开发区，接入104国道1353K+350（重合路段）。沿线新建长776.25米桥梁1座、长319.16米桥梁1座。工程总造价1.35亿元。

**318国道长兴段** 1991年时为沥青碎石路面三级公路。1999年起改建，2001年竣工通车。改建为平原微丘一级标准，改建里程减去与104国道重合段长38.76公里，路面宽21米，双向四车道，沥青混凝土路面，设路灯，钢板护栏和中间绿化带，改建线路途经冯家湾、湖门村、雉城、三星圩村、长桥、林城、泗安至与安徽广德交界处之界牌出境。

2003年起，新建申苏浙皖高速公路（G50），其中长兴雉城城南—安徽广德交界段高速公路利用同段318国道兴建，在高速公路南侧，另建318国道长兴—广德交界段。建设期间，与原318国道基本平行县道三界线公路替代318国道功能。新建318国道长兴段2008年5月开工，起自长兴李家巷镇，接点处104与318两条国道重合段（即104国道K1338+840处、318国道K173+351处），由东向西经吕山、虹星桥、林城、天平桥、泗安，终点为浙皖两省交界处界牌，全长43公里，建设标准为平原微丘一级，路基宽24.5米，路面宽19米，双向四车道，设计车速80公里/小时，沥青混凝土路面，桥梁荷载汽—20、挂—100。项目总投资11.8亿，其中由省交通厅补助4.5亿元，其余资金由长兴县政府财政负责筹措（工程于2011年10月建成通车）。

**2010年末318国道湖州境段概况**

表1-11

| 路段桩号 | | 里程（公里） | 技术等级 | 面层类型 | 路基宽度（米） | 路面宽度（米） | 车道分类 | 重复路段 | | |
|---|---|---|---|---|---|---|---|---|---|---|
| 起点 | 止点 | | | | | | | 路线代码 | 起点桩号 | 止点桩号 |
| 119 | 122.67 | 3.67 | 一级 | 沥青 | 24.5 | 21 | 四车道 | — | — | — |
| 122.67 | 125.04 | 2.37 | 一级 | 沥青 | 30.5 | 21 | 四车道 | — | — | — |
| 125.04 | 126.85 | 1.81 | 一级 | 沥青 | 25 | 21 | 四车道 | — | — | — |

续表 1-11

| 路段桩号 | | 里程（公里） | 技术等级 | 面层类型 | 路基宽度（米） | 路面宽度（米） | 车道分类 | 重复路段 | | |
|---|---|---|---|---|---|---|---|---|---|---|
| 起点 | 止点 | | | | | | | 路线代码 | 起点桩号 | 止点桩号 |
| 126.85 | 129.86 | 3.01 | 一级 | 沥青 | 30.5 | 21 | 四车道 | — | — | — |
| 129.86 | 131.652 | 1.79 | 一级 | 沥青 | 30.5 | 15 | 四车道 | — | — | — |
| 131.65 | 132.88 | 1.23 | 一级 | 沥青 | 32.9 | 15 | 四车道 | — | — | — |
| 132.88 | 147.51 | 14.63 | 一级 | 沥青 | 24.5 | 15 | 四车道 | — | — | — |
| 147.51 | 156.44 | 8.93 | 一级 | 沥青 | 24.5 | 15 | 四车道 | — | — | — |
| 156.44 | 158.34 | 1.90 | 一级 | 沥青 | 24.5 | 15 | 四车道 | — | — | — |
| 158.34 | 159.25 | 0.92 | 一级 | 沥青 | 27 | 15 | 四车道 | — | — | — |
| 159.25 | 160.40 | 1.15 | 一级 | 沥青 | 30.2 | 30 | 八车道 | G104 | 1351.68 | 1352.83 |
| 160.40 | 167.12 | 6.71 | 一级 | 沥青 | 30.2 | 22.5 | 六车道 | G104 | 1344.96 | 1351.68 |
| 167.12 | 167.37 | 0.25 | 一级 | 沥青 | 30.2 | 22.5 | 六车道 | G104 | 1344.71 | 1344.96 |
| 167.37 | 168.32 | 0.95 | 一级 | 沥青 | 24.5 | 15 | 四车道 | G104 | 1343.76 | 1344.71 |
| 168.32 | 170.95 | 2.63 | 一级 | 沥青 | 28.8 | 28.8 | 四车道 | G104 | 1341.13 | 1343.76 |
| 170.95 | 186.19 | 15.25 | 一级 | 沥青 | 24.5 | 19 | 四车道 | G104 | 1333.74 | 1341.13 |
| 186.19 | 187.61 | 1.42 | 一级 | 沥青 | 24.5 | 19 | 四车道 | — | — | — |
| 187.61 | 209.28 | 21.67 | 一级 | 沥青 | 24.5 | 19 | 四车道 | — | — | — |
| 209.28 | 210.74 | 1.47 | 一级 | 沥青 | 24.5 | 19 | 四车道 | — | — | — |
| 210.74 | 211.77 | 1.03 | 一级 | 沥青 | 24.5 | 19 | 四车道 | — | — | — |
| 211.77 | 213.86 | 2.08 | 一级 | 沥青 | 24.5 | 19 | 四车道 | — | — | — |
| 213.86 | 214.25 | 0.39 | 一级 | 沥青 | 24.5 | 19 | 四车道 | — | — | — |

说明：318 国道市境段路基路面达到一级标准，其余指标部分尚未达到一级标准，统计中列入一级公路。

## 第二节　省道

前志载， 1990 年，市境内有 6 条省道公路，即彭（公）—安（吉）线、孝（丰）—泗（安）线，青（山）—临（安）线，长（兴）—牛（头山）线，临（平）—莫（干山）线，鹿（山）—唐（舍岭）线，总长 291.32 公里。公路最高等级为三级，大多四级公路和等外公路。

1995年末，市境内省道三级以上公路比重上升，为171.2公里，其中二级公路15.05公里。

2002年，按国家公路网公路行政级别调整，申嘉湖高速、湖练高速、杭长高速3条高速公路定位为省道公路。同年，根据全国第二次公路普查方案，对原6条省道公路重新编号。

2010年末，全市有省级公路9条，计376.29公里。其中高速公路89.46公里，一级公路66.05公里，二级公路130.83公里，三级公路69.74公里，四级公路20.21公里。二级以上公路占76.1%。

## 2010年末湖州市省道公路

表1-12

| 线路名称 | 编号（老编号） | 起讫地点 | 线路里程（公里） | 路段所在县（区） | 路段起讫桩号 | 路段里程（公里） | 备注 |
|---|---|---|---|---|---|---|---|
| 申嘉湖高速 | S12 | 桐乡南浔界—100.978 | 41.928 | 南浔区 | 59.05—89.45 | 30.4 | — |
| | | | | 吴兴区 | 89.45—100.978 | 11.528 | — |
| 练杭高速 | S13 | 练市镇嵇家庄—德清余杭界 | 28.994 | 南浔区 | 0–7.918 | 7.918 | 桩号7.918—20.774属嘉兴市桐乡段 |
| | | | | 德清县 | 20.774—41.85 | 21.076 | |
| 杭长高速 | S14 | 安城—泗安 | 18.54 | 安吉县 | 67.406—77.761 | 10.355 | — |
| | | | | 长兴县 | 77.761—85.946 | 8.185 | — |
| 彭安线 | S201（S04） | 幽岭—城北大桥 | 19.408 | 安吉县 | 25.441—44.849 | 19.408 | — |
| 孝泗线 | S204（S12） | 孝丰—泗安 | 42.559 | 安吉县 | 0–42.559 | 42.559 | — |
| 青临线 | S205（S13） | 青山—市岭 | 25.529 | 安吉县 | 0–25.529 | 25.529 | — |
| 长牛线 | S301（S10） | 长兴—牛头山 | 41.085 | 长兴县 | 0–41.085 | 41.085 | — |
| 临莫线 | S304（S09） | 临平—莫干山 | 58.107 | 德清县 | 21.43—79.537 | 58.107 | — |
| 鹿唐线 | S306（S11） | 鹿山—唐舍岭 | 100.14 | 吴兴区 | 0—13.643 | 13.643 | — |
| | | | | 长兴县 | 13.643—30.015 | 16.372 | — |
| | | | | 安吉县 | 30.015—100.14 | 70.125 | — |

## 一　201 省道（原 04 省道）彭安线

彭安线即彭公—安吉公路，湖州市境内起自安吉幽岭，止于安吉递铺长思岭，计长 19.408 公里。

前志载，筹建于民国 21 年（1932），民国 37 年（1948）建成土路通车。1951—1959 年多次进行路基整修、路面铺筑、改善幽岭越岭路线，降低纵坡；1987—1990 年，路面加宽至 6 ~ 7 米，改沙石路面为渣油路面。

“八五”期间，安吉县在规划及实施全县公路网建设中，考虑到县中心城市向北出口连接安徽广德方向和浙江长兴方向需求，决定以彭安线终点递辅长思岭为起点，经良朋与 204 省道（孝泗线 ）良朋—泗安段重合，通达长兴泗安，连接 318 国道，杭州彭公—长兴泗安公路作为一体规划建设，称作彭泗线。

1995 年省政府批准彭泗线改造工程列为第五批“四自”工程项目。1996 年至 2001 年 6 年分期全线改建。设计按一级公路技术标准，路基宽 18.5 ~ 33 米。一期工程起点幽岭，终点长思岭，全长 20.013 公里，1996 年 6 月 1 日开工，1997 年 9 月 8 日完工。二期工程起点长思岭，终点良朋，全长 16.407 公里，1999 年 10 月竣工。三期工程良朋至长兴泗安，全长 13.188 公里，与孝泗线（204 省道）重合，1999 年 4 月开工，2000 年 11 月竣工。四期工程 04 省道彭公至幽岭段，实际改建 3.1 公里，按一级公路标准建设，路基宽 22.5 米，其中隧道工程左线 885 米 2 座、右线 560 米 1 座，1999 年 10 月开工，2001 年 9 月竣工。

**2010 年末 201 省道彭安线概况**

表 1-13

| 路段桩号 | | 里程（公里） | 路段名称 | | 技术等级 | 面层类型 | 路基宽度（米） | 路面宽度（米） | 车道分类 |
|---|---|---|---|---|---|---|---|---|---|
| 起点 | 止点 | | 起点 | 止点 | | | | | |
| 25.441 | 34.008 | 8.567 | 幽岭 | 34.008 | 一级 | 沥青混凝土 | 22.5 | 16 | 四车道 |
| 34.008 | 42.773 | 8.765 | 34.008 | 山头村 | 一级 | 沥青混凝土 | 24.5 | 16 | 四车道 |
| 42.773 | 44.849 | 2.076 | 山头村 | 长思岭 | 一级 | 沥青混凝土 | 33.5 | 16 | 四车道 |

## 二　204省道（原12省道）孝泗线

孝泗线起自孝丰缸窑岭，经孝丰城北，洛泗、皈山、观音、乌泥坑、良村、西亩、良朋、高禹、北林场，止于长兴泗安与318国道、申苏浙皖高速相连，全长42.559公里。

前志载，原属余安孝泗公路，民国36年（1947）11月动工，解放时仅完成部分桥涵工程。经1954年、1958年、1966年续建贯通。线路大多四级公路，部分路段尚属等外公路，路面大多为砂石，宽3～5米。1985年，孝丰至西亩段3公里路基拓宽至8.5～12米。

1991年起，逐段改建孝泗线公路路面，至1998年10月，全线完成沥青路面摊铺改建。

1998年12月，省政府批准安吉段打造一纵一横经济大通道，其中201省道起点幽岭至孝泗线、终点泗安为安吉县纵向经济大通道，故孝泗线良朋—泗安段纳入公路改建。改建工程起自孝泗线良朋（28K+012），经下杨、南湖林场、梨园连接泗安镇318国道（42K+559），全长14.547公里。其中安吉县境9.38公里。工程按一级公路标准设计，路基宽度24.5米，路面宽度16米，双向四车道，设计车速80公里/小时。1999年4月28日开工，2000年11月6日竣工。

2004年始，孝丰—良朋段27.093公里逐段拓宽整治，路基宽度8.5米～12米，路面宽7～9米，其中孝丰北出口地段（1.457公里）考虑城镇交通功能需要，按路基35.2米、路面16.5米双向四车道设计改建。2007年底，按二至三级公路标准实施拓宽整治完成。

**2010年末204省道孝泗线概况**

表1-14

| 路段桩号 | | 里程（公里） | 路段名称 | | 技术等级 | 面层类型 | 路基宽度（米） | 路面宽度（米） | 车道分类 |
|---|---|---|---|---|---|---|---|---|---|
| 起点 | 止点 | | 起点 | 止点 | | | | | |
| 0 | 1.457 | 1.457 | 孝丰 | 1.457 | 三级 | 沥青混凝土 | 35.2 | 16.5 | 四车道 |
| 1.457 | 4.339 | 2.882 | 1.457 | 4.339 | 二级 | 沥青混凝土 | 12 | 9 | 双车道 |
| 4.339 | 13.538 | 9.199 | 4.339 | 13.538 | 三级 | 沥青混凝土 | 8.5 | 7 | 双车道 |
| 13.538 | 27.093 | 13.555 | 13.538 | 良朋岔口 | 二级 | 沥青混凝土 | 12 | 9 | 双车道 |
| 27.093 | 42.559 | 15.466 | 良朋岔口 | 泗安 | 一级 | 沥青混凝土 | 24.5 | 16 | 四车道 |

## 三 205省道（原13省道）青临线

青临线起自 201 省道（彭安线）34K+50 处，经白水湾、井村、山河、横路、潘村水库，大溪隧道、大溪，止于安吉市岭与杭州临安交界，安吉县境全长 25.529 公里。

前志载，青临线青山—白水湾段是民国 37 年（1948）所筑余安孝公路一段，白水湾至山河系安孝公路支线。1953 年，孝丰县组织民工建勤修复白水湾—山河公路，称孝丰山河支线。1958 年，孝丰县建山河—大溪公路 11.5 公里。1963 年，华东局为开发毛竹资源，改建白水湾—大溪公路 17.5 公里，加宽路基至 7.5 米、路面宽 5.5 米。1970 年，新建大溪—市岭公路 7 公里，改善山河—大溪 11 公里，1972 年春完工，青临线贯通。1979 年列入省道公路。1990 年末，为四级标准，大部分地段路基 7 米以内，路宽 5 米以内。

1992 年，因天荒坪抽水蓄能电站建设需要，经省公路管理局批准，华东天荒坪抽水蓄能有限公司于 1992 年 4 月至 1994 年 10 月，对青临线大溪至青山段公路（其中大溪隧道长近 1000 米）改建。设计标准为微丘重丘三级公路。其中 7K+100—9K+600 段，路基宽度 9.6 米，路面宽度 8.6 米，双向双车道，设计时速 40 公里/小时；9K+600—16K+800 段，路基宽度 8.3 米，路面宽度 7.3 米，双向双车道，设计时速 40 公里/小时；16K+800—18K+400 段，路基宽度 6.3 米，路面宽度 5.3 米，单车道，设计时速 20 公里/小时。1995 年 6 月，改建后的山河桥至青山段移交公路管理部门管养。2004 年，公司又将青临线山河桥北端至大溪村口（7K+100—18K+400）11.3 公里公路移交公路部门管养。

2009 年 12 月 10 日，青临线大溪—青山段复建工程初步设计获批准，2010 年 4 月 15 日开工建设。起点桩号（205 省道）9K+067，利用天荒坪抽水蓄能电站建设时弃渣道路拓宽，设隧道 3 座（长度分别为 881 米、845 米、900 米），终点位于横路村西石坑处（205 省道）13K+622，全长 4.595 公里，按三级重丘标准设计，路基宽度 8.5 ~ 9.5 米，设计时速 40 公里/小时。

2010 年 4 月 29 日始，205 省道青临线自 0K+000 起改建，自起点经山河港、杨家埠、吴家塘、张家坞、银坑、天荒坪镇、横路村、接青临线等级公路复建工程，再与 205 省道临安段相连，终点为 23 K +075，剔除 205 省道等级公路复建工程 4 .595

公里，改建工程全长18.745公里。工程按地形条件采用不同设计标准，0 K +000—7 K +200段按一级标准设计，路基宽23米，设计时速60公里；7 K +200—9 K +067段采用二级标准设计，路基宽8.5米，设计时速40公里；19K+500—23K+075段设计路基宽度10米，设计时速60公里。工程预计2013年竣工。

2010年末205省道青临线概况

表1–15

| 路段桩号 | | 里程（公里） | 路段名称 | | 技术等级 | 面层类型 | 路基宽度（米） | 路面宽度（米） | 车道分类 |
|---|---|---|---|---|---|---|---|---|---|
| 起点 | 止点 | | 起点 | 止点 | | | | | |
| 0 | 5.616 | 5.616 | 青山 | 井村 | 三级 | 沥青混凝土 | 8.1 | 7.1 | 双车道 |
| 5.616 | 6.751 | 1.135 | 井村 | 6.751 | 二级 | 沥青混凝土 | 10.5 | 9.5 | 双车道 |
| 6.751 | 9.613 | 2.862 | 6.751 | 9.613 | 三级 | 沥青混凝土 | 9.6 | 8.6 | 双车道 |
| 9.613 | 16.632 | 7.019 | 9.613 | 大溪 | 三级 | 沥青混凝土 | 8.3 | 7.3 | 双车道 |
| 16.632 | 18.45 | 1.818 | 大溪 | 18.45 | 四级 | 沥青混凝土 | 6.3 | 5.3 | 单车道 |
| 18.45 | 19.941 | 1.491 | 18.45 | 19.941 | 四级 | 沥青混凝土 | 7 | 6 | 双车道 |
| 19.941 | 25.187 | 5.246 | 19.941 | 市岭 | 四级 | 沥青混凝土 | 6.3 | 5.3 | 单车道 |
| 25.187 | 25.529 | 0.342 | 市岭 | 市岭 | 四级 | 沥青混凝土 | 6.3 | 5.3 | 单车道 |

## 四　301省道（原10省道）长牛线

长牛线，即长兴雉城—安徽广德县牛头山公路，全长41.085公里。

前志载，长兴至煤山段始筑于民国36年（1947）。1958年延筑至牛头山。经1970年、1976年和1988年分段改造，泥石路面大部分改建为水泥混凝土或沥青路面，路面加宽至5.5～7.5米。1990年，长牛线为四级公路，其中除高家墩—煤山段22公里混凝土路面外，其余为沥青路面。

1997年前，长牛线安徽境内段公路由浙江省公路局直接管理；1997年起，划入湖州市管理，由长兴县公路管理段直接管养。

1994年4月至1996年6月，长牛线高家墩—草子槽段15公里改建，按平原微丘二级公路标准设计，路基顶宽12米、路面9米，双向四车道。设计负载汽—20、挂—100，路基洪水频率50年一遇，桥梁100年一遇。长兴—小浦（0K—8K+500）

采用利用路基半幅拓宽，局部地段截弯取直；小浦—草子槽（8K+500—15K）采用经合溪、光耀改线方案。有大桥2座、中桥1座、小桥6座、涵洞216道。路基为宕渣回填，路面20厘米天然砂卵石垫层、20厘米二灰碎石基层、20厘米水泥混凝土面层。工程总投资3700万元。

2002年3月至2003年11月，长牛线草子槽—煤山段8.08公里改建，按平原微丘二级公路标准设计，路基宽18.5米，沥青路面，双向四车道，总投资1.12亿元。

2004年6月至2007年6月，长牛线雉城—草子槽段14.586公里二期改建。起自雉城镇高家墩村，终于小浦镇光耀村。其中，0K+000—10K+900按平丘二级公路标准，在原公路右侧新拓宽12米路基，与老路形成双向四车道，路幅布置中央绿化分隔带1.5米+左侧路缘带0.5米+行车道3.75米×2+硬路肩2.35米+土路肩0.25米，设计时速80公里/小时。10K+900—14K+586因受合溪水库规划控制，采用改线方案，按二级加宽标准设计，路基宽18.5米，路幅布置中央绿化分隔带1米+路缘带0.5米×2+行车道3.75米×4+硬路肩1米×2+土路肩0.25米×2，设计时速60公里/小时。工程总投资1.29亿元。

2007年1月至2009年6月，长牛线长兴境煤山镇—安徽广德县新杭镇段11.49公里改建。改建路基宽度25米、路面宽度20米。路幅布置中央绿化分隔带1米+行车道2×7.5米+硬路肩2×1.5米+土路肩2×0.5米，设计时速60公里/小时。工程总投资1.40亿元。

**2010年末301省道长牛线概况**

表1-16

| 路段桩号 | | 里程（公里） | 路段名称 | | 技术等级 | 面层类型 | 路基宽度（米） | 路面宽度（米） | 车道分类 |
|---|---|---|---|---|---|---|---|---|---|
| 起点 | 止点 | | 起点 | 止点 | | | | | |
| 0 | 1.24 | 1.24 | 雉城镇 | 1.24 | 二级 | 沥青混凝土 | 21 | 13.2 | 双车道 |
| 1.24 | 12.105 | 10.865 | 1.24 | 光耀 | 二级 | 沥青混凝土 | 23.4 | 21.9 | 四车道 |
| 12.105 | 21.279 | 9.174 | 光耀 | 21.279 | 二级 | 沥青混凝土 | 22.5 | 19.5 | 四车道 |
| 21.279 | 22.179 | 0.9 | 21.279 | 22.179 | 二级 | 沥青混凝土 | 25.2 | 19.6 | 四车道 |
| 22.179 | 29.769 | 7.59 | 22.179 | 29.679 | 三级 | 沥青混凝土 | 9.6 | 8.1 | 双车道 |
| 29.769 | 41.085 | 11.316 | 29.679 | 牛头山汽车站 | 四级 | 沥青混凝土 | 7.5 | 6 | 双车道 |

## 五　304省道（原09省道）临莫线

临莫线，即余杭临平—德清莫干山公路。从余杭塘栖入境，经雷甸镇、乾元镇、武康镇、筏头镇、止于莫干山风景旅游区。德清县境内起止桩号为21K+430—79K +537，计长58.107公里。

据前志载，临莫线始建于民国22年（1933），抗日战争期间被毁，后废弃。1958—1975年分段重建或改建。1979年，武康—莫干山段按三级公路标准实施改建，1986—1989年，塘栖—德清—武康段利用世界银行贷款按平原微丘三级公路技术标准改造。1990年，全线达到三级公路标准，沥青路面，路基宽8.5米，路面宽6～7米。

1996年5月至1997年10月，塘栖新运河大桥北端—城关下跨塘桥段改建，改建路段桩号26K+200—41K+744，长16.414公里，工程包含雷甸、武林头两条支线。标准按平原微丘二级加宽公路，路基宽18米、路面宽15米，硬路肩2×1米，沥青混凝土路面，设计时速80公里/小时，工程投资1.25亿元。

1997年6月至1998年9月，下跨塘桥—武康镇八都段改建。改建桩号41K+744—52K+987，计11.243公里。设计要求同时满足公路交通与城市道路交通要求，路基宽28米、路面宽16米，桥梁与路基同宽，沥青混凝土路面。交通投资0.47亿元。

2002年9月，临莫线德清武康段跨宣杭铁路、104国道立交桥工程和西延工程开工，按二级公路技术标准设计，行车速度80公里/小时。跨宣杭铁路特大桥长1.4公里，省道向西延伸路线长4.86公里，路基宽度18.5米。2003年12月28日工程全面完工试通车。项目概算投资1.154亿元。

2003年2月至2005年10月，因德清县城建设发展需要，临莫线德清县城段3.5公里公路拓宽改建，路基宽度36米，路面宽度30米。

**2010年末304省道临莫线概况**

表1-17

| 路段桩号 | | 里程（公里） | 路段名称 | | 技术等级 | 面层类型 | 路基宽度（米） | 路面宽度（米） | 车道分类 |
|---|---|---|---|---|---|---|---|---|---|
| 起点 | 止点 | | 起点 | 止点 | | | | | |
| 21.43 | 31.811 | 10.381 | 塘栖 | 分界 | 二级 | 沥青混凝土 | 18 | 15 | 四车道 |
| 31.811 | 36.851 | 5.04 | 分界 | 36.851 | 二级 | 沥青混凝土 | 18 | 15 | 四车道 |
| 36.851 | 40.466 | 3.615 | 36.851 | 40.466 | 二级 | 沥青混凝土 | 36.2 | 32.2 | 四车道 |

续表 1-17

| 路段桩号 | | 里程（公里） | 路段名称 | | 技术等级 | 面层类型 | 路基宽度（米） | 路面宽度（米） | 车道分类 |
|---|---|---|---|---|---|---|---|---|---|
| 起点 | 止点 | | 起点 | 止点 | | | | | |
| 40.466 | 44.514 | 4.048 | 40.466 | 44.514 | 二级 | 沥青混凝土 | 64.2 | 30 | 八车道 |
| 44.514 | 52.798 | 8.284 | 44.514 | 七都里村 | 二级 | 沥青混凝土 | 31.7 | 15 | 四车道 |
| 52.798 | 79.537 | 26.739 | 七都里村 | 莫干山 | 三级 | 沥青混凝土 | 9 | 6 | 双车道 |

## 六　306省道（原11省道）鹿唐线

鹿唐公路是横贯市境东西方向干线公路。东起湖州鹿山与104国道相连，西至安徽宁国唐舍岭，全长100.14公里。

前志载，1956—1965 年，分段始建。1966 年，省列吴兴南浔—安吉唐舍岭公路（简称吴长安公路）为“小三线”公路，重点改善。1966 年 3 月 2 日至同年 11 月 25 日，鹿山—唐舍岭全线改造，改建里程 93.67 公里，使鹿唐线全线贯通。1976 年，赋石水库水淹地段按三级公路标准改线 7 公里。1978 年按二级公路标准拓宽梅溪经晓墅—孝丰段路基至 12 米，次年铺筑 9 米宽沥青路面。至 1990 年末，全线沥青路面 69 公里，余为砂石路面。

1996 年 3—10 月，湖州市对鹿唐线和平段改建。按平原二级公路标准，设计路基宽度 12 米、路面宽度 9 米，桥涵设计荷载为汽—20、挂—100，桥涵与路基同宽，设计速度 80 公里/小时，工程造价 1300 万元。

1999 年起，鹿唐公路全线改建。

1999 年 10 月至 2001 年 9 月，鹿唐线市直辖区（吴兴区）和长兴县境内段改建，起自鹿唐线 0 公里鹿山口与 104 国道交界处（104 国道 1364K+300）止于长兴、安吉交界处，全长 29.971 公里。同时覆盖 1996 年 3—10 月所实施和平段改建工程。按平原微丘二级加宽设计，路基宽度不小于 18.5 米、路面宽度 16.5 米。路面横截面设计双向四车道 2×7.5 米+中央绿化分隔带 1.5 米；沥青混凝土路面；设计荷载汽—20、挂—100，车速 80 公里/小时。工程内含妙西特大公铁立交桥 1 座，公路上跨铁路，桥长 568 米，单幅桥宽 2×8 米。工程总造价 1.64 亿元。

2000 年 4 月至 2001 年 10 月，鹿唐线安吉境内（29 K +971—44 K +733）14.762 公里改建，工程设计与湖州市直辖区、长兴县境标准同，工程造价 9959 万元。

2000年12月至2002年10月，鹿唐线马家渡—王家庄地段（44K+733—75K+908）31.175公里改建。工程经塘浦工业园区，跨龙王溪，再沿孝丰镇规划区边缘，跨南溪，终于王家庄下庄村。按一级公路标准设计，路基宽度 24.5 米、路面宽度 15.5 米，双向四车道，车速 90 公里/小时，工程造价 2.13 亿元。

2005年10月至2007年12月，鹿唐线 75K+908—100K+140 段计 24.232 公里改建，按山岭重丘二级标准设计，路基宽 17 米、路面宽 14 米，双向四车道，设计车速 80 公里/小时，局部地形复杂路段 60 公里/小时。工程造价 2.225 亿元。至此，鹿唐全线改建完毕。

**2010 年末 306 省道鹿唐线概况**

表 1-18

| 行政区域 | 路段桩号 | | 里程（公里） | 路段名称 | | 技术等级 | 面层类型 | 路基宽度（米） | 路面宽度（米） | 车道分类 |
|---|---|---|---|---|---|---|---|---|---|---|
| | 起点 | 止点 | | 起点 | 止点 | | | | | |
| 吴兴区 | 0 | 0.88 | 0.88 | 鹿山 | 老鹿山收费站 | 二级 | 沥青混凝土 | 20.5 | 19 | 四车道 |
| 吴兴区 | 0.88 | 1 | 0.12 | 老鹿山收费站 | 老鹿山收费站 | 二级 | 水泥混凝土 | 36.7 | 28.7 | 四车道 |
| 吴兴区 | 1 | 3.7 | 2.7 | 老鹿山收费站 | 沙家浜岔口 | 二级 | 沥青混凝土 | 20.5 | 19 | 四车道 |
| 吴兴区 | 3.7 | 13.643 | 9.943 | 沙家浜岔口 | 凡市 | 二级 | 沥青混凝土 | 18.5 | 17 | 四车道 |
| 长兴县 | 13.643 | 30.015 | 16.372 | 凡市 | 石龙村 | 二级 | 沥青混凝土 | 19.5 | 16 | 四车道 |
| 安吉县 | 30.015 | 44.733 | 14.718 | 石龙村 | 马家渡 | 二级 | 沥青混凝土 | 18.5 | 15.5 | 四车道 |
| 安吉县 | 44.733 | 75.908 | 31.175 | 马家渡 | 王家庄 | 一级 | 沥青混凝土 | 24.5 | 15.5 | 四车道 |
| 安吉县 | 75.908 | 100.14 | 24.232 | 王家庄 | 鹿舍岭 | 二级 | 沥青混凝土 | 17 | 14 | 四车道 |

## 七　12 省道（申嘉湖高速公路）市境段

申嘉湖高速公路是浙江省通往上海五条大通道之一，省规划建设“两纵两横十八连三绕三通道”高速公路网络中重要一连。全长 100.98 公里，其中嘉兴段 59 公里、湖州段 41.98 公里。概算总投资 84.02 亿元。

湖州段项目起点为申嘉湖高速公路嘉兴段乌镇高架桥西侧与湖州段相接（桩号K59+000），途经练市、双林、和孚、八里店、道场和湖州经济技术开发区等6个乡镇（街道）30个村，终于鹿山枢纽与杭宁高速连接，终点里程桩号K100+978，全长41.98公里。采用《公路技术标准》中全封闭全立交双向四车道高速公路技术标准，设计时速120公里，路基宽35米。练市枢纽至终点为预留双向六车道高速公路（路基、桥涵、隧道按六车道标准一次性建成，路面内侧预留先按四车道建设）。2004年9月30日开工，2007年12月25日建成，概算总投资31.78亿元。2008年1月6日投入试运营，与上海未能连通。2009年3月1日，上海段应急通道开通，“断头”状况结束。同年12月31日，通往上海浦东机场的上海S32高速公路与申嘉湖高速公路对接并开通营运，申嘉湖高速公路浙沪全线贯通。由省交通投资集团有限公司全额出资组建浙北高速公路管理有限公司经营和管养。2010年4月，嘉兴段股权分立，由嘉兴交通投资集团有限公司经营管理。

湖州境内路段有特大桥3座（练市高架桥、双林高架桥、跨湖盐公路主线桥），互通立交桥4座［南浔南互通立交（练市枢纽）、双林互通立交、湖州东互通立交、鹿山枢纽互通枢纽］。

市境段设南浔南、双林、湖州东3个收费站和南浔服务区：

**南浔南收费站**　位于南浔区练市镇北，共6个车道，包括3个进口车道和3个出口车道。2008年12月28日起收取车辆通行费。

**双林收费站**　位于南浔区双林镇北，共8个车道，包括3个进口车道和5个出口车道。2008年12月28日起收取车辆通行费。

**湖州东收费站**　位于南浔区和孚镇陶家墩，共设8个车道，包括3个进口车道和5个出口车道。2008年12月28日起收取车辆通行费。

**南浔服务区**　位于南浔区和孚镇云北村，占地8.67公顷，建筑面积5000平方米，集加油站、停车场、汽车维修站、餐厅、商场为一体的综合服务区，2008年10月开始对外营业。

**申嘉湖高速公路市境段车流量与收费额**

表1−19

| 年份 | 进出口年交通流量（辆次） | 年收费额（元） |
|---|---|---|
| 2008 | 1139884 | 25878220 |

续表 1-19

| 年份 | 进出口年交通流量（辆次） | 年收费额（元） |
|---|---|---|
| 2009 | 1738467 | 41914585 |
| 2010 | 2202780 | 54519236 |

申嘉湖高速公路湖州段出入口

表 1-20

| 序号 | 出入口名称 | 公路桩号 地域位置 | 连接线路 |
|---|---|---|---|
| 1 | S12 南浔南收费站 | K66+517　南浔区 | 浔练线 |
| 2 | S12 双林收费站 | K72+595　南浔区 | 双林连接线 |
| 3 | S12 湖州东收费站 | K90+616　吴兴区 | 湖盐线 |

## 八　13 省道（申嘉湖杭高速公路）练杭段

13 省道（申嘉湖杭高速公路练杭段）起于湖州市南浔区练市镇嵇家庄，里程桩号 K0+000，途径练市、河山、新市、新安、雷甸、塘栖和崇贤 7 个乡镇，终点与杭州绕城高速公路北线连接，终点里程桩号 K51+580.368，全长 50.94 公里，其中湖州市境 28.27 公里。概算总投资 45.58 亿元。工程采用平原微丘区高速公路标准设计，设计时速 120 公里，路基宽 28 米，主线采用双向四车道、全封闭、全立交。2006 年 9 月 30 日开工，2010 年 1 月 28 日，省政府批复同意通过交工验收具备通车条件的申嘉湖杭高速公路练杭段实施营运收取车辆通行费。1 月 31 日零时投入试营运。由省交通投资集团有限公司全额出资组建浙北高速公路管理有限公司经营和管养。

练杭段全线有桥梁 100 座、27443.2 延米，其中市境段有特大桥 2 座（横塘港大桥、京杭运河 1 号大桥），互通立交 5 座［练市枢纽（南浔南互通立交）、河山互通立交、新市互通立交、新安互通立交、雷甸互通立交］。

练杭段设练市南、新安、新市、德清、桐乡西、塘栖、崇贤 7 个收费站和德清服务区，其中 4 个收费站和 1 个服务区在市境：

**练市收费站**　位于南浔区练市镇，设 6 个车道，包括 3 个进口车道和 3 个出口车道。2010 年 2 月 6 日零时营运，收取车辆通行费。

**新安收费站**　位于德清县新安镇勾里俞家湾村，设6个车道，包括3个进口车道和3个出口车道。2010年2月6日零时营运，收取车辆通行费。

**新市收费站**　位于德清县禹越镇三来村，设6个车道，包括3个进口车道和3个出口车道。2010年2月6日零时营运，收取车辆通行费。

**德清收费站**　位于德清县雷甸镇新利村，设6个车道，包括3个进口车道和3个出口车道。2010年2月6日零时营运，收取车辆通行费。

**德清服务区**　地处禹越镇天皇殿村，用地52800平方米，建筑面积6000平方米，集加油站、停车场、汽车维修站、餐厅、商场为一体综合服务区。2009年4月25日开工，2010年2月6日零时对外营业。

**申嘉湖杭高速公路练杭段车流量与收费额**

表1-21

| 年份 | 进出口年交通流量（辆次） | 年收费额（元） |
| --- | --- | --- |
| 2010 | 3185867 | 78832038 |

**练杭高速公路湖州市境出入口**

表1-22

| 序号 | 出入口名称 | 公路桩号 地域位置 | 连接线路 |
| --- | --- | --- | --- |
| 1 | S13 练市收费站 | K5+340　湖州练市 | 练市连接线 |
| 2 | S13 新市收费站 | K25+704　德清新市 | 新市连接线 |
| 3 | S13 新安收费站 | K31+201　德清新安 | 新安连接线 |
| 4 | S13 雷甸收费站 | K37+574　德清雷甸 | 09 省道 |

## 九　14省道（杭长高速公路）湖州段

14省道（杭长高速公路）南起杭州绕城高速勾庄出口和三墩出口之间杭州紫金港枢纽，连接绕城高速西线，北至长兴泗安枢纽，连接申苏浙皖高速，是浙江省高速公路主骨架“两纵两横十八连三绕三通道”中一连，也是市境公路主干网“五纵四横十连”中一纵。全长86公里，其中市境段43.4公里。全线分两期实施。

一期工程2005年5月1日开工，长19公里，路基宽26米，双向四车道，设计时速 120 公里。起点安吉县安城镇圣堂届村西侧，经安城垅坝、吟诗村、小姚墩村、闸门村、台塘村，终点与申苏浙皖高速公路泗安段相连。2008 年 1 月 8 日开通运营，在安城村设安吉北收费站，设 5 个车道，包括 2 个进口车道、3 个出口车道，开通运营起收取车辆通行费。

二期（杭州至安城）湖州段工程，2008 年 12 月 18 日举行开工典礼，2009 年 4 月全面开工。全长 65.95 公里，起自杭州绕城高速公路紫金港枢纽互通，与规划建设的紫金港路相接，经西湖区三墩镇、余杭区良渚镇、瓶窑镇、径山镇、黄湖镇、百丈镇和安吉县递铺镇、安城镇，终于杭长高速公路安吉安城—长兴泗安段（一期）项目起点相接。其中市境（安吉）24.45 公里（含一期项目未实施断链 1.88 公里），路基宽 26 米，双向四车道，设计时速为 120 公里/小时，建有桥梁 21 座、总长 1804 延米，最大桥梁长 316 米（空山分离），概算投资 20.12 亿元（含一期 0.79 亿元），建设工期为 40 个月。至 2010 年 12 月底，累计完成投资 15.13 亿元，占总投资额的 75%。（2012 年 12 月 26 日，杭长公路全线建成通车，全线桥梁 30106.57 延米/119 座、隧道 10459.5 延米/10 座，设紫金港、瓶窑、径山、黄湖、山沟沟和安吉收费站 6 处，设紫金港枢纽互通 1 处、互通立交 5 处，径山、安吉服务区 2 处，设管理中心 1 处、隧道群管理站 1 处，安吉北、黄湖隧道救援站 2 处。杭长高速公路项目及连接线工程概算总投资 90 亿元）。

二期工程设计更突出生态保护，尽力实现与周边环境和谐统一。一是最大限度保护。冲积湖平原区域内“以桥代路”，设计建造高架桥 13.2 公里；低山丘陵区域“以隧代路”，设计建造隧道 9 座，共 10.4 公里隧道群；主线布设各类大中小型桥梁 107 座，共 8.7 公里，其中二期主线桥梁与隧道长度 33.7 公里，占二期主线全长的 51.3%，最大限度节约土地资源，保护建设区域植被与森林资源。二是最小程度破坏。根据距城镇“离而不远、近而不进”原则，杭长二期避开人口聚集区和环境敏感点。避免两线间建筑界限间形成狭窄空地，减少形成三角地；隧道洞口实现零开挖；减少高边坡以及大挖大填，二期主线用地指标 7.42 公顷/公里，低于国家规定平原微丘地区公路建设项目标准约 0.005 公顷/公里。三是最强力度恢复。二期绿化与景观设计追求节约型和原生态绿化，边坡、隧道、立交采用近自然式绿化，以沿线周边植被类型与物种组成为依据，选择适宜绿化形式和植被种类。

杭长高速公路由浙江杭长高速公路有限公司经营管理。

**杭长高速公路（一期）车流量与收费额**

表 1-23

| 年份 | 进出口年交通流量（辆次） | 年收费额（元） |
|---|---|---|
| 2008 | 365808 | 5247152 |
| 2009 | 474171 | 6693445 |
| 2010 | 561426 | 7693898 |

**杭长高速公路湖州段出入口**

表 1-24

| 序号 | 出入口名称 | 公路桩号　地域位置 | 连接线路 |
|---|---|---|---|
| 1 | 安吉北 | K67+406　安吉兰田村 | 201 省道彭安线 |
| 2 | 安吉 | K50+340　安吉三友社区 | 安吉大道 |

# 第三节　县乡道（农村公路）及专用公路

湖州市农村公路大规模建设首起于 20 世纪 50—60 年代，建设重点在西南部山区毛竹基地，修建方式“民办公助”“民工建勤”。1958 年“大跃进”，全市建简易公路 35 条计 281.48 公里，其中安吉县 20 条计 166.7 公里，县域 35 个乡镇 1978 年全部通达公路，是湖州市最早实现乡乡镇镇通公路县。第二次大规模兴起于 1978 年十一届三中全会后，建设重点东部水乡地区。1979 年，吴兴县、湖州市[①]和德清县的公路通乡率分别为 33%和 38.5%。至 1990 年，湖州市直辖区和德清县的公路通乡率提升到 98%和 79%。全市 141 个乡镇中有 133 个通达公路。1990 年末，全市县乡公路里程 1143.75 公里（其中县道 514.32 公里），有三级公路 99.07 公里、四级公路 831.01 公里，高级次高级路面铺装仅 16.48 公里（高级路面 3.48 公里）。

“八五”期间，省将条块结合、以省为主公路管理体制调整为以市（地）为主，“九五”期间又调整为以县（市）为主，充分调动市、县政府积极性，加快县乡公路建设。1992 年末，全市实现乡乡镇镇通公路，继而实施县乡公路“砂改油”（砂

① 1979 年 9 月，吴兴县、湖州市（地属市）并治，1981 年 1 月吴兴县并入湖州市。

石路面改造为沥青路面）。1995 末，全市县乡公路 1230.4 公里（其中县道 633.38 公里），有三级公路 151.43 公里、四级公路 1000.19 公里，其中高级次高级路面铺装的 545.56 公路（高级路面 11.4 公里）。

2000 年，全市县乡公路 1730.35 公里（其中县道 1064.93 公里），有三级公路 175.32 公里、四级公路 1165.15 公里、等外公路 86.93 公里，其中高级及次高级路面铺装里程 914.11 公里。

2003 年，根据国家建设社会主义新农村战略和省交通厅部署，组织实施“乡村康庄工程建设”。至 2005 年 12 月 16 日，湖州市三县两区全面完成“乡村康庄工程”建设。全市共筹措地方配套资金 5 亿多元，其中市财政补贴 1705 万元，各县区财政补助 7210 万元，乡、镇、村及社会各界筹措资金 4.2 亿元，争取到省补助款 2.81 亿元。全市实施乡村公路路基改造 1215.6 公里、路面硬化 1370.6 公里、桥梁改造 400 座，公路通村率和路面硬化率分别从 2002 年的 59.5%和 56.3%提高到两个 100%。2005 年末，全市县乡公路里程 2370.33 公里（县道 1398.52 公里、乡道 971.81 公里）；全部完成县级公路砂石路面改造；全市 60 个乡镇、1053 个行政村全部通达等级化、有铺装公路。2006 始，通村公路纳入统计范围，年末全市村道 3748.52 公里。

2006 年后，实施农村公路联网完善工程。2006—2010 年，全市完成农村公路建设投资 20.89 亿元。其中，乡道砂石路面改造 278.8 公里，投资 1.18 亿元；通村联网公路改造工程 1334 公里，投资 8.75 亿元；农村公路低承载力桥梁改造 453 座，投资 2.59 亿元；农村公路安全设施完善工程投资 1.11 亿元；其他县乡公路建设改造 7.26 亿元。为期三年（2008—2010）全国农村公路建设质量年活动中，湖州市交通局被交通部评为先进集体。

2010 年末，湖州市农村（县乡村）公路 7078.23 公里，其中县级公路 1625.69 公里、乡级公路 1391.54 公里、村级公路 4060.99 公里。按技术等级分，一级公路 104.17 公里（县道 95.56 公里、乡道 2.3 公里、村道 6.31 公里），二级公路 328.96 公里（县道 292.86 公里、乡道 18.52 公里、村道 17.86 公里），三级公路 260.87 公里（县道 200.12 公里、乡道 21.15 公里、村道 39.6 公里），四级公路 5637.34 公里（县道 1034.14 公里、乡道 1349.58 公里、村道 3253.62 公里），等外公路 746.61 公里（县道 3.01 公里、村道 743.6 公里）。通达全市 59 个乡镇、992 个建制村公路全部实现等级化、黑色化。全市专用公路 83.23 公里，其中有铺装公路 54.6 公里。

# 一　市辖区（吴兴区、南浔区）农村公路

前志载，市直辖区第一条农村公路埭溪—小溪线 1957 年建成，属山区简易公路，全长 10 公里。1979 年吴兴县、湖州市区域 45 个乡镇仅有 15 个通公路。1990 年末，市直辖区 47 个乡镇有 46 个通达公路，有县乡公路 212.41 公里（约 85%于 1980 年后建成），其中县道 139.4 公里；有三级公路 29.7 公里、四级公路 182.71 公里；有高级次高级路面铺装里程 10.76 公路（高级路面里程 1.26 公里）。

1992 年 1 月 7 日，湖州荃仁乡—花林乡公路通车，市直辖区实现乡乡镇镇通公路。

1991 年始，市、县政府分别向行政区域内拥有机动车、非机动车单位开征“县乡公路砂改油建设费”的政策，以提高农村公路路况。1998 年 8 月停止，市直辖区累计征收砂改油建设费 3200 万元。

1995 年 10 月，白雀、南埠、横街、三长、花林 5 乡通乡公路（8 条、45.2 公里）砂改油工程完成。至此，市直辖区 44 条通乡公路砂石路面全部改造为沥青路面。1995 年末，市直辖区有县乡公路 241 公里，2000 年末增至 310 公里。1991—2003 年，市直辖区累计投入县乡公路建设资金 9100 万元。据 2002 年调查，市直辖区公路通村率 52.3%，乡村道路路面硬化率 51.4%。

2005 年末，吴兴、南浔两区有县乡公路 524.15 公里（县道 352.81 公里、乡道 198.34 公里）。2006 年末，村级公路首次列入《湖州市交通统计年鉴》统计范围，吴兴、南浔两区村道里程 1461.48 公里（吴兴区 625.42 公里、南浔区 836.05 公里）。

至 2010 年末，吴兴、南浔两区公路按行政等级分，有国道 157.28 公里、省道 63.49 公里、县道 383.08 公里、乡道 417.12 公里、村道 1586.17 公里。按技术等级分，有高速公路 120.68 公里、一级公路 101.75 公里、二级公路 178.24 公里、三级公路 35.48 公里、四级及以下公路 2170.99 公里。

## 吴兴区农村公路

2003 年 7 月，全区启动乡村康庄工程建设。至 2005 年 10 月 24 日，全区完成 96 条计 228.6 公里农村公路建设，投入资金 12658 万元，公路通村率和通村公路硬化率均达到 100%。2003—2010 年，吴兴区农村公路建设总投资 4.1 亿元，214 个行

政村 81.56%通达准四级以上等级公路。2010 年末，区境内公路 1144.99 公里，其中国道 136.63 公里、省道 25.17 公里、县道 176.6 公里、乡道 196.94 公里、村道 609.65 公里。按技术等级区分，有高速公路 72.57 公里、一级公路 79.03 公里、二级公路 97.75 公里、三级公路 7.8 公里、四级及以下公路 887.79 公里。全区公路密度 133.14 公里/百平方公里、19.24 公里/万人。农村公路（县乡村级公路）占公路总里程 85.87%。

### 2010 年末吴兴区农村公路概况

表 1-25　　单位：公里

| | | | | | | | |
|---|---|---|---|---|---|---|---|
| 按技术等级分 | 合计 | 983.182 | 一级公路 | 二级公路 | 三级公路 | 四级公路 | 等外公路 |
| | 县道 | 176.598 | 4.35 | 65.497 | 4.874 | 98.864 | 3.009 |
| | 乡道 | 166.782 | — | 5.866 | — | 160.916 | — |
| | 专用公路 | 30.154 | — | 1.523 | — | 28.631 | — |
| | 村道 | 609.648 | — | 10.308 | 2.967 | 344.787 | 251.586 |
| 按路面类型分 | 合计 | 983.182 | 沥青混凝土（高级） | 水泥混凝土（高级） | 简易铺装路面（次高级） | 未铺装路面（中低级、无铺筑路面） | |
| | 县道 | 176.598 | 126.01 | 7.16 | 43.428 | — | |
| | 乡道 | 166.782 | 109.022 | 4.031 | 53.729 | — | |
| | 专用公路 | 30.154 | — | 1.523 | 28.631 | — | |
| | 村道 | 609.648 | 457.878 | 28.222 | 2.162 | 121.386 | |

### 2010 年吴兴区县道公路

表 1-26　　单位：公里

| 路线名称 | 路线桩号 | | 总计 | 按技术等级分 | | | | | | 按路面等级分 | | | | |
|---|---|---|---|---|---|---|---|---|---|---|---|---|---|---|
| | | | | 等级公路 | | | | | 等外公路 | 合计 | 有铺装 | | | 简易铺装 |
| | 起点 | 止点 | | 合计 | 一级 | 二级 | 三级 | 四级 | | | 小计 | 水泥 | 沥青 | |
| 合计 | 0 | 0 | 176.60 | 173.59 | 4.35 | 65.50 | 4.87 | 98.86 | 3.01 | 176.60 | 133.17 | 7.16 | 126.01 | 43.43 |
| 湖州—薛埠 | 0 | 27.68 | 27.68 | 24.67 | 0 | 0 | 0 | 24.67 | 3.01 | 27.68 | 9.68 | 0 | 9.68 | 18.00 |
| 晟舍—太湖 | 0 | 10.29 | 10.29 | 10.29 | 0 | 9.96 | 0 | 0.33 | 0 | 10.29 | 9.96 | 0 | 9.96 | 0.33 |
| 三济桥—汤溇 | 0 | 12.18 | 12.18 | 12.18 | 0 | 12.18 | 0 | 0 | 0 | 12.18 | 12.18 | 0 | 12.18 | 0 |
| 埭溪—芳山 | 0 | 15.89 | 15.09 | 15.09 | 0 | 0 | 0 | 15.09 | 0 | 15.09 | 15.09 | 0 | 15.09 | 0 |

续表 1-26-1

| 路线名称 | 路线桩号 | | 总计 | 按技术等级分 | | | | | | 按路面等级分 | | | | |
|---|---|---|---|---|---|---|---|---|---|---|---|---|---|---|
| | | | | 等级公路 | | | | | 等外公路 | 合计 | 有铺装 | | | 简易铺装 |
| | 起点 | 止点 | | 合计 | 一级 | 二级 | 三级 | 四级 | | | 小计 | 水泥 | 沥青 | |
| 妙西—新路头 | 0 | 17.09 | 17.09 | 17.09 | 0 | 0 | 0 | 17.09 | 0 | 17.09 | 0 | 0 | 0 | 17.09 |
| 八里店—练市 | 0 | 3.60 | 3.60 | 3.60 | 0 | 3.60 | 0 | 0 | 0 | 3.60 | 3.60 | 0 | 3.60 | 0 |
| 三天门—黄芝山 | 0 | 1.48 | 1.48 | 1.48 | 0 | 0 | 0 | 1.48 | 0 | 1.48 | 1.48 | 0 | 1.48 | 0 |
| 杨家埠—丘城 | 0 | 9.40 | 9.40 | 9.40 | 0 | 3.52 | 0.61 | 5.27 | 0 | 9.40 | 9.40 | 3.52 | 5.88 | 0 |
| 青山—菱湖 | 0 | 2.41 | 2.41 | 2.41 | 2.41 | 0 | 0 | 0 | 0 | 2.41 | 2.41 | 0.94 | 1.48 | 0 |
| 三天门—火车站 | 0 | 2.91 | 2.91 | 2.91 | 0 | 0 | 0 | 2.91 | 0 | 2.91 | 2.91 | 0 | 2.91 | 0 |
| 城南—油库 | 0 | 1.63 | 1.63 | 1.63 | 0 | 0 | 0 | 1.63 | 0 | 1.63 | 1.63 | 0 | 1.63 | 0 |
| 九八医院—G104岔口 | 0 | 0.51 | 0.51 | 0.51 | 0 | 0.51 | 0 | 0 | 0 | 0.51 | 0.51 | 0.29 | 0.22 | 0 |
| 九九桥—码头 | 0 | 3.85 | 3.85 | 3.85 | 0 | 0 | 3.00 | 0.85 | 0 | 3.85 | 0 | 0 | 0 | 3.85 |
| 陈家桥—军部 | 0 | 2.72 | 2.72 | 2.72 | 0 | 0 | 0 | 2.72 | 0 | 2.72 | 0 | 0 | 0 | 2.72 |
| 城北—小梅 | 0 | 8.02 | 8.02 | 8.02 | 0 | 8.02 | 0 | 0 | 0 | 8.02 | 8.02 | 0 | 8.02 | 0 |
| 保国—锦山 | 0 | 9.43 | 9.43 | 9.43 | 0 | 9.43 | 0 | 0 | 0 | 9.43 | 9.43 | 0 | 9.43 | 0 |
| 八里店—一字桥 | 0 | 5.38 | 5.38 | 5.38 | 1.94 | 3.44 | 0 | 0 | 0 | 5.38 | 5.38 | 0 | 5.38 | 0 |
| 南山村—关山圬 | 0 | 1.93 | 1.93 | 1.93 | 0 | 0 | 0 | 1.93 | 0 | 1.93 | 0.48 | 0 | 0.48 | 1.45 |
| 埭溪—昆铜 | 0 | 2.69 | 2.69 | 2.69 | 0 | 0 | 0 | 2.69 | 0 | 2.69 | 2.69 | 0 | 2.69 | 0 |
| 塘口—杨庄 | 0 | 7.56 | 7.56 | 7.56 | 0 | 0 | 0 | 7.56 | 0 | 7.56 | 7.56 | 0 | 7.56 | 0 |
| 八里店—北庄圩 | 0 | 1.27 | 1.27 | 1.27 | 0 | 0 | 1.268 | 0 | 0 | 1.27 | 1.27 | 0 | 1.27 | 0 |

续表 1-26-2

| 路线名称 | 路线桩号 | | 总计 | 按技术等级分 | | | | | | 按路面等级分 | | | | |
|---|---|---|---|---|---|---|---|---|---|---|---|---|---|---|
| | | | | 等级公路 | | | | | 等外公路 | 合计 | 有铺装 | | | 简易铺装 |
| | 起点 | 止点 | | 合计 | 一级 | 二级 | 三级 | 四级 | | | 小计 | 水泥 | 沥青 | |
| 湖州—织里 | 0 | 14.84 | 14.84 | 14.84 | 0 | 14.84 | 0 | 0 | 0 | 14.84 | 14.84 | 0 | 14.84 | 0 |
| 104 国道（埭溪）—德清洛舍 | 0 | 7.20 | 7.20 | 7.20 | 0 | 0 | 0 | 7.20 | 0 | 7.20 | 7.20 | 2.42 | 4.79 | 0 |
| 11 省道（章家山）—陆羽墓 | 0 | 7.44 | 7.44 | 7.44 | 0 | 0 | 0 | 7.44 | 0 | 7.44 | 7.44 | 0 | 7.44 | 0 |

## 南浔区农村公路

2003 年 7 月，启动乡村康庄工程。至 2005 年 8 月 25 日，全区完成 130 条计 317.5 公里康庄工程建设，投入资金合计 15040 万元，区境公路通村率和村道路面硬化率分别达到 100%。2003—2010 年，全区累计投入农村公路建设资金 4.47 亿元，221 个行政村 84.98%通达四级以上等级公路。2010 年末，区境有公路 1462.16 公里，其中国道 20.65 公里、省道 38.32 公里、县道 206.48 公里、乡道 220.18 公里、村道 976.52 公里。按技术等级区分，有高速公路 48.11 公里、一级公路 22.73 公里、二级公路 80.48 公里、三级公路 27.64 公里、四级及以下公路 1283.2 公里。全区公路密度 207.1 公里/百平方公里、29.82 公里/万人。农村公路（县乡村级公路）占公路总里程 95.97%。

**2010 年末南浔区农村公路概况**

表 1-27　　单位：公里

| 按技术等级分 | 合计 | 1403.186 | 一级公路 | 二级公路 | 三级公路 | 四级公路 | 等外公路 |
|---|---|---|---|---|---|---|---|
| | 县道 | 206.479 | 11.866 | 80.484 | 14.921 | 99.208 | — |
| | 乡道 | 220.184 | — | — | 5.84 | 214.344 | — |
| | 专用公路 | — | — | — | — | — | — |
| | 村道 | 976.523 | — | — | 6.877 | 789.89 | 179.756 |

续表 1-27

| | | | | | | |
|---|---|---|---|---|---|---|
| 按路面类型分 | 合计 | 1403.186 | 沥青混凝土（高级） | 水泥混凝土（高级） | 简易铺装路面（次高级） | 未铺装路面（中低级、无路面） |
| | 县道 | 206.479 | 149.988 | — | 56.491 | — |
| | 乡道 | 220.184 | 123.761 | 6.523 | 89.9 | — |
| | 专用公路 | — | — | — | — | — |
| | 村道 | 976.523 | 482.927 | 118.958 | 0.647 | 373.991 |

## 2010 年南浔区县道公路

表 1-28　　　　单位：公里

| 路线名称 | 路线桩号 | | 总计 | 按技术等级分 | | | | | | 按路面等级分 | | | | |
|---|---|---|---|---|---|---|---|---|---|---|---|---|---|---|
| | | | | 等级公路 | | | | | 等外公路 | 合计 | 有铺装 | | | 简易铺装 |
| | 起点 | 止点 | | 合计 | 一级 | 二级 | 三级 | 四级 | | | 小计 | 水泥 | 沥青 | |
| 合计 | 0 | 0 | 207 | 207 | 11.87 | 80.48 | 14.92 | 99 | 0 | 207 | 150 | 0 | 150 | 56.49 |
| 三济桥—双林 | 0 | 9.28 | 9.28 | 9.28 | 0 | 0 | 0 | 9.28 | 0 | 9.28 | 0 | 0 | 0 | 9.28 |
| 南浔—练市 | 0 | 16.82 | 16.82 | 16.82 | 0 | 16.82 | 0 | 0 | 0 | 16.82 | 16.82 | 0 | 16.82 | 0 |
| 八里店—练市 | 3.60 | 37.44 | 33.84 | 33.84 | 0 | 33.84 | 0 | 0 | 0 | 33.84 | 33.84 | 0 | 33.84 | 0 |
| 青山—菱湖 | 2.41 | 14.28 | 11.87 | 11.87 | 11.87 | 0 | 0 | 0 | 0 | 11.87 | 11.87 | 0 | 11.87 | 0 |
| 横街—新隆 | 0 | 5.93 | 5.93 | 5.93 | 0 | 0 | 0 | 5.93 | 0 | 5.93 | 5.93 | 0 | 5.93 | 0 |
| 墙千里—莫蓉 | 0 | 11.3 | 11.3 | 11.3 | 0 | 11.3 | 0 | 0 | 0 | 11.3 | 11.3 | 0 | 11.3 | 0 |
| 花城—含山 | 0 | 12.21 | 12.21 | 12.21 | 0 | 0 | 0 | 12.21 | 0 | 12.21 | 5.514 | 0 | 5.514 | 6.69 |
| 东迁—双林 | 0 | 12.92 | 12.92 | 12.92 | 0 | 0 | 0 | 12.92 | 0 | 12.92 | 0.829 | 0 | 0.83 | 12.09 |
| 双林外环线 | 0 | 2.40 | 2.40 | 2.40 | 0 | 2.40 | 0 | 0 | 0 | 2.40 | 2.402 | 0 | 2.40 | 0 |
| 花林—乌镇 | 0 | 10.92 | 10.92 | 10.92 | 0 | 0 | 0 | 10.92 | 0 | 10.92 | 0 | 0 | 0 | 10.92 |

续表 1-28

| 路线名称 | 路线桩号 | | 总计 | 按技术等级分 | | | | | | 按路面等级分 | | | | |
|---|---|---|---|---|---|---|---|---|---|---|---|---|---|---|
| | | | | 等级公路 | | | | | 等外公路 | 合计 | 有铺装 | | | 简易铺装 |
| | 起点 | 止点 | | 合计 | 一级 | 二级 | 三级 | 四级 | | | 小计 | 水泥 | 沥青 | |
| 千金—钟管 | 0 | 4.80 | 4.80 | 4.80 | 0 | 0 | 0 | 4.8 | 0 | 4.80 | 4.798 | 0 | 4.80 | 0 |
| 长超—菱湖 | 0 | 8.78 | 8.78 | 8.78 | 0 | 0 | 0 | 8.78 | 0 | 8.78 | 2.492 | 0 | 2.49 | 6.29 |
| 南浔—乌镇 | 0 | 14.42 | 13.64 | 13.64 | 0 | 0 | 0 | 13.64 | 0 | 13.64 | 13.64 | 0 | 13.64 | 0 |
| 和孚—朱家湾 | 0 | 4.72 | 4.72 | 4.72 | 0 | 0 | 0 | 4.72 | 0 | 4.72 | 4.72 | 0 | 4.72 | 0 |
| 镇西—胜上圩 | 0 | 7.25 | 7.25 | 7.25 | 0 | 0 | 4.88 | 2.37 | 0 | 7.25 | 7.25 | 0 | 7.25 | 0 |
| 小虹桥—东秋风 | 0 | 5.15 | 5.15 | 5.15 | 0 | 0 | 2.72 | 2.43 | 0 | 5.15 | 5.15 | 0 | 5.15 | 0 |
| 和孚—新市 | 0 | 12 | 7.32 | 7.32 | 0 | 0 | 7.32 | 0 | 0 | 7.32 | 7.32 | 0 | 7.32 | 0 |
| 菱湖—新市 | 0 | 16.12 | 16.12 | 16.12 | 0 | 16.12 | 0 | 0 | 0 | 16.12 | 16.12 | 0 | 16.12 | 0 |
| 旧馆—重兆 | 0 | 11.22 | 11.22 | 11.22 | 0 | 0 | 0 | 11.22 | 0 | 11.22 | 0 | 0 | 0 | 11.22 |

## 二区主要农村公路

**湖盐线** 湖州—海盐线，县级公路，全长约 103 公里，连接湖州、桐乡、海宁、海盐四县市。湖盐线湖州段起于八里店，途经和孚、长超、重兆、双林、练市等 6 个镇，终于练市镇洪塘黄善村与桐乡市交界处，全长 41.146 公里，地方政府于 20 世纪 80 年代以“民办公助”方式建成，路面宽 6 米，技术等级较低，路况较差。1990—1992 年全线砂石路面改建成沥青路面。1996 年，湖州段改造被列入市“九五”期间公路建设计划项目，1998 年，批准为省第七批“四自”工程项目，1998 年 12 月开工建设。工程起点湖州八里店镇（318 国道 K147），终点与桐乡市交界处黄善村，全长 37.4 公里（其中约 16 公里新建，余为拓宽）， 按部颁《公路工程技术标准》（JTJ001–97）平原微丘二级加宽公路标准设计，设计行车速度 80 公里/小时，整体式路基宽 18.5 米、分离式路基（利用老路）宽 22 米、中央分隔带 3.5 米，行车道宽度 2×7.5 米；硬路肩 2×1.5 米。新建路基路宽为 18.5 米，行车道宽度 7.5

米×2，中央绿化带 1.5 米，硬路肩 2×0.75 米，路基设计洪水频率 50 年一遇。桥涵荷载汽—20、挂—100；大桥净宽 15 米，中小桥与路基同宽，大中桥梁设计洪水频率 100 年一遇，小桥涵设计洪水频率与路基相同。路面沥青混凝土结构，路面设计使用年限 12 年。全线设置转点（弯道）36 个，桥梁 45 座、2812.54 延米，其中大桥 4 座 1633.04 延米，涵洞 257 道 5976 延米，互道式立交 1 处。2000 年 11 月 30 日交工，工程竣工决算 25667.7 万元。改建后比原里程缩短 3.7 公里。

**青菱线**　青山—菱湖线县级公路，起自青山（104 国道 K1376+200），下穿杭宁高速公路，经下昂、竹墩、终于菱湖镇，全长 14 公里，其中青山至竹墩段长 9.5 公里。全线大中小桥梁 20 座共 1265.6 延米（大桥 3 座、中桥 11 座、小桥 6 座）。2000 年列入省政府批准“四自工程”。按一级公路技术标准设计，（路基路面一级、线型二级），设计时速 60 公里/小时。路基宽 24.5 米、行车道宽 2×7.5 米、硬路肩宽 2×3.5 米、中间隔离带宽 2.0 米、左路缘带宽 2×0.25 米，桥涵与路基同宽。路面沥混凝土结构（其中 K0+000—K0+860 段为水泥混凝土路面），设计轴载 BZZ—100，桥梁设计荷载汽—20、挂—100。2001 年 2 月 1 日开工，2002 年 11 月 5 日完工。工程概算投资 1.3 亿元。

**浔练线**　南浔—练市线县级公路，1989 年 8 月建成，技术标准三级。2000 年省政府批准列为 “四自工程”。工程始于南浔大桥南端 500 米处，途径南浔、横街、花林、练市，与湖盐公路相接，全长 16.8 公里。按部颁《公路工程技术标准》（JJJ001–97）平原微丘二级加宽标准设计。设计行车速度 80 公里/小时，路基宽 20 米、中央分隔带 1.5 米、行车道 2×7.5 米、硬路肩 2×1.5 米、分离式路基宽 9 米、行车道宽 7.5 米、硬路肩 2×0.75 米，路面沥青混凝土。全线有桥梁 16 座，其中大桥 2 座 655.94 延米，涵洞 110 道。桥涵与路基同宽，设计荷载汽—20、挂—100。工程于 2001 年 7 月 1 日开工，2003 年 6 月 30 日完工，总投资 1.12 亿元。

**保戈线**　保国—戈亭线县级公路，起自吴兴区东林镇保国，经东林、锦山，至德清县戈亭、钟管，路线全长 9.5 公里。其中保国—锦山段始建于 1990 年。2002 年改造延伸至德清县戈亭、钟管。工程分两期实施，一期工程保国—东林 5.011 公里，按平原区二级加宽公路标准设计，设计行车速度 80 公里/小时，路基宽 18 米，其中行车道宽 2×7.5 米、硬路肩宽 2×1.5 米，沥青混凝土路面，桥涵设计荷载汽—20、挂—100。全线有大桥 1 座，中桥 5 座，小桥 2 座，总长 427 米。工程概算

2754 万元。工程拆迁征地和路基填筑由东林镇政府组织实施，全线路面及桥梁等工程由湖州市公路管理处组织实施。2002 年 4 月开工，2003 年 11 月完工。二期工程起自吴兴区东林镇，终于德清县钟管镇，与已建成的仕锦线相连，全长 4.484 公里，2007 年 6 月开工，2008 年 11 月完工。概算投资 5053 万元。

**湖织线**　湖州—织里线县级公路。起自湖州八里店镇南塘漾村，与 318 国道湖州环绕相接，途经环渚龙溪村、八里店镇三墩村、戴山镇邻墓村、柏家湾村、秧宅村，终于织里镇织里村、大郏村，全长 14.85 公里。2001 年 12 月 16 日开工，按平原微丘一级公路标准设计，路基宽 24.5 米，路面沥青混凝土，中央分隔带 2 米、左侧路缘带宽 2×0.25 米、行车道 2×7.5 米、硬路肩 2×3 米、土路肩 2×0.5 米。桥涵与公路路基同宽。设计车速 60 公里/小时，设计荷载汽—20、挂—100。全线有桥梁 13 座，其中大桥 2 座、中桥 9 座、小桥 2 座、涵洞 85 道，两侧有 8 米绿色通道。工程共征用土地 174.95 亩，房屋拆迁 3342 平方米，迁移“三线”156 根，政策处理经费 1518 万元。2003 年 5 月底竣工。工程概算投资 1.604 亿元，竣工决算投资 1.16 亿元。

**菱新线**　菱湖—新市线县级公路，是市公路交通“十一五”规划“五纵四横十连”中“十连”之一，和（和孚）杭（五杭）公路组成部分。工程按二级公路标准设计，全长 18.216 公里，路基宽度 15 米，设计时速 80 公里，全线桥梁 7 座（1402 米），路基宽 15 米，桥涵与路基同宽，工程概算投资 16312.4 万元。其中吴兴区境段长 15.7 公里，2005 年 7 月开工，2008 年 1 月通过交工质量检测，概算投资 13481.3 万元；德清县境段长 2.5 公里，2006 年 6 月开工，2008 年 11 月通过交工质量检测，概算投资 2831.1 万元。

**埭芳公路**　县级公路，起自埭溪，终于芳山，全长 15.09 公里。其中埭溪—小溪段 1958 年建，小溪—芳山段 1980 年建。1995 年线路平均等级 3.19 级。老虎潭水库工程立项后，埭芳线列为配套公路项目，改建线路 8.48 公里，按四级公路标准设计，沥青路面，全线建大桥 600 米/1 座，中桥 62 米/2 座，涵洞 361 米/96 道。2005 年 11 月开工，2008 年 1 月完工。概算投资 4541 万元。

**三济桥—新市线**　县级公路，全长 28.1 公里，按二级公路标准设计建设，设计行车速度 80 公里／小时，概算总投资 4.6 亿元。其中双林—新市段 11.39 公里改建工程 2008 年 5 月开工，2010 年 11 月 30 日完工，概算投资 1.19 亿元；莫蓉—双林镇路段作为申嘉湖高速公路双林互通连接线工程（1.8 公里）建成，完成投资 2100 万元；双林大桥拓宽工程结合湖嘉申航道改造工程一并实施，完成投资 900 万元；三济桥—双林段 9.28 公里 2010 年开工建设，计划 2011 年建成。至 2010 年 12 月底，项目累计完成投资 2.35 亿元。

**墙千里—莫蓉线**　县级公路。起点为南浔区菱湖镇墙千里村，与菱新公路 K4+600 相接，终点与湖盐公路莫蓉立交相接，全长 11.3 公里。2008 年 10 月 21 日开始改建，概算总投资 8774.5 万元。工程按二级公路标准设计，设计时速 80 公里，路基宽度 12 米，路面宽度 10.5 米，全线桥梁 837 米/11 座，涵洞 34 道。2010 年 11 月 30 日改建工程完工。

**环太湖公路**　县级公路，2008 年 12 月 31 日，环太湖公路浙江段破土新建。工期 3 年，概算总投资 15.92 亿元。路线起点长兴县夹浦镇东环湖大堤（K0+058），终点吴兴区胡溇村苏浙省界，浙江段全长 50 余公里，其中长兴县境段 22.62 公里（含 104 国道连接线 1.04 公里），按二级公路标准设计建设，路基宽 15 米，桥梁 2734 米/10 座；吴兴区境段 29.14 公里，按一级公路标准设计建设，路基宽 24.5 米。至 2010 年末，累计完成投资 9.76 亿元（湖州段 5.06 亿元，长兴段 4.7 亿元），占总投资的 61%（2011 年 9 月 25 日，长兴县境段通过交工验收，概算投资 7.12 亿元；2013 年 10 月 18 日，吴兴区太湖度假区段 13.74 公里通过交工验收，概算投资 5 亿元）。

**妙西—新路头公路**　县级公路。吴兴区妙西、埭溪两大乡镇重要连接线。起于 11 省道 K4+840 处，终点与埭芳公路相接，沿线经龙山村、周家桥村、王石坞村、仙村等多个行政村。2010 年末为四级公路，路面简易铺装。2010 年 11 月 20 日，《妙西至新路头公路改建工程施工图设计审查专家组意见》获准（2011 年 12 月 14 日，妙西至新路头公路改建工程开工，全长 17.9 公里，另建妙西大道连接线 0.4 公里，路线合计 18.3 公里，沿线大桥 112 米/1 座、小桥 16 米/1 座，按二级公路标准设计，路基宽 10 米，其中行车道宽 7 米，采用沥青混凝土路面，设计行车速度 60 公里/小时。2013 年 8 月 10 日工程完工，概算总投资 1.2 亿元。同年 10 月 31 日通过交工验收）。

**射中—锦山公路**　吴兴区最早上等级乡村公路。北起南浔射中，南至吴兴东林锦山，全长 2.708 公里。路面宽 5 米，技术标准四级。20 世纪 80 年代中期始建，由沿路各村为主分段修筑简易公路（固土路面）。1991 年铺设沙石路面，形成基本路基。1996—1997 年，全段铺设沥青混凝土。

**青山—两平头公路** 吴兴区里程最长乡村公路。东起 104 国道，西至妙新线，全长 10.295 公里，其中东林段长 4.768 公里，埭溪段长 5.527 公里。沥青混凝土路面宽 5 米，技术标准四级。2005 年建成通车。

**马腰—花林公路** 南浔区建成最早上等级乡村公路，全长 8.13 公里（其中南浔镇境 2.8 公里，练市镇境 5.33 公里），1985 年 12 月始建，由沿路各村为主分段修筑简易公路（固土路面）。1991 年铺设砂石路面，形成基本路基。1996—1997 年，路面铺设沥青混凝土，公路技术标准四级，路面宽 5 米。

**南浔—马腰公路** 南浔区乡村公路中里程最长、桥梁密度最大，东起浔练线，西至马腰镇，全长 11.65 公里，沿线建移塔桥、沈家港桥、浔马大桥、万马新桥等 13 座，1995 年建成，公路技术标准四级，沥青混凝土路面宽 6 米。

## 二　各县农村公路

### 长兴县农村公路

前志载，1990 年末，长兴县区域县乡公路 228.22 公里，其中县道 112.89 公里、乡道 115.33 公里。全县 34 个乡镇除吴山乡不通公路，其他均有公路通达，公路等级普遍较低，三级公路仅 36.96 公里、四级公路 135.88 公里，其余均为等外公路，有高级次高级路面铺装县乡公路仅 1.6 公里。

1991 年 12 月，青山—吴山公路竣工。至此，全县实现乡乡镇镇通公路。

1995 年 12 月 30 日，实现乡乡镇镇通油路（砂石路面改造为沥青路面）。全县有县乡公路 230.13 公里（县道 108.51 公里、乡道 121.62 公里），其中三级公路 63.11 公里，四级公路 167.02 公里。有高级次高级路面铺装的县乡公路增至 137.07 公里。

2000 年末，全县县乡公路 263.58 公里（县道 147.62 公里、乡道 115.96 公里），其中三级技术标准公路 40.74 公里、四级公路 222.84 公里，高级次高级路面铺装县乡公路 188.84 公里。

2003 年 11 月 28 日，市政府在长兴召开“全市乡村康庄工程建设现场会”。改造提升全县乡村公路路况为重点康庄工程同时启动。2005 年 11 月 28 日，全县完成康庄工程建设计划，实现村村通达四级（含准四级）以上公路目标。累计完成乡村公路路基等级化改造 89 项、322.4 公里，路面硬化 99 项、340.1 公里，新（改）建桥梁 73 座，合计完成投资 2.1 亿元。全县 224 个行政村公路通达率和路面硬化率均 100%。

2005 年末，县乡公路 643.01 公里（县道 313.05 公里、乡道 329.96 公里），其中三级公路 65.84 公里、四级公路 577.16 公里，县乡公路高级次高级路面铺装率 100%。

2006 年始，村级公路列入统计，全县村道 912.91 公里。

2010 年末，全县公路 2029.934 公里。按使用性质分，国道 152.682 公里，省道 65.642 公里、县道 403.291 公里、乡道 289.738 公里、专用道 53.074 公里、村道 1065.507 公里。按技术等级分，高速公路 89.476 公里、一级公路 98.417 公里、二级公路 113.08 公里、三级公路 110.13 公里、四级及以下公路 1618.837 公里。沥青混凝土或水泥混凝土铺装高级路面里程 1576.85 公里，简易铺装的次高级路面里程 144.76 公里，未铺装路面里程 308.32 公里（多为村道）。高级次高级路面里程占总里程的 84.81%。全县公路密度 141.95 公里/百平方公里、32.71 公里/万人。县境主要农村公路如下：

**高家墩—和平线**　又称长和线，县级公路。自长兴县城经虹星桥、观音桥、过港口大桥至和平，连接省道鹿唐线，全长 20.89 公里，县境南北向交通干道。民国 25 年（1936）4 月，修筑从高家墩至虹星桥段路基，长 8.3 公里、宽 5 米，征工填土 9300 立方米，桥梁因寒冬未建。民国 26 年再次修筑，填土 29875 立方米，路基工程完竣，并利用工赈物资修便桥 10 座，未通车。解放后列入县规划公路之一。1979 年修筑长兴—观音桥段，由县桥梁队负责加固、加宽香家桥、河抖桥，南箬桥、梅花子桥、钦汇桥，新建港新桥等，筑石沟涵 3 道，埋涵管 55 道。同年 12 月 26 日竣工，经验收达四级公路标准，长 12 公里。1987 年 1 月 10 日，跨西苕溪港口大桥建成。同年 7 月 4 日，大桥至和平段公路建成。经验收符合三级公路标准。同年 8 月 1 日客车通至和平。至此，县城至和平镇不再绕道湖州，缩短路程 32 公里。长和线与长水线相连接，为县境南北主要通道，因通过红星桥集市时车辆经常受阻，1987 年 9 月实施改道。北自虹星桥电影院附近，向东绕过集镇，新建三孔（18+10×2）梁式公路桥 1 座。荷载标准汽—10 级，由长兴县桥梁工程队承建。南端于虹星桥中学附近与原路相接。全长 1.23 公里，投资 52.65 万元。1989 年 6 月竣工通车。

1990—1992 年，长和线路面“砂改油”，并重新设计加宽道路、部分弯道改建，成为县境首条全线铺装沥青县道。2001—2002 年，建设和开发长兴县雉城工业园区，老 318 国道以南（K0+00—K1+100）1.1 公里按二级公路标准改建。2004 年 10 月对雉城镇工业园区—鹿塘线（K1+100—K20+812.956）进行改建，列为省“四自”工程建设项目，设计标准二级公路加宽，行车时速 60～80 公里。2006 年 12 月改建完工，其中雉城镇过境段均往东移，和平终点改道延伸，道路经和平北再绕至和平东南，终点和新鹿塘线连接。改建工程全长 19.73 公里，路基宽度分三段：K1+100—K7+200 段路基宽度 24.5 米，设 1.5 米中央分隔带，K7+200—K18+860 段路基宽度为 18.5 米，无中央分隔带，K18+860—K20+812.956（和平过境段）路基宽度为 40 米，设中央分隔带、两侧非机动车道及人行道，按市政道路标准建设。全线有虹星桥、港口大桥、和平大桥 3 座大桥。配套建设路灯和绿化。项目总投资约 2 亿元。

**长兴—长达线**　县级公路。全长 21.14 公里，先后分两段建设。第一段长水公路，从县城经高山岭、车渚里到水口，全长 9.87 公里，是通向城北主要公路。1967 年始筑路基，1975 年初陈墓岭至水口路基建成，省土产公司以“建设毛竹道路经费”补助 5.4 万元。1976 年底全线动工，1982 年 5 月竣工，7 月通过验收，1983 年 2 月 5 日通车。建设总投资 26 万元，为三级公路。1989 年陈墓岭降坡改善，纵坡由 12% 降至 4%（南坡 5%），路基拓宽至 8 米，8 月 20 日动工，11 月 20 日竣工。2005 年 6 月由长兴县农村公路建设工程指挥部投资改造，按二级公路技术标准设计，路基拓宽至 12 米，路面宽 10.5 米，设计行车速度 60 公里/小时，路面结构沥青混凝土路面加水泥稳定碎石基层，2006 年 12 月完成。第二段水口—长达公路，长 7.7 公里，在原有机耕路基础上改建。1987 年竣工。水口经丁甲桥至长达，连接 104 国道，去江苏鼎山、宜兴方向，不再绕道雉城。2007 年 7 月，长兴县农村公路建设工程指挥部投资改造提升，按二级公路技术标准设计，路基拓宽至 12 米，路面宽 10.5 米，设计行车速度 60 公里/小时，沥青混凝土路面加水泥稳定碎石基层，2008 年 5 月完成。

**杨家山—小梅口线**　县级公路。起自 104 国道李家巷镇大茆洋桥，经王家坝、陈桥、横山至陈湾，长 15.5 公里。一期工程 1977 年开始。1987 年 9 月 1 日竣工验收李家巷至横山段，10 月 1 日通客车；二期工程 1988 年 1 月 10 日通过验收，15 日通车至陈湾。全线路基宽 8.5 米，路面宽 6 米，为四级公路。沿线小桥涵 10 座，总跨长 50.5 米。工程总投资 71.99 万元，其中国家补助 29.11 万元，厂矿企业集资

12.56 万元，群众集资 30.32 万元。沿线设杨家山、赵家桥、王家坝、陈桥、石英矿、横山、前城、章家浜、董家浜等 9 个停靠站。2010 年 9 月，长兴县农村公路建设工程指挥部拓宽改造，从起点至规划中图影大道，总长 9 公里，按二级公路标准建设，路基宽 12 米，路面为沥青混凝土，总投资约 7065 万元，计划 2012 年 12 月完工。

**三星圩—界牌线**　县级公路，县境里程最长县道。全长 36.62 公里，途经雉城镇、林城镇、泗安镇、二界岭乡 4 个乡镇。其中老 318 国道高家墩至界牌段于 1952 年 12 月整修通车，1974 年路面进行渣油表层处理，1975 年完成。2007 年 7 月始，全线按三级公路标准拓宽改造，2008 年 10 月完成。

**滨湖大道（环太湖公路长兴段）**　县级公路，全长 22.62 公里。原为环湖公路，利用环湖大堤分两期实施。第一期小梅—新塘，长兴县交通局实施，1995 年建成，长 14 公里，东侧路面边线靠防洪墙。第二期新塘—环沉，长 8.62 公里，市水利局实施，1997 年建成沥青路面。经省发改委批复同意，2008 年长兴县启动环太湖公路及环湖沿路大堤加固工程建设，起点长兴县夹浦镇东，沿环湖大堤经夹浦镇、雉城镇和洪桥镇，与湖州太湖旅游度假区段小梅口相接。总投资 7.12 亿元。按二级公路标准建设，设计行车速度 60 公里/小时，路基宽 15 米，沥青混凝土路面加水泥稳定碎石基层。2009 年 2 月开工（2011 年 8 月完工）。

**04 省道—橙心寺线**　县级公路。位于泗安镇、林城镇境内，全长 16.93 公里，四级公路技术标准。由双联—五里渡、泗安—赵村部分、塔上—钱庄、橙心寺—管埭 4 条路线组成。其中双联至五里渡段 2003 年 4 月完成路基工程填筑，2005 年 8 月完成水泥混凝土路面浇筑；泗安—赵村段 2003 年 9 月完成路基工程填筑，2004 年 11 月完成水泥混凝土路面浇筑；塔上—钱庄段 2004 年 4 月开工，10 月完成沥青混凝土路面摊铺。

**川口—江排线**　乡村公路，长兴县最偏远乡村公路。位于长兴县北部水口乡，东接长兴—长达公路，西至江排村，全长 7.11 公里，路基宽 6 米，路面宽 5 米，水泥混凝土路面，技术标准四级。2004 年改建为乡级公路。修路时，江排村 93 岁村民杨美松先后两次自愿捐款，平时省吃俭用的老人执意要为自己祈盼了 50 多年的“康庄路”聊表心意。

**小浦—柏家村线**　乡村公路，长兴县境最长乡村公路。位于小浦镇，东起长牛线，终于柏家村，全长 14.12 公里，路基宽 6 米，路面宽 5 米左右，沥青混凝土路面，技术标准四级。1987 年建成简易砂石路通车，1998 年改造为沥青混凝土路面。

## 2010 年长兴县县级公路

表 1-29

| 序号 | 起点 | 终点 | 建成年月 | 近期改建 | 里程（公里） | 路基宽度（米） | 路面宽度（米） | 等级 | 路面结构 | 所经乡镇 |
|---|---|---|---|---|---|---|---|---|---|---|
| 1 | 长兴 | 新塘 | 1987 | 2002.12 | 8.83 | 32 | 28 | 1 | 沥青 | 开发区、雉城 |
| 2 | 电厂 | 赵家桥 | 1988 | 2009.09 | 6.4 | 24.5 | 16 | 1 | 沥青 | 雉城、李家巷、洪桥 |
| 3 | 杨家山 | 小梅口 | 1988 | 2010 | 16.41 | 7 ~ 12 | 6 ~ 10.5 | 2、4 | 沥青 | 李家巷、洪桥 |
| 4 | 高阳桥 | 三里桥 | 1973.12 | — | 0.95 | 8 | 7 | 4 | 沥青 | 古城 |
| 5 | 雉城 | 高家墩 | 1951.3 | 1988 | 1.92 | 15 | 12 | 4 | | 古城 |
| 6 | 凡市 | 回车岭 | 1967.3 | — | 8.12 | 7 | 5 | 4 | 沥青 | 和平 |
| 7 | 高家墩 | 和平 | 1987.8 | 2001 | 20.9 | 24.5 | 19 | 2 | 沥青 | 雉城、虹星桥、和平 |
| 8 | 白溪 | 钮店湾 | 1952 | — | 3.52 | 25 | 9 ~ 12 | 1 | 沥青 | 古城 |
| 9 | 大云 | 畎桥 | 1979.12 | 1994 | 8.3 | 6.5 | 5 | 4 | 沥青 | 林城 |
| 10 | 五庄 | 八三 | 1994.11 | 2009.9 | 13.57 | 21 | 15 | 2、4 | 沥青 | 小浦、雉城、林城 |
| 11 | 煤山 | 白岘岭 | 1971 | — | 9.98 | 6 | 5 | 4 | 沥青 | 煤山、白岘 |
| 12 | 长兴 | 长达 | 1987.12 | 2007.11 | 21.14 | 12 ~ 14 | 10.5 ~ 14 | 2 | 沥青 | 龙山、水口、夹浦 |
| 13 | 三星圩 | 界牌 | 1975.11 | 2007.7 | 36.62 | 9 | 7.5 | 3 | 沥青 | 雉城、林城、泗安等 |
| 14 | 钮店湾 | 杭宁高速长兴出口 | 2000.12 | 2001 | 1.34 | 30 | 15 | 1 | 沥青 | 开发区 |
| 15 | 煤山 | 新杭 | 2008.11 | — | 11.49 | 20 | 18 | 2 | 沥青 | 煤山、白岘 |
| 16 | 电厂 | 白溪 | 2009.12 | — | 5.92 | 52 | 24 | 1 | 沥青 | 开发区 |
| 17 | 合溪 | 川步 | 2011.12 | — | 5.54 | 12 | 10.5 | 2 | 沥青 | 小浦、龙山 |
| 18 | 小浦 | 槐坎 | 2011.12 | — | 16.83 | 12 | 12 | 2 | 沥青 | 小浦、槐坎 |
| 19 | 冯家湾 | 环桥 | 1994 | 2006 | 11.11 | 9 ~ 24.5 | 7.5 ~ 24 | 1、3 | 沥青 | 开发区、雉城 |
| 20 | 滨湖大道 | | 1995 | 2008 | 22.62 | 15 | 15 | 2 | 沥青 | 夹浦、太湖新城、洪桥 |

续表 1-29

| 序号 | 起点 | 终点 | 建成年月 | 近期改建 | 里程（公里） | 路基宽度（米） | 路面宽度（米） | 等级 | 路面结构 | 所经乡镇 |
|---|---|---|---|---|---|---|---|---|---|---|
| 21 | 洪桥 | 图影 | 2009.9 | — | 9.1 | 24.5 | 21.5 | 1 | 沥青 | 洪桥 |
| 22 | 站前大道 | | 2011.09 | — | 1.96 | 40 | 28 | 2 | 沥青 | 开发区 |
| 23 | 回车岭 | 吴山渡 | 1995 | — | 4.05 | 7 | 6 | 4 | 沥青 | 和平 |
| 24 | 涧下 | 省庄 | 1958 | 1993 | 5.42 | 8.5 | 7 | 3 | 沥青 | 煤山 |
| 25 | 观音桥 | 青山 | 1994 | — | 15.71 | 6 | 5 | 4 | 沥青 | 虹星桥、吴山 |
| 26 | 大元 | 悬脚岭 | 1995 | — | 11.26 | 7.5 | 7 | 3 | 沥青 | 煤山镇 |
| 27 | 长兴 | 吕山 | 1996 | 2009 | 7.07 | 24.5 | 21.5 | 1 | 沥青 | 雉城、吕山 |
| 28 | 初康 | 台基 | 1969.12 | 2007 | 11.26 | 7～12 | 6～10.5 | 2、3 | 沥青 | 二界岭、槐坎 |
| 29 | 虹星桥 | 林城 | 2004 | 2005 | 6.81 | 7 | 6 | 4 | 水泥 | 虹星桥 |
| 30 | 里塘 | 畎桥 | 1996 | 2001 | 4.69 | 6 | 5 | 4 | 水泥 | 虹星桥、林城 |
| 31 | 林城 | 天平 | 2004 | — | 4.48 | 7 | 6 | 4 | 沥青 | 林城 |
| 32 | 畎桥 | 梅溪 | 2005 | 2007 | 5.29 | 7 | 6 | 4 | 沥青 | 林城 |
| 33 | 水口 | 夹浦 | 1999 | 2003 | 6.16 | 7 | 6 | 4 | 沥青<br>水泥 | 水口、夹浦 |
| 34 | 方家庄 | 探碛 | 2004 | — | 5.4 | 6 | 5 | 4 | 沥青 | 和平 |
| 35 | 农场 | 王岗岭 | 2004 | — | 5.7 | 7 | 6 | 4 | 沥青 | 二界岭 |
| 36 | 和平 | 琛碛 | 2000 | 2011 | 6.3 | 12 | 10 | 4 | 沥青 | 和平 |
| 37 | 吕山 | 和平 | 2000 | — | 10.75 | 6 | 5 | 4 | 沥青<br>水泥 | 吕山、和平 |
| 38 | 大云寺 | 八三部队 | 1994 | — | 5.38 | 7 | 6 | 4 | 水泥 | 林城 |
| 39 | 七里亭 | 王岗岭 | 1958 | 1979 | 7.25 | 6.5 | 6 | 4 | 沥青 | 泗安 |
| 40 | 洪桥 | 横山 | 2002 | — | 10.05 | 7 | 6 | 4 | 沥青 | 洪桥 |
| 41 | 四号桥 | 长牛线 | 2004 | 2008 | 6.75 | 7 | 6 | 4 | 沥青<br>水泥 | 龙山、小浦 |
| 42 | 丁甲桥 | 北川 | 1986 | 1994 | 8.87 | 6 | 5 | 4 | 沥青<br>水泥 | 夹浦 |
| 43 | 04 省道 | 澄心寺 | 1982 | 1994 | 16.93 | 7 | 6 | 4 | 沥青 | 泗安、林城 |
| 44 | 太傅 | 畎桥 | 1984 | 1996 | 11.08 | 6.5～8 | 6～7 | 3、4 | 沥青<br>水泥 | 林城 |

## 德清县农村公路

1990 年，德清县境县乡公路 185.91 公里，其中县道 111.33 公里。全县 28 个乡镇 22 个通达公路，其余 6 个乡镇公路在建筑中。县乡道中三级公路 31.21 公里、四级公路 141.8 公里、等外公路 12.9 公里。高级次高级路面铺装里程 4.12 公里（高级路面里程仅 0.62 公里）。

1992 年 12 月 30 日，跨京杭运河韶村大桥主桥通车，高林、油车两乡公路同时贯通。全县实现乡乡镇镇通公路目标。

1995 年末，县乡公路 250.53 公里（县道 161.4 公里、乡道 89.13 公里），其中三级公路 49.73 公里、四级公路 181.92 公里、等外公路 18.88 公里，高级次高级路面铺装里程 147.24 公里（高级路面里程 1.25 公里）。

2000 年末，县乡公路 303.37 公里（县道 214.57 公里、乡道 88.8 公里），其中三级公路 97.88 公里、四级公路 195.49 公里、等外公路 10 公里，高级次高级路面铺装里程 283.91 公里（高级路面里程 2.51 公里）。2000 年全国公路普查，德清县通村公路 127 条、259 公里，其中四级公路 9 条、14.9 公里，等外公路 118 条、244.1 公里。村道大多为泥结砂石路面。

2003 年 7 月，全面实施“乡村康庄工程”，2005 年 7 月 17 日全面完成。累计投入建设资金 1.5 亿元，实施乡村公路改善项目（等级化改造和路面硬化）192 个，计 458.6 公里，惠及 96 个行政村，全县行政村等级公路通达率和路面硬化率分别达到 100%。

2005 年末，德清有县乡公路 398.96 公里（县道 277.18 公里、乡道 121.78 公里），高级次高级路面铺装率达到 100%。2006 年末，全县村道 529.41 公里。2007 年末，全县 11 个乡镇、166 个建制村全部通达等级公路。

2010 年末，县境公路 1111.33 公里。按使用性质分，国道 42.41 公里、省道 79.18 公里、县道 315.66 公里、乡道 235.32 公里、村道 438.75 公里；按技术等级分，高速公路 43.6 公里、一级公路 47.08 公里、二级公路 85.38 公里、三级公路 72.53 公里、四级及以下公路 862.75 公里。高级次高级路面铺装里程 1004.18 公里（其中沥青混凝土和水泥混凝土高级路面 808.68 公里、简易铺装次高级路面 195.5 公里），未铺装路面 107.15 公里。高级次高级路面铺装里程占总里程 90.36%。全县公路密度 118.73 公里/百平方公里、25.94 公里/万人。县境主要农村公路如下：

**三桥埠—莫干山线**　县级公路，德清县首条县道公路，第一条通向莫干山风景区公路。起于104国道三桥埠集镇，途经赤山庙、高峰、庾村，至莫干山荫山街，全长11.465公里，始建于民国9年（1920），至民国38年（1949）五次修缮。解放后多次拓宽改造。三桥埠—庾村段7.07公里，现状等级三级，沥青路面，路基宽7.5米，路面宽6米。庾村至莫干山荫山街段6.03公里，现状等级四级，路面铺装部分块石、部分水泥，路基宽6.5米，路面宽4米。

**德清—洲泉线**　县级公路，又称“德新公路”“德桐公路”，纵连09省道、沟通桐乡市和杭州市余杭区，横贯东部地区乡（镇）间主骨架公路。起于乾元镇东门城桥，向东经干山、士林、新市镇，至桐乡市洲泉镇交界处。德清县境段全长27.19公里，一级公路，双向四车道，路基宽25.5米，路面宽度24.5米。“德新公路”（德清县原城关镇至新市镇仙潭路口）始建于1987年，路基宽8.5米，路面宽7米。1995—2004年，分期拓宽改造延伸。第一期改建德清乾元镇至新市镇，1995年底动工、1998年9月16日竣工、10月28日举行通车典礼，路基在原基础上拓宽到18米、路面拓宽到16米，双向四车道，历时三年，总投资4800万元。第二期工程向东延伸，自新市镇政府西侧德新公路连接处向东，途径五龙村至桐乡市洲泉镇交界处，长5.96公里，按二级加宽标准改建，2000年7月5日开工、2002年11月28日竣工，总投资6868万元。第三期即德新公路与09省道交会接线工程，长1.8公里，总投资6000万元，2003年6月开工、2004年底竣工。第四期全线拓宽改造，全长27.19公里，按一级公路标准，2003年3月通过设计方案，同年5月省政府批准同意按“四自”公路工程运作建设，2003年9月动工，2004年12月竣工。总投资1.7亿元。

**庾村—筏头线**　县级公路，西部山区主要公路之一。起自莫干山镇所在地庾村集镇，向西南伸延经劳岭、何村、烂树坑，终于筏头乡，全长9.5公里（其中烂树坑至筏头车站一段与武莫线重合，庾村至烂树坑长7.33公里）。1957年10月始建，北与三桥—莫干山公路连接，南与09省道相连。路基宽6.5米，路面宽5米，沥青路面，四级公路。

**下跨塘—仁和线**　县级公路，通往下渚湖国家级湿地风景区主要公路。起于09省道公路下垮塘路口，由北向南途经武康镇新琪村，经三合乡二都、四都、南舍、下杨村、北窑坞大桥，终于杭州市余杭区仁和镇，全长12.9公里，路基宽15米、路面宽 12 米，技术标准二级加宽，沥青混凝土路面。2005 年，在原乡级公路基础上拓宽改建并贯通，2009 年底竣工通车，总投资 8000 万元。

**赤山庙—五四村线**　乡村公路，德清县最早的上等级乡村公路。位于武康县城西北部五四村花木基地，北接三桥埠—莫干山公路，南邻 09 省道公路，全长 2.498 公里，路基宽 6 米、路面宽 5 米，简易铺装沥青路面，技术标准四级。1975 年 12 月开发石煤矿始建，1998 年五四村自筹资金自行改建，2003 年后扩建，通客运班车。

**东沈—黄回山线**　县西部海拔最高乡村公路（黄回山海拔 725.5 米）。位于德清西南部筏头乡沈约故里，北接筏头—百家坞公路，全长 5.472 公里，路基宽 5 米，路面宽 4.5 米，简易铺装沥青路面。2006 年改建为乡级公路，技术标准四级，通客运班车。

**干山—青墩线**　县境最宽乡村公路。位于钟管镇原干山乡干村，由南向北途经西横、沈家湾、东坝斗至青墩村，全长 7.349 公里，路基宽 7 米、路面宽 6 米，沥青三级公路。南连南舍至钟管公路，北连新市至钟管公路，1999 年、2001 年在通村公路基础上改建为乡道，通客运班车。

**东村—锦山线**　县境最长乡村公路。位于新市镇士林集镇东村，北与德清至洲泉公路相接，东与士林至锦山公路相连。县境段全长 14.154 公里，路基宽 6 米，路面宽 5 米， 2001 年在通村公路基础上改建并贯通，简易铺装沥青，达到四级技术标准，通行客运班车。

**2010 年德清县县级公路**

表 1-30

| 序号 | 起点 | 终点 | 建成年月 | 扩建改造年月 | 里程（公里） | 路基宽度（米） | 路面宽度（米） | 等级 | 路面结构 | 所属乡镇 |
|---|---|---|---|---|---|---|---|---|---|---|
| 1 | 新市 | 和孚 | 1999.9 | 2001.8 | 3.459 | 7 | 6 | 4 | 简易铺装 | 新市镇 |
| 2 | 乾元 | 洲泉 | 1987.9 | 2003.9 | 21.284 | 25.5 | 24.5 | 1 | 沥青 | 乾元镇 |
| 3 | 新市 | 洲泉 | 2000.7 | 2002.12 | 5.905 | 25.5 | 24.5 | 1 | 沥青 | 新市镇 |
| 4 | 钱家边 | 百家坞 | 1978 | 1990 | 11.201 | 6.5 | 5 | 4 | 简易铺装 | 筏头乡 |
| 5 | 韶村 | 高林 | 1999.11 | 2000 | 6.867 | 6.5 | 6 | 4 | 简易铺装 | 新市镇 |
| 6 | 乐安桥 | 东栅 | 1999 | 2003 | 0.794 | 8.5 | 7 | 4 | 简易铺装 | 新市镇 |

续表 1-30-1

| 序号 | 起点 | 终点 | 建成年月 | 扩建改造年月 | 里程（公里） | 路基宽度（米） | 路面宽度（米） | 等级 | 路面结构 | 所属乡镇 |
|---|---|---|---|---|---|---|---|---|---|---|
| 7 | 新市 | 五杭 | 1998 | 2003 | 4.873 | 8.5 | 7 | 4 | 简易铺装 | 新市镇 |
| 8 | 韶村 | 塘栖 | 1999 | 2002 | 2.402 | 7 | 6 | 4 | 沥青 | 新市镇 |
| 9 | 士林 | 锦山 | 1999 | 2003 | 2.848 | 18 | 16 | 2 | 沥青 | 新市镇 |
| 10 | 新市 | 含山 | 1993 | 1999 | 5.91 | 7 | 6 | 4 | 简易铺装 | 新市镇 |
| 11 | 油车 | 天皇殿 | 1995 | 1997 | 4.285 | 7 | 6 | 4 | 简易铺装 | 禹越镇 |
| 12 | 杨树湾 | 徐家庄 | 1999 | 2001 | 3 | 7 | 6 | 4 | 简易铺装 | 禹越镇 |
| 13 | 新市 | 五杭 | 1998 | 2003 | 11.086 | 8.5 | 7 | 4 | 简易铺装 | 禹越镇 |
| 14 | 新盟村 | 下跨塘 | 1965 | 1990 | 1.463 | 7.5 | 6 | 4 | 沥青 | 乾元镇 |
| 15 | 三里塘 | 新建村 | 1965 | 1990 | 2.585 | 15 | 9 | 3 | 水泥 | 乾元镇 |
| 16 | 德清 | 埭溪 | 1989 | 1996 | 3.841 | 7.5 | 6 | 4 | 沥青 | 乾元镇 |
| 17 | 乾元大桥 | 城关西门 | 1979 | 2005 | 4.247 | 9 | 7 | 3 | 沥青 | 乾元镇 |
| 18 | 秋山 | 武康 | 1965 | 2001 | 6.051 | 7.5 | 6 | 4 | 沥青 | 武康镇 |
| 19 | 武康 | 洛舍 | 2003 | — | 18.462 | 15 | 12 | 3 | 沥青 | 武康镇 |
| 20 | 施宅村 | 沙岭头 | 1983 | 2001 | 3.985 | 6.5 | 5.5 | 4 | 简易铺装 | 武康镇 |
| 21 | 杨树湾 | 徐家庄 | 1999 | 2001 | 10.28 | 6 | 5.5 | 4 | 简易铺装 | 新安镇 |
| 22 | 韶村 | 塘栖 | 1999 | 2002 | 9.451 | 7 | 6 | 4 | 沥青 | 新安镇 |
| 23 | 后洪 | 乔溪 | 1985 | 2000 | 6.488 | 8 | 6 | 4 | 简易铺装 | 莫干山镇 |
| 24 | 三桥 | 莫干山 | 1920 | 1999 | 11.465 | 7.5 | 6 | 4 | 简易铺装 | 莫干山镇 |
| 25 | 庾村 | 晓墅 | 1981 | 1983 | 12.729 | 6 | 5.5 | 4 | 简易铺装 | 莫干山镇 |
| 26 | 筏头 | 钱家边 | 1968 | 1986 | 1.457 | 7 | 6 | 4 | 简易铺装 | 筏头乡 |
| 27 | 筏头 | 递铺 | 1986 | 1999 | 6.77 | 6 | 5 | 4 | 简易铺装 | 筏头乡 |
| 28 | 黄坑桥 | 河步溪 | 1968 | 2001 | 2.228 | 6 | 5 | 4 | 简易铺装 | 筏头乡 |
| 29 | 对河口 | 银子山 | 1985 | 2002 | 14.671 | 6.5 | 5.5 | 4 | 水泥 | 筏头乡 |
| 30 | 庾村 | 烂树坑 | 1956 | 2001 | 7.263 | 6.5 | 5 | 4 | 简易铺装 | 筏头乡 |
| 31 | 南舍 | 钟管 | 2003 |  | 8.729 | 6 | 5.5 | 4 | 水泥 | 钟管镇 |
| 32 | 士林 | 锦山 | 1999 | 2003 | 11.004 | 18 | 16 | 2 | 沥青 | 钟管镇 |
| 33 | 北代舍 | 河东 | 1991 | 1994 | 2.971 | 6.5 | 6 | 4 | 沥青 | 钟管镇 |

续表 1-30-2

| 序号 | 起点 | 终点 | 建成年月 | 扩建改造年月 | 里程（公里） | 路基宽度（米） | 路面宽度（米） | 等级 | 路面结构 | 所属乡镇 |
|---|---|---|---|---|---|---|---|---|---|---|
| 34 | 德清 | 埭溪 | 1989 | 1986 | 7.038 | 7.5 | 6 | 3 | 沥青 | 洛舍镇 |
| 35 | 武康 | 洛舍 | 2003 | | 4.708 | 15 | 12 | 3 | 沥青 | 洛舍镇 |
| 36 | 洛舍 | 乾元 | 1990 | 2005 | 5.583 | 7 | 6 | 4 | 沥青 | 洛舍镇 |
| 37 | 下跨塘 | 康介山 | 1985 | 2001 | 20.116 | 6 | 5.5 | 4 | 沥青 | 三合乡 |
| 38 | 三合 | 武康宋石 | 1989 | 2003 | 9.468 | 7 | 6 | 4 | 沥青 | 三合乡 |
| 39 | 下家塘 | 新建村 | 1990 | 2003 | 1.195 | 9 | 7 | 3 | 简易铺装 | 雷甸镇 |
| 40 | 大丰桥 | 碗镇桥 | 2003 | | 1.062 | 9 | 7 | 3 | 沥青 | 雷甸镇 |
| 41 | 环桥 | 扬介圩 | 1999 | 2001 | 4.296 | 7 | 6 | 4 | 沥青 | 雷甸镇 |
| 42 | 新市 | 善琏 | 1999 | 2003 | 4.584 | 6.5 | 6 | 4 | 简易铺装 | 新市镇 |
| 43 | 蔡界 | 河山 | 1999 | 2003 | 1.33 | 5.5 | 4.5 | 4 | 简易铺装 | 新市镇 |
| 44 | 三桥 | 鸿渐岭 | 1999 | 2003 | 12.215 | 7.5 | 6 | 4 | 简易铺装 | 武康镇 |
| 45 | 钱塘桥 | 余杭七家桥 | 1999 | 2003 | 0.872 | 5 | 4.5 | 4 | 简易铺装 | 禹越镇 |
| 46 | 洛舍 | 乾元 | 1990 | 2005 | 4.929 | 7 | 6 | 4 | 沥青 | 乾元镇 |
| 47 | 环桥 | 杨介圩 | 1992 | 2001 | 3.557 | 7 | 6 | 4 | 沥青 | 新安镇 |
| 48 | 下跨塘 | 仁和镇 | 2005 | 2009 | 12.9 | 15 | 12 | 3 | 沥青 | 三合乡 |
| 49 | 埭溪 | 芳山 | 1986 | 2004 | 0.8 | 7 | 6 | 4 | 沥青 | 莫干山镇 |
| 50 | 杨树湾 | 徐家庄 | 2003 | 2009 | 9.869 | 15 | 12 | 3 | 沥青 | 新安镇 |
| 51 | 菱湖 | 新市 | 2005 | 2009 | 2.433 | 15 | 12 | 2 | 沥青 | 新市镇 |

## 安吉县农村公路

前志载，1978 年，安吉县在全市率先实现乡乡镇镇通公路。1990 年末，全县县乡公路 478.29 公里（县道 150.7 公里、乡道 327.59 公里），其中三级公路仅 1.2 公里、四级公路 370.62 公里、等外公路 106.47 公里，县乡公路路面多为砂石或泥结碎石，基本无铺装。

20 世纪 90 年代，全面实施县道公路路面“砂改油”工程。1995 年末，县乡公路 508.62 公里（县道 190.02 公里、乡道 318.6 公里），其中三级公路 3.09 公里、四级公路 445.63 公里、等外公路 59.9 公里，高级次高级路面铺装里程 112.07 公里（高级路面 2.47 公里)。

2000 年末，全县县乡公路 550.35 公里(县道 212.05 公里、乡道 338.3 公里)，其中四级公路 473.42 公里、等外公路 76.93 公里，高级次高级路面铺装里程 196.93 公里(高级路面 7.34 公里)。

2003 年 7 月启动“乡村康庄工程”。2005 年 12 月 16 日，全县完成康庄工程建设。累计完成 53 个村道路基改造项目和 83 个路面硬化项目，总里程 492.7 公里(路基改造 171.6 公里、路面硬化 321.1 公里)，总投资约 1.2 亿元，全县 224 个行政村等级公路通达率和路面硬化率均 100%。2005 年末，县乡公路里程增至 777.22 公里(县道 455.49 公里、乡道 321.73 公里)，高级次高级路面铺装里程增至 642.49 公里(高级路面 50.5 公里)，县级公路路面铺装率 100%。

2006 年末，全县村级公路 844.73 公里。

2010 年末，县境公路 2141.72 公里。按行政等级分，省道 167.98 公里、县道 523.66 公里、乡道 479.52 公里、村道 970.57 公里。按技术等级分，高速公路 10.36 公里、一级公路 99.79 公里、二级公路 79.85 公里、三级公路 111.9 公里、四级及以下公路 1839.83 公里。按路面类型分，高级次高级路面铺装里程 1790.29 公里(其中沥青混凝土和水泥混凝土高级路面 1376.61 公里，简易铺装的次高级路面 413.68 公里)，未铺装路面 351.43 公里(均为村道)。高级次高级路面铺装里程占总里程的 83.59%。全县公路密度为 113.56 公里/百平方公里、46.85 公里/万人。全县农村公路(县乡村公路)总里程 1973.75 公里，占公路总里程的 90.76%。县境主要农村公路如下：

**刘家塘—彭宅线**　县级公路，上墅、报福等西南部山区乡镇连接杭州，构筑安吉西南片区旅游环线重要通道，全长 16.7 公里。1959 年始建、1970 年全线竣工。路基宽 4.5～6 米、路面宽 3.5～5 米。2003—2005 年，刘家塘—上墅段改造，路基宽 12 米，路面宽 9 米，桥梁 4 座、合计 77.4 延米。2006 年始，刘彭线再次改造。工程起点县道白缸线刘家塘附近，顺接至灵峰寺旅游公路，经上墅乡、罗村，翻越长脚岭、重阳岭，终于报福镇报福村，与王家庄—章村公路相交，其中主线长 15.4 公里，连接线长 1.3 公里。按二级公路标准设计，设计时速 60 公里、局部困难路段设计时速 40 公里(回头弯 30 公里/小时)。主线 K0+000—K6+025 路段路基宽 12 米、路面宽 9 米，K6+025 至终点及连接线路段路基宽 8.5 米、路面宽 7 米。其中一期工程刘家塘至罗村段 4.24 公里 2006 年按二级公路技术标准改造完成，二期工程罗村至报福镇报福村段，2009 年 10 月开工，改造线路长 11.11 公里，路 2010 年 10 月 25 日，全线建成通车。项目总投资 13445 万元。

**独山头—三山线**　亦称独三线，县级公路。全长 12.072 公里，起点昆铜乡独山头村，途经独山头、干溪桥、管城、长林垓，终于三山村。独山头—长林垓段长 7.62 公里，路基宽 8.5 米、路面宽 7 米、三级公路，1978 年建成；长林垓—三山段长 4.45 公里，路基宽 6 米、路面宽 5 米、四级公路，2010 年建成。全线桥梁 5 座计 76.3 延米，总投资 4583 万元。

**霞泉—大里岔口线**　亦称霞大线，县级公路，山川通往余杭及九亩高山必经之路。全长 12.89 公里。1956 年开工、1981 年建成。起于递铺镇霞泉与 201 省道相接处，途经霞泉、港口、山川，至大里与县道双水线相连。1996 年开始逐段铺筑沥青路面，1997 年 10 月全线完成沥青路面铺筑。2008 年始，全线道路改造，总投资 5255 万元。霞泉—港口段长 2.17 公里，路基宽 12 米、路面宽 9 米，为二级公路；港口至阔岭段长 6.234 公里，路基宽 8.5 米、路面宽 7 米，为三级公路；阔岭至山川段长 1.299 公里，路基宽 10.5 米、路面宽 8 米，二级公路；山川—大里段长 3.182 公里，路基宽 5.5 米、路面宽 4.5 米，四级公路。桥梁 3 座计 69.5 延米。

**王家庄—孔夫关线**　亦称王章公路，县级公路，全长 26.402 公里。1955 年始分期分段建设，1964 年建成。起点孝丰镇王家庄与 306 省道相连，途经老石坎、彭湖、报福、洪家、中张、上张、河杆、章村，止于浮唐大坞里与安徽仙霞仙孔公路相连。1993 年始逐段铺筑沥青路面，1995 年 10 月全线铺成；2001 年始，王家庄—章村段分 3 年改造，路基宽 8.5 ~ 15 米，路面宽 7 ~ 12 米，设计标准二至四级公路，设计时速 40 ~ 60 公里，2003 年 10 月 30 日建成通车。总投资 4225 万元。

**马家渡—良朋线**　亦称马良线，县级公路，全长 10.63 公里，路基宽 20 米、路面宽 16 米，1998 年开工、2001 年建成，起点递铺镇马家三岔路口，途经马家渡、横塘、兰田、古城、晓云、良朋，进入 204 省道，一级公路技术标准。沿线桥梁 10 座、513 延米。工程总投资 7475 万元。

**报福—石岭线**　亦称报石线，2008 年升为县级公路。全长 9.17 公里，起点报福镇政府王孔线六亩桥头相连，途经报福、景溪，至石岭与黄泥垄乡道相连。1970 年始分期分段建设，1986 年全线竣工通车。鉴于通往大汉七十二峰必经之路，随旅游业发展和车流量增加，2004 年改建。其中，报福—景溪段长 2.21 公里，路基宽 10 米、路面宽 8 米，三级公路；景溪—石岭段长 6.96 公里，路基宽 7 米、路面宽 6 米，四级公路。桥梁 2 座，计 60 延米。工程总投资 1440 万元。

**水淋坑—九亩村公路**　乡村公路。总里程 7 公里，公路海拔高度 800 米以上，为湖州市海拔最高公路。康庄工程实施期间（2004—2005 年）建成，受益群众 450 人。九亩村党支部吕书记感慨："公路未通前村民下山一趟要走半天，生活艰难，小伙找不到媳妇。现在道路通了，竹木、茶叶、果蔬运出去了，村民的钱包鼓起来了，日子滋润多了。"

**孙家—吴址线**　乡村公路。总里程 6.7 公里，康庄工程实施期间（2004—2005 年）建成。浙江兆山新星集团安吉水泥有限公司捐款 270 万元，是安吉县乃至全市康庄工程建设中最大单笔捐款金额。受益群众 2917 人。

**12 省道—清水口线**　亦称清水口乡道。全长 3.71 公里，1980 年始建，1981 年竣工。1996 年实施砂改油工程。2010 年，孝丰镇政府拓宽。其中，12 省道至清水口 2 公里，路基宽 8 米、路面宽 6 米，三级公路；清水口至上河川 1.71 公里，路基宽 5 米、路面宽 4 米，四级公路。总投资 466 万元。

**2010 年安吉县县级公路**

表 1-31

| 序号 | 起点 | 终点 | 建成年份 | 改造年份 | 里程（公里） | 路基宽度（米） | 等级 | 路面结构 | 所经乡镇 |
|---|---|---|---|---|---|---|---|---|---|
| 1 | 晓墅 | 南林场岔口 | 1976 | 2003 | 21.442 | 7.2 | 1、3、4 | 沥青 | 梅溪 |
| 2 | 梅溪 | 乌山 | 1979 | — | 1.656 | 7 | 4 | 沥青 | 梅溪 |
| 3 | 晓墅 | 于村 | 1988 | — | 18.841 | 7 | 4 | 沥青 | 梅溪 |
| 4 | 独山头 | 三山 | 1969 | — | 12.072 | 6 | 4 | 沥青 | 昆铜 |
| 5 | 安城岔口 | 康山 | 1978 | — | 10.715 | 7 | 4 | 沥青 | 递铺 |
| 6 | 递铺 | 筏头 | 1979 | — | 18.102 | 7 | 4 | 沥青 | 递铺 |
| 7 | 递铺 | 关场口 | 1961 | — | 11.555 | 6 | 4 | 水泥 | 递铺 |
| 8 | 黄坑桥 | 河步溪 | 1980 | — | 3.557 | 5 | 4 | 沥青 | 递铺 |
| 9 | 霞泉 | 大里岔口 | 1981 | 2008 | 12.873 | 7 | 4 | 沥青 | 天荒坪、山川 |
| 10 | 白水湾 | 缸窑岭 | 1980 | 2007 | 9.46 | 18 | 2 | 沥青 | 上墅、孝丰 |
| 11 | 刘家塘 | 彭宅 | 1970 | 2010 | 16.7 | 7 | 2 | 沥青 | 上墅、报福 |

续表 1-31-1

| 序号 | 起点 | 终点 | 建成年份 | 改造年份 | 里程（公里） | 路基宽度（米） | 等级 | 路面结构 | 所属乡镇 |
| --- | --- | --- | --- | --- | --- | --- | --- | --- | --- |
| 12 | 李家弄 | 赋石 | 1971 | — | 5.984 | 7 | 4 | 沥青 | 孝丰 |
| 13 | 王家庄 | 孔夫关 | 1964 | 2003 | 26.402 | 8.5 | 3 | 沥青 | 孝丰、报福、章村 |
| 14 | 老石砍 | 纸厂 | 1958 | 1985 | 1.629 | 8 | 4 | 沥青 | 报福 |
| 15 | 中张 | 章村 | 1979 | — | 8.403 | 6 | 4 | 沥青 | 报福、章村 |
| 16 | 黄金坝 | 麻皮坑 | 1978 | 2007 | 25.297 | 5 | 4 | 沥青 | 杭垓 |
| 17 | 椅子塔 | 缸窑岭 | 1966 | 2001 | 1.373 | 12 | 2 | 沥青 | 孝丰 |
| 18 | 塘浦 | 皈山 | 1960 | 2007 | 7.712 | 12 | 2、3 | 沥青 | 递铺、皈山 |
| 19 | 马家渡 | 南林场 | 1986 | — | 12.753 | 6.5 ~ 8.5 | 3 | 沥青 | 递铺、良朋 |
| 20 | 马家渡 | 良朋 | 2001 | — | 10.63 | 20 | 1 | 沥青 | 递铺、良朋 |
| 21 | 长龙口 | 赤渔 | 1964 | — | 8.992 | 6.5 | 4 | 沥青 | 递铺 |
| 22 | 罗村 | 董岭 | 1978 | — | 17.405 | 4.5 | 4 | 沥青 | 上墅 |
| 23 | 严家边 | 省界 | 1978 | 1988 | 9.695 | 7 | 4 | 沥青 | 皈山、鄣吴 |
| 24 | 递铺 | 安乐 | 1980 | — | 2.881 | 12 | 3 | 沥青 | 递铺 |
| 25 | 幽岭 | 梅坑桥 | 1980 | — | 10.55 | 8 | 3、4 | 沥青 | 递铺 |
| 26 | 水家弄 | 杭垓 | 1986 | 1989 | 14.856 | 5.5 | 4 | 沥青 | 报福、杭垓 |
| 27 | 九亩弄 | 七管 | 1981 | — | 13.45 | 5 | 4 | 沥青 | 杭垓 |
| 28 | 磻溪岔口 | 佛岭 | 1990 | — | 10.286 | 5.5 | 4 | 沥青 | 杭垓 |
| 29 | 龙口 | 上堡 | 1990 | — | 12.542 | 5.5 | 4 | 沥青 | 鄣吴 |
| 30 | 西亩 | 北林场 | 1980 | 2009 | 19.561 | 5.5 ~ 12 | 3、4 | 沥青 | 良朋、鄣吴、高禹 |
| 31 | 山头 | 大明山 | 1980 | — | 7.218 | 7 | 4 | 沥青 | 递铺 |
| 32 | 双溪 | 水淋坑 | 1968 | — | 6.921 | 5.5 | 4 | 沥青 | 山川 |
| 33 | 梅坑桥 | 灵峰寺 | 1997 | — | 7.8 | 9 | 3、4 | 沥青 | 递铺、上墅 |
| 34 | 东阳 | 长隆 | 1980 | — | 8.502 | 8 | 4 | 沥青 | 高禹 |
| 35 | 白水湾 | 丰食溪 | 1980 | — | 7.519 | 6 | 4 | 沥青 | 递铺 |
| 36 | 港口 | 山河 | 1998 | — | 8.217 | 6 | 4 | 沥青 | 天荒坪 |
| 37 | 山河 | 横路 | 1980 | — | 1.398 | 7 | 4 | 沥青 | 天荒坪 |

续表 1-31-2

| 序号 | 起点 | 终点 | 建成年份 | 改造年份 | 里程（公里） | 路基宽度（米） | 等级 | 路面结构 | 所属乡镇 |
|---|---|---|---|---|---|---|---|---|---|
| 38 | 石龙村 | 溪龙 | 1980 | — | 5.568 | 12 | 3 | 沥青、水泥 | 梅溪、溪龙 |
| 39 | 南山 | 红庙 | 1980 | — | 2.357 | 9 | 4 | 沥青 | 递铺 |
| 40 | 鞍山 | 马家渡 | 1980 | — | 3.362 | 9 | 3 | 沥青 | 递铺 |
| 41 | 递铺 | 山头 | 1980 | 1997 | 2.083 | 20 | 1 | 沥青 | 递铺 |
| 42 | 丰食溪 | 万亩 | 1980 | — | 2.252 | 12 | 3 | 沥青 | 递铺 |
| 43 | 赤虹桥 | 椅子塔 | 1980 | — | 7.018 | 12 | 3 | 沥青 | 递铺 |
| 44 | 孝丰 | 杨坑桥 | 1980 | — | 3.991 | 7 | 4 | 沥青 | 孝丰 |
| 45 | 长安村 | 水泥厂 | 1980 | — | 1.635 | 12 | 3 | 沥青 | 高禹 |
| 46 | 南林场 | 良朋 | 1980 | — | 0.952 | 8.5 | 3 | 沥青 | 高禹 |
| 47 | 梅溪 | 小溪口 | 1980 | — | 11.148 | 4.5 | 4 | 沥青 | 梅溪 |
| 48 | 月亮山 | 荆湾 | 1998 | — | 4.201 | 6 | 4 | 沥青 | 梅溪 |
| 49 | 枫树桥 | 柴潭埠 | 1972 | — | 2.292 | 5 | 4 | 沥青 | 递铺 |
| 50 | 长弄口 | 江渚溪 | 1973 | — | 1.905 | 5.8 | 4 | 沥青 | 递铺 |
| 51 | 银坊 | 合塘坞 | 1961 | — | 1.783 | 4.5 | 4 | 沥青 | 天荒坪 |
| 52 | 大竹竿 | 新桥 | 1959 | — | 5.821 | 4.5 | 4 | 沥青 | 杭垓 |
| 53 | 日回山 | 缫舍 | 1960 | — | 5.585 | 6.5 | 4 | 沥青 | 杭垓 |
| 54 | 黄墅 | 双一 | 1980 | 2005 | 9.56 | 8 | 4 | 沥青 | 递铺 |
| 55 | 桐坑 | 唐舍 | 1980 | — | 5.39 | 7 | 4 | 沥青 | 杭垓 |
| 56 | 塘浦 | 孝泗线 | 1980 | — | 6.14 | 7 | 4 | 沥青 | 递铺 |
| 57 | 河垓 | 石坞口 | 1980 | 2003 | 6.86 | 5 ~ 8.5 | 4 | 沥青 | 章村 |
| 58 | 报福 | 石岭 | 1986 | 2004 | 9.17 | 5 ~ 10 | 3、4 | 沥青 | 报福 |
| 59 | 11 省道 | 乌泥坑回车岭 | 2009 | — | 10.064 | 6 ~ 12 | 1、4 | 沥青水泥 | 递铺、皈山、良朋 |
| 60 | 集镇 | 广德东亭 | 1980 | — | 7.56 | 5 | 4 | 水泥 | 高禹 |
| 61 | 华光上墩 | 荆南虞埠村 | 2003 | — | 5.323 | 6 | 4 | 水泥 | 梅溪 |

# 三　专用公路

前志载，1990 年末，市境专用公路 117.24 公里，主要集中在长兴长广煤矿矿区和安吉县南湖林场。长广煤矿矿区专用公路 14 条计 51.21 公里，南湖林场建简易公路 5 条计 40.3 公里。

2000 年公路普查，市境专用公路 126.21 公里。

据相关规定，专用公路养护管理由使用单位负责，资金投入严重不足，路况普遍不佳。2003 年“乡村康庄工程”启动后，部分专用公路陆续纳入农村公路管理范围。

至 2010 年末，全市专用公路减至 83.23 公里，其中公路路面有铺装 54.6 公里。

**2010 年末湖州市境专用公路**

表 1-32

| 线路编号、起讫点 | 里程（公里） | 里程（公里）的技术等级 | 路面铺装（公里） | | |
|---|---|---|---|---|---|
| | | | 水泥 | 沥青 | 简易 |
| Z005330502 江苏七都—长兴交界 | 30.154 | 1.523（二级）<br>28.631（四级） | 1.523 | — | 28.631 |
| Z101330522 祖宁—独山 | 7.498 | 7.498（四级） | — | 7.498 | — |
| Z102330522 赵庄—独山 | 7.698 | 7.698（四级） | — | 7.698 | — |
| Z103330522 牛头山—独山 | 7.68 | 7.68（四级） | — | 7.68 | — |
| Z104330522 独山—丁家村 | 5.733 | 5.733（四级） | — | 5.733 | — |
| Z105330522 燕子芥—七号井 | 1.288 | 1.288（四级） | — | 1.288 | — |
| Z106330522 牛头山—五号井 | 4.688 | 4.688（四级） | — | 4.688 | — |
| Z107330522 路东—六号井 | 4.004 | 4.004（四级） | 1.11 | 2.894 | — |
| Z109330522 新塘—小梅口 | 14.485 | 14.485（四级） | — | 14.485 | — |
| 合　计 | 83.228 | — | 2.633 | 51.964 | 28.631 |

# 第四节　公路桥梁和隧道

## 一　公路桥梁

前志载，1990 年末，全市公路桥梁 711 座。最长公路桥九九桥，在 104 国道湖州过境段跨西苕溪，12 孔钢筋混凝土工字简支梁，桥长 263.98 米，桥面行车道宽 10 米，荷载汽—20、挂—100，民国 18 年（1929）始建，1987—1989 年重建。单孔跨径最大公路桥梅溪大桥，在安吉县梅溪镇东晓墅—南湖林场公路跨越西苕溪，单孔上承式钢筋混凝土双曲拱桥，跨径 70 米，桥长 118.07 米、桥面宽 7 米，荷载汽—15、挂—80，1976 年 12 月建成。市境多孔跨径总长 100 米及以上或单孔跨径 40 米及以上公路桥梁 12 座，其中国道 8 座、省道 4 座。

1990 年后，公路桥梁随平原水乡公路建设发展数量增多，桥梁建设水平不断提高。1995 年，全市公路桥梁 812 座、23010.44 延米，其中国省道公路桥梁 274 座、9070.49 延米，县乡公路桥梁 538 座、13939.95 延米。

2000 年，全市公路桥梁 930 座、29157.6 延米，其中国省道公路桥梁 330 座、13056.5 延米，县乡公路桥梁 600 座、16101.1 延米。

进入 21 世纪后，实施“乡村康庄工程”和“撤渡建桥”，又增境内公路桥梁。高速公路建设更推动桥梁建设科技水平明显提高，陆续建成一批大跨径现代化桥梁。

2001 年末，湖州市第一座公路互通立交桥——104 国道鹿山立交桥建成。2005 年末，全市公路桥梁 1418 座、70157.18 延米，其中国省道公路桥梁 378 座、31073.04 延米，县乡道公路桥梁 1012 座、37868.04 延米，专用公路桥梁 28 座、1216.1 延米。所有桥梁中互通立交桥 8 座、3351.06 延米，特大桥 18 座、12654.28 延米，大桥 97 座、18654.06 延米，中桥 451 座、23337.86 延米，小桥 852 座、15510.98 延米。

2006 年，村道桥梁首次列入统计，全市有 1426 座、37032.94 延米，其中吴兴区 320 座、8624.1 延米，南浔区 506 座、14365.6 延米，德清县 250 座、7313.9 延米，长兴县 185 座、3749.54 延米，安吉县 165 座、2979.8 延米。全市村道桥梁中有大桥 52 座、5428 延米，中桥 351 座、14657.04 延米，小桥 1023 座、16947.9 延米。

九九桥现状，右桥建于1989年，左桥建于1997年，中桥建于2006年

2010年底，市境桥梁3755座、193882.67延米。特大桥中除318国道上长兴大桥及104国道上苏家庄互通桥梁，其余均在高速公路。全市尚有危桥266座（其中县道38座、乡道54座、村道174座）。所有桥梁按桥梁上部结构分类，梁式桥（含简支工形梁、简支T形梁、简支II形梁、简支板梁、简支空心板梁、简支箱形梁、连续T形梁、连续空心板梁、连续箱形梁、连续组合式梁、悬臂梁、整体现浇板梁）共3007座，占79.66%；拱式桥包括简支木行架梁、板拱、桁架拱、肋拱、双圬工拱曲拱、圬工拱、系杆拱、箱形拱共245座，占6.52%。钢架桥包括T形钢构桥、钢架拱、连续钢构共5座。钢筋混凝土斜拉桥和钢梁斜拉桥各1座。其他类型桥梁496座。

## 2010年末湖州市公路桥梁汇总

表1-33

| 项目 | 总计 | | 其中：互通式立交桥 | | 按跨径分：特大桥 | | 大桥 | | 中桥 | | 小桥 | |
|---|---|---|---|---|---|---|---|---|---|---|---|---|
| | 座 | 延米 | 座 | 延米 | 座 | 延米 | 座 | 延米 | 座 | 延米 | 座 | 延米 |
| 年底到达数 | 3755 | 193883 | 17 | 12027 | 12 | 16917 | 303 | 82405 | 1139 | 54438 | 2301 | 40124 |
| 1.国道 | 395 | 48690 | 13 | 8629 | 7 | 9763 | 74 | 27661 | 153 | 8120 | 161 | 3146 |
| 其中：国家高速 | 263 | 39277 | 10 | 6408 | 5 | 7456 | 61 | 23535 | 111 | 6248 | 86 | 2038 |
| 2.省道 | 230 | 31448 | 3 | 2928 | 5 | 7154 | 51 | 17852 | 95 | 5106 | 79 | 1336 |
| 3.县道 | 926 | 51548 | 1 | 470.5 | 0 | 0 | 96 | 25561 | 327 | 16668 | 503 | 9319 |
| 4.乡道 | 717 | 21689 | 0 | 0 | 0 | 0 | 33 | 4735 | 189 | 8435 | 495 | 8519 |
| 5.专用公路 | 15 | 881.3 | 0 | 0 | 0 | 0 | 2 | 323.1 | 6 | 437.6 | 7 | 120.6 |
| 6.村道 | 1472 | 39627 | 0 | 0 | 0 | 0 | 47 | 6273 | 369 | 15671 | 1056 | 17683 |

说明：按2003年交通部新颁统计标准，“大桥”为多孔跨径总长100～1000米或单孔跨径40～150米，“特大桥”为多孔跨径总长大于1000米，单孔跨径大于150米

## 公路互通式立交桥和特大型桥梁

鹿山立交桥

2010年末，全市建成互通式立交桥17座，特大型桥梁12座。其中6座既为互通式立交桥又为特大型桥梁，故互通式立交桥和特大型桥梁实际23座，在建特大桥梁1座。

**鹿山立交桥**　桥梁中心桩号位于104国道1362K+929处，连接省道鹿唐线（S306），鹿唐线下穿进入104国道。全长302.7米，跨径总长284米，单孔最大跨径20米，桥梁全宽10米，桥面净宽9米，荷载标准汽—20、挂100级。2001年建成通车，湖州市首座公路互通立交桥。

**夹浦互通1号桥**　桥梁位于长兴县夹浦镇区域、杭宁高速公路（G25）2196.65公里处，跨太湖水系之河汊、运河、湖泊，西与104国道相接，全长42.74米，跨径总长39米，单孔最大跨径13米，跨径组合为3孔×13米，桥梁全宽33.5米，桥面净宽30.5米，荷载标准汽—超20级。2005年2月通车。

**夹浦互通2号桥**　桥梁坐落长兴县夹浦镇区域，中心桩号位于长深高速公路（G25）2197.45公里处，桥跨太湖水系运河、湖泊、干河槽，桥长64.04米，跨径总长60米，单孔最大跨径20米，跨径组合3孔×20米，桥梁全宽33.5米，桥面净宽30.5米，荷载标准汽—超20级。2005年2月通车。

**夹浦互通3号桥**　桥梁坐落长兴县夹浦镇区域，中心桩号位于长深高速公路（G25）2198.953公里处，桥跨太湖水系运河、湖泊、干河槽，桥长374.04米，跨径总长370米，单孔最大跨径25米，跨径组合6孔×25米，桥梁全宽33.5米，桥面净宽30.5米，荷载标准汽—超20级。2005年2月通车。

**长兴互通通道桥**　桥梁坐落长兴县境，中心桩号位于长深高速公路（G25）2211.93公里处，全长13.5米，跨径总长8米（单孔），桥梁全宽33.5米，桥面净宽30.5米，荷载标准汽—超20级。跨田野、机耕路。2005年2月通车。

**青山互通1号桥**　桥梁坐落吴兴区埭溪镇青山区域，中心桩号位于长深高速公路（G25）2248.94公里处，桥梁全长127.04米，跨径总长120米，单孔最大跨径

20 米，跨径组合 6 孔 × 20 米，桥梁全宽 33.5 米，桥面净宽 31 米，荷载标准汽—超 20 级。主线上跨道路（包括非机动车道），2005 年 2 月通车。

**青山互通 2 号桥**　桥梁坐落吴兴区埭溪镇青山区域，中心桩号位于长深高速公路（G25）2249.38 公里处，全长 35 米，跨径总长 32 米，单孔最大跨径 16 米，跨径组合 2 孔 × 16 米 ，桥梁全宽 48.84 米，桥面净宽 44.84 米，荷载标准汽—超 20 级。跨越通道（包括非机动车道），2005 年 2 月通车。

**秋山互通 1 号桥**　桥梁坐落德清县秋山区域，中心桩号位于长深高速公路（G25）2267.2 公里处，全长 1319.5 米，跨径总长 1316.5 米，单孔最大跨径 30 米，跨径组合 6 孔 × 20 米+2 孔 × 30 米+1 孔 × 18.4 米+1 孔 × 18.1 米，跨越乔莫线（304 省道），1999 年 12 月通车。

德清秋山互通1 号桥

**新塘港—机坊港大桥**　桥梁坐落吴兴区，中心桩号位于 318 国道 155.872 公里处，全长 779.7 米，跨径总长 776.6 米，最大单孔跨径 43 米，跨径组合 14 孔 × 16 米+1 孔 × 25 米+1 孔 × 23 米+1 孔 × 43 米+1 孔 × 23 米+1 孔 × 25 米+6 孔 × 16 米+1 孔 × 25 米+8 孔 × 16 米+3 孔 × 17.35 米+1 孔 × 16 米+1 孔 × 16.5 米+5 孔 × 16 米，桥梁全宽 35.1 米，桥面净宽 33 米，荷载标准汽—20、挂—100 级。互通立交，跨越新塘港、机坊港，2005 年 2 月通车。

**织里互通主线桥**　桥梁坐落吴兴区织里镇区域，中心桩号位于沪渝高速公路（G50）127.754 公里处，全长 1277.42 米，跨径总长 1271.7 米，单孔最大跨径 25 米，跨径组合 25 孔 × 25 米+1 孔 × 17.7 米+2 孔 × 25 米+8 孔 × 13 米，桥梁全宽 36.75 米，桥面净宽 33.75 米，荷载标准汽—超 20 级。跨越当地公路，2006 年 11 月 30 日建成通车。

**李家巷 1 号立交桥**　桥梁坐落长兴县李家巷镇区域，中心桩号位于沪渝高速公路（G50）159.954 公里处，全长 2398.7 米，跨径总长 2395 米，最大单孔跨径 72 米，跨径组合 60 孔×25 米+3 孔×35 米+4 孔×41.5 米+2 孔×72 米+16 孔×30 米，桥梁全宽 33.5 米，桥面净宽 30.5 米，荷载标准公路—I 级。为与长深高速公路（G25）的连接桥梁，2006 年 11 月 30 日建成通车。

**李家巷 2 号立交桥**　桥梁坐落长兴县李家巷镇区域，中心桩号位于沪渝高速公路（G50）161.246 公里处，桥梁全长 755.7 米，跨径总长 752 米，最大单孔跨径 30 米，跨径组合 23 孔×25 米+1 孔×27 米+5 孔×30 米，桥梁全宽 33.5 米，桥面净宽 30.5 米，荷载标准公路—I 级。为与长深高速公路（G25）连接桥梁，2006 年 11 月 30 日建成通车。

**跨湖盐公路主线桥**　桥梁坐落南浔区练市镇区域，中心桩号位于申嘉湖高速公路（S12）90.942 公里处，全长 1073.6 米，跨径总长 1066.15 米，最大单孔跨径 35 米，跨径组合 8 孔×30 米+2 孔×29.444 米+2 孔×21.893 米+3 孔×27.982 米+2 孔×28.469 米+4 孔×30 米+18 孔×30 米，桥梁全宽 35 米，桥面净宽 31 米，荷载标准汽—超 20 级。跨越湖州—海盐公路，2007 年 12 月 28 日建成通车。

**鹿山枢纽主线桥**　桥梁坐落吴兴区道场乡鹿山区域，中心桩号位于申嘉湖高速公路（S12）100.889 公里处，全长 1260.59 米，跨径总长 1259.19 米，最大单孔跨径 35 米，跨径组合 5 孔×32 米+4 孔×32 米+4 孔×27.982 米+1 孔×27.655 米+1 孔×29.640 米+3 孔×29.313 米+1 孔×33 米+1 孔×35 米+2 孔×45 米+1 孔×33 米+4 孔×31.3208 米+3 孔×31.3208 米+3 孔×33.2784 米+4 孔×30 米，桥梁全宽 35 米，桥面净宽 31 米，荷载标准汽—超 20 级。连接长深高速公路（G25），跨越妙西—湖州公路，2007 年 12 月 28 日建成通车。

**练市枢纽主线桥**　桥梁坐落南浔区练市镇区域，中心桩号位于练杭高速公路（S13）0.21 公里处，全长 593.5 米，跨径总长 590.5 米，最大单孔跨径 29 米，跨径组合 1 孔×28 米+4 孔×29 米+1 孔×28 米+1 孔×23.8 米+1 孔×24.15 米+1 孔×23.8 米+1 孔×28 米+1 孔×24 米+1 孔×19.75 米+11 孔×25 米，桥梁全宽 60.1 米，桥面净宽 34 米，荷载标准汽—超 20 级。跨越太湖水系河流，2009 年 12 月 31 日建成通车。

**环渚龙溪互通立交桥**　桥梁坐落吴兴区环渚乡区域，中心桩号位于湖州—织里公路 2.059 公里处，将湖织公路、三环北路、申苏浙皖高速湖州连接线及申嘉湖高速连接线 4 路连为一体，全长 470.5 米，跨径总长 468.5 米，最大单孔跨径 31.5 米，跨径组合 5 孔×25 米+2 孔×27.75 米+1 孔×25 米+2 孔×31.5 米+1 孔×25 米+2 孔×25 米+5 孔×25 米，桥梁全宽 12.5 米，桥面净宽 11.5 米，荷载标准公路—I 级。跨越湖州市区二环北路。2006 年 1 月 8 日开工、2009 年 12 月 15 日建成通车。工程投资 12622 万元。

环渚立交

**吴越分离式互通立交桥** 桥梁坐落南浔区南浔镇区域，中心桩号位于沪渝高速公路（G50）114.786 公里处，全长 1124.04 米，跨径总长 1080 米，最大单孔跨径 20 米，跨径组合 36 孔×20 米+17 孔×20 米， 桥梁全宽 34.5 米，桥面净宽 30.5 米，荷载标准公路—I 级。跨越南浔镇吴越路，2007 年 11 月 30 日建成通车。

**长兜港桥** 桥梁坐落湖州太湖旅游度假区域内，中心桩号位于沪渝高速公路（G50）142.041 公里处，全长 1336 米，跨径总长 1330 米，最大单孔跨径 80 米，跨径组合 11 孔×25 米+8 孔×35 米+1 孔×45 米+1 孔×80 米+1 孔×45 米+8 孔×35 米+13 孔×25 米，桥梁全宽 34.5 米，桥面净宽 30.5 米，荷载标准公路—I 级。跨越太湖旅游度假区道路，2006 年 11 月 30 日建成通车。

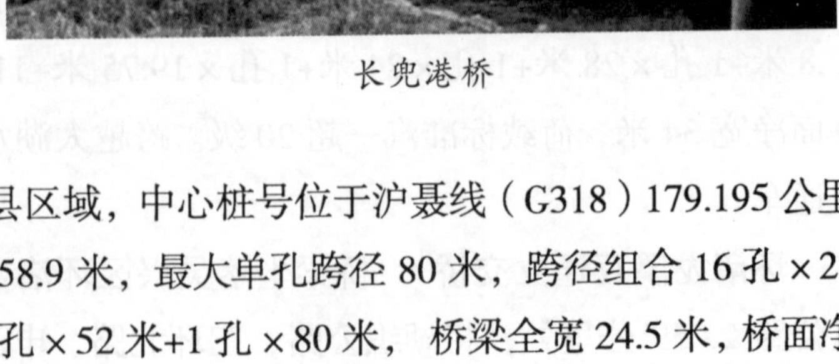
长兜港桥

**长兴大桥** 桥梁坐落长兴县区域，中心桩号位于沪聂线（G318）179.195 公里处，全长 1168 米，跨径总长 1158.9 米，最大单孔跨径 80 米，跨径组合 16 孔×28 米+16 孔×29 米+3 孔×20 米+2 孔×52 米+1 孔×80 米， 桥梁全宽 24.5 米，桥面净宽 21.5 米，荷载标准汽—20、挂—100 级。跨越航道长湖申线，1996 年 6 月 12 日建成通车。

**苏家庄互通桥** 桥梁坐落湖州市区陈半桥区域，中心桩号位于京福公路（G104）1352.533 公里处，全长 1139 米，跨径总长 1139 米，最大单孔跨径 31 米，跨径组合 9 孔 × 25 米+3 孔 × 30 米+19 孔 × 25 米+4 孔 × 31 米+9 孔 × 25 米，桥梁全宽 19 米，桥面净宽 17 米，荷载标准汽—20、挂—100 级。跨越 104 国道和湖州城市道路，2006 年 12 月 12 日建成通车。

苏家庄互通立交桥

**京杭运河 1 号大桥** 桥梁坐落南浔区练市镇区域，中心桩号位于湖练高速公路（S13）31.991 公里处，全长 1166 米，跨径总长 1160 米，最大单孔跨径 100 米，跨径组合 4 孔 × 25 米+15 孔 × 25 米+3 孔 × 30 米+1 孔 × 60 米+1 孔 × 100 米+1 孔 × 60 米+15 孔 × 25 米， 桥梁总宽 26.5 米，桥面净宽 23.5 米，荷载标准汽—超 20 级。跨越京杭运河水系，2009 年 12 月 31 日建成通车。

湖练高速公路跨京杭运河1号大桥

**练市高架桥**　桥梁坐落南浔区练市镇区域，中心桩号位于申嘉湖高速公路（S12）65.423 公里处，全长 2008.2 米，跨径总长 2000 米，最大单孔跨径 80 米，跨径组合 5 孔×30 米+1 孔×45 米+1 孔×80 米+1 孔×45 米+40 孔×30 米+6 孔×35 米+9 孔×30 米，桥梁总宽 35 米，桥面净宽 31 米，荷载标准汽—超 20 级。跨越京杭运河水系航道和湖州—海盐公路，2007 年 12 月 28 日建成通车。

**双林高架桥**　桥梁坐落南浔区双林镇区域，中心桩号位于申嘉湖高速公路（S12）77.349 公里处，全长 1645.5 米，跨径总长 1627.8 米，最大单孔跨径 90 米，跨径组合 4 孔×30 米+1 孔×23 米+1 孔×23.175 米+1 孔×30 米+1 孔×23.025 米+1 孔×20 米+12 孔×30 米+4 孔×29.25 米+16 孔×30 米+1 孔×55 米+1 孔×90 米+1 孔×55 米+3 孔×30 米+1 孔×21.6 米+4 孔×30 米，桥梁总宽 35 米，桥面净宽 31 米，荷载标准汽—超 20 级。跨越太湖水系不通航河道，2007 年 12 月 28 日建成通车。

**百叶龙大桥**　桥梁坐落环太湖公路（滨湖大道）长兴段（桩号 K8+036.9—K9+478.1），北起长兴港港口西北岸，南至港口东南岸，全桥配跨为 41 孔×35 米，全长 1441.2 米。2009 年 6 月 10 日开工、2010 年 12 月 8 日大桥主体合龙。上部结构为现浇预应力混凝土箱形连续梁（碗形断面），下部结构为钻孔灌注桩、肋板式桥台、柱式墩、混凝土“V”形实体墩。按一级公路技术标准设计，设计时速 60 公里，双向四车道。桥梁合同造价为 1.52 亿元。桥型主题“百叶生龙”，将列入我国首批非物质文化遗产的长兴“百叶龙”文化与现代交通建设工程完美结合。通过竖向曲线变化组合，桥梁左右两幅形成上下翻飞动态效果，相互错开桥面使行驶任何一侧车辆均可观赏双侧太湖美景（2011 年 8 月 31 日竣工，同年 9 月通过交工验收并通车）。

长兴百叶龙舞龙表演

百叶龙大桥

## 大型桥梁

据1988年交通部颁布桥梁统计标准，多孔跨径总长达到100米或单孔跨径达到40米的桥梁统计为“大桥”。2003年，交通部颁发新标准，多孔跨径总长100～1000米或单孔跨径40～150米的桥梁统计为“大桥”。2010年末，市境有大桥303座，比1990年（12座）增长25.25倍。

### 2010年湖州市公路大型桥梁（按跨径类型）

表1-34

| 桥梁名称 | 桥梁中心桩号 | 所属路线情况 | | 桥长 | | | 桥宽 | 设计荷载等级 | 是否互通立交 | 建成通车日期 |
|---|---|---|---|---|---|---|---|---|---|---|
| | | 路线编号 | 路线名称 | 桥梁全长（米） | 跨径总长（米） | 单孔最大跨径（米） | 桥梁全宽（米） | | | |
| 1.夹浦大桥 | 1317.814 | G104 | 京福线 | 244 | 242 | 20 | 12.1 | 汽车—超20级 | 否 | 2002.10.25 |
| 2.新港桥（右） | 1325.965 | G104 | 京福线 | 51.5 | 41.5 | 41.5 | 18.8 | 公路—II级 | 否 | 1972.11.12 |
| 3.长兴港桥 | 1330.781 | G104 | 京福线 | 426 | 422 | 52 | 36.8 | 公路—II级 | 否 | 2000.9.12 |
| 4.冯家湾立交桥 | 1333.901 | G104 | 京福线 | 391 | 385 | 45 | 19.2 | 公路—II级 | 否 | 2002.10.25 |
| 5.九九桥左 | 1349.639 | G104 | 京福线 | 537.6 | 536.8 | 72.8 | 12 | 汽车—20级 | 否 | 1997.7.6 |
| 6.九九桥 | 1349.684 | G104 | 京福线 | 263.9 | 260 | 40 | 12.6 | 汽车—20级 | 否 | 1989.10.5 |
| 7.九九桥中 | 1349.704 | G104 | 京福线 | 226.14 | 221.7 | 81.7 | 26.5 | 公路—II级 | 否 | 2006.11 |

续表 1-34-1

| 桥梁名称 | 桥梁中心桩号 | 所属路线情况 | | 桥长 | | | 桥宽 | 设计荷载等级 | 是否互通立交 | 建成通车日期 |
|---|---|---|---|---|---|---|---|---|---|---|
| | | 路线编号 | 路线名称 | 桥梁全长（米） | 跨径总长（米） | 单孔最大跨径（米） | 桥梁全宽（米） | | | |
| 8.杭长桥 | 1354.205 | G104 | 京福线 | 148.04 | 144 | 25 | 38.5 | 汽车—20 级 | 否 | 2005.12 |
| 9.五一桥 | 1356.854 | G104 | 京福线 | 184.08 | 179 | 60 | 39.3 | 汽车—20 级 | 否 | 2005.2.22 |
| 10.鹿山立交 | 1362.929 | G104 | 京福线 | 302.7 | 284 | 20 | 10 | 汽车—20 级 | 是 | 2005.2.22 |
| 11.埭溪桥 | 1382.977 | G104 | 京福线 | 252.4 | 250 | 13 | 24.5 | 汽车—20 级 | 否 | 1987.7.6 |
| 12.父子岭分离立交桥 | 2191.43 | G25 | 长深高速 | 548.74 | 497.25 | 20 | 33.5 | 汽车—超 20 级 | 否 | 2005.2.22 |
| 13.夹浦互通 3 号桥 | 2198.953 | G25 | 长深高速 | 374.04 | 370 | 25 | 33.5 | 汽车—超 20 级 | 是 | 2005.2.22 |
| 14.夹浦分离式立交桥 | 2199.9 | G25 | 长深高速 | 103.74 | 100 | 20 | 33.5 | 汽车—超 20 级 | 否 | 2005.2.22 |
| 15.丁家诸分离式立交桥 | 2201.54 | G25 | 长深高速 | 103.74 | 100 | 20 | 33.5 | 汽车—超 20 级 | 否 | 2005.2.22 |
| 16.合溪新港大桥 | 2205.13 | G25 | 长深高速 | 429.04 | 425 | 25 | 33.5 | 汽车—超 20 级 | 否 | 2005.2.22 |
| 17.白溪港大桥 | 2207.49 | G25 | 长深高速 | 124.04 | 120 | 20 | 33.5 | 汽车—超 20 级 | 否 | 2005.2.22 |
| 18.长兴新港大桥 | 2209.15 | G25 | 长深高速 | 529.04 | 525 | 25 | 33.5 | 汽车—超 20 级 | 否 | 2005.2.22 |
| 19.王浜头大桥 | 2210.9 | G25 | 长深高速 | 329.04 | 325 | 25 | 33.5 | 汽车—超 20 级 | 否 | 2005.2.22 |
| 20.刘家渡分离式立交桥 | 2214.15 | G25 | 长深高速 | 523.7 | 520 | 20 | 26 | 汽车—超 20 级 | 否 | 2005.2.22 |
| 21.塘港桥 | 2216.89 | G25 | 长深高速 | 129.1 | 125 | 25 | 26 | 汽车—超 20 级 | 否 | 2005.2.22 |
| 22.新展桥 | 2226.3 | G25 | 长深高速 | 734 | 730 | 70 | 26 | 汽车—超 20 级 | 否 | 2005.2.22 |

续表 1-34-2

| 桥梁名称 | 桥梁中心桩号 | 所属路线情况 | | 桥长 | | | 桥宽 | 设计荷载等级 | 是否互通立交 | 建成通车日期 |
|---|---|---|---|---|---|---|---|---|---|---|
| | | 路线编号 | 路线名称 | 桥梁全长（米） | 跨径总长（米） | 单孔最大跨径（米） | 桥梁全宽（米） | | | |
| 23.龙溪港大桥 | 2227.65 | G25 | 长深高速 | 969.4 | 962 | 80 | 26 | 汽车—超20级 | 否 | 2005.2.22 |
| 24.龙头山桥 | 2228.56 | G25 | 长深高速 | 115.7 | 112 | 16 | 26 | 汽车—超20级 | 否 | 2005.2.22 |
| 25.龙头山分离式立交桥 | 2229 | G25 | 长深高速 | 404.04 | 400 | 20 | 26 | 汽车—超20级 | 否 | 2005.2.22 |
| 26.大港桥 | 2230.3 | G25 | 长深高速 | 292.7 | 281 | 25 | 26 | 汽车—超20级 | 否 | 2005.2.22 |
| 27.下庄桥 | 2234.27 | G25 | 长深高速 | 129 | 125 | 25 | 26 | 汽车—超20级 | 否 | 2005.2.22 |
| 28.施家桥 | 2239.7 | G25 | 长深高速 | 184 | 180 | 20 | 26 | 汽车—超20级 | 否 | 2005.2.22 |
| 29.鱼船庄桥 | 2242 | G25 | 长深高速 | 107.7 | 104 | 13 | 26 | 汽车—超20级 | 否 | 2005.2.22 |
| 30.青山分离立交桥 | 2247.8 | G25 | 长深高速 | 444.04 | 440 | 20 | 33.5 | 汽车—超20级 | 否 | 2005.2.22 |
| 31.青山互通一号桥 | 2248.94 | G25 | 长深高速 | 127.04 | 120 | 20 | 33.5 | 汽车—超20级 | 是 | 2005.2.22 |
| 32.下沈河桥 | 2250.15 | G25 | 长深高速 | 524.04 | 520 | 20 | 34.5 | 汽车—超20级 | 否 | 2005.2.22 |
| 33.南横港桥 | 2251.75 | G25 | 长深高速 | 324.04 | 320 | 20 | 34.5 | 汽车—超20级 | 否 | 2005.2.22 |
| 34.候射大桥 | 2252.65 | G25 | 长深高速 | 389.04 | 385 | 25 | 33.5 | 汽车—超20级 | 否 | 2005.2.22 |
| 35.宅前桥 | 2259.45 | G25 | 长深高速 | 104.04 | 100 | 20 | 33.5 | 汽车—超20级 | 否 | 2005.2.22 |
| 36.杨家抖大桥 | 2260.708 | G25 | 长深高速 | 888.04 | 888.04 | 20 | 33.5 | 公路—Ⅰ级 | 否 | 2005.2.22 |
| 37.王母山大桥 | 2261.59 | G25 | 长深高速 | 198.04 | 190 | 30 | 33.5 | 汽车—20级 | 否 | 2005.2.22 |
| 38.横河大桥 | 2265.05 | G25 | 长深高速 | 124.04 | 120 | 20 | 33.5 | 汽车—超20级 | 否 | 2005.2.22 |

续表 1-34-3

| 桥梁名称 | 桥梁中心桩号 | 所属路线情况 | | 桥长 | | | 桥宽 | 设计荷载等级 | 是否互通立交 | 建成通车日期 |
|---|---|---|---|---|---|---|---|---|---|---|
| | | 路线编号 | 路线名称 | 桥梁全长（米） | 跨径总长（米） | 单孔最大跨径（米） | 桥梁全宽（米） | | | |
| 39.泗下埭大桥 | 2265.95 | G25 | 长深高速 | 124.04 | 120 | 20 | 33.5 | 汽车—超 20 级 | 否 | 2005.2.22 |
| 40.丁家桥分离式立交桥 | 2270.9 | G25 | 长深高速 | 204.04 | 200 | 20 | 33.5 | 汽车—超 20 级 | 否 | 2005.2.22 |
| 41.上渚河桥 | 2271.71 | G25 | 长深高速 | 104.04 | 100 | 20 | 33.5 | 汽车—超 20 级 | 否 | 2005.2.22 |
| 42.马桥河桥 | 2273.57 | G25 | 长深高速 | 115.74 | 112 | 16 | 33.5 | 汽车—超 20 级 | 否 | 2005.2.22 |
| 43.南洋河桥 | 2274.05 | G25 | 长深高速 | 204.04 | 200 | 20 | 33.5 | 汽车—超 20 级 | 否 | 2005.2.22 |
| 44.朱家塘分离式立交桥 | 2275.05 | G25 | 长深高速 | 516.04 | 512 | 20 | 33.5 | 汽车—超 20 级 | 否 | 2005.2.22 |
| 45.东苕溪大桥 | 2277 | G25 | 长深高速 | 764.04 | 680 | 70 | 33.5 | 汽车—超 20 级 | 否 | 2005.2.22 |
| 46.龙溪港大桥 | 151.971 | G318 | 沪聂线 | 319.2 | 313 | 25 | 24.5 | 汽车—20 级 | 否 | 2005.2.22 |
| 47.新塘港—机坊港特大桥 | 155.872 | G318 | 沪聂线 | 779.7 | 776.6 | 43 | 35.1 | 汽车—20 级 | 是 | 2005.2.22 |
| 48.古溇港桥 | 112.254 | G50 | 沪渝高速 | 432.4 | 425 | 25 | 34.5 | 汽车—超 20 级 | 否 | 2006.11.30 |
| 49.戴家湾桥 | 113.668 | G50 | 沪渝高速 | 104.04 | 100 | 20 | 34.5 | 汽车—超 20 级 | 否 | 2006.11.30 |
| 50.圣塘港 1 号桥 | 115.93 | G50 | 沪渝高速 | 232.41 | 225 | 25 | 34.5 | 汽车—超 20 级 | 否 | 2006.11.30 |
| 51.和义桥 | 117.293 | G50 | 沪渝高速 | 184.04 | 180 | 20 | 34.5 | 汽车—超 20 级 | 否 | 2006.11.30 |
| 52.陈仁斗桥 | 118.375 | G50 | 沪渝高速 | 144.04 | 140 | 20 | 34.5 | 汽车—超 20 级 | 否 | 2006.11.30 |
| 53.徐家湾分离立交 | 119.3 | G50 | 沪渝高速 | 448.04 | 440 | 20 | 34.5 | 汽车—超 20 级 | 否 | 2006.11.30 |

续表 1-34-4

| 桥梁名称 | 桥梁中心桩号 | 所属路线情况 | | 桥长 | | | 桥宽 | 设计荷载等级 | 是否互通立交 | 建成通车日期 |
|---|---|---|---|---|---|---|---|---|---|---|
| | | 路线编号 | 路线名称 | 桥梁全长（米） | 跨径总长（米） | 单孔最大跨径（米） | 桥梁全宽（米） | | | |
| 54.上林桥 | 120.682 | G50 | 沪渝高速 | 314.06 | 310 | 30 | 34.5 | 汽车—超 20 级 | 否 | 2006.11.30 |
| 55.伍王港桥 | 121.469 | G50 | 沪渝高速 | 107.4 | 100 | 25 | 35.5 | 汽车—超 20 级 | 否 | 2006.11.30 |
| 56.箱山分离立交桥 | 123.552 | G50 | 沪渝高速 | 832 | 825 | 25 | 34.5 | 汽车—超 20 级 | 否 | 2006.11.30 |
| 57.织太分离立交桥 | 129.451 | G50 | 沪渝高速 | 884.04 | 880 | 25 | 34.5 | 汽车—超 20 级 | 否 | 2006.11.30 |
| 58.田湾漾桥 | 133.573 | G50 | 沪渝高速 | 664.04 | 660 | 20 | 34.5 | 汽车—超 20 级 | 否 | 2006.11.30 |
| 59.横港桥 | 134.606 | G50 | 沪渝高速 | 803.38 | 799.84 | 20 | 34.5 | 汽车—超 20 级 | 否 | 2006.11.30 |
| 60.湖州互通主线桥（箬溪江大桥） | 139.322 | G50 | 沪渝高速 | 996.56 | 992 | 60 | 34.5 | 汽车—超 20 级 | 否 | 2006.11.30 |
| 61.长田港桥 | 140.53 | G50 | 沪渝高速 | 244.04 | 240 | 20 | 34.5 | 汽车—超 20 级 | 否 | 2006.11.30 |
| 62.小梅港桥 | 144.412 | G50 | 沪渝高速 | 966.74 | 963 | 35 | 34.5 | 汽车—超 20 级 | 否 | 2006.11.30 |
| 63.西塘漾桥 | 145.47 | G50 | 沪渝高速 | 144.04 | 140 | 20 | 34.5 | 汽车—超 20 级 | 否 | 2006.11.30 |
| 64.金鸡山分离式立交桥（左） | 147.227 | G50 | 沪渝高速 | 324.04 | 320 | 20 | 17.25 | 汽车—超 20 级 | 否 | 2006.11.30 |
| 65.金鸡山分离式立交桥（右） | 147.265 | G50 | 沪渝高速 | 324.04 | 320 | 20 | 17.25 | 汽车—超 20 级 | 否 | 2006.11.30 |
| 66.灰库桥 | 153.21 | G50 | 沪渝高速 | 844.04 | 840 | 20 | 33.5 | 公路—Ⅰ级 | 否 | 2006.11.30 |
| 67.石家浜分离立交桥 | 156.01 | G50 | 沪渝高速 | 428.58 | 420 | 20 | 33.5 | 公路—Ⅰ级 | 否 | 2006.11.30 |

续表 1-34-5

| 桥梁名称 | 桥梁中心桩号 | 所属路线情况 | | 桥长 | | | 桥宽 | 设计荷载等级 | 是否互通立交 | 建成通车日期 |
|---|---|---|---|---|---|---|---|---|---|---|
| | | 路线编号 | 路线名称 | 桥梁全长（米） | 跨径总长（米） | 单孔最大跨径（米） | 桥梁全宽（米） | | | |
| 68.张家门分离立交桥 | 158 | G50 | 沪渝高速 | 304.04 | 300 | 20 | 33.5 | 公路—I级 | 否 | 2006.11.30 |
| 69.李家巷2#立交桥 | 161.246 | G50 | 沪渝高速 | 755.7 | 752 | 30 | 33.5 | 公路—I级 | 是 | 2006.11.30 |
| 70.长湖申线桥 | 163.288 | G50 | 沪渝高速 | 696.5 | 692 | 60 | 33.5 | 公路—I级 | 否 | 2006.11.30 |
| 71.圣塘分离立交桥 | 164.459 | G50 | 沪渝高速 | 184.04 | 180 | 20 | 34.5 | 公路—I级 | 否 | 2006.11.30 |
| 72.长和分离立交桥 | 166.532 | G50 | 沪渝高速 | 644.04 | 640 | 20 | 33.5 | 公路—I级 | 否 | 2006.11.30 |
| 73.大泉村桥 | 184.76 | G50 | 沪渝高速 | 120 | 120 | 20 | 25.5 | 公路—I级 | 否 | 2006.11.30 |
| 74.泗安水库桥 | 196.425 | G50 | 沪渝高速 | 123.74 | 120 | 20 | 25.5 | 公路—I级 | 否 | 2006.11.30 |
| 75.京杭运河大桥 | 62.705 | S12 | 申嘉湖高速 | 830.6 | 822.4 | 90 | 35 | 汽车—超20级 | 否 | 2007.12.28 |
| 76.郑家兜大桥 | 68.038 | S12 | 申嘉湖高速 | 104.52 | 100 | 20 | 35 | 汽车—超20级 | 否 | 2007.12.28 |
| 77.大虹大桥 | 71.298 | S12 | 申嘉湖高速 | 518.2 | 510 | 30 | 35 | 汽车—超20级 | 否 | 2007.12.28 |
| 78.跃进河大桥 | 72.956 | S12 | 申嘉湖高速 | 382.4 | 375 | 25 | 35 | 汽车—超20级 | 否 | 2007.12.28 |
| 79.跨老湖盐公路主线桥 | 74.513 | S12 | 申嘉湖高速 | 878.2 | 870 | 30 | 35 | 汽车—超20级 | 否 | 2007.12.28 |
| 80.倪家滩大桥 | 75.486 | S12 | 申嘉湖高速 | 204.6 | 200 | 20 | 35 | 汽车—超20级 | 否 | 2007.12.28 |
| 81.旱塘荡大桥 | 80.324 | S12 | 申嘉湖高速 | 132.4 | 125 | 25 | 35 | 汽车—超20级 | 否 | 2007.12.28 |
| 82.白鱼漾大桥 | 84.187 | S12 | 申嘉湖高速 | 608.2 | 600 | 30 | 35 | 汽车—超20级 | 否 | 2007.12.28 |
| 83.夏家村大桥 | 85.271 | S12 | 申嘉湖高速 | 104.52 | 100 | 20 | 35 | 汽车—超20级 | 否 | 2007.12.28 |

续表 1-34-6

| 桥梁名称 | 桥梁中心桩号 | 所属路线情况 | | 桥长 | | | 桥宽 | 设计荷载等级 | 是否互通立交 | 建成通车日期 |
|---|---|---|---|---|---|---|---|---|---|---|
| | | 路线编号 | 路线名称 | 桥梁全长（米） | 跨径总长（米） | 单孔最大跨径（米） | 桥梁全宽（米） | | | |
| 84.永恒大桥 | 87.65 | S12 | 申嘉湖高速 | 104.52 | 100 | 20 | 35 | 汽车—超20级 | 否 | 2007.12.28 |
| 85.杭湖锡线大桥 | 92.95 | S12 | 申嘉湖高速 | 907.8 | 899.6 | 100 | 35 | 汽车—超20级 | 否 | 2007.12.28 |
| 86.东苕溪大桥 | 94.832 | S12 | 申嘉湖高速 | 828.2 | 820 | 100 | 35 | 汽车—超20级 | 否 | 2007.12.28 |
| 87.鹿山大桥 | 98.892 | S12 | 申嘉湖高速 | 289.2 | 280 | 35 | 35 | 汽车—超20级 | 否 | 2007.12.28 |
| 88.104国道跨线桥 | 99.572 | S12 | 申嘉湖高速 | 668.2 | 660 | 30 | 35 | 汽车—超20级 | 否 | 2007.12.28 |
| 89.练市枢纽主线桥 | 0.21 | S13 | 练杭高速 | 593.5 | 590.5 | 29 | 60.1 | 汽车—超20级 | 是 | 2009.12.31 |
| 90.湖盐公路分离式立交 | 1.935 | S13 | 练杭高速 | 465.44 | 460 | 20 | 26.5 | 汽车—超20级 | 否 | 2009.12.31 |
| 91.新市南塘大桥 | 6.243 | S13 | 练杭高速 | 346 | 340 | 30 | 26.5 | 汽车—超20级 | 否 | 2009.12.31 |
| 92.东港大桥 | 23.772 | S13 | 练杭高速 | 276 | 270 | 30 | 26.5 | 汽车—超20级 | 否 | 2009 |
| 93.南桥头大桥 | 26.388 | S13 | 练杭高速 | 165.44 | 160 | 20 | 26.5 | 汽车—超20级 | 否 | 2009 |
| 94.韶塘路分离式立交 | 29.598 | S13 | 练杭高速 | 485.44 | 480 | 20 | 26.5 | 汽车—超20级 | 否 | 2009 |
| 95.长弯漾大桥 | 30.11 | S13 | 练杭高速 | 265.44 | 260 | 20 | 26.5 | 汽车—超20级 | 否 | 2009 |
| 96.霍家埭大桥 | 33.55 | S13 | 练杭高速 | 345.44 | 342 | 62 | 26.5 | 汽车—超20级 | 否 | 2009 |
| 97.柏树下大桥 | 34.256 | S13 | 练杭高速 | 380 | 360 | 20 | 26.5 | 汽车—超20级 | 否 | 2009 |
| 98.王家里大桥 | 34.82 | S13 | 练杭高速 | 425.48 | 420 | 20 | 26.5 | 汽车—超20级 | 否 | 2009 |
| 99.大麦漾大桥 | 35.179 | S13 | 练杭高速 | 165.48 | 160 | 20 | 26.5 | 汽车—超20级 | 否 | 2009 |

续表 1-34-7

| 桥梁名称 | 桥梁中心桩号 | 所属路线情况 | | 桥长 | | | 桥宽 | 设计荷载等级 | 是否互通立交 | 建成通车日期 |
|---|---|---|---|---|---|---|---|---|---|---|
| | | 路线编号 | 路线名称 | 桥梁全长（米） | 跨径总长（米） | 单孔最大跨径（米） | 桥梁全宽（米） | | | |
| 100.潘家埭大桥 | 35.768 | S13 | 练杭高速 | 285.44 | 260 | 20 | 26.5 | 汽车—超20级 | 否 | 2009 |
| 101.09省道分离式立交桥 | 38.873 | S13 | 练杭高速 | 795.44 | 790 | 30 | 26.5 | 汽车—超20级 | 否 | 2009 |
| 102.油车角中桥 | 39.59 | S13 | 练杭高速 | 105.48 | 100 | 20 | 26.5 | 汽车—超20级 | 否 | 2009 |
| 103.横港大桥 | 40.037 | S13 | 练杭高速 | 125.48 | 120 | 20 | 26.5 | 汽车—超20级 | 否 | 2009 |
| 104.浑泥港桥 | 73.133 | S14 | 杭长高速（一期） | 256.66 | 250 | 50 | 25.5 | 公路—I级 | 否 | 2007 |
| 105.下潘桥 | 82.072 | S14 | 杭长高速（一期） | 146.66 | 140 | 20 | 25.5 | 公路—I级 | 否 | 2007.11.30 |
| 106.泗安港桥 | 82.76 | S14 | 杭长高速（一期） | 216.66 | 180 | 20 | 25.5 | 公路—I级 | 否 | 2007.11.30 |
| 107.空山分离 | 82.948 | S14 | 杭长高速（一期） | 316 | 310 | 22 | 25.5 | 公路—I级 | 否 | 2007.11.30 |
| 108.车站立交桥 | 42.103 | S201 | 彭安线 | 410 | 400 | 20 | 12 | 公路—I级 | 否 | 2001 |
| 109.吉庆桥 | 43.324 | S201 | 彭安线 | 160 | 150 | 20 | 26.6 | 公路—I级 | 否 | 2004 |
| 110.孝丰桥 | 1.211 | S204 | 孝泗线 | 122.04 | 112 | 26 | 19 | 汽车—15级 | 否 | 2005.2.22 |
| 111.大筏口桥 | 8.185 | S204 | 孝泗线 | 130.04 | 120 | 20 | 10 | 公路—II级 | 否 | 2005.2.22 |
| 112.公铁立交桥 | 0.563 | S301 | 长牛线 | 441 | 440 | 20 | 10.6 | 公路—II级 | 否 | 1992.4.5 |
| 113.合溪大桥（右） | 10.78 | S301 | 长牛线 | 482.04 | 476 | 80 | 22 | 公路—I级 | 否 | 2010.12.30 |

续表 1-34-8

| 桥梁名称 | 桥梁中心桩号 | 所属路线情况 | | 桥长 | | | 桥宽 | 设计荷载等级 | 是否互通立交 | 建成通车日期 |
|---|---|---|---|---|---|---|---|---|---|---|
| | | 路线编号 | 路线名称 | 桥梁全长（米） | 跨径总长（米） | 单孔最大跨径（米） | 桥梁全宽（米） | | | |
| 114. 合溪大桥（左） | 10.785 | S301 | 长牛线 | 149.8 | 140 | 20 | 11 | 公路—II级 | 否 | 1996.1.12 |
| 115.光耀5号桥 | 20.94 | S301 | 长牛线 | 110 | 104 | 13 | 18 | 公路—I级 | 否 | 2007.10.25 |
| 116.白云大桥 | 26.508 | S304 | 临莫线 | 418.1 | 412.8 | 62.8 | 19 | 公路—II级 | 否 | 2005.2.22 |
| 117.乾元大桥 | 31.255 | S304 | 临莫线 | 554.5 | 537.8 | 62.8 | 20 | 公路—II级 | 否 | 2005.2.22 |
| 118.东苕溪大桥 | 34.844 | S304 | 临莫线 | 145.8 | 145 | 25 | 21 | 公路—II级 | 否 | 2005.2.22 |
| 119.英溪大桥 | 43.806 | S304 | 临莫线 | 160 | 160 | 65 | 65 | 公路—II级 | 否 | 2005.2.22 |
| 120.武康立交桥 | 46.131 | S304 | 临莫线 | 627 | 616 | 35 | 17.5 | 汽车—20级 | 否 | 2003 |
| 121.妙西公铁立交桥 | 6.32 | S306 | 鹿唐线 | 563.5 | 559.5 | 27.2 | 18.5 | 汽车—20级 | 否 | 2005.2.22 |
| 122.武康桥 | 33.9 | S306 | 鹿唐线 | 204 | 200 | 25 | 18.5 | 公路—II级 | 否 | 2005.2.22 |
| 123.古郸桥（城北大桥） | 54.242 | S306 | 鹿唐线 | 153 | 140 | 20 | 27.6 | 公路—I级 | 否 | 2005.2.22 |
| 124.丰食溪桥（城西桥） | 57.516 | S306 | 鹿唐线 | 132 | 120 | 20 | 23.5 | 公路—II级 | 否 | 2005.2.22 |
| 125.南溪大桥 | 71.55 | S306 | 鹿唐线 | 166 | 150 | 25 | 22.5 | 公路—II级 | 否 | 2005.2.22 |
| 126.大钱桥 | 12.546 | X001330502 | 湖州—薛埠 | 175.32 | 170.88 | 65.88 | 9.5 | 公路—II级 | 否 | 2010.12.30 |
| 127.三济桥 | 0.447 | X004330503 | 三济桥—双林 | 205 | 203 | 54 | 8 | 汽车—15级 | 否 | 1993.11.22 |
| 128.双林大桥 | 8.07 | X004330503 | 三济桥—双林 | 723.5 | 538 | 70 | 14 | 汽车—20级 | 否 | 2007.5.15 |

续表 1-34-9

| 桥梁名称 | 桥梁中心桩号 | 所属路线情况 | | 桥长 | | | 桥宽 | 设计荷载等级 | 是否互通立交 | 建成通车日期 |
|---|---|---|---|---|---|---|---|---|---|---|
| | | 路线编号 | 路线名称 | 桥梁全长（米） | 跨径总长（米） | 单孔最大跨径（米） | 桥梁全宽（米） | | | |
| 129. 岂 风大桥（左） | 10.392 | X005330503 | 南浔—练市 | 480 | 477 | 77 | 10.4 | 汽车—20 级 | 否 | 2007.10.1 |
| 130.岂风大桥 | 10.406 | X005330503 | 南浔—练市 | 285.3 | 281.3 | 73.3 | 9 | 汽车—20 级 | 否 | 2001.12.31 |
| 131.花林大桥 | 12.695 | X005330503 | 南浔—练市 | 396.6 | 392.5 | 80.5 | 10.6 | 汽车—20 级 | 否 | 2001.12.31 |
| 132.花林大桥（左） | 12.696 | X005330503 | 南浔—练市 | 396.6 | 392.5 | 80.5 | 10.6 | 汽车—20 级 | 否 | 2001.12.31 |
| 133.乔溪大桥 | 8.601 | X007330502 | 埭溪—芳山 | 606 | 600 | 30 | 9 | 公路—II 级 | 否 | 2008.12.12 |
| 134.八里店大桥 | 0.092 | X009330502 | 八里店—练市 | 450.8 | 450.8 | 72.8 | 21.8 | 汽车—20 级 | 否 | 2000.11.6 |
| 135.山前漾桥 | 8.319 | X009330503 | 八里店—练市 | 117.6 | 116 | 20 | 16 | 汽车—20 级 | 否 | 2000.11.9 |
| 136.镇西新大桥 | 19.05 | X009330503 | 八里店—练市 | 663.44 | 662 | 100 | 20.5 | 汽车—20 级 | 否 | 2000.11.9 |
| 137.练市新大桥 | 32.878 | X009330503 | 八里店—练市 | 492.5 | 488.8 | 72.8 | 21.8 | 汽车—20 级 | 否 | 2000.11.6 |
| 138.东林大桥 | 0.869 | X012330502 | 青山—菱湖 | 164.66 | 137.26 | 48.74 | 23.8 | 汽车—20 级 | 否 | 2001.5.10 |
| 139.昂南桥 | 6.599 | X012330503 | 青山—菱湖 | 121.5 | 112 | 16 | 11.8 | 汽车—20 级 | 否 | 2000.3.6 |
| 140.南凉山桥（左） | 7.521 | X012330503 | 青山—菱湖 | 153 | 143 | 13 | 11.8 | 汽车—20 级 | 否 | 2000.3.6 |
| 141.南凉山桥 | 7.534 | X012330503 | 青山—菱湖 | 166 | 156 | 13 | 11.8 | 汽车—20 级 | 否 | 2000.3.6 |
| 142.新菱湖大桥 | 12.617 | X012330503 | 青山—菱湖 | 590 | 572 | 43 | 9.5 | 汽车—20 级 | 否 | 1999.12.20 |
| 143.新菱湖大桥（左） | 12.618 | X012330503 | 青山—菱湖 | 590 | 572 | 43 | 9.5 | 汽车—20 级 | 否 | 1999.12.20 |
| 144.杨家庄大桥 | 2.599 | X016330502 | 九九桥—码头 | 165 | 152 | 61 | 7 | 汽车—15 级 | 否 | 1988.9.14 |
| 145.白雀大桥 | 1.007 | X018330502 | 城北—小梅 | 131.9 | 125 | 35 | 30 | 汽车—20 级 | 否 | 1999.12.27 |

续表 1-34-10

| 桥梁名称 | 桥梁中心桩号 | 所属路线情况 | | 桥长 | | | 桥宽 | 设计荷载等级 | 是否互通立交 | 建成通车日期 |
|---|---|---|---|---|---|---|---|---|---|---|
| | | 路线编号 | 路线名称 | 桥梁全长（米） | 跨径总长（米） | 单孔最大跨径（米） | 桥梁全宽（米） | | | |
| 146.河沙圩大桥 | 6.037 | X018330502 | 城北—小梅 | 243.9 | 243.55 | 20 | 30 | 汽车—20 级 | 否 | 1999.10.1 |
| 147.恒盛大桥 | 4.498 | X020330503 | 墙千里—莫蓉 | 320.04 | 315 | 35 | 12 | 公路—II 级 | 否 | 2010.12.1 |
| 148.冯家渡大桥 | 5.95 | X020330503 | 墙千里—莫蓉 | 120.04 | 115 | 35 | 12 | 公路—II 级 | 否 | 2010.12.1 |
| 149.蓑衣桥 | 10.363 | X020330503 | 墙千里—莫蓉 | 160.04 | 155 | 35 | 12 | 公路—II 级 | 否 | 2010.12.1 |
| 150.东溪大桥 | 4.592 | X021330502 | 保国—锦山 | 128 | 124 | 28 | 18 | 汽车—20 级 | 否 | 2001.10.21 |
| 151.东迁大桥 | 0.111 | X023330503 | 东迁—双林 | 223.7 | 192 | 60 | 9.5 | 汽车—20 级 | 否 | 1995.2.8 |
| 152.伍林大桥 | 7.771 | X023330503 | 东迁—双林 | 431.7 | 350.2 | 66.2 | 11 | 汽车—15 级 | 否 | 2002.12.31 |
| 153.尖家兜桥 | 12.363 | X023330503 | 东迁—双林 | 503.4 | 354.7 | 76.7 | 8 | 汽车—15 级 | 否 | 2007.12.31 |
| 154.三里桥 | 2.145 | X024330502 | 八里店—一字桥 | 120.04 | 115 | 25 | 30 | 公路—II 级 | 否 | 2010 |
| 155.月明桥 | 0.64 | X028330503 | 花林—乌镇 | 355 | 346 | 66 | 5 | 汽车—15 级 | 否 | 2002.5.30 |
| 156.施浩塘桥 | 6.853 | X028330503 | 花林—乌镇 | 160 | 154 | 50 | 5 | 汽车—15 级 | 否 | 1996.12.30 |
| 157.塘口大桥 | 1.629 | X030330502 | 塘口—杨庄 | 166 | 165 | 61 | 7.4 | 汽车—15 级 | 否 | 1994.10.25 |
| 158.四联大桥 | 3.346 | X031330503 | 长超—菱湖 | 448 | 346.8 | 76.8 | 5.5 | 汽车—15 级 | 否 | 2002.4.1 |
| 159.镇西大桥 | 0.524 | X035330503 | 镇西—胜上圩 | 141 | 97.1 | 71.1 | 9.15 | 汽车—15 级 | 否 | 1985.4.30 |
| 160.万寿桥 | 2.311 | X036330503 | 小虹桥—东秋风 | 200 | 200 | 66 | 9 | 汽车—15 级 | 否 | 1989.10.30 |
| 161.王母来桥 | 1.017 | X038330502 | 湖州—织里 | 105 | 100 | 20 | 24.6 | 汽车—20 级 | 否 | 2002.12.09 |
| 162.环渚龙溪互通立交 | 2.059 | X038330502 | 湖州—织里 | 470.5 | 468.5 | 31.5 | 12.5 | 公路—I 级 | 是 | 2009.12.15 |

续表 1-34-11

| 桥梁名称 | 桥梁中心桩号 | 所属路线情况 | | 桥长 | | | 桥宽 | 设计荷载等级 | 是否互通立交 | 建成通车日期 |
|---|---|---|---|---|---|---|---|---|---|---|
| | | 路线编号 | 路线名称 | 桥梁全长（米） | 跨径总长（米） | 单孔最大跨径（米） | 桥梁全宽（米） | | | |
| 163.和孚大桥（左） | 1.238 | X040330503 | 和孚—新市 | 543.44 | 542 | 100 | 10 | 汽车—20级 | 否 | 1986.8.9 |
| 164.和孚大桥（右） | 1.239 | X040330503 | 和孚—新市 | 543.44 | 542 | 100 | 10 | 汽车—20级 | 否 | 1999.10.30 |
| 165.仕山圩桥 | 2.16 | X041330503 | 菱湖—新市 | 229.04 | 225 | 25 | 14.5 | 汽车—20级 | 否 | 2007.12.31 |
| 166.陆家兜桥 | 4.489 | X041330503 | 菱湖—新市 | 114.8 | 110.75 | 16 | 14.5 | 汽车—20级 | 否 | 2007.12.31 |
| 167.前面大桥 | 4.98 | X041330503 | 菱湖—新市 | 150.04 | 145 | 25 | 14.5 | 汽车—20级 | 否 | 2007.12.31 |
| 168.南窑大桥 | 7.995 | X041330503 | 菱湖—新市 | 275.04 | 270 | 30 | 14.5 | 汽车—20级 | 否 | 2007.12.31 |
| 169.北庄洋大桥 | 9.038 | X041330503 | 菱湖—新市 | 105.04 | 100 | 20 | 14.5 | 汽车—20级 | 否 | 2007.12.31 |
| 170.排塘港大桥 | 10.479 | X041330503 | 菱湖—新市 | 199.04 | 195 | 25 | 14.5 | 汽车—20级 | 否 | 2007.12.31 |
| 171.洋溪港大桥 | 15.719 | X041330503 | 菱湖—新市 | 349.04 | 345 | 45 | 14.5 | 汽车—20级 | 否 | 2007.12.31 |
| 172.旧馆大桥 | 0.227 | X042330503 | 旧馆—重兆 | 186 | 180 | 60 | 9 | 汽车—20级 | 否 | 1995.11.30 |
| 173.五龙桥 | 0.966 | X101330521 | 德清—洲泉 | 428.7 | 424.8 | 72.8 | 19 | 汽车—20级 | 否 | 2002.6.30 |
| 174.乐安桥 | 3.636 | X101330521 | 德清—洲泉 | 300.9 | 297 | 25 | 20 | 汽车—20级 | 否 | 2002.6.30 |
| 175.运河桥（左） | 20.293 | X101330521 | 德清—洲泉 | 70 | 50 | 50 | 8 | 汽车—20级 | 否 | 1986.9.30 |
| 176.运河桥（右） | 20.378 | X101330521 | 德清—洲泉 | 63.7 | 50 | 50 | 9 | 汽车—20级 | 否 | 2004.12.30 |
| 177.丁家桥 | 25.808 | X101330521 | 德清—洲泉 | 140 | 127.1 | 87.1 | 25.5 | 汽车—20级 | 否 | 2004.12.30 |
| 178.韶村桥 | 0.194 | X103330521 | 韶村—高林 | 159.4 | 141 | 50 | 8 | 汽车—20级 | 否 | 1992.12.30 |
| 179.文明桥 | 0.259 | X105330521 | 杨树湾—徐家庄 | 370 | 352 | 72 | 15 | 公路—II级 | 否 | 2009 |

续表 1-34-12

| 桥梁名称 | 桥梁中心桩号 | 所属路线情况 | | 桥长 | | | 桥宽 | 设计荷载等级 | 是否互通立交 | 建成通车日期 |
|---|---|---|---|---|---|---|---|---|---|---|
| | | 路线编号 | 路线名称 | 桥梁全长（米） | 跨径总长（米） | 单孔最大跨径（米） | 桥梁全宽（米） | | | |
| 180.下舍大桥 | 2.888 | X105330521 | 杨树湾—徐家庄 | 115 | 105 | 25 | 15 | 公路—II 级 | 否 | 2009 |
| 181.新安大桥 | 5.124 | X105330521 | 杨树湾—徐家庄 | 465 | 450 | 80 | 15 | 公路—II 级 | 否 | 2009 |
| 182.德清大桥 | 1.259 | X111330521 | 三里塘—新盟村 | 123 | 123 | 123 | 25 | 汽车—20 级 | 否 | 1960.4.30 |
| 183.南湖桥 | 8.641 | X113330521 | 南舍—钟管 | 106.32 | 100 | 16 | 16 | 公路—II 级 | 否 | 1988.10.30 |
| 184.北窑坞大桥 | 15.616 | X115330521 | 下跨塘—仁和 | 392.68 | 392 | 60 | 10 | 汽车—20 级 | 否 | 2006.5.30 |
| 185.苕溪大桥 | 6.223 | X116330521 | 武康—洛舍 | 461 | 460 | 80 | 13 | 公路—I 级 | 否 | 2010.12.30 |
| 186.兴山桥 | 22.672 | X116330521 | 武康—洛舍 | 165 | 105 | 25 | 16 | 汽车—20 级 | 否 | 2001.6.30 |
| 187.新市大桥 | 0.488 | X119330521 | 新市—五杭 | 588 | 574 | 60 | 18.5 | 汽车—20 级 | 否 | 1998.8.30 |
| 188.龙溪港桥 | 7.94 | X121330521 | 士林—锦山 | 440.2 | 425 | 75 | 17 | 汽车—20 级 | 否 | 2002.12.30 |
| 189.东门城桥 | 3.62 | X124330521 | 乾元大桥—城关西门城桥 | 81.7 | 55 | 55 | 6 | 汽车—20 级 | 否 | 1983.1.28 |
| 190.二龙桥 | 0.229 | X130330521 | 蔡界—河山 | 145 | 133.3 | 55.3 | 5 | 汽车—20 级 | 否 | 1995.12.30 |
| 191.雷甸运河大桥 | 7.318 | X134330521 | 环桥—杨介坵 | 138 | 104 | 50 | 7 | 汽车—10 级 | 否 | 1996.1.30 |
| 192.湖墩桥 | 1.535 | X137330521 | 新市—禹越 | 280.56 | 275 | 25 | 15 | 公路—II 级 | 否 | 2009.12.30 |
| 193.南港桥 | 6.611 | X137330521 | 新市—禹越 | 620 | 604 | 25 | 15 | 公路—II 级 | 否 | 2009.12.30 |
| 194.横塘港桥 | 8.392 | X137330521 | 新市—禹越 | 155 | 145 | 25 | 15 | 公路—II 级 | 否 | 2009.12.30 |
| 195.新市二桥 | 11.297 | X137330521 | 新市—禹越 | 510 | 490 | 80 | 15 | 公路—II 级 | 否 | 2009.12.30 |

续表 1-34-13

| 桥梁名称 | 桥梁中心桩号 | 所属路线情况 | | 桥长 | | | 桥宽 | 设计荷载等级 | 是否互通立交 | 建成通车日期 |
|---|---|---|---|---|---|---|---|---|---|---|
| | | 路线编号 | 路线名称 | 桥梁全长（米） | 跨径总长（米） | 单孔最大跨径（米） | 桥梁全宽（米） | | | |
| 196.钱家湾立交桥 | 1.804 | X202330522 | 长兴电厂—赵家桥 | 320 | 310 | 25 | 16 | 公路—Ⅱ级 | 否 | 2004.4.9 |
| 197.虹星大桥 | 7.931 | X209330522 | 高家墩—和平 | 369.1 | 361.7 | 61.7 | 18.5 | 公路—Ⅱ级 | 否 | 2006.11.25 |
| 198.新港口大桥 | 13.773 | X209330522 | 高家墩—和平 | 476.16 | 470 | 80 | 9.25 | 公路—Ⅱ级 | 否 | 2006.11.25 |
| 199.和平大桥 | 18.725 | X209330522 | 高家墩—和平 | 267.64 | 261.7 | 61.7 | 18.5 | 公路—Ⅱ级 | 否 | 2006.11.25 |
| 200.东门桥 | 2.344 | X210330522 | 白溪—钮店湾 | 57 | 55.2 | 55.2 | 27 | 公路—Ⅱ级 | 否 | 2000.10 |
| 201.吴山大桥 | 10.452 | X212330522 | 观音桥—青山 | 195 | 183.5 | 61 | 7.6 | 公路—Ⅱ级 | 否 | 1991.8.30 |
| 202.青桥 | 11.358 | X212330522 | 观音桥—青山 | 97.1 | 78.6 | 54 | 7.8 | 公路—Ⅱ级 | 否 | 1984.5 |
| 203.泗安塘桥 | 7.952 | X220330522 | 长兴—吕山 | 133.8 | 125 | 25 | 7.5 | 公路—Ⅱ级 | 否 | 1994.12.30 |
| 204.前进桥 | 9.137 | X220330522 | 长兴—吕山 | 197.5 | 166 | 60 | 9.5 | 公路—Ⅱ级 | 否 | 1996.11.30 |
| 205.牌楼桥 | 7.026 | X222330522 | 三星圩—界牌 | 53 | 40 | 40 | 8.4 | 公路—Ⅱ级 | 否 | 2001.8 |
| 206.七里亭立交桥 | 21.117 | X222330522 | 三星圩—界牌 | 227 | 225 | 25 | 12 | 公路—Ⅰ级 | 否 | 2007.10 |
| 207.虹里大桥 | 3.306 | X225330522 | 虹星桥—林城 | 110 | 105 | 25 | 7.5 | 公路—Ⅱ级 | 否 | 2002.12.30 |
| 208.胥仓桥 | 5.015 | X233330522 | 吕山—和平 | 416.8 | 412 | 60 | 12 | 公路—Ⅱ级 | 否 | 2004.2 |
| 209.镇湾桥 | 6.415 | X237330522 | 四号桥—长牛线 | 144 | 142 | 62 | 8 | 公路—Ⅱ级 | 否 | 2007.10 |
| 210.长杭桥 | 4.454 | X241330522 | 太傅—畎桥 | 95 | 90.6 | 50.6 | 10 | 公路—Ⅰ级 | 否 | 2007.10 |
| 211.杨湾大桥 | 1.309 | X243330522 | 电厂—白溪 | 340 | 330 | 60 | 52 | 公路—Ⅰ级 | 否 | 2009 |
| 212.6#桥 | 3.713 | X243330522 | 电厂—白溪 | 266 | 256 | 16 | 52 | 公路—Ⅰ级 | 否 | 2009 |

续表 1-34-14

| 桥梁名称 | 桥梁中心桩号 | 所属路线情况 | | 桥长 | | | 桥宽 | 设计荷载等级 | 是否互通立交 | 建成通车日期 |
|---|---|---|---|---|---|---|---|---|---|---|
| | | 路线编号 | 路线名称 | 桥梁全长（米） | 跨径总长（米） | 单孔最大跨径（米） | 桥梁全宽（米） | | | |
| 213.新华光桥 | 2.163 | X301330523 | 晓墅—南林场叉口 | 131.7 | 127.63 | 16 | 18.5 | 公路—Ⅱ级 | 否 | 2002.9.30 |
| 214.老梅溪大桥 | 4.031 | X301330523 | 晓墅—南林场叉口 | 118 | 108 | 70 | 9.6 | 公路—Ⅱ级 | 否 | 1975.7.31 |
| 215.乌象大桥 | 0.588 | X326330523 | 塘浦—皈山 | 180 | 180 | 20 | 11 | 公路—Ⅱ级 | 否 | 1985.10.31 |
| 216.安城大桥 | 0.637 | X330330523 | 马家渡—南林场 | 97.5 | 91.2 | 65 | 7.8 | 汽车—15 级 | 否 | 1978.9.30 |
| 217.香溢桥（灵峰桥） | 0.117 | X334330523 | 梅坑桥—灵峰寺 | 168 | 160 | 20 | 8.7 | 公路—Ⅱ级 | 否 | 2001.9.30 |
| 218.马家渡大桥 | 1.067 | X338330523 | 马家渡—良朋 | 259.5 | 247 | 65 | 18 | 公路—Ⅰ级 | 否 | 1999.10.31 |
| 219.新梅溪大桥 | 0.304 | X349330523 | 梅溪—小溪口 | 146 | 141 | 80 | 12.5 | 公路—Ⅰ级 | 否 | 2002.9.30 |
| 220.新线 1 号桥 | 0.484 | X361330523 | 11 省道—乌泥坑回车岭 | 125.04 | 120 | 20 | 30 | 公路—Ⅰ级 | 否 | 2008 |
| 221.新线 2 号桥 | 0.74 | X361330523 | 11 省道—乌泥坑回车岭 | 185.04 | 180 | 20 | 30 | 公路—Ⅰ级 | 否 | 2008 |
| 222.罗家浜跨铁大桥 | 0.172 | Y016330502 | 三天门丝厂—弁南 | 400 | 336 | 16 | 16.5 | 汽车—10 级 | 否 | 2005.12.30 |
| 223.弁南大桥 | 1.439 | Y016330502 | 三天门丝厂—弁南 | 210 | 200 | 60 | 7.5 | 汽车—10 级 | 否 | 1998.12.3 |
| 224.洪塘大桥 | 2.823 | Y022330503 | 柳堡—洪塘 | 466 | 460 | 65 | 10 | 汽车—20 级 | 否 | 2003.3.22 |
| 225.日辉桥 | 6.164 | Y022330503 | 柳堡—洪塘 | 140 | 133.5 | 55.5 | 5 | 公路—Ⅱ级 | 否 | 1996.3.22 |
| 226.菱湖大桥 | 0.668 | Y025330503 | 菱湖—菱湖镇中学 | 146 | 135 | 45 | 10.5 | 汽车—20 级 | 否 | 1987.12.30 |
| 227.南浜大桥 | 0.81 | Y040330503 | 菱湖—费家埭 | 101 | 100 | 25 | 5.5 | 汽车—20 级 | 否 | 2002.8.30 |

续表 1-34-15

| 桥梁名称 | 桥梁中心桩号 | 所属路线情况 | | 桥长 | | | 桥宽 | 设计荷载等级 | 是否互通立交 | 建成通车日期 |
|---|---|---|---|---|---|---|---|---|---|---|
| | | 路线编号 | 路线名称 | 桥梁全长（米） | 跨径总长（米） | 单孔最大跨径（米） | 桥梁全宽（米） | | | |
| 228.安风塘桥 | 2.776 | Y042330503 | 马腰—花林 | 140 | 140 | 40 | 12 | 汽车—20 级 | 否 | 1996.12.30 |
| 229.南皋桥 | 0.652 | Y043330502 | 白雀—塘甸 | 46 | 46 | 46 | 6.5 | 汽车—10 级 | 否 | 1987.12.03 |
| 230.朱家坝桥 | 4.902 | Y045330503 | 李市—新庙里 | 102 | 100 | 16 | 5.5 | 汽车—20 级 | 否 | 1997.4.6 |
| 231.元通寺桥 | 2.833 | Y046330503 | 洋河坝—朝阳 | 41 | 40 | 40 | 5 | 汽车—20 级 | 否 | 2002.12.30 |
| 232.南嵩桥 | 5.207 | Y047330503 | 石淙—重兆 | 62 | 62 | 62 | 4.5 | 汽车—15 级 | 否 | 1993 |
| 233.含山大桥 | 4.514 | Y053330503 | 含山—练市 | 250 | 248.5 | 40 | 9 | 公路—II 级 | 否 | 1994.12.31 |
| 234.山塘大桥 | 2.729 | Y056330503 | 菱湖—东林 | 165 | 156 | 33 | 9 | 汽车—20 级 | 否 | 1997.12.30 |
| 235.八字桥 | 1.268 | Y058330502 | 塘口—施家门 | 109.6 | 108.6 | 55.8 | 4.5 | 汽车—15 级 | 否 | 1994.9.10 |
| 236.杠渚塘桥 | 0.159 | Y064330502 | 杭长桥—火车南站 | 182 | 182 | 26 | 37.6 | 汽车—20 级 | 否 | 2004.10.4 |
| 237.城西大桥 | 0.544 | Y064330502 | 杭长桥—火车南站 | 322 | 315 | 75 | 33.6 | 汽车—20 级 | 否 | 2004.10.10 |
| 238.七里亭桥 | 2.804 | Y064330502 | 杭长桥—火车南站 | 200 | 200 | 25 | 37.6 | 汽车—20 级 | 否 | 2004.3.17 |
| 239.兴圩港桥 | 5.155 | Y064330502 | 杭长桥—火车南站 | 105 | 105 | 25 | 37.6 | 汽车—20 级 | 否 | 2004.7.3 |
| 240.百米塘桥 | 5.786 | Y066330503 | 南浔—马腰 | 155 | 153 | 49 | 7.5 | 公路—II 级 | 否 | 1995.12.30 |
| 241.应界桥 | 11.399 | Y066330503 | 南浔—马腰 | 160 | 159.6 | 55.6 | 5 | 汽车—20 级 | 否 | 1993.12.31 |
| 242.梅园大桥 | 0.739 | Y110330523 | 万亩—石基渡 | 125 | 120 | 20 | 15.5 | 公路—II 级 | 否 | 1992.12.31 |
| 243.长安里桥 | 2.754 | Y125330521 | 秋山—长安里 | 53.2 | 40 | 40 | 5.1 | 低于汽车—10 | 否 | 1978.8.30 |

续表 1-34-16

| 桥梁名称 | 桥梁中心桩号 | 所属路线情况 | | 桥长 | | | 桥宽 | 设计荷载等级 | 是否互通立交 | 建成通车日期 |
|---|---|---|---|---|---|---|---|---|---|---|
| | | 路线编号 | 路线名称 | 桥梁全长（米） | 跨径总长（米） | 单孔最大跨径（米） | 桥梁全宽（米） | | | |
| 244.新塘大桥 | 1.497 | Y134330521 | 德桐公路加油站—新塘 | 62 | 60 | 48 | 7 | 汽车—15级 | 否 | 2003.12.30 |
| 245.平政高桥 | 4.02 | Y143330521 | 下舍—四仙桥 | 73 | 53.5 | 53.5 | 5 | 汽车—10级 | 否 | 1990.12.30 |
| 246.干山高桥 | 0.556 | Y145330521 | 干山—俞塘 | 245 | 180 | 60 | 8 | 汽车—15级 | 否 | 2004.10.30 |
| 247.石塘渡桥 | 2.691 | Y145330521 | 干山—俞塘 | 119 | 115 | 25 | 7.5 | 汽车—15级 | 否 | 2003.10.30 |
| 248.许塘桥 | 0.023 | Y151330522 | 十亩港—塔上 | 70 | 64 | 64 | 5 | 公路—II级 | 否 | 1980.12.30 |
| 249.合溪溪新港十二号 | 6.112 | Y163330522 | 太湖围堤—太湖大道 | 60 | 48 | 48 | 6 | 公路—II级 | 否 | 1971.4.5 |
| 250.蝴蝶桥 | 0.773 | Y167330522 | 长牛线—五庄 | 58 | 57 | 45 | 4.5 | 公路—II级 | 否 | 1994.10.30 |
| 251.范湾桥 | 4.26 | Y181330522 | 潼桥—横山 | 52 | 50 | 40 | 6.5 | 公路—II级 | 否 | 1995.12.30 |
| 252.许家桥 | 1.302 | Y190330522 | 鞋村—长丰 | 52 | 50 | 50 | 5 | 公路—II级 | 否 | 1982.10 |
| 253.汤村跨铁大桥 | 0.226 | Y193330502 | 汤村—191工地 | 136 | 128 | 16 | 7.5 | 汽车—15级 | 否 | 2003.10.12 |
| 254.老龙溪大桥 | 7.705 | Y303330521 | 东村—锦山 | 126.8 | 118 | 40 | 7.5 | 汽车—20级 | 否 | 1994.12.30 |
| 255.长兜港大桥 | 24.701 | Z005330502 | 江苏七都—长兴交界 | 240 | 220 | 60 | 7.6 | 公路—II级 | 否 | 2004.12.10 |
| 256.小梅大桥 | 28.54 | Z005330502 | 江苏七都—长兴交界 | 83.1 | 82 | 50 | 16 | 汽车—20级 | 否 | 2004.12.10 |
| 257.上泽高桥 | 0.194 | C031330503 | 千善线—上北 | 70 | 70 | 70 | 5.5 | 公路—II级 | 否 | 1980.12.30 |
| 258.城东大桥 | 0.591 | C036330502 | 城东大桥—塘南 | 161 | 160 | 56 | 4.9 | 汽车—15级 | 否 | 1986.12.10 |

续表 1-34-17

| 桥梁名称 | 桥梁中心桩号 | 所属路线情况 | | 桥长 | | | 桥宽 | 设计荷载等级 | 是否互通立交 | 建成通车日期 |
|---|---|---|---|---|---|---|---|---|---|---|
| | | 路线编号 | 路线名称 | 桥梁全长（米） | 跨径总长（米） | 单孔最大跨径（米） | 桥梁全宽（米） | | | |
| 259.谢家山大桥 | 1.564 | C036330502 | 城东大桥—塘南 | 248.3 | 246.3 | 64.3 | 5.6 | 汽车—20 级 | 否 | 2001.8.17 |
| 260.跨塘桥 | 1.215 | C038330522 | 长吕公路—跨塘桥 | 56 | 50 | 50 | 4.5 | 公路—Ⅱ级 | 否 | 2000.10.25 |
| 261.船闸 | 0.274 | C045330502 | 船闸—钱山下 | 347 | 346 | 28 | 7.6 | 汽车—20 级 | 否 | 2005.8.17 |
| 262.南寺桥 | 1.134 | C049330503 | 和新线—姚家抖 | 57.6 | 54 | 54 | 5.5 | 公路—Ⅱ级 | 否 | 1971.10.30 |
| 263.都家桥 | 1.719 | C087330522 | 水银桥—104 国道 | 50 | 41 | 41 | 6.5 | 公路—Ⅱ级 | 否 | 1996.4.10 |
| 264.陈家木桥 | 1.767 | C102330503 | 凡石叉口—陈家木桥 | 60 | 40 | 40 | 5.5 | 公路—Ⅱ级 | 否 | 1980.6.30 |
| 265.昂南大桥 | 0.083 | C139330503 | 昂南大桥—姚家琪 | 56 | 54 | 54 | 4.5 | 公路—Ⅱ级 | 否 | 1986.12.30 |
| 266.升山大桥 | 0.106 | C148330502 | 318 国道—移沿山 | 79 | 69 | 69 | 5.5 | 汽车—15 级 | 否 | 1996.12.30 |
| 267.沈家埭大桥 | 0.735 | C176330503 | 长田湾—沈家埭 | 74 | 71 | 45 | 5.5 | 汽车—20 级 | 否 | 1997.12.30 |
| 268.廿五里牌桥 | 1.97 | C195330503 | 钱家麦汇—廿五里牌桥 | 460 | 457 | 81 | 12 | 汽车—20 级 | 否 | 2008.6.30 |
| 269.阔板桥 | 0.028 | C211330522 | 太湖大道—白泗 | 150 | 141 | 25 | 7.5 | 公路—Ⅱ级 | 否 | 2007.11.20 |
| 270.南横大桥 | 1.706 | C212330521 | 青墩—三墩 | 110 | 105 | 25 | 10.5 | 汽车—15 级 | 否 | 2004.12.30 |
| 271.埭溪二桥 | 0.288 | C218330502 | 104 国道—小羊山 | 121 | 120 | 20 | 18 | 汽车—20 级 | 否 | 2005.6.23 |
| 272.下塘大桥 | 0.534 | C224330521 | 下塘—干山 | 138 | 135 | 25 | 5.5 | 汽车—15 级 | 否 | 1999.2.28 |
| 273.庆丰桥 | 0.539 | C224330522 | 观青线—红山部队 | 84.33 | 80.29 | 48.29 | 6 | 公路—Ⅱ级 | 否 | 2009 |
| 274.四思大桥 | 1.264 | C232330503 | 张桂圩—列字圩 | 70 | 70 | 60 | 5 | 公路—Ⅱ级 | 否 | 1990 |

续表 1-34-18

| 桥梁名称 | 桥梁中心桩号 | 所属路线情况 | | 桥长 | | | 桥宽 | 设计荷载等级 | 是否互通立交 | 建成通车日期 |
|---|---|---|---|---|---|---|---|---|---|---|
| | | 路线编号 | 路线名称 | 桥梁全长（米） | 跨径总长（米） | 单孔最大跨径（米） | 桥梁全宽（米） | | | |
| 275.张村高桥 | 0.173 | C256330503 | 张家兜—放鱼兜 | 52.5 | 49.5 | 49.5 | 4.5 | 汽车—20级 | 否 | 1993 |
| 276.东风大桥 | 2.498 | C273330503 | 和新线—杨家圩 | 170 | 164 | 60 | 5.5 | 汽车—20级 | 否 | 2003.4.1 |
| 277.急水桥 | 0.579 | C305330521 | 酒厂—河东 | 150 | 145.5 | 45.5 | 5.5 | 汽车—15级 | 否 | 1995.12.30 |
| 278.徐洪塘桥 | 0.566 | C312330503 | 徐洪老村—周家村 | 305 | 303 | 63 | 5.5 | 汽车—20级 | 否 | 2002.5.30 |
| 279.水北桥 | 3.004 | C318330521 | 士林—德桐公路 | 110 | 100 | 60 | 5.5 | 汽车—15级 | 否 | 2005.12.30 |
| 280.妙西新桥 | 1.473 | C332330502 | 三家村—妙新线 | 284 | 224 | 16 | 11.5 | 汽车—15级 | 否 | 2004.8.17 |
| 281.四号桥 | 3.417 | C357330522 | 渚山村—铁路洞口 | 60 | 40 | 40 | 9.5 | 公路—II级 | 否 | 1992.10.30 |
| 282.港口大桥 | 0.346 | C361330522 | 长和公路港口段复线 | 137 | 130 | 70 | 6.9 | 公路—II级 | 否 | 1987.10.25 |
| 283.枯柏树大桥 | 0.61 | C367330521 | 陈墩—联合 | 140 | 135 | 45 | 5 | 汽车—10级 | 否 | 1995.12.30 |
| 284.红星桥 | 0.704 | C371330521 | 中头里—南舍圩 | 62 | 60 | 60 | 4 | 汽车—15级 | 否 | 1998.12.30 |
| 285.勤俭桥 | 3.239 | C373330521 | 德桐公路—三里塘桥 | 50 | 43 | 43 | 5 | 汽车—10级 | 否 | 1985.12.30 |
| 286.洪福塘桥 | 1.104 | C414330503 | 姚庄—庄家村 | 170 | 160 | 55.5 | 5 | 汽车—20级 | 否 | 1997.3.25 |
| 287.沙村塘桥 | 3.345 | C414330503 | 姚庄—庄家村 | 310 | 305 | 65 | 5 | 汽车—20级 | 否 | 2002.3.25 |
| 288.杨堡塘桥 | 0.995 | C418330503 | 姚家湾—湖盐线 | 159.5 | 159.5 | 55.5 | 5 | 公路—II级 | 否 | 1996.3.25 |
| 289.明溪塘桥 | 0.687 | C477330503 | 章家门—先生抖 | 45 | 42 | 42 | 2.3 | 汽车—20级 | 否 | 1980.12.31 |
| 290.群建大桥 | 1.001 | C558330503 | 朱山圩—罗汉 | 53 | 51 | 51 | 3.5 | 公路—II级 | 否 | 1973.8.31 |

续表 1-34-19

| 桥梁名称 | 桥梁中心桩号 | 所属路线情况 | | 桥长 | | | 桥宽 | 设计荷载等级 | 是否互通立交 | 建成通车日期 |
|---|---|---|---|---|---|---|---|---|---|---|
| | | 路线编号 | 路线名称 | 桥梁全长（米） | 跨径总长（米） | 单孔最大跨径（米） | 桥梁全宽（米） | | | |
| 291.丁泾新桥 | 2.06 | C564330503 | 四号桥—马腰 | 42 | 40 | 40 | 3.5 | 汽车—20级 | 否 | 1983.6 |
| 292.平乐高桥 | 1.018 | C621330503 | 平乐村部—金坍湾 | 43 | 41 | 41 | 3 | 汽车—20级 | 否 | 1975.12.24 |
| 293.便民桥 | 1.225 | C633330522 | 邵便公路—便民桥 | 66 | 64 | 52 | 6.5 | 公路—Ⅱ级 | 否 | 1991 |
| 294.跨高速桥 | 1.503 | C648330521 | 张家坍—和平村 | 345 | 342 | 30 | 8 | 公路—Ⅱ级 | 否 | 2008.10.30 |
| 295.后路桥 | 0.36 | C834330503 | 后路村—适溪村 | 306 | 303 | 21 | 5.5 | 汽车—20级 | 否 | 1998.5.31 |
| 296.练南大桥 | 0.343 | C884330503 | 练市—南环线 | 200 | 185 | 68 | 9 | 汽车—20级 | 否 | 2002 |
| 297.晏公桥 | 0.667 | C940330502 | 升戴公路—北埭 | 42 | 42 | 42 | 4.6 | 汽车—10级 | 否 | 1978.12.30 |
| 298.金村埠大桥 | 1.206 | C976330522 | 坐山湾—下目村 | 106 | 98 | 48 | 5 | 公路—Ⅱ级 | 否 | 1994.10.25 |
| 299.吕山大桥 | 0.998 | C985330522 | 乡政府—东周村 | 90 | 80 | 40 | 5 | 公路—Ⅱ级 | 否 | 1994.5.10 |
| 300.解放桥 | 0.386 | C993330502 | 湖薛线—溏湾 | 44 | 44 | 44 | 3.5 | 汽车—10级 | 否 | 1970.12.3 |
| 301.西庄桥 | 0.745 | Ca05330503 | 松亭村部—西庄桥 | 46 | 46 | 46 | 4 | 公路—Ⅱ级 | 否 | 1990 |
| 302.大庆桥 | 0.067 | CA06330502 | 万安线—龙溪村部 | 81 | 81 | 81 | 5 | 汽车—10级 | 否 | 1974.12.3 |
| 303.沿圩湾大桥 | 1.019 | CA13330502 | 白塘线—南湾 | 211.3 | 211.3 | 51.3 | 5 | 汽车—15级 | 否 | 1992.12.3 |

## 二　公路隧道

前志载，1990 年底，市境共有隧道 4 处，总长 2268.2 米（安吉章村乡石门隧道、长兴白阜乡排旗岭隧道、德清莫干山劳岭隧道和紫岭隧道），均在山区乡村公路，隧洞宽度和高度大多 5 米左右，通行小型机动车，兼用于引水排灌。其中，长兴白阜乡排旗岭隧道 2006 年农村公路联网建设中废除，安吉章村石门隧道属非公路隧道，故不再纳入公路隧道统计。

1990 年后，陆续新建 104 国道吴兴区青山岭隧道，201 省道安吉幽岭隧道（4 座），205 省道大溪隧道、50 国道弁山隧道，12 省道青山坞隧道。至 2010 年底，全市公路隧道 11 处，共 7249.7 延米（至 2012 年 12 月末，杭长高速公路全线建成通车，市境内公路隧道增至 21 道，合计 15328.2 延米）。部分隧道简介如下：

**104 国道吴兴境青山岭隧道**　104 国道青山地段分离式公路杭州至湖州单侧通车隧道，1996 年开工、1997 年竣工，中心桩号 1372K+253，隧道长 330 米、宽 10 米，行车道 9 米、隧道高 5 米。

**201 省道安吉幽岭隧道**（共 4 座隧道）　位于杭州至安吉入境口。第一座 1992 年 5 月 15 日开工、1993 年 10 月竣工，长 310 米、净高 6.7 米，宽 7 米+2×0.75 米（8.5 米），建隧道后缩短行程 1.7 公里，降低越岭高度 46 米，减少弯道 27 处。1999 年，201 省道彭公—幽岭段改建开工，全长 28.06 公里，其中安吉境 3.11 公里，含左线 855 延米隧道 2 座，右线 562 延米隧道 1 座，分别称“幽岭 3 号隧道左洞”、“幽岭 3 号隧道右洞”、“幽岭 2 号隧道”。3 座隧道宽均为 9.25 米、净高均为 5 米。隧道主体工程 1999 年 9 月开工，2000 年 12 月完工，与 1993 年所建隧道形成上下分离 4 处通道。

**205 省道安吉大溪隧道**　位于青临线 15K+590—16K+518.7 处，全长 0.93 公里。1992 年 5 月，建设安吉天荒坪抽水蓄能电站时建造，1993 年 10 月完工。隧道净宽 9 米，人行道宽 1.9 米，净高 5.3 米。人行道下设纵排水沟，隧道自然通风。建成后由天荒坪抽水蓄能电站工程建设公司管养，2004 年 1 月 5 日起移交安吉县公路管理段管养。

**申苏浙皖高速公路（50 国道）弁山隧道**　位于申苏浙皖高速公路湖州与长兴交界处弁山，中心桩号 148K+849。2003 年 8 月 5 日开工、2005 年 5 月 19 日贯通。隧道全长 1015 米、净宽 29 米、净高 5 米，双向六车道。隧道内设有通风、照明、紧急呼叫与有线广播、交通检测控制与诱导、火灾检测与报警、消防等设施以及各类设施管理控制系统。由于弁山地质条件差、变化多，施工过程中多次出现塌方、初期支护下沉。经过施工单位对地质情况反复研究，对石质较差地段采取双侧壁导坑开挖，初期支护变更工字型钢拱架，及时掌握前方围岩变化情况和分布范围，有效解决隧道施工中渗水、涌水、塌方、冒顶、初期支护下沉等问题。

**申嘉湖高速公路（12 省道）青山坞隧道**　位于申嘉湖高速公路湖州段道场山青山坞，申嘉湖高速公路唯一隧道。2005 年 1 月 25 日动工、2008 年初建成通车。隧道中心桩号 98K+320，全长 450 米，净宽 27.5 米，净高 7 米。是浙江省内首座六车道双体连拱隧道，进口采用削竹式洞门，出口采用端墙式洞门。

**八九山隧道**　位于安吉县递铺镇双一村，为杭长高速公路二期重点工程，2009 年 6 月 17 日开工建设。隧道设计为分离式、双向四车道，单向宽度 9.5 米、净高 5.0 米，设计行车时速 120 公里。隧道右线全长 2609 米，2010 年 8 月 18 日贯通；左线全长 2567 米，2010 年 10 月 15 日贯通。双向隧道之间内设人通 7 座、汽通 3 座、紧急停车带 3 处，路线按 0.9%纵坡设计。为迄今湖州市境最长公路隧道。

申苏浙皖高速公路弁山隧道

杭长高速公路骆驼山隧道

**湖州市境公路隧道**

表 1-35　　　　单位：米

| 路线代码 | 路线简称 | 隧道名称 | 隧道中心桩号 | 隧道按长度分类 | 隧道长度 | 隧道全宽 | 隧道净宽 | 隧道净高 | 人行道宽 | 洞口形式 | 断面形式 | 建成通车年月 |
|---|---|---|---|---|---|---|---|---|---|---|---|---|
| G104 | 京福线 | 青山岭隧道 | 1372.3 | 短隧道 | 330 | 10 | 9 | 5 | 1 | 冀墙式正交洞口 | 曲墙式单心圆拱 | 1997.4.13 |
| S12 | 申嘉湖高速 | 青山坞隧道 | 98.3 | 短隧道 | 450 | 35 | 27.5 | 6 | 3 | 端墙式洞口 | 曲墙式尖顶三心圆拱 | 2008.1.28 |

续表 1-35-1

| 路线代码 | 路线简称 | 隧道名称 | 隧道中心桩号 | 隧道按长度分类 | 隧道长度 | 隧道全宽 | 隧道净宽 | 隧道净高 | 人行道宽 | 洞口形式 | 断面形式 | 建成通车年月 |
|---|---|---|---|---|---|---|---|---|---|---|---|---|
| G50 | 沪渝高速 | 弁山隧道 | 148.9 | 长隧道 | 1015 | 31.5 | 29 | 5 | 2 | 端墙式洞口 | 曲墙式尖顶三心圆拱 | 2006.11.30 |
| S14 | 杭长高速 | 八九山隧道（右） | 46.2 | 长隧道 | 2609 | 12.16 | 11.5 | 5 | 2.2 | 端墙式洞口 | — | 2012.12.26 |
| S14 | 杭长高速 | 八九山隧道（左） | 46.1 | 长隧道 | 2567 | 12.16 | 11.5 | 5 | 2.2 | 端墙式洞口 | — | 2012.12.26 |
| S14 | 杭长高速 | 石马隧道（右） | 48.6 | 长隧道 | 1034 | 12.16 | 11.5 | 5 | 1 | 端墙式洞口 | — | 2012.12.26 |
| S14 | 杭长高速 | 石马隧道（左） | 48.6 | 长隧道 | 1080 | 12.16 | 11.5 | 5 | 1 | 端墙式洞口 | — | 2012.12.26 |
| S14 | 杭长高速 | 天山坞一号隧道（右） | 52.2 | 短隧道 | 232 | 12.15 | 9.5 | 5 | 2.65 | 端墙式洞口 | 曲墙式单心圆拱 | 2012.12.26 |
| S14 | 杭长高速 | 天山坞一号隧道（左） | 52.2 | 短隧道 | 232 | 12.15 | 9.5 | 5 | 2.65 | 端墙式洞口 | 曲墙式单心圆拱 | 2012.12.26 |
| S14 | 杭长高速 | 天山坞二号隧道（右） | 52.9 | 短隧道 | 420 | 12.15 | 9.5 | 5 | 2.65 | 端墙式洞口 | 曲墙式单心圆拱 | 2012.12.26 |
| S14 | 杭长高速 | 天山坞二号隧道（左） | 52.8 | 短隧道 | 420 | 12.15 | 9.5 | 5 | 2.65 | 端墙式洞口 | 曲墙式单心圆拱 | 2012.12.26 |
| S14 | 杭长高速 | 骆驼山隧道（右） | 58.6 | 短隧道 | 270 | 12.15 | 9.5 | 5 | 2.65 | 端墙式洞口 | 曲墙式单心圆拱 | 2012.12.26 |
| S14 | 杭长高速 | 骆驼山隧道（·左） | 58.6 | 短隧道 | 270 | 12.15 | 9.5 | 5 | 2.65 | 端墙式洞口 | 曲墙式单心圆拱 | 2012.12.26 |
| S201 | 彭安线 | 幽岭三号隧道（右） | 26 | 短隧道 | 445 | 11.6 | 9.8 | 5 | 1.04 | 端墙式洞口 | 曲墙式单心圆拱 | 1999.7.30 |
| S201 | 彭安线 | 幽岭三号隧道（左） | 26 | 短隧道 | 440 | 11.6 | 9.8 | 5 | 1.04 | 端墙式洞口 | 曲墙式单心圆拱 | 1999.7.30 |

续表 1-35-2

| 路线代码 | 路线简称 | 隧道名称 | 隧道中心桩号 | 隧道按长度分类 | 隧道长度 | 隧道全宽 | 隧道净宽 | 隧道净高 | 人行道宽 | 洞口形式 | 断面形式 | 建成通车年月 |
|---|---|---|---|---|---|---|---|---|---|---|---|---|
| S201 | 彭安线 | 老幽岭隧道 | 27.0 | 短隧道 | 310 | 10 | 8.5 | 6.2 | 1.4 | 端墙式洞口 | 直墙式单心圆拱 | 1993.10.30 |
| S201 | 彭安线 | 幽岭二号隧道（左） | 26.9 | 中隧道 | 560 | 11.6 | 9.8 | 5.8 | 1.8 | 端墙式洞口 | 曲墙式单心圆拱 | 1999.7.30 |
| S205 | 青临线 | 大溪隧道 | 16.0 | 中隧道 | 928.7 | 11 | 9 | 5.3 | 1.9 | 冀墙式正交洞口 | 直墙式单心圆拱 | 1995.5.30 |
| C459 | 康城—紫岭 | 劳岭隧道 | 3 | 短隧道 | 449.5 | 4.5 | 4.5 | 4.5 | | 冀墙式正交洞口 | 直墙式单心圆拱 | 1999.12.30 |
| C459 | 康城—紫岭 | 紫岭隧道 | 3.8 | 中隧道 | 606 | 4.5 | 4.5 | 4.5 | | 冀墙式正交洞口 | 直墙式单心圆拱 | 1999.12.30 |
| C836 | 13省道—江南天池 | 520隧道 | 4.2 | 中隧道 | 660 | 10.5 | 8.5 | 5.5 | 2 | 冀墙式正交洞口 | 直墙式单心圆拱 | 1996 |

# 第五节　公路养护

中华民族对公共道路养护管理有优良传统。西周时期设“司空”，负责按季节平整道路，并规定“列树以表道，立鄙食以守路”，“雨毕而除道，水涸而成梁”。修桥铺路的传统规制和美德绵延千年。浙江省正式有组织开展公路养护始于民国11年（1922）成立省道局。民国35年（1946）9月，国民政府交通部第一区公路工程管理局在吴兴和武康设2个工务段，为市境最早公路养护机构。

中华人民共和国成立后，1949—1964年，湖州公路从专业养护到运养合一，再到运养分开，养护工作处于探索发展阶段；1965—1978年，受“文化大革命”影响，公路养护水平提高缓慢；1979—1990年，公路养护不断加强，作业水平有所提高；1991—2010年，公路养护得到空前重视，养护技术和设备逐步实现现代化。

# 一 养护组织与作业

## 公路养护组织

公路养护分专业公路养护和农村公路养护。专业公路养护由公路管理机构实施，主要负责国省道干线养护；农村公路养护由县级交通主管部门、乡镇政府、村级组织实施，负责县道、乡道、村道养护。市境各县区公路管理段（局）负责对国省道养护，并接受各县区交通主管部门委托的部分重要县道公路养护；县交通局负责县道养护，乡镇政府负责乡道养护，村道由村级组织养护。高速公路由其业主负责养护，市公路管理处（局）实施行业管理与监督。

2002年起，全省公路管理体制与运行机制实行改革。要求公路养护组织形式按照“精简、高效”原则，合并市、县两级专业公路管理机构和县乡公路管理机构，即一个行政区域只设一个公路管理机构。2003年，湖州市本级取消市交通局内设县乡公路养护管理处室，其职能并入市公路管理处。安吉、长兴、吴兴、南浔等县区按此模式实施改革。同时，县道公路养护分别并入安吉、长兴县和吴兴、南浔区公路管理段。2006年，根据《浙江省农村公路养护技术规范》，安吉县在全市率先编制《农村公路养护技术手册》。内容涉及路基、路面、桥涵的养护，农村公路防洪、防冰、防雪等防治措施，农村公路交通安全设施养护方法，农村公路绿化应注意问题及农村公路路政管理等方面一般常识和基础概念，同时规范全县农村公路养护及其管理工作。

2010年末，全市公路列养里程7890.123公里，为1990年末（1938.82公里）的4.07倍。其中专用公路83.228公里，除长广煤矿矿区公路由长兴县公路管理段养护外，其余分别由地域内专用公路受益者养护，属地公路管理段实施行业管理与监督。

## 公路养护体制

公路管理和养护一直同属一家。2002年起，按中央和省有关事业单位改革精神，进行公路管理体制与运行机制改革，实行管养分开和事企分开，将公路养护从公路管理事业体制中剥离出来，组建自主经营、自我发展公路养护企业。公路养护任务由养护企业按市场运作方式，通过全社会招投标途经获得。市交通局下达《湖州市公路管理体制与运行机制改革指导意见》，要求一年内基本实现公路管理与养护生产分开，事业与企业分开。长兴、安吉、德清和湖州市本级公路养护公司，为独立企业法人。养护公司人员身份按“老人老办法，新人新办法”管理，进入养护公司原公路管理机构人员保留事业身份，新进入人员一律为企业身份。公司资质按省交通厅规定逐级上报申请。随公路养护市场化运作，大多公路管理站职能由养护管理与作业，转变为养护管理，即专门负责管辖路段内养护计划提出与对养护公司养护作业数量、质量和进程监督管理。2007 年 7 月 1 日始，湖州市按《浙江省公路养护工程招投标管理暂行办法》，公路小修保养和大中修工程全面实行招标管理。同年，长兴公路段率先探索社会化养护管理新模式，社会和个人成立具备独立法人资格公路保洁公司，通过公开招标，以合同形式承包部分城镇周边公路路段日常保洁养护，县公路段根据合同目标、职责，加强督查考核力度。

## 公路管理站

公路养护管理最基层单位，原称“道班”，1991 年 5 月起改现名。基本职能负责管理责任范围内公路，公路桥涵、公路绿化、公路构造物和公路附属设施的维护保养。20 世纪 90 年代，受财力、运输能力和公路养护作业形式（主要以人工为主）等限制，道班设置较多，每个公路管理站管养里程较少，如 104 国道境内 100 公里公路上设有夹浦、雉城、李家巷、杨家埠、湖州、青山、埭溪、三桥、武康、上柏 10 个公路管理站。2006 年起，随着公路养护机械化程度提高，省启动公路管理大站建设，建设标准为业务用房占地面积 3300 ~ 6700 平方米，建筑面积 400 ~ 600 平方米，设工作室、会议（活动）室、厨房、公共卫生间、标准化宿舍及现代化办公和通讯设备、专门仓库和机具间，生产、生活区域分开、水电设施齐全、绿化面积不少于 40%，门墙设置统一公路识别颜色和标志。至 2010 年，全市建成 17 个专业养护公路管理站，管养里程大幅延展。

公路管理站

## 2010年末湖州市专业养护公路管理站名录

表1-37

| 所在县（区） | 管理站名 | 站房所在地点 | 职工人数 | 管养里程（公里） | 其中 | |
|---|---|---|---|---|---|---|
| | | | | | 干线公路（公里） | 农村公路（公里） |
| 安吉县 | 递铺公路管理站 | 递铺镇安乐村 | 15 | 92.297 | 35.684 | 56.613 |
| | 孝丰公路管理站 | 孝丰镇东山村 | 8 | 137.732 | 25.032 | 112.7 |
| | 杭核公路管理站 | 杭核镇杭核村 | 6 | 99.793 | 24.108 | 75.685 |
| | 青山公路管理站 | 灵峰街道碧门村 | 10 | 116.685 | 25.529 | 95.156 |
| | 良朋公路管理站 | 天子湖镇良朋村 | 5 | 115.155 | 32.559 | 82.596 |
| | 安城公路管理站 | 递铺镇安城村 | 7 | 126.319 | 14.709 | 111.61 |
| 德清县 | 新市公路管理站 | 新市镇 | 3 | 135.161 | | 135.161 |
| | 秋山公路管理站 | 秋山杭宁高速公路口 | 3 | 124.683 | 58.107 | 66.571 |
| | 武康公路管理站 | 武康镇 | 5 | 119.803 | 19.893 | 99.91 |
| 长兴县 | 城区中心公路管理站 | 104国道1328K+900处 | 9 | 77.192 | 33.76 | 43.432 |
| | 318国道公路管理站 | 318国道182K+500处 | 8 | 86.539 | 38.755 | 47.784 |
| | 城西公路管理站 | 长牛线3K+800处 | 8 | 114.44 | 36 | 78.44 |
| | 和平公路管理站 | 鹿唐线18K+800处 | 5 | 45.085 | 16.071 | 29.014 |

续表 1-37

| 所在县（区） | 管理站名 | 站房所在地点 | 职工人数 | 管养里程（公里） | 其中 | |
|---|---|---|---|---|---|---|
| | | | | | 干线公路（公里） | 农村公路（公里） |
| 长兴县 | 长广公路管理站 | 长牛线 40K+930 处 | 12 | 52.274 | 4.93 | 47.344 |
| 吴兴区 | 宛山公路管理站 | 104 国道 1360K+426 | 17 | 125.38 | 59.626 | 65.754 |
| | 八里店公路管理站 | 318 国道 164K+300 | 10 | 132.214 | 29.392 | 102.822 |
| 南浔区 | 双林公路管理站 | 双林镇镇西大桥南堍 | 10 | 104.77 | 0 | 104.77 |
| | 318 国道祐村公路管理站 | 318 国道 127K+500 | 20 | 112.571 | 10.862 | 101.709 |

## 公路好路率

公路好路率按 1994 年交通部颁布《公路养护质量检查评定标准》，根据公路路面，路基、路肩、桥涵、构造物等不同结构，评定技术标准和分值，以公里为评定单位，按得分多少，分优、良、次、差四个等级，其中优等路和良等路里程在养护总里程中占比称为“好路率”，是上级机构对下级考核重要依据和反映公路技术状况重要数据。好路率检测评定以县为单位，每月自行测评 1 次，市级主管部门每季、半年和年终分别实施常规抽查，雨季和冰雪等特殊时节专门抽查。检测评定范围为专业养护公路，即由市、县公路管理机构管养的国省道干线公路和县（区）交通局委托同级公路管理段管养重要县道公路。2008 年，按交通部《公路技术状况评定标准》（JTGH20–2007），评定标准将公路分解成路面、路基、桥涵构造物、沿线设施 4 个方面，按得分梯次等于或高于 90 分，等于或高于 80 分低于 90 分，等于或高于 70 分低于 80 分，等于或高于 60 分低于 70 分，低于 60 分对应优、良、中、次、差 5 个等级，其中优等路和良等路在管养里程中占比称“优良路率”。2009 年，湖州市公路技术状况评定范围为国省道干线公路，评定里程 509.976 公里。2010 年评定范围扩展到农村公路和专用公路，其中国省道干线公路评定里程 437.023 公里。

## 湖州市1994—2008年公路好路率

表1-38

| 年份 | 年平均好路率（%） | 其中干线公路年平均好路率（%） | 备 注 |
|---|---|---|---|
| 1994 | 82.56 | 84.8 | — |
| 1995 | 83.6 | 88.07 | — |
| 1996 | 62.45 | 71.2 | 当年起按省公路局新标准评定 |
| 1997 | 64.63 | 72.08 | — |
| 1998 | 66.66 | 77.86 | — |
| 1999 | 69.52 | 77.86 | — |
| 2000 | 70.56 | 78.32 | — |
| 2001 | 72.6 | 79.17 | — |
| 2002 | 73.81 | 83.81 | — |
| 2003 | 75.95 | 83.4 | 从当年起，杭宁高速公路纳入统计 |
| 2004 | 77.63 | 84.03 | — |
| 2005 | 79.08 | 86.74 | — |
| 2006 | 79.59 | 86.65 | — |
| 2007 | 74.84 | 88.8 | — |
| 2008 | 76.77 | 90.2 | — |

## 2009—2010年国省道干线公路技术状况

表1-39

| 年份 | 实际评定里程（公里） | | | | | | 优良路率（%） |
|---|---|---|---|---|---|---|---|
| | 合计 | 优等路 | 良等路 | 中等路 | 次等路 | 差等路 | |
| 2009 | 509.976 | 224.737 | 194.266 | 83.753 | 3.219 | — | 82.16 |
| 2010 | 437.023 | 334.059 | 70.737 | 32.227 | — | — | 92.63 |

## 2010 年农村公路和专用公路技术状况

表 1-40

| 公路类别 | 实际评定里程（公里） | | | | | | 优良路率（%） |
|---|---|---|---|---|---|---|---|
| | 合计 | 优等路 | 良等路 | 中等路 | 次等路 | 差等路 | |
| 合计 | 7219.215 | 1786.535 | 2360.845 | 1544.527 | 1018.623 | 508.685 | 57.45 |
| 县道 | 1608.569 | 463.215 | 639.328 | 313.09 | 142.283 | 50.653 | 68.54 |
| 乡道 | 1391.543 | 362.24 | 511.309 | 296.706 | 149.711 | 71.577 | 62.78 |
| 专用公路 | 53.074 | 10 | 21.453 | 10.61 | 11.011 | 0 | 59.26 |
| 村道 | 4008.408 | 828.884 | 1164.33 | 913.121 | 715.618 | 386.455 | 49.73 |

## 公路养护作业

前志载，1990 年末，全市列养公路 1938.82 公里，其中二级公路 102.53 公里（占 5.28%），三级公路 208.74 公里（占 10.77%），四级及其以下公路 1627.55 公里（占 83.95%）。按路面分类，水泥路面与沥青路面 535.83 公里（占 27.63%，砂石路面 1402.99 公里（占 72.37%）。日常泥结碎石路面养护、扫砂、回砂均为人工，泥结碎石路料由手扶拖拉机运输。沥青路面开挖，摊铺、压实等均为人工作业，沥青加温，路料拌和一般在工地就近铺设铁板，下部柴料或油料加温，上部人工拌和。20 世纪 90 年代，新建公路里程快速增长，公路养护机械设备相应较快发展。1999 年，市公路管理处引进首台铣刨宽度 1.3 米德国维特根 1300F 铣刨机。2001 年，市交通工程总公司购置首台摊铺宽度 12.5 米的德国产戴纳派克沥青摊铺机。兴建沥青混凝土拌和场，购置进口拌和机。2006 年，市公路管理处购置再生料出口宽 2.5 米德国产维特根 WR2500S 型泡沫沥青就地冷再生设备及配套机械（平地机、移动式沥青罐、试验设备等），投入 1000 多万元。2010 年，市公路管理处投资 700 余万元，添置法国产 KALALN×400 型沥青路面纤维封层及相关配套设备，用于路面预防性养护。路面清扫设备主要有高压清洗洒水车、路面清扫车、洒水车（护栏清洗），小型清扫车等。全市国省道干线公路已实现机械清扫公路路面。公路小修保养设备主要有多功能养护车、路面沥青灌缝设备、小型压路机、小型拌和机、液压动力站、平板夯、割草机、切割机等。沥青混凝土拌和楼建有 4 座，其中 2000 年市公路管理处购置德国阿曼（AMMAN2000 型）1 座，2002 年长兴县公路管理段购置德国阿曼

（AMMAN3000 型）1 座，2010 年湖州大元高等级公路养护中心购置美国阿斯坦克（ASTECTS3000 型）1 座，2010 年安吉县公路管理段购置德国阿曼（AMMAN4000 型）1 座。大型路面施工机械设备主要有铣刨机、泡沫沥青就地冷再生设备，纤维封层机、沥青摊铺机、双钢轮压路机、单钢轮压路机、橡皮轮压路机、装载机、挖掘机、平地机、沥青洒布车、沥青路面综合养护车等。应急抢险设备设有普通装载机（推雪板）、滑移装载机、轮式挖掘机、发电机组、照明灯塔等。2010 年末，全市公路养护施工机械设备总量 772 台套，已拥有较全面和先进的道路养护施工机械和适量的应急抢险设备，能够满足公路日常养护、大中修、抢险救灾等需要。

铲雪车在 13 省道青临线作业

104 国道水泥路面共振破板机

多锤头破板机在 104 国道吴兴段作业

多米克斯抗车辙剂应用（301 省道长牛线）

钢护栏机械清洗（湖盐线南浔段）

高压养护机清洗路面标线 (G104德清段）

沥青路面灌逢机灌缝（湖盐线南浔段）

路面机械化清扫作业 (G318吴兴段）

路面机械化清扫作业（301省道长牛线）

多米克斯抗车辙剂应用在省道长牛线

温拌沥青混凝土（G318沪聂线南浔段）作业

玄武岩纤维碎石封层施工（G104德清段）

## 公路建设养护企业

**湖州市交通工程总公司**　2000 年成立，隶属湖州市公路管理处，为迄今市境规模最大、资质最高公路建设施工企业。主要从事公路、桥梁、市政、构件预制等项目的施工，具有国家建设主管部门颁发公路工程总承包贰级资质和桥梁工程专业承包贰级、公路路面工程专业承包贰级、公路路基工程专业承包贰级、筑路机械租赁等多项专业资质。2010 年末在编职工 215 人，其中技术人员 138 人（全国注册一级建造师 9 人、全国注册二级建造师 14 人，高级专业技术人员 21 人，中级职称 49 人、初级职称 68 人），持证上岗率 100%，施工员 16 人，质检员 28 人，预算员 5 人，安全员 63 人。内设办公室、工程部、质安部、经营部、财务部、设备材料部，辖第一、第二分公司、桥梁预制构件有限公司。总资产原值 7 亿元，年均承接工程 2 亿元以上，产值 2 亿～3 亿元。承揽建设工程主要有湖梅公路改建三标，湖盐公路改建十标，318 国道外环一期二标与二期一标，306 省道（鹿唐线）改建一标、长兴 318 国道改建七标，竹青线改建三标、四标，104 国道长兴迎宾大道工程、杭湖线德清段航道改建三标，杭甬运河绍兴段二期七标、环太湖公路及沿湖大堤 TH-5 段等。该公司连续 7 年保持“市级文明单位”称号，先后多次获综合治理达标单位，双拥模范单位等称号。2006—2010 年连年获施工企业信用评价（AA 级）企业。2005 年承建杭湖锡航道改造工程三标获“钱江杯”优质工程奖。2009 年度获浙江省安全生产“百佳班组”荣誉。

**湖州市公路养护工程从业单位**　2002 年始，湖州市公路管理养护体制实施“两分开”，即公路管理和养护生产分开，事业和企业分开，全市原事业性质的公路养护单位全部转成企业。2010年末，全市具备公路养护工程市场准入资质的公路养护工程从业单位13家，如下表：

2010年末湖州市公路养护企业

表1-41

| 企业名称 | 从业资质 |
|---|---|
| 湖州大元高等级公路养护中心 | 一类二类甲、乙级，三类甲、乙级 |
| 湖州吴兴恒元公路养护中心 | 二类甲、乙级，三类甲、乙级 |
| 湖州宛山公路养护站 | 三类乙级 |
| 湖州南浔元通公路养护中心 | 二类甲、乙级，三类甲 、乙级 |
| 南浔双林公路养护站 | 三类乙级 |
| 德清秋山公路养护工程公司 | 二类乙级，三类甲、乙级 |
| 德清县瑞通公路养护工程部 | 二类甲、乙级，三类甲 、乙级 |
| 长兴县运通公路养护中心 | 二类甲、乙级，三类甲 、乙级 |
| 浙江省长广公路养护公司 | 二类乙级，三类甲 、乙级 |
| 浙江省长兴县公路养护公司 | 二类乙级，三类甲 、乙级 |
| 安吉县递铺公路养护公司 | 二类乙级，三类甲 、乙级 |
| 安吉县公路养护公司 | 二类甲、乙级，三类甲 、乙级 |
| 安吉县宇通公路养护工程部 | 二类甲 、乙级，三类甲 、乙级 |

## 二　公路文明建设

### 文明建设样板路

1995年，交通部为改善和提高国家干线公路通行能力与规范化管理水平，充分发挥国家干线公路在国民经济发展中的作用，结合国务院反腐败会议精神，禁止在公路上乱设站（卡）、乱收费、乱罚款的“三乱”行为发生，在104国道开展创建文明建设样板路活动。浙江省交通厅随后发出《关于在全省范围内开始创建文明样板路活动的通知》并制订《浙江省创建文明建设样板路实施计划》。

根据上级部署，湖州市率先在104国道青山段按高标准实施3公里样板路建设试点，受到交通部和省交通厅肯定，成为省文明建设样板路创建早期样板。

交通部和省交通厅文明建设样板路标准包含6个方面，即公路养护和建设，公路路政管理，综合和机料管理，通行费收费站管理，公路稽查管理，宣传报道。其中公路建设和养护主要按国家干线公路 GBM（规范化、标准化、美化）工程实施标准，整治公路技术和环境；路政管理主要是拆违、清理路边市场，施工现场管理和加油站整治等方面；通行费征收管理主要是规范收费和处罚行为，纠正公路“三乱”。创建文明建设样板路显形表现为公路洁、畅、绿、美，内在表现为管理规范有序。

同年，完成创建 104 国道市境段 100.4 公里。1996 年，新创建 318 国道湖州—南浔段 34.1 公里。1999 年，新创建安吉县境幽岭—良朋 37 公里。1995—2000 年，湖州市成为全省唯一连续六年被省评为创建文明建设样板路活动优胜单位“六连冠”城市。2002 年，湖州市又在 306 省道（鹿唐线）鹿山—递铺段和湖州—海盐公路湖州境段开展创建活动。至此，湖州市共创建文明建设样板路 292.5 公里。

2002 年，改善公路沿线居住环境，巩固文明建设样板路创建成果，104 和 318 两条国道过境段实施一年大整治，确保公路达到 GBM 工程标准，使公路沿线无违法建筑和违法占用利用，整顿公路沿线商店和加油站，漆刷沿线破旧房屋墙面和陈旧金属构件，宜绿地段建造景观绿化。整治工作以县（区）为单位，市、县（区）分别成立由分管副市、县（区）长为组长，交通、城建、公安、工商、质检、水利、土管、监察等部门为成员单位的领导小组。整治经费由属地自筹。

## 文明公路创建

文明公路创建工作始于 2005 年，省交通厅为全面提升现代公路交通综合服务能力与水平开展创建活动。内容涵盖建设文明、管理文明、服务文明、执法文明、生态文明等方面，范围为通车运行一年以上公路。经营性收费公路文明创建由经营单位负责，非收费国省道文明公路创建由市级交通主管部门负责，非收费农村公路的文明公路创建由沿线县（区）交通主管部门负责。逐年开展创建。

文明公路创建工作由各市上报年度文明公路创建计划及方案，经省交通文明公路创建领导小组批准后公布实施。完成后由省厅、省公路局按文明公路认定基本条件和具体验收标准评定，合格者命名，3 年后复查不合格或未提请复查，取消文明公路称谓。

文明公路具体各项创建标准和考核标准 7 个方面，即《文明公路高速公路养护综合质量考核标准》《文明公路普通国省道养护综合质量考核标准》《文明公路高速公路运行服务考核标准》《文明公路普通国省道养护站规范化考核标准》《文明公路收费站规范化管理考核标准》《文明公路服务区规范化管理考核标准》。每个标准均按100分满分计评分，综合得85分为合格。

根据省创建办要求，湖州市建立市、县创建领导小组及办公室，落实工作责任。2006年起每年编制创建方案，推进创建工作。到2010年末，全市13条国省道文明公路创建率84.6%，有4条县道创建为文明公路。

**2005—2010年湖州市创建文明公路概况**

表1-42

| 类别 | 路线名称及编号 | 创建里程（公里） | 公路等级 | 创建年份 |
|---|---|---|---|---|
| 高速公路 | 沪渝高速（G50） | 88.225 | 国家高速公路 | 2008 |
| | 申嘉湖高速（S12） | 41.928 | 省级高速公路 | 2009 |
| | 练杭高速（S13） | 28.994 | 省级高速公路 | 2010 |
| | 杭长高速（S14） | 19.121 | 省级高速公路 | 2010 |
| 普通国省道 | 京福线（G104） | 99.849 | 普通国道 | 2005 |
| | 沪聂线湖浔段（G318） | 77.885 | 普通国道 | 2006 |
| | 沪聂线长兴段（G318） | 38.775 | 普通国道 | 2010 |
| | 青临线（S205） | 25.529 | 普通省道 | 2008 |
| | 临莫线（S304） | 57.107 | 普通省道 | 2007 |
| | 鹿唐线（S306） | 100.14 | 普通省道 | 2007 |
| | 彭公—泗安（S201、S204） | 53.441 | 普通省道 | 2005 |
| 县道 | 湖盐线（x009） | 37.439 | 县道 | 2005 |
| | 长达线（x219） | 21.141 | 县道 | 2009 |
| | 东保线（x021） | 9.43 | 县道 | 2009 |
| | 王孔线（x317） | 26.042 | 县道 | 2010 |

## 五型公路建设

2008年10月，省公路管理局提出品质型、平安型、生态型、服务型、阳光型“五型公路”工作目标。

同年底，湖州市制定《建设大路网、打造五型路（2008—2012）实施意见》。2009年起，“五型公路”建设系统开展。陆续出台公路绿化、安全文明设施等硬件和各项管理规定，分解落实“五型公路”目标任务。

2010年始，有重点安排国省道公路附属设施和构造物建设。9月初，104国道、318国道长兴县境段路肩硬化、盖板边沟、波形护栏、补植绿化、里程碑等整治工程完成招投标工作。104国道实施1310K+000—1343K+760，计33.760公里，318国道实施178K+239—216K+994，计38.755公里。工程计划投资328万元。

2010年10月中旬，104国道德清县境段“五型公路”整治工程完成招投标工作，工程实施里程为德清境104国道22.52公里，计划投资255.6万元。

2010年12月中旬，104国道、318国道市区境段“五型公路”整治工程完成招投标。104国道实施1343K+760—1389K+900，计46.14公里，318国道实施129K+874—159K+200，计29.326公里。工程计划总投资800万元。

**品质型公路建设目标**　2012年底，公路总里程增加2283公里，达到9390公里，公路密度达到161.4公里/百平方公里。实现与新建吴兴、南浔、长兴、安吉、德清、太湖旅游度假区6个内河港区20个作业区（70个码头泊位）无缝对接，与宣杭、新长、湖嘉乍、宁杭、湖苏沪（新规划）5条干线铁路和1条长牛支线铁路形成的湖州铁路枢纽以及长兴、德清等火车站无缝对接，湖州市公路、水路、铁路与江苏、安徽14个出省通道全面对接。2012年，全市国省道（含高速公路）路况平均技术等级从2007年底的1.3提升到1.2，乡道及以上公路网平均等级达到2.9。改建杭宁高速公路四车道为六车道，新建318国道长兴李家巷至界牌45公里为二级公路。国道中达到一级及以上比例力争提高到90%。高等级路面到达率提高30个百分点，达到90%，建设项目竣工优良率达到85%，大中修项目优良率达到75%。高速公路平均优良路率保持95%以上，普通国省道平均优良路率保持90%以上，乡道及以上公路平均优良路率超过78%。

**平安型公路建设目标**　市、县（区）两级完善桥梁隧道、临水临崖等安全保障和应急保障管理制度。新改建项目安全设施完善率、4～5类桥梁修复率、临水临崖安全设施完善率、危险路段和事故黑点整治率等均达到100%。公路标志标线完好率中，国省道100%、县道90%、乡道70%、村道50%。新建高速公路按“规范”标准100%配置运行监控设施，按“规范”规定要求设置养护工程施工现场。建立公路沿线店铺门前排水、保洁、堆物等责任自律体系。

**生态型公路建设目标**　2012年，国省道公路宜林地段公路绿化率达到97%以上，农村公路 90%，新增国省道边坡、荒地绿化 5 万平方米以上。国省道建设项目环境和水保制度执行率、建设项目环保“三同时”制度落实率、国省道建设项目废弃土石方场地复绿率均达到 100%。沥青路面再生利用实施 30 公里以上。

**服务型公路建设目标** 国省道（含高速公路）指路体系完善率 100%，农村公路指路体系完善率 90%。高速公路优质服务区创建率达到 90%。基层单位和服务窗口实现规范化达标，其中公路管理站达到 70%以上，路政中队达到 80%以上，超限运输检测站达到 100%，路政许可处理服务窗口达到 100%。建立公路出行信息查询服务系统和路网咨询服务电话中心。

**阳光型公路建设目标** 列入《浙江省交通政务信息公开目录》的公路政务信息公开率 100%。30 万元以上公路养护工程招投标率 100%，执法人员持证上岗率 100%，公路部门“三乱”发生率保持零记录，投诉、信访、举报逐年下降，办结率 100%，惩防体系、党风廉政建设责任制不断完善，考核达到优秀等级。国省道建成文明公路并巩固建设成果。市县公路管理机构省级文明单位创建率达到 90%。

## 三 公路绿化

前志载，1990 年末，湖州市 8 条国省道干线公路绿化里程 268.982 公里（其中人工绿化 244.178 公里，自然绿化 24.804 公里），占干线公路里程的 57.66%。

1991 年，全市新增公路绿化里程 30.5 公里（其中干线 13.7 公里，支线 16.8 公里），年末专业养护绿化里程 324.95 公里（其中干线 257.9 公里、支线 67 公里），自然绿化里程 190 公里，总计绿化里程 515 公里，占可绿化里程的 88.9%。同年新植 6735 株，成活率 85%，补植 13929 株。1993 年，更新 27.75 公里、种植 9099 株、补植 205.6 公里 12173 株，成活率 80%。1996 年补植 2400 余株。1997 年 104 国道市境段补植 1.8 万株，新增草坪 5.2 万平方米，建大花圃 9 处。2000 年，文明样板路创建活动重点转入公路绿化，年内投资 2300 万元，对 318 国道湖浔段 34.5 公

里公路双侧拓宽绿化，营建绿色长廊，新增绿化面积 17.6 万平方米；104 国道湖州段百里香樟大道被全国绿化委员会批准列为“全国绿色通道示范段”。2001 年始，启动“绿色通道工程”，至 2007 年累计建设绿色通道 1311.34 公里，总投入 1.14 亿元。2008 年始实施“边坡荒地复绿工程”，至 2010 年完成国省道边坡荒地复绿 178525 平方米，工程投资 996.4 万元。

2010 年末，市境公路总里程 7890.123 公里，其中可绿化里程 6770.083 公里，已绿化里程 6019.64 公里，公路绿化率 88.92%。其中，国省道（含高速公路）绿化率 100%，县道、乡道、专用公路和村道公路绿化率分别为 91.99%、89.57%、93.3% 和 84.38%。

## 百里香樟大道

1983 年，杭长线（104 国道）长兴境 117–119K（原桩号）试种香樟树苗木 370 株，胸径 3 厘米以上，年内成活率 80%多，1984 年，104 国道父子岭地段再植 3947 株，1985 年种植 2218 株，1986 年新植和补植 1277 株，1987 年 727 株，1988 年 1987 株，6 年共种植 10526 株。

1995 年底，交通部组织 104 国道文明建设样板路活动检查团检查至父子岭地段，对香樟林甚为好评，《中国公路》杂志、浙江交通报等媒体先后专题报道。1996 年 104 国道长兴境段改建，保留老路香樟林，旁边新增一条公路，采用分离式道路作为来去双向道改建方案。随着 104 国道全线公路绿化乔木以香樟为主后，鹿唐线、乔莫线、湖盐线、湖织线等许多公路都先后采用香樟绿化方案。1998 年 3 月，在湖州召开全省公路绿化会议，制订全省“311”交通绿化计划。104 国道湖州境段被评为全省公路绿化样板路（示范段）。同年，湖州市提出营建 104 国道“百里香樟大道”。2000 年，104 国道湖州段百里香樟大道被全国绿化委员会批准列为“全国绿色通道示范段”。2010 年末，104 国道市境段拥有香樟树 2 万余株，最大单株围径超 2 米，高约 15 米。

## 绿色通道工程

安吉县境公路绿色通道

根据2000年国务院“全国绿色通道建设”的通知和2001年省政府“万里绿色通道”建设通知。2002年，湖州市制订下发《关于开展绿色通道建设的通知》，要求高速公路隔离栅外两侧各10米，国省道公路两侧各5米，有条件的新改建县乡道两侧各3米，其他县乡公路因地制宜种植行道树，城镇出入口和有条件路段可适当加宽，公路两侧自然绿化树林、竹林及其他多年生经济作物路段可作为绿色通道，绿化成活率平原地区要求95%以上，山区90%以上。2001年，104国道按两侧各5米的标准实施39.861公里（其中吴兴区20公里、德清县19.861公里）。201省道（彭安线）按两侧合计30米标准实施18.665公里。农村公路行道树为主实施83.774公里。安吉县政府牵头，交通、林业等部门参与，组建“安吉县绿色通道建设有限责任公司”，以市场化运作方式，绿化04省道幽岭—马家渡段（长26.7公里）和11省道马家渡—石龙村段（长14.7公里）两侧各30米，公路沿线两侧各30米内农田返租倒包，租期20年，统一规划设计，统一对外招标承包，由承包人自行整理土地、自购种苗、自行栽培和管理、自主经营、自负盈亏。结合安吉竹乡特色，以竹为主，以苗为主，当年绿化当年成林。绿色通道项目“投入100万元、完成1600万元”的成功经验在2002年度全省交通工作会议上作专题介绍。

2002年，104国道按两侧各10米标准实施29.48公里，按两侧各6米标准实施3.1公里。318国道按两侧各20米标准实施6公里。306省道（鹿唐线）按两侧合计30米标准实施24.48公里。县道湖织公路按两侧各8米标准实施10公里。其他农村公路种植行道树35.739公里。2003年，318国道按两侧各10米标准实施13.161公里。304省道（临莫线）按两侧各10米标准实施18公里。农村实施绿色通道135.839公里，其中两侧各10米标准62.4公里、两侧各20米标准实施10公里。2004年，104国道按两侧各10～15米标准实施6公里。304省道（临莫线）和205省道（青临线）新植行道树17公里。306省道（鹿唐线）按两侧各5米标准实施13.6公里。农村公路以行道树形式为主实施绿色通道建设135.9公里。2005年，304省道（临莫线）按两侧各 5 米标准实施 13 公里，农村公路以行道树为主实施 134 公里，其中按两侧各 10 米标准实施 7.3 公里。

2006—2007 年，申苏浙皖高速公路（G50）按两侧各 10 米标准实施 88 公里。104 国道按两侧各 5 米标准实施 10 公里。318 国道按两侧各 5 米标准实施 5 公里。304 省道（临莫线）按两侧各 5 米标准实施 13 公里。农村公路以行道树为主实施绿色通道 430.844 公里。

**2001—2007 年湖州市公路绿色通道建设汇总**

表 1-43

| 年份 | 实施里程（公里） | 完成投资（万元） |
|---|---|---|
| 合计 | 1311.344 | 11360.23 |
| 2001 | 142.3 | 1121.33 |
| 2002 | 135.7 | 4022.66 |
| 2003 | 167 | 1783.3 |
| 2004 | 172.5 | 837.14 |
| 2005 | 147 | 715.8 |
| 2006—2007（1 年计划 2 年实施） | 546.844 | 2880 |

## 边坡荒地复绿工程

2008 年始，湖州市根据 2007 年省公路管理局《浙江省公路绿化“十一五”发展规划》要求，将边坡荒地复绿工程的实施标准确定为充分考虑沿线地形地貌，合理利用现有自然植被，科学理解公路绿化理念，合理确定设计方案，宜绿则绿，注重实效。注重开山路段、裸露边坡生态防护与复绿，利用沿线荒山荒地、建设弃渣等一切可利用土地绿化。建设任务下达到绿化实施路段所属各县（区）公路管理段实施，规定复绿工程设计须委托专业设计单位，市公路管理处受省公路管理局委托组织设计方案审定和预决算审批，各县（区）公路管理段按批准施工图方案和预

客土喷播（301省道长牛线）

算招投标、施工管理与工程决算，市公路管理处负责组织工程验收和决算批复。2008—2010 年，湖州市完成国省道边坡荒地复绿 178525 平方米，工程投资 996.4 万元。

**2010 年湖州市公路绿化统计**

表 1-44

| 公路类别 | 公路总里程（公里） | 可绿化里程（公里） | 已绿化里程（公里） | 绿化率（%） |
|---|---|---|---|---|
| 总计 | 7890.123 | 6770.083 | 6019.64 | 88.92 |
| 1.国道 | 352.379 | 350.94 | 350.94 | 100 |
| 其中：国家高速 | 174.645 | 174.645 | 174.645 | 100 |
| 2.省道 | 376.29 | 376.29 | 376.29 | 100 |
| 3.县道 | 1625.689 | 1597.308 | 1468.297 | 91.99 |
| 4.乡道 | 1391.543 | 1241.988 | 1112.455 | 89.57 |
| 5.专用公路 | 83.228 | 83.199 | 77.623 | 93.30 |
| 6.村道 | 4060.994 | 3120.358 | 2633.035 | 84.38 |

# 第六节　公路普查与交通量调查

## 一　公路普查

1979 年，全国第一次公路普查。2000 年，开展第二次全国公路普查。普查以地市为统计单位，采用一路一表形式，包括所有国道、省道、县道、乡道（含村道）、专用公路及其构造物，主要内容为行政区划内公路里程、行政等级、技术等级、路面等级、路面类型、公路桥梁、隧道、涵洞、渡口及公路通达情况与公路养护、管理、绿化等方面情况。普查标准时间 2000 年 12 月 13 日。

湖州市自 2000 年 4 月起进入普查准备阶段，编制普查方案、培训人员、准备计算机采集系统等。2001 年 1—6 月完成全面普查。8 月完成资料汇集、报送和建立两级数据库，2002 年初普查总结。

普查湖州市公路总里程 2470.065 公里，其中等级公路 2359.083 公里、等外公路 111.182 公里。总里程中，国道 213.135 公里、省道 288.945 公里、县道 1182.844 公里、乡道 659.133 公里、专用公路 126.208 公里。等级公路中，高速公路 34.419

公里、一级公路 240.062 公里、二级公路 257.184 公里、三级公路 303.521 公里、四级公路 1523.900 公里。路面技术等级构成，有路面里程 2470.265，占公路总里程的 100%。其中高级路面 601.842 公里、次高级路面 1421.676 公里、中级路面 422.479 公里、低级路面 24.268 公里。

普查桥梁总数 1319 座 57761.9 延米。按使用年限分，永久性桥梁 1318 座 57726.5 延米、临时性桥梁 1 座 35.4 米。 按桥梁跨径分，特大桥 10 座计 7001.3 延米、大桥 77 座 14544.5 延米、中桥 409 座 21167 延米、小桥 823 座 15048.9 延米。

普查公路隧道 6 座（均为中隧道）计 3013.7 米，涵洞 9615 处。

公路总里程中，已绿化里程 1925.521 公里，占公路总里程的 77.95%。

## 二、公路交通量调查

**观测站**　1982 年，湖州开始国道交通量调查。1983 年，开始省道交通量调查。交通量调查方式为间隙式观测，每月 5 日和 20 日为观测日，调查 24 小时内交通量。1984 年，在湖州市公路管理处五一大桥材料仓库内建立第一座有专人调查的“104 国道五一大桥连续式观测站”，1992 年搬至 104 国道 1356K 处，改名“亿丰观测站”，观测 104、318 两条国道重合地段，2000 年 5 月搬迁到杨家埠，2006 年 6 月又搬迁到 1347.65K 处，场地面积 5953 平方米，房屋建筑面积 970 平方米，配有专门观测室、档案室等。2010 年末，全市各类观测站由 1990 年 15 座增至 97 座（其中连续式观测站 6 座、间隙式观测站 91 座），普通国道公路各类观测站点 5 座（其中连续观测站 1 座、间隙式观测站点 4 座），高速国道公路网连续观测站点 1 座，省道各类观测站点 10 座（其中连接式观测站 4 座、间隙式观测站点 6 座），县道间隙式观测站点 65 座，乡道间隙式观测站点 16 座。

**观测法**　观测方法最早用人工划“正”字记录，后用记数仪器人工按键记录。1996 年，亿丰观测站安装半自动化仪器，能自动记录观测断面交通流量，但不能分车型。2002 年，省公路管理局确定湖州市杨家埠观测站为自动化观测试点，首次安装自动化观测仪，实现车流量、车型全自动观测。此后，各观测站点陆续进入自动化观测阶段。至 2010 年，全市国省道交通量观测点已全部实现自动化仪器观测，农村公路有 3 个观测点安装自动化观测仪器。2010 年，全市观测里程 208 公里，公路覆盖率 39.47%，其中国家高速公路网观测里程 30 公里、覆盖率 17.18%，国道网观测里程 178 公里、覆盖率 50.51%，省道观测里程 287 公里、覆盖率 76.27%，县道观测里程 883 公里、覆盖率 54.32%，乡道观测里程 154 公里，覆盖率 11.07%。观测分连续式和间隙式，连续式为 24 小时不间断交通量观测，间隙式观测即国省道干线公路每月 5 日和 25 日 24 小时调查观测、农村公路一季一次交通量观测。

## 2010 年湖州市交通量观测站点

表 1-45

| 观测站名称 | 路线编号 | 路线名称 | 所在区县 | 观测站桩号 | 起点桩号 | 终点桩号 | 观测路段里程 |
|---|---|---|---|---|---|---|---|
| 金村 | G104 | 北京—福州公路 | 长兴县 | 1314.463 | 1310.000 | 1333.801 | 23.801 |
| 杨家埠 | G104 | 北京—福州公路 | 吴兴区 | 1348.270 | 1333.801 | 1363.520 | 29.719 |
| 三桥 | G104 | 北京—福州公路 | 德清县 | 1394.940 | 1363.520 | 1409.849 | 46.329 |
| 夹浦 | G25 | 长春—深圳高速公路 | 长兴县 | 2198.650 | 2191.000 | 2221.350 | 30.350 |
| 八里店 | G318 | 上海—聂拉木公路 | 吴兴区 | 146.356 | 119.000 | 159.254 | 40.254 |
| 三星 | G318 | 上海—聂拉木公路 | 长兴县 | 183.230 | 178.340 | 215.971 | 37.631 |
| 梅坑桥 | S201 | 彭公—安吉 | 安吉县 | 36.500 | 25.441 | 44.849 | 19.408 |
| 皈山 | S204 | 孝丰—泗安 | 安吉县 | 3.200 | 0.000 | 28.012 | 28.012 |
| 良朋 | S204 | 孝丰—泗安 | 安吉县 | 34.330 | 28.012 | 42.559 | 14.547 |
| 山河 | S205 | 青山—临安 | 安吉县 | 1.300 | 0.000 | 25.529 | 25.529 |
| 高家墩 | S301 | 长兴—牛头山 | 长兴县 | 3.420 | 0.000 | 41.085 | 41.085 |
| 秋山 | S304 | 临平—莫干山 | 德清县 | 41.200 | 21.430 | 48.072 | 26.642 |
| 筏头 | S304 | 临平—莫干山 | 德清县 | 59.587 | 48.072 | 79.537 | 31.465 |
| 和平 | S306 | 鹿山—唐舍岭 | 长兴县 | 18.746 | 0.000 | 44.724 | 44.724 |
| 递铺 | S306 | 鹿山—唐舍岭 | 安吉县 | 53.200 | 44.724 | 76.032 | 31.308 |
| 孝丰西 | S306 | 鹿山—唐舍岭 | 安吉县 | 77.000 | 76.032 | 100.140 | 24.108 |
| 城北大桥 | X001 | 湖州—薛埠 | 吴兴区 | 1.000 | 0.000 | 27.682 | 27.682 |
| 西悟 | X002 | 晟舍—太湖 | 吴兴区 | 2.876 | 0.000 | 10.289 | 10.289 |
| 元通桥 | X003 | 三济桥—汤溇 | 吴兴区 | 1.000 | 0.000 | 12.179 | 12.179 |
| 三济桥 | X004 | 三济桥—双林 | 南浔区 | 1.000 | 0.000 | 9.284 | 9.284 |
| 南浔 | X005 | 南浔—练市 | 南浔区 | 16.500 | 0.000 | 16.819 | 16.819 |
| 埭溪 | X007 | 埭溪—芳山 | 吴兴区 | 8.000 | 0.000 | 15.886 | 15.886 |
| 白洋岔口 | X008 | 妙西—新路头 | 吴兴区 | 6.680 | 0.000 | 17.090 | 17.090 |

续表 1-45-1

| 观测站名称 | 路线编号 | 路线名称 | 所在区县 | 观测站桩号 | 起点桩号 | 终点桩号 | 观测路段里程 |
|---|---|---|---|---|---|---|---|
| 和孚 | X009 | 八里店—练市 | 南浔区 | 5.700 | 0.000 | 6.000 | 6.000 |
| 王家圩 | X009 | 八里店—练市 | 南浔区 | 19.600 | 6.000 | 37.439 | 31.439 |
| 下昂 | X012 | 青山—菱湖 | 南浔区 | 8.100 | 2.413 | 14.279 | 11.866 |
| 石淙 | X020 | 莫蓉—墙千里 | 南浔区 | 5.600 | 0.000 | 11.300 | 11.300 |
| 善琏 | X022 | 花城—含山 | 南浔区 | 4.637 | 0.000 | 12.027 | 12.027 |
| 东迁大桥 | X023 | 东迁—双林 | 南浔区 | 1.000 | 0.000 | 12.917 | 12.917 |
| 菱湖大桥 | X040 | 和孚—新市 | 南浔区 | 10.432 | 0.000 | 33.584 | 33.584 |
| 东桥 | X101 | 德清—洲泉 | 德清县 | 9.700 | 0.000 | 27.189 | 27.189 |
| 筏头 | X102 | 钱家边—百家坞 | 德清县 | 1.200 | 0.000 | 11.201 | 11.201 |
| 下舍 | X105 | 杨树湾—徐家庄 | 德清县 | 3.500 | 0.000 | 12.869 | 12.869 |
| 于村 | X110 | 三桥—莫干山 | 德清县 | 6.800 | 0.000 | 11.465 | 11.465 |
| 钟管 | X113 | 南舍—钟管 | 德清县 | 8.500 | 0.000 | 8.729 | 8.729 |
| 三合 | X115 | 下跨塘—康家山 | 德清县 | 10.900 | 0.000 | 16.112 | 16.112 |
| 对河口 | X118 | 对和口—银子山 | 德清县 | 1.000 | 0.000 | 14.671 | 14.671 |
| 新市 | X119 | 新市—五杭 | 德清县 | 1.000 | 0.000 | 15.959 | 15.959 |
| 勾里 | X120 | 韶村—塘栖 | 德清县 | 8.000 | 0.000 | 12.652 | 12.652 |
| 工业区 | X121 | 士林—锦山 | 德清县 | 1.000 | 0.000 | 13.852 | 13.852 |
| 城关 | X122 | 德清—埭溪 | 德清县 | 1.000 | 0.000 | 15.587 | 15.587 |
| 何村 | X126 | 于村—烂树坑 | 德清县 | 3.550 | 0.000 | 7.263 | 7.263 |
| 杨湾桥 | X201 | 长兴—新塘 | 长兴县 | 3.000 | 0.000 | 8.127 | 8.127 |
| 洪桥 | X202 | 长兴电厂—赵家桥 | 长兴县 | 5.200 | 0.000 | 6.380 | 6.380 |
| 横山 | X203 | 杨家山—小梅口 | 长兴县 | 8.000 | 0.000 | 16.406 | 16.406 |
| 虹星桥 | X209 | 高家墩—和平 | 长兴县 | 7.000 | 0.000 | 20.894 | 20.894 |
| 东光 | X213 | 大云— 畎桥 | 长兴县 | 2.000 | 0.000 | 8.299 | 8.299 |
| 白埠 | X214 | 五庄—八三 | 长兴县 | 5.000 | 0.000 | 11.705 | 11.705 |
| 槐坎 | X215 | 草子槽—新槐 | 长兴县 | 1.000 | 0.000 | 8.262 | 8.262 |
| 煤山 | X218 | 煤山—白岘岭 | 长兴县 | 1.000 | 0.000 | 9.979 | 9.979 |
| 水口 | X219 | 长兴—长达 | 长兴县 | 4.000 | 0.000 | 21.141 | 21.141 |
| 方中 | X222 | 三星圩—界牌 | 长兴县 | 7.900 | 0.000 | 36.618 | 36.618 |

续表 1-45-2

| 观测站名称 | 路线编号 | 路线名称 | 所在区县 | 观测站桩号 | 起点桩号 | 终点桩号 | 观测路段里程 |
|---|---|---|---|---|---|---|---|
| 甲子 | X301 | 晓墅—南林场岔口 | 安吉县 | 6.500 | 0.000 | 11.800 | 11.800 |
| 凌圤 | X301 | 晓墅—南林场岔口 | 安吉县 | 12.000 | 11.800 | 21.442 | 9.642 |
| 路西 | X304 | 晓墅—于村 | 安吉县 | 17.000 | 0.000 | 18.841 | 18.841 |
| 后洪 | X304 | 晓墅—于村 | 德清县 | 24.600 | 18.841 | 31.570 | 12.729 |
| 干溪桥 | X305 | 独山头—长林垓 | 安吉县 | 4.200 | 0.000 | 12.121 | 12.121 |
| 南北庄 | X306 | 长弄口—赤渔 | 安吉县 | 1.900 | 0.000 | 8.992 | 8.992 |
| 上村 | X307 | 递铺—筏头 | 安吉县 | 4.150 | 0.000 | 18.102 | 18.102 |
| 合溪口 | X307 | 递铺—筏头 | 德清县 | 18.300 | 18.102 | 24.872 | 6.770 |
| 双三 | X308 | 递铺—关口场 | 安吉县 | 3.200 | 0.000 | 11.555 | 11.555 |
| 港口 | X313 | 霞泉—大里岔口 | 安吉县 | 1.800 | 0.000 | 12.888 | 12.888 |
| 刘家塘 | X314 | 白水湾—缸窑岭 | 安吉县 | 5.000 | 0.000 | 9.460 | 9.460 |
| 上墅 | X315 | 刘家塘—彭宅 | 安吉县 | 0.000 | 0.000 | 9.000 | 9.000 |
| 摄湖 | X315 | 刘家塘—彭宅 | 安吉县 | 10.800 | 9.000 | 15.472 | 6.472 |
| 施善 | X316 | 罗村前—董岭 | 安吉县 | 3.800 | 0.000 | 17.405 | 17.405 |
| 报福 | X317 | 王家庄—孔夫关 | 安吉县 | 7.000 | 0.000 | 21.030 | 21.030 |
| 章村林场 | X317 | 王家庄—孔夫关 | 安吉县 | 22.000 | 21.030 | 26.402 | 5.372 |
| 章里 | X319 | 中张—章村 | 安吉县 | 4.400 | 0.000 | 8.403 | 8.403 |
| 尚梅 | X320 | 水家弄—杭垓 | 安吉县 | 5.300 | 0.000 | 14.856 | 14.856 |
| 和村 | X321 | 九亩垅—七管 | 安吉县 | 4.800 | 0.000 | 13.450 | 13.450 |
| 潘溪 | X322 | 黄金坝—麻皮坑 | 安吉县 | 6.000 | 0.000 | 25.297 | 25.297 |
| 双桥 | X324 | 潘溪岔口—佛岭 | 安吉县 | 2.100 | 0.000 | 10.286 | 10.286 |
| 梅村边 | X325 | 严家边—省界 | 安吉县 | 3.700 | 0.000 | 9.695 | 9.695 |
| 塘浦 | X326 | 塘浦—皈山 | 安吉县 | 1.000 | 0.000 | 7.712 | 7.712 |
| 敬老院 | X327 | 龙口—上堡 | 安吉县 | 2.100 | 0.000 | 12.542 | 12.542 |
| 南湖北林场 | X328 | 西亩—北林场 | 安吉县 | 10.800 | 8.342 | 20.112 | 11.770 |
| 赤坞 | X329 | 李家弄—赋石 | 安吉县 | 3.800 | 0.000 | 5.984 | 5.984 |
| 安城 | X330 | 马家渡—南林场 | 安吉县 | 2.100 | 0.000 | 12.753 | 12.753 |
| 大里 | X333 | 双溪—水淋坑 | 安吉县 | 3.200 | 0.000 | 6.921 | 6.921 |
| 老乡政府 | X335 | 东阳—长隆 | 安吉县 | 1.000 | 0.000 | 7.519 | 7.519 |

续表 1-45-3

| 观测站名称 | 路线编号 | 路线名称 | 所在区县 | 观测站桩号 | 起点桩号 | 终点桩号 | 观测路段里程 |
|---|---|---|---|---|---|---|---|
| 潘家上 | Y002 | 钱坑桥—梓坊 | 安吉县 | 5.000 | 0.000 | 9.071 | 9.071 |
| 红旗水库 | Y003 | 莫村—大城 | 吴兴区 | 1.000 | 0.000 | 6.497 | 6.497 |
| 三号桥 | Y013 | 青山—两平头 | 吴兴区 | 1.780 | 0.000 | 10.295 | 10.295 |
| 横柏 | Y039 | 王家庄—鹤翔坞 | 安吉县 | 4.100 | 0.000 | 7.114 | 7.114 |
| 景溪 | Y042 | 报福—黄泥垄 | 安吉县 | 3.000 | 0.000 | 12.928 | 12.928 |
| 胜利地 | Y043 | 洪家—大王庙 | 安吉县 | 8.000 | 0.000 | 10.503 | 10.503 |
| 郎村 | Y052 | 章村—小岭 | 安吉县 | 2.600 | 0.000 | 5.586 | 5.586 |
| 林场 | Y053 | 章村林场—桐王山 | 安吉县 | 5.700 | 0.000 | 12.937 | 12.937 |
| 兴旺 | Y060 | 双桥—岭西 | 安吉县 | 2.500 | 0.000 | 12.344 | 12.344 |
| 金家坝 | Y071 | 潜渔—夏阳 | 安吉县 | 3.500 | 0.000 | 13.057 | 13.057 |
| 竹根 | Y072 | 白水冲—白杨 | 安吉县 | 2.100 | 0.000 | 11.540 | 11.540 |
| 电站 | Y075 | 电站—大坑 | 安吉县 | 1.000 | 0.000 | 9.634 | 9.634 |
| 石壁 | Y078 | 潘溪—文岱 | 安吉县 | 2.100 | 0.000 | 7.150 | 7.150 |
| 中山 | Y085 | 莫家磅—受荣里 | 安吉县 | 2.700 | 0.000 | 6.849 | 6.849 |
| 师古港 | Y106 | 王岗岭—长潮 | 长兴县 | 2.000 | 0.000 | 3.992 | 3.992 |
| 电厂桥 | Y108 | 小浦—柏家村 | 长兴县 | 2.000 | 0.000 | 14.122 | 14.122 |

## 1991—2010 年 104 国道湖州市段交通量变化

表 1-46

| 年份 | 观测站点 | | | | | |
|---|---|---|---|---|---|---|
| | 金村 | | 杨家埠 | | 三桥 | |
| | 混合交通量 | 汽车交通量 | 混合交通量 | 汽车交通量 | 混合交通量 | 汽车交通量 |
| 1991 | 5599 | 5210 | 10230 | 7206 | 6582 | 5657 |
| 1992 | 7207 | 6725 | 11222 | 10015 | 8236 | 7781 |
| 1993 | 8974 | 8650 | 15361 | 13906 | 9513 | 9104 |
| 1994 | 9840 | 9504 | 18238 | 17329 | 10861 | 11643 |
| 1995 | 10662 | 10401 | 18699 | 18721 | 12453 | 12867 |
| 1996 | 11409 | 11224 | 20143 | 21258 | 16151 | 16850 |
| 1997 | 11722 | 11398 | 18890 | 23531 | 15681 | 16610 |

续表 1-46

| 年份 | 观测站点 | | | | | |
|---|---|---|---|---|---|---|
| | 金村 | | 杨家埠 | | 三桥 | |
| | 混合交通量 | 汽车交通量 | 混合交通量 | 汽车交通量 | 混合交通量 | 汽车交通量 |
| 1998 | 11007 | 10819 | 19237 | 21388 | 14374 | 14987 |
| 1999 | 14532 | 14579 | 21014 | 23189 | 17288 | 18645 |
| 2000 | 14377 | 14164 | 21581 | 21361 | 18470 | 17548 |
| 2001 | 12779 | 12604 | 15552 | 15182 | 15389 | 14702 |
| 2002 | 11467 | 11277 | 14812 | 14406 | 12770 | 12260 |
| 2003 | 4892 | 4863 | 15663 | 15472 | 8262 | 8199 |
| 2004 | 5252 | 5181 | 19410 | 19357 | 9363 | 9196 |
| 2005 | 8365 | 8193 | 29665 | 29252 | 24898 | 24077 |
| 2006 | 9596 | 9525 | 33996 | 33316 | 23030 | 22611 |
| 2007 | 10705 | 10666 | 35876 | 35116 | 22330 | 21936 |
| 2008 | 9570 | 9536 | 37506 | 37506 | 17790 | 17506 |
| 2009 | 10493 | 10456 | 36278 | 36278 | 14491 | 13881 |
| 2010 | 9414 | 9414 | 41219 | 41219 | 17273 | 17273 |

## 1991—2010 年 318 国道湖州市段交通量变化

表 1-47

| 年份 | 观测站点 | | | |
|---|---|---|---|---|
| | 八里店 | | 三星抖 | |
| | 混合交通量 | 汽车交通量 | 混合交通量 | 汽车交通量 |
| 1991 | 6571 | 4825 | 7997 | 5563 |
| 1992 | 6482 | 6286 | 10011 | 7653 |
| 1993 | 6958 | 6742 | 12616 | 10016 |
| 1994 | 7332 | 7332 | 12531 | 10617 |
| 1995 | 6901 | 8127 | 13472 | 11236 |
| 1996 | 8191 | 10609 | 4113 | 4421 |
| 1997 | 8770 | 11360 | 3868 | 4394 |
| 1998 | 8294 | 10683 | 3815 | 4446 |
| 1999 | 9309 | 10226 | 4026 | 4783 |

续表 1-47

| 年份 | 观测站点 | | | |
|---|---|---|---|---|
| | 八里店 | | 三星圩 | |
| | 混合交通量 | 汽车交通量 | 混合交通量 | 汽车交通量 |
| 2000 | 12846 | 11421 | 4542 | 4294 |
| 2001 | 12849 | 11267 | 4651 | 4454 |
| 2002 | 12334 | 10813 | 6543 | 6289 |
| 2003 | 11097 | 10984 | 8247 | 8197 |
| 2004 | 19894 | 19618 | 14830 | 14686 |
| 2005 | 33129 | 31243 | 17698 | 16860 |
| 2006 | 35512 | 35117 | 25563 | 21721 |
| 2007 | 32832878 | 32588 | 22151 | 21763 |
| 2008 | 28523 | 28275 | 22359 | 21972 |
| 2009 | 36761 | 36594 | 24253 | 23818 |
| 2010 | 40060 | 39735 | 26372 | 26372 |

## 1991—2010 年省道彭安线（S201）湖州市段交通量变化

表 1-48

| 观测站点 | | | | | |
|---|---|---|---|---|---|
| 梅坑桥 | | | | | |
| 年份 | 混合交通量 | 汽车交通量 | 年份 | 混合交通量 | 汽车交通量 |
| 1991 | 2334 | 1777 | 2001 | 7167 | 5767 |
| 1992 | 1309 | 1347 | 2002 | 10789 | 8682 |
| 1993 | 1381 | 1429 | 2003 | 9617 | 9538 |
| 1994 | 1898 | 1972 | 2004 | 8491 | 8435 |
| 1995 | 1943 | 2100 | 2005 | 21204 | 21198 |
| 1996 | 2517 | 2693 | 2006 | 23010 | 22717 |
| 1997 | 3341 | 3652 | 2007 | 15643 | 15610 |
| 1998 | 3355 | 3920 | 2008 | 19626 | 19626 |
| 1999 | 3878 | 4662 | 2009 | 22591 | 22396 |
| 2000 | 4761 | 3840 | 2010 | 35578 | 34992 |

## 1991—2010 年省道孝泗线（S204）交通量变化

表 1-49

| 年份 | 观测站点 | | | |
|---|---|---|---|---|
| | 畈山 | | 良朋 | |
| | 混合交通量 | 汽车交通量 | 混合交通量 | 汽车交通量 |
| 1991 | 758 | 579 | 1200 | 774 |
| 1992 | 913 | 755 | 1403 | 923 |
| 1993 | 971 | 806 | 1533 | 1130 |
| 1994 | 942 | 790 | 1499 | 1184 |
| 1995 | 1014 | 1138 | 1443 | 1356 |
| 1996 | 1032 | 1201 | 1595 | 1616 |
| 1997 | 1209 | 1335 | 1968 | 1956 |
| 1998 | 1234 | 1359 | 2195 | 2336 |
| 1999 | 1454 | 1413 | 3688 | 4448 |
| 2000 | 1696 | 869 | 4248 | 3618 |
| 2001 | 1792 | 925 | 2758 | 2152 |
| 2002 | 1800 | 1200 | 2465 | 1988 |
| 2003 | 1599 | 1560 | 6202 | 6130 |
| 2004 | 1887 | 1860 | 3110 | 3063 |
| 2005 | 4044 | 4001 | 10914 | 10774 |
| 2006 | 4967 | 4910 | 9976 | 9860 |
| 2007 | 4895 | 4811 | 7385 | 7163 |
| 2008 | 4698 | 4698 | 6593 | 6593 |
| 2009 | 6684 | 6684 | 9889 | 9889 |
| 2010 | 6844 | 6844 | 9591 | 9591 |

## 1991—2010 年省道青临线（S205）湖州市段交通量变化

表 1-50

| 观测站点 | | | | | |
|---|---|---|---|---|---|
| 山河 | | | | | |
| 年份 | 混合交通量 | 汽车交通量 | 年份 | 混合交通量 | 汽车交通量 |
| 1991 | 1490 | 797 | 2001 | 3538 | 2708 |

续表 1-50

| 观测站点 | | | | | |
| --- | --- | --- | --- | --- | --- |
| 山河 | | | | | |
| 1992 | 1719 | 1054 | 2002 | 3933 | 2980 |
| 1993 | 2335 | 1669 | 2003 | 3840 | 3700 |
| 1994 | 2396 | 2003 | 2004 | 4733 | 4606 |
| 1995 | 2555 | 2506 | 2005 | 8890 | 8663 |
| 1996 | 2976 | 3214 | 2006 | 11908 | 11851 |
| 1997 | 3497 | 4281 | 2007 | 14315 | 14272 |
| 1998 | 2973 | 4001 | 2008 | 13992 | 13925 |
| 1999 | 2876 | 3761 | 2009 | 14313 | 14214 |
| 2000 | 2815 | 2126 | 2010 | 17962 | 17962 |

## 1991—2010 年省道长牛线（S301）交通量变化

表 1-51

| 观测站点 | | | | | |
| --- | --- | --- | --- | --- | --- |
| 高家墩 | | | | | |
| 年份 | 混合交通量 | 汽车交通量 | 年份 | 混合交通量 | 汽车交通量 |
| 1991 | 2620 | 1503 | 2001 | 5865 | 3937 |
| 1992 | 3968 | 1562 | 2002 | 5741 | 3843 |
| 1993 | 4927 | 1809 | 2003 | 6928 | 6894 |
| 1994 | 4792 | 1810 | 2004 | 6822 | 6459 |
| 1995 | 3923 | 1479 | 2005 | 11786 | 10754 |
| 1996 | 4212 | 2213 | 2006 | 12855 | 12231 |
| 1997 | 4682 | 2700 | 2007 | 14877 | 14331 |
| 1998 | 5558 | 3433 | 2008 | 15567 | 14995 |
| 1999 | 6385 | 4099 | 2009 | 16660 | 16048 |
| 2000 | 6135 | 3664 | 2010 | 18016 | 18016 |

## 1991—2010年省道临莫线（S304）湖州市段交通量变化

表1-52

| 年份 | 观测站点 | | | |
|---|---|---|---|---|
| | 秋山 | | 筏头 | |
| | 混合交通量 | 汽车交通量 | 混合交通量 | 汽车交通量 |
| 1991 | 3069 | 2131 | 1648 | 1245 |
| 1992 | 3663 | 2721 | 1708 | 1299 |
| 1993 | 5291 | 4236 | 1673 | 1336 |
| 1994 | 4691 | 4116 | 1775 | 1523 |
| 1995 | 5259 | 5056 | 1913 | 1925 |
| 1996 | 6009 | 6052 | 1994 | 2004 |
| 1997 | 6532 | 7061 | 3126 | 2968 |
| 1998 | 7121 | 7986 | 2835 | 2647 |
| 1999 | 11898 | 13373 | 2750 | 2623 |
| 2000 | 18542 | 15620 | 2462 | 1856 |
| 2001 | 14546 | 12475 | 2572 | 1981 |
| 2002 | 12134 | 10298 | 2829 | 2184 |
| 2003 | 11076 | 10908 | 2900 | 2766 |
| 2004 | 11371 | 11146 | 766 | 2667 |
| 2005 | 24998 | 23985 | 5746 | 5594 |
| 2006 | 27907 | 27731 | 4727 | 4671 |
| 2007 | 29811 | 29709 | 4492 | 4411 |
| 2008 | 34658 | 34658 | 4189 | 4188 |
| 2009 | 38274 | 38274 | 3566 | 3566 |
| 2010 | 37890 | 37890 | 2760 | 2760 |

## 1991—2010年省道鹿唐线（S306）交通量变化

表1-53

| 年份 | 观测站点 | | | | | |
|---|---|---|---|---|---|---|
| | 和平 | | 递铺 | | 孝丰西 | |
| | 混合交通量 | 汽车交通量 | 混合交通量 | 汽车交通量 | 混合交通量 | 汽车交通量 |
| 1991 | 1288 | 799 | 2606 | 1777 | 1558 | 1179 |
| 1992 | 2152 | 1271 | 2862 | 2042 | 1571 | 1446 |

续表 1-53

| 年份 | 观测站点 | | | | | |
|---|---|---|---|---|---|---|
| | 和平 | | 递铺 | | 孝丰西 | |
| | 混合交通量 | 汽车交通量 | 混合交通量 | 汽车交通量 | 混合交通量 | 汽车交通量 |
| 1993 | 3325 | 1909 | 3063 | 2767 | 2996 | 2561 |
| 1994 | 4547 | 2506 | 4317 | 3695 | 3348 | 2895 |
| 1995 | 6525 | 4445 | 4638 | 4304 | 4536 | 4252 |
| 1996 | 4998 | 3873 | 5688 | 5799 | 4086 | 4302 |
| 1997 | 2460 | 2220 | 5169 | 5943 | 3555 | 3966 |
| 1998 | 2315 | 2330 | 4038 | 4544 | 3409 | 4106 |
| 1999 | 1888 | 2077 | 4196 | 4614 | 4982 | 6221 |
| 2000 | 1879 | 1782 | 5425 | 4398 | 4579 | 3411 |
| 2001 | 2025 | 1793 | 7157 | 5837 | 4724 | 3604 |
| 2002 | 2874 | 2569 | 9176 | 7842 | 4375 | 3454 |
| 2003 | 5137 | 5105 | 9129 | 9029 | 3844 | 3755 |
| 2004 | 4466 | 4404 | 6488 | 6252 | 4658 | 4547 |
| 2005 | 8757 | 8746 | 20370 | 19757 | 9022 | 8832 |
| 2006 | 9059 | 9059 | 23311 | 23120 | 12030 | 11902 |
| 2007 | 9616 | 9616 | 31144 | 30861 | 14511 | 14310 |
| 2008 | 7792 | 7792 | 30283 | 30001 | 12534 | 12534 |
| 2009 | 9774 | 9774 | 27908 | 27658 | 16000 | 15990 |
| 2010 | 10956 | 10956 | 31718 | 31718 | 18592 | 18592 |

# 第二章　中心城市道路交通设施

本章主要记录湖州市区（城市建成区）范围道路与市河桥梁。1990年，湖州城市建成区面积11.1平方公里。随着城市框架不断拉大，建成区面积从老城区扩展到新城区。湖州新城区包括湖州经济开发区、仁皇山新区和太湖旅游度假区。

1992年8月，经省政府批准，在湖州城区西北新区和杨家埠地区建立湖州经济开发区，规划面积19.6平方公里，由凤凰工贸区8平方公里、杨家埠重工业区6.6平方公里和西塞港仓储区5平方公里三部分组成。1997年12月，经省政府批准，在太湖南岸设立太湖旅游度假区，规划面积5平方公里。1999年10月，市委、市政府将两区合并，对外统称湖州经济开发区，同时将白雀乡改属该区领导。1999年底，市委、市政府决定，将凤凰工贸区中仁皇山地块列为仁皇山新区进行重点建设。总面积20平方公里，北临申苏浙皖高速公路，西至弁山东麓，南至旄儿港，东至小梅港。

2005年，调整开发区区域，单独析出湖州太湖旅游度假区，并将面积17.8平方公里的康山地区划入湖州经济开发区。调整后，湖州经济开发区规划面积66平方公里，建成区面积20平方公里，由凤凰分区、西南分区、西塞山分区、康山分区组成。同年6月，太湖旅游度假区受市政府委托，辖白雀乡，控制区域40.5平方公里，水域面积300平方公里，湖岸线11公里，核心区范围面积32平方公里。2010年3月21日，湖州经济开发区升格为国家级经济技术开发区，更名“湖州经济技术开发区”。

2010年末，湖州市区建成区从1990年11.1平方公里发展到88平方公里。

# 第一节　湖州市区道路

1993年底，湖州市区道路总面积89.5万平方米，人均拥有5.69平方米。

20世纪90年代中期始，城区旧城改造，原路网格局突破，小街巷逐步减少，通衢大道骤增。至2010年末，先后建成二环西路（又名其美路）、二环东路（又名美欣达路、毗山西路）、二环南路、三环北路（又名同心路）、青铜路、苕溪路、红旗路西延、吴兴大道、太湖路、仁皇山路、长兴路、龙王山路、金盖山路等一批城市主干道。城市道路逐渐形成内环、二环交通网和“两纵两横”贯通城市南北、东西的路网格局。主次干道均实行机动车与非机动车分离、车辆双向分道行驶。市区道路总面积扩至1137.6万平方米（不含织里），人均拥有23.3平方米。

## 一　老城区24条主干道

**东街**　西起骆驼桥，东向至外环东路（连二里桥路）。自西而东，北侧有马军巷（1994年10月被拆）、承天寺巷（北至环城东路）、外环东路（北往新潘公桥、市陌路），南侧有红门馆前、月河街（连接所前街至南街）、南园路（通建设路、莲花庄路）、环城南路。1999年底，路名拍卖给企业，易名威莱大街。东街街史至少1400年左右。1951年、1964年、1971年、1985年均有修建。2009年9月至2010年1月，东街实施综合治理，提升通行能力，完善公交候车站台，电话亭、广告牌、邮箱、垃圾桶等设施，在妇保院门前新添有历史韵味的人文景观，总投资约3000万元。2010年7月，复名东街。路长1130米，路宽24.5米，路面结构沥青混凝土。

**南街**　南起车站路口，北向过仪凤桥，跨红旗路、苕溪路，北至益民路（2006年北延伸至龙溪接奉胜门大桥）。老南街连观风巷自南而北，东侧有莲花庄路（连南园路至东街）、所前街（连月河街至东街）、金婆弄、衣裳街（北过红旗路，连接志成路），西侧有车站路（西接杭长桥中路）、小西街、勤劳街。1999年底，路名拍卖给企业，易名江南工贸大街。2010年7月，复名南街。南街古称仪凤桥大街，仪凤桥建于唐代，至少有1400年左右历史。1930年、1958年均有修建。2000年、2005年分别改造拓宽。路长2879米，路宽25～36米，路面结构为沥青混凝土。2008年

5月至2009年5月，南街实施综合治理，主要对车站路口至红旗路段的非隔离带进行拆迁、拓宽，沿线建筑物立面改造、亮化改造和店招广告牌整治，建造4处地下行人通道。

**北街** 北起老北门环城北路口（西接广场后路至人民路），南向跨苕溪西路，沿务前河南至骆驼桥西堍与人民路、红旗路相连。北街的存在至少1400年，宋嘉泰《吴兴志》引《旧图经》载“北大街”即北街。1975年有修建。1993—1998年，大规模拆建、拓宽。沿霅溪建成骆驼桥广场、河滨公园、江南桥苑。路长702米，路宽25米，路面结构为沥青混凝土。

**苕溪（东西）路** 苕溪东路西起务前河桥，东向依次跨临湖路、环城东路、外环东路、余家漾路、吡山西路，东至三里桥港，长3901米；苕溪西路东起务前河桥，西向依次跨北街、人民路、南街、劳动路，西过苕溪大桥至龙溪北路，长1672米。1999年修建，2003—2005年东延至新318国道，全长5573米，路宽25～58米，路面结构为沥青混凝土。2008年5月至2009年5月，苕溪西路苕溪大桥至务前河桥路段实施综合治理，主要整治内容有机动车四车道改六车道、改建公交车停靠站、沿街建筑物立面和沿街店招广告牌整治、建设苕溪文化公园、修缮陈英士故居等。

**人民路** 北起老霸王门（北接城北水闸连紫云路、东接环城北路、西北接城北大桥、西南接劳动路），南向跨苕溪路，南至骆驼桥西堍与红旗路相接，全长1290米。自北而南，东侧有塔下街（东至环城北路南连北街）、广场后路（东至北街）、府庙前，西侧有益民路（西过劳动路跨青铜桥连青铜路）、公园路（西至南街）、同岑路（西至南街、人民公园与爱山广场）。人民路修建于1962年。2006年3月至2007年1月，投入2亿元实施改造，路宽从12米拓展到36米，路面结构为沥青混凝土。2009年7月始，人民路实施综合治理，主要对骆驼桥北堍至城北水闸段的沿街建筑物进行立面改造，整体提升店招与广告，增加夜景亮化和文化景观。

**红旗路** 东起骆驼桥西堍（北接人民路、东北接北街），西向依次跨志成路、南街、劳动路、龙溪南路（北接龙溪大桥、南连红丰路），西至杭长桥中路（与西塞山路相接）。1960年修建。2001—2003年、2004—2005年红旗路分两期实施西延工程，路长从1140米增至3005米，西延段路宽从24.5米增至40～90米，路面结构为沥青混凝土。工程建设及绿化总投资达3.26亿元。2008年5月至2009年5月，红旗路实施综合治理，主要对骆驼桥西堍至电力局大楼路段沿线建筑物进行立面改造和清洗，同步实施建筑物的亮化改造和街头公园建设。

**环城东路**　北起临湖桥接环城北路，南向跨苕溪路，再东向至东门外环东路，全长 1627 米。其北端连新华路（往东跨外环北路、东至学士路）。自北下弦而东，北侧有吉山路（北至苕溪路）、吉山二路（北至苕溪路）；南侧有狮象弄（西至北街）、承天寺巷（南至东街）。1957 年修建，1980 年改建。路宽 29 米，路面结构为沥青混凝土。

**环城南路**　东起东街东门口连环城东路，西向跨建设路（茅安前口）、西至南门接杭长桥中路（一字桥北堍）。自东而西，北有横塘路（北至莲花庄路）、编箕弄（拓宽新建，北至车站路与莲花庄路口连接南街）。1960 年修建，1970、1986 年分别改建，路长 1512 米、路宽 44 米，路面结构为沥青混凝土。

**环城西路**　南起车站路，北跨小西街、过西源桥跨苕溪，止于红旗路。自南而北，东侧有朝阳路（北至小西街）、张家弄（东至朝阳路连太平巷至南街），南侧有红丰四路、红丰三路、红丰二路、红丰一路（路口西至龙溪南路与红丰路）。1983 年修建，路长 1384 米，路宽 11.5 ~ 13.5 米，路面结构为沥青混凝土。

**环城北路**　西起人民路北端霸王门，与紫云路、城北大桥、劳动路相接，东向至塔下街东口折南，至老北门临湖桥西堍。自西而东再折南，北侧有大通桥（北跨龙溪至田盛街）；折南之西侧有塔下街（西至人民路）、广场后路（西至人民路）。2005 年，实施改建拓宽。路长 1051 米，路宽 12 米，路面结构为沥青混凝土。

**劳动路**　北起霸王门（接环城北路、人民路北端、城北水闸南堍与紫云路、城北大桥东堍），落南依次跨南街北延伸段、益民路、苕溪路、红旗路，南接勤劳街。南过苕溪路后，东侧有公园路（东过志成路北口，跨人民路，接南宁长巷至北街）。路长 1775 米，路宽 18 米，路面结构为沥青混凝土。2009 年 7 月，劳动路南起红旗路北至公园路路段 451 米实施综合治理，主要实施地下通道建设、道路拓宽改造、沿线地下管道改造和沿街景观建设，工程总投资 5898 万元。

**外环东路**　南起东门二里桥路、东街口，北向跨苕溪东路、新华路，过新潘公桥跨龙溪，再跨新市陌路，北接外环北路。1992 年建成。路长 2119 米，路宽 29 米，沥青混凝土路面。

**外环北路**　起于紫云路，迄于外环东路，全长 1940 米，路宽 24.3 米，沥青路面，建成于1990年。

**杭长桥（中南）路**　起于杭长桥南堍，终于其美路（二环西路湾山处），全长3362米，路宽36米，沥青路面。2003年8月至2004年12月，杭长桥中路实施综合改造，改造路段北起杭长桥南堍，南至城南一字桥北堍，长2100米。工程总投资2.67亿元。

**新华路**　东起环城东路，经学士路，西至毗山西路，全长2323米，路宽24～44米，沥青路面。1992年建成，1999、2005年分别改建拓宽。

**学士路**　南自新华路，北至清远路，长2082米、宽14.5米，沥青路面。1999年建成。

**湖东路**　西起外环东路，东向跨龙舌江，东至毗山西路。其北侧余家漾公园东侧为余家漾路（向西、北、东环接文教路与新华路），南侧有东河路，南至二里桥。1994年建成，线路长1007米，路宽16.6米，沥青混凝土路面。

**益民路**　起于劳动路，迄于人民路，全长500米，路宽24.5米，沥青路面。1979年修建，1987年拓宽改建。

**车站路**　起于南街，迄于杭长桥南路，长431米，宽24米，沥青路面。1961年修建，1988年拓宽改建。

**红丰路**　起于龙溪南路，迄于杭长桥中路，路长525米，路宽24.5米，沥青路面。1958年建成，1971、1983年分别拓宽改建。

**龙溪南路**　起于龙溪大桥，迄于红丰路，路长330米，宽24米，沥青路面。1993年修建。

**白鱼潭路**　起于外环北路，迄于学士路，全长1547米，路宽22.6～41米，沥青路面。1998年建成，2009年拓宽改建。

**吴兴大道**　起于苕溪东路，迄于织里二环西路，全长8405米，路宽60米，沥青路面。2005年建成。

**二环东路（美欣达路、毗山西路）**　起于318国道（八一线），迄于同心路，全长4650米，路宽50～70米，沥青路面。2006年建成。

## 湖州市老城区16条次干道

表1-54

| 序号 | 道路名称 | 起讫地点 | 路长（米） | 路宽（米） | 道路面积（平方米） | 人行道面积（平方米） | 路面结构 |
|---|---|---|---|---|---|---|---|
| 1 | 莲花庄路 | 建设路—南街 | 786 | 17 | 9632 | 3930 | 沥青 |
| 2 | 承天寺巷 | 东街—环城东路 | 135 | 18 | 1278 | 1107 | 沥青 |
| 3 | 高富路 | 外环北路—学士路 | 842 | 21 | 7578 | 10104 | 沥青 |
| 4 | 新市陌路 | 龙溪港—高富路 | 795 | 15.8 | 7150 | 5330 | 沥青 |
| 5 | 南园路 | 东街—建设路 | 184 | 11.5 | 1789 | 329 | 沥青 |
| 6 | 所前街 | 南街—月河街 | 390 | 12.7 | 3510 | 1450 | 沥青 |
| 7 | 广场后路 | 人民路—环城北路 | 489 | 9 | 4401 | — | 沥青 |
| 8 | 塔下街 | 人民路—环城北路 | 526 | 10 | 5260 | — | 沥青 |
| 9 | 吉山一路 | 环城东路—吉山中路 | 252 | 10 | 1260 | 1260 | 沥青 |
| 10 | 吉山二路 | 环城东路—吉山中路 | 386 | 11.7 | 2956 | 1565 | 沥青 |
| 11 | 建设路 | 月河街—环城南路 | 638 | 11.7 | 6380 | 1086 | 沥青 |
| 12 | 月河街 | 东街—月河桥 | 299 | 10.5 | 2691 | 438 | 沥青 |
| 13 | 衣裳街 | 红旗路—南街 | 353 | 7.2 | 2541 | — | 沥青 |
| 14 | 志成路 | 红旗路—公园路 | 408 | 11 | 2448 | 2040 | 沥青 |
| 15 | 同岑路 | 南街—人民路 | 375 | 13.3 | 2775 | 2217 | 沥青 |
| 16 | 横塘路 | 环城南路—莲花庄路 | 582 | 9 | — | — | 沥青 |

## 湖州市老城区97条支路与背街小巷

表1-55

| 序号 | 路名 | 起讫地点 | 路长（米） | 路宽（米） | 道路面积（平方米） | 人行道面积（平方米） | 路面结构 |
|---|---|---|---|---|---|---|---|
| 1 | 小吃街 | 车站路—街底 | 87 | 7.5 | 655 | — | 混凝土 |
| 2 | 石乱巷 | 小西街—巷底 | 98 | 5.3 | 520 | — | 混凝土 |
| 3 | 石乱巷支弄 | 石乱巷—弄底 | 148 | 2 | 296 | — | 混凝土 |
| 4 | 南门直街 | 吴村路—街底 | 485 | 4.6 | 2231 | — | 沥青 |
| 5 | 定安街 | 104国道—南门直街 | 268 | 11 | 2412 | 560 | 沥青 |
| 6 | 朝阳路 | 小西街—环城西路 | 454 | 6.4 | 2100 | 800 | 沥青 |
| 7 | 朝阳巷 | 朝阳路—高巷 | 206 | 3 | 618 | — | 沥青 |

续表 1-55-1

| 序号 | 路名 | 起讫地点 | 路长（米） | 路宽（米） | 道路面积（平方米） | 人行道面积（平方米） | 路面结构 |
|---|---|---|---|---|---|---|---|
| 8 | 朝阳巷支弄 | 高巷—弄底 | 37 | 2 | 74 | — | 混凝土 |
| 9 | 唐衙巷 | 南街—朝阳路 | 111 | 4.3 | 476 | — | 沥青 |
| 10 | 小西街 | 南街—环城西路 | 561 | 5 | 2381 | 462 | 沥青 |
| 11 | 小西街支弄 | 小西街—弄底 | 330 | 1.1 | 363 | — | 混凝土 |
| 12 | 新开河 | 洗帚弄—潮音桥 | 400 | 6.3 | 2000 | 531 | 沥青 |
| 13 | 甘棠桥直街 | 洗帚弄—甘棠桥 | 139 | 7.1 | 556 | 428 | 沥青 |
| 14 | 洗帚弄 | 苕梁桥—新开河 | 290 | 6.6 | 1740 | 175 | 沥青 |
| 15 | 金婆弄 | 南街—洗帚弄 | 234 | 12.5 | 1638 | 1284 | 沥青 |
| 16 | 慈感寺 | 土地弄—横塘路 | 200 | 3.5 | 700 | — | 混凝土 |
| 17 | 北齐巷 | 朝阳路—朝阳巷 | 227 | 3.2 | 720 | — | 沥青 |
| 18 | 北齐巷横弄 | 北齐巷—朝阳巷 | 73 | 2.5 | 183 | — | 混凝土 |
| 19 | 太平巷 | 南街—朝阳路 | 177 | 3.6 | 531 | 106 | 混凝土 |
| 20 | 高巷 | 小西街—朝阳巷 | 176 | 3 | 515 | — | 混凝土 |
| 21 | 青年路 | 潮音桥—横塘路 | 259 | 2.7 | 700 | — | 混凝土 |
| 22 | 张家弄 | 朝阳路—环城西路 | 201 | 2.8 | 568 | — | 混凝土 |
| 23 | 木桥南弄 | 小西街—木桥头 | 54 | 1.4 | 75 | — | 混凝土 |
| 24 | 红门馆前 | 东街—证通寺前 | 395 | 5.6 | 2193 | — | 沥青 |
| 25 | 保健巷 | 红门馆前—团结巷 | 133 | 5.3 | 705 | — | 沥青 |
| 26 | 团结巷 | 红门馆前—红门馆前 | 111 | 4.5 | 499 | — | 沥青 |
| 27 | 证通寺前 | 月河街—红门馆前 | 276 | 8.6 | 1844 | 540 | 沥青 |
| 28 | 马军巷 | 东街—狮象弄 | 180 | 16 | 1620 | 1242 | 沥青 |
| 29 | 狮象弄 | 马军巷—环城东路 | 249 | 8.9 | 1494 | 722 | 沥青 |
| 30 | 乌盆巷 | 东街—证通寺前 | 195 | 4.7 | 915 | — | 沥青 |
| 31 | 吉山三路 | 吉山中路—环城东路 | 251 | 4.5 | 1130 | — | 沥青 |
| 32 | 承德里 | 红门馆前—市河 | 66 | 2.7 | 177 | — | 混凝土 |
| 33 | 河下街 | 东街—弄底 | 72 | 1.5 | 108 | — | 混凝土 |
| 34 | 学东 | 建设路—学宫兜 | 153 | 2.3 | 346 | — | 混凝土 |
| 35 | 学宫兜 | 月河街—南园路 | 196 | 3 | 588 | — | 混凝土 |

续表 1-55-2

| 序号 | 路名 | 起讫地点 | 路长（米） | 路宽（米） | 道路面积（平方米） | 人行道面积（平方米） | 路面结构 |
|---|---|---|---|---|---|---|---|
| 36 | 五爱弄 | 红门馆前—市河 | 43 | 1 | 43 | — | 混凝土 |
| 37 | 大摆渡口 | 红门馆前—市河 | 32 | 3.5 | 112 | — | 石板 |
| 38 | 南山弄 | 红门馆前—市河 | 39 | 3 | 117 | — | 混凝土 |
| 39 | 海门底 | 勤劳街—市河 | 57 | 5 | 285 | — | 混凝土 |
| 40 | 守仁巷 | 志成路—同岑路 | 128 | 4.5 | 578 | — | 沥青 |
| 41 | 进德里 | 守仁巷—弄底 | 66 | 2.4 | 161 | — | 混凝土 |
| 42 | 勤劳街 | 南街—环城西路 | 545 | 7.7 | 2558 | 1660 | 沥青 |
| 43 | 医院巷 | 勤劳街—后狮子巷 | 186 | 4.2 | 781 | — | 沥青 |
| 44 | 小市巷 | 红旗路—衣裳街 | 179 | 6.2 | 753 | 357 | 沥青 |
| 45 | 馆驿河头 | 钦古巷—平安巷 | 313 | 4 | 1250 | — | 混凝土 |
| 46 | 馆驿巷 | 衣裳街—市河 | 95 | 3.7 | 355 | — | 混凝土 |
| 47 | 竹安巷 | 衣裳街—市河 | 95 | 3.8 | 361 | — | 混凝土 |
| 48 | 西门下塘 | 环城西路—杭长桥 | 888 | 3.8 | 3381 | — | 沥青 |
| 49 | 平安巷 | 衣裳街—市河 | 81 | 3.5 | 284 | — | 混凝土 |
| 50 | 后狮子巷 | 劳动路—医院巷 | 204 | 6 | 1224 | — | 沥青 |
| 51 | 乔梓巷 | 红旗路—勤劳街 | 182 | 9.3 | 673 | 1020 | 沥青 |
| 52 | 方伯里 | 乔梓巷—勤劳街 | 51 | 3 | 153 | — | 混凝土 |
| 53 | 钥匙弄 | 衣裳街—弄底 | 46 | 2.9 | 133 | — | 混凝土 |
| 54 | 当弄 | 衣裳街—市河 | 85 | 2.3 | 195 | — | 混凝土 |
| 55 | 九曲弄 | 衣裳街—钦古弄 | 154 | 2.8 | 429 | — | 混凝土 |
| 56 | 双井巷 | 衣裳街—弄底 | 127 | 2.6 | 329 | — | 沥青 |
| 57 | 眺谷桥弄 | 勤劳街—勤劳街 | 158 | 2.2 | 348 | — | 混凝土 |
| 58 | 花园弄 | 勤劳街—市河 | 67 | 2.2 | 147 | — | 混凝土 |
| 59 | 铁佛寺前 | 劳动路—弄底 | 46 | 4 | 184 | — | 混凝土 |
| 60 | 新艺弄 | 劳动路—弄底 | 88 | 2 | 175 | — | 混凝土 |
| 61 | 包安弄 | 衣裳街—市河 | 93 | 2 | 186 | — | 混凝土 |
| 62 | 小 弄 | 衣裳街—市河 | 93 | 1.3 | 121 | — | 混凝土 |
| 63 | 木桥北弄 | 勤劳街—市河 | 73 | 3.3 | 241 | — | 混凝土 |

续表 1-55-3

| 序号 | 路名 | 起讫地点 | 路长（米） | 路宽（米） | 道路面积（平方米） | 人行道面积（平方米） | 路面结构 |
|---|---|---|---|---|---|---|---|
| 64 | 木桥河头 | 勤劳街—市河 | 69 | 2.5 | 173 | — | 混凝土 |
| 65 | 公园路 | 人民路—劳动路 | 537 | 8.3 | 4448 | — | 沥青 |
| 66 | 大线场 | 苕溪路—益民路 | 291 | 5.2 | 1512 | — | 沥青 |
| 67 | 白地街 | 苕溪路—南宁长巷 | 127 | 5 | 635 | — | 沥青 |
| 68 | 少年宫路 | 人民路—人民路新村 | 119 | 4.6 | 549 | — | 沥青 |
| 69 | 梳妆台街 | 环城北路—眠佛寺街 | 160 | 4.2 | 672 | — | 沥青 |
| 70 | 广场东路 | 苕溪路—广场后路 | 150 | 2.5 | 375 | — | 混凝土 |
| 71 | 眠佛寺街 | 塔下街—广场后路 | 371 | 3.8 | 1138 | 260 | 沥青 |
| 72 | 天宁巷 | 苕溪路—南宁长巷 | 340 | 5 | 1700 | — | 沥青 |
| 73 | 南宁长巷 | 人民路—北街 | 280 | 3.3 | 924 | — | 沥青 |
| 74 | 九家埭 | 塔下街—环城北路 | 224 | 7 | 1030 | 533 | 沥青 |
| 75 | 安定书院 | 劳动路—苕溪路 | 212 | 2.5 | 530 | — | 沥青 |
| 76 | 爱山街 | 同岑路—红旗路 | 114 | 4 | 456 | — | 沥青 |
| 77 | 老市陌路 | 潘公桥—下兴桥 | 1262 | 4.2 | 5338 | — | 沥青 |
| 78 | 十五间 | 田盛街—弄底 | 93 | 2.4 | 223 | — | 混凝土 |
| 79 | 田盛街 | 城北水闸—潘公桥 | 1003 | 4.9 | 4915 | — | 沥青 |
| 80 | 钱家兜 | 老市陌路—新市陌路 | 259 | 3.5 | 906 | — | 沥青 |
| 81 | 南园巷 | 横塘路—建设路 | 509 | 7.2 | 3643 | — | 沥青 |
| 82 | 章计村路 | 吉山南路—环城东路 | 311 | 4 | 1244 | — | 混凝土 |
| 83 | 计家桥路 | 新华路—吉山新村 | 250 | 9 | 2250 | — | 沥青 |
| 84 | 红丰一路 | 环城西路—红丰新村 | 186 | 10 | 1860 | — | 沥青 |
| 85 | 红丰二路 | 环城西路—红丰新村 | 130 | 7 | 910 | — | 沥青 |
| 86 | 红丰三路 | 环城西路—红丰新村 | 222 | 6 | 1332 | — | 沥青 |
| 87 | 红丰四路 | 环城西路—红丰新村 | 481 | 7.5 | 2886 | 720 | 沥青 |
| 88 | 吉山南路 | 吉山一路—外环东路 | 548 | 8.8 | 3836 | 996 | 沥青 |
| 89 | 仓桥弄 | 红门馆前—市河 | 82 | 2 | 164 | — | 沥青 |
| 90 | 白鱼潭东路 | 白鱼潭路—318 国道 | 355 | 19.4 | 5325 | 1562 | 沥青 |
| 91 | 白鱼潭西路 | 白鱼潭路—318 国道 | 355 | 15.7 | 4296 | 1278 | 沥青 |

续表 1-55-4

| 序号 | 路名 | 起讫地点 | 路长（米） | 路宽（米） | 道路面积（平方米） | 人行道面积（平方米） | 路面结构 |
|---|---|---|---|---|---|---|---|
| 92 | 吴村路 | 五一大桥—南门直街 | 403 | 7 | 2821 | — | 沥青 |
| 93 | 永宁巷 | 白地街—北街 | 111 | 1.5 | 166 | — | 混凝土 |
| 94 | 北区路 | 新华路—外环东路 | 378 | 14 | 3024 | 2299 | 混凝土 |
| 95 | 华丰一路 | 新市陌路—白鱼潭路 | 760 | 7 | 4560 | 760 | 混凝土 |
| 96 | 华丰二路 | 高富路—白鱼潭路 | 240 | 19.8 | 3360 | 1380 | 沥青 |
| 97 | 榆树街 | 南街—劳动路 | 370 | 3.9 | 1058 | — | 沥青 |

## 二　新城区主要道路

范围含湖州经济开发区、仁皇山新区、太湖旅游度假区。

**二环西路（其美路）**　南起 104 国道（湾山段），北至陵阳路，是连接湖州经济技术开发区和仁皇山新区的重要道路，与西塞路、七里亭路、红丰西路、港南路、二环南路、田园路、新区二路相交。道路全长 5790 米，车行道宽 32 米，中央绿化隔离带 10.5 米，路侧绿化带各 8.75 米。双向八车道。2000 年 8 月开工，2002 年 10 月竣工。

**西塞山路**　位于经济开发区西南分区，东起二环西路（其美路），西至湖州火车南站。沿线有江南车城、七里亭村、杨家庄村、盛湾村、康山村、严家坟村。全长 4774 米，宽 50 米，中间隔离绿化带 8.5 米，主车道 2×12.25 米，两侧人行道各 4 米，两边绿化带各 20 米。双向六车道。2004 年 6 月开工，2006 年 8 月建成通车。

**红丰西路**　位于经济开发区西南分区，东起杭长桥中路，西至漾西路，与新区二路、新区一路、其美路、外庄路、横塘路相交，全长 3039 米，宽 40 米，路两侧绿化带各 15 米。分两期建设。一期从漾西路至其美路，长 1807 米，2003 年 5 月开工，2004 年 7 月竣工。二期从其美路至外庄，长 1232 米，2006 年 3 月开工，2007 年 12 月竣工。

**港南路**　位于经济开发区西南分区，东起杭长桥南路（104 国道），西至漾西路，与新区一路、新区二路、其美路、外庄路、体育路、横塘路相交。全长 3951

米，宽35米，路两侧绿化带各15米。分两期建设。一期从漾西路至其美路，路线长1477米。2003年5月开工，2004年7月竣工。二期从其美路至杭长桥南路（104国道一字桥堍），线路长2474米，2006年3月开工，2007年12月竣工。

**二环南路（东坡路）** 位于经济开发区西南分区，东起杭长桥南路（104国道），西至康山大道，与新区二路、夹山路、田园路、其美路、新区一路相交，全长3585米，宽50米，绿化带2×25米，分两期建设。一期从新区二路至其美路，路线长1038米，2003年4月开工，2004年7月竣工。二期从其美路至杭长桥南路（104国道），2006年开工，2007年12月竣工。

**龙溪北路** 位于经济开发区凤凰分区，自龙溪大桥北堍至大享路，路长2235米，宽40米，其中绿化隔离带4米。1993年开工，1994年7月竣工。

**青铜路** 位于经济开发区凤凰分区，青铜桥西北堍至陵阳路，路长1337米，路宽54米，中央绿化隔离带2米，机动与非机动车道绿化隔离带3米。1994年开工，1997年竣工。

**凤凰路** 位于经济开发区凤凰分区，自杭长桥北路至太湖路，路长2560米，宽39米，其中中央绿化隔离带3米。1993年开工，1995年6月竣工。

**陵阳路** 杭长桥北路至318国道乌山岔口，路长10700米，宽24米，其中中央绿化带2米。由湖州市公路管理处作为318国道外环线工程建设，2000年竣工。

**滨河路** 位于经济开发区凤凰分区，南起轻纺路东端，东北向过龙溪北路、青铜路，折东至城北大桥与奉胜门大桥西堍，与老城区、太湖路相连。全长1678米，路宽22米。1994年开工，1996年竣工。

**同心路（三环北路）** 位于仁皇山新区，西起青铜北路，东至申湖浙皖连接线，全长9354米，分三期施工。一期青铜北路至太湖路，长2090米，宽60米，其中中央绿化带10米，2003年建成。二期（东延）太湖路至申湖浙皖连接线，长5514米，宽80米，并建有南太湖大桥、草田漾大桥、大钱港大桥、立交桥等7座大小桥梁，2005年竣工。三期西延至杨白公路，长1750米，宽60米，2006年8月竣工。

**仁皇山路** 为仁皇山新区东西向主干道。西起青铜北路，东至菱湖路，全长1250米，宽40米，含桥梁1座，沥青混凝土路面，设计时速40公里。2001年开工，2002年竣工。

**长兴路**　为仁皇山新区南北向城市主干道。陵阳路至白雀路，全长 2650 米，宽 40 米。分两期施工。一期从陵阳路至同心路，长 1550 米，宽 40 米，沥青混凝土路面，设计时速 50 公里。2001 年 8 月开工、2002 年 9 月竣工。二期从同心路至白雀路，长 1100 米，宽 40 米，2005 年 3 月开工，2006 年 12 月竣工。

**太湖路**　位于太湖旅游度假区，1990 年，湖州至小梅口为四级乡道公路。随着湖州市对太湖旅游经济的开发，1998 年湖州市政府决定由市交通局对湖梅公路进行全面改造。工程起于湖州经济技术开发区凤凰路，向北经白雀塘桥、白雀乡政府西侧岔口，终点为太湖小梅口旅游度假区南大门，全长 7.9 公里。按平原微丘二级公路加宽标准建设，设计时速 80 公里，路基宽度 38 米。路幅布置机动车道 15 米，非机动车道 2×5 米，分隔带 2×1.5 米，路肩 2×5 米。沥青路面结构。全线小桥函与路基同宽，大中桥宽度为 30 米。工程于 1998 年 10 月开工，1999 年 9 月 27 日竣工，工程决算投资 5925.5 万元。建成后移交给市城建部门管养，城建部门将该路列为城市道路并规划为太湖路、湖梅路等。2007 年，太湖路改造拓宽至 68 米。

**湖州经济开发区主要道路**

表 1-56

| 分区名 | 路名 | 起讫地点 | 路长（米） | 路宽（米） | 建设年月 |
|---|---|---|---|---|---|
| 西南分区 | 二环西路（其美路） | 104 国道湾山段—陵阳路 | 5790 | 32 | 2000.8—2002.10 |
| | 敬业路 | 西塞路—田园路 | 2650 | 25 | 2003.5—2004.7 |
| | 成业路 | 西塞路—二环南路 | 2100 | 35 | 2003.5—2004.7 |
| | 西塞山路 | 其美路—火车站 | 4774 | 50 | 2005—2006.6 |
| | 红丰西路 | 杭长桥中路—漾西路 | 3039 | 40 | 2003.5—2007.12 |
| | 港南路 | 杭长桥南路—漾西路 | 3951 | 35 | 2003.5—2007.12 |
| | 二环南路（东坡路） | 杭长桥南路—康山大道 | 3585 | 50 | 2003.4—2007.12 |
| | 七里亭路 | 奚塘路—漾西路 | 2410 | 25 | 2003.3—2005.12 |
| | 环庄路 | 五一大桥堍—外庄路 | 2810 | 25 | 2006.3—2008 |
| | 漾西路 | 港南路—七里亭路 | 1550 | 25 | 2009.2—2010.12 |
| 西塞山分区 | 敢山南路 | 黄芝山路—规划 104 国道 | 3410 | 35 | 2007 |
| | 敢山东路 | 敢山北路—旄儿港 | 2280 | 35 | 2007 |
| | 三天门路 | 104 国道—旄儿港路 | 2370 | 35 | 2007 |
| | 旄儿港路西段 | 黄芝山路—立交匝道口 | 2010 | 35 | 2007 |

续表 1-56-1

| 分区名 | 路名 | 起讫地点 | 路长（米） | 路宽（米） | 建设年月 |
|---|---|---|---|---|---|
| 西塞山分区 | 旄儿港路东段 | 立交匝道口—104 国道 | 2870 | 24 | 2007 |
| | 果木路 | 敢山北路—火车站路 | 1221 | 20 | 2007 |
| | 纽家庄路 | 三天门路—黄芝山路 | 681 | 20 | 2007 |
| | 梅西路 | 三天门路—果木园路 | 364 | 20 | 2007 |
| | 霅水桥路 | 火车站路—展桥路 | 1680 | 20 | 2007 |
| | 白龙山路 | 火车站路—展桥路 | 1630 | 20 | 2007 |
| | 展桥路 | 敢山南路—旄儿港路 | 1092 | 20 | 2007 |
| | 方家山路 | 敢山南路—旄儿港路 | 1300 | 20 | 2007 |
| | 久立路 | 敢山南路—匝水桥路 | 375 | 20 | 2007 |
| | 茅草场路 | 敢山南路—火车站路 | 431 | 20 | 2007 |
| 凤凰分区 | 龙溪北路 | 龙溪大桥北堍—大享路 | 2235 | 40 | 1993—1994.7 |
| | 凤凰路 | 杭长桥北路—太湖路 | 2560 | 39 | 1993—1995 |
| | 体育场路 | 滨河路—陵阳路 | 498 | 40 | 1996 |
| | 滨河路 | 轻纺路—太湖路 | 1678 | 22 | 1994—1996 |
| | 国威路 | 轻纺路—龙溪北路 | 462 | 12 | 1996 |
| | 青铜路 | 青铜桥西北堍—陵阳路 | 1337 | 59 | 1994—1997 |
| | 新湖路 | 龙溪北路—青铜路 | 657 | 14 | 1996—1997 |
| | 轻纺路 | 滨河路—陵阳路 | 1813 | 24 | 1996—1998 |
| | 陵阳路 | 杭长桥北路—318 国道乌山岔口 | 10700 | 24 | 1995—2000 |
| | 大享路 | 杭长桥北路—龙溪北路 | 902 | 24 | 2000 |
| | 创业大道 | 杭长桥北路—里村路 | 1158 | 31 | 2000 |
| | 杭长桥北路 | 杭长桥—九九桥 | 6000 | 43 | 1929 年始建，1971、1986、1994、2004 年多次改建 |
| | 新竹路 | 其美路—田横路 | 1000 | 20 | 2001.9 |
| | 腊山路 | 梦溪路—创业大道 | 952 | 15 | 2001.10 |
| | 田横路 | 杭长桥北路—里村路 | 1959 | 35 | 2001.12 |
| | 里村路 | 杭长桥北路—创业大道 | 1128 | 15 | 2002.9 |
| | 师庄路 | 紫荆路—新竹路 | 250 | 6 | 2002.6 |

续表 1-56-2

| 分区名 | 路名 | 起讫地点 | 路长（米） | 路宽（米） | 建设年月 |
|---|---|---|---|---|---|
| 凤凰分区 | 紫荆路 | 腊山路—里村路 | 1238 | 14 | 2002.11 |
| | 广源路 | 梦溪路—腊山路 | 1160 | 14 | 2002.11 |
| | 田兴路 | 西凤路—闻涛路 | 700 | 13 | 2004.5 |
| | 彩凤路 | 方家村路—田横路 | 2200 | 12 | 2004.6 |
| | 西凤路 | 杨家庄大桥—达多公司 | 2650 | 19 | 2007.7 |
| | 计祥路 | 闻波路—里村路 | 1850 | 20 | 2007.11 |
| | 德申路 | 轻纺路—龙溪北路 | 660 | 14 | 1999.5 |

**湖州市仁皇山新区主要道路**

表 1-57

| 道路名称 | 起讫地点 | 路长（米） | 路宽（米） | 路面结构 | 建设年月 |
|---|---|---|---|---|---|
| 同心路 | 杨白公路至申湖浙皖公路连接线 | 9354 | 60、80 | 沥青 | 2003—2006.8 |
| 仁皇山路 | 青铜北路至菱湖路 | 1250 | 40 | 沥青 | 2002 |
| 长兴路 | 白雀路至陵阳路 | 2650 | 40 | 沥青 | 2001.8—2002.9<br>2005.3—2006.12 |
| 青铜北路 | 陵阳路至杨白公路 | 3730 | 40 | 沥青 | 2003.7 |
| 菱湖路 | 纬里路至同心路 | 740 | 24 | 沥青 | 2002 |
| 龙王山路 | 青铜北路至长兴路 | 1250 | 40 | 沥青 | 2002 |
| 金盖山路 | 青铜北路至长兴路 | 962 | 27 | 沥青 | 2001 |
| 德清路 | 龙王山路至同心路 | 1695 | 15 | 沥青 | 2007.4 |
| 岙山南路 | 同心路至岙山花苑桥 | 640 | 12.5 | 沥青 | 2007.4 |
| 纬里路 | 长兴路至菱湖路西 | 320 | 16 | 沥青 | 2008.12 |

**湖州市太湖度假区主要道路**

表 1-58

| 道路名称 | 起讫地点 | 路长（米） | 路宽（米） | 建设时间 |
|---|---|---|---|---|
| 太湖路 | 凤凰路口—邱城城门 | 7900 | 38 | 1999 |
| | | | 68 | 2007 |
| 湖梅路 | 邱城城门-图影桥堍 | 1590 | 16 | 1999 |
| 通湖路 | 小梅口大桥-太湖大堤 | 530 | 9 | 2001 |
| 邱城路 | 纪念碑-小梅口大桥 | 280 | 17 | 2001 |
| 浮霞路 | 小梅口大桥堍-长兜港 | 2810 | 9 | 2002 |
| 滨湖路 | 浮霞路-长兜港大桥桥堍 | 1800 | 8 | 2002 |

# 第二节　市河桥梁

东、西苕溪于湖州西、南合流入城。澧渎、霅水在江渚汇合流往北向，入龙溪东分水，至大钱港。城西苕水往北分龙溪，至城北分机坊、新塘二港，又北合旄儿港。西苕在霅水桥分流旄儿港，东至白雀塘桥与机坊、新塘双港串流，又分小梅、长兜二港趋太湖。老新城区地域不断外延，西容龙溪、旄儿港，东纳市陌港、龙舌江、三里桥港，南囊菜花泾、浅塘港、长湖申航道古碧浪湖段。除老城区苕、霅二市河外，龙溪、机坊港、新塘港、旄儿港、小梅港、长兜港、龙舌江、菜花泾、浅塘港、古碧浪湖段、横渚塘河、三里桥港、城南东苕及长湖申航段诸流，皆成市河，跨流有诸多桥梁沟通。

## 一　跨市河桥梁名录

**跨霅溪**　南起定安桥，北入龙溪至太湖。自南而北桥梁依次：潮音新桥、潮音桥、闻波桥、月河桥、甘棠桥（“文化大革命”期间曾改名四新桥）、苕梁桥、骆驼桥、狮象桥、马军桥、务前河桥、临湖桥、通济桥、新桥。定安桥外城南水闸南有碧浪桥。

**跨古苕溪**　苕溪又称漕渎，西起杭长桥，东至苕梁桥。其间自西而东桥梁依次：永丰桥、广福桥、西源桥、永安桥（木桥）、仪凤桥。

**跨龙溪港**　西苕溪入西苕大桥后东向偏北分水，过杭长桥至老霸王门又分水，东入城北水闸东流，合龙舌江，入毗山水闸与三里桥港相汇。自西南而东北又东依次：西苕大桥、杭长桥、龙溪大桥、苕溪大桥、青铜大桥、奉胜门大桥、城北大桥、城北水闸、大通桥、潘公桥、新潘公桥、华丰桥、毗山大桥。

**跨旄儿港**　西苕溪在霅水桥分流，为旄儿港，西来过凤凰大桥，流向西北与新塘港相会，汇入长兜港。自西而东依次：凤凰大桥、中兴大桥、白雀塘桥。

**跨机坊港（小梅港）与新塘港**　龙溪北上两股并流至白雀塘桥东，东支新塘港、西支机坊港。自南而北依次：日月大桥、港湖大桥、南太湖大桥。

**跨龙舌江**　城东荻塘分水自锁苕桥入，向东北流至毗山水闸西与龙溪相汇。自南而北依次：锁苕桥、湖东大桥、余家漾大桥、龙泉渡大桥。

**跨菜花泾**　东来荻塘之水由城东入，西流至城南一字桥接横渚塘河。东有茅安前大桥，西有菜花泾大桥。

**跨浅塘港**　在碧浪小区碧波苑东，贯通菜花泾与长湖申航道碧浪湖段。南华路桥（暂名），北为浅塘港桥。

**跨横渚塘河**　西苕溪来水在城西与龙溪分流，东偏南流至城南一字桥接东苕与菜花泾。自东往西有：一字桥、横渚塘大桥、城西大桥、城西水闸。

**跨东苕溪长湖申城南航道**　东苕溪来水（长湖申航道）与西苕溪贯通之水。自西往东有：白鹭大桥（原城西大桥）、奚家庄大桥、外庄大桥、五一大桥、湖州船闸。

## 二　主要桥梁简介

1993年，湖州城区有桥梁38座。1994年以来，随着城市框架拉大，先后新（改）建青铜大桥、苕溪大桥、务前河桥、凤凰大桥、新潘公桥、南太湖大桥、奉胜门大桥、新大通桥、日月大桥等，基本满足城市建设和发展需要。至2010年，湖州城区范围桥梁增至100余座，其中老城区66座。

**骆驼桥**　位于东街，跨霅溪。西接人民路、红旗路和北街，东连东街，是通往城东连接318国道的咽喉，曾为湖州著名古桥。据清同治《湖州府志》记载，该桥建于唐垂拱元年（685），宋、明、清历代均有重修。桥上原筑飞阁，雕栏画栋，形似骆驼之背故名。桥额“骆驼桥”三字，系唐大历湖州刺史、大书法家颜真卿所书，后因镌刻失真而没。历代诗人颇多描述，如唐诗人刘禹锡有“骆驼桥上蘋风起，鹦鹉杯中若下春”，宋苏轼有“今日骆驼桥下泊，恣看修网出银刀”等句。1954 年改建为钢筋混凝土桥，长 34 米、宽 8 米，载重 10 级。1983 年 5 月，在老桥西侧 20 米处重建骆驼桥，翌年 6 月竣工。新桥由上海市政工程设计院设计，著名书画家沈迈士题写桥额。新桥全长 56.6 米、主跨 25 米、桥宽 24.5 米（车行道 18 米、人行道 3.25 米 × 2），设计荷载汽—20、挂—100。桥下东西两边各设人行立交通道，宽各 3 米、高 2.2 ~ 2.5 米。

**仪凤桥**　位于南街，跨城西市河，是城南进入城区的主要桥梁。始建于唐仪凤三年（678），是古代湖州城内三巨桥（骆驼、仪凤、甘棠）之一。宋绍熙三年（1192）毁于火，次年重建。明、清两代数次重修。中华人民共和国成立后两度改建。1957—1958 年，旧桥改建为汽—13 整体浇筑 T 梁桥。1987 年 7—12 月，改建为钢筋混凝土空心板梁桥。设计荷载汽—20、挂—100，桥长 19 米、跨径 12 米、宽 30.5 米（车行道 23.5 米、人行道 3 米 × 2、隔离带 0.5 米 × 2）。桥基础两边各加宽 1.6 米。

**临湖桥**　位于原临湖门水城门处，跨霅溪（务前河），1939 年建。1972 年改建为主跨 30 米，单孔钢筋混凝土双曲拱桥。1989 年 4 月又改建为钢筋混凝土三孔悬臂 T 形梁桥，长 51 米、净跨 40 米（12+16+12）、宽 20 米（车行道 14 米、人行道 3 米 × 2），设计荷载汽—20、挂—100。1990 年 7 月竣工。西接环城北路，东连环城东路，是城北与城东交通咽喉。桥额“临湖桥”三字为著名书画家谭建丞所书。

**潮音新桥**　位于潮音古桥南侧 75 米处，跨市河（新开河）而建。西与南街、车站路、104 国道相连，东接莲花庄路、横塘路与 318 国道相通，是南大门水陆交通咽喉。1980 年 12 月开工建设，1982 年 6 月完成下部结构，后因梁底标高有异议而停建。1985 年 8 月复工，翌年 3 月竣工，全长 51 米、桥跨 40 米、宽 15 米，设计荷载汽—20、挂—100，钢筋混凝土三孔悬臂 T 梁桥。

**新潘公桥**　位于环城东路，老潘公桥东侧 100 米处，跨龙溪港。1993 年 12 月开工，1995 年建成。由南京大学设计，采用三跨预应力钢筋混凝土连续梁结构。桥长 81 米、宽 28 米。设计荷载汽—20、挂—100。

**龙溪大桥**　位于龙溪南路，跨龙溪港。全长 136 米，主跨三孔（35 米+50 米+35

米），桥宽22米，其中车行道18米、人行道2米×2，设计荷载汽—20、挂—100，按五级航道通航标准设计。桥型为钢筋混凝土T形钢架结构。1992年9月开工建设，1993年10月竣工。

**青铜大桥**　位于湖州城北青铜路东段。跨龙溪港中段。旧名青塘桥，始建于元朝初年，在迎禧（青铜）门外原迎禧桥西北处。明成化十年（1474）重建。清康熙十八年（1679）重修。乾隆四年（1739）改建为五洞环桥，称桥“亘三百尺，广二十尺，高深三丈余尺，走水大洞者五，分水尖墩者四，平台者二为帮埠”。1957年拓浚龙溪港时，旧桥被拆除。为改善湖州经济开发区与老城区之间的交通联系，1993年12月28日开工重建青铜大桥。由东南大学建筑设计研究院设计，长165.7米、宽30米，设计荷载汽—20、挂—100。东连老城区益民路与劳动路交叉口，西接开发区青铜路。1995年8月竣工。

**狮象桥、马军桥**　为马军巷小区配套工程，桥型采用单跨悬链线拱桥，建筑造型上以轻颖七巧的表现手法，跨市河（霅溪）而建，桥长54.8米，宽6.2米，1995年11月开工，1996年10月竣工。同跨霅溪的骆驼桥、狮象桥、马军桥、务前河桥、临湖桥之间可隔桥相望，营造出江南古城“小桥流水人家”之风貌。

狮象桥、马军桥

**茅安前大桥**　位于城区东南318国道南侧，横跨菜花泾港。桥长250.8米，宽22米，主跨为60米预应力钢筋混凝土下承式系杆拱，双侧引桥为30米。预应力钢筋混凝土组合箱梁。设计荷载为汽—20、挂—100，总投资1000万元。1998年8月28日开工，1999年12月28日竣工。

**余家漾桥**　位于苕溪东路延伸段，跨大钱港（二里桥港）。桥长110米，宽35米，其中车行道15米、非机动车道8米、机非隔离带4米、人行道8米。桥梁采用5跨20米简支先张法空心板梁。设计负荷汽—超20、挂—120，人群3.5千牛/平方米。2003年6月开工，2005年12月建成。

**奉胜门大桥**　始名飞凤大桥，位于南街北延段，南接益民路，北接太湖路，跨越环城河，桥长270米，宽32米，双向4车道。桥型采用自锚式悬索结构，主桥跨径 160 米。两侧引桥分别为 2 孔 25 米的简支先张法空心板桥。属国内首次采用的“分批分步，一次张拉法，一次挂缆成功”的先进架桥工艺。设计负荷汽—超 20、挂—120。2004 年 8 月 28 日开工，2006 年 2 月建成通车，总投资 4000 万元。

**菜花泾大桥**　又名碧浪大桥，位于环城南路南侧，跨菜花泾港，桥长 105 米，宽 20 米，为双索面无背索斜拉桥。设计负荷汽—超 20、挂—120。2004 年 10 月 18 日开工，2006 年 8 月 15 日竣工。投资 3400 万元。

**港湖大桥**　位于陵阳路，东接清远路，跨新塘港和机坊港。桥长 779.7 米，宽 35.1 米，主跨 43 米，为预应力混凝土 T 形梁桥。设计负荷为公路Ⅱ级。1999 年 12 月建成。

**朱洪村大桥**　又名毗山大桥，位于美欣达路南端（二环东路），跨龙溪港。桥长 202 米，跨径布置为 40 米+65 米+40 米，桥宽 39 米，荷载等级为城—B，内河航道等级为六级，总投资 2300 万元。2004 年 3 月 4 日开工，2007 年 1 月竣工。

**日月大桥**　位于东白鱼潭与凤凰路连接点，横跨新塘港、长岛公园和小梅河，东接白鱼潭路，西连凤凰路。桥型为下承式斜靠拱桥，全长 383 米，跨径布置为 20 米+51 米+3×25 米+83 米+2×25 米+5×20 米。桥宽 32 米，东斜跨靠径 83 米，西斜跨靠拱跨径 50 米，建有双向四车道及硬隔离非机动车道、人行道。设计负荷汽—超 20、挂—120。曲线型斜靠桥拱，设计独特、式样新颖、承载力强。建设总投资 5965 万元。2007 年 1 月 18 日开工，2010 年 1 月 19 日竣工。

日月大桥

**新大通桥**　东接新市陌路，西连塔下街，跨环城河。桥长 86 米，宽 24 米。双向四车道，该桥由四跨组成，主跨上部结构采用长度为 26 米的可开启钢箱梁结构，可满足通车和通航的需要，是湖州市自行设计建造的首座可升降式大桥。设计负荷汽—20、挂—120。2006 年 12 月 28

城北大桥

日开工，2009 年 9 月竣工。

**城北大桥**　位于环城北路，跨龙溪港。1987 年建成，2009 年 8 月改建，改建内容是拆除桥墩以上部分，保留老桥水下结构和基础，新建钢结构桥身，桥面建造 10 条横向联系走廊，形成 9 个观水洞。改建后的城北大桥，配合东南岸项王公园的整体风格，在桥面上设置了一组古典风格的廊亭建筑，形成风雨廊桥的造型。同时在桥梁的中墩四角布置 4 个重檐廊亭，与项王公园、星海栈道、长岛公园等景点相呼应，成为景观步行桥。设计负荷汽—20、挂—120。改建总投资 3000 万元，2009 年底竣工。

苕溪大桥

**苕溪大桥**　位于苕溪路西端，跨龙溪港，东接劳动路，西与龙溪北路相交。为独塔单索面预应力混凝土斜拉桥，斜拉索呈扇形单索面布置，由 6 对斜索组成。桥长 242.8 米，主跨 120 米，桥宽 27.6 米，主塔高 43.57 米，设计荷载汽—20、挂—100。1999 年 9 月开工，2001 年 3 月竣工，总投资 4000 万元。

**风荷桥**　位于二环西路，跨西苕溪，全长 340 米，跨径 183 米（54+75+54），宽 46.5 米，预应力连接箱梁，荷载等级汽—20，挂—100，人群 3.5 千牛/平方米，总投资 3156 万元。2000 年 8 月开工，2002 年 8 月竣工。由江苏常州市政工程总公司施工，江苏交通工程咨询监理公司监理。

**白鹭大桥**　又名七里亭大桥，位于西塞山路，跨七里亭漾，全长 205.16 米，宽 44 米。设计荷载城市 A 级。下部结构为桩柱式，每排 1.2 米直径桩 8 根。2004 年 6 月开工，2006 年 8 月竣工。

**金湖大桥**　位于红丰西路东段，跨越长湖申航道。全长 518.1 米，跨径 150 米（25+100+25），主桥宽 33 米，引桥宽 28 米。锚式钢管混凝土中承提蓝拱桥，东、西引桥分两联 3 × 30 米等高度预应力混凝土连续箱梁。2006 年 3 月开工，2007 年 12 月竣工。

**银湖大桥**　位于港南路东段，跨越长湖申航道。全长 525 米，跨径 165 米

（27.5+110+27.5），主桥宽 35 米，引桥宽 30 米。锚式钢管混凝土中承桁架拱桥，东、西引桥为两联 3×30 米预应力混凝土连续箱梁。2006 年 3 月开工，2008 年 3 月竣工。

**水源大桥**　又名城西大桥，位于红旗路西延二期，城西水厂西南面，西接西塞山路，跨东苕溪，桥长 322 米，主跨 75 米，桥宽 39 米。主桥采用 165 米连接钢构形式，引桥采用 25 米简支先张法空心板梁。2004 年 1 月开工，2005 年 9 月竣工。

**护源大桥**　位于红旗路西延二期，城西水闸南侧，东堍与杭长路相交，跨横渚塘河。桥长 182 米，桥宽 39 米。采用 7 跨 25 米简支先张法空心板梁。2004 年 1 月开工，2005 年 9 月竣工。

**凤凰大桥**　位于青铜路，跨越旄儿港，是连接凤凰开发区与仁皇山新区主要桥梁。桥长 311 米，跨径为 30+45+30 米，宽 28 米，预应力混凝土连接钢构，双侧引桥为单跨 25 米预应力混凝土连续箱梁，总投资 2156 万元。2000 年 11 月 28 日开工建设，2002 年 2 月 5 日竣工。

**中兴大桥**　位于长兴路东南端，跨旄儿港，全长 456 米，宽 33 米。主桥为预应力混凝土变截面箱形连续梁。设计荷载汽—20、挂—100。2001 年 4 月开工，2002 年 9 月竣工。

**南太湖大桥**　大桥位于同心路，跨长兜港、小梅港和太湖路、紫云路，为 H 形、独塔双索面混凝土斜拉桥。桥长 1140.5 米，桥梁跨径布置为 160 米边跨、190 米中跨和 38 米外伸孔，合计 388 米。桥宽 40.5 米，桥面主塔高 108.7 米，主墩采用 30 根 2 米直径的砖孔灌注桩，桩长达 80 米，嵌入中风化岩石 10 多米。斜拉索为平行钢绞线拉索体系，采用竖琴式布置。工程总投资 1.8 亿元。2003 年 10 月 28 日开工，2005 年 9 月 28 日竣工。获 2005 年度浙江省“钱江杯”优质工程、中国市政金奖示范工程。

南太湖大桥

**湖梅立交桥**　为南太湖大桥西引桥，跨太湖路，呈简易菱形立交，横断面选用线型流畅的鱼腹式预应力混凝土连接箱梁，桥长 601 米，宽 27 米。由东南大学建筑设计研究院设计，2003 年 10 月开工，2005 年 9 月建成。

## 湖州市老城区桥梁

表 1–59

| 桥名 | 位置 | 桥长（米） | 桥宽（米） | 主跨（米） | 桥型 | 跨河 | 建设时间 |
|---|---|---|---|---|---|---|---|
| 潮音新桥 | 莲花庄路 | 51 | 14 | 40 | 单悬臂 T 形连续梁 | 市河 | 1985 年 |
| 潮音桥 | 慈感寺前 | 54.2 | 5 | 13 | 三孔石拱桥 | 市河 | 1539 年 |
| 月河桥 | 月河街 | 33 | 14 | 16 | 空心板梁 | 市河 | 1995 年 |
| 甘棠桥（四新桥） | 甘棠桥直街 | 38 | 4 | 20 | 上承式架拱 | 市河 | 始建于唐代，1973 年重建 |
| 苕梁桥 | 洗帚弄 | 41.5 | 6.7 | 10 | H 形钢构连续梁 | 市河 | 1946 年建 1990 年重修 |
| 骆驼桥 | 东街 | 56.6 | 24.5 | 25 | 上承式钢架拱 | 市河 | 始建于唐代，后多次改建 |
| 马军桥 | 马军巷 | 54.8 | 6.2 | 20 | 双曲拱 | 市河 | 1996 年 |
| 狮象桥 | 临河路 | 43.8 | 8.2 | 20 | 双曲拱 | 市河 | 1996 年 |
| 务前河桥 | 北街 | 49.2 | 24.6 | 16 | 空心板梁 | 市河 | 1998 年 |
| 临湖桥 | 环城北路 | 50.8 | 20 | 16 | 单悬臂 T 形连续梁 | 市河 | 1990 年 |
| 大通桥 | 田盛街 | 197.5 | 3.8～5.8 | 22 | 空心板梁 | 龙溪港 | 明嘉靖初建，后多次改建 |
| 新大通桥 | 新市陌路与塔下街交接 | 86 | 24 | 26 | 可升降式 | 市河 | 2009 年 |
| 潘公桥 | 田盛街 | 58 | 6 | 16.5 | 三孔薄拱墩驼峰式 | 龙溪港 | 1585 年 |
| 墙壕大桥（新潘公桥） | 外环东路 | 81 | 28 | 35 | 三跨连续梁 | 龙溪港 | 1994 年 |
| 华丰桥 | 学士路 | 98 | 18 | 25 | 空心板梁 | 龙溪港 | 1996 年 |
| 茅安前大桥 | 建设南路 | 250.8 | 22 | 60 | 系杆拱 | 菜花泾港 | 1999 年 |
| 湖东大桥 | 湖东路 | 70.5 | 15 | 25 | 空心板梁 | 大钱港 | 1993 年 |
| 城北大桥 | 环城北路 | 166.5 | 22.4 | 35 | 钢架连拱 | 龙溪港 | 1966 建 |
| 城北水闸桥 | 紫云路 | 38.7 | 21.7 | 25 | 空心板梁 | 龙溪港 | 2001 年 |
| 米行街新桥 | 河畔居小区 | 35 | 3.1 | 9 | 矩形梁桥 | 市河 | 1991 年重建 |

续表 1-59-1

| 桥名 | 位置 | 桥长（米） | 桥宽（米） | 主跨（米） | 桥型 | 跨河 | 建设时间 |
|---|---|---|---|---|---|---|---|
| 横渚塘大桥（外庄桥） | 红丰路 | 54.17 | 24 | 16 | 板梁桥 | 横渚塘河 | 2002 年 |
| 东白鱼潭西桥 | 东白鱼潭小区 | 27.5 | 4.3 | 10 | 双曲拱桥 | — | 1998 年 |
| 东白鱼潭南桥 | 东白鱼潭小区 | 24.7 | 9 | 10 | 空心板梁桥 | — | 1998 年 |
| 碧浪桥 | 南华路 | 26.7 | 15 | 20 | 矩形板梁桥 | 长湖申北支线 | 2000 年 |
| 仪凤桥 | 南街 | 19 | 30.5 | 12 | 土板梁桥 | 城西市河 | 始建于唐代，后多次改建 |
| 木桥（永安桥） | 木桥河头 | 16 | 2.2 | 6 | 条石板梁桥 | 城西市河 | 1896 年 |
| 市河吊桥 | 西门下塘 | 18 | 2.2 | 5 | 石梁桥 | 城西市河 | 清代 |
| 西源桥 | 环城西路 | 6 | 14 | 5 | 土板梁桥 | 城西市河 | 1980 年 |
| 红丰桥 | 龙溪南路 | 18.8 | 24.5 | 5 | 土板梁桥 | 城西市河 | 1991 年 |
| 永丰桥 | 城西市河 | 24.8 | 1.4 | 5.3 | 条石板梁桥 | 城西市河 | 1890 年 |
| 黑板桥 | 老市陌路 | 15.2 | 8.8 | 10.66 | 板梁桥 | 市陌河 | 1984 年 |
| *一字桥 | 杭长桥南路 | 57.8 | 38.7 | 25 | 板梁桥 | 东苕溪 | 2003 年改建 |
| *五一大桥 | 杭长桥南路 | 180.4 | 38.7 | 60 | 板梁桥 | 东苕溪 | 2003 年改建 |
| *锁苕桥 | 二里桥路 | 56.5 | 15.7 | — | 板梁桥 | 龙舌江 | 1996 年改建 |
| *三里桥 | 二里桥路 | 57 | 30 | — | 板梁桥 | 东苕溪 | 1996 年改建 |
| *定安桥 | 环城南路 | 62 | 18 | — | 板梁桥 | 东苕溪 | 1991 年 |
| *城西大桥 | 西塞路 | 132 | 9 | — | 板梁桥 | 西苕溪 | 1980 年 |
| 积善水闸桥 | — | 16 | 4.8 | — | 板梁桥 | 城西市河 | 1990 年 |
| 城西水闸桥 | 西塞路 | 32.5 | 7 | 25 | 板梁桥 | 横渚塘河 | 1958 年 |

续表 1-59-2

| 桥名 | 位置 | 桥长（米） | 桥宽（米） | 主跨（米） | 桥型 | 跨河 | 建设时间 |
|---|---|---|---|---|---|---|---|
| 城南水闸桥 | 南华路 | 32.5 | 7 | — | 板梁桥 | 东苕溪 | 1958 年 |
| 船闸公路桥 | 城南 | 193 | 14 | — | 板梁桥 | 南门新市河 | 1990 年 |
| 闻波桥 | 闻波兜 | 62 | 3 | 16 | 九曲状 | 市河 | 2005 年新建 2010 年重建 |
| 日月大桥 | 东白鱼潭与凤凰路连接点 | 383 | 32 | 83 | 下承式斜靠拱桥 | 新塘港机坊港 | 2010 年 |
| 湖梅立交桥 | 三环北路 | 601 | 27 | — | 简易菱形立交 |  | 2005 年 |
| 草田漾大桥 | 三环北路 | 531.2 | 42 | 21 | 空心板梁桥 | 草田漾 | 2005 年 9月 |
| 金锁大桥 | 三环北路 | 500 | 42 | 60 | 连续箱梁桥 | 大钱港 | 2005 年 |
| 余家漾桥 | 苕溪东路 | 110 | 35 | 100 | 板梁桥 | 大钱港 | 2005 年 |
| 邱家漾大桥（漾湖大桥） | 苕溪东路延伸段 | 327.2 | 39 | 65 | 板梁桥 | 三里桥港 | 2005 年 10 月 |
| 龙泉渡桥 | 新华路东延段 | 70 | 22 | 25 | 空心板梁桥 | 大钱港 | 2005 年 |
| 奉胜门大桥（飞凤大桥） | 南街 | 270 | 32 | 88 | 空心板梁 | 环城河 | 2006 年 |
| 菜花泾大桥（碧浪大桥） | 菜花泾路 | 105 | 20 | — | 双索面无背索斜拉 | 菜花泾港 | 2006 年 |
| 东湖大桥 | 东湖街向南延伸段 | 90 | 15 | 40 | 连续箱梁桥 | 頔港 | 2009 年 |
| *港湖大桥 | 陵阳路 | 779.7 | 35.1 | 43 | T 形梁桥 | 新塘港机坊港 | 1999 年 |
| 朱洪村大桥 | 美欣达路（二环东路） | 202 | 39 | 65 | 连续箱梁桥 | 龙溪港 | 2007 年 |
| 永兴桥 | 学士路东 | 18 | 2 | — | 条石板梁桥 | 市陌河 | 清道光年建，2009 年重修 |
| 潘家廊桥 | 湖州师院西南侧 | 55.7 | 7 | 40.4 | 实腹板拱桥 | 龙溪港 | 2011 年 |
| 浅塘港桥 | 南滨路 | 40 | 13 | — | 板梁桥 | 浅塘港 | 2010 年 |

续表 1-59-3

| 桥名 | 位置 | 桥长（米） | 桥宽（米） | 主跨（米） | 桥型 | 跨河 | 建设时间 |
|---|---|---|---|---|---|---|---|
| 南华路桥（暂名） | 南华路污水厂西北侧 | 36 | 13 | — | 板梁桥 | 浅塘港 | 2000年 |
| 城东大桥 | 东湖路 | 150 | 4 | — | 连续箱梁桥 | 頔塘 | 1990年 |
| 王塘港桥 | 三环北路 | 106 | 55.6 | 20 | 先张法空心板梁 | 王塘港 | 2005年8月 |
| 塘桥港桥 | 太湖路 | 31.1 | 30 | 8 | — | — | 1999年10月 |
| 同心路2号桥 | 同心路 | 31 | 51 | — | 后张法空心板梁桥 | — | 2003年10月 |
| 同心路3号桥 | 同心路 | 31 | 51 | — | 后张法空心板梁桥 | — | 2003年10月 |
| 三环北路东延2号桥 | 三环北路 | 19 | 60 | — | 先张法空心板梁 | — | 2005年9月 |
| 三环北路东延3号桥 | 三环北路 | 45 | 60 | — | 先张法空心板梁 | — | 2005年9月 |
| 高教路1号桥 | 高教路 | 34 | 24.6 | — | 先张法空心板梁 | — | 2010年1月 |

说明：“*” 表示由交通部门建设和管理。

## 湖州市新城区部分桥梁（桥长≥100米）

表 1-60

| 新城区名 | 桥名 | 位置 | 跨河 | 桥长（米） | 桥宽（米） | 建设时间 |
|---|---|---|---|---|---|---|
| 经济技术开发区 | 白鹭大桥 | 西塞山路 | 七里亭漾 | 205.16 | 44 | 2004.6—2006.8 |
| | 金湖大桥 | 红丰西路东段 | 长湖申航道 | 518 | 33 | 2006.3—2007.12 |
| | 银湖大桥 | 港南路东段 | 长湖申航道 | 525 | 35 | 2006.3—2008.3 |
| | 夹山大桥 | 二环南路东段 | 夹山漾 | 403.2 | 41 | 2006.8—2008.3 |
| | 龙溪大桥 | 龙溪南路 | 龙溪港 | 136 | 24 | 1993.10 |
| | 青铜大桥 | 青铜路东端 | 龙溪港 | 167 | 30 | 1995.8 |
| | 苕溪大桥 | 苕溪西路西端 | 龙溪港 | 242.8 | 27.6 | 1999.9—2001.3 |
| | 风荷大桥 | 二环西路 | 西苕溪 | 340 | 37 | 2000.8—2002.8 |
| | 水源大桥 | 红旗路西延末端 | 东苕溪 | 322 | 37 | 2004.1—2005.9 |
| | 护源大桥 | 城西水闸南面 | 横渚塘港 | 182 | 37 | 2004.1—2005.9 |
| | *杭长桥 | 杭长桥北路 | 西苕溪 | 148 | 38.5 | 2005年改建 |

续表 1-60

| 新城区名 | 桥名 | 位置 | 跨河 | 桥长（米） | 桥宽（米） | 建设时间 |
|---|---|---|---|---|---|---|
| 仁皇山新区 | 凤凰大桥 | 青铜路 | 旄儿港 | 311 | 28 | 2000.11—2002.2 |
| | 中兴大桥 | 长兴路 | 旄儿港 | 456 | 33 | 2001.4—2002.9 |
| | 南太湖大桥 | 同心路 | 长兜港小梅港 | 1140.5 | 40.5 | 2003.10—2005.9 |
| | 湖梅立交桥 | 同心路 | 太湖路 | 601 | 27 | 2003.10—2005.9 |
| | 白雀塘桥 | 太湖路 | 旄儿港 | 132 | 30 | 1999.10 |
| 太湖度假区 | 长兜港大桥 | 浮霞路 | 长兜港 | 205 | 9.5 | 1995 |
| | 河沙圩大桥 | 太湖路 | 小梅港 | 129 | 30 | 1999 |

说明："*" 表示由交通部门建设和管理。

# 第三章　道路运输

前志载，境内公路运输始于20世纪20年代末，公路运输经营多为客运，货运较少。1949年末，公路客运班线有苏州至湖州、杭州至湖州、杭州至宜兴换乘至南京、湖州至长兴、孝丰至横湖等6条，分别由苏嘉湖长途汽车股份有限公司和省公路运输管理局杭州运输处管理、营运。1958年12月，在湖州成立国营嘉兴专区公路运输公司，原属杭州区局湖州、孝丰运输段、嘉兴站及其沿线各站划归嘉兴专区公路运输公司统一经营，公司拥有营运客车59辆、载货汽车71辆。1959年，境内客运线路23条，班车里程521公里。市境公路运输经营体制虽经历“地营—省营—地营”多次变化，但始终是高度统一计划管理模式，地区分割、部门封锁、发展缓慢。1983年起实行改革开放，打破单一所有制和省营汽车运输企业独家经营格局，各县、部门、行业以及个体一起上，运力、运量大幅增长，公路运输事业进入粗放型扩张、低水平发展阶段，但有效解决计划经济时代“乘车难、运货难”问题。1990年末，全市公路专业运输企业11家，兼营运输企业及个体汽车运输户1868家，简易（农用）机动车运输户2680家；全市各类民用机动车22462辆，持有机动车执照的驾驶员25869人；公路年客运量2808万人次，92161万人公里；公路年货运量1587万吨，31747万吨公里。1998年推出“浙江快客”，道路客运服务质量大幅提升，汽车成为市境百姓出生首选工具。

1993年，省针对运输市场开放后带来经营主体分散、经营行为不规范、营运质量低下、社会经济效益不高等新问题，出台《浙江省道路运输管理办法》及11个配套规定，市据此治理整顿公路运输市场，改革公路运输企业。21世纪始，市境公路运输行业加快“企业结构调整、运力结构调整、经营结构调整”，发展高速运输、箱式运输和网络运输。旅客运输向舒适、安全、环保和城乡统筹协调发展，货物运输逐步向现代物流转型。2010年末，全市有道路运输经营业户14266户，其中班车客运经营企业19家、出租汽车经营业户149家（含个体128户）、公交经营企业4家、货运经营业户11844家（含个体运输户8562户），全市道路运输从业人员41252人。全市有客货汽车驾驶执照人员400458人，其中持有客货营运资格证的驾驶员26845人。公路年客运量9938万人、332719万人公里，公路年货运量6798万吨、383672万吨公里。全市公路客货运输量分别占全市客货运输总量的99.74%和37.54%、运输周转量占总量的99.95%和17.97%。

# 第一节　公路客运

从1958年成立嘉兴专区公路运输公司（驻湖州）至20世纪80年代初，“乘车难”问题始终存在。1983年后道路客运市场多种经济成分开始并存发展，“一票难求”现象得到缓解。1993年6月，针对客运市场竞争无序、经营不规范、营运质量低下、安全隐患严重趋势，出台《湖州市公用型车站管理暂行办法》，三级以上公用型车站（包括专业运输企业所属车站）统一为进站车辆提供运行安排、客票发售、行包托运、检票上车、车辆停放与清洗等服务，进站车辆与车站签订营运协议，缴纳一定服务费用。1994年，组建联合巴士汽车运输有限公司，湖州市直辖区个体中巴车纳归管理。湖州、练市、织里、埭溪、新市等一批客运站相继对外开放，客运市场基本实现“车进站、人归点”规范化经营。1998年推出“浙江快客”品牌运输，服务质量明显提高，乘客从“走得了”转变为“走得好”。

## 一　营运载客汽车

前志载，解放初市境营运载客汽车11辆（属湖州汽车站5辆、私营苏嘉湖汽车公司派驻6辆）。1958年末，国营运输企业有载客汽车59辆。1978年，境内营运载客汽车125辆。1990年，全市营运载客汽车602辆、18863座。

1995年，全市载客汽车6151辆，65916客位。其中，营业性载客汽车1581辆、28485客位，营业性简易客运机动车辆1772辆、13188客位。1997年，湖州市提出“中短途客运中客化、超长途客运卧铺化、进中心城市高档化”车型结构调整方针，市长运公司同年更新130辆并首次投入空调客车，同年始简易载客机动车辆大量淘汰，2000年尚有625辆、5755客位，2002年全部退出客运市场。

2000 年，市境载客汽车 10008 辆、85564 客位。其中，营业性载客汽车 2791 辆、37295 客位（大型客车 79 辆、3381 客位，中型客车 1164 辆、23252 客位）。按区域分，市直辖区载客汽车 4728 辆、43442 客位，其中营运客车 1604 辆、20445 客位；德清县载客汽车 1925 辆、13706 客位，其中营运客车 267 辆、3515 客位；长兴县载客汽车 1833 辆、15912 客位，其中营运客车 499 辆、7437 客位；安吉县载客汽车 1522 辆、12504 客位，其中营运客车 421 辆、5898 客位。全市 1243 辆 15 座以上大中型班线客车中，“厦门金龙”、“南京依维克”等中级客车 77 辆、1636 客位，“桂林大宇”、“韩国现代”等高级客车 12 辆、380 客位。

2002 年，通过客运企业经营资质评审，加快老旧车型淘汰。年末，全市中高级营运客车增至 1336 辆（高级 148 辆、中级 1188 辆），其中高级班线客车 130 辆、高级旅游客车 18 辆，中级班线客车 111 辆、中级旅游客车 23 辆，中级出租轿车和租赁客车 1054 辆。

2003 年 5 月，湖州市长运汽车运输有限公司首批 4 辆卧铺客车投入超长途班线营运，投放线路湖州—武汉、湖州—临沂、湖州—青岛和南浔—温州龙港。省际班线车型为安凯高一级，36 ~ 41 座，市际班线车型安凯高二级、40 座。2006 年 1 月，投入南浔—广州卧铺客车，车型为安凯高二级、37 座，同年 11 月，投入南浔—湖北仙桃卧铺客车，车型金龙高一级、44 座。2008 年 12 月，投入湖州—济南卧铺客车，车型宇通高二级、37 座。

2005 年，全市载客汽车 55107 辆、323239 客位，其中营业性载客汽车 3065 辆、49935 客位。营运客车按功能分，班线客车 1520 辆、40209 客位，旅游车 125 辆、4044 客位，出租客车 1420 辆、5682 客位。营业性班线客车中，大型客车 583 辆、23417 客位，中型车 689 辆、13863 客位，小型车 248 辆，高级班线客车增至 263 辆、8518 客位，中级班线客车增至 495 辆、17126 客位。

2008 年，湖州市长运汽车运输公司出资 1800 万元购置 20 辆环保型大客车。同年 8 月 2 日，组成北京奥运会湖州市服务车队，赴北京承担部分奥运会志愿者通勤运输任务。1997—2010 年，公司从单车承包经营逐步恢复自主经营，累计更新营运班车 380 余辆，投入资金超 1 亿元。

2008 年末，全市载客汽车 103122 辆，其中，营运客车 3320 辆、63500 客位，私人轿车 6.37 万辆，占载客汽车总量 61.77%。

2010年末，全市各类载客汽车184806辆，其中营运载客汽车3350辆、68309客位。营运载客汽车按标记客位分，大型客车1136辆、47809客位，中型663辆、14103客位，小型1551辆、6379客位。按经营范围分，班线客车1316辆、旅游车184辆、出租客车1501辆，城内公共汽车118辆，其他客车（包括学生接送车）231辆。班线客车中高级客车321辆、11133客位，中级客车486辆、17521客位，出租客车中有高级轿车30辆、120客位，中级轿车1471辆、5884客位。按区域分，市直辖区营运客车1649辆、32799客位，德清县有营运客车443辆、9303客位，长兴县营运客车688辆、13291客位，安吉县有营运客车570辆、12916客位。全市私人轿车12.27万辆，占载客汽车总量66.4%。

### 1991—2010年湖州市营业性客运车辆

表1-61

| 年份 | 单位 | 总计 | 班线客车 | 旅游车 | 出租车 | 租赁车 | 学生接送车 |
|---|---|---|---|---|---|---|---|
| 1991 | 辆 | 744 | 744 | 0 | 139 | 0 | 0 |
| | 座位 | 20478 | 20478 | 0 | 764 | 0 | 0 |
| 1992 | 辆 | 813 | 813 | 0 | 177 | 0 | 0 |
| | 座位 | 22416 | 22416 | 0 | 892 | 0 | 0 |
| 1993 | 辆 | 1120 | 943 | 0 | 220 | 0 | 0 |
| | 座位 | 26542 | 25650 | 0 | 1124 | 0 | 0 |
| 1994 | 辆 | 1271 | 973 | 0 | 298 | 0 | 0 |
| | 座位 | 27988 | 26498 | 0 | 1490 | 0 | 0 |
| 1995 | 辆 | 1581 | 1023 | 0 | 558 | 0 | 0 |
| | 座位 | 28485 | 25691 | 0 | 2238 | 0 | 0 |
| 1996 | 辆 | 2178 | 1207 | 0 | 983 | 0 | 0 |
| | 座位 | 31136 | 26281 | 0 | 3968 | 0 | 0 |
| 1997 | 辆 | 2070 | 1136 | 0 | 1009 | 0 | 0 |
| | 座位 | 29901 | 25231 | 0 | 4261 | 0 | 0 |
| 1998 | 辆 | 2131 | 1237 | 0 | 1033 | 0 | 0 |
| | 座位 | 29956 | 25488 | 0 | 4570 | 0 | 0 |
| 1999 | 辆 | 2357 | 1483 | 0 | 1097 | 0 | 0 |
| | 座位 | 32160 | 27790 | 0 | 5057 | 0 | 0 |
| 2000 | 辆 | 2791 | 1533 | 9 | 1243 | 5 | 0 |
| | 座位 | 37295 | 30130 | 335 | 5995 | 25 | 0 |

续表 1-61

| 年份 | 单位 | 总计 | 班线客车 | 旅游车 | 出租车 | 租赁车 | 学生接送车 |
|---|---|---|---|---|---|---|---|
| 2001 | 辆 | 3020 | 1757 | 18 | 1238 | 7 | 0 |
| | 座位 | 41034 | 34241 | 633 | 6125 | 35 | 0 |
| 2002 | 辆 | 3204 | 1804 | 53 | 1340 | 7 | 0 |
| | 座位 | 43393 | 35694 | 1743 | 5928 | 28 | 0 |
| 2003 | 辆 | 3015 | 1649 | 88 | 1274 | 4 | 0 |
| | 座位 | 44761 | 36532 | 2861 | 5352 | 16 | 0 |
| 2004 | 辆 | 3020 | 1587 | 95 | 1334 | 4 | 0 |
| | 座位 | 45388 | 36785 | 3067 | 5520 | 16 | 0 |
| 2005 | 辆 | 3065 | 1520 | 125 | 1420 | 0 | 0 |
| | 座位 | 49935 | 40209 | 4044 | 5682 | 0 | 0 |
| 2006 | 辆 | 3233 | 1614 | 138 | 1481 | 0 | 0 |
| | 座位 | 57757 | 47355 | 4478 | 5924 | 0 | 0 |
| 2007 | 辆 | 3260 | 1447 | 136 | 1481 | 0 | 81 |
| | 座位 | 60415 | 44383 | 4752 | 5924 | 0 | 2184 |
| 2008 | 辆 | 3320 | 1307 | 168 | 1501 | 0 | 226 |
| | 座位 | 63500 | 41497 | 6326 | 6004 | 0 | 6456 |
| 2009 | 辆 | 3403 | 1348 | 173 | 1501 | 0 | 244 |
| | 座位 | 67896 | 44148 | 6484 | 6004 | 0 | 7595 |
| 2010 | 辆 | 3350 | 1316 | 184 | 1501 | 0 | 231 |
| | 座位 | 68309 | 44418 | 6908 | 6004 | 0 | 7015 |

## 二　公路旅客运输量

1990 年，全市营业性公路客运量 2808 万人、公路客运周转量 92161 万人公里，分别占全市公水客运总量的 91%和 95%。2010 年，营业性公路客运量 9938 万人、公路客运周转量 33.27 亿人公里，分别占全市公水客运总量的 99.74%%和 99.95%，分别比 1990 年增长 3.5 倍和 3.6 倍。

## 1991-2010 年湖州市历年公路旅客运输量

表 1-62

| 年份＼运输量 | 全社会公路旅客运输量 | |
|---|---|---|
| | 客运量（万人） | 旅客周转量（万人公里） |
| 1991 | 3121 | 105533 |
| 1992 | 3054 | 112915 |
| 1993 | 3770 | 144831 |
| 1994 | 4853 | 204815 |
| 1995 | 5279 | 231338 |
| 1996 | 5378 | 241095 |
| 1997 | 5861 | 252241 |
| 1998 | 6043 | 252338 |
| 1999 | 6359 | 260387 |
| 2000 | 6670 | 267404 |
| 2001 | 7016 | 275336 |
| 2002 | 7164 | 285045 |
| 2003 | 6985 | 281676 |
| 2004 | 7264 | 288366 |
| 2005 | 7555 | 294133 |
| 2006 | 8384 | 319672 |
| 2007 | 8934 | 348442 |
| 2008 | 9254 | 353167 |
| 2009 | 9735 | 324189 |
| 2010 | 9938 | 332719 |

# 三　客运班线

### 客运线路、班次

前志载，1978 年前，市境跨省市班线仅有至杭州、宜兴、嘉兴、常州、芜湖、宣城、上海，安吉递铺至安徽宁国 8 条。1978—1989 年，湖州长运汽车运输有限公司新增湖州至宁国、泾县、南京、绍兴、余杭、临安、无锡、宁波、金华、常熟、温州、铜陵12条班线。1990年末，全市公路客运班车线路348条、41731公里。其中，跨省班线65条、16102公里，跨市（地）班线58条、15070公里，跨县班线30条、7087公里，县内班线195条、3472公里。

1991年，市境跨省线路70条，日发150班次。其中至江苏省40条、日发82班次，至上海市16条、日发38班次，至安徽14条、日发29班次。1992年，全市公路客运班车线路增至444条，其中跨省89条、跨市59条、跨县226条。

1996年，开通首条超长途班线——湖州至北京，后陆续开辟湖州至湖北、山东、广东、河南、贵州等超长途班线。

2000年，全市公路客运班线共478条、58558公里，其中跨省116条、23606公里，跨市145条、27114公里，跨县217条、7838公里，县内151条、3939公里。全市平均日发班车4933次，其中跨省197.5班次、跨市337.5班次。按区域分，市直辖区客运班线233条33091公里，其中跨省70条16143公里、跨市69条13443公里、跨县区94条3505公里、区内68条2088公里，德清县64条6242公里，其中跨省6条1131公里、跨市32条4471公里、跨县区26条640公里，县内20条334公里，长兴县共有90条9649公里，其中跨省24条3409公里、跨市20条4455公里、跨县区46条1785公里、县内27条679公里，安吉县91条9576公里，其中跨省16条2923公里、跨市24条4745公里、跨县51条1908公里、县内36条838公里。

2005年，全市客运班线598条、69816公里，其中跨省144条、28820公里，跨地（市）163条、32963公里，跨县（区）77条、4305公里，县区内214条、3728公里。“城乡公交一体化”实施后，农村短途班线大增。2006年末，县区内短途班线增至282条。

2008年末，全市客运班线633条，日发班次11797班。其中跨省班线152条（34997公里）、日发班次463班，跨市线路166条（34775公里）、日发班次754班，跨县班线31条（3663公里）、日发班次892班，县内线路253条（4961公里）、日发班次9726班。其中，跨省班车通达全国9个省（直辖市），其中发往上海市26条班线、日均发送班次118个，发往江苏省74条班线、日均发送班次218个，发往安徽省41条班线、日均发送班次75.5个，发往山东省3条班线、日均发送班次2.5个，发往河南省3条班线、日均发送班次3个，发往湖北省2条班线、日均发送班次 4.5 个，发往广东省 1 条班线、日均发送班次 1 个，发往贵州省 1 条班线、日均发送班次 1 个，发往北京市 1 条班线、日均发送班次 1 个。跨市班车通达全省其他 10 个地市，其中发往杭州市 48 条班线、日均发送班次 452.5 个，发往宁波市 11 条班线、日均发送班次 24.5 个，发往温州市 9 条班线、日均发送班次 10.5 个，发往嘉兴市 42 条班线、日均发送班次 190 个，发往绍兴市 22 条班线、日均发送班次 40 个，发往金华市 15 条班线、日均发送班次 23 个，发往衢州市 7 条班线、日均发送班次 9 个，发往舟山市 3 条班线、日均发送班次 2.5 个，发往台州市 4 条班线、日均发送班次 5.5 个，发往丽水市 5 条班线、日均发送班次 4.5 个。跨县班车通达全市三县两区，其中湖州市直辖区跨县班线 22 条、日均发送班次 358 个，德清跨县班线 11 条、日均发送班次 107 个，长兴县跨县班线 16 条、日均发送班次 244 个，安吉县跨县班线 13 条、日均发送班次 108 个。

1998—2010 年，市长运汽车运输有限公司陆续新增跨省、跨市客运班线 27 条。其间，1998 年增湖州—杭州（东站）班线。2000 年，增湖州至合肥班线。2002 年，增湖州—上海（芷新）。2003 年，增湖州—萧山。2004 年，增湖州至青田、椒江、扬州、泰州，南浔至绍兴、织里至望江等班线。2005 年，增南浔至宁波、南京、富阳、池州，新市至南京，织里至海盐、泾县等班线。2006 年，增湖州—上海南站。2008 年，增湖州至徐州、连云港、萧山机场。2010 年，增湖州至杭州客运中心、上海东站、上海西站、淮安，菱湖至上海西站等班线。

2010 年末，全市客运班车通达县级以上城市 104 个。

**2010 年湖州市客运线路班次**

表 1-63

| 分类<br>区域 | 客运线路合计 | | 跨省线路 | | 跨市线路 | | 跨县线路 | | 县内线路 | |
|---|---|---|---|---|---|---|---|---|---|---|
| | 条 | 日发班次 | 条 | 日发班次 | 条 | 日发班次 | 条 | 日发班次 | 条 | 日发班次 |
| 合计 | 648 | 12130 | 152 | 345.5 | 171 | 785.5 | 59 | 824 | 266 | 10175 |
| 市直辖区 | 296 | 4063 | 94 | 218 | 86 | 398 | 23 | 355 | 93 | 3092 |
| 德清 | 82 | 2494 | 12 | 18 | 26 | 164 | 10 | 92 | 34 | 2220 |
| 长兴 | 152 | 2981 | 28 | 79 | 25 | 76 | 12 | 249 | 87 | 2577 |
| 安吉 | 118 | 2592 | 18 | 30.5 | 34 | 147.5 | 14 | 128 | 52 | 2286 |

## 1991—2010 年湖州市班线客车与线路班次

表 1-64

| 年份 | 班线客运车辆（辆） | 客运线路（条） | 年均日发班次（个） |
|---|---|---|---|
| 1991 | 744 | 357 | — |
| 1992 | 813 | 444 | — |
| 1993 | 943 | 378 | — |
| 1994 | 973 | 366 | — |
| 1995 | 1023 | 391 | — |
| 1996 | 1207 | 415 | 2902 |
| 1997 | 1136 | 437 | 2939 |
| 1998 | 1237 | 477 | 3655 |
| 1999 | 1483 | 481 | 3670 |
| 2000 | 1533 | 478 | 4933 |
| 2001 | 1757 | 479 | 6633 |
| 2002 | 1804 | 497 | 11896 |
| 2003 | 1649 | 462 | 10682 |
| 2004 | 1587 | 463 | 10919 |
| 2005 | 1520 | 598 | 13208 |
| 2006 | 1614 | 666 | 13701 |
| 2007 | 1447 | 650 | 11830 |
| 2008 | 1307 | 633 | 11797 |
| 2009 | 1348 | 648 | 11978 |
| 2010 | 1316 | 648 | 12130 |

说明：1995 年前未统计日发班次

## 2009 年湖州市长运汽车运输有限公司客运班车日发班次

表 1-65

| 序号 | 分类 | 起讫 | | 班车次数 | 序号 | 分类 | 起讫 | | 班车次数 |
|---|---|---|---|---|---|---|---|---|---|
| | | 起站 | 到站 | | | | 起站 | 到站 | |
| 1 | 省际 | 湖州 | 青岛 | 0.5 | 3 | 省际 | 湖州 | 武汉 | 0.5 |
| 2 | 省际 | 湖州 | 临沂 | 0.5 | 4 | 省际 | 湖州 | 太湖 | 0.5 |

续表 1-65-1

| 序号 | 分类 | 起讫 | | 班车次数 | 序号 | 分类 | 起讫 | | 班车次数 |
|---|---|---|---|---|---|---|---|---|---|
| | | 起站 | 到站 | | | | 起站 | 到站 | |
| 5 | 省际 | 湖州 | 合肥 | 0.5 | 34 | 省际 | 湖州 | 太仓 | 1 |
| 6 | 省际 | 宁波 | 合肥 | 0.5 | 35 | 省际 | 湖州 | 铜陵 | 1 |
| 7 | 省际 | 湖州 | 马鞍山 | 1 | 36 | 省际 | 湖州 | 南汇 | 2 |
| 8 | 省际 | 南浔 | 铜陵 | 0.5 | 37 | 省际 | 湖州 | 奉贤 | 2 |
| 9 | 省际 | 湖州 | 芜湖 | 1 | 38 | 省际 | 织里 | 上海 | 2 |
| 10 | 省际 | 湖州 | 宣城 | 2 | 39 | 省际 | 洋西 | 上海 | 2 |
| 11 | 省际 | 织里 | 广德 | 2 | 40 | 省际 | 洋西 | 奉贤 | 2 |
| 12 | 省际 | 南浔 | 广德 | 4 | 41 | 省际 | 菱湖 | 上海 | 2 |
| 13 | 省际 | 湖州 | 广德 | 2 | 42 | 省际 | 双林 | 上海 | 2 |
| 14 | 省际 | 湖州 | 黄山 | 0.5 | 43 | 省际 | 练市 | 上海 | 4 |
| 15 | 省际 | 南浔 | 歙县 | 0.5 | 44 | 省际 | 马腰 | 上海 | 2 |
| 16 | 省际 | 织里 | 歙县 | 0.5 | 45 | 省际 | 花林 | 上海 | 2 |
| 17 | 省际 | 湖州 | 上海 | 34 | 46 | 省际 | 横街 | 上海 | 2 |
| 18 | 省际 | 埭溪 | 上海 | 1 | 47 | 省际 | 南浔 | 上海 | 2 |
| 19 | 省际 | 湖州 | 川沙 | 1 | 48 | 省际 | 菱湖 | 苏州 | 2 |
| 20 | 省际 | 湖州 | 苏州 | 12 | 49 | 省际 | 双林 | 苏州 | 2 |
| 21 | 省际 | 湖州 | 宜兴 | 6 | 50 | 省际 | 练市 | 苏州 | 2 |
| 22 | 省际 | 湖州 | 扬州 | 1 | 51 | 省际 | 南浔 | 苏州 | 2 |
| 23 | 省际 | 湖州 | 南通 | 1 | 52 | 省际 | 横街 | 苏州 | 4 |
| 24 | 省际 | 湖州 | 南京 | 2 | 53 | 省际 | 洋西 | 苏州 | 2 |
| 25 | 省际 | 南浔 | 南京 | 1 | 54 | 省际 | 洋湾 | 苏州 | 2 |
| 26 | 省际 | 湖州 | 镇江 | 1 | 55 | 省际 | 三长 | 苏州 | 2 |
| 27 | 省际 | 湖州 | 溧阳 | 2 | 56 | 省际 | 马腰 | 苏州 | 2 |
| 28 | 省际 | 湖州 | 无锡 | 4 | 57 | 省际 | 织里 | 无锡 | 1 |
| 29 | 省际 | 湖州 | 常州 | 5 | 58 | 省际 | 练市 | 无锡 | 1 |
| 30 | 省际 | 湖州 | 盐城 | 0.5 | 59 | 省际 | 洋西 | 无锡 | 1 |
| 31 | 省际 | 南浔 | 兴化 | 0.5 | 60 | 省际 | 织里 | 沭阳 | 1 |
| 32 | 省际 | 湖州 | 启东 | 1 | 61 | 省际 | 织里 | 叠石桥 | 1 |
| 33 | 省际 | 湖州 | 常熟 | 3 | 62 | 省际 | 织里 | 泰兴 | 1 |

续表 1-65-2

| 序号 | 分类 | 起讫 | | 班车次数 | 序号 | 分类 | 起讫 | | 班车次数 |
|---|---|---|---|---|---|---|---|---|---|
| | | 起站 | 到站 | | | | 起站 | 到站 | |
| 63 | 省际 | 湖州 | 泰州 | 1 | 92 | 市际 | 湖州 | 宁波 | 3 |
| 64 | 省际 | 织里 | 江阴 | 1 | 93 | 市际 | 南浔 | 宁波 | 1 |
| 65 | 省际 | 织里 | 镇江 | 1 | 94 | 市际 | 湖州 | 慈溪 | 1 |
| 66 | 省际 | 织里 | 常熟 | 1 | 95 | 市际 | 南浔 | 绍兴 | 1 |
| 67 | 省际 | 洋西 | 常熟 | 1 | 96 | 市际 | 湖州 | 绍兴 | 2 |
| 68 | 省际 | 南浔 | 吴江 | 2 | 97 | 市际 | 南浔 | 新昌 | 2 |
| 69 | 省际 | 湖州 | 平望 | 2 | 98 | 市际 | 湖州 | 嵊县 | 1 |
| 70 | 省际 | 南浔 | 郎溪 | 1 | 99 | 市际 | 湖州 | 诸暨 | 1 |
| 71 | 省际 | 南浔 | 安庆 | 0.5 | 100 | 市际 | 湖州 | 青田 | 1 |
| 72 | 省际 | 织里 | 望江 | 0.5 | 101 | 市际 | 湖州 | 丽水 | 0.5 |
| 73 | 省际 | 织里 | 宣城 | 1 | 102 | 市际 | 湖州 | 遂昌 | 0.5 |
| 74 | 省际 | 南浔 | 池州 | 1 | 103 | 市际 | 湖州 | 衢州 | 0.5 |
| 75 | 省际 | 湖州 | 屯溪 | 0.5 | 104 | 市际 | 湖州 | 金华 | 1 |
| 76 | 省际 | 织里 | 泾县 | 1 | 105 | 市际 | 湖州 | 兰溪 | 0.5 |
| 77 | 省际 | 德清 | 上海 | 4 | 106 | 市际 | 湖州 | 永康 | 1 |
| 78 | 省际 | 德清 | 苏州 | 2 | 107 | 市际 | 南浔 | 义乌 | 2 |
| 79 | 省际 | 新市 | 苏州 | 2 | 108 | 市际 | 湖州 | 杭州 | 50 |
| 80 | 省际 | 新市 | 无锡 | 1 | 109 | 市际 | 湖州 | 临安 | 2 |
| 81 | 省际 | 德清 | 常州 | 1 | 110 | 市际 | 双林 | 杭州 | 2 |
| 82 | 省际 | 德清 | 昆山 | 1 | 111 | 市际 | 漾西 | 杭州 | 2 |
| 83 | 省际 | 德清 | 张家港 | 1 | 112 | 市际 | 南浔 | 富阳 | 1 |
| 84 | 省际 | 新市 | 南京 | 1 | 113 | 市际 | 南浔 | 新安江 | 0.5 |
| 85 | 省际 | 德清 | 宣城 | 1 | 114 | 市际 | 湖州 | 嘉兴 | 13 |
| 86 | 市际 | 南浔 | 龙港 | 0.5 | 115 | 市际 | 湖州 | 乍浦 | 2 |
| 87 | 市际 | 织里 | 温州 | 0.5 | 116 | 市际 | 湖州 | 海盐 | 2 |
| 88 | 市际 | 湖州 | 温州 | 1 | 117 | 市际 | 湖州 | 嘉善 | 2 |
| 89 | 市际 | 南浔 | 普陀 | 0.5 | 118 | 市际 | 湖州 | 桐乡 | 6 |
| 90 | 市际 | 湖州 | 椒江 | 1 | 119 | 市际 | 湖州 | 濮院 | 2 |
| 91 | 市际 | 湖州 | 石浦 | 1 | 120 | 市际 | 湖州 | 海宁 | 6 |

续表 1-65-3

| 序号 | 分类 | 起讫 | | 班车次数 | 序号 | 分类 | 起讫 | | 班车次数 |
|---|---|---|---|---|---|---|---|---|---|
| | | 起站 | 到站 | | | | 起站 | 到站 | |
| 121 | 市际 | 湖州 | 乌镇 | 2 | 149 | 市际 | 新市 | 临平 | 3 |
| 122 | 市际 | 南浔 | 杭州 | 8 | 150 | 市际 | 德清 | 宁波 | 1 |
| 123 | 市际 | 练市 | 杭州 | 6 | 151 | 市际 | 新市 | 绍兴 | 1 |
| 124 | 市际 | 织里 | 杭州 | 2 | 152 | 市际 | 德清 | 绍兴 | 1 |
| 125 | 市际 | 菱湖 | 杭州 | 4 | 153 | 市际 | 德清 | 上虞 | 1 |
| 126 | 市际 | 太湖 | 杭州 | 2 | 154 | 市际 | 德清 | 嵊州 | 1 |
| 127 | 市际 | 千金 | 杭州 | 2 | 155 | 市际 | 德清 | 金华 | 1 |
| 128 | 市际 | 双林 | 杭州 | 2 | 156 | 市际 | 新市 | 义乌 | 1 |
| 129 | 市际 | 花林 | 杭州 | 2 | 157 | 市际 | 德清 | 磐安 | 1 |
| 130 | 市际 | 织里 | 嘉兴 | 2 | 158 | 市际 | 德清 | 诸暨 | 1 |
| 131 | 市际 | 织里 | 濮院 | 2 | 159 | 市际 | 德清 | 富阳 | 2 |
| 132 | 市际 | 南浔 | 濮院 | 2 | 160 | 市际 | 德清 | 苍南 | 0.5 |
| 133 | 市际 | 织里 | 海盐 | 2 | 161 | 市际 | 武康 | 杭州 | 25 |
| 134 | 市际 | 南浔 | 衢州 | 0.5 | 162 | 市际 | 新市 | 杭州 | 18 |
| 135 | 市际 | 南浔 | 瑞安 | 0.5 | 163 | 市际 | 德清 | 杭州 | 2 |
| 136 | 市际 | 南浔 | 温岭 | 1 | 164 | 市内 | 湖州 | 德清 | 12 |
| 137 | 市际 | 织里 | 柯桥 | 1 | 165 | 市内 | 湖州 | 安吉 | 15 |
| 138 | 市际 | 南浔 | 临平 | 2 | 168 | 市内 | 湖州 | 新市 | 4 |
| 139 | 市际 | 南浔 | 兰溪 | 1 | 169 | 市内 | 湖州 | 长兴 | 48 |
| 140 | 市际 | 横街 | 杭州 | 2 | 170 | 市内 | 湖州 | 泗安 | 3 |
| 141 | 市际 | 武康 | 桐乡 | 2 | 171 | 市内 | 湖州 | 和平 | 20 |
| 142 | 市际 | 武康 | 平湖 | 1 | 172 | 市内 | 武康 | 湖州 | 10 |
| 143 | 市际 | 武康 | 海宁 | 1 | 173 | 市内 | 德清 | 湖州 | 12 |
| 144 | 市际 | 武康 | 嘉善 | 1 | 174 | 市内 | 新市 | 湖州 | 7 |
| 145 | 市际 | 武康 | 嘉兴 | 3 | 175 | 市内 | 武康 | 安吉 | 4 |
| 146 | 市际 | 新市 | 嘉兴 | 2 | 176 | 市内 | 德清 | 安吉 | 4 |
| 147 | 市际 | 德清 | 嘉兴 | 2 | 177 | 市内 | 德清 | 梅溪 | 2 |
| 148 | 市际 | 武康 | 临平 | 3 | | | | | |

### 2009年湖州国运汽车运输有限公司客运班车日发班次统计表

表1-66

| 序号 | 分类 | 起讫 | | 日均班次 | 序号 | 分类 | 起讫 | | 日均班次 |
|---|---|---|---|---|---|---|---|---|---|
| | | 起站 | 到站 | | | | 起站 | 到站 | |
| 1 | 省际 | 东林 | 上海 | 0.5 | 23 | 市际 | 含山 | 杭州 | 2 |
| 2 | 省际 | 石淙 | 上海 | 1 | 24 | 市际 | 花林 | 杭州 | 2 |
| 3 | 省际 | 双林 | 上海 | 1 | 25 | 市际 | 湖州 | 寿昌 | 1 |
| 4 | 省际 | 南浔 | 广州 | 1 | 26 | 市际 | 练市 | 桐乡 | 2 |
| 5 | 省际 | 织里 | 淮滨 | 1 | 27 | 市际 | 南浔 | 海宁 | 2 |
| 6 | 省际 | 湖州 | 苏州 | 6 | 28 | 市际 | 湖州 | 嘉兴 | 4 |
| 7 | 省际 | 埭溪 | 上海 | 1 | 29 | 市际 | 石淙 | 杭州 | 2 |
| 8 | 省际 | 南浔 | 苏州 | 4 | 30 | 市际 | 湖州 | 杭州 | 2 |
| 9 | 省际 | 南浔 | 仙桃 | 1 | 31 | 市际 | 湖州 | 柯桥 | 1 |
| 10 | 省际 | 南浔 | 上海 | 2 | 32 | 市际 | 花林 | 嘉兴 | 2 |
| 11 | 省际 | 湖州 | 上海 | 0.5 | 33 | 市际 | 南浔 | 嘉兴 | 2 |
| 12 | 省际 | 南浔 | 常熟 | 2 | 34 | 市内 | 湖州 | 北林场 | 2 |
| 13 | 省际 | 湖州 | 固始 | 0.5 | 35 | 市内 | 湖州 | 长兴 | 15 |
| 14 | 市际 | 练市 | 杭州 | 6 | 36 | 市内 | 湖州 | 安吉 | 8 |
| 15 | 市际 | 菱湖 | 杭州 | 2 | 37 | 市内 | 双林 | 新市 | 3 |
| 16 | 市际 | 善琏 | 杭州 | 6 | 38 | 市内 | 南浔 | 北林场 | 2 |
| 17 | 市际 | 漾西 | 杭州 | 2 | 39 | 市内 | 湖州 | 泗安 | 3 |
| 18 | 市际 | 练市 | 柯桥 | 1 | 40 | 市内 | 湖州 | 孝丰 | 3 |
| 19 | 市际 | 双林 | 嘉兴 | 2 | 41 | 市内 | 南浔 | 新市 | 4 |
| 20 | 市际 | 练市 | 嘉兴 | 2 | 42 | 市内 | 湖州 | 和平 | 10 |
| 21 | 市际 | 南浔 | 濮院 | 4 | 43 | 市内 | 湖州 | 武康 | 10 |
| 22 | 市际 | 双林 | 杭州 | 2 | 44 | 市内 | 南浔 | 泗安 | 2 |

## 班车经营

1958—1983年，市境班车客运由国营省、地区汽车运输专业企业垄断经营。1983年后，公路运输市场放开，打破独家经营格局。1985年5月，由吴兴车队发展组建湖州市汽车运输公司购入大客车，经营湖州至上海客运。同时，个体经营客运运力大幅增长。1987 年 11 月，省汽运公司撤销，下属分公司成建制下放，其中湖州分公司改建湖州汽运总公司。1992 年 3 月，总公司所属长兴、德清、安吉三个县级分公司脱钩，归各县管辖。市、县公路运输专业企业通过改革改制、合并兼并，成为旅客运输龙头企业，承担市境绝大部分线路班车的营运、管理。市、县汽运公司班车经营模式由“公（司）车公（司）营”到“单车承包经营”再到“公车公营与单车承包经营并存”变化。

**单车承包经营**　“八五”期间，专业公路运输企业针对客运量下降和私自搭客、私收票款行业不正之风，实行企业内部改革，取消一贯以来公车公营模式，推行单车承包经营责任制。1993 年 9 月，湖州汽车运输总公司在湖州—乍浦、湖州—上海—双林（循环）、湖州—上海—菱湖（循环）班车率先实行，并逐步全面推广。虽然有效解决私收票款问题，但经营主体分散，带来诸如运输秩序混乱、服务质量低下、社会责任承担力下降、安全生产管理不到位等弊端。“九五”期末至“十五”期初，企业逐步从单车承包经营转向公司自主经营，1998 年 10 月，湖州至杭州客运班线率先实施从单车承包经营到“浙江快客”改造。2001 年 9 月，湖州—长兴班线客运转公司化经营。2003 年，湖州至南浔、菱湖等 12 条短途班线转公司化经营。2010 年，市长运汽车运输有限公司湖州—上海、湖州—苏州、湖州—嘉兴等跨市承包经营班车全部实行公司化经营，投入数百万元更新车辆，运力档次大幅提高。公司所有班车中单车承包率从 1995 年末 100%下降到 2010 年末 35%左右。

**快速客运品牌经营**　“九五”期间，随着公路建设快速发展和社会对道路客运需求不断提高，先后推出“浙江快客”“浙江快线”等快速客运品牌。“快速客运”是指在通行能力较好道路上使用高档车型（中客参考车价 20 万元以上、大客参考车价 60 万元以上），实行集约化经营，具有一定发车密度，途中不上下客，承诺优质服务的快速班车客运。车辆喷涂由省公路运输管

理局统一制定的快速客运标识，准点发车、按时到达，安全直达、途中不上下客，车辆完好清洁、规范服务，违诺赔偿、举报有奖。客运站和营运车辆均公布承诺电话和监督电话。为快速客运班车提供发车服务必须二级以上客运站。客运站需设立专门候车室（区），开辟“绿色通道”，在票价时刻表上注明快速客运。1998 年 10 月，湖州—杭州班线首先完成“浙江快客”改造。湖州长运公司赎回原单车承包经营旧车辆，投入新车实行公司自主经营。同年 11 月 16 日，湖州—杭州“浙江快客”班车正式开行，湖州站每日 6：40 时—17：40 内每小时发一班（后逐步发展到日发 35 个班次），与原来普通班车相比，可缩短旅客在途时间半小时。2010 年 2 月，湖州至杭州市际快客对开班线被省交通运输厅命名为“文明班线”。2000 年 10 月 22 日，“浙江快线”首条结点（配载）运输班线——宁波—合肥（途经杭州、湖州、芜湖）开通，湖州市长运汽车运输公司参与投资经营。2005 年 1 月，湖州市在省内率先建成覆盖“长三角”其他 14 个城市快速客运网络，年末，全市快速客运班线 59 条，占客运班线总量的 10%。2010 年末，湖州市域至杭州、宁波、嘉兴、上海、无锡、常州等方向快速班车线路 58 条，日发班次 843 个，其中跨省 18 条、班次 139 个，跨市 27 条、班次 283 个，跨县 8 条、班次 121 个，县内 5 个、班次 300 个。快速客运线路中，湖州市区经营 41 条（跨省 16 条、跨市 18 条、跨县 3 条、县内 4 条），德清 4 条（跨市 2 条、跨县 1 条、县内 1 条），长兴 6 条（跨省 2 条、跨市 2 条、跨县 2 条），安吉 7 条（跨市 5 条、跨县 2 条）。

**2010 年湖州长运汽车运输有限公司直达快客班车**

表 1-67

| 序号 | 起讫地点 | 开通时间 | 日均班次 | 日均实载率 |
|---|---|---|---|---|
| 1 | 湖州—杭州 | 1998 年 11 月 16 日 | 35 | 55.00% |
| 2 | 湖州—长兴 | 2000 年 7 月 1 日 | 30 | 45.00% |
| 3 | 湖州—安吉 | 2001 年 12 月 11 日 | 12 | 46.00% |
| 4 | 武康—杭州 | 2002 年 2 月 1 日 | 25 | 23.00% |
| 5 | 湖州—上海（芷） | 2002 年 6 月 26 日 | 4 | 41.00% |
| 6 | 湖州—宁波 | 2002 年 7 月 1 日 | 3 | 43.00% |
| 7 | 湖州—南京 | 2002 年 7 月 1 日 | 2 | 41.00% |
| 8 | 湖州—无锡 | 2002 年 8 月 1 日 | 4 | 42.00% |

续表 1-67

| 序号 | 起讫地点 | 开通时间 | 日均班次 | 日均实载率 |
|---|---|---|---|---|
| 9 | 湖州—常州 | 2002 年 8 月 1 日 | 4 | 40.00% |
| 10 | 湖州—宜兴 | 2002 年 12 月 1 日 | 6 | 41.00% |
| 11 | 湖州—苏州 | 2003 年 1 月 1 日 | 6 | 42.00% |
| 12 | 湖州—溧阳 | 2004 年 8 月 1 日 | 2 | 40.00% |
| 13 | 湖州—上海（南） | 2004 年 11 月 1 日 | 4 | 40.00% |
| 14 | 湖州—扬州 | 2004 年 11 月 8 日 | 1 | 39.00% |
| 15 | 湖州—泰州 | 2004 年 11 月 8 日 | 1 | 28.00% |

## 2010 年湖州长运汽车运输有限公司配载快线班车

表 1-68

| 序号 | 起讫地点 | 开通时间 | 日均班次 | 日均实载率 | 途中停靠站点 |
|---|---|---|---|---|---|
| 1 | 宁波—合肥 | 2000 年 10 月 22 日 | 1 | 72.00% | 杭州、湖州、芜湖 |
| 2 | 湖州—嘉兴 | 2001 年 8 月 16 日 | 9 | 40.00% | 织里、南浔 |
| 3 | 湖州—长兴 | 2001 年 9 月 1 日 | 20 | 39.00% | 三天门、李家巷 |
| 4 | 湖州—上海（虬） | 2002 年 5 月 1 日 | 8 | 38.00% | 织里、南浔 |
| 5 | 湖州—上海（芷） | 2002 年 6 月 26 日 | 2 | 39.00% | 织里、南浔 |
| 6 | 湖州—德清 | 2002 年 9 月 1 日 | 12 | 41.00% | 武康 |
| 7 | 湖州—海宁 | 2002 年 12 月 1 日 | 6 | 38.00% | 双林、练市 |
| 8 | 湖州—桐乡 | 2002 年 12 月 1 日 | 6 | 40.00% | 双林 |
| 9 | 湖州—苏州 | 2003 年 1 月 1 日 | 6 | 41.00% | 织里、南浔、吴江 |
| 10 | 湖州—温州 | 2003 年 1 月 21 日 | 1 | 39.00% | 武康、乐清 |
| 11 | 湖州—青田 | 2003 年 4 月 1 日 | 1 | 39.00% | 杭州、丽水 |
| 12 | 武康—湖州 | 2003 年 4 月 1 日 | 10 | 38.00% | 埭溪 |
| 13 | 湖州—新市 | 2003 年 4 月 1 日 | 12 | 39.00% | 青山、锦山、钟管 |
| 14 | 湖州—绍兴 | 2003 年 7 月 1 日 | 2 | 45.00% | 武康、柯桥 |
| 15 | 湖州—安吉 | 2003 年 9 月 21 日 | 6 | 47.00% | 和平、晓墅 |
| 16 | 南浔—义乌 | 2004 年 1 月 1 日 | 2 | 48.00% | 织里、湖州、武康 |
| 17 | 新市—杭州 | 2004 年 1 月 1 日 | 18 | 41.00% | 乾元 |

续表 1-68

| 序号 | 起讫地点 | 开通时间 | 日均班次 | 日均实载率 | 途中停靠站点 |
|---|---|---|---|---|---|
| 18 | 湖州—临安 | 2004 年 5 月 1 日 | 2 | 67.00% | 武康 |
| 19 | 织里—温州 | 2004 年 5 月 1 日 | 1 | 41.00% | 湖州、武康 |
| 20 | 南浔—绍兴 | 2004 年 7 月 1 日 | 1 | 46.00% | 织里、湖州、武康 |
| 21 | 南浔—广德 | 2004 年 7 月 21 日 | 4 | 42.00% | 织里、湖州 |
| 22 | 织里—广德 | 2004 年 7 月 21 日 | 2 | 41.00% | 湖州 |
| 23 | 德清—常州 | 2004 年 9 月 1 日 | 1 | 39.00% | 武康、湖州 |
| 24 | 德清—上海 | 2004 年 9 月 1 日 | 1 | 40.00% | 武康、湖州 |
| 25 | 湖州—椒江 | 2004 年 10 月 1 日 | 1 | 42.00% | 武康、黄岩、路桥 |
| 26 | 湖州—镇江 | 2004 年 10 月 1 日 | 1 | 43.00% | 丹阳 |
| 27 | 湖州—金华 | 2004 年 11 月 1 日 | 1 | 43.00% | 武康 |
| 28 | 南浔—歙县 | 2004 年 11 月 1 日 | 2 | 43.00% | 织里、湖州、武康 |
| 29 | 织里—歙县 | 2004 年 11 月 1 日 | 1 | 42.00% | 湖州、武康 |
| 30 | 湖州—南通 | 2005 年 1 月 1 日 | 1 | 42.00% | 织里、南浔 |
| 31 | 南浔—宁波 | 2005 年 3 月 1 日 | 1 | 45.00% | 练市 |
| 32 | 南浔—南京 | 2005 年 3 月 6 日 | 1 | 42.00% | 织里、湖州 |
| 33 | 新市—南京 | 2005 年 3 月 6 日 | 1 | 40.00% | 德清、武康、湖州 |
| 34 | 南浔—杭州 | 2007 年 9 月 1 日 | 8 | 67.00% | 织里 |
| 35 | 湖州—萧山机场 | 2008 年 12 月 12 日 | 6 | 35.00% | 武康 |

## 四　客运车站

前志载，1990 年市境等级汽车客运站 44 个，其中二级 5 个，三级 9 个，四级 30 个。2001 年，全市等级车站 18 个，其中一级 1 个、二级 3 个、三级 11 个、四级站 3 个。2006 年等级客运站 27 个，其中一级 1 个、二级 5 个、三级 13 个、四级 4 个、五级 2 个、简易站 2 个，港湾式停靠站 1310 个。2010 年，全市建有等级车站 43 个，其中一级 1 个、二级 5 个、三级 13 个、四级（含农村准四级）24 个，港湾式停靠站 1501 个。

## 一级客运站

**湖州汽车总站**　在湖州南门车站路8号，隶属湖州市长运汽车运输有限公司。1990—1991年扩建，占地34620平方米，停车场27549平方米、候车室3046平方米、站房5340平方米。1992年1月24日，原址重建汽车新客运站竣工投入使用，同年被评为部级文明车站。1995年7月，车站候车大厅启用中央空调。1997年10月11日由交通部批准定为一级客运站，授予“一级汽车客运站”牌匾。2002—2003年日均发送客车1035班次，2005年日均发1100班次、1.05万人，发送班次最多日1180班次、2.8万人次。2006年日均发班车1117次、1.41万人次，发送班车最多日1167班次、3万人次。2007年2月湖州浙北高速客运中心启用，湖州汽车总站随之停止营运。

湖州汽车总站

**湖州浙北高速客运中心**　2005年3月8日开工建设。2007年2月1日正式开张运营。站址位于市开发区二环西路，占地101259平方米，总建筑面积30220.8平方米，总投资1.92亿元，按国家一级客运站标准建设，设计日发送旅客能力5.8万人次，日发送客车1900班次，停车场可容纳大客车300多辆，为浙北地区最大道路交通客运枢纽。启用后，原湖州汽车客运总站包括北线站内所有客运班线及原绿色东站跨县以上长途客运班线全部迁往浙北客运中心，原东门绿色车站内到市区各主要乡镇快客线路继续在绿色车站发班。市区开通8条公交线路开往湖州浙北高速客运中心。2010年，客运中心经营班线118条，日均发车990班次。其中跨省44条、日发班车169次，跨市43条、日发班车231次，跨县16条、日发班车283次，县（区）内15条、日发班车307次；年发送旅客379.16万人。

浙北高速客运中心

## 二级客运站

**湖州东门绿色汽车站**　在湖州市东门二里桥4号。湖州长运汽车运输有限公司投资1200万元建成，2000年6月投入使用。占地17840平方米，停车场面积7330平方米，候车室面积640平方米，站房面积1114平方米。2006年，经营客运线路9条，日均发班车257次，累计发送量76.14万人次，发送班车最多日326次、发送旅客5957人次。2010年，营运班线16条，日发班次263班。其中跨省2条、日发班次6班，跨地（市）班线1条、日发班次3班，县（区）内班线13条、日发班次254班。

湖州东门绿色汽车站

**德清汽车总站**　在德清县武康镇北湖东街903号。2002年10月始建，2005年启用。由多家企业合资建设，总投资6500万元，其中县烟草公司占25%，县振通资产有限公司占25%，县交通投资总公司占30%，湖州长运汽车运输有限公司占20%。占地73370平方米，停车场面积25000平方米，候车室面积500平方米，站房面积4700平方米。2006年，经营客运线路33条，日均发班车231次，累计发送量72.36万人次，发送班车最多日266次、发送旅客4223人次。2010年，经营班线26条、日均发车157班次，其中跨省9条、日发班车17次，跨市13条、日发班车71次，跨县2条、日发班车18次，县（区）内2条、日发班车51次。年发送旅客120.2万人。

**长兴汽车客运站**　在长兴县雉城长海路2号。1980年1月启用。占地12654平方米，停车场面积8656平方米，候车室面积630平方米，站房面积2491平方米。2006年，经营客运线路75条，日均发班车575次，累计年发送量145.5万人次，发送班车最多日591次、发送旅客6846人次。2009年拥有营运班线48条，日发班次352班。其中跨省20条、日发班次143班，跨地（市）班线21条、日发班次95班，跨县6条、日发班次64班，县内班线1条、日发班次50班。2010年1月，客运站搬迁，改称长兴汽车总站，隶属长兴万宏汽车运输有限公司。

**长兴汽车总站**　在雉城镇经济开发区太湖大道1288号。2008年7月18日开工建设，2010年1月10日竣工并投入试运营。占地5万平方米，投资概算5981万元。主要由长途客运和城乡公交区域、城市公交枢纽区域、出租车营运区域、汽车修理厂区域、加油站区域及商务办公区域等组成，同时兼顾外省市县过境客车进站组客。2010 年，经营班线 47 条，日均发车 294 班次，其中跨省 19 条、日发班车 71 次，跨市 21 条、日发班车 68 次，跨县 6 条、日发班车 144 次，县（区）内 1 条、日发班车 11 次。年发送旅客 109.85 万人。

**长兴客运中心** 在长兴县金陵南路 77～79 号。隶属长兴万宏汽车运输有限公司。1996 年 8 月启用，占地 6941 平方米，停车场面积 3800 平方米、候车室面积 720 平方米、站房面积 3736 平方米。2006 年，经营客运线路 27 条，日均发班车 448 次，累计年发送量 167.7 万人次，发送班车最多日 462 次、发送旅客 10633 人次。2010 年，经营班线 11 条，日均发车 360 班次，其中跨县 1 条、日发班车 42 次，县（区）内 10 条、日发班车 318 次。年发送旅客 157 万人。

**安吉客运中心** 在安吉县递铺镇。建于 1985 年，隶属安吉长运汽车运输有限公司。2000 年 3 月自胜利路 1 号迁浦源大道 896 号，新车站总投资 2000 余万元，占地 34750 平方米，停车场面积 12000 平方米、候车室面积 1450 平方米、站房面积 5994 平方米。2006 年，经营客运班线 57 条，日均发班次 1522 班，发送班车最多日 1587 次、发送旅客 22900 人次。2010 年，经营班线 89 条，日均发车 1670 班次，其中跨省 18 条、日发班车 30.5 次，跨市 34 条、日发班车 138 次，跨县 14 条、日发班车 128 次，县（区）内 23 条、日发班车 1364 次。年发送旅客 658 万人（包括县内城市公交客运量）。

## 三四级客运站

前志载，1990 年，市境三级客运站 9 个、四级客运站 30 个。2001 年，三级客运站 11 个、四级客运站 3 个、准四级站 1 个。2005 年末，三级客运站 13 个、四级及农村准四级客运站 11 个。2010 年，三级客运站 13 个、四级（含准四级）客运站 24 个、港湾式停靠站 1501 个。

**湖州市三、四级汽车站**

表 1-69

| 辖区 | 站名 | 站级 | 启用年份 | 地址 |
|---|---|---|---|---|
| 南浔区 | 南浔站（隶湖州长运公司） | 三级 | 1989 年 | 南浔镇大桥北堍 |

续表 1-69-1

| 辖区 | 站名 | 站级 | 启用年份 | 地址 |
|---|---|---|---|---|
| 南浔区 | 双林站（隶湖州长运公司） | 三级 | 1996 年 | 双林大桥东堍侧 |
| 南浔区 | 菱湖站（隶湖州长运公司） | 三级 | 1993 年 | 菱湖镇压东栅 |
| 南浔区 | 南浔镇泰安路车站 | 三级 | 1999 年 | 南浔镇泰安路 |
| 南浔区 | 练市站（隶湖州长运公司） | 三级 | 1993 年 | 练市镇湖盐中路 |
| 南浔区 | 旧馆站 | 准四级 | 2008 年完工 | 旧馆镇 |
| 南浔区 | 石淙站 | 准四级 | 2009 年完工 | 石淙镇 |
| 南浔区 | 和孚站 | 准四级 | 2010 年完工 | 和孚镇 |
| 吴兴区 | 埭溪站（隶湖州国运公司） | 三级 | 2003 年 | 埭溪镇国道路 1 号 |
| 吴兴区 | 织里站（隶湖州长运公司） | 三级 | 2005 年 | 织里镇织太公路西侧 |
| 吴兴区 | 织里晟舍站（织里三元公司） | 四级 | 2000 年 | 织里晟舍童装市场旁 |
| 吴兴区 | 妙西站 | 准四级 | 2009 年完工 | 妙西镇 |
| 德清县 | 新市站（隶湖州长运德清分公司） | 三级 | 1991 年 | 新市镇仙潭路 258 号 |
| 德清县 | 乾元站（隶湖州长运德清分公司） | 三级 | 1998 年 | 乾元镇车站路 97 |
| 德清县 | 钟管站（隶德清更强公司） | 准四级 | 2002 年 | 钟管镇南湖路 318 号 |
| 德清县 | 雷甸站（隶湖州长运德清分公司） | 准四级 | 2005 年 | 雷甸镇压国兴路 |
| 德清县 | 徐家庄车站 | 准四级 | 2006 | 徐家庄镇北 |
| 德清县 | 三合车站（隶湖州长运德清分公司） | 准四级 | 2008 年 | 三合镇八字桥村 |
| 长兴县 | 泗安站（隶长兴万宏公司） | 三级 | 1976 年（2003 年扩建） | 泗安镇 |
| 长兴县 | 和平站（隶长兴万宏公司） | 三级 | 1994 年 | 和平镇 |
| 长兴县 | 煤山站（隶长兴万宏公司） | 准四级 | 1989 年（2004 年扩建） | 煤山镇 |
| 长兴县 | 水口站（隶长兴万宏公司） | 准四级 | 2005 年 | 水口乡 |
| 长兴县 | 林城站 | 准四级 | 2006 | 林城镇街 |
| 安吉县 | 孝丰站（隶安吉长运公司） | 三级 | 2005 年 6 月迁建于现址 | 孝丰镇 |
| 安吉县 | 梅溪站（隶安吉长运公司） | 三级 | 1987 年（2004 年扩建） | 梅溪镇 |
| 安吉县 | 章村站 | 准四级 | 2008 年 | 章村镇 |
| 安吉县 | 报福站 | 准四级 | 2008 年 | 报福镇 |

续表 1-69-2

| 辖区 | 站名 | 站级 | 启用年份 | 地址 |
| --- | --- | --- | --- | --- |
| 安吉县 | 山川站 | 准四级 | 2008 年完工 | 山川乡 |
| 安吉县 | 上墅站 | 准四级 | 2009 年完工 | 上墅乡 |
| 安吉县 | 鄣吴站 | 准四级 | 2008 年完工 | 鄣吴镇 |
| 安吉县 | 长林垓站 | 准四级 | 2005 年 | 昆铜乡长林圩村 |
| 安吉县 | 高坞岭站 | 准四级 | 2008 年 | 高坞岭村 |
| 安吉县 | 杭垓站 | 准四级 | 2009 年完工 | 杭垓镇 |
| 安吉县 | 良朋站 | 准四级 | 2009 年完工 | 良朋镇 |
| 安吉县 | 皈山站 | 准四级 | 2010 年完工 | 皈山乡 |
| 安吉县 | 高禹站 | 准四级 | 2010 年完工 | 高禹镇 |
| 安吉县 | 康山站 | 准四级 | 2010 年完工 | 康山工业园区 |

德清县境港湾式停靠站

**港湾式停靠站**　市境公路沿线港湾式停靠站兴建于 2004 年后。此前，汽车停靠站竖牌表示。港湾式停靠站建有顶棚和座椅，与城市公交站点相仿。2004 年，推进城乡公交一体化，在第二、第三层次公交线路全面开通的同时推进停靠站建设。2005 年，全市新建港湾式停靠站 837 个，其中吴兴、南浔两区 436 个、长兴 76 个、德清 205 个、安吉 120 个。2006 年增建港湾式停靠站 478 个。2010 年末，全市累建港湾式停靠站 1501 个，其中吴兴、南浔二区 571 个、长兴 373 个、德清 339 个、安吉 218 个，每个行政村至少拥有一个港湾式停靠站。

## 五　出租车客运

### 出租车行业

前志载，湖州出租汽车客运始于 1983 年，七八名个体司机在南门汽车站揽客经营，自发形成松散出租车客运市场。车型主要是国产“上海”和国外产“菲亚特 126P”“拉达”“波罗乃茨”等，营运业务限于长途包车。1990 年底，市区出租汽车

69 辆，均为个体经营。

1995 年 6 月，湖州市直辖区有出租车 185 辆，在市区范围经营。同年 7 月，市政府同意在湖州主城区投放 20 辆夏利车，由湖州公交公司客运出租车公司经营，运营范围东至八里店、南至 104 国道鹿唐线岔口、西至三天门、北至塘甸。次年，市公交公司投入 100 辆城市小巴。1996 年末，全市出租车发展到 971 辆，其中市直辖区 703 辆。1997 年，成立湖州市客运出租车管理所，调控、审批、规范出租车市场。

湖州市区夏利出租车

1997 年 10 月，市区首次定向拍卖客货出租汽车经营权（其中桑塔纳轿车 10 辆、小面包车 15 辆、双排座 0.35 吨小货车 55 辆）。南浔、织里、练市、双林、菱湖、埭溪六镇七家运输公司参与竞拍。2000 年 2 月，第二次出租车经营权拍卖 20 辆。

2000 年 3 月，分县区统一出租车标志色，市区出租车为红色车身、银色车顶，车型以“桑塔纳”“富康”“夏利”为主。同年末，全市出租轿车 1243 辆、出租面包车 341 辆，经营业户 262 家、从业人员 1292 人。

2002年市区夏利车淘汰后投放的桑塔纳车

2006年 8 月市区出租车标志色“换装”

2002 年 8 月 1 日起，市区出租车经营权实行有期限有偿使用制度，原经行政审批取得客运出租经营权的 775 辆出租车收取 8 年经营权有偿使用费，其中市区出租车每年每辆 3000 元、郊区每年每辆 1500 元，有偿使用费按《浙江省预算外资金管理办法》纳入市级财政专户储存，主要用于交通基础设施建设、出租车行业管理和发展。同年，市直辖区各出租汽车公司筹资约 4800 万元，湖城 470 余辆夏利出租车及其他破旧车辆全部淘汰更新为捷达、富康、桑塔纳等中档车辆。同年 8 月，1996 年投入 100 辆城市小巴“退役”，按 2∶1 比例，更新为出租轿车。同年末，吴兴、南浔二区出租车 894 辆。

2004 年 6 月，客运出租车开始安装 GPS 卫星定位系统，年底，市直辖区 815 辆出租车全部安装完成。

2006 年 8 月，市区红色车身银色车顶出租车标志色换成天蓝、宝蓝、草绿、浅紫 4 种色彩。其中，“长运”出租公司和“神州”出租车公司 250 辆出租车选定天蓝色，“中大”“公交”和“国谊”3 家出租车公司 257 辆选定草绿色，湖州“众联”和“联众”2 家 201 辆选定宝蓝色，南浔、织里、埭溪、练市、双林和菱湖等郊区出租车 107 辆选定浅紫色。

2007 年，全市出租车行业推行“双燃料”改造工程。2010 年末，全市出租车 1501 辆，其中“双燃料”出租车占 63%，居全省第一。

2010 年末，全市出租汽车 1501 辆，经营业户 149 家（其中个体 128 户），从业人员（持服务资格证）3507 人；其中吴兴区出租车 727 辆，南浔区 88 辆，德清县 163 辆，长兴县 345 辆，安吉县 178 辆。按出租车车型分：现代索纳塔 108 辆，桑塔纳 818 辆，捷达 553 辆，其他车型 22 辆。

**1991—2010 年湖州市各县区出租车历年拥有量**

表 1-70

| 年份 | 全市（辆） | 湖州市直辖区（辆） | 长兴县（辆） | 德清县（辆） | 安吉县（辆） |
|---|---|---|---|---|---|
| 1991 | 139 | 69 | 20 | 40 | 10 |
| 1992 | 177 | 78 | 29 | 54 | 16 |
| 1993 | 220 | 133 | 26 | 50 | 11 |
| 1994 | 298 | 195 | 20 | 63 | 20 |
| 1995 | 558 | 406 | 31 | 70 | 51 |
| 1996 | 983 | 705 | 59 | 134 | 85 |
| 1997 | 1009 | 738 | 79 | 81 | 111 |
| 1998 | 1033 | 760 | 79 | 76 | 118 |
| 1999 | 1097 | 775 | 102 | 118 | 102 |
| 2000 | 1243 | 843 | 158 | 138 | 104 |

续表 1-70

| 年份 | 全市（辆） | 湖州市直辖区（辆） | 长兴县（辆） | 德清县（辆） | 安吉县（辆） |
|---|---|---|---|---|---|
| 2001 | 1238 | 834 | 157 | 138 | 109 |
| 2002 | 1340 | 894 | 184 | 134 | 128 |
| 2003 | 1274 | 824 | 189 | 133 | 128 |
| 2004 | 1334 | 815 | 213 | 163 | 143 |
| 2005 | 1420 | 815 | 284 | 163 | 158 |
| 2006 | 1481 | 815 | 345 | 163 | 158 |
| 2007 | 1481 | 815 | 345 | 163 | 158 |
| 2008 | 1501 | 815 | 345 | 163 | 178 |
| 2009 | 1501 | 815 | 345 | 163 | 178 |
| 2010 | 1501 | 815 | 345 | 163 | 178 |

## 出租车经营业户

前志载，1990 年，市境无出租车客运企业，69 辆出租汽车均为个体经营。2010 年末，全市出租车经营企业 21 家，其中吴兴区 7 家、南浔区 2 家、长兴县 4 家、德清县 3 家、安吉县 5 家。一人一车，个体户 128 家，全部在吴兴区（含市区）营运。

**市直辖区（吴兴区、南浔区）** 首家出租车客运企业湖州公交公司客运出租车公司成立于 1995 年 7 月，隶属湖州市公共交通总公司，首期投入 20 辆白顶夏利车。1997 年，出租车经营企业发展到 24 家，有出租车 719 辆。2002 年后，通过兼并、联合等方式，促进出租车行业经营主体向集约化、规模化、公司化方向发展，出租车企业减至 9 家。湖州长运汽车运输有限公司客运出租公司规模最大，2009 年末拥有出租汽车 240 辆。2010 年，吴兴区（含市区）、南浔区出租车 815 辆，持证从业人员 1868 人。

**长兴县** 第一家出租车客运企业长兴万宏汽车运输有限公司出租汽车旅游分公司成立于 1994 年 5 月。2010 年末，县境出租车客运企业 4 家，万宏汽车运输有限公司出租旅游分公司规模最大，拥有出租车 185 辆。全县共有出租车 345 辆，持证从业人员 590 名。

**德清县** 首家出租车客运企业德清县汽运总公司（湖州长运公司德清分公司

前身）城区出租车分公司成立于 1998 年 1 月，首期投入 34 辆“黄面的”。2002 年 5 月 31 日，“黄面的”全部退出武康出租车市场，30 辆“富康”轿车取代“黄面的”。2010 年末，全县有出租车客运企业 3 家，其中美都旅游有限公司规模最大，拥有出租车 77 辆。全县共有出租车 163 辆，持证从业人员 400 名。

**安吉县** 县汽运总公司（安吉长运公司前身）于 1996 年在递铺镇先后投入 30 辆“小面的”。2000 年，顺风客运出租车有限公司和世通出租汽车有限公司成立，个体出租车大都挂靠在这两家公司名下。2010 年末，安吉县有出租车客运企业 5 家，其中规模最大的是顺风客运出租车有限公司，拥有出租车 98 辆。全县共有出租车 178 辆，持证从业人员 430 名。

省级文明车

**出租车文明创建活动** 2003 年始，市境出租车行业开展多形式、多主题文明创建活动。通过评选“文明示范车”“党员先锋车”“星级企业”“星级驾驶员”“优质服务标兵车”等，全市出租车行业服务不断改善。2005 年、2007 年、2009 年，“长运”出租车公司连续被评为三星级企业，“国运”“众联”“国谊”“公交”等 4 家企业被评为二星级，一百多名出租车司机先后被评为星级驾驶员，其中劳动模范丁晓春等 10 人被评为五星级驾驶员。2009 年，全市 21 家出租车客运企业中有湖州长运丁晓春车队、玫瑰红车队、公交文明车队、国谊爱心车队、众联文明车队、国运文明车队、万顺文明车队、长兴万宏优质服务车队、安吉顺风爱民车队，德清美都敬老拥军车队等十支省级文明车队。2010 年，“丁晓春车队”被省总工会授予“省工人先锋号”称号，车队 15 辆出租车张贴“省工人先锋号”标识。

## 2010 年湖州市客运出租汽车公司一览

表 1-71

| 单　位 | 地　址 | 成立时间 | 车辆数（辆） |
|---|---|---|---|
| 湖州长运汽车运输有限公司客运出租公司 | 湖州市环城南路 33 号 | 2002.5.29 | 240 |
| 湖州众联出租车服务中心 | 湖州市浮玉路 177 号 | 1999.9.18 | 130 |
| 湖州国运公路运输有限公司出租车分公司 | 湖州市凤凰一村 47 幢后车库楼上 | 2002.1.28 | 107 |
| 湖州国谊旅游汽车服务有限公司 | 湖州市阳光城阳光一路二层 36～42 号 | 1995.9.18 | 84 |
| 湖州联众出租车服务中心 | 湖州龙溪路 1177 号 | 1999.11.22 | 84 |
| 湖州市南浔万顺客货运有限公司 | 南浔泰安路车站三楼 | 2001.1.2 | 76 |
| 湖州市公共交通有限责任公司出租汽车分公司 | 湖州市威莱大街 376 号 | 1999.9.9 | 70 |
| 湖州市神州出租车有限公司 | 湖州市凤凰二村别墅区 8 号楼 | 2004.1.6 | 12 |
| 湖州菱湖双信客货运服务中心 | 菱湖镇东栅东路 1 号 | 2010.2.8 | 12 |
| 浙江美都旅游有限公司 | 德清县武康镇休闲街 196 号 | 2000.9.5 | 77 |
| 德清县武兴出租车有限公司 | 德清县武康镇永安街 332 号 | 1998.12.7 | 66 |
| 湖州长运汽车运输有限公司德清分公司 | 德清县武康镇北湖东街 919 号 | 2002.9.26 | 20 |
| 安吉顺风客运出租车有限公司 | 安吉递铺大康路 | 2000.8.15 | 98 |
| 安吉世通出租汽车有限公司 | 安吉递铺客运中心二楼 | 2000.7.7 | 38 |
| 浙江安吉长运汽车运输有限公司安吉分公司 | 安吉递铺客运中心二楼 | 2003.6.1 | 21 |
| 安吉县天宇出租汽车有限公司 | 安吉递铺胜利东路 456～458 号 | 2004.7.30 | 14 |
| 安吉县海运客运出租车有限公司 | 安吉递铺灵峰路东侧车辆检测站内 | 2004.8.2 | 7 |
| 浙江省万宏汽车运输有限公司出租旅游分公司 | 长兴县雉城镇解放西路 175 号 | 1999.1.25 | 185 |
| 长兴万豪汽车客运出租服务有限责任公司 | 长兴县雉城镇轻纺城 21 幢 56 号 | 2007.1.1 | 100 |
| 长兴万顺汽车客运出租服务有限责任公司 | 长兴县雉城镇轻纺城 | 2006.2.24 | 30 |
| 长兴远通汽车客运出租服务有限责任公司 | 长兴县雉城镇人民中路 138 号 | 2001.4.13 | 30 |

# 六　城市公共交通

## 湖州市区

**市区公交线**　前志载，湖州城内第一条公交线路是1973年5月开通湖州东门至三天门火车站专线，由县交通部门所属吴兴车队营运，投入2辆公交车。1976年下半年，组建湖州公共汽车专业车队，隶属城建部门，主要经营湖州东门至三天门火车站线路。1981年10月，新辟湖州—黄芝山、湖州—白雀公交线路。1990年，公交线路增至10条，投入公交车41辆，营运里程221.6公里。1991年9月开辟市区环线，东环为11路、西环为12路，中型面包车平均每天运行近20班，中途设11个站，招手停车上客。1993年底，市内公交线路12条，里程230公里、运营线路网111公里，设站193处，平均每天170余班次，年客运量395万人次。1999年9月9日成立湖州市公共交通有限责任公司，同年11月推出市内公交1路车。2003年，公交营运车147辆，年客运总量2500余万人次。2004年，公交线路15条以及专线车4条、旅游观光线1条，公交线路总长度210公里、线网115公里。至2005年底，线路总长度229.5公里、线网长度128.9公里，公交线路17条、专线及旅游观光线6条，投运公交车179辆。2006年底，调整开通21条公交线、1条旅游观光专线、13条专线车。2007年2月1日，浙北高速客运中心启用，新增公交线3条、专线3条，延伸公交线3条。"十五"期间，市公交公司采用GPRS数据传输模式，实现GPS实时监控和客流信息自动采集，逐步从传统公交车人工排班、调度向计算机集成化、智能化发展。2010年末，市公共交通有限责任公司拥有28条数字线路（23条城市公交线路，5条城乡公交线路）和52条专线（大润发专线、南郊专线、观光专线和49条学生接送专线），投入275辆公交车，其中空调车约占60%，市区公交车78%有空调。公交线路沿途设公交站点690个（市内公交站点599个）。公交线网总长169公里，营运线路总长282公里，年营运里程1200多万公里，年旅客运输4117万人次，日均运送11.2万多人次。市区交通公交车分担率8%左右。［2011年6月，城市公交由城建部门划归交通行业管理。同年启动公交车更新换代，投入3000余万元资金，购置77辆液化天然气（LNG）公交车。2012年投入资金近2000万元，购置56辆符合欧4排放标准空调车，其中液化天然气公交车51辆。128

辆液化天然气公交车占市公交公司全部公交车的比例大于1/3，用于市区1路、2路、3路、4路、5路、7路、10路、16路、23路、24路、25路和29路12条线路车辆更新。据测算，按照线路正常运营，128辆液化天然气公交车一年可节能3900多吨标准煤，减排2700多吨二氧化碳，可有效降低空气中PM2.5浓度。同时在市区主要线路42处公交站点逐步启用智能电子公交站牌。市区公交IC卡与省内外20个城市逐步实现互联互通（上海、绍兴、宁波、台州、常熟、兰州、白银、抚顺、锦州、葫芦岛、江阴、昆山、淮安、舟山、南昌、鹰潭、永州、三亚、江油、榆林），市区公交分担率提高到15%左右。］

**公交车票价** 营运初期，票价定为0.0174元/人公里。1993年底调整为0.096元/人公里。1999年11月开通1路市内公交车起，实行上车1元一票。2000年起，根据线路不同，区间票价2~6元不等。2002年始，市内公交启用公交IC卡售票乘车系统。至2005年底，市内17条数字公交线路除4、8、11、12、13路公交车实行区间票价外，余均1元一票。2006年4月17日起，公交公司在市区投入空调公交车，票价改2元/每人次。2007年4月1日起，根据省相关政策，70岁以上老年人免费乘车，60~69岁8折优惠。

湖州市区液化天然气公交车

**市区营运载客三轮车** 前志载，人力载客三轮车为黄包车的换代车种，1956年由湖州市搬运服务公司始置20辆，后逐步发展，成为城市主要交通工具。“文化大革命”期间歇业。1980年后重现，属个体经营。1990年，湖州城区有营运人力三轮车200余辆。1992年始，营运三轮车由市交通警察支队管理。1997年始，移交给市公路运输管理处出租车管理所管理，管理内容主要是营运资格、车容车貌、每年检审。2000年底，市区具有营业执照三轮车686辆，其中允许夜间营运103辆。2010年末，市区有照载客三轮车537辆，营运时间不作限定。

## 2010年末湖州市区公交线路

**1路**　1999年11月6日开通，全程13公里，投放11辆空调车。线路走向，潜庄—白鱼潭路—外环北路—新华路—临湖桥—广场后路—人民路—苕溪路—江南工贸大街—红旗路—龙溪南路—环城西路—车站路—江南工贸大街—苕溪路—外环东路—新华路—学士路—二中路—美欣达路—潜庄。沿途停靠站点，潜庄、潜庄公寓、东白鱼潭、湖州四中、紫云小区、市陌小区、潘公桥、临湖桥、梳妆台、第一医院、友谊新村、爱山广场、浙北大厦、中心医院、红丰桥、红丰四村、红丰五村、九八医院、中医院、仪凤桥、浙北大厦、爱山广场、友谊新村、人民广场、马军巷、月河小学、吉山三村、外环东路、吉北小区、墙壕里小区、湖州五中、广电大厦、湖州师院、职业技术学院、湖师附小、潜庄。

**2路**　1999年12月20日开通，线路长20.6公里，投放14辆空调车。线路走向，湖州师院—学士路—新华路—外环东路—苕溪路—南街—红旗路—西塞山路—二环西路—湖州汽车总站。返回，二环西路—西塞山路—红旗路—江南工贸大街—苕溪路—北街—临湖桥—新华路—外环北路—新市陌路—高富路—华丰二路—白鱼潭路—美欣达路—二中路—学士路—湖州师院。停靠站点，湖州师院、广电大厦、湖州五中、墙壕里小区、吉北小区、外环东路、吉山三村、月河小学、马军巷、人民广场、友谊新村、爱山广场、浙北大厦、中心医院、百合公寓、红丰家园、交警支队、红丰西路口、港南路口、二环南路口、湖州汽车总站。返回，二环南路口、港南路口、红丰西路口、交警支队、红丰家园、百合公寓、中心医院、浙北大厦、爱山广场、友谊新村、人民广场、老北门、临湖桥、潘公桥、市陌小区、市陌路、华丰一村、华丰二村、潜庄公寓、湖师附小、职业技术学院、湖州师院。

**3路**　2000年2月25日开通，线路长30.2公里，投放11辆空调车。线路走向，二环东路—湖东新村—湖东路、吉山南路、吉山二路、环城东路、东街、人民路、益民路、青铜路、龙王山路—德清路—仁皇山路—长兴路—龙王山路—青铜路—拥军路。沿途停靠站点，阳光水岸、湖东、湖东菜场、文苑新村、文苑小学、吉山二村、承天寺巷、妇保院、府庙、第一医院、大线场、众鑫广场、民政大厦、海锦花园、公安大楼、地税局、天盛花园、市民广场、科博中心、行政中心、图书馆、（区间）赵湾西村、白雀岔口。

**4路（A、B线）**　2000年3月25日开通，投放13辆空调车。（A）线长31.6

公里，线路走向，车管所—104 国道—车站路江南工贸大街—苕溪路—人民路—连家巷路—太湖路—太湖乐园。沿途停靠站点，车管所、看守所、运管处、肛肠医院（丝绸城）、车站新村、九八医院、中医院、仪凤桥、浙北大厦、友谊新村、第一医院、众鑫广场 、凤凰一村（阳光女子医院）、凤凰路口、港湖花园、联通公司。（区间）气象局（白雀塘桥）、塘塔村、金家兜、七家田、南皋桥、水波村、白雀中学、白花港、水产村、蒋家圩、造纸厂、太湖纪念碑 、公安干校、太湖山庄、哥伦布、太湖乐园。（B）线长 32.8 公里，线路走向，车管所—104 国道—车站路—江南工贸大街—苕溪路—人民路—连家巷路—太湖路—雷迪森大酒店。沿途停靠站点，车管所、看守所、运管处、肛肠医院（丝绸城）、车站新村、九八医院、中医院、仪凤桥、浙北大厦、友谊新村、第一医院、众鑫广场、凤凰一村（阳光女子医院）、凤凰路口、港湖花园、联通公司。（区间）气象局（白雀塘桥）、塘塔村、金家兜、七家田、南皋桥、水波村、白雀中学、白花港、水产村、蒋家圩、造纸厂、太湖纪念碑 、湖滨新村、太湖阳光别墅、雷迪森大酒店。

**5 路**　2000 年 6 月 1 日开通，线路长 14.2 公里，投放 12 辆普通车。线路走向，侨兴花园—轻纺路—滨河路—龙溪北路—红旗路—北街—环城北路—连家巷路—太湖路—凤凰路—轻纺路—侨兴花园。沿途停靠站点，侨兴花园、富丽家园、开发区管委会、凤凰公园、白鹭宾馆、中心医院、银泰商厦、府庙（北街）、老北门、梳妆台、大通桥、飞英公园、双力大厦、众鑫广场、凤凰一村（阳光女子医院）、阳光城、国税局、美都花苑、凤凰农贸市场、招投标中心、侨兴花园。

**6 路**　2000 年 9 月 28 日开通，线路长 18.4 公里，投放 12 辆空调车。线路走向，碧浪小区—南华路—菜花径路—横塘路—莲花庄路—车站路—环城西路—红旗路—龙溪南路—龙溪北路—凤凰路—体育场路—长兴路—仁皇山路—行政中心—青铜路—爱山小学—龙皇山路—德清路—仁皇山路—行政中心。返程，仁皇山路—长兴路—体育场路—凤凰路—龙溪北路—苕溪大桥—苕溪路—江南工贸大街—红旗路—环城西路—车站路—莲花庄路—横塘路—菜花径路—南华路—碧浪小区。沿途停靠站点，碧浪小区、都市家园三区、都市家园一区、汽配城、莲花庄、湖州中学、九八医院、红丰五村、红丰四村、新金桥大酒店、红旗路口、白鹭宾馆、凤凰公园、开发区管委会、龙凤小区、凤凰农贸市场、美都花苑、国税局、新世纪学校、中兴大桥、图书馆、行政中心、科博中心、仁皇山庄、科技园、天盛花园（爱山小学）、市民广场。返程：科博中心、行政中心、图书馆、中兴大桥、新世纪学校、国税局、美都花苑、凤凰农贸市场、龙凤小区、开发区管委会、浙北大厦、新天地商厦、中心医院、红旗路口、新金桥大酒店、红丰四村、红丰五村、九八医院、湖州中学、莲花庄、汽配城、都市家园一区、都市家园三区、碧浪小区。

**6 路公交车延伸服务专线走向**　南华路—潜山新村—湖中（弁山校区），线长 23.8 公里。沿途停靠站点，碧浪小区、都市家园三区、都市家园一区、汽配城、莲花庄、湖州中学、九八医院、红丰五村、红丰四村、新金桥大酒店、中心医院、劳动路口、第三医院、开发区管委会、龙凤小区、凤凰农贸市场、美都花园、国税局、新世纪学校、中兴大桥、图书馆、行政中心、科博中心、仁皇山庄、潜山新村、将军村、白雀村、军部、法华寺、湖中弁山校区。

**7 路**　2000 年 9 月 28 日开通，线路长 19.7 公里，投放 11 辆空调车。线路走向，金洲宾馆—东湖路—二里桥路—东街—人民路—连家巷路—太湖路—三环北路—长兴路。沿途停靠站点，金洲宾馆、湖东村、航运公司、华源达昌、绿色车站、公交公司、妇保院、府庙、第一医院、众鑫广场、凤凰一村（阳光女子医院）、凤凰路口、港湖花园、联通公司、气象局（白雀塘桥）、垄山花园、报业大楼、湖州报社、军分区、武警支队、疾控中心、信息艺术学校。

**8 路**　2001 年 2 月 16 日开通，线路长 30.4 公里，投放 10 辆普通车。线路走向，碧浪小区—建设南路—环城南路—东街—人民路—紫云路—大钱。沿途停靠站点，碧浪湖、华兴公司、南墩、碧浪小区、茅安前、公交公司、妇保院、府庙、第一医院、双力大厦、城北水闸、殳家湾、金裕集团、（区间）邵家墩、邵家墩码头、白莲花井、井安村、茅安桥、俞家墩、养殖场、师院驾校、船舶研究所、沿西滩、丁家港、三标高速站、浒梢桥、新路口、高桥、塘甸中学、塘甸乡政府、塘甸街、大鲍洋、塘甸小学、金家兜、荣丰村、东风农场、东堰台、陆家门前、大钱村西、大钱村。

**9 路**　2001 年 9 月 20 日开通，线路长 22.6 公里，投放 12 辆普通车。线路走向，公交南站（公交驾校）—104 国道—车站路—横塘路—外环东路—环城北路—紫云路—人民路—连家巷路—飞凤大桥—太湖路—凤凰路—青铜路—仁宝山路。沿途停靠站点，公交南站（公交驾校）、运管处、肛肠医院、车站新村、九八医院、莲花庄、大修厂、公交公司、章计村、文苑一村、吉北小区、市陌小区、紫云小区、西白鱼潭、城北水闸、双力大厦（人民路）、众鑫广场、凤凰一村（阳光女子医院）、阳光城、国税局、美都花苑、海锦花园、公安大楼、地税局、天盛花园（热电厂）、金宸花园、西陌路小区、中大绿色家园。

**10 路**　2001 年 12 月 25 日开通，线路长 25.1 公里，投放 11 辆空调车。线路走向，苕溪路—外环东路—威莱大街—月河街—所前街—江南工贸大街—红旗路—龙溪北路—凤凰路—轻纺路—陵阳路—104 国道—创业大道—里村路—创业大道—田横路—紫荆路—腊山路—新竹路—二环西路—二环大桥（调头）—二环西路—陵阳路—轻纺路—凤凰路—龙溪北路—红旗路—威莱大街—外环东路—苕溪路。沿途停靠站点，富田家园、王家田、韵海苑、月漾苑、交通医院、文苑一村、章计村、公交公司、所前街、仪凤桥、浙北大厦、中心医院、白鹭宾馆、凤凰公园、开发区管委会、龙凤小区、招投标中心（区间）、美欣家园、王家庄、大众汽修厂、国合公司、天明公司、创业大道、合山化工、机床厂（区间）、田横路站、新竹路口、紫荆路口站、罗师庄西站、罗师庄东站。（区间）现代农庄、苏家庄、大众汽修厂、王家庄、美欣家园、招投标中心、龙凤小区、开发区管委会、凤凰公园、白鹭宾馆、中心医院、银泰商厦、妇保院、公交公司、章计村、文苑一村、交通医院、月漾苑、韵海苑、王家田、富田家园。

**11 路**　1981 年 10 月开通，线路长 27.2 公里，投放 1 辆普通车。线路走向，公交公司—威莱大街—益民路—江南工贸大街—青铜路—三环北路—杨白线—黄龙宫。沿途停靠站点，公交公司、妇保院、府庙、第一医院、大线场、大会堂、民政大厦、海锦花园、公安大楼、潜山新村、南瑶湾。（区间）湖中弁山校区、法华寺、军民村、白雀石矿、太史湾、石桥头、白雀林场、郭村湾、杨潭村、白雀水泥厂、黄龙宫。

**12 路**　2010 年 10 月 23 日开通，线路长 15 公里，投放 2 辆普通车。线路走向，东街—人民路—连家巷路—青铜路—金盖山路—德清路—德清北路—青太路。沿途停靠站点，公交公司、妇保院、府庙、第一医院、众鑫广场、民政大厦、公安大楼、科技园、金色地中海、仁皇山五中、金色地中海（东）、在水一方、电力技校。

**13 路**　1996 年 5 月 2 日开通至湖州火车南站。2009 年 9 月 16 日开通至长兴火车站，线路长 57.2 公里，投放 13 辆普通车。线路走向，威莱大街—人民路—连家巷路—江南工贸大街—红旗路—红丰路—杭长桥北路—104 国道—318 国道—长泗立交—车站西路—至长兴火车站。返程：长兴火车站—车站西路—长泗立交—318国道—104国道—杭长桥北路—红丰路—红旗路—江南工贸大街—连家巷路—人民路—威莱大街。沿途停靠站点，公交公司、妇保院、府庙、第一医院、众鑫广场、大会堂、浙北大厦、新天地商厦、中心医院、红丰桥、红丰新村、金世纪广场、杨家埠镇政府、国合公司、长兴火车站（终点站）。返程停靠站点：长兴火车站、国合公司、杨家埠镇政府、金世纪广场、红丰新村、红丰桥、中心医院、银泰商厦、妇保院、华楼桥、公交公司。

**14路**　2003年4月11日开通，线路长22公里，投放10辆空调车。线路走向，太湖路—凤凰路—青铜路—滨河路—龙溪北路—苕溪大桥—苕溪西路—江南工贸大街—莲花庄路—横塘路—菜花径路—南华路—建设路—碧浪小区。返程，碧浪小区—建设路—南华路—菜花径路—横塘路—莲花庄路—江南工贸大街—青铜路—凤凰路—太湖路。停靠站点，联通公司、港湖花园、凤凰路口、阳光城、国税局、美都花苑、民政大厦、时代广场、开发区管委会、爱山广场、浙北大厦、仪凤桥、中医院、湖州中学、莲花庄、汽配城、都市家园一区、都市家园三区、碧浪小区。返程停靠：碧浪小区、都市家园三区、都市家园一区、汽配城、莲花庄、湖州中学、中医院、仪凤桥、浙北大厦、爱山广场、大会堂、众鑫广场、民政大厦、美都花苑、国税局、阳光城、凤凰路口、港湖花园、联通公司。

**15路**　1981年10月开通，线路长40.4公里，投放4辆普通车。线路走向，公交公司—威莱大街—人民路—益民路—江南工贸大街—红旗路—红丰路—杭长桥北路（104国道）—敢山南路—黄芝山路。返程，黄芝山路—敢山南路—杭长桥北路（104国道）—红丰路—红旗路—威莱大街—公交公司。沿途停靠站点，公交公司、华楼桥、妇保院、府庙、第一医院、大线场、大会堂、浙北大厦、新天地商厦、中心医院、红丰桥、红丰新村、金世纪广场、杨家埠镇政府、国合公司、腊山、达多集团、九九桥、叉口、通信团、杨家埠、营房、黄芝山小学、黄芝山、黄芝山菜市场、电缆厂、茅柴园、东北窑、西北窑、北圩角、施家门（终点）。返程停靠，施家门、北圩角、西北窑、东北窑、茅柴园、电缆厂、黄芝山菜场、黄芝山、黄芝山小学、营房、杨家埠、通信团、岔口、九九桥、达多集团、腊山、国合公司、杨家埠镇政府、金世纪广场、红丰新村、红丰桥、中心医院、银泰商厦、妇保院、华楼桥、公交公司。

**16路** 2004年9月8日开通，线路长31.6公里，投放11辆空调车。线路走向，二中路—学士路—白鱼潭路—四中路—日月大桥—太湖路—仁皇山路延伸段—仁皇山路—青铜路—凤凰路—杭长桥北路—二环西路—湖州汽车总站。沿途停靠站点，职业技术学院、湖州师院、姚家桥、潜庄、白鱼潭、湖州四中、日月大桥、凤凰路口、港湖花园、联通公司、中级人民法院、报业大楼、行政中心、科博中心、仁皇山庄、热电厂、公安大楼、海锦花园、凤凰农贸市场、招投标中心、金世纪.铭城、杨家埠镇政府、苏家庄、交警支队、红丰西路口、港南路口、二环南路口、湖州汽车总站。

**17路** 2005年12月12日开通，线路长17公里，投放1辆普通车。线路走向，联通公司—太湖路—白雀乡—横塘桥—担坊头。沿途停靠站点，联通公司、白雀塘桥、塘塔村、金家兜、七家田、南皋桥、白雀小学、桥东村、乌雁兜、洋摊头、南坝、坝潭湾、横塘桥、王家湾、担坊头。

**18路** 2006年1月26日开通，线路长22.2公里，投放1辆普通车。线路走向，潜庄—中东村。沿途停靠站点，潜庄、杨林兜、东孤潭、富家湾、常溪、东头村、防路、树庄、黄家坟、田板村、中东村。

**19路** 2006年12月15日开通，线路长20.5公里，投放1辆普通车。线路走向，潜庄—万安村（大其斗）。沿途停靠站点，潜庄、谈家桥、小港头、孟家庄、宋家庄、上家港、龙潭、杨家滩、郑家浒、万安村（大其斗）。

**20路** 2006年12月15日开通，线路长14.2公里，投放1辆普通车。线路走向，碧浪湖小区—钱山下—邵家墩。沿途停靠站点，碧浪小区、碧浪湖、溪东、南墩、潘塘、碧浪水泥厂、电子厂、钱山下、水产村、庄前玗、湖航水泥厂、后河村、三芋田、唐南村、谢家山、邵家墩、施家坝、城东大桥、污水处理厂、碧浪小区 。

**21路** 2006年12月15日开通，线路长27.3公里，投放1辆普通车。线路走向，威莱大街—月河街—江南工贸大街—红旗路—西塞山路。返程，西塞山路—红旗路—江南工贸大街—莲花庄路—南园路—威莱大街。沿途停靠站点，公交公司、仪凤桥、中心医院、火车南站、芦山、严家坟。返程停靠：严家坟、芦山、火车南站、杨家庄、康山、中心医院、仪凤桥、中医院、公交公司。

**22路** 2007年9月10日开通，线路长17公里，投放4辆空调车。线路走向，滨河路—龙溪北路—大亨路—创业大道—田横路—西凤路—彩凤路—田兴路—九九桥村—长湖监狱。返程，长湖监狱—九九桥村—田兴路—彩凤路—西凤路—田横路—创业大道—大亨路—龙溪北路—龙溪南路—红旗路—江南工贸大街—苕溪路—龙溪北路—滨河路。沿途停靠站点，时代广场（大润发）、龙凤小区、丽阳景苑、翔顺公司（国税分局）、轻纺路口、天明公司、达多集团、西凤路口、华润纺织、九九桥村、方家村、长湖监狱。返程停靠：长湖监狱、方家村、九九桥村、华润纺织、西凤路口、达多集团、天明公司、轻纺路口、翔顺公司（国税分局）、丽阳景苑、龙凤小区、开发区管委会、白鹭宾馆、中心医院、浙北大厦、开发区管委会、时代广场（大润发）。

**23 路**　2007 年 2 月 1 日开通，线路长 13 公里，投放 6 辆空调车。线路走向，湖州汽车总站—二环南路—二环西路—红丰路延伸段—红丰路—龙溪南路—红旗路—人民路—连家巷路—劳动路—苕溪路—江南工贸大街—红旗路—龙溪南路—红丰路—红丰路延伸段—二环西路—湖州汽车总站。沿途停靠站点，湖州汽车总站、二环南路口、港南路口、清河家园、江南粮贸市场、红丰新村、红丰桥、中心医院、银泰商厦、府庙、第一医院、众鑫广场、大会堂（劳动路）、浙北大厦、新天地商厦、中心医院、红丰桥、红丰新村、江南粮贸市场、清河家园、港南路口、二环南路口、湖州汽车总站。

**24 路**　2007 年 2 月 1 日开通，线路长 19.4 公里，投放 11 辆空调车。线路走向，湖州汽车总站—二环南路—二环西路—西塞山路—红旗路—江南工贸大街—莲花庄路—南园路—威莱大街—二里桥路—二环东路—湖东路—金洲宾馆。沿途停靠站点，湖州汽车总站、二环南路口、港南路口、红丰西路口、交警支队、红丰家园、百合公寓、中心医院、仪凤桥、中医院、湖州中学、市建设局、潜园、公交公司 、绿色停车场、华源达昌、航运公司、湖东村、二环东路、金洲宾馆。返程停靠，湖东村、航运公司、华源达昌、绿色停车场、公交公司、潜园、市建设局、湖州中学、中医院、仪凤桥、浙北大厦、中心医院、百合公寓、红丰家园、交警支队、红丰西路口、港南路口、二环南路口、湖州汽车总站。

**25 路**　2007 年 4 月 27 日开通，线路长 18.6 公里，投放 11 辆空调车。线路走向，湖州汽车总站—二环南路—二环西路—港南路—新区一路—红丰路—新区二路—七里亭路—新区一路—西塞山路—杭长桥中路—红丰路—龙溪大桥—龙溪北路—凤凰路—太湖路。返程，太湖路—凤凰路—青铜路—滨河路—龙溪北路—龙溪大桥—杭长桥中路—西塞山路—新区一路—七里亭路—新区二路—红丰路—新区一路—港南路—二环西路—湖州汽车总站。沿途停靠站点，湖州汽车总站、二环南路口、香溢工业园、新区一路口、新区二路口、七里亭一村、亿丰国际建材城、红丰西村、红丰新村、红丰桥、白鹭宾馆、凤凰公园、开发区管委会、龙凤小区、凤凰农贸市场、美都花苑、国税局、阳光城、凤凰路口、港湖花园、联通公司。返程停靠，联通公司、港湖花园、凤凰路口、阳光城、国税局、美都花苑、民政大厦、时代广场（大润发）、开发区管委会、凤凰公园、白鹭宾馆、红丰桥、红丰新村、红丰西村、亿丰国际建材城、七里亭一村、新区二路口、新区一路口、香溢工业园、二环南路口、湖州汽车总站。

**26路（A、B线）** 2008年8月20日开通，线路长26.2公里，投放7辆空调车。分A线、B线运行，早上首班至下午14点运行A线，下午14点至末班车运行B线。起点站均为"时代广场（大润发）"，终点站A线为"牡丹苑"、B线为"吴兴高级中学（北）"。A线走向，滨河路—青铜路—江南工贸大街—笤溪路—环城东路—新华路—二环东路—吴兴大道—经七路—纬四路—经八路—吴兴大道—经七路—纬一路—经六路—纬三路—经五路—吴兴大道—二环东路—新华路—环城东路—笤溪路—滨河路。沿途停靠站点，时代广场（大润发）、大会堂、友谊新村、人民广场、马军巷、临湖桥、潘公桥、墙壕里、湖州五中、广电大厦、月漾苑（北）、二环东路、王家田、富田家园、誉华集团、乌山、小山、西山、吴兴区政府、吴兴高级中学（北）、八里店镇政府、中纺集团、吴兴高级中学（东）、玫瑰苑、桂花苑、牡丹苑。返程停靠：吴兴区政府、西山、小山、乌山、誉华集团、富田家园、王家田、二环东路、月漾苑（北）、广电大厦、湖州五中、墙壕里、潘公桥、临湖桥、马军巷、人民广场、友谊新村、开发区管委会、时代广场（大润发）。B线走向，滨河路—青铜路—江南工贸大街—笤溪路—环城东路—新华路—二环东路—吴兴大道—经五路—纬三路—经六路—纬一路—经七路—纬四路—经八路—吴兴大道—二环东路—新华路—环城东路—笤溪路—滨河路。沿途停靠站点，时代广场（大润发）、大会堂、友谊新村、人民广场、马军巷、临湖桥、潘公桥、墙壕里、湖州五中、广电大厦、月漾苑（北）、二环东路、王家田、富田家园、誉华集团、乌山、小山、西山、吴兴区政府、牡丹苑、桂花苑、玫瑰苑、吴兴高级中学（东）、八里店镇政府、中纺集团、吴兴高级中学（北）。返程停靠：吴兴区政府、西山、小山、乌山、誉华集团、富田家园、王家田、二环东路、月漾苑（北）、广电大厦、湖州五中、墙壕里、潘公桥、临湖桥、马军巷、人民广场、友谊新村、开发区管委会、时代广场（大润发）。

**27 路**　2008 年 10 月 20 日开通，线路长 20.8 公里，投放 2 辆普通车。线路走向，大润发（时代广场）—滨河路—龙溪北路—凤凰路—日月大桥—四中路—白鱼潭路—美欣达路—318 线—谈家扇村—南塘漾—环渚立交—湖织大道—环渚工业园区。沿途停靠站点，大润发（时代广场）、龙凤小区、凤凰农贸市场、美都花苑、国税局、阳光城、湖州四中、东白鱼潭、潜庄、湖师附小、杨林兜、谈家扇、南塘漾、环渚立交、常田圩、七幸路。返程停靠，七幸路、常田圩、环渚立交、南塘漾、谈家扇、杨林兜、湖师附小、潜庄、东白鱼潭、湖州四中、阳光城、国税局、美都花苑、凤凰农贸市场、龙凤小区、大润发（时代广场）。

**28 路**　2009 年 5 月 15 日开通，线路长 11.8 公里，投放 1 辆普通车。线路走向，滨河路—苕溪大桥—苕溪中路—苕溪西路—吴兴大道—湖州市社会福利中心。沿途停靠，时代广场（大润发）、友谊新村、人民广场、马军巷、月河小学、吉山三村、交通医院、月漾苑、韵海苑、王家田、毗山村、社会福利中心。

## 德清县城

2002 年 2 月 1 日始，德清县城武康镇开通公交车。由县汽运总公司（湖州长运公司德清分公司前身）投资 100 余万元，先后购置 18 辆公交车，开通 3 条城区公交线路，实行承包经营责任制。2004 年始，采取公车公营和承包经营责任制相结合形式。2010 年 8 月，组建德清县新城公交公司，负责武康城区公交车辆营运和管理。同年末，县城公交营运线路 9 条，公交车 55 辆，单程累计 84 公里。城区票价每位 1 元，城郊每位 1～4 元不等。

**101路**　客运总站—上柏，沿途经凯喜雅、运管所、泰源商贸城（南门）、人民医院、中国银行、振兴街口、舞阳街口、农贸市场、黄前岭、上柏交警中队等20个停靠站，单程约8公里。

**102路**　客运总站—三合，沿途经凯喜雅、运管所、皮研所、人民医院、沃尔玛商城、人武部、世纪联华、宋村、中途桥、胡家塘、下柏、上曹、新亭、三合中学等24个停靠站，单程约12公里。

**105路**　客运总站—下渚湖景区，沿途经丰桥小区、行政中心、交警大队、皮研所、人民医院、沃尔玛、世纪联华、桂花城南门、福利院、塔山村、下圣、郁家埠、三都村、防风古国等25个停靠站，单程约10公里。

**106路**　光明小区—鑫盛小区，沿途经狮山西区、天堂伞业、丰庆街口、客运总站、丰桥小区、国税局、千秋广场、高级中学、中医院、金桂花园、逸夫小学、振兴街口、万马路口、华联购物广场等19个停靠站，单程约8公里。

**107路**　兴山东区—实验小学，沿途经兴山中区、狮山南区、丰庆街口、客运总站、北湖停车场、英溪立交桥、春晖街口、泰源商贸城、河桥、人民医院、沃尔玛、人武部、银座公寓等18个停靠站，单程约8公里。

**108路**　民乐西区—回龙东门，沿途经五龙南门、香溢山庄南门、隐龙山庄北门、阳光花园南门、千秋广场、汇丰广场、吉祥街口、供电大楼、泰源商贸城、华盛达宾馆、人民医院、劳动局等16个停靠站，单程约7公里。

**118路**　客运总站往返线，沿途经凯喜雅、运管所、泰源商贸城、牌楼街口、官桥、莫干新村、火车站广场、振兴街口、兴康路菜场、老年活动中心、中医院、高级中学、桂花城、春晖公园、行政中心等20个停靠站，单程约8公里。

**128路**　民乐西门—五龙南门，沿途经五龙北门、德清一中、国土局、行政中心、德清二中、泰源商贸城、河桥、人民医院、电信大楼、劳动局、银座公寓、桂花城、蓝色港湾、春晖公园、玉树林枫等20个停靠站，单程约8公里。

**201路**　火车站广场—乾元车站，沿途经中国银行、总工会、沃尔玛、吉祥街口、运管所、凯喜雅、客运总站、德清一中、气象局、体育中心、武洛公路岔口、秋山、新琪村、下跨塘、新盟加油站、德清大闸、东立花园、县委党校、东门城桥等31个停靠站，单程约15公里。

## 长兴县城

1995年6月，长兴县汽车运输公司调集6辆大客车组建公交公司，从雉城城西停车场至镇中心直通营运。同年11月，长兴汽车运输公司投入130余万元，购10辆普通中客，开辟长兴县城第一条公交线——1号线，单位管理、个人承包经营。2002年11月，开始实行公车公营。2010年末，雉城镇有12条数字公交线路、1条专线，投入公交车87辆。公交车票价1元/人。

**1号线**　立交桥停车场—长兴电厂，1995年11月开通。线路长5.3公里，设18站，全天260班。1999年改客运中心始发，至新金陵商城，延伸班次至发电公司、车交市场，共19个站。

**2号线**　客运中心—长途车站，1996年10月开通。经金陵商城、中心广场、开发区管委会等，共17站，线长6.6公里，全天120班。2010年1月10日，线路调整为：客运中心—汽车总站，经金陵南路、海兴路、长安路、县前西（中、东）街、县前东街延伸段、经二路、太湖大道等，共16站，长6.2公里。

**3号线**　客运中心—长途车站（万宏花园），1996年10月开通。经金陵大酒店、少年宫、北门菜场等，共13站，长5.1公里。2010年1月10日，线路更名为“客运中心—万宏花园”。

**4号线**　客运中心—浙北购物中心，延伸班次至实验初中、多蒙佳乐，2000年开通，设17站。2008年9月1日，线路更名为“客运中心—龙山新村”。

**5号线**　客运中心—党校，2005年开通，设12站。

**6号线**　新中医—图书馆，2006年6月开通。经迎宾大道、海兴路、明珠二路、明珠路、解放东路、滨河大道、兴国路、齐山路、吴越路等，共18站，长7.5公里。

**7号线**　水木花都—汽车总站，经县前西街延伸段、环城西路、菱山路、太湖中路、金陵北路、龙山大道、中央大道、经三路、太湖大道等，共12站，线长7.6公里（2011年3月正式开通）。

**8号线（夜班线）**　客运中心—行政中心，2006年5月开通。经金陵南（中、北）路、龙山大道、兴国路，共10站，线长4.9公里。

**9号线**　中心农贸市场—行政中心，2010年1月开通。经环城西班路、解放路、明珠路、太湖大道、中央大道、经二路、104国道、齐山路、兴国路，共11站，线长7.6公里。

**10号线**　客运中心—行政中心，2007年4月开通。经车站西路、长安路、环城西路、解放西路延伸段、水木花都、县前西街延伸段、长安路、解放西（中）路、滨河大道、兴国路，共设16站，线长9.7公里。

**11号线**　汽车总站—客运中心，2010年1月开通。经太湖大道、经三路、县前东街延伸段、经二路、新塘路、明珠路、长海路、金陵南路，共11站，线长5.6

公里。

**12 号线（夜班线）** 汽车总站—水木花都，2010 年 1 月开通。经太湖大道、滨河大道、解放中（西）路、县前西街延伸段、水木花都，共 15 站，线长 6.2 公里。

**13 号线** 客运中心—汽车总站，2010 年 1 月开通。经金陵南（中）路、太湖中（东）路、太湖大道，共 13 站，线长 6 公里。

**开发区专线** 汽车总站—汽车总站，2009 年 7 月开通。经太湖大道、经二路、发展大道、经三路、白溪大道、经四路、大湖大道，共 13 站，线路长 7.8 公里。

## 安吉县城

2001 年 11 月，安吉县城公交车投入运营。由安吉汽运总公司（安吉长运公司前身）投入 10 辆中巴型公交车，营运路线总长 7.5 公里，分 1 路外环线、2 路外环线，沿途设 30 个停靠站，采用承包经营方式，实行定线路、定站点运营。2002 年 11 月，公司采用经济补偿形式收回承包车辆，实行公车公营。2010 年末，递铺镇有公交车 53 辆，数字公交线路 12 条，夜间公交线 1 条，营运线路总长 148.3 公里。县城内公交车票价 1 元/人，城郊 3～5 元/人不等。

**101 线** 客运中心—客运中心，2001 年 11 月开通。经客运中心、生态广场、竹业城、递铺一小、小商品市场、工行、城建局、云鸿大厦、计生妇保院、云鸿桥、人民医院、昌硕公园、体育场西、天目桥、铜山桥、老党校、张家村小区等 20 个站点，线路长 9.5 公里。

**102 线** 客运中心—客运中心，2001 年 11 月开通。经客运中心、生态广场、竹业城、递铺一小、张家村小区、老党校、铜山桥、天目桥、体育场西、昌硕公园、人民医院、云鸿桥、计生妇保院、云鸿大厦、城建局、工行、小商品市场等 20 个站点，线路长 9.5 公里。

**103 线** 客运中心—体育馆，2005 年 7 月开通。经客运中心、维多利亚公寓、中医院、邮政局、城建局、人民路路口、汽运新村、人民医院、云鸿桥、芝里路路口、芝里龙山、体育馆等 12 个站点，线路长 11.4 公里。

**104 线** 客运中心—凤凰水库，2005 年 7 月开通。经客运中心、生态广场、竹业城、递铺一小、小商品市场、工行、商贸城、农贸市场、体育场、东庄路口、安深花园、祥溪花园、凤凰山路口、职教中心、凤凰山中学、凤栖花园、凤凰水库等17个站点，线路长11.2公里。

**105线**　客运中心—凤凰山小学，2007年8月开通。经客运中心、交通路路口、行政中心、汇丰北苑、城北小区、宁馨花园、老党校、铜山桥、天目路口、实验初中、银景小区、锦绣家园、高级中学、白米塘小区、凤凰山小学等15个站点，线路长12.8公里。

**106线**　客运中心—凤凰山小学，2007年8月开通。经客运中心、交通路路口、行政中心、汇丰北苑、城北小区、宁馨花园、老党校、铜山桥、天目路口、实验初中、银景小区、锦绣家园、高级中学、白米塘小区、凤凰山小学等15个站点，线路长12.8公里。

**107线**　黄墅—新嘉园，2007年8月开通。经黄墅、广电中心、计生妇保院、云鸿大厦、城建局、芬芳小区、竹业城东、城北小区、公安局、新嘉园等10个站点。线路长12公里。

**108线**　客运中心—蓝天花园，2008年开通。经客运中心、新天地市场、范潭村委、天略外国语学校、红枫苑、法院、人民路路口、汽运新村、人民医院、云鸿桥、祥溪花园南、祥云花园、锦绣家园、银景小区、紫竹山庄、蓝天花园等16个站点。线路长18.4公里。

**110线**　蓝天花园—蓝天花园，2009年12月开通。经蓝天花园、递铺小学、实验初中、天目路口、天目桥、体育场西、昌硕公园、人民医院、云鸿桥、祥溪花园南、祥云花园、锦绣家园、银景小区、紫竹山庄、蓝天花园等14个站点。线路长9.2公里。

**111线**　城西停车场—乌巢，2008年开通。经城西停车场、城建局、法院、君悦国际、尚城公馆、黄墅、乌巢等7个站点，线路长12公里。

**112线**　①铜山桥—赤渔、赤山，2001年11月开通。经铜山桥、安乐、长弄口、南北庄、义士塔、芝村、赤渔、（区间）赤山等8个站点。线路长27公里。②铜山桥—梓坊，2006年12月开通。经铜山桥、长龙口、栗子坞、长思岭、大陆桥、鲁家、十字路、潘家塘、梓坊等9个站点，线路长28公里。

**118线**　客运中心—三官，2007年8月开通。经客运中心、后溪桥、银湾、马鞍山、叉口、三官（老庄、安城、百草园）等6个站点，线路长16.2公里。

夜间公交线　客运中心—祥溪花园，2008年8月开通。经客运中心、生态广场、竹业城、递铺一小、小商品市场、工行、商贸城、农贸市场、体育场、东庄路口、安深花园、祥溪花园等 12 个站点。线路长 8.5 公里。营运时间 18：30—21：30。其他白天公交线路营运时间多为 05：40—17：30。

## 城际公交化客运

“十一五”期间，城市与城市间中长途客运线路推进公交化。

2008 年 1 月 18 日，省内首条跨市公交化客运班线（德清—杭州）开通，全程 50 公里。起点站设在德清客运总站，县境另设 3 处上下客站点，杭州境上下客站点为杭州汽车北站和武林门，全程 80 分钟。每趟公交车间隔时间 20 分钟，票价 10 元。由湖州长运公司德清分公司经营。

2009 年 11 月 18 日，安吉—杭州公交化客运班线开通。始发站安吉客运中心，县境设 4 个上客点，杭州下客站点为汽车北站和黄龙体育中心。班线运营夏令时 6：30—19：00，冬令时 7：00—18：30，平均 90 分钟一班，每天对开 16 班次，单向全程 70 公里，票价 20 元。由安吉长运公司经营。

2009 年 9 月 29 日，市区至长兴、德清、安吉三县城际公交化客运班线开通。投入营运车 39 辆，其中长兴方向 22 辆、安吉方向 10 辆、德清方向 7 辆，车型为北京福田、郑州宇通等符合欧Ⅲ排放标准双开门空调车。长兴县城到湖州市区的停靠点为百全公寓、中心医院、中医院、车站新村、星汇半岛；长兴泗安至湖州的停靠点为百合公寓、粮贸市场；营运时间 6：00—20：30，每班车间隔 10 分钟。德清、安吉县城至湖州市区停靠点为浙北高速客运中心、星汇半岛、车站新村、中医院、浙北大厦、凤凰公园、粮贸市场，营运时间 6：00—19：30，车辆间隔时间 18：00 时之前 30 分钟，之后 60 分钟。基本票价暂定长兴 6 元、德清 12 元、安吉 18 元。

2010 年 12 月 20 日，市长运汽车运输有限公司开通湖州—嘉兴城际巴士，线路全长 105 公里，始发站湖州浙北高速客运中心，终点站嘉兴北站，每日对发 8 班，全程票价 25 元，途中设置 7 个站点。同年 12 月 28 日，开通湖州—苏州城际巴士，线路全长 133 公里，始发站湖州浙北高速客运中心，终点站苏州北站。双方各投入 53 座高一级客车 5 辆，每日对发 20 班，全程票价 28 元，途中设置 8 个站点。

# 七　城乡公交化客运

前志载，市境城乡间短途汽车客运长期不便，线路少、班次少、站点稀，百姓出门大多依赖船运。1991 年末，湖州市直辖区 47 个乡镇全部通达客运班车，其中 27 个乡镇在 1985 年后陆续开通客运。1995 年始，对个体经营道路客运加强管控。2001 年，公路短途客运市场主体结构调整，简易客运车辆全部淘汰，农村短途私营中巴车比 2000 年减少 507 辆。湖州长运汽车运输有限公司、浙江天成公司等实施短途班线公司化经营改造试点。同年 9 月 1 日，湖州—长兴班线率先完成改造，继而完成埭溪—东红、埭溪—乔溪、埭溪—梅峰等城乡客运线路改造。2002 年底，市直辖区短途线路全部完成公司制改造。公司化经营班车统一车型、统一标识，明码标价，服务规范，统一命名为“便捷巴士”。2003 年基本形成公司化经营城乡客运班线网络，全市 1066 个行政村有 804 个通达“便捷巴士”。

2002年湖州市长运公司投放的“便捷巴士”

2004 年 2 月，全市实施“城乡公交一体化工程”。城乡公交包括三个层次，第一层次为中心城市内，第二层次为中心城市至主要集镇，第三层次为镇至镇、镇至行政村之间。二三层次是城乡公交一体化工程主体，其中第三层次面广客稀基础差，是实现城乡公交一体化难点。同年 8 月出台《湖州市区城乡公交一体化实施方案》，9 月组建成立专营城乡公交运输企业——湖州康达公交运输有限公司， 11 月 7 日开通首条城乡公交试点线 101 路——湖州—南浔。至年底，湖州中心城区至各大镇第二层次 17 条线路全部开通，130 多辆城乡公交车投入营运。

2005 年 7 月 31 日，开通第三层次首条线路——双林—晟舍。至年底，全市共开通城乡公交线路 343 条，其中第三层次公交线 276 条，全市行政村通达率从 2003 年 75.4%提高到 98.2%。长兴县率先实现行政村全部通达公交车。

2006 年 12 月 27 日，最后一个行政村南浔区和孚镇横港村公交线开通，全市 1065 个行政村全部通达公交车。市境城乡公交线路 384 条，投放客车 925 辆、32255

座，建成港湾式停靠站1310个，农村客运站12个。湖州市在全省率先完成“市—县区—乡镇—行政村”三级公交运营网络建设，历时近3年“城乡公交一体化工程”完成。

2008年3月28日，湖州—南浔101公交线被省交通厅命名为文明客运班线。班线投入公交车24辆，配套设施齐全，班次疏密合理，在全市率先推出自动双语（汉语、英语）报站等特色服务。2010年2月1日，湖州—埭溪301城乡公交线被省交通厅命名为文明客运班线。

2010年末，全市城乡公交线路合并调整为266条，投入客车825辆、28002座，建成四至五级客运站24个，沿途设置港湾式停靠站1501个。其中吴兴、南浔二区93条，长兴县87条，德清县34条，安吉县52条。

吴兴区（含市区）、南浔区城乡公交主要经营单位为湖州康达公交运输有限公司，经营42条城乡公交线路，其中35条为第三层次乡村公交线。乡村公交票价低、实载率不高，经济效益低下，油价不断上涨，运营成本增大。至2010年末，公司经营第三层次公交线路累计亏损463.16万元，依靠第二层次公交线路赢利补充和维持第三层次乡村公交运营，企业经营艰难。

湖州市区城乡公交第二层次28条线路中有18条线路可进中心城区，在第一层次公交线站点上下客。

**湖州市区城乡公交第二层次18条线路公交车进城班次**

表1-72

| 片区 | 编号 | 起点—终点 | 片区 | 编号 | 起点—终点 |
|---|---|---|---|---|---|
| 东南片 | 101 | 湖州—南浔 | 西南片 | 301 | 湖州—埭溪 |
| | 102 | 湖州—练市 | | 302 | 湖州—梅峰（关上、庄上） |
| | | 湖州—花林、洪塘 | | 303 | 湖州—锦山 |
| | 103 | 湖州—含山（善琏） | | 304 | 湖州—盛家坞 |
| | 104 | 湖州—千金（菱湖） | | 305 | 湖州—南埠 |
| | 105 | 湖州—下昂 | | 306 | 湖州—妙西 |
| | 106 | 湖州—石淙 | 西北片 | 401 | 湖州—弁南 |
| 东北片 | 201 | 湖州—织里A线 | | 402 | 湖州—横山 |
| | 202 | 湖州—织里B线 | | | |
| | 203 | 湖州—溇西 | | | |

**湖州市区城乡公交第二层次 28 条线路**

表 1–73

| 片区 | 编号 | 起点—终点 | 片区 | 编号 | 起点—终点 |
|---|---|---|---|---|---|
| 东南片 | 101 | 湖州—南浔 | 西南片 | 305 | 湖州—南埠 |
| | 102 | 湖州—练市 | | 306 | 湖州—妙西 |
| | | 湖州—花林、洪塘 | | 307 | 湖州—古梅山庄 |
| | 103 | 湖州—含山（善琏） | | 308 | 湖州—石山（关山、秒康） |
| | 104 | 湖州—千金（菱湖） | | 309 | 湖州—福山（长西） |
| | 105 | 湖州—下昂 | 西北片 | 401 | 湖州—弁南 |
| | 106 | 湖州—石淙 | | 402 | 湖州—横山 |
| 东北片 | 201 | 湖州—织里 A 线 | | 403 | 湖州—太湖乐园 |
| | 202 | 湖州—织里 B 线 | | 404 | 湖州—大钱 |
| | 203 | 湖州—漾西 | | 405 | 湖州—黄龙宫 |
| 西南片 | 301 | 湖州—埭溪 | | 406 | 湖州—黄芝山 |
| | 302 | 湖州—梅峰（关上、庄上） | | 407 | 湖州—火车南站 |
| | 303 | 湖州—锦山 | | 408 | 湖州—湖滨 |
| | 304 | 湖州—盛家坞 | | 409 | 湖州—杨渎桥 |

# 八　特色客运

## 旅游客运

2000 年，全市旅游客运车辆 9 辆。2003 年，市境旅游客运企业 5 家，其中吴兴区（含市区）、南浔区 2 家，德清县 1 家，长兴县 1 家，安吉县 1 家。旅游客车 88 辆，2861 个客位，其中湖州市区 71 辆、2292 个客位，德清县 7 辆、243 个客位，长兴县 7 辆、233 个客位，安吉县 3 辆，93 个客位。全年旅游客运运输量 50 万人次，运输周转量 2090 万人公里。

湖州长运公司快乐旅游大巴

2006年，全市旅游客车138辆、4478个客位，其中高级车70辆、中级63辆，中高级车辆占96%多。全年旅游客运运输量101万人次，运输周转量达到5009万人公里。

2008年，市境旅游客运企业增至6家，旅游客车152辆，其中吴兴区（含市区）、南浔区101辆，德清县20辆，长兴县21辆，安吉县10辆。均为中高级车辆，其中高级车110辆，中级车42辆。全年旅游客运运输量135万人次，运输周转量6896万人公里。

2010年，湖州市旅游客运企业6家，旅游客车182辆，其中吴兴区（含市区）、南浔区113辆，德清县20辆，长兴县29辆，安吉县20辆。全年旅游客运运输量195万人次，运输周转量33400万人公里。

**2010年末湖州市旅游客运公司**

表1—74

| 辖区 | 公司名称 | 车辆数 |
|---|---|---|
| 吴兴区 | 湖州长运汽车运输有限公司 | 60 |
| 吴兴区 | 湖州新国旅外事旅游汽车服务公司 | 50 |
| 吴兴区 | 浙江天成运输有限公司 | 3 |
| 德清县 | 德清美都旅行公司 | 20 |
| 长兴县 | 长兴万宏汽车运输有限公司 | 29 |
| 安吉县 | 浙江安吉长运汽车运输有限公司 | 20 |

## 节日客运

节日运输包括春节、清明节、“五一”劳动节、中秋节、国庆节、元旦等高峰流客运。其中春节运输持续时间最长，客流量最大，重视程度最高。按省规定，自1988年春节运输开始，对汽车客运运价实行临时上浮，上浮区间、时间、幅度由省物价、交通主管部门确定。

1991年，全市春运完成旅客运输量404.55万人次、11683.04万人公里，其中公路运输完成367.84万人、11050万人公里，水上运输完成36.71万人次、632.72万人公里。

1995年1月11日至3月11日春运期间，全市公路客运运价（含油贴，不含公建金）上浮25%。为期60天春运共投入各类客运车辆902辆、21603客位，水上农客班34艘、2075客位。完成公水旅客运输量680.56万人次、24312万人公里，分别比上年春运（50天）上升25%和26%。

2000年1月21日至2月29日为期40天春运，全市发送旅客426.748万人次，旅客周转量15793.63万人公里，分别比上年同期增长2.94%和1.9%。其中公路客运占99.93%。春运运价上浮12天（1月23日至2月3日），上浮对象为营运距离60公里以上客车运价，上浮幅度30%。

2006年2月22日，为期40天春节运输结束。全市公路客运量618.03万人次，比上年同期增长6.3%。

2007年始，春运期间客运运价临时性上浮惯例取消。

2010年春运从1月30日至3月10日共40天。全市道路运输投放客运车辆1705辆、54199座，客运量（含城乡公交、包车旅游）761.07万人次、旅客周转量28205.3万人公里。

## 学生接送运输

2003年前后，学校布局调整，撤并小规模乡村学校，带来孩子们上学交通问题。市政府鼓励专业客运企业经营“校车”业务。2007年始，市财政对中小学学生接送车予以补贴，学校与客运企业签订相关协议，负责接送专业客运企业每年将得到每个学生每天2元的运费补贴。同年，确定湖州康达、南浔万顺、湖州公交、织里三元和湖州国运埭溪分公司5家专业运输企业参与吴兴区、南浔区学生接送，投入运力184辆（其中新购置118辆车，市财政补贴148万元）、5678个座位，接送学生总人数740045人。除湖州爱山小学、善琏小学、泉生小学外，教育部门统计50所学校中47所全面实施专业运输。

德清县美式校车

2008年6月23日，市政府出台《湖州市区中小学生接送工作管理实施办法》。学生接送工作坚持公益为主，湖州市和吴兴、南浔区政府共同设立学生接送运费补贴专项资金，其中湖州市财政500万元，南浔、吴兴两区分别为300万元和200万元，统一纳入市财政专户管理，主要用于运输企业接送学生的运费补贴和学生接送车辆更新贴息，专项资金实行多存少补，滚动运作。同年9月，吴兴区（含市区）、南浔208辆专职接送车辆统一颜色、统一标识、统一安装GPS。

2009年首批黄色“长鼻子”美式专用校车在德清投运，妥善解决学生上下学接送存在超载、并载、混载问题。每名学生乘车自付1元钱，地方政府补贴4元。地方政府每年补贴运营费用200万元以上（2011年8月，教育部在北京召开全国中小学校车试点工作启动会，在全国选择6个地区开展试点，德清县是浙江省唯一试点地区）。

校车接送学生

2010年，全市有16家企业参与学生接送（吴兴和南浔两区6家、长兴1家、德清4家、安吉5家），覆盖学校169所、协议接送学生86299人，按排接送线路956条，投放车辆625辆。其中吴兴和南浔两区接送学校51所、协议接送学生31253人，343.78万人次，安排接送线路402条，车辆235辆（其中专职车136辆）。

## 第二节　公路货运

前志载，解放后至改革开放前，湖州公路货运主要依靠国营专业企业独家经营，实行计划运输，行业发展缓慢，货运运力短缺，“运货难”问题始终突出。改革开放后，国民经济快速发展，货物运输需求增长。1983年始，公路货运市场开放、搞活，厂矿企事业单位货物运力、运量大幅增长，个体运输户大量涌现。

进入20世纪90年代，非交通专业运输企事业单位和个体（联户）公路货运运力发展加快，在市场中占据主导地位，货运车辆档次普遍不高，货运主体小、弱、散，运价竞相压低，车辆超载超限。2000年后，逐步重视公路货运行业有序健康发展，集约化、规模化经营得到政府扶持。2008—2010年，全市累计26个物流建设工程列入市重点项目，累计完成建设投资12.42亿元，16家物流企业被列入重点扶持对象，出现甩挂运输、冷链运输等现代化货运方式及无车承运、多式联运、电商物流等新型物流模式。

## 一 营运载货车辆

### 营运载货汽车

前志载，湖州境内载货汽车始现于民国 22 年（1933）。1958 年，国营载货汽车 71 辆。1978 年，全市载货汽车 1007 辆，1990 年增至 5549 辆，其中营运载货汽车 3442 辆、12145 吨位。

1995 年，全市载货汽车 10007 辆、34639 吨位，其中营业性载货汽车 4058 辆、17573 吨位。按车辆所属分，非交通专业运输单位 7317 辆、23384 吨位（其中营运车 1449 辆、6634 吨位），个体（联户）2484 辆、9895 吨位，交通专业运输部门 199 辆、1313 吨位（其中营运车 123 辆、1034 吨位）。

2000 年，市境载货汽车 12421 辆、32187 吨位，其中营业性载货汽车 11196 辆、29865 吨位。营运载货汽车中个体拥有 4874 辆、12054 吨位。

2005 年，载货汽车 15124 辆、45541 吨位，其中营业性载货汽车 13042 辆、41781 吨位。营运性载货汽车中个体拥有 6863 辆、18619 吨位，

2010 年，全市载货汽车 23194 辆，其中营运载货汽车 15751 辆、74596 吨位。营运性载货汽车中个体拥有 10178 辆、36861 吨位。

1990—2010 年，湖州营运载货汽车年均增长 7.5%，车型结构向重型化、专业化和箱式化发展。1993 年，全市营业性载货汽车 5409 辆（含简易载货机动车 2557 辆），4 吨以上大型载货汽车 1395 辆、7941 吨位（其中 8 吨以上 206 辆、2020 吨位），营业性专用货车 17 辆、73 吨位。2000 年，全市营运载货汽车 11196 辆（含挂车 10 辆、简易载货机动车 820 辆），4 吨以上大型载货汽车 2824 辆、16082 吨位（其中 8 吨以上 340 辆 3461 吨位），营运专用载货汽车 554 辆、2969 吨位。2005 年全市营运载货汽车 13042 辆（含挂车 26 辆、简易载货机动车 238 辆），4 吨以上大型载货车 3033 辆、21420 吨位（其中 8 吨以上 1004 辆、11208 吨位），营运专用载货汽车 585 辆、5573 吨位，箱式货车 1308 辆、2780 吨位。

2010 年末，全市营业性载货汽车 15751 辆（含挂车 702 辆、简易载货机动车

113 辆）。大型载货汽车 5025 辆、60473 吨位（含 8 吨以上重型载货车 3059 辆、49249 吨位），营运专用货车 796 辆、8198 吨位，箱式货车 3381 辆、8132 吨位。重型、厢式、专用货车占全部载货汽车总数 41.2%，比 2005 年提高 17 个百分点，比 2000 年提高 33.3 个百分点。其中专用货车主要包括罐车和冷藏车，全市 796 辆营运专用货车中，罐车 766 辆、8007 吨位，比 1990 年增加 22 倍。从全市营运载货汽车经营范围区分，从事危险品运输车辆 537 辆、3192 吨位，集装箱运输车 67 辆、2023 吨位、134TEU，普通运输车辆 15034 辆、69218 吨位。

## 其他营运载货车辆

**简易机动车**　前志载，出现于 20 世纪 80 年代以小功率汽油、柴油机为动力的三轮或四轮运输工具，传动系统及灯光仪表结构简单，多为个体购买和营运。1990 年末，全市营业性简易机动车辆 2836 辆。1993 年，2557 辆、1265 吨位，99.5%为个体户拥有，经改装还被用于载客。“九五”期间被大量淘汰，2000 年末减至 906 辆、577 吨位，2005 年末减至 238 辆、163 吨位，2010 年末尚有 113 辆、163 吨位。

**拖拉机**　前志载，拖拉机运输兴起于 20 世纪 70 年代。1972 年全市营运轮胎式拖拉机 74 辆，1980 年发展到 858 辆。1990 年轮胎式营运拖拉机 6617 辆，1993 增至 10256 辆、10569 吨位，99.3%为个体户所有。群众喻此类拖拉机：“只挂拖斗、不挂犁头，只跑码头、不跑田头”。2000 年，营运性轮胎式拖拉机 7783 辆、7930 吨位，2005 年增至 9127 辆、9117 吨位，全部为个体户所有。2008 年，轮胎式营运拖拉机 10270 辆、10250 吨位。2009 年，按交通部第 3 号令《道路货物运输及站场管理规定》和浙江省公路运输管理局《关于道路货物运输从业资格证申报有关事项的批复》规定，拖拉机不列入道路货运经营许可范围。自此，湖州公路运输管理部门不再发放运输经营许可证，不再列入运力统计范围。拖拉机退出运输市场。

**手拉车**　前志载，1990 年交通运输企业（搬运装卸）有营运手拉车 1202 辆，其中湖州市直辖区有 432 辆。1993 年，搬运装卸企业尚有营运手拉车 613 辆。随着小型机动车的增多，手拉车货运形式从运输企业中逐步淘汰。

## 1991—2010 年湖州市货运车辆

表 1-75

| 年份 | 单位 | 总计 | 营业性 | 重型车 | 专用车 | 集装箱车 | 拖拉机 |
|---|---|---|---|---|---|---|---|
| 1991 | 辆 | 5080 | 3664 | — | 191 | — | — |
| | 吨位 | 17660 | 13276 | — | — | — | — |
| 1992 | 辆 | 5968 | 2792 | 284 | 169 | — | 9731 |
| | 吨位 | 22195 | 11759 | 2712 | 835 | — | — |
| 1993 | 辆 | 7791 | 2852 | 206 | 172 | — | 10256 |
| | 吨位 | 25439 | 11435 | 2020 | 827 | — | 10569 |
| 1994 | 辆 | 8541 | 3411 | 417 | 208 | — | 11466 |
| | 吨位 | 29262 | 14416 | 4030 | 1084 | — | 11843 |
| 1995 | 辆 | 10007 | 4068 | 371 | 162 | — | 11462 |
| | 吨位 | 34639 | 17573 | 3730 | 788 | — | 11828 |
| 1996 | 辆 | 9995 | 5970 | 339 | 234 | — | 10592 |
| | 吨位 | 35176 | 23851 | 3386 | 1248 | — | 10794 |
| 1997 | 辆 | 9688 | 6984 | 313 | 337 | — | 6356 |
| | 吨位 | 29122 | 23303 | 3097 | 1877 | — | 6512 |
| 1998 | 辆 | 10269 | 8547 | 322 | 333 | — | 8663 |
| | 吨位 | 30097 | 26006 | 3219 | 1864 | — | 8789 |
| 1999 | 辆 | 10433 | 8988 | 317 | 295 | — | 7959 |
| | 吨位 | 28862 | 25774 | 3171 | 1716 | — | 8059 |
| 2000 | 辆 | 12421 | 11196 | 340 | 554 | — | 7775 |
| | 吨位 | 32187 | 29865 | 3461 | 2969 | — | 7922 |
| 2001 | 辆 | 12951 | 11875 | 479 | 626 | — | 8961 |
| | 吨位 | 30843 | 29007 | 4551 | 3347 | — | 9002 |
| 2002 | 辆 | 13809 | 11633 | 2814 | 359 | — | 9112 |
| | 吨位 | 34425 | 30798 | 17645 | 2812 | — | 9112 |
| 2003 | 辆 | 14621 | 10958 | 2553 | 631 | — | 8687 |
| | 吨位 | 39024 | 30551 | 16114 | 4028 | — | 8675 |
| 2004 | 辆 | 14568 | 12353 | 2985 | 506 | 7 | 8402 |
| | 吨位 | 43583 | 39715 | 21116 | 4091 | 13 | 8393 |
| 2005 | 辆 | 15124 | 13042 | 3033 | 585 | 18 | 9127 |
| | 吨位 | 45541 | 41781 | 21420 | 5573 | 36 | 9117 |
| 2006 | 辆 | 15336 | 13400 | 3367 | 601 | 20 | 8842 |
| | 吨位 | 50948 | 46584 | 25729 | 6285 | 40 | 8832 |

续表 1-75

| 年份 | 单位 | 总计 | 营业性 | 重型车 | 专用车 | 集装箱车 | 拖拉机 |
|---|---|---|---|---|---|---|---|
| 2007 | 辆 | 15270 | 13455 | 4062 | 749 | 24 | 9479 |
| | 吨位 | 55462 | 51901 | 34594 | 8417 | 48 | 9459 |
| 2008 | 辆 | 15893 | 13896 | 3945 | 737 | 38 | 10270 |
| | 吨位 | 56704 | 51995 | 32252 | 8421 | 76 | 10349 |
| 2009 | 辆 | 19147 | 12438 | 3949 | 699 | 55 | — |
| | 吨位 | | 55277 | 44088 | 7463 | 110 | — |
| 2010 | 辆 | 23194 | 15751 | 3059 | 796 | 72 | — |
| | 吨位 | | 74596 | 49249 | 8198 | 2176 | — |

说明：2009 年始交通部门运输车辆统计数据中不包括非营业性运输车辆，2009—2010 年货运车辆总计数由交警部门提供

## 二　公路货物运输量

1990 年，全市公路货物运输量 1587 万吨、31747 万吨公里，分别占全市货物运输总量的 50.5%和 11.8%。2010 年，全市公路货物运输量 6798 万吨、383672 万吨公里，分别占全市货物运输总量 37.5%和 18%，分别比 1990 年增长 428.4%和 1206.3%。1990—2010 年，公路货运量和周转量平均增长速度分别为 7.17%和 12.59%。

### 1991—2010 年湖州市公路货物运输量

表 1-76

| 年份 | 公路运输货物 | | 营业性公路运输货物 | |
|---|---|---|---|---|
| | 运输量（万吨） | 运输周转量（万吨公里） | 运输量（万吨） | 运输周转量（万吨公里） |
| 1991 | 1523 | 35217 | — | — |
| 1992 | 1940 | 44379 | — | — |
| 1993 | 2249 | 74702 | — | — |
| 1994 | 3302 | 133340 | — | — |
| 1995 | 3149 | 138168 | 2599 | 91870 |
| 1996 | 3227 | 143228 | 2761 | 100584 |
| 1997 | 3128 | 137597 | 2650 | 92372 |
| 1998 | 3150 | 136015 | 2679 | 90863 |

续表 1-76

| 年份 | 公路运输货物 | | 营业性公路运输货物 | |
|---|---|---|---|---|
| | 运输量（万吨） | 运输周转量（万吨公里） | 运输量（万吨） | 运输周转量（万吨公里） |
| 1999 | 3249 | 137163 | 2886 | 102004 |
| 2000 | 3329 | 142927 | 3084 | 120939 |
| 2001 | 3489 | 160832 | 3219 | 136532 |
| 2002 | 3734 | 166847 | 3345 | 150292 |
| 2003 | 4219 | 180621 | 3868 | 165921 |
| 2004 | 4683 | 205900 | 4383 | 192536 |
| 2005 | 5385 | 230676 | 5095 | 219076 |
| 2006 | 6068 | 269891 | 5561 | 256859 |
| 2007 | 6432 | 295876 | 6012 | 282926 |
| 2008 | 6792 | 312135 | 6432 | 295876 |
| 2009 | — | — | 6332 | 329156 |
| 2010 | — | — | 6798 | 383672 |

说明：按照省道路运输管理局统一要求，2009 年公路运输客货运输量统计口径进行调整，即客货运输量统计仅限于本地区营业性车辆完成的客货运输量，不包括社会非营业性车辆完成的客货运输量

## 三　普通汽车货运

普通汽车货运分小件货物零担运输和大宗货物整车运输。

### 零担运输

前志载，1990 年湖州通往各地直达货运零担班车线 24 条，其中省际班线 10 条、省内班线 14 条，月开行 150 个班次，总行程 3490 公里，有大小封闭式厢式货车 13 辆，湖州、南浔、双林、泗安、递铺、孝丰、晓墅、武康、德清等地设有零担业务受理点，形成以湖州为中心，沟通市内主要乡镇，辐射全国各地公路零担货运网络。同年，全市零担货物运出量 8206 吨，到达量 10359 吨。全市零担货运业务由湖州长运公司（前身浙江省汽车运输公司湖州分公司）基本独家承担。

1990 年后，货物运输市场进一步放开，厂矿企事业单位运力加快发展，运输个

体户、小型车队和货运配载经营户逐步占领公路货运大部分市场，专业公路运输企业货运生产急剧萎缩，零担货运量逐年减少。1994年，全市公路专业运输企业货运量和货运周转量仅分别占全社会公路货运量的19.2%和36.9%，比1990年分别下降12.6和28.4个百分点。1996年10月，市汽运总公司首次购置微型货车（25辆）投放市场，经营货运出租业务，次年增至55辆。1998年，汽运总公司经营的定线、定车、定班零担货运业务全部停顿。

2002年后，华安、广和、鑫达等一批股份制物流企业相继建成并营运。企业化经营的定线、定车、定班零担货运业务开始恢复并快速发展。2004年7月，湖州华安物流发展有限公司购置大吨位牵引车和集装箱，率先推出“卡车航班”，提出“空运速度、汽车价格”口号。2007年出台《湖州市城乡物流配送体系建设规划》。次年6月16日，湖州长运祥瑞物流公司开出首趟“配送班车”，后陆续在南浔、织里、双林、练市、菱湖等乡镇布设统一标识的14个乡镇物流站点。长兴万宏快递公司采取“快运小件”模式经营，率先建成县内城乡物流配送体系，全县2008年底建成乡镇村配送站点90个。2009年，安吉县依托原有邮政物流网，在全省率先探索建立交通邮政合作城乡物流配送体系。2010年末，湖州市建成乡镇村物流配送站点188个。

长兴万宏快递公司配送快件

## 整车运输

汽车运输大宗货物主要有钢铁、水泥、粮食、木材、竹材、机械设备、电器、轻工医药产品及化工原料与制品。普通货车车厢大多为敞开式（平板式），满载货物后上面用油布遮盖，用绳子与车厢两边挂钩缚牢。2000年后，整车运输方式优化，专业化、重型化和厢式化程度逐步提高。1993年，全市2852辆营业性货运车辆中有专用载货汽车（罐车）17辆、73吨位；有8吨以上重型营运载货汽车206辆、2020吨位。2003年，全市10958辆营运载货汽车中，有专用载货车（罐车、冷藏车等）631辆、4029吨位，有厢式货车477辆、841吨位。2010年末，全市15751辆营运货车中有专用载货汽车796辆、8198吨位，重型营运载货车3059辆、49249

吨位，厢式货车3381辆、8132吨位，集装箱运输车72辆、2176吨位。

**集装箱汽车运输**　市境集装箱汽车运输经营起步较晚。2004年，全市集装箱运输车7辆、13吨位。2006年增至18辆，全年货运量66500吨。2009年，集装箱运输车55辆、1655吨位，年箱运量14515.5个、213150吨。2010年，市境集装箱运输经营业户6家（市直辖区5家，安吉县1家）。湖州华安物流发展有限公司有集装箱挂车16辆，沃尔沃大吨位牵引车11辆，全年集装箱运输量4.3万吨，主要运输布匹、磁芯、毛纱等。湖州鑫达物流有限公司有集装箱挂车16辆，斯堪尼亚、雷诺等大功率牵引车11辆，集装箱年运输量15万吨，主要运输地板、布匹、机械等。安吉县鑫诚物流有限公司有集装箱车10辆，年运输量4万多吨，月均350个箱运量，主要发送转椅和配件、竹制品等。德清、长兴县尚无集装箱运输经营业户。同年末，市境营运集装箱汽车增至72辆、2176吨位，年箱运量48110.5个、693999吨，其中湖州直辖区箱运量43261.75个、625764吨，安吉县箱运量4848.75个、68235吨。

## 四　危险货物车辆运输

市境道路危险货物运输业户主要运输燃油、液化气、甲醛、压力气瓶、液碱、液氨和爆炸品。1990年，全市有油罐车35辆，为石油公司或专业汽车运输等企业自备，境内无专营危险品运输企业，除燃油运输罐式车外，其他危险品专用车很少。2001年11月26日，第一家民营危险货物运输企业湖州雪力危险品运输有限公司成立，有危险品运输车11辆。2003年，道路危险品运输企业15家（含子公司），危险品运输车辆268辆、1234吨位，持证从业635人，同年7月始危险品运输车安装GPS卫星定位系统。2005年，企业增至25家（含子公司），危险品运输车辆380辆（罐式车241辆、厢式车45辆、普通车94辆）、1632吨位，持证从业949人。2010年，经营业户39家，车辆537辆、3192吨位，持证从业2483人（其中司机1073人、押运员1400人、装卸管理员10人）。道路危险品运输企业按地域分，吴兴区（含市区）、南浔区17家、车辆267辆，德清县8家、车辆107辆，长兴县7家、车辆100辆，安吉县7家、车辆63辆。湖州市实华运输有限公司为市境规模最大危险品运输企业，前身中石化浙江湖州石油分公司全资子公司“湖州中油运输有限公司”，成立于2002年3月。2005年11月改制为民营性质有限责任公司。下辖德清、长兴、安吉3个分公司，经营市境两区三县140余座中石化系统加油站成品油运输服务，同时为市境企事业单位及社会客户提供油品配送运输服务。

## 五　货物联托运与搬运装卸

### 货物联托运

前志载，解放前，市境内有转运公司（行），专事代客运送货物，实行一次托运、一次收费、一票到底，全程办理水陆货运。1951年成立国营华东联运公司浙江省公司湖州办事处，先后设9个联运点，1953年1月撤销，联运业务管理并入航运和汽运部门。

**联合运输指挥部**　1963年1月，联运管理职能从航运、汽运企业分离，市、县分别建立联合运输指挥部，隶属市、县经济委员会，由铁、公、水等有关部门派员联合办公，组织协调区域内联托运业务，管理审批联托运站点设置。1993年12月，联合运输指挥部成员调整，由市政府分管交通副秘书长担任总指挥，市交通局和经委相关领导担任副指挥，工商局、航管处、运管处和长兴铁路车务段等部门相关领导为成员，在市交通局设联运办公室。后随货运市场进一步放开搞活，对联托运经营的审批、限制逐步弱化直至取消。

**联托运市场**　改革开放后，湖州织里镇逐步形成童装产业集群，成为全国童装集散中心，联托运市场应运而生。1988年，成立国营湖州市联运公司，1990年与苏州、常州、上海、哈尔滨等十多个城市和地区建立联运网络，年联运量6.15万吨。1998年，在织里建联托运站场。2001年9月，织里联托运服务中心建成启用，总投资2200万元，占地31680平方米，总建筑面积23000平方米。湖州市联运公司等37家业户进驻中心经营联托运业务，经营公路货物托运专线54条，经营公、铁、水、航空联运专线27条，线路辐射全国29个省（市），110个城市。联托运业务随计算机互联网发展，中介化无车承运经营业户快速增加。2000年，全市有公路运输货物联（托）运代办、信息配载等中介服务性经营业户43家。2006年增至132家（货运代办102家、信息配载30家）。2010年末达到545家，其中货物联（托）运代办经营户50家（市区41家，长兴9家），市区经营户大多集中于织里联托运市场，货运信息配载经营户495家，其中湖州吴兴区（含市区）和南浔区128家、德清县94家、长兴县158家、安吉县115家。

### 搬运装卸

搬运装卸始终贯穿物资集、散、装、卸、运、储全过程。前志载，湖州搬运装卸业务的企业化经营始于 1952 年。改革开放后，个体搬运装卸业户快速增长。1988 年调查，湖州市各种经济类型搬运装卸业户 126 家，从业 10712 人。1990 年，湖州直辖区有 7 家专业搬运装卸单位，其中市运输装卸公司系地方国营企业，市起重安装运输公司、南浔装卸运输站、埭溪汽车运输公司、善琏装卸站、和孚运输装卸站、练市联运服务站等均系城镇集体企业，企业由市交通局直管。受个体户冲击，搬运装卸企业经营每况愈下，难以为继。

1992—2003 年，市交通局所属搬运装卸企业改制，其中湖州市运输装卸公司、湖州市起重安装运输公司先后于 2000 年和 2001 年破产。埭溪汽运装卸公司、练市联运服务站 2002 年由湖州中大运输有限公司（后改名国运公路运输有限公司）吸纳式兼并。菱湖运输装卸公司、善琏装卸站、和孚装卸站分别于 2000 年、1996 年和 1992 年成建制下放，由镇政府管理。根据 2005 年 12 月修订出台《浙江省道路运输条例》，搬运装卸不再列入道路运输经营范畴，管理部门取消此类行政许可事项。搬运装卸基本实现社会化用工。地方传统搬运装卸企业通过改制或淘汰，或转型到货运代理、货运配载、仓储配送等新兴货运服务领域。搬运装卸机械化程度不断提升，人拉、手搬、肩挑、背扛的人工搬运装卸方式逐步被汽车、吊车、铲车、叉车等各类机械设备所代替。

## 六　现代化第三方物流

"十一五"期间，市境第三方物流[①]业起步。2009 年，湖州市出台《关于加快推进现代物流业发展的意见》，推进生产性经营企业物流分离工作。2010 年底，湖州美欣达印染集团股份有限公司、长兴昌盛电气有限公司、长兴水泥有限公司、浙江辛子精工机械股份有限公司、浙江泰仑绝缘子有限公司、湖州浙宝冶金辅料有限

① 第三方物流，指生产经营企业为集中精力搞好主业，把原来属于自己处理的物流活动，以合同方式委托给专业物流服务企业，同时通过信息系统与物流企业保持密切联系，达到对物流全程管理和控制的一种物流运作与管理方式。

公司、湖州飞剑杆塔制造有限公司、湖州南方水泥有限公司等8家生产性服务企业陆续实现产品运输或仓储外包。

第三方物流公司一般由仓储业、运输业、货代、公司物流部等传统“类物流”业为起点逐步发展形成。2008年下半年始，湖州长运祥瑞物流公司在24000平方米仓储面积中划出5000平方米仓库单独从事第三方物流项目经营，相继与格力空调、三菱电机、美的电器、帅康、方太等国内知名家电企业达成多功能、系列化物流服务协议，既负责企业产品仓储保管，亦承担全市范围及江苏吴江、安徽广德等地区的配送。湖州鑫达国际物流有限公司2008年始承揽湖州世友木业和巨人电梯制造业的生产性服务外包业务，利用自有码头、仓储、车队等水陆运输资源为南浔木地板制造业提供水陆联运服务，每年为企业节省30万元以上费用。湖州市华安物流发展有限公司2008年始先后入驻湖州美欣达集团、浙江泰仑集团、浙江辛子精工机械股份有限公司、湖州创亚动力电池公司、湖州大洋电子科技公司等生产性企业，联手发展第三方物流。公司逐步从单纯道路专线运输经营转型到实施一体化供应链接方案的第三方现代物流经营。

## 七　货运场站（物流基地）

前志载，1990年，市境营业性公共停车场66家，主办单位多为城郊接合部的乡村村委会或交警部门，仅提供停车服务。交警部门主办湖州红丰停车场面积最大（6500 平方米），70%以上停车场面积数百平方米。全市无集仓储、运输、配载等多种功能营业性公共货运场站。2010年末，经湖州市公路运输管理部门行政许可多功能营业性公共货运场站（物流基地）10家。

**湖州织里联托运中心**　在湖州市区东部织里镇，依托申苏浙皖高速公路、318国道、申嘉湖杭高速公路，占地31680平方米，露天停车场11000平方米，建筑面积8480平方米，堆存面积3500平方米。1990—1995年，织里童装、成人服装、床上用品等初具规模并形成市场，在对外运输中自发开辟织里至北京、武汉等近 10条联托运线路。1995年7月，织里联托运纳入湖州运输管理部门定线管理，先后出台《湖州市联（托）运行业管理暂行办法》《关于联运管理费收缴及使用管理的通知》和《湖州市人民政府办公室关于印发〈织里联托运市场管理规定的通知〉》。2001年9月建成启用湖州市织里联托运服务中心原有湖州市国运公司（原湖州市联运公司）、织里镇政府、自然人何军荣 3 家投资方，织里镇政府于 2003 年将股份转让给何军荣。此后，市国运公司占股 55%，何军荣占 45%。2008 年，织里童装交易量居全国第一，销售额超 100 亿元，产量 4 亿件套，国内市场占有率 28%以上。2010 年末，场内有 56 家联托运代办经营户，从业 300 人左右，经营业务覆盖全国 115 个城市（除台湾、拉萨外）。据不完全统计，全年货物发送量 30 万吨、4500 万吨公里。

**湖州祥瑞物流中心** 在吴兴区八里店镇的湖州东南工业园区、318 国道外环线入口处。由湖州长运祥瑞物流中心有限公司经营。建成于 2001 年 11 月，总占地 10.4 万平方米（156 亩），建筑面积 50413 平方米，其中经营业户用房 12000 平方米、仓储面积 34000 平方米、停车场 8000 平方米，总投资 5000 万元。拥有 0.5～30 吨货物营运车辆 18 辆、总吨位 120 吨，另有 100 多辆配载合作车辆为祥瑞提供货物运输和配载。基地吸引市内外近 50 多家物流和工商企业进驻，常驻工作人员近 500 人。陆续开通湖州至宁波、无锡、常州、扬州、漳州、广州、青岛、福州，织里至贵州、昆明、西安、宝鸡等国内快运专线 20 多条，通过中转货物达全国 1000 多个大小城镇，同时不断增加三方物流服务产品种类，国美电器、苏宁电器、五星电器、广东徐福记、蒙牛乳业等国内知名企业进驻基地并由祥瑞物流中心负责仓储保管和配送服务。2010 年，在织里新辟物流基地约 5 万平方米，吸纳联托运经营业户 15 家。公司年货物运输量 180 万吨、36300 万吨公里。

**南浔鑫达物流基地** 在南浔经济开发区，东起六里桥，南临长湖申航道，北依 318 国道。由湖州鑫达国际物流公司经营，2002 年 6 月建成，总占地 140000 平方米（210 亩），建有 25000 平方米大型仓库、5000 平方米综合办公楼、5000 平方米物流辅助用房、20000 平方米停车场、10000 平方米集装箱堆场，年吞吐量 200 万吨码头 1 座、1000 吨级泊位 12 个，岸线总长 1000 米左右。拥有货运汽车 90 辆，其中 30 吨以上斯堪尼亚等大型货车 11 辆、30 吨集装箱汽车 16 辆。装卸机具有吊车 2 台、叉车 6 台、铲车 10 台、起重机 1 台。经营涉及码头、仓储、货物分拨、集装箱运输、普通货物运输、货运代理、信息服务等。2004 年，湖州市海关南浔监管点检验检疫南浔办事处入驻，设海关监管仓库、检验检疫熏蒸用房及通达湖州海关、国检专用通信光纤等设施，建有集报关、报检、船代、货运、集运等为一体的综合办公大厅，2005 年基本形成功能完整的内陆口岸。2010 年，集装箱转关箱量 50000 标准箱以上，年完成公路运输量 150 万吨、32000 万吨公里。

**德清临杭物流园区** 在德清县雷甸镇，总面积 250.13 公顷。2009 年 8 月 11 日，省交通厅批复同意德清临杭物流园区列入省重点扶持物流基地。2010 年列入省首批现代服务业集聚示范区。其中一期占地 29.02 公顷，二期占地 100.05 公顷，三期占地 121.06 公顷。园区规划八个功能区，即工业原材料采购功能区、钢材物流功能区、公用码头功能区、通用仓储功能区、保税物流功能区、分拨配送功能区、货运配载功能区、航运服务功能区。规划期限 2009—2015 年。规划目标 7 年建成区域性现代综合物流园区。计划总投资 42 亿元，其中政府基础设施与公共平台项目投资 9.8 亿元、引进经营性项目投资 32.2 亿元。一期工程 2008 年启动，中球冠集团德清石化 3 万立方米成品油库、浙江源航塑业物流仓储物流和浙江华通港航物流年配送 30 万吨酒类交易中心 3 个项目陆续投入使用。2010 年末，有建筑面积 117114 平方米，货物仓储面积 15000 平方米，配有铲车、输送车等装卸机具 26 台，年公路运输量 75 万吨、7500 万吨公里。

**长兴综合物流园区** 在长兴县东南方向，西靠长湖申航道，东与 104 国道相接，北与 318 国道相连，南以城市支路与 104 国道“丁”字相交。2009 年 8 月 25 日，省运管局与长兴县政府签订园区共建协议，省运管局负责技术咨询、政策扶持、资金补助，长兴县政府负责项目建设管理及资金筹集、规划设计、土地征用、政策处理等。园区规划总占地 170.35 公顷，总投资 23.16 亿元，分 A、B、C 三区开发。A 区位于原长湖申线与规划中新长湖申线（新开挖段）交汇处，规划占地 24.39 公顷，2008 年 10 月启动建设，计划建成千吨级泊位 6 个，概算投资 4.6 亿元，预计 2011 年投入使用。根据可行性研究报告，A 区将形成年处理货运量 500 万吨、以产业基地型物流服务为主导，集物流交易、物流仓储、物流配载、物流配送、物流信息、配套服务等六大中心功能于一体区域性综合物流园区。2010 年末，有建筑面积 156326 平方米，其中室内停车场 4600 平方米、货物仓储面积 68965 平方米，配有叉车等装卸机具 17 台，年公路运输量 18.5 万吨、1850 万吨公里。

**湖州久运货运站** 在吴兴区道场乡施家桥，由湖州久运物流有限公司经营，2009 年 1 月建成，占地面积 23345 平方米（其中露天停车场 15000 平方米），建筑面积 6000 平方米（其中室内停车场 500 平方米），堆场面积 17310 平方米（其中室内仓储 4500 平方米）。主要面向附近城乡企业产品仓储与配送，有装卸机具吊车 1 台、叉车 3 台、铲车 1 辆、输送车 35 辆。2010 年，完成公路运输量 100 万吨、1 亿吨公里。

**湖州广和物流场站** 在长兴县李家巷镇104国道边，由湖州广和物流有限公司经营，2002年5月建成，占地15931.08平方米，建筑面积9260平方米，其中综合办公楼建筑面积2696平方米、辅助用房建筑面积300平方米、通用仓库建筑面积6264平方米。停车场8000平方米。2010年，完成公路货物运输量约80万吨、8000万吨公里。

**南浔大桥货运站** 在南浔大桥北堍，多家单位合资建于 1996 年，总占地 10500 平方米，其中露天停车场 5000 平方米，建筑面积 1600 平方米。站内驻有 26 家经营业户，经营专线运输线路 25 条。2010 年，公路货物运输量约 30 万吨、3500 万吨公里，主要运送地板建材。

## 第三节 公路运输经营业户

1995 年，湖州市交通部门公路运输企业 22 家，其中汽车运输 11 家、搬运装卸 11 家。2001 年始，道路运输经营户统计范围从交通系统内部扩展到社会全行业。同年经营户总数 9324 户，其中道路客运 452 户（含班车客运 57 户、旅游客运 4 户、出租车客运 241 户、其他机动车客运 150 户），道路货运 7615 户（含汽车运输 5444 户，其他货运机动车运输 2171 户）。

2005 年，道路运输经营许可证在册数 12549 张，其中道路客运 225 户（含班车客运 25 户、旅游客运 7 户、出租车客运 202 户），道路货运 10655 户（含汽车运输 10417 户、其他货运机动车运输 238 户）。

2010 年末，全市道路运输注册经营业户 14266 个，其中旅客运输经营业户 164 个，客运经营业户中拥有 100 辆客车以上企业 12 家，50～99 辆企业 8 家，10～49 辆 15 家，10 辆以下 1 家，一车一户的个体运输（出租车）128 家；货物运输经营户 11844 个，其中拥有 100 辆货车以上企业 2 家，50～99 辆货车的运输企业 4 家，10～49 辆的企业 94 家，10 辆以下 3182 家，一车一人的个体运输 8562 户。

## 一 汽车旅客运输骨干企业

2010 年，市境汽车旅客运输骨干企业 9 家，湖州市长运汽车运输有限公司规模最大。

**湖州市长运汽车运输有限公司** 前身浙江省汽车公司湖州分公司，1988 年 2 月成建制下放湖州市，更名国营湖州汽车运输总公司，市公路运输骨干企业。1992 年 3 月，所属安吉、德清、长兴 3 个县级分公司脱钩归各县。1999 年 4 月，与湖州广达实业总公司紧密型联合。2001 年改制为国有参股有限责任公司。2000 年 3 月 31 日，公司资产总额 1.66 亿元，企业国有净资产 1359.86 万元。其中 320 万元为国有股，1039.86 万元用于企业职工理顺劳动关系（其中高层经营者 16 人自然人股占 41.88%、职工持股占 38.12%）。2001 年 8 月 1 日召开首次股东大会，企业更现名（简称“湖州长运”）。主营旅客班线运输，兼营物流配送和仓储、客运出租、汽车维护、驾驶培训、旅游、油料供应等。2001 年，通过 ISO 9001：2000 客运服务质量体系认证。2002 年 8 月，通过国家二级道路旅客运输企业资质评审。同年 9 月，德清县长运公司成为“湖州长运”德清分公司。2002 年 12 月，公司所属各县、区车站实现异地联网售票。2009 年 3 月，被评定道路旅客运输一级企业，同年 9 月，在市工商部门登记成立“湖州长运集团”。1998—2010 年，先后投入资金 1.1 亿元，更新营运客车 380 辆。2010 年末，公司总资产 6.3 亿元，员工 1579 人。下辖湖州客运中心、德清分公司、南浔分公司、客运出租汽车分公司、汽车大修厂、驾驶培训学校、物资公司、祥瑞物流公司、快乐旅游公司等 9 个二级单位。有营运客车 614 辆（其中 60 辆旅游大客车、客运出租车 240 辆），中高级客运车辆比率达到 97%，有货车 17 辆，经营客运班线 191 条，其中跨省 87 条、跨市 82 条、跨县区 22 条；公司年收入 21372 万元，实现利润 4582 万元，职工人均年收入 36429 元。

**长兴万宏汽车运输有限公司** 前身湖州市汽车运输总公司长兴分公司。1992 年下放为县属企业，改名长兴汽车运输总公司，县公路运输骨干企业。1998 年底由国营长兴汽车运输总公司、长兴地方客运中心与长兴交通学校合并转制成立长兴万宏汽车运输有限公司。2001 年在旅客运输和站务服务质量管理方面导入 ISO 9001：

2000标准体系，后陆续投入1亿多资金实施长兴至湖州、杭州、安吉等地快客改造，长兴至湖州、泗安、筅桥等地便捷巴士改造以及出租车、公交车等营运车辆改造，安装GPS卫星定位系统和微机售票系统。2002年参与组建浙江天成运输有限公司。2006年始借“天成”之壳享有二级客运企业资质。2010年，公司资产1.095亿元，员工1020人，各类营运车辆595辆，中高级车辆占77.5%。经营公路客运班线175条、城市公交班线8条，下辖客运公司、客运中心、公交公司、出租公司、交通旅游公司、综合经营公司和交通广告公司等7个直属子公司，公司年收入9184万元，实现利润322万元，人均年收入30000元。

**湖州长运德清分公司**　前身国营湖州市汽车运输总公司德清分公司，县域骨干道路运输企业，具有二级道路旅客运输经营资质。1992年5月下放为县企业，同年8月兼并德清县汽车运输公司（即县货运公司），组建德清县汽车运输总公司。2002年2月28日，改制更名德清县长运汽车运输有限公司，同年6月收购兼并县交通服务公司和旅游客运公司。同年9月6日，与湖州长运汽车运输有限公司联合，更今名。分公司地址在德清县武康镇北湖东街919号，下辖德清县环通公司、县新城公交公司、县永安学生接送管理公司和汽修厂。2010年末，有客运车辆96辆（其中客运出租车20辆），中高级客运车辆占92.8%，经营客运班线37条（省际12条、市际17条、县际6条、县内2条），有职工320人，年营业收入1790万元，利润207万元，职工人均年收入36000元。

**安吉长运汽车运输有限公司**　前身湖州市汽车运输总公司安吉分公司。1991年11月成建制下放至县，更名国营安吉县汽车运输总公司。2003年6月改制更今名。2010年末，公司总资产9269.35万元，员工449人，下辖安吉客运中心、递铺客运公司、孝丰客运公司、公交公司、联运公司、旅游公司、驾驶培训学校、汽车修理公司等8个二级单位；客运经营资质二级，有客车190辆（均为中高级车型，其中客运班车89辆、公交车59辆、出租车22辆、旅游车20辆），主营客运线路116条（其中跨省17条、跨市35条、跨县13条），兼营汽车修理、汽车贸易、配件销售、联托运、旅游汽车出租、驾驶培训等业务，年经营总收入4977.48万元、创利税369.36万元、净利润93.88万元，职工人均年收入3.5万元。

**湖州国运公路运输有限公司**　前身国营湖州市联运公司。1994年6月，改制改组为湖州市联运有限责任公司，总资本335.55万元，其中国有股223.55万元、职工个人股112万元。2001年，公司股权重组，更名湖州中大运输有限公司。2004年9月7日更今名。经营业务从货物联托运扩展到公路客运、出租车等多种经营。2002年参与组建浙江天成运输有限公司。2006年，借“天成”之壳享有二级客运企业资质。2010年末，有客运车辆332辆（客运班车114辆、客运出租车183辆、旅游车25辆），中高级车辆占54%，经营线路45条（跨省17条，跨市20条，跨县及县内8条）。总资产4860万元，员工1247人，下辖物流、埭溪、出租车三个分公司，公司控股及参股企业有织里童装联托运有限公司、南浔万顺客货运有限公司、湖州康达公交有限公司、织里三元公司、联合巴士公司、练市联运站、外事旅游服务公司、湖州欧亚轴承制造厂，全年主营收入7200万元、利润160万元，职工人均年收入25000元左右。

**湖州广达实业总公司**　初为吴兴车队（建于1971年6月），1981年6月更名湖州市汽车运输公司。1990年末，有客车19辆、85座位，经营湖州至上海、杭州，市区至南浔、双林等长短途客运业务。1992年3月18日更名湖州广达实业总公司，1999年4月并入湖州长运汽车运输有限公司。

**湖州康达公交运输有限公司**　2004年9月17日成立，在湖州东门二里桥路4号绿色东站内。湖州国运公路运输有限公司和湖州长运汽车运输有限公司以各自原有吴兴、南浔2个区短途客运线路资源成为公司股权单位，分别占股权60%和40%。公司成立初，从股权单位调入营运客车144辆。2010年末，营运车辆增至226辆，员工443人，下辖南浔、埭溪、菱湖、练市、双林五个分公司。经营城乡公交二级网络班线（湖州市区至各大集镇）17条，经营三级网络班线（集镇至乡村）35条。近年随着私家车增多城乡短途客流量不断减少，营运收入持续下降，加之燃料价格节节攀升，车辆营运成本增大，企业出现亏损，至2010年，城乡公交三级网络经营累计亏损463.16万元，与二级网络班线经营营利相抵，公司仍亏损173.11万元。

**湖州市公共交通有限责任公司**　前身湖州公共汽车队，1976年组建，隶属湖州镇城建处。1978年7月车队划出成为独立核算单位。1981年撤销吴兴县并入湖州市，公共汽车车队更名湖州市公共交通公司，隶属城市建设局。1999年9月改制更现名，隶属市规划与建设局。2010年11月25日后改隶市交通运输局。公司现址湖州东街432～434号。2010年末，总资产1.2亿元，员工526名，经营数字线路28条（23条城市公交线路、5条第二层次城乡公交线路），另有52条专线（大润发专线、南郊专线、观光专线和49条学生接送专线），有275辆公交车（空调车占60%左右），沿途设置公交站点690个（其中城乡公交线路港湾式停靠站91个），公交车辆停车场站2个（其中东门场站7858.6平方米，南门场站11188.8平方米），公交线网总长169公里，营运线路总长282公里，年客运量4117万人次，日均11.2万人次。

**浙江天成运输有限公司** 2002年8月，由湖州国运公路运输有限公司、长兴万宏运输有限公司、湖州鑫鑫达公路运输有限公司、湖州市善琏公交服务公司、湖州市练市联运服务站、湖州市双林班车客运公司、湖州市南浔镇北客运服务公司、湖州市埭溪运输装卸公司等联合组建挂名企业，目的为增强成员单位客运经营竞争力，2006年获得二级客运企业资质。成员单位可借“天成运输有限公司”之壳参与各类客运线路经营权竞争，获得线路经营权后由借壳单位自行经营。

**其他汽车客运企业**

表1-77

| 辖区 | 单位名称 | 成立时间 | 单位地址 | 资质级别 | 拥有营运车辆 |
|---|---|---|---|---|---|
| 南浔区 | 湖州市南浔镇北客运服务有限公司 | 2006.10.13 | 湖州市南浔常增路中段 | 四级 | 13 |
| 吴兴区 | 湖州联合巴士运输有限责任公司 | 2001.1.1 | 湖州市威莱大街376号 | 四级 | 48 |
| 现浔区 | 湖州市南浔万顺客货运有限公司 | 2001.1.2 | 湖州市南浔镇泰安路车站三楼 | 四级 | 98 |
| 吴兴区 | 湖州市织里三元客货运输有限公司 | 1999.5.27 | 浙江省湖州市织里童装市场旁 | 四级 | 65 |
| 德清县 | 德清县更强运输服务有限公司 | 1997.7.21 | 德清县钟管镇南湖路 | 四级 | 9 |
| 德清县 | 德清县环通客运有限责任公司 | 2000.8.16 | 德清县武康镇志远路91号 | 四级 | 20 |
| 长兴县 | 长兴晶鑫客运服务有限公司 | 2000.11.20 | 长兴县雉城镇广场东路 | 四级 | 150 |
| 安吉县 | 安吉县联升汽车运输有限公司 | 2004.1.7 | 安吉县万亩社区11省道南侧 | 四级 | 87 |
| 安吉县 | 安吉长运久远客运有限公司 | 2007.12.6 | 安吉县孝丰东山工业园区 | 四级 | 80 |
| 安吉县 | 安吉天鑫乡村客运有限公司 | 2004.1.8 | 梅溪镇龙翔社区内 | 四级 | 58 |

续表 1-77

| 辖区 | 单位名称 | 成立时间 | 单位地址 | 资质级别 | 拥有营运车辆 |
| --- | --- | --- | --- | --- | --- |
| 安吉县 | 安吉县安达客运有限公司 | 2006.11.30 | 递铺镇灵芝西路南侧 | 四级 | 60 |
| 安吉县 | 安吉鄣北汽车运输有限公司 | 2004.10.28 | 浙江省安吉县递铺镇车站路 | 四级 | 45 |

## 二　道路货运（物流）企业

2010 年末，市境道路货运（物流）骨干企业 10 家。

**湖州鑫达国际物流有限公司**　2002 年 6 月成立，现址湖州南浔经济开发区安达码头。注册资金 1018 万元，资产总额 18000 万元，物流基地占地 210 亩，职工 286 人，集普通货运、仓储、码头装卸、全国零担配送、集装箱运输、危险品运输、公路和水路运输信息配载和进出口货物代理等为一体综合性物流企业。建成湖州第一个集装箱内支线码头和第一个集装箱运输车队，搭建湖州第一个国际物流中心信息平台。2007 年成为湖州市第一家 AAA 级物流企业。2008 年后，开通至珠三角、胶东半岛干线运输专线，实现跨关区快速通关，内支线进出口箱运量从 2005 年 1000 个标准箱提高到现 35185 个标准箱。公司拥有配送客户 127 家，在全国许多重要城市设立分公司或办事处及大型仓库。2006—2009 年，公司连续 4 年进入湖州市服务业百家优秀企业。入选 2010—2011 年度湖州市交通重点扶持物流龙头企业。2010 年，升格为湖州市唯一 AAAA 级物流企业，为全省 9 个国际物流中心之一。年营业收入 5942 万元，主营业务成本 5345.5 万元，营业利润 178.7 万元。

**湖州华安物流发展有限公司**　2002 年 1 月成立，现址湖州杭长桥北路 399 号，注册资金 300 万元，集公路运输、仓储、代收货款以及信息交易等业务为一体物流企业。有沃尔沃大吨位牵引车 11 辆、集装箱挂车 16 辆、城市配送车 15 辆，总资产 5000 多万元，职工 88 人，客户（企业单位）300 多家，与全国 200 多家物流企业建立长期稳定合作关系。经营湖州至珠三角干线运输专线，每天货物周转量 40 万吨公里。全面实现信息化管理，建立 GPS 车辆跟踪系统，开发网站信息平台，“第三方物流管理软件研发和网络版升级”列为市重点扶持项目。2006 年，被中国物流行业协会和中国物流诚信联盟评为中国物流诚信企业，入选省现代物流重点联系企业，2006—2009 年连续为湖州市服务业百强企业，入选 2010—2011 年度市重点扶持物流龙头企业。2010 年营业收入 1644.3 万元，主营业务成本 1081.1 万元，营业利润 19.9 万元。

**湖州广和物流有限公司** 2002 年 5 月成立，现址长兴县李家巷镇长岭山，注册资金 800 万元。经营普通货运、危险货物运输、货运场站经营（仓储服务）及液化气、金属材料销售等。2010 年末，资产总额 3593 万元，职工 90 人，稳定客户 100 余家，各类货运汽车 52 辆、408.48 载重吨，均配置 GPS 车辆定位系统，开通苏、浙、沪等多条货物整车、配载营运专线。被评为 2010—2011 年度市重点扶持物流龙头企业。2010 年营业收入 6878.4 万元，主营业务成本 6437.4 万元，营业利润 59.6 万元。

**湖州一通物流有限公司** 2004 年 8 月成立，现址湖州经济开发区九九桥北堍，注册资金 300 万元。经营普通公路货运、集装箱运输、停车场。有大小客户单位 100 多家。2007 年开通湖州至广东、深圳和上海货运专线，建有物流网络信息化服务平台，车辆全部安装 GPS 卫星定位系统。2009 年评定为 AA 级物流企业。获 2008、2009 年度湖州市服务业百家优强企业称号，入选省重点物流联系企业。被评为 2010—2011 年度市重点扶持物流龙头企业。2010 年末资产总额 1560 万元，各类汽车 29 辆（其中集装箱车 10 辆）、605.43 载重吨，职工 108 人，营业收入 1205.5 万元，主营业务成本 960.1 万元，营业利润 47.1 万元。

**湖州市实华运输有限公司** 前身中石化浙江湖州石油分公司全资子公司。2005 年 10 月由国营改制为民营更今名。现址湖州市环城南路 64 号，注册资金 268 万元。主要经营道路危险货物运输（易燃液体类）。专业安全配套停车场 5 个，总面积 4765 平方米。下辖长兴、德清、安吉 3 个子公司，职工 153 人。主要客户是中石化湖州石油分公司和社会其他用油单位。被评为 2010—2011 年度市交通重点扶持物流龙头企业。2010 年，有重型油罐车 30 辆、392 载重吨，配送油罐车 26 辆，年运输量 60 万吨以上业，资产总额 543 万元，主营收入 1404.68 万元，主营业务成本 1117.65 万元，营业利润 81.58 万元。

**湖州长运祥瑞物流中心有限公司** 隶属湖州市长运汽车运输有限公司，成立于 2001 年 9 月，注册资金 50 万元，时称湖州长运祥瑞物流中心，2009 年 7 月更现名，现址吴兴区八里店镇陆旺村。2006—2009 年连续入选湖州服务业百家优强企业。

2007年被列为省交通厅2007—2009年度道路货运省级重点联系企业。2008年2月通过中国物流和采购协会AA级物流企业评审。2009年5月注册“祥瑞”商标，为湖州物流业首个自主品牌。经营普通货运、货运站（场）经营（货物集散、货运配载、货运代理、仓储理货）。在吴兴区、南浔区设运营网点32个，经营整车、零担、快件货物运输。入选2010—2011年度市重点扶持物流龙头企业。2010年末，资产总额3010万元，职工331人，营业收入7322万元，主营业务成本7312万元，营业利润10万元。

**长兴顺达汽运有限公司** 前身长兴雉城顺达车队（1993年成立），1997年7月更今名，现址长兴县雉城开发区，注册资金300万元，占地14600平方米，建筑面积5000多平方米。主要经营公路货运、汽车修理、汽车配件以及停车场、货物装卸等。2010年3月，公司物流部门入驻长兴物流园区，先后开通至广东、上海、广西、福厦、京津、杭州货运专线，介入仓储、分包、总包等第三方物流。同年8月，通过AAA级物流企业评审。入选2010—2011年度市交通重点扶持物流龙头企业。2010年，资产总额4100万元，职工39人，各类汽车近100辆，挂靠车辆200多辆，营业收入4137.2万元，主营业务成本3425.9万元，营业利润414.1万元。

**长兴捷通物流有限公司** 2004年12月成立，现址长兴县雉城镇二虎头桥。是浙江浙能集团所属长兴发电有限公司、富兴燃料有限公司和浙江兴源投资有限公司共同出资收购原长兴铁公水码头全部资产组建的国有股份公司，注册资金12700万元，资产总额17585.92万元。物流基地占地约450亩，职工110人。经营运输服务（仓储、货物中转、货物联托运、集装箱中转、货物配载），代办财务结算，场地租赁、码头和其他港口设施经营，无船承运业务，港区内货物装卸、驳运、仓储，煤炭批发，国际货物运输代理等。物流基地一期扩建工程2006年建成，二期工程在建设中。2006—2009年，连续被评为湖州市服务业百家优强企业。入选2006年度中国物流最具成长力企业100强、2007年度中国物流诚信品牌建设示范企业。省物流与采购协会、中国物流与采购协会常务理事单位，2008—2009年度省现代物流发展重点联系企业，2009年度中国自主创新百强企业。2010年6月为国家AAA级综合性物流企业，被列入2010—2011年度市交通重点扶持物流龙头企业。2010年，营业收入6176.2万元，主营业务成本4424.9万元，营业利润475.4万元。

**浙江誉华集团湖州誉大物流经贸有限公司** 2005年3月成立，现址吴兴区八里店镇紫金桥。注册资金 1500 万元，资产总额 1500 万元，职工 30 人。主营港区内货物装卸与仓储。公司货物存储场地面积 8 公顷多，主要经营煤炭运输和存储，年货物吞吐量 100 万吨。有煤碳吊装设备 5 台，20MG ~ 60T 电子汽车衡和电子煤料秤各 1 台。入选 2010—2011 年度市交通重点扶持物流龙头企业。2010 年，公司主营收入 1451.9 万元，主营业务成本 1093.5 万元，营业利润 71.3 万元。

**湖州港务有限公司**　1995 年 4 月始，由湖州市政府授权市交通局组建，1997 年 6 月竣工交付使用。在市区西南 6 公里西塞港仓储区。所隶"湖州铁水中转港"由省计经委批准，被列入省利用世界银行贷款改造内河航道网工程省交通重点建设工程，港区占地 28.4 公顷，码头岸线 620 米，各类生产、办公用房 2.2 万平方米，道路、堆场 5.5 万平方米。建设总投资 8429 万元，实际利用世行贷款 362.21 万美元。设计年吞吐量 131 万吨、中转量 183 万吨。港区铺设 5 股铁路装卸线，有挖入式港池 1 个、500 吨级泊位 1 个、300 吨级 9 个，能实施铁水、铁公、公水间装卸作业。主要中转货物钢铁、木材、煤炭、农副产品、化肥、矿产、化工产品等。1997 年后，年均中转量 417238 吨，年均主营收入 4277550.42 元。2010 年，港区中转量 61.79 万吨，年营业收入 555.76 万元，累计亏损 239.72 万元。

**湖州国际物流有限公司**　1998 年 8 月注册成立，与湖州港务有限公司合署办公与经营，属国家发展计划委员会、国家经贸委、财政部批准利用世界银行贷款项目。投资总额 4808 万元，其中实际利用世行贷款 180 美元。国际集装箱中转站依托湖州铁水中转港、长湖申线、宣杭铁路及杭宁高速公路等交通条件，设计集装箱年适站量 7 万标箱，年拆装箱量 1.46 万标箱。建有仓库 6000 平方米、集装箱堆场 15000 平方米、拆装箱作业区 5000 平方米，配备 40 吨集装箱正面吊 1 台、牵引车 6 台、专用叉车 3 台。2001 年后，年均营业收入 649079.26 元。2010 年，中转集装箱无业务，年营业收入 28.64 万元，公司累计亏损 156.83 万元。

## 三　个体运输户

1982 年，在公路运输市场进一步放开形势下，徐洪宝购置 5 吨位钱塘江牌汽车，经营货物运输，成为湖州市首个个体车主。第一辆个体出租轿车车主名潘阿宝，购置上海牌轿车于 80 年代中期开始在湖州汽车站门前揽客营运。1990 年，全市个体运输载货汽车 1410 辆（5337 吨），个体运输载客汽车 138 辆（1755 座）。

1993年，全市城乡个体（联）户营运载客汽车416辆、4669客位，分别占全市营运载客汽车总量37.14%和17.59%，个体营运载货汽车1855辆、6608吨位，分别占全市营运载货汽车总量65.04%和57.79%。1995年后，道路旅客运输经营主体开始集约化经营，班线客运个体经营户逐步纳入公司化管理。2000年底，个体（联）户营运载客汽车280辆、2131客位，分别占全市营业性载客汽车10%和5.7%，比1993年下降27.14个和11.89个百分点。

2010年末，市境个体营运载客汽车128辆、512客位，均为出租轿车，分别占全市营业性载客汽车3.8%和0.7%，个体营运载货汽车10187辆、36861吨位，分别占营运载货汽车总量的64.6%和49.4%。

# 第四节　汽车维修与检测

## 一　车辆维修

前志载，1990年末，市境有机动车维修业户765家。其中汽车大修厂10家，汽车中小修厂75家（中修30家、小修45家），汽车专项修理和摩托车修理680家（94%为个体户）。1996年，经检查、考核、评比，20家企业获二级维护质量信得过单位称号，质量合格单位54家，限期整改5家，取消二级维护经营资格1家。1998年，按国标《汽车维修开业条件》重新核定全市一、二类维修企业级别，原汽车维修企业分类从大修、中修、小修改为一类、二类、三类。2000年，全市一二类维修企业设备和人员培训投资960万元。主要设备配置从1998年每厂20.6件提高到38.3件，维修工参加职业技术培训，逐步推行持证上岗制度。“一汽”“二汽”“大众”等国内大型汽车制造企业的品牌汽车特约维修部相继落户湖州。2002年，全市机动车维修业户1095户（吴兴区和南浔区461户、德清县197户、长兴县208户、安吉县229户）。年度审验核定一类企业13家、二类企业76家，限期整改不合格一类企业1家，不合格二类企业20家，注销企业6家。2003年，全市维修从业人员4238名，其中高级维修技师100余名、中级维修工2800余名，同年，省举行汽车维修技能大赛，湖州队得团体第三名。2005年末，全市机动车维修业户1213户（其中吴兴、南浔二区619户）、从业5066人（个体2541人），其中一类企业25

家、二类企业121家、三类532户，摩托车修理535户。次年，全市车辆维修工持证上岗人员5085名，持证率96.5%。2010年末，全市一类汽车维修企业39家、二类汽车维修企业154家、三类维修业户962家、摩托车维修467家，从业6117人，上岗持证率96.7%。年整车修理4784辆次、二级维护23834辆次、汽车专项修理1554764辆次、维修救援20427辆次、摩托车维修746632辆次。一个以一类企业为骨干、二类企业为基础、三类业户为补充，多层次、多形式，门类齐全、服务及时的车辆维修市场基本形成。

**汽车4S店**　为四项功能一体化汽车服务企业，兼具整车销售（Sale）、零配件（Sparepart）、售后服务（Service）、信息反馈（Survey）等，具有统一形象，统一标识，统一渠道、统一管理标准，经营单一车辆品牌等特点。4S店在整车销售、配件供应和车辆维修三方面获利比例一般为2∶1∶4，维修服务为获利主要部分。2003年2月，市境首家4S店——上海大众汽车销售服务有限公司开张。至2010年末，全市有各类进口、国产系列车型汽车4S店29家。

**浙江惠农快修网络**　按省运管局《关于做好惠农汽车快修网络建设的通知》，2009年7月10日，市境首家“浙江惠农快修”品牌修理厂——练市海升汽车快修部开张营业。2010年底，全市建成统一标识标牌惠农快修网点17家，其中吴兴区和南浔区5家、安吉县7家、德清县3家、长兴县2家，安吉县是全省惠农快修网点建设先进县。

**一类汽车维修企业**　前志载，1990年，全市有汽车大修厂10家，即湖州市汽车运输总公司大修厂、湖州红卫机动车大修厂、湖州汽运分公司机动车大修厂、湖州市龙溪机动车大修厂、湖州市小客车大修厂、长广煤矿公司机动车大修厂、长兴汽运分公司机动车大修厂、安吉县汽运分公司大修厂、安吉县供销运输公司大修厂、德清县汽运公司大修厂。按1998年国标《汽车维修开业条件》，汽车维修大修企业改称一类企业。2002年，全市一类汽车维修企业13家，即湖州长运汽车销售有限公司、湖州上海大众汽车销售服务公司、湖州市龙溪机动车大修厂、湖州凤凰汽车维修有限公司、湖州新亚超汽车大修厂、湖州市建筑安装总公司大修厂、湖州东南汽车工贸有限公司汽车修理厂、湖州小客车大修厂、湖州龙新汽车修理厂、长兴县长广运输有限责任公司汽车大修厂、长兴万宏汽车运输有限公司机动车大修厂、长兴汽车修理二厂、安吉汽运公司大修厂。2010年末，全市一类汽车维修企业增至

39家，其中吴兴区和南浔区26家、长兴6家、德清1家、安吉6家。吴兴区和南浔区26家一类汽车维修企业如下表：

**2010年末吴兴区、南浔区一类汽车维修企业**

表1-78

| 企业名称 | 成立时间 | 地址 | 固定资产（万元） | 其中设备（万元） | 员工总数（人） | 其中中高级技工（人） | 年营业额（万元） | 净利润（万元） |
|---|---|---|---|---|---|---|---|---|
| 湖州中北汽车销售服务有限公司 | 2005.6.18 | 湖州三里桥685号 | 794 | 117 | 59 | 21 | 1700 | 255 |
| 湖州长运汽车销售服务有限公司（前身为湖州汽运总公司大修厂） | 1958年创建，2002更名 | 湖州环城南路47号 | 953.88 | 238.72 | 162 | 22 | 19445 | 339.16 |
| 湖州绿地汽车销售服务有限公司 | 2006.6 | 杭长桥北路1988号 | 1400 | 200 | 36 | 20 | 1530 | 246 |
| 湖州东本汽车销售服务有限公司 | 2006.5.22 | 杭长桥北路2388号 | 727 | 53 | 60 | 16 | 680 | –100 |
| 湖州之田汽车销售服务有限公司 | 2009.10 | 湖州市三里桥路685号 | 1500 | 90 | 70 | 20 | 160 | –55 |
| 浙江大东吴汽车维修有限公司 | 2004.8.27 | 湖州318外环线谈家扇村 | 134 | 134 | 40 | 12 | 160 | –21 |
| 湖州东风南方金恒德汽车销售公司 | 2005.4.24 | 湖州市西塞山路377号 | 1334.86 | 143.47 | 27 | 11 | 1120.38 | 319.28 |
| 湖州奥通 | 2005.2.25 | 杭长桥北路988 | 2341.70 | 198.47 | 108 | 65 | 42748.47 | 777.06 |
| 湖州信达丰田汽车销售 | 2004.8 | 七里亭399号 | 1000 | 245 | 93 | 19 | 20863 | –92 |
| 湖州庆丰汽车修理厂 | 2005.11 | 凤凰开发区104国道九九桥南堍 | 180 | 61 | 30 | 11 | 250 | –2 |

续表 1-78-1

| 企业名称 | 成立时间 | 地址 | 固定资产（万元） | 其中设备（万元） | 员工总数（人） | 其中中高级技工（人） | 年营业额（万元） | 净利润（万元） |
|---|---|---|---|---|---|---|---|---|
| 湖州亚超实业有限公司 | 1998.9.21 | 湖州东门二里桥 21 号 | 3700 | 260 | 58 | 14 | 1180 | 370 |
| 湖州康达湖州分公司 | 2004.5 | 湖州二环西路 622 号 | 83.84 | 77.43 | 28 | 8 | 508.24 | 45.46 |
| 湖州中田汽车销售 | 2002.9.5 | 杭长桥北路 888 号 | 1019.14 | 121.12 | 66 | 30 | 1295.01 | –517.57 |
| 湖州大众汽车销售有限公司 | 1993.2.18 | 陵阳路 2128 号 | 2134 | 323.5 | 83 | 20 | 33300 | 153 |
| 湖州吴兴科兴汽车修理厂 | 1999 | 湖州市开发区凤凰工贸区 2A 号地块 | 500 | 80 | 30 | 11 | 300 | 45 |
| 湖州长鸿汽车销售有限公司 | 2007.6.15 | 杭长桥北路 978 号 | 500 | 90.6 | 50 | 18 | 743.4 | –205 |
| 湖州南浔宝吉汽车销售服务有限公司 | 2007.7 | 湖州市南浔镇南林大桥北堍西侧（南浔镇 318 过道旁） | 680.74 | 81.38 | 62 | 20 | 617.84 | 127.26 |
| 浙江万国汽车湖州分公司 | 2004.9 | 二环西路 638 号 | 380.12 | 143.73 | 73 | 19 | 1105.26 | 145.05 |
| 浙江江铃汽车湖州分公司 | 2004.8 | 湖州二环西路江南车城 A 区 –2 号 | 119.4656 | 70.3236 | 32 | 18 | 702.33 | 100.65 |
| 湖州申通汽车销售服务有限公司 | 2002.8.16 | 陵阳路 2189 号 | 1000 | 200 | 76 | 26 | 2000 | 400 |
| 湖州龙新汽车修理厂 | 1986 | 八里店章家埭 | 400 | 120 | 32 | 28 | 320 | 20 |
| 湖州康宏汽车有限公司 | 2005.10 | 湖州市陵阳路 1899 号 | 1100 | 201 | 40 | 16 | 803 | 120 |
| 湖州华宏小客车修理有限公司 | 1988 | 湖州市机电路 77、79 号 | 60 | 42 | 27 | 20 | 109 | 20 |
| 湖州致超汽车销售服务有限公司 | 2007.3.5 | 湖州市三里桥路1899号 | 2400 | 180 | 51 | 15 | 1050 | 300 |

续表 1-78-2

| 企业名称 | 成立时间 | 地址 | 固定资产（万元） | 其中设备（万元） | 员工总数（人） | 其中中高级技工（人） | 年营业额（万元） | 净利润（万元） |
|---|---|---|---|---|---|---|---|---|
| 湖州金丰丰田汽车销售服务有限公司 | 2010.4.21 | 湖州市松雪路99号 | 1300 | 85 | 65 | 19 | 200 | -60 |
| 湖州吴兴龙跃汽车修理厂 | 2010 年 4 月倒闭 | — | — | — | — | — | — | — |

## 二　车辆检测

1990 年 2 月，市公安局与军分区联合引进日产机动车安全性能检测线，于 104 国道 1356K 处建立机动车辆检测站，检测内容主要包括刹车、灯光、转向、功率、底盘等。以仪器检验取代以往靠眼观、耳听、鼻嗅、手摸、脚踏等传统人工检测方法。

1994 年 9 月，市公路运输管理部门建立首家车辆综合性能检测站（A 级）。具备 10 吨、3 吨级车辆安全性能检测线，配置多套底盘间隙检测仪、不透光度计、全自动废气检测仪、前照灯远近光检测仪、功率底盘测功机、全自动转向角检测仪、小车全自动前轮定位仪、四轮定位仪、全自动悬挂检测台、车辆密封性试验台、诊断式发动机综合分析仪等设备。

1996 年底，长兴、安吉、德清三县相继建立综合性能检测站（B 级）。2001—2003 年，三县 B 级检测站陆续投入资金实施升级改造，达到 A 级检测资质，通过省技术监督局计量认证。

按交通部《道路旅客运输及客运站管理规定》，从事高速公路客运或营运线路 800 公里以上客运车辆技术等级应达到行业标准《营运车辆技术等级划分和评定要求》（JT/T198）规定一级技术等级，营运线路 400 公里以上客运车辆技术等级应达到二级以上，其他客运车辆技术等级应达到三级以上。各类营运车辆为确保技术状况良好，须定期检测，视情修理。2010 年末，全市有汽车综合性能检测 A 级站 4 家，年检测车辆 91741 辆次，其中维修竣工检测 34354 辆次，等级评定检测 18237 辆次。

# 第四章　铁路与运输

前志载，市境第一条铁路建成于民国 11 年（1922），由长兴煤矿股份有限公司引入上海均益银团投资建设，起自大煤山，经缸窑、合溪、三里桥、终于长兴五里桥，全长 30 公里（正线 24 公里、支线 6 公里），属轻轨窄距型小铁路，抗日战争时期遭毁。1949 年中华人民共和国成立后复建。1960 年 10 月，为煤矿服务的长牛铁路建成通车，上海铁路局杭州分局在长兴设长牛铁路支线管理处。1972 年 2 月，杭牛铁路建成通车，长兴铁路管理处由浙江省杭长铁路管理处接管，1973 年移交杭州铁路分局，改称杭州铁路分局杭长铁路管理处。1978 年 10 月，杭州铁路分局在长兴雉城设车务段，管理杭长铁路运输业务。1990 年末，市境有铁路线 141.17 公里。

1991 年，长兴车务段有职工 519 人，管理 141.17 公里铁路线、16 个站点。1996 年起，管理“宣杭”正线 135.8 公里、“长牛”支线 40 公里，站点 20 个。2003 年，长兴车务段职工增至 701 人。

2005 年 5 月 24 日，长兴车务段撤销，并入“嘉兴车务段”，驻嘉兴市秀城区宣公路 2 号。

2010 年末，市境建成铁路线 173 公里左右，宁杭客运铁路专线湖州段在建设之中（境内段长 77.5 公里）。在全市综合交通网络里程中（公路里程 7890 公里、航道里程 1172 公里、铁路线 173 公里），铁路线比例不到 2%。

1991—2010 年，湖州公路水路运输占据主导地位，铁路运输微量。2010 年，全市旅客运输量 10069 万人次，其中铁路客运量 105 万人次，占全部客运量 1%。全市完成货物发送量 18233.13 万吨，其中铁路货运量 126.26 万吨。铁路货物运量占全市货运总量 0.69%。

# 第一节　铁路线

## 一　杭牛铁路市境线

前志载，由杭州站始发，于彭公隧道出口入市境，经上柏、武康、三桥埠、梅峰、妙西、湖州、白鹤岭、长兴、小浦、煤山、新槐、青岘岭等 12 站至安徽省广德县牛头山站止，全长 152.5 公里，境内线 105.81 公里。1990 年，宣杭铁路在长兴站接轨，原线相应更换 50 公斤/米标准轨，以适应与宣杭线接轨。1996 年 4 月，宣杭铁路建成通车，原“杭牛线”称谓取消。

## 二　宣杭铁路市境线

宣杭铁路从安徽宣城出线，途经长兴、湖州，终于杭州。前志载，始建于 1988 年，1990 年市境线完成土石方基础与公铁立交桥主体工程。宣杭铁路在长兴站与杭牛铁路接轨，原线相应更换标准轨。1992 年 10 月 1 日在长兴站接通，由中国铁道部第四工程局负责临时运营。1994 年 6 月 30 日 18 时，宣城至长兴段交付上海铁路局管理，纳入全国铁路营运网。其余市境线至 1996 年 4 月 1 日建成，全线通车。自皖赣铁路宣城站向东至长兴二界岭东村入境，经泗安、大云，在雉城与杭牛铁路接轨。市境长兴县境内新建铁路线 35.9 公里，与原杭牛铁路的杭长（长兴—牛头山段除外）段成为宣杭铁路干线，市境线长 108.91 公里。

## 三　宣杭铁路复线

2003 年 4 月 22 日动工建设。是国家铁道部与浙江省重点建设项目，以方便煤炭、石油等能源输送。始于安徽省宣城市，在长兴泗安入境，经长兴、湖州南、德清等站点，终于杭州市。2005 年 6 月 6 日，市境梅峰—莫干山段开通启用。同年 9 月 28 日，宣杭铁路复线全线通车，市境段长约 110 公里，宣杭铁路运能成倍提高。

## 四　长牛支线

长兴至安徽广德牛头山，全长 42.8 公里，原属“杭牛线”组成部分。1996 年，宣杭铁路通车后，原“杭牛线”取消，其中长兴—牛头山铁路成为“长牛支线”。此线作为长广煤矿运输专线，随着煤炭产量逐年减少，2000 年后煤山—牛头山段渐废，仅存煤山—长兴段（约 32 公里）尚有水泥运输。近两三年，支线基本停运。

## 五　新长铁路长兴段

国家“九五”期间重点工程，1998 年 12 月 25 日开工。北起江苏省新沂市，南至浙江长兴，与宣杭铁路接轨，其中长兴段 31.064 公里。2002 年 12 月 15 日，工程通过初步验收。2005 年 4 月 1 日全线贯通、纳入全国铁路网运营。

## 六　宁杭铁路湖州市境段（客运专线）

宁杭客运专线起自南京南站，经溧阳、宜兴、长兴、湖州、德清、余杭，终于杭州东站，全长 248.96 公里（省境 102 公里），设 11 座车站，项目概算总投资 313.8 亿元，计划建设工期三年。其中，湖州市境内段长 77.5 公里（湖州市区段 32.3 公里、德清段 16.1 公里、长兴段 29.1 公里）。2009 年 4 月 1 日，宁杭客运专线 NHZQ-3 标开工动员大会在湖州隧道出口举行，标志湖州段开工建设（隧道全长 5315 米，洞身通过低山陵地貌区，最深处 325 米，穿越 6 个断层，施工难度很大，是全线重点控制性工程，由中铁十七局施工）。宁杭铁路等级设计为 I 级电化双线，设计时速 300 公里/小时，预留 350 公里/小时条件。2010 年末，湖州境段工程完成建设投资 45.3 亿元，约占湖州段总投资 42%。市境段沿线征用土地 2733.8 亩，拆迁农房 642 户、22.2 万平方米，拆迁企业 78 家、607 万平方米。路基土石方工程已完成。桥梁工程完成 39800 米，占总量的 85.7%。隧道工程完成 19258 米，占总量的 96.9%。箱梁预制工程全部完成。（2013 年 7 月 1 日，宁杭高铁客运专线开通营运。）

# 第二节 火车站

## 一 宣杭、长牛、新长铁路客货运车站

杭牛线市境段设青岘岭、新槐、煤山、小浦、长兴、白鹤岭、湖州、妙西、梅峰、三桥埠、武康、上柏镇等 12 个车站，其中长兴、煤山站为三等车站，余为四等车站，以上站设至 1996 年 4 月 1 日止。宣杭铁路通车后，在市境设泗安、大云、长兴、湖州、湖州南、妙西、梅峰、莫干山（德清）、上柏站。

**长兴站** 在长兴县雉城镇。三等区段、客货运站，所属铁路线“宣杭”、“长牛”、“新长”线。客运、售票、行包房面积 1224 平方米，其中候车室 729 平方米，有一号、二号旅客站台、雨棚与地道。货运仓储面积共 795.8 平方米，其中整车仓库 368.5 平方米、货位 3 个，零担仓库 427.3 平方米、货位 3 个。

**煤山站** 在长兴县煤山镇。三等中间、货运站，属“长牛”线。客运旅客站台 940 平方米，货物站台（12 道）2300 平方米、货位 16 个，货物站台（1 道）2000 平方米、货位 6 个。

**牛头山站** 在长兴牛头山集镇（地属安徽省广德县）。四等中间、货运站，所属“长牛”线。有旅客站台 1512 米，货物站台（5 道）3000 平方米、货位 6 个，货物站台（5 号井货场 1 道）4500 平方米、货位 15 个。

**泗安站** 在长兴县泗安镇。四等中间、非营业站，属“宣杭”线。

**大云站** 在长兴县林城镇上狮村。四等中间、非营业站，属“宣杭”线。

**湖州西站（原名湖州站）** 在吴兴区杨家埠弁南罗家浜村，原名湖州站。四等中间、货运站，属 “宣杭”线。旅客站台 1754 平方米（湖州南站建成启用后，客运功能取消），货运站台 3 个，其中 6 道面积 1805.4 平方米、货位 8 个，5 道面积 1243 平方米、货位 7 个，8 道军用站台面积 180 平方米、货位 2 个。有仓库 3 个（其中军用 1 个）。2010 年 11 月 1 日起，铁道部运输局根据上海铁路局《关于申请更改湖州南站站名的函》，批准同意湖州南站更名湖州站，原湖州站改称湖州西站。

**湖州南站** 在吴兴区湖州城南。1996 年 5 月 1 日建成启动。为“宣杭”线四

等中间客运站。客运、售票、行包房面积 1620 平方米，其中候车室 770 平方米。建有一号、二号客运站台、雨棚与旅客地道。货运站台 2 个，面积分别为 4472 平方米、380 平方米。该站建设投入资金总额 574.6 万元，其中铁路部门出资 284.6 万元，湖州市财政出资 50 万元，湖州市交通局出资 240 万元。根据铁道部《中长期铁路网规划（2008 年调整）》，湖州境将兴建宁杭客运专线铁路、湖嘉乍铁路和湖苏沪客运专线铁路。湖州市为配合三条铁路建设，在湖州南站原址新建湖州综合交通枢纽。2009 年 9 月 21 日起，湖州南站停止营运，原客运业务由长兴站承担。2010 年 11 月 1 日，铁道部运输局根据上海铁路局《关于申请更改湖州南站站名的函》，批准同意湖州南站更名为湖州站，在原址重建后成为杭宁高铁客运专线车站。

**妙西站**　在吴兴区妙西镇。四等中间、货运站，属 “宣杭” 线。一号旅客站台 950 平方米、二号旅客站台 45 平方米。货物站台面积 2000 平方米、货位 5 个，滑坡式站台面积 1000 平方米、货位 15 个。

**德清站（莫干山站）**　在德清县武康镇。前身“武康站”，1992 年 1 月 1 日改名莫干山站，同年 9 月 10 日迁新站（1990 年 11 月始建）。2005 年 8 月 18 日更现名。四等中间、客货运站，属“宣杭”线。候车、行李、售票房 506 平方米，有一号、二号旅客站台、雨棚，货物站台与仓库。

**上柏站**　在德清县武康镇上柏集镇。四等中间、货运站，属 “宣杭老线”。一号旅客站台面积 1096 平方米、二号旅客站台面积 68 平方米，货运站台 1 个、面积 1787 平方米。

## 二　宁杭客运专线湖州市境段车站

宁杭客运专线在湖州市境新建长兴东、湖州、德清 3 个客运站，2010 年末在建。

**湖州站**　在湖州南站原址建，2010 年 8 月 31 日举行开工典礼。根据规划设计，站房建筑面积近 19920 平方米（不含地下室），建筑物 3 层，采用高架进站、地下出站旅客流线，线侧平式站型设计，建筑立面采用白色石材，金属屋顶。主站房室内除设置进站广厅、候车大厅、售票厅、出站厅、行包房以及办公区等之外，还设有专门 VIP 候车室和贵宾候车室等。站房工程概算 2.4 亿元。站前配套工程总占地 38.6 万平方米，概算投资 10.6 亿元。（2013 年 7 月 1 日上午，宁杭高铁开通，湖州站举行启用仪式。湖州市委书记马以，市委副书记、市长金长征出席启用仪式。）

**德清站**　在德清县乾元镇。2010 年 7 月 28 日举行开工奠基仪式。车站站房建筑面积 5975 平方米，站场设计规模为 2 站台、面 4 线，旅客进出站共用一条地道，2 层站房设有集散厅、候车厅和售票厅等大空间用房。建筑立面采用富有现代感的灰、白色石材，屋顶为金属材质。站房工程概算 8468 万元。站前配套工程总占地 26.53 万平方米，主要包括站前广场（占地 6 万平方米）和连接线道路，工程投资概算 3.33 亿元。（2013 年 7 月 1 日上午，宁杭高铁德清站启用。）

**长兴东站**　在长兴县雉城镇东经济开发区。2010 年 8 月 2 日举行开工奠基仪式。车站站房建筑面积 8991 平方米，分 3 层，设有候车大厅、售票大厅、出站大厅、VIP 候车室等空间用房，是宁杭铁路全线唯一高架车站。站场设计规模为 2 站台面 4 线（含正线），旅客跨线设施结合高架站统筹考虑。建筑材料主要采用白麻、灰麻两种石材。站房工程概算 1.38 亿元。站前配套工程总占地 14.33 万平方米，主要包括站前广场（占地 6.27 万平方米）、广场道路、长兴经济开发区发展大道东延伸线道路等工程，投资概算 5.3 亿元。（2013 年 7 月 1 日上午，宁杭高铁长兴东站启用。）

## 第三节　铁路运输

### 一　客运量

**杭牛铁路市境线**　前志载，1990 年，客运量 69.09 万人次。1991 年，长兴段客运量 67.9 万人，1993 年 73.9 万人。

**杭牛线、宣杭线段**　1994 年，客运量 99.3 万人。1995 年，计划 95 万人、实际 105.1 万人。

**宣杭线段、长牛支线**　1996 年，“宣杭”正线、“长牛”支线客运量计划 115 万人、实际 111 万人。次年计划 120 万人，实际 83.9 万人。此后减少。2000 年起有增，2001 年计划 105 万人、实际 96.9 万人，2003 年计划 88 万人、实际 96 万人。2007 年起旅客发送量有增，2009 年达到最高，为 129.06 万人次。2010 年，铁路客运量（旅客发送量）105 万人次。

**公交化小列车**　1997 年 12 月 9 日，“湖州—牛头山”往返公交化小列车正式投入营运，为华东地区首列。2000年后停运。

### “十一五”期间湖州市境铁路客运量

表1-79

| 年份 站名 | 2006 | | 2007 | | 2008 | | 2009 | | 2010 | |
|---|---|---|---|---|---|---|---|---|---|---|
| | 到达量 | 发送量 | 到达量 | 发送量 | 到达量 | 发送量 | 到达量 | 发送量 | 到达量 | 发送量 |
| 湖州站（原湖州南站） | 31.62 | 31.35 | 40.75 | 41.24 | 40.75 | 41.24 | 49.35 | 45.14 | — | — |
| 长兴站 | 24.77 | 28.19 | 31.10 | 35.46 | 31.10 | 35.46 | 56.56 | 59.25 | 79.30 | 79.97 |
| 德清站 | 15.64 | 21.98 | 16.02 | 25.14 | 16.02 | 25.51 | 20.22 | 24.67 | 23.51 | 25.03 |
| 合计 | 72.03 | 81.52 | 87.87 | 101.84 | 87.87 | 101.84 | 126.13 | 129.06 | 102.81 | 105 |

## 二　过站客列

**宣杭铁路市境线**　1996年3月20日开通首趟南京西站—金华快客381／382次旅客列车，湖州可直达南京、金华。宣杭铁路全线通车后，过湖州境站列车共84对（168趟），其中客车15对（30趟）。至2010年，过湖州境站（长兴）客运列车23对（46趟），上行方向可至兰州、乌鲁木齐、太原、西安、郑州、南昌、徐州、沈阳、北京、哈尔滨等地，下行至杭州、宁波、温州。

### 嘉兴车务段（宣杭线）湖州南站旅客列车时刻表

（2009年7月1日起实行）

表1-80

| 序号 | 车　次 | 始发—终点站 | 本站到开时刻 | 序号 | 车　次 | 始发—终到站 | 本站到开时刻 |
|---|---|---|---|---|---|---|---|
| 1 | K1263次 | 石家庄—杭州 | 9:06到12开 | 22 | 5121次 | 池州—杭州 | 21:38到42开 |
| 2 | 2556次 | 杭州—东营 | 9:41到44开 | 23 | K552次 | 温州—哈尔滨 | 21:39到41开 |
| 3 | 5122次 | 杭州—池州 | 10:01到04开 | 24 | 5084次 | 宁波—阜阳 | 22:02到06开 |
| 4 | T112次 | 杭州—兰州 | 11:22到26开 | 25 | K8462次 | 杭州—合肥 | 23:28到32开 |
| 5 | K891次 | 大同—杭州 | 11:31到35开 | 26 | 5056次 | 温州—徐州 | 0:11到15开 |
| 6 | 2555次 | 东营—杭州 | 12:33到52开 | 27 | K551次 | 哈尔滨—温州 | 0:28到30开 |
| 7 | 2275次 | 郑州—杭州 | 13:10到16开 | 28 | 5064次 | 宁波—蚌埠 | 0:38到41开 |

续表 1-80

| 序号 | 车　次 | 始发—终点站 | 本站到开时刻 | 序号 | 车　次 | 始发—终到站 | 本站到开时刻 |
|---|---|---|---|---|---|---|---|
| 8 | K1264 次 | 杭州—石家庄 | 13:20 到 23 开 | 29 | K8406 次 | 宁波—六安 | 0:49 到 53 开 |
| 9 | 5082 次 | 宁波—阜阳 | 13:30 到 34 开 | 30 | 5081 次 | 阜阳—宁波 | 1:15 到 19 开 |
| 10 | 1582 次 | 杭州—太原 | 13:51 到 55 开 | 31 | K8405 次 | 六安—宁波 | 2:57 到 3:01 开 |
| 11 | 5152 次 | 宁波—阜阳 | 14:00 到 06 开 | 32 | 5063 次 | 蚌埠—宁波 | 3:38 到 41 开 |
| 12 | 1154 次 | 杭州—西安 | 14:33 到 36 开 | 33 | K8491 次 | 阜阳—温州 | 4:20 到 24 开 |
| 13 | T111 次 | 兰州—杭州 | 15:25 到 29 开 | 34 | 5055 次 | 徐州—温州 | 5:03 到 07 开 |
| 14 | 2594 次 | 杭州—郑州 | 15:42 到 48 开 | 35 | 5151 次 | 阜阳—宁波 | 5:38 到 43 开 |
| 15 | 2534 次 | 宁波—南昌 | 17:29 到 32 开 | 36 | 5083 次 | 阜阳—宁波 | 6:21 到 25 开 |
| 16 | 2276 次 | 杭州—郑州 | 17:36 到 40 开 | 37 | K8492 次 | 温州—阜阳 | 6:21 到 25 开 |
| 17 | K656 次 | 宁波—郑州 | 18:54 到 57 开 | 38 | K655 次 | 郑州—宁波 | 6:54 到 56 开 |
| 18 | K101 次 | 北京—温州 | 19:08 到 10 开 | 39 | 1581 次 | 太原—杭州 | 7:04 到 08 开 |
| 19 | K8461 次 | 合肥西—杭州 | 19:33 到 36 开 | 40 | 2533 次 | 南昌—宁波 | 7:17 到 21 开 |
| 20 | K892 次 | 杭州—大同 | 20:11 到 17 开 | 41 | 1153 次 | 西安—杭州 | 7:45 到 47 开 |
| 21 | K102 次 | 温州—北京 | 20:57 到 21:03 开 | — | — | — | — |

## 嘉兴车务段（宣杭线）长兴站客列车次、时刻表

（2010 年 10 月 26 日零时起实行）

表 1-81

| 上行方向 | | | 下行方向 | | |
|---|---|---|---|---|---|
| 车次 | 车种 | 经长兴 | 车次 | 车种 | 经长兴 |
| 8522 次杭州—沧州 | 直快 杭州 8：25 开 | 10：25 | 1263 次石家庄—杭州 | 新空快速 石家庄 16：35 开 | 8：46 |
| 1112 次杭州—兰州 | 新空特快 杭州 10：29 开 | 11：41 | 891 次大同—杭州 | 新空快速 大同 9：37 开 | 次日 11：13 |
| 594 次杭州—乌鲁木奇 | 新空快速 杭州 11：11 开 | 12：51 | 2593 郑州—杭州 | 直快 郑州 20：48 开 | 11：28 |
| 1261 次杭州—石家庄 | 新空快速 杭州 12：05 开 | 13：32 | 465 次西安—宁波东 | 新空快速 西安 16：36 开 | 12：30 |
| 8498 次宁波东—阜阳 | 新空快速 杭州 12：22 开 | 13：49 | 2275 次郑州—杭州 | 直快 郑州 23：08 开 | 12：49 |

续表 1-81

| 上行方向 | | | 下行方向 | | |
| --- | --- | --- | --- | --- | --- |
| 车次 | 车种 | 经长兴 | 车次 | 车种 | 经长兴 |
| 906 次杭州—太原 | 新空直快 杭州 12：32 开 | 14：07 | 1111 次兰州—杭州 | 新空特快 兰州 14：35 开 | 次日 15：06 |
| 8388 次宁波东—阜阳 | 快速 杭州 12：46 开 | 14：18 | 8537 次沧州—温州 | 直快 沧州 13：18 开 | 次日 18：24 |
| 1154 次杭州—西安 | 直快 杭州 13：15 开 | 14：51 | 101 次北京—温州 | 新空快速 北京 23：20 开 | 19：16 |
| 2594 次杭州—郑州 | 直快 杭州 14：26 开 | 16：03 | 593 次乌鲁木奇—杭州 | 新空快速 乌市 11：36 开 | 次日 19：05 |
| 2534 次宁波东—南昌 | 直快 杭州 15：52 开 | 17：47 | 8521 次沧州—杭州 | 直快 沧州 16：38 开 | 次日 21：00 |
| 2276 次杭州—郑州 | 直快 杭州 16：26 开 | 17：55 | 551 次哈尔滨—温州 | 新空快速 哈市 14：53 开 | 后日 0：15 |
| 466 次宁波东—西安 | 新空快速 杭州 17：05 开 | 18：19 | 8497 次阜阳—宁波东 | 快速 阜阳 17：56 开 | 0：56 |
| 656 次宁波东—郑州 | 新空快速 杭州 17：29 开 | 19：02 | 1033 次沈阳北—金华西 | 新空直快 沈阳北 19：30 开 | 2：20 |
| 892 次杭州—大同 | 新空快速 杭州 18：53 开 | 20：30 | 8405 次六安—宁波东 | 客快 六安 21：32 开 | 2：52 |
| 8500 次宁波东—阜阳 | 新空快速 杭州 19：11 开 | 20：51 | 8563 次蚌埠—宁波东 | 直快 蚌埠 18：35 开 | 1：08 |
| 102 温州—北京 | 新空快速 杭州 19：55 开 | 21：21 | 8491 次阜阳—温州 | 新空快速 阜阳 20：50 开 | 3：57 |
| 552 次温州—哈尔滨 | 新空快速 杭州 20：44 开 | 21：54 | 8555 次徐州—温州 | 直快 徐州 20：42 开 | 4：43 |
| 8556 次温州—徐州 | 直快 杭州 22：40 开 | 0：25 | 8387 次阜阳—宁波东 | 快速 阜阳 22：32 开 | 5：22 |
| 8564 次宁波东—蚌埠 | 直快 杭州 23：46 开 | 1：07 | 8499 次阜阳—宁波东 | 快速 阜阳 22：57 开 | 5：55 |
| 8406 次宁波东—六安 | 客快 杭州 23：19 开 | 0：43 | 655 次郑州—宁波东 | 新空快速 郑州 18：50 开 | 6：33 |
| 1034 次金华西—沈阳北 | 新空直快 杭州 2：00 开 | 3：15 | 905 次太原—杭州 | 新空直快 太原 10：06 开 | 6：45 |
| 8538 次温州—沧州 | 直内快速 杭州 2：40 开 | 3：57 | 2533 次南昌—宁波东 | 直快 南昌 21：45 开 | 6：25 |
| 8492 次温州—阜阳 | 新空快速 杭州 5：12 开 | 6：42 | 1135 次西安—杭州 | 直快 西安 12：16 开 | 7：26 |

**宁杭高铁市境线** 在建的宁杭高铁开通后，运行车辆有“高铁”和“动车”两种，从德清站到杭州仅需15分钟，到南京只要1个多小时。运行初期每日有51趟列车经停德清站，其中往杭州方向27趟，往南京方向24趟，最北可抵北京，最南可达厦门。

## 三 货运量

**杭牛铁路市境线** 前志载，1985—1990年，牛头山—上柏段发货1091万吨，年均181.83万吨。1991年，长兴段货物发送量计划218万吨、实际254.4万吨。1993年，货物发送量计划252万吨、实际252.2万吨。

**杭牛线、宣杭线段** 1994年，货物发送量计划250万吨、实际完成257万吨。1995年完成货物发送量274.8万吨，到达量102.3万吨。

**宣杭线段、长牛支线** 1996年，货物发送量计划273万吨、实际完成258.2万吨。1997年起减少，同年实发194.3万吨。2000年起有增，2003年计划220万吨、实际214.2万吨。2006年，完成货物发送量215.57万吨。2007年起逐年减少。2010年，铁路完成货物发送量126.26万吨。

**“十一五”期间湖州铁路货物运量**

表1-82 单位：万吨

| 年份/站名 | 2006 | | 2007 | | 2008 | | 2009 | | 2010 | |
|---|---|---|---|---|---|---|---|---|---|---|
| | 到达量 | 发送量 | 到达量 | 发送量 | 到达量 | 发送量 | 到达量 | 发送量 | 到达量 | 发送量 |
| 湖州西站（原湖州站） | 44.76 | 5.87 | 48.75 | 5.87 | 44.04 | 12.69 | 36.60 | 9.74 | — | 5.40 |
| 长兴站 | 282.48 | 10.06 | 196.62 | 7.88 | 187.70 | 7.41 | 169.03 | 13.99 | — | 5.92 |
| 德清站 | 31.48 | 1.29 | 38.72 | 1.95 | 37.56 | 2.23 | 35.03 | 1.30 | — | 1.75 |
| 妙西站 | 0.56 | 29.58 | 0.14 | 29.43 | 0.04 | 23.74 | 0.06 | 16.63 | — | 12.34 |
| 煤山站 | 53.94 | 168.77 | 44.22 | 150.0 | 38.72 | 118.32 | 32.93 | 79.05 | — | 99.92 |
| 湖州铁水中转港（铁路到、发量） | 35.08 | 0.24 | 38.06 | 1.53 | 35.49 | 0.76 | 32.17 | 1.6 | 23.2 | 0.93 |
| 合计 | — | 215. 81 | — | 196.66 | — | 165.15 | — | 122.3 | — | 126.26 |

# 第二编　水　路

湖州水路交通历史可追溯到史前，发展可分为舟筏时代、木帆船时代、机动船时代，其中木帆船时代自秦时至20世纪初叶，长达两千多年，尤以明清时期为鼎盛。20世纪80年代后，水上客运随公路客运发展逐步衰弱。水上货运以其运量大、运价低优势在湖州综合运输体系中一直占据优势。1991—2010年是湖州水路交通基础设施建设发展最快时期，航道等级大幅提高，港口规模整合扩大，运力结构不断优化，运输能力明显跃升。

# 第一章　航道

湖州市境内河流密布，主要天然河流有苕溪水系的东苕溪、西苕溪，东苕溪主要支流湘溪、余英溪、阜溪、埭溪、妙西港，西苕溪支流南溪、大溪、浒溪、浑泥港、晓墅港、和平港、青山港和长城港，长兴水系泗安溪、合溪、乌溪。天然干支流水系与东部人工运河共同组成四通八达水路交通网。解放前，境内河流普遍淤浅，主要航道仅能通航 50 吨左右的船舶。解放后，经历年养护整治，通航条件逐年改善，主要航段通过能力提高到 100～300 吨级。1990 年末，境内航道 1205.32 公里，其中六至五级航道（通航 100～300 吨级船舶）385.06 公里，七级航道（通航 60～99 吨级）58.52 公里，七级以下航道 750.99 公里。

1991—2010 年，投入大量资金整治境内航道，相继改造京杭运河、长湖申线、湖嘉申线、杭湖锡线、东宗线、妙湖线等航道，累计完成投资 29 亿元，其中“十一五”期间完成投资 17.9 亿元，航道通过能力得到较大提高。至 2010 年底，市境航道 120 条，航道总里程 1171.5 公里，现状等级七级以上航道 687.4 公里，其中三级航道 77.4 公里、四级航道 207.3 公里、五级航道 94.7 公里、六级航道 192.6 公里、七级航道 115.4 公里，七级以下航道 484.2 公里。四级及以上高等级航道占总里程 24.3%，以此为主骨架，初步形成通江达海，连接众多支线航道和矿区航道网，承担煤炭、成品油、钢材、水泥、矿建材料等大宗物资运输。

市境内航道分干线航道、主要支线航道和一般航道 3 个层次，其中干线航道包括京杭运河、长湖申线、湖嘉申线、杭湖锡线、东宗线 5 条，总里程 247.3 公里。主要支线航道包括梅湖线航道、东苕溪航道、武新线航道、李湖南线航道和泗湖线航道 5 条，总里程 172.9 公里。妙湖线（长 8.6 公里）为市境航道“四自”工程首个项目。

**2010 年湖州市航道现状等级汇总**

表 2-1

| 县区名称 | 航道里程 | 现状等级里程（公里） | | | | | | |
|---|---|---|---|---|---|---|---|---|
| | | 等级航道里程 | | | | | | 七级以下 |
| | | 合计 | 三级 | 四级 | 五级 | 六级 | 七级 | |
| 合计 | 1171.54 | 687.36 | 77.38 | 207.30 | 94.65 | 192.60 | 115.43 | 484.18 |
| 市　区 | 643.68 | 381.78 | 77.38 | 121.80 | 12.66 | 112.14 | 57.80 | 261.90 |
| 德清县 | 222.27 | 163.44 | — | 67.41 | 20.49 | 56.21 | 19.33 | 58.83 |
| 长兴县 | 255.49 | 108.99 | — | 18.09 | 31.05 | 21.55 | 38.30 | 146.50 |
| 安吉县 | 50.10 | 33.15 | — | — | 30.45 | 2.70 | — | 16.95 |

说明：1.表中航道现状等级按第二次全国内河航道普查口径统计；2.表中市际界河航道按 100% 统计，分县里程按管理范围统计；3.统计数据截至 2010 年底

# 第一节　干线航道

## 一　京杭运河湖州段

京杭运河北起北京，南讫杭州，途经天津、河北、山东、江苏、浙江等省市，沟通海河、黄河、淮河、长江和钱塘江五大水系，全长近 1800 公里。周敬王三十四年（前 486）开凿邗沟，距今近 2500 年历史。隋大业六年（610）形成以洛阳为中心南至杭州北达涿郡南北大运河。元世祖二十九年（1292）形成北京直达杭州大运河。

从江苏镇江谏壁至杭州三堡船闸，称江南运河，自长江南岸谏壁经丹阳、常州、无锡、苏州、平望至终点杭州，分东、中、西三线[①]。东线自平望经嘉兴王江泾、桐乡崇德至余杭博陆，东入塘栖到杭州，全长 137.87 公里。中线从平望进入桐乡乌镇、湖州练市、德清新市至邵家坝进入塘栖汇合运河东线至杭州，全长 115.57 公里。西线在平望经震泽到湖州、菱湖、德清至武林头后，汇合东线，全长 137.17 公里。隋炀帝大业六年开凿时，“河广十余丈，胜千斛之舟”，故运河东线为江南运河主干流。运河东线和运河中线是浙江省两条繁忙运输航线，以运载石料为主货船大多

① 据交通部《1979 年全国内河航道资料汇编》。

进入上海，故东线又称杭申甲线浙境段，中线又称杭申乙线浙境段。20 世纪末，东线嘉兴及桐乡崇德境内航道弯曲、河床狭窄，而中线因乌镇市河开挖拓宽，练市、新市、韶村等弯道实施改造，使运距、通航条件优于东线。为此，国家交通部将运河中线（杭申乙线浙境段）定名为江南运河主航道（平望、乌镇、练市、新市、塘栖至杭州），原运河东线更名为杭申线，西线称为杭湖锡线。

京杭运河山东梁山至杭州长 1052 公里，是全国内河航道规划“两横一纵两网十八线”中的一纵。京杭运河由鸭子坝进入浙江省，在桐乡乌镇西栅通河桥进入湖州市境内，由北向南途经练市、含山、新市、韶村至德清邵家坝村出境，进入杭州市，至三堡船闸与钱塘江沟通，省境段长 100 公里。市境内航道里程 43.9 公里，其中南浔区段 19.9 公里、德清段 24 公里。在湖州市呈东北至西南走向，北接江苏、山东、东经太浦河可达上海，西入湖嘉申线直抵湖州西部山区建材货源腹地，南出三堡船闸可入钱塘江，并通过杭甬运河至绍兴、宁波。

“七五”期始，湖州市着手整治局部严重碍航段。1987—1989 年，省、市交通部门按五级航道标准相继改造练市弯道和新市弯道两个瓶颈航段 6.7 公里，其中练市弯道 3.6 公里、新市弯道 3.1 公里，改造碍航桥梁 4 座，总投资 1350 万元。1991 年 9 月，湖州市港航管理局（时称湖州市航运管理处）改造德清段韶村弯道，按五级航道标准改善航道 1.4 公里，改建公路桥 1 座（韶村大桥），1993 年 7 月竣工，完成总投资 462 万元。虽通过重点整治，改善局部航道条件，仍未从根本上解决航道通过能力不足问题。

20 世纪 90 年代上叶，京杭运河湖州段航道条件较差，弯道多，大部分航段航道底宽 15 ~ 25 米，局部航段底宽仅 10 米左右，最小弯曲半径 100 米，仅能满足 100 吨船舶航行。沿线 16 座跨航桥梁大部分为拱桥，通航孔净宽小、净高低，船舶碰撞、沉船、撞桥等事故屡发，堵航频繁，其中 1994 年发生一定规模堵航事故 6 起，累计断航 15 天。

1994 年 12 月，京杭运河湖州段在省内率先按五级航道标准开工建设。1995 年 12 月，京杭运河浙江段按四级航道通航标准全线改造初步设计获省计经委批准。1996 年 11 月湖州段航道按四级通航标准全面开工，市直辖区段和德清段分别由湖州市港航管理局和德清县交通局组织实施。1999 年 8 月全部完工，9 月通过省交通厅交工验收。2000 年 10 月通过省计经委和省交通厅联合组织的竣工验收。工程开挖土方 275 万方、新建护岸 57.5 公里、修复护岸 28.8 公里、改建桥梁 9 座（先期开工的 6 座桥梁仍按五级航道标准改造），征地 905 亩，拆迁 2.6 万平方，累计完成投资 16433 万元，市境内 43.9 公里航道基本达到四级航道标准。全线航道底宽达到 40 米以上，航道水深 2.5 米以上，弯曲半径一般大于 320 米，全线可通航 500 吨级船舶。2005 年货流量 6720 万吨，其中断面流量最大为练市四家村桥至北召林航段（5389 万吨）。

京杭运河德清县新市段现状

2000 年 8 月，按交通部部署，开展“文明样板航道” 创建活动，京杭运河浙江段成为第一批创建文明样板航道的内河航道。年底，京杭运河湖州段文明样板航道通过省交通厅初验。2001 年 6 月，交通部组织专家评审京杭运河浙江段文明样板航道创建工作，9 月授予京杭运河浙江段 100 公里航道“文明样板航道”称号。2004 年、2007 年和 2010 年分别通过三年一次文明样板航道复查。

京杭运河主要担负煤炭、矿建材料、石油、粮食、钢材等大宗物资运输。据调查统计，1995 年京杭运河浙江段货运量 2328 万吨，2002 年货运量 4634 万吨，2004 年 7896 万吨，2006 年 8150 万吨，2007 年 8500 万吨。预测 2015 年、2025 年将分别达到 11800 万吨和 15640 万吨。省、市交通部门 2008 年开始启动京杭运河浙江段三级航道整治工程前期工作，同年 12 月，工程项目建议书获国家发展和改革委员会批复。京杭运河浙江段全线将按内河三级航道标准改建、新建，长 122 公里，概算投资约 100 亿元。其中，湖州段改建航道 43.6 公里，改建跨航桥梁 12 座、新建服务区 2 处，估算投资 16.5 亿元，2010 年底项目完成工可报告编制，环评报告和水土保持报告通过审查。

2010 年底，京杭运河湖州段航道有跨航桥梁 19 座，其中满足四级航道通航净空尺度桥梁 10 座，全线设置各类航道标志标牌 212 座（块），其中发光标志 13 座。

## 二　长湖申线湖州段

长湖申线航道西起长兴县小浦镇，经湖州、江苏吴江、平望，至上海西泖河口与苏申外港线相接，全长约 143.2 公里，浙江段（湖州段）长 77.9 公里，其中长兴段 27 公里，吴兴区和南浔区段 50.9 公里。沿途沟通京杭运河、湖嘉申线、杭湖锡线、东宗线、苏申外港线、乍嘉苏线等主要航道。是交通运输部《长江三角洲地区高等级航道网规划》中骨干航道之一。

前志载，长湖申线航道湖州船闸上游航段主要利用合溪、画溪、箬溪、长兴港、西苕溪等天然河流的部分河段，经疏浚整治后形成。湖州船闸至南浔航段为人工运河，其中湖州三里桥至南浔为东晋永和四年（348）吴兴太守殷康率众所开，因沿岸丛生芦荻，故称荻塘。民国 36 年（1947）1 月，国民党湖州籍中执委陈果夫，根据南浔绅士张剑鸣提议，致函浙江省建设厅，建议疏浚南浔市河。同年 6 月，南浔地方乡绅 21 人组成南浔河道疏浚工程委员会，集资法币 34.5 万元，7 月开工，疏浚河道 2100 米，挖土 1 万余立方米，能通航 30～40 吨木船。新中国成立后，多次整治，到 1990 年底，通航条件有所改善，但除湖州以下航段可满足 300 吨级船舶通行外，上游航道仅可通航 100 吨级以下船舶。其中长兴小浦合溪至五里桥 14.8 公里航道底宽 8～10 米左右，水深 1.5～2.0 米，最小弯曲半径 90 米，仅可通航 50 吨左右船舶，航段内有跨航桥梁 13 座；五里桥至霅水桥长 18.4 公里，航道底宽 10 米左右，水深 2.5 米，可通航 50～100 吨级船舶，除吕山弯道弯曲半径仅 100 米外，其他航段较顺直，沿线有跨航桥梁 9 座；霅水桥至五一大桥长 10.5 公里，该航段为东西苕溪汇合段，航道自然条件较好，底宽 40～50 米，水深 3.0 米以上，可满足大型船舶航行，跨航桥梁 2 座；五一大桥至南浔段长 34.2 公里，全线除旧馆、袥村、东迁航段外基本达到五级航道标准，航道顺直，沿线有跨航桥梁 9 座，船闸 1 座。

20 世纪 90 年代拉开长湖申线湖州段第一轮全线改造序幕。1993 年 6 月始，长湖申线吕山至霅水桥段 11.97 公里按六级航道标准改造。1994 年 6 月，湖州市区 3 段市河瓶颈航段改造工程开工。1995 年 10 月始，长兴杨湾至吕山航段按六级航道标准改造。1995 年 12 月，长湖申线（浙境段）获准实施全线改造，其中小浦至霅水桥 30.56 公里按五级航道标准改造，霅水桥至南浔段 44.68 公里按四级航道标准改造。至此，长湖申线全线开工建设，各施工段从 1998 年起陆续完工，分段通过交工验收。2001 年 4 月通过小浦镇湾桥至黄土港交工验收，2002 年 11 月通过黄土港至杨湾段（长兴市河）交工验收，2000 年 6 月完成杨湾至吕山段交工验收，2001 年 8 月通过吕山至霅水桥长兴段交工验收，2000 年 4 月通过吕山至霅水桥湖州市区段、雪水桥至湖州船闸段及旧馆、袥村、东迁三个瓶颈段交工验收，2000 年 12 月通过湖州船闸至南浔段交工验收。2002 年 10 月和 2003 年 12 月分别通过湖州市区段、长兴段的竣工验收。合计改造航道 76.6 公里，开挖土方 463.2 万方（水上土方 245.4 万方、水下土方 217.8 万方），新建护岸 39140 米，新建改建跨航桥梁 15 座（公路桥 6 座、机耕桥 9 座），征用土地 72.4 公顷，拆迁房屋 73421 平方米。工程总投资 21648 万元。

上述工程实施后，长湖申线航道条件得到较大改善。长湖申线小浦镇湾桥至雪水桥 31.84 公里，航道尺度基本达到五级航道标准，其中黄土港口经杨湾至五里桥航段为长兴市河段（5.5 公里），受长兴城市发展限制，只能达到六级航道标准，底宽 20.0 米、水深 2.5 米，满足单向五级航道标准，其余航段底宽均达到 30 米、水深 2.5 米，最小弯曲半径 220 米，航段内跨航桥梁 27 座，其中 10 座桥梁通航孔尺度未达到五级航道标准。雪水桥至南浔 44.72 公里，航道尺度基本达到四级航道标准，底宽 40 米、水深 2.5 米，最小弯曲半径 330 米，段内跨航桥梁 20 座，其中 12 座桥梁通航孔尺度未达到四级航道标准，湖州船闸一线船闸建于 1990 年，可通航 300 吨级船舶，南侧为两孔 16 米净宽节制闸，二线船闸在节制闸南侧，2005 年建成，可通航 500 吨级船舶。

2000 年后，长湖申线航道浙江段货物流量大增，2001 年通过量 4002 万吨，2004 年增至 6795 万吨，2005 年达到 7437 万吨，其中断面流量最大为湖州船闸至三里桥航段，达到 6498 万吨，主要货种为煤炭、水泥、非金属矿石、矿建材料、木材和成品油。运量增长迅猛，船舶密度快增，堵航事故频发。2002 年出现连续堵航事故 20 次，累计堵航时间 670 小时。2003 年出现堵航事故 31 次，累计堵航时间长达 2232 小时。

长湖申线湖州市河2003年严重堵航情景

2004 年 3 月，交通部规划研究院和省交通规划设计研究院共同完成《长湖申线浙境段航道建设工程可行性研究报告》，同年 4 月获省发改委批准，同年 9 月交通部出台《长江三角洲地区高等级航道网规划》，明确长湖申线为长三角地区“两纵六横”高等级航道网中23条骨干航道之一，规划为三级航道。2007年11月，长湖申线浙境段航道建设工程初步设计获省发展和改革委员会批准。

2008年7月，长湖申线浙境段航道建设工程开工，改造航道77.7公里，其中小浦合溪至帅家村15.1公里按四级航道标准改造，帅家村至南浔航段60公里和帅家村至长兴铁水中转港支线2.6公里，按三级航道标准进行改造。主要工程量包括新建护岸124.3公里、修复护岸14.8公里、开挖土方880万方，新改建跨航桥梁24座（其中包括铁路桥1座）、新（改）建水闸2座，新建服务区3处、锚泊区3处，同时配套建设航道标志、航道绿化等，征地242.6公顷、拆迁房屋16万平方米，工程概算总投资18.6亿元，预计2013年全部建成。至2010年底，累计完成投资13.28亿元，湖州船闸至南浔段34.3公里航道按三级航道标准基本建成。

## 三　湖嘉申线湖州段

湖嘉申线连接湖州、嘉兴、上海等城市，沟通京杭运河、杭湖锡线、乍嘉苏线、杭申线等航道，是长江三角洲水网地区内河骨干航道之一，规划中浙北内河集装箱运输通道。起自湖州船闸西，南沿东苕溪经吴沈门水闸转东，经和孚、双林，至日晖桥与京杭运河相接，沿京杭运河北上入嘉兴市境内，于石汇头入嘉乌线，东行经新桃线、嘉桃线、新板桥港与乍嘉苏航道交汇后，向东2公里后入北官荡，北行接上嘉澄线，在嘉兴市秀城区油车港镇与红旗塘相连，终于红旗塘沪浙交界处，全长104公里，其中湖州段（湖州船闸西至日晖桥）43.2公里。沿途和许多航道共线，主要有东苕溪、湖申复线（湖嘉航道）、京杭运河、杭申线等。其中和孚段、云桥至练市日晖桥段为原湖嘉航道湖州境内段，1995年航道定级时改称为湖申复线。

湖嘉申线湖州段原貌

湖嘉申线湖州段航道改造前，除与东苕溪重合6公里航段达到四级航道标准外，其余只达到六级航道标准，大部分航段未进行过整治。沿线有跨航桥梁25座，其中13座拱桥（石拱桥5座），桥梁通航净宽小、净高低。

湖州船闸西至吴沈门与东苕溪重合段，长6公里，面宽80～160米，水深除局部地段外，基本超过3.2米，航道达到四级航道通航标准。

吴沈门水闸至和孚段，长5公里，经过横山漾，一般航段面宽60～100米，底宽25米左右，水深2.5米，湖漾段面宽较宽，其中和云桥至和孚段1.4公里与杭湖锡线航道重合，水深超过2.5米。吴沈门老水闸通航孔宽仅6米，可通航100吨小船，跨航桥梁一座。

和孚至双林西，长13.0公里，经过和孚漾，航道宽度除湖漾段较宽外，其余航段最小面宽25米，最小水深2.0米，最小弯曲半径130米。通航100吨小船，沿线跨航桥梁11座，其中拱桥7座，最小通航净高只有3.6米，净宽最小16米。

双林三桥航段

双林市河段，长4.6公里，最小水深2.0米，底宽18米，航道穿越双林镇中心，河面宽30～50米，两岸房屋密集，企业、工厂众多，航道较为顺直，基本达到六级航道标准。沿线跨航桥梁6座，通航净高最小仅3.7米，其中双林市河段万奎桥、化成桥、万元桥三座清代建成石拱桥通航孔净宽仅9米，为省级文物保护单位。

双林东至日晖桥，长12.5公里，最小水深2.0米，面宽一般50～65米，最小弯曲半径330米，基本达到六级航道标准。沿线跨航桥梁7座，其中两座为民国时建石拱桥，通航净高最小4.5米，通航航净宽9米。

据统计，2002年湖嘉申线湖州段完成运量为690万吨，其中，上水运量100万吨，下水运量590万吨。货种主要为矿建石料、水泥、煤炭等。

2004年4月，省发改委批准《湖嘉申线湖州段航道建设工程可行性研究报告》，同年8月《湖嘉申线湖州段航道建设工程初步设计》获准。2005年1月，湖嘉申线湖州段按三级通航标准开工建设，改造航道43.2公里，开挖土方585.6万立方米，新建护岸60.2公里，新建桥梁21座、水闸1座、锚泊服务区一个及航道标志、航道绿化等配套设施等，征地 168.87 公顷，拆迁房屋 12.8 万平方米。2006 年被交通运输部确定为全国内河水运建设示范工程依托项目之一。2007 年 12 月完工，2008 年 1 月通过交工验收并投入试运行。2008 年 7 月，项目通过交通运输部全国内河水运建设示范工程验收。2009 年 12 月通过竣工验收，工程质量全优，工程实际完成总投资 8.11 亿元。湖嘉申线湖州段航道是省内河第一条按三级通航标准完成改造高等级航道，被省交通运输厅列为全省内河航道建设“典型示范和精品工程”实施项目，获交通部颁发“2010 年度水运交通优质工程奖”。

2010 年末，湖嘉申线航道现状等级达到三级，航道底宽 45 米，水深 3.2 米，最小弯曲半径 330 米。全线跨航桥梁 24 座，通航孔净空尺度符合三级航道标准，有 2×20 米节制闸一座，全线配置航道标志 210 座，其中发光标志 12 座（浮标 7 座）。同年 11 月 23 日，湖嘉申线湖州段被省交通运输厅评为文明航道。

## 四　杭湖锡线湖州段

杭湖锡线航道南起杭州，经湖州，穿越太湖至江苏省无锡市，连接江、浙两省经济发达地区和著名风景旅游城市，与京杭运河、长湖申线、湖嘉申线、杭申线等长三角高等级航道相连。杭湖锡线浙境段起自杭州三堡船闸，终于湖州太湖新港口，全长 106.2 公里，其中湖州段航道起自德清与余杭交界武林头，途经德清雷甸、钟管、南浔区菱湖、和孚及湖州市区，至新港口进入太湖，全长 75.4 公里，其中三里桥至霅水桥航段 12.9 公里与长湖申线重合。

1990 年，杭湖锡线航道条件较差，基本处于自然状态，大部分航段六级航道标准，局部仅满足七级航道标准，通行 40～100 吨级船舶。

1991 年，武林桥及桥位处 300 米航道按五级标准改造，1992 年完工。1999 年开始杭湖锡线湖州段航道实施改造前期工作，2000 年完成工程可行性报告编制和审查。规划新航线自湖州三里桥后沿长湖申线航道向上游至霅水桥折向东，沿旄儿港、长兜港至新港口入太湖，比原航线里程增加 13.5 公里（原走向至三里桥后向北，经毗山、潘公桥、城北水闸，沿新塘港、长兜港至新港口入太湖）。2002 年 2 月工程初步设计获准。2003 年 2 月开工，按五级航道标准改造，去除与京杭运河、长湖申线重合部分，计划改造里程 49.45 公里。按行政区域划分为市直辖区段与德清段，其中市直辖区段 24.78 公里，德清段 24.67 公里。工程实施期间，航道改造标准调整为四级，因桥梁已基本建成，仍按五级标准实施。2004 年 11 月项目完工，通过交工验收并投入试运行，2005 年通过竣工验收。航道实际改造里程 48.46 公里，完成投资 1.44 亿元，湖州段航道尺度除武林头、白云桥、雷甸、运河桥、漖山五处共 4 公里底宽 36 米，其余底宽均达到 40 米，基本达到四级航道标准。

2006 年，根据省港航管理局部署，按照“畅、洁、绿、美”要求，开展杭湖锡线武林头至三里桥段文明航道创建工作。2007 年 1 月，被省交通厅授予“文明航道”称号。2008 年，杭湖锡线湖州段航道改造工程获浙江省建筑质量“钱江杯”奖。

2010 年底，全线跨航桥梁 39 座，其中与长湖申线、湖嘉申线航道重复段 10 座，配置各类航道标志 157 座，其中发光航标 11 座。

## 五　东宗线湖州段

东宗线航道起自湖州市南浔区南浔镇东迁，南经马腰、花林，在四家村桥与京杭运河汇合至北召林（与京杭运河重合 2.07 公里），过洪塘戴家村进入嘉兴桐乡市，终于宗阳庙，与杭申线相连，全长 32 公里，其中湖州市境段东迁至洪塘戴家村长 23.66 公里。航道沟通京杭运河、长湖申线、湖嘉申线、杭申线等浙北高等级航道。

改造前，东宗线航道基本处于自然状态，除东迁至伍林高桥约 5 公里河面较宽外，其余航段面宽 30～35 米，底宽仅 4～16 米。桥梁除应家桥、马腰大桥达到五级通航标准外，其余跨径和通航净空不足六级通航标准。

1999 年 11 月，东宗线湖州段航道改造工程经省计委批准立项，2000 年 6 月，工程初步设计通过审查，2001 年 2 月开工，按四级航道标准改造。2002 年 12 月，工程完工并通过交工验收，投入试运行。2003 年 11 月，通过竣工验收，工程质量全优。项目共改造航道 23.66 公里、新建护岸 38.91 公里 、改建桥梁 7 座、开挖土方 226.49 万立方米、管理用房 645 平方米、征用土地 35.16 公顷，实际完成总投资 1.17 亿元。2006 年获浙江省建筑质量“钱江杯”奖，获交通部“九五”和“十五”内河水运建设先进项目、全国交通系统基础设施建设廉洁工程项目。

东宗线湖州段航道改造完工后，马腰航段市级文保单位永丰塘桥异地保护方案尚未获批复，成为东宗线航道一处“瓶颈”。 永丰塘桥建于清末（三孔石拱古桥），中孔为运输船舶通航孔，跨径 12 米，有效通航净宽仅 7 米，净高 4.5 米，船舶只可单向通行，所在航段多次发生堵航和船舶撞桥事故。2005 年 5 月，经省政府同意委托湖州市博物馆异地迁移重建，同时拓宽原桥位处航道，同年底完工，投资360万元。

2007年，根据省交通厅部署，湖州港航部门开展东宗线湖州段文明航道创建活动。同年12月，通过省交通厅组织验收，次年1月，省交通厅发文授予东宗线湖州段“文明航道”称号。

2010年底，东宗线湖州段航道尺度全线达到四级航道标准，底宽40米、水深2.5米、最小弯曲半径330米。全线跨航桥梁12座，其中与京杭运河重复段3座，配置各类航道标志67座。

## 第二节　主要支线航道

### 一　梅湖线

梅湖线航道位于湖州西部丘陵地区，穿越安吉、长兴、吴兴二县一区，沿线连接青山矿区航道、和平支线、长城支线、环潘线、弁南南矿线等矿区航道，下游经长湖申线连接上海、嘉兴、苏州等城市，是市境东西向运输通道。起自安吉县递铺镇黄坝圩，沿西苕溪北至安城大桥，由安城大桥向东北至梅溪，沿西苕溪至吴山小溪口进入长兴县境内，经吴山渡、港口、便民桥，至潘店进入吴兴区境，经塘口集镇至雪水桥与长湖申线相连，现状里程约61公里。航道贯穿西苕溪干流中下游河段，水面宽阔，水量充沛，多弯道，弯曲半径小。

解放初期，船舶可航行至梅溪，梅溪以上河段为漫滩河流，枯水季节仅可通5吨以下木船和竹筏。经历年黄砂开采，又经挖泥船疏浚，航道逐年向上游延伸。至20世纪90年代初，延伸至安城大桥上游灵芝塔，灵芝塔至梅溪长约18公里，底宽20～30米，水深2.5米。2001年后，上游多处浅滩疏浚，改善航行条件。

2010年末，自起点至小溪口段航道长33.2公里，属天然航道，多弯道，航道底宽35～50米，最小弯曲半径120米，现状等级五级，其中柴潭埠渡口处1.2公里底宽仅30米。小溪口至雪水桥航段通航里程27.85公里，除航道弯曲半径不足外，其他技术指标均满足四级航道标准，航道底宽50～80米、水深大于2.5米、最小弯曲半径130米。航道全线按重点标配布类别配置发光航标13座（浮标5座），并根据航道条件设置相应安全标志。沿线12座跨航桥梁，跨航桥梁均按要求配置桥涵标和警示标志。

根据《浙江省内河航运发展规划》，梅湖线航道是浙江省内河骨干航道之一，自安吉县黄坝圩至霅水桥段航道规划等级为内河四级航道。

## 二　东苕溪线

东苕溪航道起自德清县三合镇康家山，途经德清乾元镇、埭溪镇、湖州城区，终于太湖新港口，全程 67.94 公里（德清县境 27.93 公里，吴兴区和南浔区境 40.01 公里）。其中白雀塘桥至新港口航段与杭湖锡线重合 6.23 公里、杭长桥至城南水闸航段 3.94 公里与长湖申线重合。东苕溪航道是湖州东部平原地区主要排洪通道，沿线连接武新线、湖嘉申线、长湖申线。在防汛关闸期间可通过湖州船闸、德清大闸将货物运往上海、杭州、江苏等各地。沿线有年产 300 万吨以上的大型矿产企业（如新开元碎石公司、华阳矿业公司等）。全线跨航桥梁 26 座（含与其他航道重复段的 8 座），其中达标桥梁 8 座，达到五级航道标准 2 座。

“九五”期间，修建德清以下导流东大堤，东苕溪右岸为高等级护岸，左岸部分护岸基本处于自然状态。近年来疏浚整治、加固大堤，大大提高船舶通过能力。康家山至陆家渡门段 9.08 公里为界河航段，宽 42～50 米，现状等级五级。陆家渡门至城南水闸 43.12 公里，航道顺直，航宽大于 50 米，弯曲半径大于 340 米，现状等级四级。其中枯柏树至德清大闸岔口航段 2.8 公里为瓶颈航段，水深 2.5 米、最小宽度 28 米、最小弯曲半径 180 米。城南水闸至杭长桥 3.94 公里，与长湖申线重复，航宽 45 米，现状等级四级。杭长桥至白雀塘桥 5.57 公里，航宽大于 60 米，弯曲半径 260 米，航道现状等级四级。白雀塘桥至太湖新港口 6.23 公里与杭湖锡线重复，航道条件良好，航道面宽顺直，水深 3.5 米，航宽 100 米以上，现状等级四级标准。

## 三　武新线

武新线航道位于德清县中西部，贯通县内武康、乾元、新市三大镇，西起德清县城武康镇横穿苕溪相连杭湖锡线，东至韶村连接京杭大运河，通航总里程 28.38 公里，其中与杭湖锡线重合 1 公里。是德清县境主要航道之一，据交通量观测，航道内平均年通过船舶 22.7 万艘，船舶平均吨位 160 吨，年均货物通过量 2402 万吨。

航道运输主要货物建筑石料、煤炭、黄砂、钢材、粮食等工业原材料。

1991年，拓宽改造丁家桥航段450米，最窄27米面宽拓宽为40米。全线部分航段通航条件至2010年末仍较差，其中最大瓶颈是东门城桥三岔口，航道面宽不足30米，河窄弯急，雨季时常有流速，给船舶正常航行造成困难，常有堵航事件发生，每年雨季过后均要疏浚。德清大闸按六级航道标准建造，可通航100吨级船舶，不能满足现有航行要求。航道现状等级六级，规划五级航道。全线现有桥梁23座、节制闸3座，其中达标桥梁5座。

## 四　李湖南线

李湖南线航道位于长兴县境内东部李家巷镇，起点赵家桥岔口，经大茆桥、李家巷镇南侧、石山桥、鲍家村至小箬桥，全程9.8公里。航道现状等级六级。下游出小箬桥口进入干线航道长湖申线，上游连接李湖北线汇入太湖。依托长湖申线，沟通沿线矿区航道，是长兴县石灰石主要产区出口重要通道。沿岸工矿企业较多，水路货运量年均330万吨左右，主要货种石灰石、水泥、建材石料等物资，运往上海、江苏、嘉兴等地。全线有桥梁11座，其中达标2座。

## 五　泗湖线

泗湖线航道位于长兴县城西南，呈东西走向，横贯长兴县中南部。源头泗安水库。终点吕山并汇入长湖申线。沿航道逆流而上，沿途经横塘渡、虹星桥、林城、天平、管埭，终点泗安兴安桥，全程31.70公里。泗安水库汛期泄洪，河水涨落幅度较大。航道狭窄、水浅、弯多，桥梁标准偏低，航行困难，航道现状为七级以下。20世纪90年代前期，泗湖线航运繁忙，既是湖州的客运航线，又是安徽广德黄砂货运线。随着陆上交通发展，湖州客轮停开。受航道条件影响，大吨位货运船舶进得去出不来，航道两边堤岸高，疏深加宽困难，水上运输发展受制约。进入21世纪后，列入整治规划，按水利防洪与抗旱体系要求拓宽加深河道断面，设计底宽20米，河底标高为吴淞零点。至2005年，完成林城至管埭航段整治。2010年，泗湖线航道年交通量仅73.5万吨，全线有桥梁16座，其中达标桥梁5座，设有航行标志4座。

## 六　妙湖线

妙湖线航道位于吴兴区西南，起点妙西渡善桥，经田漾、草田漾、摇铃山、金鸡山、夹山漾，终于郭西湾大桥并汇入长湖申线航道，长 8.6 公里。航道等级五级，上游连接妙西矿区作业区，妙西矿区是湖州三大矿产基地之一，非金属矿产资源丰富，蕴藏量大，是湖州市运量最大矿区航道之一。

1992 年、1997 年先后初步整治航道，仍满足不了矿业运输需求，经常发生堵航。“十五”期间采取“四自”工程建设模式，改造妙湖线航道（六级升五级）。2003 年，列为省内首批航道“四自”工程改造项目（自行贷款、自行建设、自行收费、自行还贷）。改造航道 6.35 公里，新建桥梁 1 座，总投资 4680 万元。2004 年 4 月开工，2006 年 8 月底完工。通过整治，改善通航条件，提高通过能力。

据 2008 年统计，年货运量 850 万吨，主要运往上海、杭州、嘉兴、江苏等地。全线有桥梁 6 座，防洪闸（翻水站）1 座，其中达标桥梁仅 1 座。

# 第三节　航道技术等级评定

1994 年 8 月，国家交通部下达《关于对浙江省京杭运河等航道技术的批复》，湖州市境内京杭运河及长湖申线霅水桥以下段被批准为四级航道。

1995 年 3 月，根据交通部《内河航道技术等级评定工作大纲》，市境开展内河航道技术等级评定工作。5 月起，对辖区 117 条定级航道现状条件、航标等航道设施、跨航桥梁净空尺度以及沿线码头逐个调查摸底，并对沿线 436 个工矿企业货物吞吐量、企业发展情况调查预测。1996 年初，完成外业工作、资料整理和航道等级初评工作。1996 年 5 月召开湖州市内河航道技术等级评审会议。1997 年 5 月评定方案上报省内河航道定级办公室。交通部 1998 年 10 月批复上报四级航道等级，省政府 1999 年 2 月批复五级至七级航道，省交通厅 1999 年 3 月批复八级至九级航道。湖州市内河定级航道共 117 条，总里程 1162.5 公里，其中四级航道 2 条、88.4 公里，五级航道 5 条、232.1 公里，六级航道 57 条、381.9 公里，七级航道 33 条、339.4 公里，八级航道 20 条、120.7 公里。

2002年9月，湖州市港航管理局被交通部授予“全国内河航道技术等级评定工作先进单位”。

### 湖州市内河航道技术等级汇总

表2-2

| 区域＼等级 | 定级里程（公里） | | | | | |
|---|---|---|---|---|---|---|
| | 四级 | 五级 | 六级 | 七级 | 八级 | 合计 |
| 市直辖区 | 65.10 | 106.10 | 175.40 | 203.10 | 85.40 | 635.10 |
| 长兴县 | — | 45.30 | 95.50 | 82.40 | 35.30 | 258.50 |
| 德清县 | 23.30 | 51.90 | 109.70 | 37.80 | — | 222.70 |
| 安吉县 | — | 28.80 | 1.30 | 16.10 | — | 46.20 |
| 合计 | 88.40 | 232.10 | 381.90 | 339.40 | 120.70 | 1162.50 |

### 湖州市内河航道技术等级明细

表2-3

| 序号 | 航道名称 | 等级 | 航道里程(公里) | | | 航道起点 | 航道终点 | 所在区域 |
|---|---|---|---|---|---|---|---|---|
| | | | 里程 | 重复里程 | 养护里程 | | | |
| 1 | 京杭运河 | 四级 | 43.0 | — | 43.0 | 通河桥 | 邵家村 | 市本级[①]、德清县 |
| 2 | 长湖申线 | 五级 | 31.7 | — | 31.7 | 小浦镇湾桥 | 霅水桥 | 市本级、长兴县 |
| | | 四级 | 45.4 | — | 45.4 | 霅水桥 | 南浔省界 | 市本级 |
| 3 | 杭湖锡线 | 五级 | 76.6 | 13.8 | 62.8 | 武林桥 | 太湖新港口 | 市本级、德清县 |
| 4 | 东宗线 | 五级 | 23.80 | 2.2 | 21.6 | 湖州东迁 | 戴家村 | 市本级 |
| 5 | 东苕溪 | 五级 | 68.10 | 10.4 | 57.7 | 德清康家山 | 太湖新港口 | 市本级、德清县 |
| 6 | 梅湖线 | 五级 | 58.30 | — | 58.3 | 安吉灵芝塔 | 霅水桥 | 市本级、长兴县、安吉县 |
| 7 | 旄儿港 | 五级 | 8.30 | 8.3 | 0.0 | 霅水桥 | 白雀塘桥 | 市本级 |

① 市本级：市直管乡镇区域（原吴兴县范围），为官方公文习惯称谓。本志记述作“市直辖区”。2003年起设为吴兴、南浔2个行政区。

续表 2-3-1

| 序号 | 航道名称 | 等级 | 航道里程(公里) | | | 航道起点 | 航道终点 | 所在区域 |
|---|---|---|---|---|---|---|---|---|
| | | | 里程 | 重复里程 | 养护里程 | | | |
| 8 | 湖申复线 | 六级 | 40.40 | 9.3 | 31.1 | 三里桥 | 施浩塘 | 市本级 |
| 9 | 李湖北线 | 六级 | 27.10 | — | 27.1 | 长兴赵家桥 | 湖州三里桥 | 市本级、长兴县 |
| 10 | 苕三线 | 六级 | 5.70 | — | 5.7 | 湖州苕溪口 | 三里桥 | 市本级 |
| 11 | 龙锁线 | 六级 | 1.70 | — | 1.7 | 龙泉渡 | 锁苕桥 | 市本级 |
| 12 | 吴袁线 | 六级 | 3.60 | — | 3.6 | 吴沈门闸 | 袁家汇 | 市本级 |
| 13 | 妙湖线 | 六级 | 8.60 | — | 8.6 | 渡善桥 | 郭西湾桥 | 市本级 |
| 14 | 菱思线 | 六级 | 5.50 | — | 5.5 | 菱湖查家簖 | 思溪 | 市本级 |
| 15 | 菱新线 | 六级 | 13.10 | — | 13.1 | 菱湖南浜 | 南寺桥岔口 | 市本级 |
| 16 | 思练线 | 六级 | 21.50 | — | 21.5 | 思溪 | 练市水泥厂 | 市本级 |
| 17 | 洪含线 | 六级 | 14.20 | 1.4 | 12.8 | 南浔洪城 | 含山 | 市本级 |
| 18 | 埭菱线 | 六级 | 19.60 | — | 19.6 | 泥船抖 | 菱湖王家墩 | 市本级 |
| 19 | 何潘线 | 六级 | 4.00 | — | 4.0 | 环桥 | 潘店 | 市本级 |
| 20 | 何七线 | 六级 | 8.00 | — | 8.0 | 基山 | 七里亭 | 市本级 |
| 21 | 便南东矿线 | 六级 | 1.90 | — | 1.9 | 黄芝山 | 八字桥 | 市本级 |
| 22 | 便南南矿线 | 六级 | 0.30 | — | 0.3 | 便南南矿 | 潘店 | 市本级 |
| 23 | 湖钢线 | 六级 | 0.40 | — | 0.4 | 白龙山 | 长湖申岔口 | 市本级 |
| 24 | 龙溪石矿线 | 六级 | 0.80 | — | 0.8 | 龙山石矿 | 第三水泥厂 | 市本级 |
| 25 | 康七线 | 六级 | 3.00 | — | 3.0 | 康山 | 七里亭 | 市本级 |
| 26 | 湖大线 | 六级 | 10.90 | — | 10.9 | 湖州毗山 | 大钱闸 | 市本级 |
| 27 | 杨坛线 | 六级 | 2.50 | — | 2.5 | 杨坛 | 河沙圩闸 | 市本级 |
| 28 | 里山埠线 | 六级 | 2.60 | — | 2.6 | 里山埠 | 三世河口 | 市本级 |
| 29 | 鸿仲坞线 | 六级 | 1.00 | — | 1.0 | 图山石矿 | 东苕溪岔口 | 市本级 |
| 30 | 龙山石矿线 | 六级 | 2.70 | — | 2.7 | 丁头湾<br>候射漾 | 东横港<br>杨家湾 | 市本级 |
| 31 | 李湖南线 | 六级 | 35.90 | 26.1 | 9.8 | 长兴赵家桥 | 湖州三里桥 | 长兴县 |
| 32 | 黄五线 | 六级 | 6.50 | — | 6.5 | 黄土港口<br>高阳桥 | 五里桥<br>长兴三里桥 | 长兴县 |
| 33 | 长兴新港 | 六级 | 24.90 | 6.3 | 18.6 | 林城 | 新塘 | 长兴县 |

续表 2-3-2

| 序号 | 航道名称 | 等级 | 航道里程(公里) | | | 航道起点 | 航道终点 | 所在区域 |
|---|---|---|---|---|---|---|---|---|
| | | | 里程 | 重复里程 | 养护里程 | | | |
| 34 | 合溪新港 | 六级 | 16.30 | 0.5 | 15.8 | 合溪 | 沈家角 | 长兴县 |
| 35 | 长湖客线 | 六级 | 34.50 | 27.1 | 7.4 | 新开河 | 火烧潘 | 长兴县 |
| 36 | 杨家浦支线 | 六级 | 3.00 | — | 3.0 | 排田漾 | 杨家浦 | 长兴县 |
| 37 | 黄龙浜矿区航道 | 六级 | 0.40 | — | 0.4 | 黄龙浜矿 | 李湖南线 | 长兴县 |
| 38 | 老虎洞矿区航道 | 六级 | 0.60 | — | 0.6 | 老虎洞矿 | 李湖南线 | 长兴县 |
| 39 | 陈桥矿区航道 | 六级 | 0.70 | — | 0.7 | 陈桥 | 丁家桥 | 长兴县 |
| 40 | 石英矿区航道 | 六级 | 0.40 | — | 0.4 | 范湾里 | 范湾桥 | 长兴县 |
| 41 | 陈湾矿区航道 | 六级 | 3.80 | — | 3.8 | 章家浜 | 鸭蛋漾 | 长兴县 |
| 42 | 金村埠矿区航道 | 六级 | 0.60 | — | 0.6 | 金村埠矿 | 长湖申岔口 | 长兴县 |
| 43 | 座山湾矿区航道 | 六级 | 0.60 | — | 0.6 | 座山湾矿 | 新桥 | 长兴县 |
| 44 | 毛柴园矿区航道 | 六级 | 1.30 | — | 1.3 | 毛柴园矿 | 长湖申岔口 | 长兴县 |
| 45 | 青山矿区航道 | 六级 | 4.40 | — | 4.4 | 青山 | 吴山渡 | 长兴县 |
| 46 | 和平支线 | 六级 | 4.50 | — | 4.5 | 和平 | 便民桥 | 长兴县 |
| 47 | 长城支线 | 六级 | 2.10 | — | 2.1 | 北杨桥 | 长城闸 | 长兴县 |
| 48 | 长城矿区航道 | 六级 | 2.00 | — | 2.0 | 长城矿 | 狄家兜 | 长兴县 |
| 49 | 德新线 | 六级 | 21.30 | 7.3 | 14.0 | 德清丁家桥 | 新市大桥 | 德清县 |
| 50 | 武德线 | 六级 | 20.40 | 6.3 | 14.1 | 横塘桥 | 德清大桥 | 德清县 |
| 51 | 白三线 | 六级 | 18.80 | — | 18.8 | 白云桥 | 山水渡 | 德清县 |
| 52 | 双港线 | 六级 | 5.5 | — | 5.5 | 南小港口<br>关帝庙岔口 | 小港口<br>干线岔口 | 德清县 |
| 53 | 大东线 | 六级 | 1.2 | — | 1.2 | 德清大闸 | 东城桥岔口 | 德清县 |
| 54 | 横德线 | 六级 | 6.1 | — | 6.1 | 横塘桥 | 德清丝厂 | 德清县 |
| 55 | 三箬线 | 六级 | 6.8 | — | 6.8 | 三桥 | 箬帽山 | 德清县 |
| 56 | 钟新线 | 六级 | 11.7 | — | 11.7 | 钟管 | 新市三里湾 | 德清县 |
| 57 | 德洛线 | 六级 | 13.8 | 6.8 | 7.0 | 城关 | 洛舍 | 德清县 |
| 58 | 洛东线 | 六级 | 5.40 | 2.2 | 3.2 | 洛舍大闸 | 东衡里 | 德清县 |
| 59 | 下湘线 | 六级 | 6.40 | — | 6.4 | 下柏 | 湘溪闸 | 德清县 |
| 60 | 宝五线 | 六级 | 8.80 | — | 8.8 | 三合宝塔山 | 五闸 | 德清县 |

续表 2-3-3

| 序号 | 航道名称 | 等级 | 航道里程(公里) | | | 航道起点 | 航道终点 | 所在区域 |
|---|---|---|---|---|---|---|---|---|
| | | | 里程 | 重复里程 | 养护里程 | | | |
| 61 | 双五线 | 六级 | 1.30 | — | 1.3 | 双桥 | 五龙闸 | 德清县 |
| 62 | 杨坟支线 | 六级 | 1.10 | — | 1.1 | 杨坟 | 东苕溪岔口 | 德清县 |
| 63 | 新思线 | 六级 | 3.70 | — | 3.7 | 新市北栅 | 思古志漾 | 德清县 |
| 64 | 浑泥港 | 六级 | 1.30 | — | 1.3 | 高桥 | 小木桥 | 安吉县 |
| 65 | 菱草线 | 七级 | 6.30 | — | 6.3 | 菱湖 | 新溪草鱼湾 | 市本级 |
| 66 | 千善线 | 七级 | 6.80 | — | 6.8 | 千金 | 善琏北塘漾 | 市本级 |
| 67 | 双善线 | 七级 | 14.30 | 2.2 | 12.1 | 双林 | 善琏北塘漾 | 市本级 |
| 68 | 轧双线 | 七级 | 10.80 | 0.3 | 10.5 | 轧村 | 双林 | 市本级 |
| 69 | 洛昊线 | 七级 | 23.30 | 3.4 | 19.9 | 洛舍 | 横山漾口 | 市本级 |
| 70 | 南屹线 | 七级 | 11.50 | — | 11.5 | 南浔南星桥 | 屹凤桥 | 市本级 |
| 71 | 南乌线 | 七级 | 14.50 | 3.7 | 10.8 | 南浔南星桥 | 乌镇通河桥 | 市本级 |
| 72 | 宝石线 | 七级 | 20.50 | — | 20.5 | 宝戴塘桥 | 石淙 | 市本级 |
| 73 | 镇含线 | 七级 | 15.60 | — | 15.6 | 镇西宋家 | 含山 | 市本级 |
| 74 | 浅塘港 | 七级 | 2.40 | — | 2.4 | 锁苕桥 | 乔木山 | 市本级 |
| 75 | 南门线 | 七级 | 0.50 | — | 0.5 | 南门水闸 | 定安桥 | 市本级 |
| 76 | 湖方线 | 七级 | 35.50 | 3.0 | 32.5 | 王母来桥 | 九里桥 | 市本级 |
| 77 | 祜丁线 | 七级 | 8.40 | — | 8.4 | 祜村 | 丁堡 | 市本级 |
| 78 | 马辑线 | 七级 | 4.10 | — | 4.1 | 马腰 | 辑里 | 市本级 |
| 79 | 横三线 | 七级 | 4.30 | 0.5 | 3.8 | 横街 | 三长 | 市本级 |
| 80 | 晟太线 | 七级 | 11.80 | — | 11.8 | 晟舍 | 太湖 | 市本级 |
| 81 | 东锦线 | 七级 | 3.80 | 0.8 | 3.0 | 东林 | 锦山水泥厂 | 市本级 |
| 82 | 菱石线 | 七级 | 13.20 | 2.6 | 10.6 | 菱湖 | 石淙 | 市本级 |
| 83 | 青菱线 | 七级 | 12.40 | 0.4 | 12.0 | 青山 | 菱湖查家簖 | 市本级 |
| 84 | 泗湖线 | 七级 | 31.70 | — | 31.7 | 泗安兴安桥 | 吕山 | 长兴县 |
| 85 | 水口支线 | 七级 | 14.00 | — | 14.0 | 水口 | 仓桥 | 长兴县 |
| 86 | 长洪支线 | 七级 | 6.80 | — | 6.8 | 太平桥 | 火烧潘 | 长兴县 |
| 87 | 李家巷支线 | 七级 | 6.40 | 1.0 | 5.4 | 盛家桥 | 李家巷 | 长兴县 |

续表 2-3-4

| 序号 | 航道名称 | 等级 | 航道里程(公里) | | | 航道起点 | 航道终点 | 所在区域 |
|---|---|---|---|---|---|---|---|---|
| | | | 里程 | 重复里程 | 养护里程 | | | |
| 88 | 老鸭塘砂场航道 | 七级 | 1.80 | — | 1.8 | 管埭砖瓦厂 | 五里渡 | 长兴县 |
| 89 | 管埭矿区航道 | 七级 | 2.80 | — | 2.8 | 管埭石矿 | 泗湖线岔口 | 长兴县 |
| 90 | 大云砂场航道 | 七级 | 2.50 | — | 2.5 | 贺家岗 | 双牌楼 | 长兴县 |
| 91 | 畎桥支线 | 七级 | 6.40 | — | 6.4 | 畎桥 | 林城 | 长兴县 |
| 92 | 白阜支线 | 七级 | 5.00 | — | 5.0 | 白阜砖瓦厂 | 环桥 | 长兴县 |
| 93 | 里塘支线 | 七级 | 6.00 | — | 6.0 | 里塘新庄 | 新桥 | 长兴县 |
| 94 | 新五线 | 七级 | 13.20 | 0.9 | 12.3 | 新市 | 徐家庄 | 德清县 |
| 95 | 德徐线 | 七级 | 20.90 | 5.3 | 15.6 | 三里塘 | 水磨墩 | 德清县 |
| 96 | 陈座线 | 七级 | 9.90 | — | 9.9 | 勾里陈家圩 | 座庄桥 | 德清县 |
| 97 | 晓墅线 | 七级 | 16.10 | — | 16.1 | 安吉新开河晓墅镇 | 长兴吴山渡散济桥 | 安吉县、长兴县 |
| 98 | 防义线 | 八级 | 13.60 | — | 13.6 | 防路 | 义皋 | 市本级 |
| 99 | 毗浒线 | 八级 | 8.30 | — | 8.3 | 毗山 | 浒稍桥 | 市本级 |
| 100 | 八和线 | 八级 | 12.80 | — | 12.8 | 八里店 | 和孚 | 市本级 |
| 101 | 青东线 | 八级 | 7.00 | — | 7.0 | 青山 | 东林 | 市本级 |
| 102 | 横盛线 | 八级 | 5.70 | — | 5.7 | 横港口 | 盛林山 | 市本级 |
| 103 | 轧风线 | 八级 | 5.80 | — | 5.8 | 轧村 | 凤凰桥 | 市本级 |
| 104 | 漾袥线 | 八级 | 6.90 | — | 6.9 | 漾西 | 袥村 | 市本级 |
| 105 | 上方线 | 八级 | 8.90 | 1.2 | 7.7 | 上林村 | 方丈港 | 市本级 |
| 106 | 九新线 | 八级 | 6.70 | — | 6.7 | 九里桥 | 新枫桥 | 市本级 |
| 107 | 四草线 | 八级 | 7.60 | — | 7.6 | 四摆渡 | 草船抖 | 市本级 |
| 108 | 水口支线 | 八级 | 3.30 | — | 3.3 | 五路漾口 | 太平桥口 | 市本级 |
| 109 | 赵丁线 | 八级 | 5.20 | — | 5.2 | 赵家坝 | 丁甲桥 | 长兴县 |
| 110 | 赵夹线 | 八级 | 4.30 | — | 4.3 | 赵家坝 | 夹浦 | 长兴县 |
| 111 | 后车线 | 八级 | 2.60 | — | 2.6 | 后漾村 | 车渚里 | 长兴县 |
| 112 | 东新线 | 八级 | 4.10 | — | 4.1 | 东庄 | 新开河 | 长兴县 |
| 113 | 东庄线 | 八级 | 2.80 | — | 2.8 | 东庄 | 新塘 | 长兴县 |
| 114 | 潼钱线 | 八级 | 2.80 | — | 2.8 | 潼桥 | 钱家渡 | 长兴县 |

续表 2-3-5

| 序号 | 航道名称 | 等级 | 航道里程(公里) | | | 航道起点 | 航道终点 | 所在区域 |
|---|---|---|---|---|---|---|---|---|
| | | | 里程 | 重复里程 | 养护里程 | | | |
| 115 | 塘虹线 | 八级 | 6.40 | — | 6.4 | 塘桥村 | 虹星桥 | 长兴县 |
| 116 | 虹观线 | 八级 | 3.10 | — | 3.1 | 虹星桥 | 观音桥 | 长兴县 |
| 117 | 龙观线 | 八级 | 4.00 | — | 4.0 | 龙从圩 | 观音桥 | 长兴县 |

# 第四节　航道养护

前志载，市境航道养护始于新中国成立后，主要以局部浅滩疏浚、航道清障为主，拆除危桥，补助部分碍航桥梁改造，经费投入非常有限。20 世纪 90 年代，年均航养经费 300 万～500 万元。进入 21 世纪后，推进养护机制改革，经费投入大幅上升，2001—2010 年累计投入近 2.23 亿元，年均 2227 万元。

湖州市境内航道养护根据养护性质分经常性养护、非经常性养护和单项养护整治工程，其中经常性养护包括航道观测、水深监测、航道设施设置与维护，航道疏浚、炸礁、清障等。非经常性养护工作有航道测量等。单项养护整治是航道改造。

## 一　经常与非经常养护

经常性养护分为骨干航道经常性养护和其他航道经常性养护。根据省港航局制定《内河骨干航道经常性养护管理规定》，湖州市骨干航道有京杭运河、长湖申线、湖嘉申线、杭湖锡线、东宗线等 5 条共 247 公里，其他航道共 925 公里，其中养护里程 726 公里。航道经常性养护包括航道疏浚（包括公用锚地）、护岸修复（不含防洪堤及水利护岸）、应急系缆桩维护、碍航物清除、航道绿化养护、锚泊区和管理码头维修、航标维护等。

1993 年制定《湖州市航管处主干线航道紧急清障打捞职责》，主干线航道紧急清障打捞工作正常开展。

1995 年，全市航道养护工程主要完成机械疏浚土方 28730 立方米，打捞沉船

5685 吨 / 212 艘，维护航标 3442 次 / 95 座，维修跨航桥梁 21 座。

“十五”期间，全市累计完成航道养护资金投入约 6000 万元（含单项养护工程投入 2600 万元），维护航道 955 公里（其中骨干航道里程 112 公里）。骨干航道养护费累计投入 1680 万元，其中 650 万元完成长湖申线湖州段航道标志工程、东宗线湖州段和杭湖锡线湖州段航道标志、航道绿化工程。辖区其他航道经常性养护资金总投入 1420 万元，累计完成水下土方疏浚 16 万立方米，清障打捞沉船 547 艘 3.69 万船吨、打捞物资 4.52 万吨，维护航道标志 511 座（其中发光航行标志 69 座），同时安排部分资金用于碍航桥梁改造资金补助。因管理站点调整而新建新市站、洪桥站管理专用码头 2 座，重建吴山渡站码头，投入养护资金 245 万元。

“十一五”期间，市境内河航道养护机制改革，推广建养结合模式，航道养护专业化与市场化并举，投入较“十五”期间大幅增加。全市累计完成航道养护资金投入 16270 万元（含单项养护整治工程投入 6610 万元）。其中，247 公里骨干航道累计投入经常性养护费 2757 万元，修复航道护岸约 15490 米，清除无主水泥沉船及碍航物 181 艘（处），疏浚水下浅滩土方 14 万立方米，航道绿化 73.5 万平方米，补种绿化苗木 25600 余株。其他航道养护里程 726 公里，累计投入养护资金 1150 万元，完成水下土方疏浚 53.5 万立方米，清障 1.8 万立方米，打捞无主水泥沉船 326 艘，同时安排部分资金用于 70 余座被船舶撞击后形成病害的跨航桥梁抢修、重建资金补助。投入养护资金 1450 万元建成湖州救捞船舶基地专用码头和湖州、长兴太湖避风锚地湖州太湖新港口航段、东苕溪吴沈门航段 2 处应急锚地，部分主干航道设置应急系缆桩。投入养护资金 1800 万元新建检查站码头 7 座，码头总延长 770 米。

市境航道养护按省航道管理部门 2006 年《内河骨干航道经常性养护管理规定（试行）》《浙江省港航养护工程管理办法（试行）》，2008 年《浙江省港航养护工程招标投标管理暂行办法》和 2010 年《内河航道经常性养护经费定额化管理暂行规定》施行。2010 年，市港航管理局制定《湖州航区航道经常性养护标准和考核办法》，用于湖州航区骨干航道经常性养护管理考核。

2006—2010 年，完成梅湖线、钟新线、白三线、和平支线、杨家浦支线、李湖北线部分航段千分之一航道地形图测量 129 公里，京杭运河、湖嘉申线、杭湖锡线、东宗线航道每 2 年一次水下断面测量。

## 二　单项养护整治工程

进入 21 世纪，市境四级以上航道网建设较快，六级及以下航道（占航道总里程 70%）相对滞后，干支线航道等级不匹配矛盾日益突出。市港航管理部门通过“养建结合”模式，对货物通过量较大矿区航道或支线航道实施整治性养护，提高航道等级。依靠地方政府，一次规划、拼盘建设、分期实施，利用有限航道养护资金，带动地方配套资金投入，走出航道养护专业化与市场化并举、养护与建设相结合新路子。2004 年，长兴县利用民间资金完成青山港航道改造一期工程，在全国首开利用民间资金建设航道先河。青山港是长兴县西苕溪支线航线，全长 4.5 公里，原七级通航标准，改造后达到五级航道标准，计划总投资 3740 万元，分二期实施，沿岸 20 多家企业投资 1740 万元完成了一期工程。二期工程通过地方政府、港航专项养护资金等各种渠道筹资，2005 年底竣工。航道改造后，底宽 36 米，面宽 64 米，年吞吐量达到 3000 万吨。“十一五”期间，通过“养建结合、拼盘建设”，整治支线航道 5 条：

**和平支线**　位于长兴县和平镇境，与梅湖线（西苕溪）连接，全长 4.5 公里，原六级航道，可通航 100 吨级船舶，主要运输建筑石料、煤炭等，随和平镇建材生产量、水运发送量持续增加，航道堵航现象日趋严重，便民桥上游 800 米左右航段成为瓶颈。采用养建结合模式，按五级航道标准一次规划，分二期实施。2005 年开工建设，2007 年完工，改造里程 3.5 公里，开挖土方 15.89 万方，新建护岸 580 米，改建桥梁一座（桥梁由和平镇政府组织实施，港航部门补助 50 万元），投入养护资金 600 万元。

**钟新线**　位于德清县东部，途经钟管镇、新市镇，是杭湖锡线、京杭运河主干航道连接线，也是浙北航道网的主要支线航道，全长 11.41 公里。改造前六级航道，年货运量 500 万吨左右，瓶颈段和浅滩多，两岸堤防塌损、水土流失严重，常发生堵航和交通安全事故。2005—2008 年，分四期按五级航道标准全程改造，新建护岸 7018 米、开挖土方 26 万立方米、建设航道标志等配套设施，工程总投资 1740 万元。改造后航道年货运量达 800 万吨以上，大大提高了航道通过能力和航道网综合效益。两岸筑起高标准护岸堤防，也有利于提高防洪能力，防止水土流失，改善沿线村庄环境。

**湖钢线** 位于湖州经济开发区杨家埠镇，全长 0.42 公里，主要承担沿线企业原材料、成品运输，主要货种钢材及其制品，年货物通过量 90 余万吨。原六级单线航道，面宽 25 米左右，不能适应大型船舶通航。2009 年按四级单线航道标准改造，开挖土方 4.4 万方、新建护岸 630 米、修复护岸 95 米。工程总投资 718 万元，其中土地使用费等政策处理费用 485 万元由开发区及沿线企业承担，港航部门投入养护资金 230 万元。2010 年 5 月通过竣工验收。

**白三线** 位于德清县雷甸镇、乾元镇，连接杭湖锡线与东苕溪支线航道，全长 18.86 公里。先期改造航段白云桥至丁家桥岔口段，长 6.47 公里，其余航段 2009 年起分三期按五级航道标准养护改造，新建护岸 4363.5 米、修复护岸 538 米、开挖土方 26.85 万立方米。工程总投资 1722 万元。2009 年 9 月开工，预计 2012 年全部完工。

**李湖南线小箬桥至鲍家桥段** 位于长兴县境，起自赵家桥，经李家巷镇，至小箬桥与长湖申线相连，全长 9.8 公里。其中鲍家村至小箬桥 2.6 公里按照五级航道标准改造，底宽 40 米、水深 2.5 米，新建护岸 3730 米、修复护岸 1575 米，开挖陆上土方 36.4 万立方米、水下土方 10.2 万立方米。工程总投资 3940 万元，其中港航部门安排养护资金 2402 万元，其余部分由李家巷镇政府筹措并组织实施。2009 年开工，分三期实施，计划 2011 年完工。

## 三 航道标志及维护

内河航道早期的灯标多用煤油点燃，由航标工夜送昼收。岸标多为竹木材料。1958 年后浙江内河航道出现自动控制航标灯。据前志载，湖州内河助航标志设置始于 1953 年。1963 年，省航运管理局嘉兴地区管理处（驻湖州）成立后，始设航标组，实施航标维护。

1986 年开始，浙江省根据国家相关规定开展内河航道航标改制工作，统一内河航道上下游和左右岸航道标志。左岸标志为白色（黑色），右岸标志为红色；夜间左岸标志呈绿色光（白色光），右岸标志为红色光。

1990 年末，湖州市港航管理部门维护航标有 74 座，其中灯标 68 座，浮标 13 座。1995 年末，设置航标 95 座，其中灯标 89 座，浮标 15 座。

1991—2001 年，东苕溪等航道航标灯器多采用上海航标厂生产的 150 毫米标灯，内置 TS-1 闪光仪器及机械换灯机，电源采用太阳能硅板及镍镉电瓶。岸标标杆均采用钢筋水泥，标牌采用铁钩搪瓷材料。2002 年后，航标灯器改为内置配套闪光仪和电子换泡机。

市境内河助航标志主要标示内河航道方向、界限与碍航物。市境内河航标按功能分航行标志、信号标志、专用标志。2002 年末，市境航行标志 71 座（发光标志 69 座）、信号标志 12 座、专用标志 427 座。

杭湖锡航道新港口示位发光标

湖州航区有专业航标管理维护队伍，配备 2 艘航标艇和 1 艘摩托艇，建立相应维护标准和制度，每月查标维护 2 次，间隔一般 15 天，若遇汛期、暴风、雨雪等情况时增加检查次数。一类维护航道航标正常率必须达 99%以上，其他航道航标维护正常率必须达 95%以上。

2004 年，市境 19 座航标安装航标电子遥测监控系统，有效提升航标维护效率，降低航标维护成本。

“十一五”期间，辖区七级以上支线航道增建一批航道标志，其中支线航道航段提示标志 94 座、桥梁净高提示标志 23 座、桥涵标 365 块、水源保护区标志 20 座、图形宣传标志 4 座及一批跨航桥梁警示标志，长兴杨家浦太湖口新增示位标 1 座，总投资 660 万元。

至 2010 年底，湖州航道养护管理部门共维护各类航道标志 1577 座（块），其中航行标志 678 座（包括发光标志 64 座、日标 1 座、桥涵标 613 块），其他各类航道标志标牌 899 座。

**湖州航区航道标志汇总**

表 2-4　　　　单位：座/块

| 航道名称＼标志类别 | 发光标 | | 日标 | 桥涵标 | 其他航道标志 | 合计 |
|---|---|---|---|---|---|---|
| | 岸标 | 浮标 | | | | |
| 京杭运河 | 13 | — | — | 30 | 153 | 196 |
| 长湖申线 | 12 | — | — | 68 | 148 | 228 |
| 湖嘉申线 | 5 | 6 | — | 40 | 165 | 216 |

续表 2-4

| 标志类别 / 航道名称 | 发光标 | | 日标 | 桥涵标 | 其他航道标志 | 合计 |
|---|---|---|---|---|---|---|
| | 岸标 | 浮标 | | | | |
| 杭湖锡线 | 11 | — | — | 58 | 113 | 182 |
| 东宗线 | — | — | — | 18 | 49 | 67 |
| 梅湖线 | 8 | 5 | — | 16 | 6 | 35 |
| 东苕溪 | — | — | — | 20 | 24 | 44 |
| 泗湖线 | 1 | — | 1 | 16 | 9 | 27 |
| 菱新线 | — | 1 | — | 18 | 6 | 25 |
| 杨家浦支线 | 1 | — | — | 8 | — | 9 |
| 赵夹线 | 1 | — | — | — | — | 1 |
| 李湖北线 | — | — | — | 20 | 21 | 41 |
| 钟新线 | — | — | — | 16 | 20 | 36 |
| 其他航道 | — | — | — | 285 | 185 | 470 |
| 合计 | 52 | 12 | 1 | 613 | 899 | 1577 |

## 四　航道养护企业

**湖州市交通工程处**　隶属湖州市港航管理局。前身湖州市航道工程大队，20 世纪 60 年代由嘉兴地区航管处桥梁工程队、航道养护队、水上打捞队等队伍组建。1996 年 7 月更现名。是浙北地区大型建筑施工企业，具有公路工程施工总承包二级、港口与航道工程施工总承包二级、市政公用工程三级等建筑施工资质。下设工程项目部、设备、材料、经营开发部、中心实验室、水上救助打捞等机构。有各类专业技术人员 280 人，其中有工程技术系列职称 200 人。企业注册资本 3000 万元，有公路桥梁先进施工设施 368 台（套）。2010 年末，总资产 1 亿多元，单位地址湖州市凤凰路 115A 座。

# 第五节　通航建筑物与水路交通服务设施

## 一　主要通航建筑物

1958年，水利部门兴建东苕溪导流，由德清向北拓宽疏深原马厄河直达湖州城南，转西与西苕溪汇流于杭长桥上游，长41.5公里。再沿湖州城西北流经龙溪港、机坊港、新开河、环渚漾、长兜港入太湖。导流东岸原大小支流保留6条水上通道，陆续建有德清、洛舍、鲶鱼口、菁山、吴沈门、城南等6座水闸。1958年西苕溪下游兴建分流工程时，建有湖州城西和城北2座水闸。至2010年底，市境航道有防洪闸37座，为汛期关闸期间保持重点物资水上运输，其中建有5座船闸（含二线船闸1座）。

**湖州船闸**　位于长湖申线航道湖州市区段。1987年8月，湖州市河改线工程同时建设湖州船闸，1990年10月完工，1991年11月通过竣工验收。由1座五级通航标准船闸和2孔16米防洪节制闸组成，船闸布置在航道北侧。船闸闸室宽12米、长160米、门槛水深2.5米，上闸首工作门使用升降式平板门、下闸首为人字门。防洪闸闸门使用升降式平板门，上闸首建公路桥1座，通航孔净高5.5米。2005年，在长湖申线航道南侧扩建二线船闸，通航标准四级（500吨级船舶）。船闸闸室长295米、宽23米、门槛水深3米，上游闸首公路桥通航孔净高7米。闸室工作门使用人字门，上游引航道长320米、下游引航道长126米。

**吴沈门水闸**　位于吴沈门导流东岸。老闸建于1961年5月，单孔，净宽6米。2008年建湖嘉申线航道时，在老闸北侧约300米处建新闸，上游接东苕溪、下游为横山漾。水闸为双孔单向通航，闸门净宽20米，闸门采用升卧式平板门。水闸上游建桥梁1座，通航孔净高7米。

**德清大闸**　位于德清县乾元镇东苕溪故道，是东苕溪导流工程调洪控制闸。原闸1959年建成，5孔总净宽23米，中孔宽9米、边孔均为3.5米。1998年规划在老闸北侧约80米原东苕溪故道重建新闸，1999年5月20日开工，2000年拆除老闸。工程防洪标准百年一遇，船闸通航标准六级。防洪节制闸与船闸上闸首并列，两闸净宽均12米，采用平板钢闸门，卷扬式启闭机启闭。船闸门槛水深2.5米，闸室长 110 米。上游侧建公路桥一座，与上闸首分离布置，桥面宽 19 米。新闸 2001 年 4 月完工通水，6 月投入试运行，2003 年正式运行。

**五闸**　位于德清县宝五线航道与东苕溪交汇处，1995 年建成，套闸长 120 米、闸室宽 12 米，闸首口门宽 6 米，设计门槛水深 2.5 米。建成后，因配套设施未全部完工，一直未启用。

## 2010 年末湖州市境航道水闸

表 2–5

| 序号 | 闸名 | 所在航道 | 始建时间 | 重建时间 | 闸门净宽（米） | 闸底高程（85 国家高程、米） | 备注 |
|---|---|---|---|---|---|---|---|
| 1 | 湖州船闸 | 长湖申线 | 1990 年 | — | 2 孔 16 米 | – 1.84 | 2005 年扩建二线船闸 |
| 2 | 小浦水闸 | 长湖申线 | 1980 年 | — | 2 孔 13 米 | – 1.84 | 2002 年扩建东侧孔 |
| 3 | 吴沈门水闸 | 湖嘉申线 | 2008 年 | — | 2 孔 20 米 | – 2.7 | — |
| 4 | 毗山闸 | 李湖北线 | 2002 年 | — | 12 | – 1.84 | — |
| 5 | 城北水闸 | 李湖北线 | 1958 年 | 2001 年 | 12 | – 1.84 | — |
| 6 | 郭西湾闸 | 妙湖线 | 1963 年 | — | 8 | – 1.84 | — |
| 7 | 埭溪大闸 | 埭菱线 | 1963 年 | — | 8 | – 1.84 | — |
| 8 | 鲶鱼口大闸 | 埭菱线 | 1961 年 | — | 9 | – 1.84 | — |
| 9 | 七里亭闸 | 南七线 | 1962 年 | — | 8 | – 1.84 | — |
| 10 | 康山大闸 | 康七线 | 1980 年 | — | 8 | – 1.84 | — |
| 11 | 大钱闸 | 大钱港 | 1959 年 | 1982 年 | 8 | – 1.84 | — |
| 12 | 河沙圩闸 | 杨坛线 | 1958 年 | — | 8 | – 1.84 | — |
| 13 | 城西水闸 | 苕三线 | 1958 年 | 2002 年 | 9 | – 1.84 | — |
| 14 | 三里桥闸 | 苕三线 | 2002 年 | — | 9 | – 1.84 | — |
| 15 | 城南水闸 | 南门线 | 1962 年 | 2005 年 | 6 | – 1.84 | — |
| 16 | 幻溇闸 | 晟太线 | 1960 年 | 1997 年 | 8 | – 1.84 | — |
| 17 | 菁山闸 | 青菱线 | 1959 年 | — | 6 | – 1.84 | — |
| 18 | 义皋闸 | 防义线 | 1962 年 | — | 5 | – 1.84 | — |
| 19 | 德清大闸 | 德新线 | 1959 年 | 2001 年 | 12 | – 1.84 | — |

续表 2-5

| 序号 | 闸名 | 所在航道 | 始建时间 | 重建时间 | 闸门净宽（米） | 闸底高程（85 国家高程、米） | 备注 |
|---|---|---|---|---|---|---|---|
| 20 | 秋山闸 | 武德线 | 1957 年 | — | 5 | – 1.34 | — |
| 21 | 秋山二闸 | 武德线 | 1994 年 | — | 6 | – 1.34 | — |
| 22 | 新盟闸 | 武德线 | 1957 年 | — | 6 | – 1.34 | — |
| 23 | 洛舍大闸 | 洛东线 | 1960 年 | 2006 年 | 2 孔 9 米 | – 1.84 | — |
| 24 | 湘溪闸 | 下湘线 | 1978 年 | — | 6.6 | – 1.84 | — |
| 25 | 五闸 | 宝五线 | 1995 年 | — | 6 | – 1.84 | — |
| 26 | 五龙闸 | 双五线 | 1979 年 | — | 6 | – 1.34 | — |
| 27 | 下殷闸 | 长城支线 | 1991 年 | — | 7 | – 1.84 | — |
| 28 | 红旗北闸 | 水口支线 | 1971 年 | — | 6 | – 1.34 | — |
| 29 | 红旗南闸 | 水口支线 | 1971 年 | — | 6 | – 1.34 | — |
| 30 | 管埭闸 | 管埭矿区航道 | 1980 年 | — | 6 | – 1.34 | — |
| 31 | 新塘北闸 | 东庄线 | 1970 年 | — | 4.6 | – 0.5 | — |
| 32 | 东庄闸 | 东庄线 | 1970 年 | — | 4 | – 0.5 | — |
| 33 | 潼桥闸 | 潼钱线 | 2000 年 | — | 5 | – 0.5 | — |
| 34 | 六合斗闸 | 观音桥支线 | 1977 年 | — | 4 | – 0.5 | — |
| 35 | 蒋家桥闸 | 观音桥支线 | 1990 年 | — | 4 | – 0.5 | — |
| 36 | 港口北闸 | 观音桥支线 | 1977 年 | — | 5 | – 0.5 | — |
| 37 | 晓墅闸 | 晓墅支线 | 1984 年 | — | 6 | – 1.34 | — |

## 二　水路交通服务设施

**内河航道服务区**　2003 年始，航道建设和养护中探索建设航道服务区，包括锚泊区和服务区两类，其中锚泊区仅提供船舶锚泊，不考虑陆上服务设施。服务区功能除锚泊服务外，还包括航运管理服务、船舶生产供给、船舶生活供给、船舶维修保养、水上交通应急保障、环境保护等。湖嘉申线和孚服务区是湖州首个航道服务区，2004 年开工，2007 年完工，占地 2.7 公顷，建筑面积 1995 平方米，建设 1000 吨级码头 350 米，供船舶停泊水域面积 17500 平方米。为船舶提供加油、免费加水、便民超市、岸电、船员之家、船舶油污接收处理、生活垃圾处理、船舶配件、港航一站式服务等服务功能。2010 年底，全市建成航道服务区和锚泊区 6 处。

**湖州市境航道服务区和锚泊区**

表 2-6

| 名称 | 所在航道 | 所在位置 | 陆域面积(平方米) | 建筑面积(平方米) | 码头长度（米） | 停泊水域(平方米) | 建成时间 | 备注 |
|---|---|---|---|---|---|---|---|---|
| 和孚综合服务区 | 湖嘉申线 | 南浔区和孚镇 | 27190 | 1995 | 350 | 17500 | 2007 年 | — |
| 升山锚泊区 | 长湖申线 | 吴兴区八里店镇 | — | — | 420 | 71700 | 2010 年 | — |
| 旧馆锚泊区 | 长湖申线 | 南浔区旧馆镇 | — | — | 340 | 39700 | 2010 年 | — |
| 双林锚泊区 | 湖嘉申线 | 南浔区双林镇 | — | — | 240 | 12000 | 2007 年 | — |
| 湖州太湖应急避风锚地 | 杭湖锡线 | 太湖度假区 | 2000 | 200 | 65 | 225000 | 2006 年<br>2009 年 | 该锚地为临时应急锚地，锚泊岸线长 4500 米，分两期建成。 |
| 长兴洪桥太湖避风锚地 | 杨家浦支线 | 长兴县洪桥镇 | 1710 | — | 285 | 49700 | 2008 年 | — |
| 合计 | — | — | 30900 | 2195 | 1700 | 415600 | — | — |

**浙北航区风情信号台**　位于杭湖锡线湖州新港口太湖港航管理站码头。2004 年 9 月开始设计并施工，年底竣工，2005 年 3 月正式投入使用，由湖州路港交通设施工程有限公司承建，总高 15 米。风情信号台为长期穿梭于太湖航线船舶及时提供太湖大风情况，避免船舶冒险出航。

# 第六节　航道普查与航道流量观测

## 一　航道普查

第一次全国内河航道普查于 1979 年开展。第二次全国内河航道普查标准时间 2002 年 12 月 31 日，普查范围为湖州市境所有定级内河航道及虽未定级但近年内进行航道建设或有航运开发价值内河航道。普查工作包括航道里程、航道尺度、现状技术等级，助航标志、过船建筑物等航道设施情况，过河建筑物、临河建筑物等与通航有关的设施情况，航道管理和养护情况，以及航道基础信息系统建设、普查资料汇编和航道现状图标绘等。2003 年 4 月始，开展航道普查外业调查。2003 年 8 月，完成航道普查工作。

据航道普查资料，2002 年底全市 120 条航道，通航里程 1166.81 公里（含 9.08 公里界河航道），占全省内河航道里程 11.1%。现状等级四级航道 201.31 公里、五级航道 74.4 公里、六级航道 281.58 公里、七级航道 125.34 公里、七级以下级航道 484.18 公里。航道上枢纽 37 座，其中船闸 3 座，余均节制防洪闸，闸门宽度最大 16.0 米、一般 12.0 米、最小 6.0 米。跨航桥梁 831 座，其中达到所在航道定级等级标准桥梁 123 座。临河设施 558 座，其中港口设施 444 座。有 13 条航道配置 510 座航道标志（内 3 条航道为重复航段配置航标），其中航行标志 71 座（发光标志 69 座）、信号标志 12 座、专用标志 427 座。

**2002 年末湖州市航道现状等级普查资料汇总**

表 2-7

| 里程／县区 | 航道里程 | 现状等级里程（公里） | | | | | |
|---|---|---|---|---|---|---|---|
| | | 等级航道里程 | | | | | 等外航道 |
| | | 合计 | 四级 | 五级 | 六级 | 七级 | |
| 市直辖区 | 638.98 | 377.08 | 140.36 | 6.19 | 169.13 | 61.4 | 261.9 |
| 德清县 | 222.24 | 163.41 | 42.86 | 12.06 | 82.85 | 25.64 | 58.83 |
| 长兴县 | 261.49 | 108.99 | 18.09 | 25.7 | 26.9 | 38.3 | 152.5 |
| 安吉县 | 44.1 | 33.15 | — | 30.45 | 2.7 | — | 10.95 |
| 总计 | 1166.81 | 682.63 | 201.31 | 74.4 | 281.58 | 125.34 | 484.18 |

## 2002年末湖州市内河航道普查资料（1）

表2-8

| 航道名称 | 航道起点 | 航道终点 | 通航里程（公里） | | | | | | | |
|---|---|---|---|---|---|---|---|---|---|---|
| | | | | 重复里程 | 等级航道里程 | | | | | 等外航道 |
| | | | | | 合计 | 四级 | 五级 | 六级 | 七级 | |
| — | — | — | 1166.81 | | 682.63 | 201.31 | 74.4 | 281.58 | 125.34 | 484.2 |
| 京杭大运河 | 邵家坝 | 通河桥 | 43.94 | — | 43.94 | 43.94 | — | — | — | — |
| 长湖申线 | 南浔 | 合溪 | 77.9 | — | 77.9 | 44.71 | 31.89 | 1.3 | — | — |
| 杭湖锡线 | 新港口 | 武林桥 | 75.4 | 12.9 | 75.4 | 27.5 | — | 41.59 | 6.31 | — |
| 东苕溪 | 新港口 | 康家山 | 67.94 | 10.24 | 67.94 | 58.86 | 9.08 | — | — | — |
| 东宗线 | 戴家村 | 东迁 | 23.66 | 2.07 | 23.66 | 23.66 | — | — | — | — |
| 梅湖线 | 霅水桥 | 黄浦圩 | 61 | — | 61 | 27.85 | 30.45 | 2.7 | — | — |
| 李湖北线 | 三里桥 | 赵家桥 | 27.1 | — | 27.1 | — | — | 4.7 | 22.4 | — |
| 泉溪线 | 泉庆 | 三水渡 | 4.41 | — | 4.41 | — | — | 4.41 | — | — |
| 晓墅港 | 吴山渡 | 新开河 | 14.05 | — | 0 | — | — | — | — | 14.05 |
| 旄儿港 | 白雀塘桥 | 霅水桥 | 8.3 | 8.3 | 8.3 | 8.3 | — | — | — | — |
| 湖申复线 | 日晖桥 | 吴沈门 | 36.15 | 1.45 | 36.15 | — | — | 32.55 | 3.6 | — |
| 妙湖线 | 郭西湾 | 渡善桥 | 8.6 | — | 8.6 | — | — | 8.6 | — | — |
| 菱思线 | 思溪 | 查家簖 | 5.5 | — | 5.5 | — | — | 5.5 | — | — |
| 菱新线 | 南寺桥 | 菱湖 | 13.1 | — | 13.1 | — | — | 13.1 | — | — |
| 思练线 | 练市 | 思溪 | 21.5 | — | 21.5 | — | — | 21.5 | — | — |
| 洪含线 | 含山牛场 | 洪城 | 12.8 | — | 12.8 | — | — | 12.8 | — | — |
| 埭菱线 | 查家簖 | 埭溪 | 19.6 | — | 16.1 | — | — | 16.1 | — | 3.5 |
| 何潘线 | 潘店 | 环桥 | 4 | — | 4 | — | — | 4 | — | — |
| 南七线 | 七里亭 | 基山 | 8 | — | 8 | — | — | 8 | — | — |
| 便南东矿线 | 八字桥 | 黄芝山 | 1.9 | — | 1.9 | — | — | 1.9 | — | — |
| 便南南矿线 | 潘店 | 便南南矿 | 0.3 | — | 0.3 | — | — | 0.3 | — | — |
| 湖钢线 | 霅水桥 | 白龙山 | 0.4 | — | 0.4 | — | — | 0.4 | — | — |
| 龙溪石矿线 | 第三水泥厂 | 湖州石矿 | 0.8 | — | 0.8 | — | — | — | 0.8 | — |
| 康七线 | 七里亭 | 康山 | 3 | — | 3 | — | — | — | 3 | — |
| 大钱港 | 大钱闸 | 湖州毗山 | 10.9 | — | 0 | — | — | — | — | 10.9 |

续表 2-8-1

| 航道名称 | 航道起点 | 航道终点 | 通航里程（公里） | | | | | | | |
|---|---|---|---|---|---|---|---|---|---|---|
| | | | | 重复里程 | 等级航道里程 | | | | | 等外航道 |
| | | | | | 合计 | 四级 | 五级 | 六级 | 七级 | |
| 杨坛线 | 河沙圩闸 | 杨坛 | 2.5 | — | 0 | — | — | — | — | 2.5 |
| 里山埠线 | 三世河口 | 里山埠 | 2.6 | — | 2.6 | — | — | — | 2.6 | — |
| 鸿仲坞线 | 鸿仲坞 | 图山石矿 | 1 | — | 1 | — | — | — | 1 | — |
| 龙山石矿线 | 东横港 | 丁家湾 | 1.5 | — | 0 | — | — | — | — | 1.5 |
| 候射支线 | 杨家湾 | 候射漾 | 1.2 | — | 0 | — | — | — | — | 1.2 |
| 菱草线 | 新溪<br>草鱼湾 | 菱湖 | 6.3 | — | 0 | — | — | — | — | 6.3 |
| 苕三线 | 三里桥 | 杭长桥 | 5.7 | — | 5.7 | — | — | 5.7 | — | — |
| 龙锁线 | 锁苕桥 | 龙泉渡 | 1.7 | — | 0 | — | — | — | — | 1.7 |
| 千善线 | 北塘漾 | 千金 | 6.8 | — | 0 | — | — | — | — | 6.8 |
| 双善线 | 北塘漾 | 双林 | 14.3 | 2.2 | 2.2 | — | — | 2.2 | — | 12.1 |
| 轧双线 | 双林 | 轧村 | 10.8 | — | 0 | — | — | — | — | 10.8 |
| 洛吴线 | 横山漾 | 洛舍漾 | 20.67 | 2.47 | 10.87 | — | — | 6.87 | 4 | 9.8 |
| 南岜线 | 岜风塘桥 | 南浔南栅 | 11.5 | — | 11.5 | — | — | — | 11.5 | — |
| 南乌线 | 通河桥 | 南桥 | 10.8 | — | 0 | — | — | — | — | 10.8 |
| 宝石线 | 东坝 | 宝戴塘桥 | 20.5 | — | 0 | — | — | — | — | 20.5 |
| 镇含线 | 含山 | 镇西 | 15.6 | — | 0 | — | — | — | — | 15.6 |
| 浅塘港 | 乔木山 | 锁苕桥 | 2.4 | — | 2.4 | — | — | — | 2.4 | — |
| 南门线 | 定安桥 | 城南水闸 | 0.5 | — | 0.5 | — | — | 0.5 | — | — |
| 湖漾线 | 漾西 | 王母来桥 | 27 | — | 0 | — | — | — | — | 27 |
| 袺丁线 | 丁堡 | 袺村 | 8.4 | — | 8.4 | — | — | — | 8.4 | — |
| 马辑线 | 辑里 | 马腰 | 4.1 | — | 4.1 | — | — | — | 4.1 | — |
| 横三线 | 三长 | 横街 | 4.3 | — | 0 | — | — | — | — | 4.3 |
| 晟太线 | 太湖 | 晟舍 | 11.8 | — | 0 | — | — | — | — | 11.8 |
| 东锦线 | 锦山 | 篷篷漾 | 3 | — | 0 | — | — | — | — | 3 |
| 菱石线 | 北大塘 | 灵山 | 10.6 | — | 10.6 | — | — | — | 10.6 | — |
| 青菱线 | 查家簖 | 青山 | 12.4 | 0.85 | 0 | — | — | — | — | 12.4 |
| 防义线 | 义皋 | 防路 | 13.6 | — | 0 | — | — | — | — | 13.6 |

续表 2-8-2

| 航道名称 | 航道起点 | 航道终点 | 通航里程（公里） | | | | | | | |
|---|---|---|---|---|---|---|---|---|---|---|
| | | | | 重复里程 | 等级航道里程 | | | | | 等外航道 |
| | | | | | 合计 | 四级 | 五级 | 六级 | 七级 | |
| 毗浒线 | 浒梢桥 | 毗山 | 8.3 | — | 0 | — | — | — | — | 8.3 |
| 八和线 | 和孚漾 | 八里店 | 12.8 | — | 0 | — | — | — | — | 12.8 |
| 青东线 | 青山闸 | 东林 | 7 | — | 0 | — | — | — | — | 7 |
| 横盛线 | 盛林山 | 横港口 | 5.7 | — | 0 | — | — | — | — | 5.7 |
| 轧风线 | 凤凰桥 | 轧村 | 5.8 | — | 0 | — | — | — | — | 5.8 |
| 漾枯线 | 漾西 | 袺村 | 6.9 | — | 0 | — | — | — | — | 6.9 |
| 上方线 | 方丈港 | 上林村 | 8.9 | 1.35 | 0 | — | — | — | — | 8.9 |
| 九新线 | 新枫桥 | 九里桥 | 6.7 | — | 0 | — | — | — | — | 6.7 |
| 四东线 | 东庄港 | 四摆渡 | 9.6 | — | 0 | — | — | — | — | 9.6 |
| 花林支线 | 太平桥 | 花林 | 3.3 | — | 0 | — | — | — | — | 3.3 |
| 方丈港 | 九里桥 | 圣塘港口 | 3 | — | 0 | — | — | — | — | 3 |
| 下沈港 | 小羊山 | 埭溪大桥 | 5.24 | — | 5.24 | — | — | 5.24 | — | — |
| 德新线 | 韶村 | 德清大闸 | 17.16 | 1.13 | 17.16 | — | — | 17.16 | — | — |
| 武德线 | 新盟闸 | 中兴桥 | 11.35 | — | 0 | — | — | — | — | 11.35 |
| 武太线 | 太堡堂岔口 | 横塘桥 | 8.72 | — | 0 | — | — | — | — | 8.72 |
| 白三线 | 三水渡 | 白云桥 | 18.86 | 1.09 | 18.86 | — | — | 18.86 | — | — |
| 三箬线 | 箬帽山 | 三桥埠 | 6.8 | — | 0 | — | — | — | — | 6.8 |
| 钟新线 | 三里湾村 | 新桥头 | 11.41 | — | 11.41 | — | 2.98 | 8.43 | — | — |
| 德洛线 | 洛舍漾 | 石塘渡 | 8.27 | — | 8.27 | — | — | 8.27 | — | — |
| 洛东线 | 何家田岔口 | 洛舍大闸 | 3.16 | — | 3.16 | — | — | 3.16 | — | — |
| 下湘线 | 湘溪闸 | 下柏 | 6.37 | — | 3.66 | — | — | 3.66 | — | 2.71 |
| 宝五线 | 五闸 | 宝塔山 | 8.8 | — | 0 | — | — | — | — | 8.8 |
| 双五线 | 五龙闸 | 双桥 | 1.3 | — | 0 | — | — | — | — | 1.3 |
| 杨坟支线 | 杨坟 | 杨坟村 | 1.1 | — | 1.1 | — | — | 1.1 | — | — |
| 新思线 | 思古志漾 | 新市北栅 | 3.73 | — | 0 | — | — | — | — | 3.73 |
| 关帝庙支线 | 陈家墩 | 关帝庙桥 | 0.82 | — | 0.82 | — | — | 0.82 | — | — |

续表 2-8-3

| 航道名称 | 航道起点 | 航道终点 | 通航里程（公里） | | | | | | | |
|---|---|---|---|---|---|---|---|---|---|---|
| | | | | 重复里程 | 等级航道里程 | | | | | 等外航道 |
| | | | | | 合计 | 四级 | 五级 | 六级 | 七级 | |
| 新五线 | 东南王 | 新市 | 12.33 | — | 12.33 | — | — | 2.9 | 9.43 | — |
| 德徐线 | 水磨墩 | 漾口 | 16.42 | 1 | 1 | 1 | — | — | — | 15.42 |
| 陈座线 | 永胜高桥 | 陈家圩 | 9.9 | — | 9.9 | — | — | — | 9.9 | — |
| 李湖南线 | 小箬桥 | 赵家桥 | 9.8 | — | 9.8 | — | — | — | 9.8 | — |
| 长兴新港 | 新塘 | 林城 | 24.44 | 5.74 | 12.84 | — | 5.74 | 7.1 | — | 11.6 |
| 合溪新港 | 沈家角 | 小浦 | 14.5 | — | 14.5 | — | — | — | 14.5 | — |
| 新火线 | 火烧潘 | 新开河 | 7.4 | — | 0 | — | — | — | — | 7.4 |
| 杨家浦支线 | 杨家浦 | 排田漾 | 3 | — | 3 | — | — | 3 | — | — |
| 黄龙浜矿区航道 | 石山桥 | 黄龙浜矿 | 0.4 | — | 0 | — | — | — | — | 0.4 |
| 老虎洞矿区航道 | 荷瓣桥 | 老虎洞矿 | 0.6 | — | 0 | — | — | — | — | 0.6 |
| 陈桥矿区航道 | 丁字桥 | 陈桥 | 0.7 | — | 0 | — | — | — | — | 0.7 |
| 石英矿区航道 | 范湾桥 | 范湾里 | 0.4 | — | 0 | — | — | — | — | 0.4 |
| 陈湾矿区航道 | 鸭蛋漾 | 章家浜 | 3.8 | — | 0 | — | — | — | — | 3.8 |
| 金村埠矿区航道 | 金村埠 | 金村埠矿 | 0.6 | — | 0.6 | — | — | 0.6 | — | — |
| 座山湾矿区航道 | 座山湾 | 座山湾矿 | 0.6 | — | 0.6 | — | — | 0.6 | — | — |
| 毛柴园矿区航道 | 毛柴园 | 毛柴园矿 | 1.3 | — | 1.3 | — | — | 1.3 | — | — |
| 青山矿区航道 | 吴山渡 | 青山 | 4.4 | — | 4.4 | — | — | 4.4 | — | — |
| 和平矿区航道 | 便民桥 | 和平 | 4.5 | — | 4.5 | — | — | 4.5 | — | — |
| 长城支线 | 下殷闸 | 北杨桥 | 2.1 | — | 2.1 | — | — | 2.1 | — | — |
| 长城矿区航道 | 狄家兜 | 长城矿 | 2 | — | 2 | — | — | 2 | — | — |
| 高阳桥支线 | 长兴三里桥 | 高阳桥 | 1 | — | 0 | — | — | — | — | 1 |
| 泗安线 | 吕山 | 兴安桥 | 31.7 | — | 0 | — | — | — | — | 31.7 |
| 黄土港 | 五里桥 | 黄土港 | 3.9 | — | 0 | — | — | — | — | 3.9 |
| 水口支线 | 仓桥 | 水口 | 14 | — | 0 | — | — | — | — | 14 |

续表 2-8-4

| 航道名称 | 航道起点 | 航道终点 | 通航里程（公里） | | | | | | | |
|---|---|---|---|---|---|---|---|---|---|---|
| | | | | 重复里程 | 等级航道里程 | | | | | 等外航道 |
| | | | | | 合计 | 四级 | 五级 | 六级 | 七级 | |
| 长洪支线 | 火烧潘 | 太平桥 | 6.8 | — | 0 | — | — | — | — | 6.8 |
| 李家巷支线 | 李家巷 | 盛家桥 | 6.47 | 1.07 | 2.07 | — | — | — | 2.07 | 4.4 |
| 老鸭塘航道 | 五里渡 | 管埭砖瓦厂 | 1.8 | — | 0 | — | — | — | — | 1.8 |
| 管埭矿区航道 | 郭家边 | 管埭石矿 | 2.8 | — | 0 | — | — | — | — | 2.8 |
| 大云砂场航道 | 双牌楼 | 太傅 | 2.5 | — | 0 | — | — | — | — | 2.5 |
| 畎桥支线 | 林城 | 畎桥 | 6.4 | — | 0 | — | — | — | — | 6.4 |
| 白阜支线 | 环桥 | 白阜 | 5 | — | 0 | — | — | — | — | 5 |
| 里塘支线 | 午山渡 | 西庄 | 6 | — | 0 | — | — | — | — | 6 |
| 赵丁线 | 丁甲桥 | 赵家坝 | 5.2 | — | 0 | — | — | — | — | 5.2 |
| 赵夹线 | 夹浦 | 赵家坝 | 4.3 | — | 0 | — | — | — | — | 4.3 |
| 车渚里支线 | 车渚里 | 后漾村 | 2.6 | — | 0 | — | — | — | — | 2.6 |
| 东新线 | 新开河 | 东庄 | 4.1 | — | 0 | — | — | — | — | 4.1 |
| 东庄线 | 新塘 | 东庄 | 2.8 | — | 0 | — | — | — | — | 2.8 |
| 潼钱线 | 钱家渡口 | 潼桥港口 | 2.8 | — | 0 | — | — | — | — | 2.8 |
| 钦汇港 | 吕山 | 虹星桥 | 6.4 | — | 0 | — | — | — | — | 6.4 |
| 观音桥支线 | 大德桥 | 虹星桥 | 7.1 | — | 0 | — | — | — | — | 7.1 |
| 浑泥港 | 梅溪 | 高桥 | 1.3 | — | 0 | — | — | — | — | 1.3 |
| 晓墅支线 | 晓墅闸 | 晓墅镇 | 1.6 | — | 0 | — | — | — | — | 1.6 |

## 2002年末湖州市内河航道普查资料（2）

表 2-9

| 航道名称 | 枢纽数量(处) | 船闸数量（座） | | 水上过河建筑物数量(座) | | | 水下过河电缆（处） | 临河港口设施（座） |
|---|---|---|---|---|---|---|---|---|
| | | | 正常使用 | 桥梁 | 架空电线 | 管道 | | |
| — | 37 | 3 | 2 | 831 | 77 | 16 | 10 | 422 |
| 京杭大运河 | — | — | — | 15 | 2 | — | — | 27 |
| 德清县 | — | — | — | 7 | 2 | — | — | 16 |
| 市直辖区 | — | — | — | 8 | — | — | — | 11 |

续表 2-9-1

| 航道名称 | 枢纽数量(处) | 船闸数量（座） | | 水上过河建筑物数量(座) | | | 水下过河电缆（处） | 临河港口设施（座） |
|---|---|---|---|---|---|---|---|---|
| | | | 正常使用 | 桥梁 | 架空电线 | 管道 | | |
| 长湖申线航道 | 2 | 1 | 1 | 41 | 9 | 5 | 5 | 32 |
| 市辖区 | 1 | 1 | 1 | 20 | 5 | — | 5 | 11 |
| 长兴县 | 1 | — | — | 21 | 4 | 5 | — | 21 |
| 杭湖锡线航道 | 1 | 1 | 1 | 33 | 9 | 1 | 6 | 38 |
| 市直辖区 | 1 | 1 | 1 | 24 | 8 | — | 6 | 25 |
| 德清县 | — | — | — | 9 | 1 | 1 | — | 13 |
| 东苕溪 | — | — | — | 19 | 10 | — | 3 | 69 |
| 市直辖区 | — | — | — | 13 | 6 | — | 3 | 34 |
| 德清县 | — | — | — | 6 | 4 | — | — | 35 |
| 东宗线 | — | — | — | 12 | — | — | — | 4 |
| 市直辖区 | — | — | — | 12 | — | — | — | 4 |
| 梅湖线 | — | — | — | 8 | 9 | — | — | 44 |
| 市直辖区 | — | — | — | 2 | 1 | — | — | 11 |
| 长兴县 | — | — | — | 2 | 3 | — | — | 8 |
| 安吉县 | — | — | — | 4 | 5 | — | — | 25 |
| 李湖北线 | 2 | — | — | 24 | 6 | — | — | 12 |
| 市直辖区 | 2 | — | — | 13 | 3 | — | — | 10 |
| 长兴县 | — | — | — | 11 | 3 | — | — | 2 |
| 泉溪线 | — | — | — | 4 | — | — | — | — |
| 市直辖区 | — | — | — | 3 | — | — | — | — |
| 德清县 | — | — | — | 1 | — | — | — | — |
| 晓墅港 | — | — | — | 4 | 3 | — | — | — |
| 长兴县 | — | — | — | 1 | 2 | — | — | — |
| 安吉县 | — | — | — | 3 | 1 | — | — | — |
| 旄儿港 | — | — | — | 10 | 1 | — | — | 10 |
| 湖申复线 | 1 | — | — | 24 | 5 | — | — | 10 |
| 妙湖线 | 1 | — | — | 6 | — | — | — | 1 |
| 菱思线 | — | — | — | 5 | 1 | — | — | — |

续表 2-9-2

| 航道名称 | 枢纽数量(处) | 船闸数量（座） | | 水上过河建筑物数量(座) | | | 水下过河电缆（处） | 临河港口设施（座） |
|---|---|---|---|---|---|---|---|---|
| | | | 正常使用 | 桥梁 | 架空电线 | 管道 | | |
| 菱新线 | — | — | — | 9 | — | — | — | 7 |
| 思练线 | — | — | — | 13 | 1 | — | — | 2 |
| 洪含线 | — | — | — | 7 | 1 | — | — | — |
| 埭菱线 | 2 | — | — | 9 | — | — | — | 1 |
| 何潘线 | — | — | — | 6 | — | — | — | 1 |
| 南七线 | 1 | — | — | 4 | — | — | — | 2 |
| 便南东矿线 | — | — | — | 1 | — | — | — | 1 |
| 便南南矿线 | — | — | — | — | — | — | — | 1 |
| 湖钢线 | — | — | — | — | — | — | — | 1 |
| 龙溪石矿线 | — | — | — | 1 | — | — | — | 1 |
| 康七线 | 1 | — | — | 4 | — | — | — | 1 |
| 大钱港 | 1 | — | — | 6 | — | — | — | — |
| 杨坛线 | 1 | — | — | 3 | — | — | — | 1 |
| 里山埠线 | — | — | — | 2 | — | — | — | 1 |
| 鸿仲坞线 | — | — | — | — | — | — | — | 1 |
| 龙山石矿线 | — | — | — | 1 | — | — | — | 1 |
| 候射支线 | — | — | — | 3 | — | — | — | 1 |
| 菱草线 | — | — | — | 7 | — | — | — | — |
| 苕三线 | 2 | — | — | 3 | — | — | — | 1 |
| 龙锁线 | — | — | — | 2 | — | — | — | — |
| 千善线 | — | — | — | 4 | — | — | — | 3 |
| 双善线 | — | — | — | 13 | — | — | — | 1 |
| 轧双线 | — | — | — | 7 | — | — | — | — |
| 洛吴线 | — | — | — | 11 | — | — | — | 1 |
| 南屺线 | — | — | — | 14 | — | — | — | 1 |
| 南乌线 | — | — | — | 3 | — | — | — | — |
| 宝石线 | — | — | — | 18 | 1 | — | — | 1 |
| 镇含线 | — | — | — | 15 | — | — | — | 4 |

续表 2-9-3

| 航道名称 | 枢纽数量(处) | 船闸数量（座） | | 水上过河建筑物数量(座) | | | 水下过河电缆（处） | 临河港口设施（座） |
|---|---|---|---|---|---|---|---|---|
| | | | 正常使用 | 桥梁 | 架空电线 | 管道 | | |
| 浅塘港 | — | — | — | — | — | — | — | — |
| 南门线 | 1 | — | — | — | — | — | — | — |
| 湖漾线 | — | — | — | 36 | — | — | — | 1 |
| 袥丁线 | — | — | — | 8 | — | — | — | — |
| 马辑线 | — | — | — | 4 | — | — | — | 1 |
| 横三线 | — | — | — | 6 | — | — | — | 1 |
| 晟太线 | 1 | — | — | 22 | — | — | — | — |
| 东锦线 | — | — | — | 2 | 1 | — | — | 2 |
| 菱石线 | — | — | — | 7 | — | — | — | 2 |
| 青菱线 | 1 | — | — | 9 | — | — | — | 3 |
| 防义线 | 1 | — | — | 14 | — | — | — | — |
| 毗浒线 | — | — | — | 8 | — | — | — | — |
| 八和线 | — | — | — | 9 | 1 | — | — | — |
| 青东线 | — | — | — | 2 | — | — | — | — |
| 横盛线 | — | — | — | 5 | — | — | — | — |
| 轧风线 | — | — | — | 6 | — | — | — | — |
| 漾袥线 | — | — | — | 5 | — | — | — | — |
| 上方线 | — | — | — | 14 | — | — | — | — |
| 九新线 | — | — | — | 7 | — | — | — | 2 |
| 四东线 | — | — | — | 10 | — | — | — | — |
| 花林支线 | — | — | — | 2 | — | — | — | — |
| 方丈港 | — | — | — | 7 | — | — | — | — |
| 下沈港 | — | — | — | 4 | — | — | — | 1 |
| 德新线 | 1 | 1 | 1 | 14 | — | — | — | 7 |
| 武德线 | 3 | — | — | 9 | — | — | — | 7 |
| 武太线 | — | — | — | 5 | — | — | — | 2 |
| 白三线 | — | — | — | 7 | — | — | — | 14 |
| 三箬线 | — | — | — | 3 | 1 | — | — | 5 |

续表 2-9-4

| 航道名称 | 枢纽数量(处) | 船闸数量（座） | | 水上过河建筑物数量(座) | | | 水下过河电缆（处） | 临河港口设施（座） |
|---|---|---|---|---|---|---|---|---|
| | | | 正常使用 | 桥梁 | 架空电线 | 管道 | | |
| 钟新线 | — | — | — | 6 | — | 1 | — | 6 |
| 德洛线 | — | — | — | 3 | — | — | — | 1 |
| 洛东线 | 1 | — | — | 2 | — | — | — | 1 |
| 下湘线 | 1 | — | — | 2 | — | — | — | 16 |
| 宝五线 | 1 | 1 | — | 7 | — | — | — | — |
| 双五线 | 1 | — | — | 1 | — | — | — | — |
| 杨坟支线 | — | — | — | — | — | — | — | 1 |
| 新思线 | — | — | — | 1 | — | 1 | — | 3 |
| 关帝庙支线 | — | — | — | 1 | — | — | — | — |
| 新五线 | — | — | — | 10 | — | 1 | — | 5 |
| 德徐线 | — | — | — | 16 | — | — | — | 4 |
| 陈座线 | — | — | — | 7 | — | — | — | 1 |
| 李湖南线 | — | — | — | 10 | — | 1 | — | 17 |
| 长兴新港 | — | — | — | 31 | 2 | 4 | — | 8 |
| 合溪新港 | — | — | — | 18 | 4 | 2 | — | 6 |
| 新火线 | — | — | — | 4 | — | — | — | — |
| 杨家浦支线 | — | — | — | 6 | — | — | — | — |
| 黄龙浜矿区航道 | — | — | — | — | — | — | — | 1 |
| 老虎洞矿区航道 | — | — | — | — | — | — | — | 1 |
| 陈桥矿区航道 | — | — | — | 1 | 2 | — | — | 1 |
| 石英矿区航道 | — | — | — | — | 1 | — | — | 2 |
| 陈湾矿区航道 | — | — | — | 1 | — | — | — | 1 |
| 金村埠矿区航道 | — | — | — | — | — | — | — | 1 |
| 座山湾矿区航道 | — | — | — | 1 | — | — | — | 2 |
| 毛柴园矿区航道 | — | — | — | 2 | — | — | — | 1 |
| 青山矿区航道 | — | — | — | 4 | — | — | — | 3 |
| 和平矿区航道 | — | — | — | 3 | — | — | — | 7 |
| 长城支线 | 1 | — | — | 2 | — | — | — | 1 |

续表 2-9-5

| 航道名称 | 枢纽数量(处) | 船闸数量（座） | | 水上过河建筑物数量(座) | | | 水下过河电缆（处） | 临河港口设施（座） |
|---|---|---|---|---|---|---|---|---|
| | | | 正常使用 | 桥梁 | 架空电线 | 管道 | | |
| 长城矿区航道 | — | — | — | 2 | — | — | — | 1 |
| 高阳桥支线 | — | — | — | 2 | — | — | — | 1 |
| 泗安线 | — | — | — | 16 | 6 | — | 1 | 7 |
| 黄土港 | — | — | — | 5 | — | 1 | — | 1 |
| 水口支线 | 2 | — | — | 18 | 3 | 1 | — | — |
| 长洪支线 | — | — | — | 10 | — | — | — | — |
| 李家巷支线 | — | — | — | 10 | 2 | — | — | 9 |
| 老鸭塘航道 | — | — | — | 1 | — | — | — | 2 |
| 管埭矿区航道 | 1 | — | — | 2 | — | — | — | 1 |
| 大云砂场航道 | — | — | — | 2 | — | — | — | 1 |
| 畎桥支线 | — | — | — | 8 | — | — | — | — |
| 白阜支线 | — | — | — | 6 | — | — | — | — |
| 里塘支线 | — | — | — | 6 | 2 | — | — | — |
| 赵丁线 | — | — | — | 5 | 1 | — | — | — |
| 赵夹线 | — | — | — | 8 | — | — | — | — |
| 车渚里支线 | — | — | — | 4 | — | 1 | — | — |
| 东新线 | — | — | — | 3 | — | — | — | — |
| 东庄线 | 2 | — | — | 6 | — | — | — | — |
| 潼钱线 | 1 | — | — | 3 | — | — | — | — |
| 钦汇港 | — | — | — | 8 | 2 | — | — | — |
| 观音桥支线 | 3 | — | — | 9 | — | — | — | — |
| 浑泥港 | — | — | — | 2 | — | — | — | 2 |
| 晓墅支线 | 1 | — | — | 1 | — | — | — | — |

## 二　航道船舶流量观测

湖州航区实行船舶流量观测航道是长湖申线。1996 年前，观测站设在城区八里店镇升山大桥上游，1997—1999 年设在三里桥，2000 年后设在南浔港航管理检查站。航道船舶流量观测统计指标为观测时间内通过指定观测断面船舶艘数，并按航向、船舶种类、船舶大小、主要货种和观测时段分类调查统计。观测时间一般每个月 10 日、20 日、30 日（2 月份为最后一天）3 天，亦可根据实际选择代表日常通航情况时间观测，连续观测时间 24 小时。

2006 年 9 月 27 日，交通部“内河航道视频分析系统”在湖州港航管理局南浔站完成最后设计和调试，并选为全国内河航道唯一试运行点。是交通部水上交通流量统计调查试点工作一个项目，由清华大学自动化系智能视觉研究室开发，2005 年 11 月在湖州、嘉兴等地测试。系统采用视频识别技术，统计经过定点航道断面船舶流量，计算船舶长度，估算载重吨，准确率 95%以上。

**长湖申线船舶流量观测汇总**

表 2-10

| 交通量 / 观测时间 | 通过船舶数量 | | 通过船舶吨位 | | 货物通过量 | | 备注 |
|---|---|---|---|---|---|---|---|
| | 数量(艘次) | 同比增长(%) | 船吨(万吨) | 同比增长(%) | 数量(万吨) | 同比增长(%) | |
| 1990 年 | 780979 | — | 3495.34 | — | — | — | — |
| 1991 年 | 868183 | 11.2 | 3880.20 | 11.0 | — | — | — |
| 1992 年 | 1017014 | 17.1 | 4875.58 | 25.7 | — | — | — |
| 1993 年 | 948912 | −6.7 | 4386.30 | −10.0 | — | — | — |
| 1994 年 | 806375 | −15.0 | 4544.12 | 3.6 | — | — | — |
| 1995 年 | 1002962 | 24.4 | 5381.98 | 18.4 | 2816.15 | — | — |
| 1996 年 | 842089 | −16.0 | 5432.05 | 0.9 | 2764.85 | −1.8 | — |
| 1997 年 | 711295 | −15.5 | 4748.63 | −12.6 | 2432.24 | −12.0 | — |
| 1998 年 | 482492 | −32.2 | 3856.30 | −18.8 | 2446.19 | 0.6 | — |
| 1999 年 | 593941 | 23.1 | 6092.94 | 58.0 | 3363.82 | 37.5 | — |
| 2000 年 | 578500 | −2.6 | 6355.00 | 4.3 | 3276.00 | −2.6 | — |
| 2001 年 | 556479 | −3.7 | 7070.62 | 11.7 | 3671.34 | 11.8 | — |
| 2002 年 | 549508 | −1.3 | 9077.81 | 28.4 | 4397.57 | 30.5 | — |
| 2003 年 | 385578 | −29.8 | 6528.19 | −28.1 | 2462.22 | −44.0 | 因江苏段航道施工，部分下行船舶绕道东宗线。 |

续表 2-10

| 交通量 / 观测时间 | 通过船舶数量 | | 通过船舶吨位 | | 货物通过量 | | 备注 |
|---|---|---|---|---|---|---|---|
| | 数量(艘次) | 同比增长（%） | 船吨(万吨) | 同比增长（%） | 数量(万吨) | 同比增长(%) | |
| 2004 年 | 378335 | –1.9 | 6418.52 | –1.7 | 2310.70 | -6.2 | — |
| 2005 年 | 402845 | 6.5 | 6744.24 | 5.1 | 3081.63 | 33.4 | — |
| 2006 年 | 357575 | –11.2 | 6599.44 | –2.1 | 3427.37 | 11.2 | — |
| 2007 年 | 412826 | 15.5 | 8130.72 | 23.2 | 3840.81 | 12.1 | — |
| 2008 年 | 435414 | 5.5 | 8610.44 | 5.9 | 4320.93 | 12.5 | — |
| 2009 年 | 351036 | –19.4 | 8135.61 | –5.5 | 3494.19 | –19.1 | 因长湖申线湖州段航道施工，部分船舶绕道湖嘉申线航道 |
| 2010 年 | 243198 | –30.7 | 9491.17 | 16.7 | 5106.93 | 46.2 | — |

说明：（1）1990 年至 1996 年为升山流量观测站统计数，1997 年至 1999 年为三里桥流量观测站统计数，2001 年至 2010 年为南浔流量观测站统计数；（2）1995 年以前无货物通过量观测资料

# 第二章　内河港口

前志载，1990年全市内河港口19个（湖州港、小浦港、李家巷港、雉城港、泗安港、梅溪港、安城港、新市港、德清城关港、武康港、双林港、菱湖港、和平港、南浔港、练市港、埭溪港、善琏港、织里港、和孚港）。全港有码头总延长13160米，1028个泊位，最大靠泊能力300吨级。

湖州港处长江三角洲产业带与杭州湾产业带结合处。自然条件良好，属亚热带季风气候区，温暖湿润，四季分明，雨热同季，冬冷少严寒、夏热少酷暑，降水充沛，日照充足，无霜期长。平均气温摄氏15.5℃～15.8℃，平均降雨量1200～1600毫米，市域出现雾期多在12月至次年3月，晚春及秋冬季节常有大雾出现。多年平均雾日26天，最多雾日43天，最少雾日15天。年平均相对湿度81%左右。

湖州港所处的长江中下游太湖流域水网密集。港区西部山区河道蜿蜒、曲折，落差较大，在洪水季节水流流量和流速很大，对河床局部有一定的冲刷，但河道走势基本不变；在枯水季节，流量流速变小，水流平缓，水体泥沙含量低，河道淤积较少。东部平原地带地势平坦，水位稳定，水流平稳，泥沙含量低。湖州市境各主要河道河岸稳定，河床冲淤变幅相对较小，河道走势基本不变。

1997年，第二次全国港口普查，湖州市内河港口21个（湖州港、菱湖港、南浔港、双林港、练市港、埭溪港、善琏港、和孚港、织里港、小浦港、李家巷港、雉城港、泗安港、和平港、陈湾港、座山湾港、新市港、武康港、德清港、梅溪港和安城港），其中陈湾港、座山湾港新增。

2004年11月，湖州港被列入交通部公布全国28个内河主要港口。

2005年4月，根据2004年1月颁布《中华人民共和国港口法》，启动《湖州港总体规划》编制工作。2006年2月完成，经市政府第37次常务会议审查通过后上报省政府及交通部。2008年1月，交通部和省政府联合批复同意全市21个内河港整合为1个湖州港。湖州港区域直接经济腹地从整合前湖州市区扩展为湖州市行政辖区，即吴兴区、南浔区、长兴县、德清县和安吉县，间接经济腹地为湖州邻界安徽广德、宁国地区及杭州临安地区。

2009 年，湖州港完成货物吞吐量 1.49 亿吨，与苏州港、南通港、南京港并列成为全国四大内河亿吨大港。湖州港货物吞吐量以出港为主，约占总吞吐量 81%。

2010 年末，湖州港六大港区 435 家码头单位拥有生产性码头泊位 1109 个，码头泊位总延长 56.8 公里，泊位年通过能力 1.4 亿吨，最大靠泊能力 1000 吨级。按泊位专业分，危险品泊位 116 个、旅客泊位 8 个、集装箱和多用途泊位 8 个，其余均为普通货物泊位。按码头使用性质分，公用码头 63 座，其余均为企业自有。专业化泊位和公用码头分别占总量 26%和 16%。年货物吞吐量 1.44 亿吨，其中出港 11311 万吨、进港 3046 万吨。出港物资以矿建材料、水泥、熟料和非金属矿石为主，进港物资以煤炭、原木、钢材为主。湖州港服务功能总体较弱，以传统装卸、储存、转运为主，缺乏仓储、分拨、配送、拆装箱等延伸服务和增值服务，港口辐射功能发挥和港口物流业发展受到制约。

## 第一节　港口设施

前志载，全市港口建设长期处于自发状态，基本没有专供船舶出入停泊水工建筑物，货物和旅客集散多利用河道自然岸滩或河边埠头搭跳作业。民国期间在长兴、德清县境始建几座轮船码头。解放后，码头建设加快，逐步形成数万吨至数百万吨吞吐能力内河港口 19 个。

20 世纪 90 年代，港口码头多为企业自备，以满足企业自身货物装卸需求为目的，投资少、规模小、装卸设备落后，大多采用“船—码头吊—堆场”简单装卸工艺流程，管理水平低，生产效率不高。码头起重机多为 5 吨或 8 吨，龙门起重机等大型设备较少。码头建设无相应等级标准和技术要求，大部分码头泊位临航道而建，挖入式港池较少。1994 年，辖区码头总延长 1.07 公里，码头泊位 821 个，生产用仓库和堆场 91 万平方米，装卸机械 1240 台，长度 9452 米。

2004 年，《中华人民共和国港口法》《港口建设管理规定》等法律法规颁布实施，湖州港口设施建设逐步趋于规范，码头建设投资规模逐年增大，港口设施得到较大改善。2006—2010年，全市陆续建成码头泊位68个，其中100吨级客运泊位2个、300吨级货运泊位15个、500吨级货运泊位47个、1000吨级货运泊位4个，累计投资7.45亿元。其中规模较大码头有湖州铁公水中转港码头、南浔安达物流码头、长兴捷通物流码头、德清升大物流码头、安吉川达物流码头等。

2010年末，全市码头总延长56.8公里，码头泊位1109个，生产用仓库（堆场）225万平方米，装卸机械1810台，长度32950米。装卸机械中，起重机械类570台（固定式起重机505台、汽车起重机6台、轮胎起重机12台、门座起重机1台、桥式起重机21台、门式起重机25台），输送机械类848台，长度32420米（其中气力输送机10台、皮带输送机829台），装卸搬运机械314台（叉式装卸车106台、单斗车80台、牵引车2台、搬运车14台、载重汽车112台），专用机械类78台（装船机9台、卸船机9台、推耙机2台、装车机14台、卸车机6台、取料机6台、斗轮堆取料机3台、集装箱起重机2台、装油臂27台）。

### 1994～2010年湖州市港口设施

表2-11

| 年份 | 码头总延长（米） | 码头泊位数（个） | 仓库（万平方米） | 堆场（万平方米） | 装卸机械 | |
|---|---|---|---|---|---|---|
| | | | | | 台 | 长度（米） |
| 1994 | 10681 | 821 | 23 | 68 | 1240 | 9452 |
| 1995 | 13220 | 885 | 25 | 121 | 1280 | 11452 |
| 1996 | 14718 | 939 | 26 | 133 | 1480 | 13478 |
| 1997 | 23382 | 753 | 26 | 103 | 1510 | 13828 |
| 1998 | 24700 | 790 | 22 | 104 | 1529 | 14276 |
| 1999 | 58047 | 1673 | 25 | 112 | 1541 | 15123 |
| 2000 | 57957 | 1660 | 26 | 108 | 1543 | 15225 |
| 2001 | 58243 | 1660 | 29 | 126 | 1525 | 16235 |
| 2002 | 56466 | 1553 | 25 | 132 | 1563 | 16252 |
| 2003 | 59703 | 1564 | 28 | 138 | 1585 | 16325 |
| 2004 | 60073 | 1533 | 31 | 141 | 1602 | 17125 |
| 2005 | 59406 | 1472 | 34 | 152 | 1623 | 17226 |
| 2006 | 58611 | 1318 | 39 | 168 | 1625 | 17355 |
| 2007 | 58052 | 1117 | 42 | 179 | 1712 | 24758 |
| 2008 | 59704 | 1125 | 44 | 187 | 1716 | 25399 |

续表 2-11

| 年份 | 码头总延长（米） | 码头泊位数（个） | 仓库（万平方米） | 堆场（万平方米） | 装卸机械 | |
|---|---|---|---|---|---|---|
| | | | | | 台 | 长度（米） |
| 2009 | 61142 | 1152 | 27 | 196 | 1678 | 25784 |
| 2010 | 56756 | 1109 | 26 | 199 | 1810 | 32950 |

**2010 年度湖州港分港区靠泊能力与通过能力**

表 2-12

| 港区名称 | 港口企业（家） | 最大靠泊能力（吨级） | 泊位年通过能力 | | |
|---|---|---|---|---|---|
| | | | 货物年通过能力(万吨) | 集装箱年通过能力（万 TEU） | 旅客年通过能力（万人） |
| 吴兴港区 | 86 | 1000 | 3925 | 4 | 6 |
| 南浔港区 | 101 | 1000 | 985 | 4 | 0 |
| 长兴港区 | 124 | 500 | 5795 | 0 | 12 |
| 德清港区 | 102 | 1000 | 2588 | 0 | 9 |
| 安吉港区 | 22 | 500 | 498 | 20 | 0 |
| 太湖旅游港区 | 0 | 0 | 0 | 0 | 0 |
| 合计 | 435 | 1000 | 13791 | 28 | 27 |

# 第二节　港口生产

湖州市港口生产规范化统计始于 1994 年。据 1997 年组织开展的全国第二次港口普查，全市 21 个内河港口中湖州港、李家巷港、小浦港、德清港被交通部列为规模以上港口，单独按月向交通部直报港口生产统计数据。

1994 年后，市境内河港口货物吞吐量逐年上升，其中出港量占 80%以上，出港货物以矿建材料、水泥、非金属矿石为主，进港货物以煤炭、成品油等能源物资为主。

2003 年，湖州港区出现集装箱装卸业务，同年，集装箱吞吐量列入统计范围。

2008 年，全市 21 个内河港整合为 1 个湖州港，下辖 6 个港区。2009 年 1 月起，所辖吴兴、南浔、长兴、德清、安吉和太湖旅游 6 个港区纳入湖州港统计范围，按 1 个湖州港口径上报统计数据。同年，湖州港完成货物吞吐量 14945 万吨，其中出港 12127 万吨、进港 2818 万吨，排名全国内河港口第二位，仅次于苏州港。

2010 年，湖州港货物吞吐量 14357 万吨，与苏州港、南通港、南京港并列为全国四大内河亿吨大港。

**湖州市历年港口生产综合指标**

表 2-13

| 年份 | 货物吞吐量（万吨） | | | 集装箱吞吐量（TEU、吨） | | | | | |
|---|---|---|---|---|---|---|---|---|---|
| | 出港 | 进港 | 合计 | 进港 | | 出港 | | 合计 | |
| | | | | TEU | 重量 | TEU | 重量 | TEU | 重量 |
| 1994 | 1473 | 180 | 1653 | — | — | — | — | — | — |
| 1995 | 1637 | 425 | 2062 | — | — | — | — | — | — |
| 1996 | 1917 | 658 | 2575 | — | — | — | — | — | — |
| 1997 | 1986 | 692 | 2678 | — | — | — | — | — | — |
| 1998 | 1836 | 485 | 2321 | — | — | — | — | — | — |
| 1999 | 2543 | 556 | 3099 | — | — | — | — | — | — |
| 2000 | 2724 | 664 | 3388 | — | — | — | — | — | — |
| 2001 | 3207 | 698 | 3905 | — | — | — | — | — | — |
| 2002 | 4342 | 1118 | 5460 | — | — | — | — | — | — |
| 2003 | 4825 | 1125 | 5949 | 367 | 1576 | 390 | 3197 | 757 | 4773 |
| 2004 | 7195 | 1514 | 8709 | 1244 | 16802 | 1114 | 6093 | 2358 | 22895 |
| 2005 | 9690 | 1465 | 11155 | 734 | 10804 | 539 | 5386 | 1273 | 16190 |
| 2006 | 11519 | 1801 | 13320 | 516 | 5322 | 342 | 4096 | 858 | 9418 |
| 2007 | 11347 | 2150 | 13497 | 482 | 6965 | 245 | 2066 | 727 | 9031 |
| 2008 | 11811 | 2512 | 14323 | 72 | 1026 | 9 | 23 | 81 | 1049 |
| 2009 | 12127 | 2818 | 14945 | 0 | 0 | 0 | 0 | 0 | 0 |
| 2010 | 11311 | 3046 | 14357 | 0 | 0 | 0 | 0 | 0 | 0 |

## 第三节　港口普查

前志载，1985 年开展全国第一次港口普查，据普查资料，市境吞吐量 500 万吨以上港口 1 个（湖州港），200 万 ~ 500 万吨港口 2 个（小浦港、李家巷港），100 万 ~

200万吨3个（雉城港、泗安港、梅溪港），50万~100万吨港口4个，20万~50万吨港口5个，20万吨以下4个。最大湖州港码头63座1986延长米，泊位160个，其中100吨级以上泊位109个，最大靠泊能力300吨级驳船。

1997年，开展全国第二次港口普查。湖州市港口普查由市港航管理部门具体实施。普查标准时间为1996年12月30日。普查范围为位于湖州市境内江、河、湖及人工运河、水库沿岸全部港口以及专用码头。普查对象为市境注册港口企业和从事港口生产活动的所有单位。普查数据显示，全市有21个内河港口（湖州港、菱湖港、南浔港、双林港、练市港、埭溪港、善琏港、和孚港、织里港、小浦港、李家巷港、雉城港、泗安港、和平港、陈湾港、座山湾港、新市港、武康港、德清港、梅溪港和安城港），有码头单位589家，码头泊位1675个（其中100吨级以下泊位648个，100~500吨级泊位1027个），码头长度58296米，泊位年通过能力4888万吨。

2008年，开展第三次全国港口普查。港口基础设施、设备、港口管理部门、港口经营人现状调查时点为2008年6月30日，港口吞吐量标准调查时段为2008年9月1—30日、2008年1月1日至6月30日和2007年，港口生产能源消费调查时段为2008年1月1日至6月30日。普查范围为市境内具有船舶进出、停泊、靠泊，旅客上下，货物装卸、驳运、储存等功能，具有相应码头设施所有港口。普查对象包括法定从事港口生产活动港口经营人、船厂、港口管理部门及使用港口岸线、陆域和水域涉港管理部门。普查数据显示，全市有内河港口1个，即湖州港，划分吴兴、南浔、长兴、德清、安吉和太湖旅游6大港区。全港陆域面积392.75万平方米，水域面积86.57万平方米。码头单位437家，码头泊位1097个（其中300吨级以下泊位430个，300~1000吨级泊位667个），码头长度59761米。

## 第四节　港区码头

1990年末，全市19个内河港口有客货运码头477座、总延长1.32公里，1028个泊位，最大靠泊能力300吨级。2008年1月，市境21个内河港口整合为1个湖州港，下辖吴兴、南浔、德清、长兴、安吉、太湖6大港区。2010年末，湖州港6

大港区435家码头单位有生产性码头泊位1109个，码头泊位总延长56.8公里，泊位年通过能力1.4亿吨，最大靠泊能力1000吨级。

## 一 吴兴港区

吴兴港区是湖州港核心港区，地处吴兴区（市区）。由原湖州港、埭溪港整合而成。主要运输煤炭、石油天然气、钢铁、粮食、矿建材料、化肥、工业制品、水泥、非金属矿、集装箱等。

1990年末，原湖州港区有码头63座1986延长米，泊位160个，最大靠泊能力300吨级。原埭溪港有码头3座165延长米，13个泊位，最大靠泊能力80吨级。

2010年底，整合后港区有码头单位86家，码头泊位245个，码头总延长12066米，最大靠泊能力1000吨级，泊位年通过能力3925万吨。全年货物吞吐量4835万吨，其中出港4091万吨、进港744万吨。港区规模较大码头为湖州铁公水中转码头。

**湖州铁公水中转码头** 占地33.33公顷，设计年吞吐能力131万吨，中转运量183万吨。铺设5股铁路装卸线，有挖入式港池一个，码头岸线长620米，沿岸线布置10个泊位，其中500吨级泊位1个，300吨级泊位9个，仓库2.2万平方米，堆场5.5万平方米，配有大型装卸机械15台、小型装卸机械5台、集卡运输车辆6辆，建有计算机应用操作系统，可实现铁水、铁公、公水互转的装卸作业。按功能区分为4个独立作业区，即煤炭及散货作业区、重件作业区、全天候作业区和综合作业区。中转主要货类有钢铁、煤、木材、饮食品及烟草制品等。

## 二 南浔港区

南浔港区由原南浔港、练市港、双林港、菱湖港、善琏港、织里港整合而成，港区以矿建材料、件杂货和集装箱运输为主。1990年，原南浔港、练市港、双林港、菱湖港、善琏港、织里港等6个港口有码头104座，总延长3853米，泊位183个，最大靠泊能力100吨级。2010年底，整合后南浔港区有码头单位101家，码头泊位215个，码头总延长9856米，最大靠泊能力1000吨级，泊位年通过能力985万吨。全年货物吞吐量726万吨，其中出港149万吨、进港577万吨。规模较大码头为南浔鑫达国际物流码头。

**南浔鑫达国际物流码头**　占地 17.87 公顷，内设 5 万平方米原木和建材堆场、3500 平方米的综合办公大楼、5000 平方米的监管仓库及 5000 平方米出入境货物（集装箱）固定堆放地和与之配套机械设备、辅助用房。2004 年，湖州南浔海关监管点和湖州检验检疫局南浔办事处入驻南浔鑫达物流中心。2005 年 9 月，南浔监管点检验检疫设施通过省级验收，监督点内设海关监管仓库、检验检疫的熏蒸用房、监管查验区域、内支线码头、集装箱堆场，报关、报检、船代、货运、集运综合办公大厅。

## 三　长兴港区

长兴港区由原雉城港、小浦港、李家巷港、泗安港、和平港、陈湾港和座山湾港整合而成，以水泥、矿建材料、煤炭、非金属矿石运输为主。1990 年，原雉城港、小浦港、李家巷港、泗安港、和平港等港口有码头 198 座，总延长 2605 米，泊位 442 个，最大靠泊能力 100 吨级。2010 年底，整合后长兴港区有码头单位 124 家，码头泊位 348 个，码头总延长 17309 米，最大靠泊能力 500 吨级，泊位年通过能力 5795 万吨。全年完成货物吞吐量 3854 万吨，其中：出港 2995 万吨，进港 859 万吨。港区规模较大码头为长兴捷通物流码头。

**长兴捷通物流码头**　占地约 30 公顷，其中码头占地 18 公顷。园区分两期建设，一期工程 2006 年 6 月改建竣工，有 165 米 × 62 米开挖式港池 1 个，500 吨级泊位 8 个，岸线总长 750 多米。二期工程 2010 年 4 月开工，新建 3 个煤炭泊位（300 吨级兼靠 500 吨级）、2 个多用途泊位（500 吨级兼靠 1000 吨级），泊位总长度 251 米，同时建设长兴地区物流交易信息平台，总投资约 2.3 亿元。

## 四　德清港区

德清港区由原德清港、武康港、新市港整合而成，以水泥、矿建材料、化工原料运输为主。1990 年，原德清港、武康港、新市港有码头 66 个，总延长 1069 米，泊位 95 个，最大靠泊能力 100 吨级。2010 年底，整合后德清港区有码头单位 102 家，码头泊位 244 个，码头总延长 13477 米，最大靠泊能力 1000 吨级，泊位年通过能力 2588 万吨，全年完成货物吞吐量 4294 万吨，其中出港 3514 万吨、进港 780 万吨。规模较大码头是德清升大物流码头。

**德清升大物流码头**　2007年，德清升大物流有限公司依托京杭大运河、09省道及申嘉湖杭高速公路等众多交通优势筹建以德清新市为基地钢材板材交易集散中心，总投资8000万元，占地120亩。2008年初，一期工程动工，2010年3月完工并投入试运营，建有挖入式港池1个，码头泊位5个，其中1000吨级泊位1个、500吨级泊位4个，占用岸线长度450米，堆场3个，16~36吨行车7台，5吨吊车1台。

## 五　安吉港区

安吉港区由原梅溪港、安城港整合而成。以水泥、矿建材料及竹制品运输为主。1990年，原梅溪港码头23座、泊位67个（最大靠泊能力150吨级），安城港码头9座（总延长1017米）、泊位40个（最大靠泊能力100吨级）。2010年底，整合后安吉港区有码头单位22家，码头泊位57个，码头总延长4048米，最大靠泊能力500吨级，泊位年通过能力498万吨。全年完成货物吞吐量648万吨，其中出港562万吨、进港86万吨。港区规模较大码头为安吉川达物流码头。

**安吉川达物流码头**　位于安吉县递铺镇马家村，规划总投资4500万美元，其中澳门恒达控股有限公司持82%股份，安吉亚川物流有限公司持18%股份。2007年底开工建设，占地198676平方米，建设500吨级集装箱泊位5个，年设计吞吐能力20万标箱，2010年9月川达物流码头工程（水工部分）通过交工验收，2010年11月投入试运行。

## 六　太湖旅游港区

太湖旅游港区为新建港区，主要为太湖水上旅游客运服务。2009年10月21日太湖名爵游艇俱乐部码头建设奠基，建设期3年。2010年6月25日，太湖旅游度假区组织港口、航道、海事、水利等部门评审码头初步设计方案。太湖名爵游艇俱乐部按照国际白金五星级会所标准设计，占地11.2公顷，规划水上游艇码头泊位300个，总投资3亿元，其中涉水项目投资约1.5亿元。

# 第三章 水路运输

湖州拥有丰富的水运资源，被誉为“东方小莱茵河”的长湖申线以及京杭运河、湖嘉申线、杭湖锡线、东宗线等5条干线航道和东苕溪、梅湖线、武新线、泗湖线、李湖南线等5条支线航道构筑起便捷的航运网络。水上货运具有运量大、运距长、运价低的优势，在湖州综合运输网中具有主导地位。2010年，湖州航区年货运量、货物周转量分别占全市水陆货物运输总量的62.5%和82%。1991—2010年间，随着经济社会的持续快速发展，湖州水运业走过了一个航道基础条件日益改善、运输装备水平不断提高、水上运输能力不断增强的发展过程。全市水运运力规模从20世纪90年代初的33万吨发展到2010年的143万吨。船舶营运效率大幅提升，水泥船和挂桨机船舶逐步退出水运市场，标准化、大吨位钢质货船成为水运市场主要工具。水路客运船舶从出行工具转换为水上旅游观光载体，成为21世纪湖州水运经济发展新亮点。水路运输企业大胆创新，诚信经营，重新焕发出勃勃生机。

## 第一节 水运工具

湖州水运工具历史可追溯到史前，1957年在湖州市钱山漾发掘出的青桐木文物，经考证为4700年前船桨。独木舟、筏子起源于石器时代。进入青铜器时代，人类已能将木材加工成木板造船。秦时出现以风作动力帆船，至明朝已十分普及。从14世纪到20世纪初，木帆船一直是湖州主要水运工具。20世纪20年代始，以蒸汽机、汽轮机为动力船舶逐渐增多。20世纪70年代后期，以柴油机为动力船舶成为境内水运工具主体。造船材料从木材发展到钢丝网水泥、钢铁。1990年末，全市机动运输船舶7018艘、159859载重吨（单船平均吨位22.78吨），非机动运输船2673艘、181945吨位。专业运输企业281艘机动船舶中，钢质船253艘，水泥质船 25 艘，木质船 3 艘。1991—2010 年，湖州航区运输船舶全面实现钢质化，逐步实现从小吨位到标准化大吨位，从低效益到高效节能转变。2010 年末，全市营运机动货船 5256 艘、总运力 1389340 载重吨（单船平均吨位 264 吨），最大吨级单船 700 吨位，营运非机动船（驳船）308 艘，37728 吨位。

## 一　机动船

### 货船

前志载，湖州市境机动货船始现于 20 世纪 20 年代，汽油机功率 20 马力左右，载重 10 ~ 20 吨，为木质船体，一般货客兼营。新中国成立后，机动货船增多。1960 年代末，出现机驾合一“挂浆机船”。1980 年后，水上个体运输兴起，农村营运机动船中，绝大多数为钢丝水泥质挂浆机船，船艉装置 1 ~ 3 台柴油机，驾驶室在货舱（统舱）后，有的仅用舵杆操纵方向（如图）。1990 年末，全市机动货船 7018 艘、159859 吨位，其中自载货轮仅 52 艘（最大货轮主机为 120 马力柴油机，载重 60 吨），冷藏船、活畜运输船、散装水泥船等专用货船更少，大量是挂浆机散货船。以钢质挂浆机船和钢丝水泥质挂浆机船为主机动货船承担湖州航区近半矿建材料、煤炭等散货水路运输。

水泥质挂浆机船

钢丝水泥质船体自身重、阻力大、抗碰性差，1990 年后逐步淘汰，钢质挂浆机船相对发展较快。1993 年 7 月始，市港航管理部门停止水泥质营运船舶入籍办证，水泥质船进入主干线航道实施通行证制度，同时启动“水泥质营运船淘汰”工程。

1997 年始引导发展大吨位船舶。湖州市航运管理处与省港航局、市航运实业总公司联合承担交通部科技攻关项目“浙北航道网 300 吨级集散两用自航驳研制”。1998 年 3 月，“湖新 1 号”集散两用自航驳在湖航船厂顺利下水试航，为湖州水运史上第一艘营运集装箱船舶（如图）。项目总投资70余万元。船体总长42米、型宽6.8米、型深2.4米、吃水1.8米。可装6米标准集装箱16TEU，散货302吨。主机采用2台X4105BC-15柴油机，并采用先进360全回转导管Z型推进装置。满载航速10.5公里/小时。

湖州市第一艘营运集装箱船

2000年末，全市机动货船5423艘、348530吨位。其中油船7艘、806吨位，集装箱船1艘、16TEU，300吨级自航货轮5艘（属湖州航运总公司）。机动货船中大多为挂浆机散货船。

2002年底,湖州在全省率先全部淘汰营运水泥质船舶,湖州航区机动船步入钢质化时代。2000—2002年，全航区销毁营运水泥质船819艘。

营运挂桨机船拆解

2001年，根据国家治理太湖环境污染计划，制定《湖州航区淘汰挂桨机船舶工作方案》，引导水运企业与个体船户发展大吨位先进船舶。市航运管理部门将挂桨机船舶改造成落舱机船舶列为科研项目，列入浙江省科技计划发展专项资金项目。2001年10月，省交通厅组织专家鉴定。鉴定委员会认为项目较好解决船舶油污、噪音等难题，具有良好推广应用前景。

标准化大吨位运输船

2002年，全面启动营运挂桨机船淘汰工作。2006年11月29日，湖州航区最后一艘营运挂桨机船“浙湖州挂 03201”在南浔区善琏镇含山丰顺造船厂解体。2002—2006 年，全市有 5075 艘营运挂桨机船陆续淘汰出水运市场。

2009—2010 年，湖州航区大吨位标准化船舶累计新增 1022 艘，新增水运运力 40.6 万载重吨。至 2010 底，全市在册营运机动货船 5256 艘，总吨位 1389340 吨，最大净载重量单船“莱茵沥青 01”总长 50 米、型宽 10.8 米、型深 3.3 米，总吨 496、净吨 277、净载重吨 866，功率 368 千瓦。机动货船中有油船 16 艘、3914 总吨位，集装箱船 1 艘、596 总吨位、30TEU。

## 拖船

拖船自身有动力装置，用于拖带其他船只或浮体。前志载，1953 年，湖州国营航运公司始有 3 艘拖船，均为木质船体，以蒸汽机为动力。1990 年末，全市有拖船 267 艘，总功率 20810 千瓦，专业水运企业 208 艘拖船均为钢质船体。

拖船拖带一列式船队

1995 年末，全市拖船 257 艘，总功率 23132.5 千瓦。2000 年末，全市有拖船 140 艘，总功率 14723.7 千瓦。2005 年末，全市拖船 108 艘，总功率 12658 千瓦。2010 年末，全市有拖船 32 艘，总功率 4547 千瓦。

## 客船

前志载，清同治十二年（1873），有客轮（杭州—上海）途经德清新市镇；清光绪二十一年（1895），湖州至上海客轮通航。清光绪三十三年（1907），湖州轮船局成立，经营湖州至杭州、苏州和常州客轮。民国期间客轮增多，一般客轮长 20 米左右，宽 3～4 米，载客 50～100 人，均为木质船体。解放后直至 20 世纪 80 年代初，湖州客轮主要由水上专业运输企业经营，数量 30 艘左右。一般客轮长 24～27 米、宽 4～5 米，客位 100～200 个，客舱有单层、双层两种。70 年代钢质客轮增多，1977 年由湖州航运总公司船厂制造最大内河钢质客轮有客位 266 个。1983 年运输市场开放后，出现个体经营客轮。1990 年末，全市大小客轮 55 艘、4776 客位，均以柴油机作动力，船体大多钢质，有少量钢丝网水泥质。

湖航公司客运所经营的客轮及客驳

1991 年，湖州航区在册营运客船 51 艘、4405 客位，船型均为钢质机动客轮。随公路客运迅速发展，水路客运业务萎缩，湖州市内河航运公司和湖州市航运总公司分别于 1992 年 10 月和 1993 年 8 月停止客船经营。1994 年，湖州航区在册营运客船 29 艘、1783 客位，全部为农村个体经营小客轮。

1999 年 4 月，首架实用地效翼船天翼 I 型利群号在湖州太湖乐园新建地效翼船基地下水首航，由中国科技院地效翼飞行器中心开发研制。地效翼船学名地效飞行器，是介于飞机和船舰之间交通工具，飞行时距离水面一米，也可在水面上漂浮 24 小时，飞行速度每小时 100～600 公里，除快捷、安全外，还具环保、平稳等特点，公认为 21 世纪新型水上交通工具。国际上率先将此技术运用到民用交通是中国，太湖地效翼船载入交通部《中国交通五十年大事记》。至 2001 年，太湖地效翼船累计接待国内外游客约 4000 人次，每次可载客 10～14 人。

太湖乐园地效翼船

2000 年 7 月，市航管部门整顿个体经营水上小客轮，禁止个体户经营 30 客位以上客船。湖州航区（长兴县境和湖州市郊）仅存 19 艘从事营运个体小客轮全部停航注销。至此，湖州水网地带延续数千年的旅客船运经营画上句号。

2004 年，湖州水上旅游业逐渐兴起。一批游船公司相继成立，用以水上景点观光的旅游客船在航区出现。

湖州市区水上观光旅游客船

2010 年末，全市在册营运游客船 41 艘、965 客位，船舶类型主要有钢质、铝合金和玻璃钢三种。

**湖州市水路运输行业历年机动船舶**

表 2-14

| 年份 | 艘数（艘） | 载重吨（吨） | 载客量(客位) | 功率(千瓦) |
|---|---|---|---|---|
| 1991 | 6764 | 144550 | 4505 | 98192 |
| 1992 | 6751 | 178952 | 3711 | 102908 |
| 1993 | 7845 | 247117 | 2171 | 140206 |
| 1994 | 5920 | 236644 | 1783 | 128129 |
| 1995 | 6519 | 272937 | 1957 | 141556 |
| 1996 | 5759 | 248710 | 1767 | 131645 |
| 1997 | 5654 | 241476 | 1667 | 135492 |
| 1998 | 7250 | 397953 | 1387 | 195934 |
| 1999 | 6907 | 397861 | 1387 | 192619 |
| 2000 | 5623 | 348530 | 0 | 169414 |
| 2001 | 6445 | 487616 | 0 | 239419 |
| 2002 | 7464 | 709282 | 0 | 371081 |
| 2003 | 7092 | 770265 | 0 | 425046 |
| 2004 | 6931 | 894766 | 128 | 507877 |
| 2005 | 5293 | 866114 | 242 | 525975 |
| 2006 | 4893 | 1006938 | 455 | 600049 |
| 2007 | 4975 | 1049410 | 561 | 620917 |
| 2008 | 4892 | 1036792 | 495 | 612271 |
| 2009 | 5008 | 1142052 | 711 | 646486 |
| 2010 | 5256 | 1389340 | 965 | 803246 |

## 二 非机动船

非机动营运船舶主要分木帆船和驳船。前志载，湖州平原水乡民间货运自古赖于木帆船。1952 年，市境各类木帆船 1818 艘、28000 余载重吨。1956 年社会主义改造时 30 吨以上木帆船并入国营航运企业改作拖驳。1970 年后，以橹、帆、纤作动力木帆船大量淘汰。1990 年末，全市非机动运输船 2647 艘、191855 吨位，湖州国营航运企业仅存 1 艘（10 吨）营运木帆船，用于短途运输。驳船自身无动力装置，靠机动船带动。按用途分客驳、货驳，按船体材料分木驳、钢丝水泥驳、钢驳。

1991 年，湖州航区营运驳船 2440 艘、173895 载重吨，占全市水运总运力 55%，1995 年 2247 艘、175961 吨位。

20 世纪 60 年代至 90 年代中期，湖州航区货物水运方式以拖轮拖带多艘驳船（一列式拖带船队）为主，小型机动货船为辅。以机动船拖带驳船运输虽然运量大，但航次周转慢、用工多、效率低、安全性能差、经营成本高。随航道改善、等级提高，大吨位自航驳渐增，“九五”期间驳船数量明显下降。

2001 年，全市在册营运非机动船（驳船）1156 艘、98482 载重吨，比 1991 年艘数和运力规模下降一半左右，运力规模仅占全市水运总运力 17%。

进入 21 世纪后，大批船龄长、船质差、吨位小驳船退出水运市场。根据“长三角”区域航道条件，驳船运输还保留一定市场份额。2010 年底，全市在册营运非机动船（驳船）308 艘、37728 载重吨，分别占全市营运船舶总量 6%和 3%。

**水路运输行业历年非机动营运船舶**

表 2-15

| 年份 | 艘数（艘） | 载重吨（吨） | 年份 | 艘数（艘） | 载重吨（吨） |
|---|---|---|---|---|---|
| 1991 | 2440 | 181307 | 2001 | 1156 | 98482 |
| 1992 | 2425 | 175465 | 2002 | 995 | 86895 |
| 1993 | 2481 | 181907 | 2003 | 1197 | 108595 |
| 1994 | 2302 | 178005 | 2004 | 1140 | 108251 |
| 1995 | 2247 | 175961 | 2005 | 1036 | 104087 |
| 1996 | 2319 | 177719 | 2006 | 776 | 83641 |
| 1997 | 2188 | 174166 | 2007 | 588 | 63538 |

续表 2-15

| 年份 | 艘数（艘） | 载重吨（吨） | 年份 | 艘数（艘） | 载重吨（吨） |
|---|---|---|---|---|---|
| 1998 | 2066 | 164879 | 2008 | 496 | 55917 |
| 1999 | 1370 | 115750 | 2009 | 369 | 41599 |
| 2000 | 1226 | 103718 | 2010 | 308 | 37728 |

## 三　航务工程船

湖州航区航务工程船主要由湖州市交通工程处和浙江省疏浚工程有限公司两家企业经营，船舶种类有挖泥船、运泥船、吹泥船、打捞船等，主要从事水下疏浚、打捞清障、桥梁施工等业务。20 世纪 90 年代初期，船舶吨位相对较小，施工工艺相对简单，部分船舶还是钢丝水泥质船体。进入 21 世纪，两家企业陆续添置一批吨位较大、技术含量高、施工快捷航务工程船。较具代表性有海狸系列挖泥船、50 吨和 100 吨级打捞船等。

浙海捞 001 号

2005 年 3 月，浙北航区最大打捞船——浙海捞 001 启用，由湖州市港航管理局投资建造，具有自航能力，单船起吊能力 60 吨、拼浮箱后起吊能力 100 吨。打捞船总长 31.58 米，拼装船组总宽（Bmax）19.4 米，型宽 8.60 米，型深 2.5 米，设计吃水(航行/打捞)1.2 米/1.6 米，航速大于 13 千米/小时，配员 8 人，扒杆总长 13.5 米，主机功率 140 千瓦 ×2。按照中华人民共和国船舶检验局《内河钢质船建造入级规范（2002）》《内河钢质工程船建造规范（1998）》以及有关船舶检验规程设计建造，为拼装式自航打捞船，适用航区长江 B 级，作业区域为杭嘉湖内河水系，主要用于打捞救助及清障作业。

# 第二节 水上客运

## 一 客运航线

前志载，市境自唐代有固定航线“航船”从事旅客运输。明清时“航船”运输鼎盛。“航船”航线“东至上海、嘉兴，西至四（泗）安、梅溪，南至杭州，北至苏州，及各县、各村镇皆有之，有日航船和夜航船之分”[①]。清光绪二十年（1894），湖州创办泰昌义记申杭湖轮船公司，有“泰昌”小轮行驶湖州、杭州与上海之间。清光绪二十三年（1897），招商局上海公司在湖州设轮运分公司，开辟湖州至南浔、嘉兴和上海轮船客运航线。清光绪三十二年（1906），湖州易商轮船公司等内河小轮航运企业增多，先后开辟湖州至苏州、常州、长兴等多条航线。民国21年（1932），市境内河轮船公司25家，各自经营客运航线有湖州至上海、嘉兴、乌镇、震泽、平望、苏州、无锡、杭州、塘栖等跨市航线，境内湖州至长兴县、德清县及菱湖、练市、双林、泗安、梅溪、晓墅等镇均有轮船航线通达。1956年私营轮船业实行社会主义改造，经营体制变革，经营航线基本不变。1963年，境内客运航线由湖州区航运局客运所统一经营，新增湖州至织里、大钱、东林、南浔、和平等航线。1985年，国营湖州航运总公司客运所经营客运航线17条，另有不定期旅游航线4条。营运航线总长960公里，停靠点217个。

20世纪90年代初，全市水路客运航线由交通部门2家水运企业经营，另有部分个体经营农村小客班航线。1990年，市航运总公司和市内河航运公司经营水路客运航线有18条。随着乡镇公路建设加快，水路客运量开始萎缩，湖航总公司客运所1990年客运量仅180万人次，比1985年362万人次下降50%多。企业客运成本居高不下，客运企业严重亏损。1992年10月，市内河航运公司停止湖州—石淙和湖州—洛舍两条水路客运航线经营。1993年8月5日，市航运总公司客运分公司最后一条水路客运航线终止经营。1994年，湖航客运分公司解体。湖州市水运企业退出客运市场后，湖州航区部分乡镇与乡村水路客运一直由个体（联户）承担。1994

① 据清同治《湖州府志》卷33《物产下》

年，有农村小客班船 29 艘、1783 客位， 1999 年 26 艘、1387 客位，2000 年尚存 19 艘全部退出水运市场。

进入 21 世纪，水上旅游作为湖州旅游业配套项目渐兴。2002 年 5 月，湖州太湖乐园游船公司成立（后更名为湖州太湖地效翼船有限公司），在南太湖率先开通太湖旅游观光、湖州—无锡、湖州—苏州 3 条省际高速客运航线。2004 年 5 月，德清县下渚湖游船有限公司（后更名为浙江华泰旅业有限公司）成立，开通下渚湖湿地风景区水上旅游客运航线。2007 年 5 月，湖州红卫实业有限公司成立，开通湖州天鹅游艇休闲中心码头—杭长桥—凤凰大桥—新港口和太湖沿岸游览（湖州辖区水域新港口至太湖乐园）2 条水上旅游客运航线。同年 10 月，湖州南太湖游船有限公司成立，开通太湖乐园—长田漾湿地和太湖沿岸（太湖乐园至湖鲜街）—小梅口—小梅大桥 2 条水上旅游客运航线。2009 年 4 月，长兴仙山湖旅游投资开发有限公司成立，开通仙山湖景区水上旅游客运航线。2010 年 2 月，湖州水城文化旅艺有限公司成立，开通项王码头至中兴大桥、市民广场水上旅游客运航线。至 2010 年 12 月，全市水上旅游客运企业 6 家，共 41 艘客船、965 客位。

### 1991 年湖州市水运企业经营客运航线汇总

表 2−16

| 序号 | 经营航线 | 经营企业 | 船名号 | 客位 | 功率(匹) |
|---|---|---|---|---|---|
| 1 | 湖—菱—申 | 湖州市航运总公司 | 湖州客 825 | 160 | 150 |
| 2 | 申—菱—湖 | 湖州市航运总公司 | 湖州客 826 | 160 | 150 |
| 3 | 湖—长—崇 | 湖州市航运总公司 | 湖州客 811 | 148 | 80 |
| 4 | 崇—长—湖 | 湖州市航运总公司 | 湖州客 813 | 134 | 80 |
| 5 | 乌—湖—长(兴) | 湖州市航运总公司 | 湖州客 828 | 120 | 80 |
| 6 | 长(兴)—湖—乌 | 湖州市航运总公司 | 湖州客 817 | 120 | 80 |
| 7 | 埭—浔—埭 | 湖州市航运总公司 | 湖州客 814 | 134 | 80 |
| 8 | 梅—湖—梅 | 湖州市航运总公司 | 湖州客 823 | 120 | 100 |
| 9 | 湖—梅—湖 | 湖州市航运总公司 | 湖州客 812 | 150 | 80 |
| 10 | 善—湖—林 | 湖州市航运总公司 | 湖州客 803 | 95 | 80 |
| 11 | 林—湖—善 | 湖州市航运总公司 | 湖州客 805 | 93 | 80 |
| 12 | 善—德 | 湖州市航运总公司 | 湖州客 810 | 95 | 80 |
| 13 | 菱—湖 | 湖州市航运总公司 | 湖州客 804 | 250 | 120 |
| 14 | 花—湖—德—钟 | 湖州市航运总公司 | 湖州客 815 | 92 | 80 |

续表 2-16

| 序号 | 经营航线 | 经营企业 | 船名号 | 客位 | 功率(匹) |
|---|---|---|---|---|---|
| 15 | 钟—德—湖—花 | 湖州市航运总公司 | 湖州客 821 | 120 | 100 |
| 16 | 湖—杭—湖 | 湖州市航运总公司 | 湖州客 816 | 154 | 150 |
| 17 | 湖州—洛舍 | 湖州市内河航运公司 | 湖州航 001 | 80 | — |
| 18 | 湖州—石淙 | 湖州市内河航运公司 | 湖州航 002 | 80 | — |

## 2000 年湖州市注销小客班客运航线

表 2-17

| 序号 | 船名 | 经营单位（人） | 许可证编号 | 营运证编号 | 经营航线 | 里程 | 客位 | 主机功率（千瓦） |
|---|---|---|---|---|---|---|---|---|
| 1 | 浙湖客 003 | 孙士元 | 1-1430149 | 1430149 | 长超—菱湖 | 13 | 40 | 8.82 |
| 2 | 浙湖客 005 | 沈阿根 | 1-1430230 | 1430230 | 石淙—湖州—东林 | 57.3 | 96 | 29.4 |
| 3 | 浙湖客 006 | 朱福民 | 1-1430124 | 1430124 | 善琏—湖州 | 38.1 | 88 | 58.8 |
| 4 | 浙湖客 007 | 沈敏芳 | 1-1430125 | 1430125 | 新市—湖州 | 43.6 | 88 | 58.8 |
| 5 | 浙湖客 008 | 沈瑞庆 | 1-1430229 | 1430229 | 石淙—湖州—东林 | 57.3 | 96 | 29.4 |
| 6 | 浙湖客 009 | 杨月才 | 1-1430122 | 1430122 | 泉溪—湖州 | 30.8 | 92 | 58.8 |
| 7 | 浙湖客 010 | 朱树荣 | 1-1430209 | 1430209 | 下昂—湖州 | 18.9 | 60 | 17.64 |
| 8 | 浙湖客 016 | 菱湖镇南商林村 | 1-1430120 | 1430120 | 南商林—菱湖 | 6 | 60 | 8.82 |
| 9 | 浙湖客 019 | 石淙乡石淙村 | 1-1430341 | 1430341 | 石淙—新市 | 13.2 | 60 | 8.82 |
| 10 | 浙湖客 0001 | 金岳群 | 2-200264 | 04-24001 | 大居庄—长兴 | 8.6 | 60 | 11.04 |
| 11 | 浙湖客 0002 | 王培火 | 2-200265 | 04-24002 | 潼桥长兴 | 14.6 | 60 | 17.64 |
| 12 | 浙湖客 0004 | 倪伯林 | 2-200266 | 04-24003 | 杨家浦—长兴 | 15.5 | 60 | 17.64 |
| 13 | 浙湖客 0006 | 沈桂明 | 2-200271 | 04-24008 | 沈家坝—湖州 | 22.3 | 60 | 17.64 |
| 14 | 浙湖客 0007 | 金新明 | 2-200267 | 04-24004 | 沈家坝—长兴 | 19.5 | 60 | 17.64 |
| 15 | 浙湖客 0008 | 管顺毛 | 2-200272 | 04-24009 | 横山—湖州 | 13 | 60 | 17.64 |
| 16 | 浙湖客 0009 | 倪阿文 | 2-200273 | 04-24010 | 林城—湖州 | 31.5 | 40 | 17.64 |
| 17 | 浙湖客 0010 | 蒋树元 | 2-200268 | 04-24005 | 南蒋村—长兴 | 10.8 | 40 | 8.82 |
| 18 | 浙湖客 0011 | 陈勤方 | 2-200269 | 04-24006 | 杨家村—长兴 | 14.6 | 45 | 8.82 |
| 19 | 浙湖客 0015 | 包玉轩 | 2-200276 | 04-24013 | 小沉渎—湖州 | 13.5 | 60 | 8.82 |

## 二　客运码头

前志载，市境水上客运船舶长期利用驳岸停靠。湖州市区首个客运轮船码头建于1954年。1990年，全市客运码头9座，分别为湖州轮船码头、菱湖客运码头、南浔客运码头、双林客运码头、练市客运码头、新市客运码头、德清客运码头、梅溪客运码头、长兴客运码头。年水路客运量270万人次、旅客周转量4904万人公里，分别占全市水陆客运总量的8.8%和5.1%。

1993年8月，湖州航运总公司水上客运业务停止，湖州最大客运码头（菜花泾客运码头）改作他用。2000年7月，全市仅存19艘个体客运班船被注销禁运。各地原有客运码头陆续退出客运市场。

2002年5月，湖州太湖乐园游船公司成立，拥有营运客船1艘，10客位，建客运码头1座，在南太湖率先启动水上旅游项目。

2010年底，全市客运码头6座，分别为湖州太湖地效翼船有限公司客运码头、湖州红卫实业有限公司客运码头、湖州南太湖游船有限公司客运码头、长兴仙山湖旅游投资开发有限公司客运码头、德清县下渚湖旅游服务有限公司客运码头、湖州水城文化旅艺有限公司水上景观码头。年水路客运量26万人次、旅客周转量163万人公里，分别为全市水陆客运总量0.26%和0.05%。

**湖州城区轮船码头**　前志载，湖州城区第一个轮船码头建于1954年，位于新开河，为二级浆砌块石重力式结构，岸线长137.5米，候船室203平方米。1982年码头经营客运航线39条，春节期间日客流量1万余人次，码头难以适应。同年5月，在湖州城区南门菜花泾新建湖州轮船客运码头，1985年8月建成投入使用。码头为钢筋滚动扶壁式顺岸结构，岸线长250米，泊位5个，可靠泊150吨级船舶，候船室1000平方米。随水上客运衰落，客运码头于1994年改作他用。2000年10月，码头有偿转让，改建为湖州汽车配件经营市场。

**湖州城区水上景观码头**　湖州中心城区项王公园东码头、长岛码头为水上景观配套工程，是游船航行途中停靠点。项王公园东码头新建游船泊位1个，码头长度20米；长岛码头新建游船泊位1个，码头长度22米。两码头均由固定部分和浮动趸船部分组成。工程于2010年9月开工，同年12月完工。（2011年3月工程通过交工验收，浮动趸船经杭州船舶检验机构检验合格，并投入试运行。）

## 三 历年客运量

从14世纪至20世纪五六十年代，湖州水上客运一直独占鳌头。20世纪70年代，公路客运占据主导地位，水上客运量萎缩。1991年，水上客运量为全行业客运量6.4%，1995年降至0.94%，2000年仅占0.075%，2001—2003年水上客运量为零。2004年始，水上景观旅游兴起，客运量有所提升，但非出门交通形式，而是玩乐方式。

**1991—2010年湖州市水路运输行业客运量**

表2-18

| 年份 | 客运量（万人） | 客运周转量（万人公里） | 年份 | 客运量（万人） | 客运周转量（万人公里） |
|---|---|---|---|---|---|
| 1991 | 214 | 3702 | 2001 | 0 | 0 |
| 1992 | 179 | 2948 | 2002 | 0 | 0 |
| 1993 | 89 | 1175 | 2003 | 0 | 0 |
| 1994 | 70 | 1069 | 2004 | 2 | 14 |
| 1995 | 50 | 752 | 2005 | 8 | 49 |
| 1996 | 52 | 817 | 2006 | 9 | 53 |
| 1997 | 25 | 442 | 2007 | 9 | 49 |
| 1998 | 17 | 256 | 2008 | 6 | 34 |
| 1999 | 10 | 129 | 2009 | 17 | 86 |
| 2000 | 5 | 87 | 2010 | 26 | 163 |

# 第三节 水上货运

水上货运一直是湖州市境大宗物资运输重要方式。从运输货物性质上分，有普通货物运输和危险货物运输。从运输装载形式上分，有散货船运和集装箱船运。

## 一 普通货物运输

前志载，湖州水路运输大宗普通货物向有蚕丝、绸缎、粮食、竹木、柴炭、石灰石等。近 20 年主要有建筑石料、水泥、非金属矿石、煤炭、木材和钢材等，其中建筑石料、水泥和非金属矿石为出港物资，煤炭、木材和钢材为进港物资。货物主要流向上海、江苏、嘉兴、杭州和市境内流转。

1990 年，全市水上普通货物发出量 1931.3 万吨（含外省船舶完成量）。其中粮食、蚕茧、毛杂竹等农业物资 36 万吨，盐、日用工业品等轻工业物资 14.9 万吨，煤、钢铁、黄沙、石料、石灰等重工业物资 1876 万吨。

1995 年，全市水上普通货物发出量 2960.1 万吨（含外省船舶完成量）。其中煤炭及制品 24 万吨，矿物性建筑材料 1996.8 万吨（其中石料 1540 万吨），非金属矿石 717.7 万吨，粮食 15.9 万吨。

进入 21 世纪，周边城市基础设施建筑材料需求量增长，湖州石矿业进一步开发，建筑石料运量大幅上升。2002 年石料运量首次超过 2000 万吨，达到 2228 万吨，占全市水路货物运量 59%。2010 年，建筑石料年运量 9401 万吨、占全市水路货物运量 83%，水泥年运量 1329.2 万吨、占水路货物总运量 11.8%。

## 二　危险货物运输

**成品油运输**　主要以进港为主，长期主要依赖外港籍船舶承运。1997 年后，安吉县溪龙运输有限公司和德清县油品运输有限公司陆续成立，本港船舶开始进入水路成品油运输市场。2003—2004 年，两家成品油运输企业抢占全市水路成品油运输市场近一半份额，拥有船舶运力超过 1 万载重吨。2005 年后，成品油管道运输工程建成，水路运输量开始逐年下降。2005 年，全市成品油港口吞吐量 134 万吨，2008 年下降为 63 万吨，成品油运输船舶平均月航次仅 1.5 个。2010 年，成品油吞吐量 61.1 万吨，水路成品油运输市场大幅萎缩。

**危险化学品运输**　2005 年，全市危险品运输企业 3 家，登记在册危险品船舶 27 艘，船员 85 人。2010 年末，浙江菱化实业股份有限公司所属船队是市境唯一从事危险化学品运输水运单位，拥有液货危险品船舶 7 艘、808 载重吨，主要满足本公司生产原材料运输需求。2007 年前，运输货种包括甲醇、烧碱、盐酸、黄磷、硫黄、液氯、甲苯等，航线主要以上海—湖州、常州—湖州为主，年吞吐量 16 万吨左右。同年，公司停止农药草甘膦生产，经水路运输危险化学品货种剩下甲醇、烧碱、盐酸 3 种，危险化学品港口吞吐量降至 8 万吨，2010 年仅 2 万吨。

## 三　集装箱运输

1998 年 3 月 28 日，市境第一艘集装箱船舶（湖新 1 号）在湖航公司船厂顺利下水，设计可装载 300 吨普通散货或 16 个集装箱标准箱（TEU），主要投运于湖州至杭州、嘉兴集装箱内支线运输，由湖州市航运总公司经营。2003 年新增 1 艘集装箱船（湖新 33 号），设计可装载 12 个集装箱标准箱。湖州鑫达国际物流有限公司 2004 年开通南浔至上海吴淞港区和外高桥港区外贸集装箱内支线。同年，全市集装箱运输量 2358TEU、22895 吨，2005 年降到 1273TEU、16190 吨，2007 年降至 727TEU、9031 吨。2008 年 5 月，因货源限制、经营成本过高及码头配套设施落后等原因，湖州鑫达国际物流有限公司停止经营内河集装箱业务，同年底湖航总公司 2 艘集装箱船舶改为普通散货船舶。

2009年，上海国际航运中心建设启动，对湖州内河集疏运体系发展提出新要求。上海港集装箱85%源自长三角地区，长期以来主要依靠公路运输完成。根据对湖州运输企业调查，湖州到上海每标箱综合水运费用为公路运费70%，其中南浔木材水路运输成本仅为公路运输三分之一，且水运较公路运输对环境污染更小。利用水网优势，大力发展集装箱水水中转，成为上海国际航运中心建设重要任务之一，湖州集装箱运输由“陆”转“水”成为趋势。

2010 年 10 月，湖州港至上海各码头集装箱内支线获交通运输部批准。同年 12 月 16 日，安吉至上海集装箱内支线班轮运输开通，由安吉川达船务有限公司经营安吉至上海集装箱班轮内支线运输，公司有 2 艘普通货船、1 艘集装箱船，集装箱船设计可装载 900 吨普通散货或 30 个标准集装箱。

安吉川达集装箱码头

安吉川达物流码头出港货物以家具和竹制品为主，其中家具占 80%。川达码头规划建设 5 个 500 吨级内河集装箱码头，设计年吞吐能力 20 万 TEU，规划实现码头装卸、物流服务、海关三检和保税仓储“四合一”。内支线开通初期，湖州到上海集装箱每标箱可节省运输成本 20%，全面运行后可节省运输成本 30%～40%，湖州市及周边地区更多企业为降低运输成本而“弃陆改水”。（2012 年末，公司集装箱船舶运力 480 标箱，年吞吐量 47397 标箱）。

## 四　历年货运量

市境水路货物运输量在综合货运总量中长期占据主导地位。1990 年，湖州市水路货运量 1555 万吨、货物周转量 237417 万吨公里，分别占公路水路总运量 49.5% 和 88.8%。2010 年，全市水路货运量 11310 万吨、货物周转量 1750948 万吨公里，分别占公路水路货物总运量 62.5%和 82.03%。1990—2010 年，年均增长率分别为 10.42%、10.51%。

1991—2010 年湖州市水路运输行业货运量

表 2-19

| 年份 | 货运量（万吨） | 货物周转量（万吨公里） | 年份 | 货运量（万吨） | 货物周转量（万吨公里） |
|---|---|---|---|---|---|
| 1991 | 1581 | 241082 | 2001 | 3778 | 594092 |
| 1992 | 1888 | 295756 | 2002 | 5535 | 840903 |
| 1993 | 2143 | 356387 | 2003 | 6545 | 1007970 |
| 1994 | 2243 | 371420 | 2004 | 7269 | 1136600 |
| 1995 | 2323 | 364275 | 2005 | 8426 | 1294246 |
| 1996 | 2230 | 356324 | 2006 | 9301 | 1342501 |
| 1997 | 2619 | 440596 | 2007 | 9947 | 1492200 |
| 1998 | 2343 | 361948 | 2008 | 9812 | 1457868 |
| 1999 | 3252 | 477318 | 2009 | 10021 | 1546828 |
| 2000 | 3212 | 468278 | 2010 | 11310 | 1750948 |

# 第三节　渡运

湖州地处太湖之滨，水网密布，素有“无船路不通”之说，有数千年渡运历史。渡口是连接乡、村道路纽带，多数设于河坡滩，渡船有木质或水泥质。渡运形势多为摇渡或拉渡。渡工由受益村庄挨家挨户轮换，大多年老体弱未经专业培训，渡船超载、人畜混载，安全隐患较大。20 世纪 80 年代，市交通管理部门加强渡口管理，在长兴县洪桥后漾船厂定点打造钢质渡船，逐步推进全市渡船钢质化。1997 年始，施行渡口安全管理责任制。2003 年始，实施“撤渡建桥”。2006 年末，全市实现“零渡口”。

## 一　渡口分布

1990 年底，全市有渡口 106 处，其中市直辖区 58 处、长兴县 19 处、德清县 18 处、安吉县 11 处，全市 157 艘渡船均为钢质船体，大多为非机动渡船，可载客 18 人左右，最大为长兴县吴山乡长安渡的机动渡轮，可载客 100 人。

1995 年底，全市共有渡口 98 处。其中市直辖区 53 处、长兴县 17 处、德清县 17 处、安吉县 11 处。根据 1997 年省政府第 88 号令《浙江省渡口安全管理办法》规定，由市政府分管市长挂帅，各乡（镇）政府主要领导负责，每个渡口所在地乡（镇）政府、行政村、渡工三方签订《渡口安全管理责任书》，明确乡（镇）领导责任期内渡口安全考核与奖惩。

随着乡（镇）公路发展，渡运量逐渐萎缩。2000 年底，全市有渡口 70 处，其中市直辖区 30 处、长兴县 13 处、德清县 17 处、安吉县 10 处。2002 年底，全市尚存 45 处、渡船 46 艘，年渡运量 184.5 万人，其中吴兴区渡口 7 处、渡船 7 艘、年渡运量 22.62 万人，南浔区渡口 9 处、渡船 9 艘、年渡运量 15.98 万人，长兴县渡口 6 处、渡船 6 艘、年渡运量 25.1 万人，德清县渡口 13 处、渡船 14 艘、年渡运量 29.3 万人，安吉县渡口 10 处、渡船 10 艘、年渡运量 91.5 万人。

2005 年末，全市仅剩渡口 2 处，即吴兴区 1 处（鲶鱼口渡）、南浔区 1 处（南溪东渡口）。2006 年 11 月 20 日，南溪东渡口撤销，全市最后一艘渡船“光荣退役”，湖州彻底告别渡运，实现全市 “零渡口” 目标。

## 1995 年末湖州市渡口一览表

表 2-20

| 序号 | 渡口名称 | 渡口所在地 | 渡口性质 | 渡船数量 |
|---|---|---|---|---|
| 1 | 三里桥渡 | 道场乡 | 乡镇渡 | 1 艘 |
| 2 | 邵介墩渡 | 道场乡谢家山村 | 乡镇渡 | 1 艘 |
| 3 | 二里桥渡 | 道场乡 | 乡镇渡 | 1 艘 |
| 4 | 九里山渡 | 道场乡鲍山村 | 乡镇渡 | 1 艘 |
| 5 | 双塘渡 | 道场乡双塘村 | 乡镇渡 | 1 艘 |
| 6 | 自强水泥厂 | 杭湖锡线湖航水泥厂 | 专用渡 | 1 艘 |
| 7 | 八字桥渡 | 弁南乡塘口村 | 乡镇渡 | 1 艘 |
| 8 | 塘口渡 | 弁南乡 | 乡镇渡 | 1 艘 |
| 9 | 泮店渡 | 弁南乡 | 乡镇渡 | 1 艘 |
| 10 | 南泮渡 | 弁南乡 | 乡镇渡 | 1 艘 |
| 11 | 乔木山渡 | 八里店镇乔木山村 | 乡镇渡 | 1 艘 |
| 12 | 龙泉渡 | 八里店镇 | 乡镇渡 | 1 艘 |
| 13 | 朱洪渡 | 环渚乡朱洪村 | 乡镇渡 | 1 艘 |
| 14 | 十五里牌渡 | 八里店镇红心村 | 乡镇渡 | 1 艘 |
| 15 | 七里亭渡 | 龙溪乡 | 乡镇渡 | 1 艘 |
| 16 | 杨家庄渡 | 龙溪乡 | 乡镇渡 | 1 艘 |
| 17 | 赵湾渡 | 龙溪乡 | 乡镇渡 | 1 艘 |
| 18 | 往炬渡 | 埭溪镇往炬村 | 乡镇渡 | 1 艘 |
| 19 | 泥家荡渡 | 云巢乡云巢村 | 乡镇渡 | 1 艘 |
| 20 | 下年洋渡 | 云巢乡云一村 | 乡镇渡 | 1 艘 |
| 21 | 保永农场渡 | 东林镇保永村 | 乡镇渡 | 1 艘 |
| 22 | 琪山芋渡 | 东林镇保永村 | 乡镇渡 | 1 艘 |
| 23 | 鲶鱼口渡 | 东林镇东升村 | 乡镇渡 | 1 艘 |
| 24 | 南商林渡 | 锦山镇泉利村 | 乡镇渡 | 1 艘 |
| 25 | 红墩芋渡 | 东林镇 | 乡镇渡 | 1 艘 |
| 26 | 过家路渡 | 东林镇 | 乡镇渡 | 1 艘 |
| 27 | 枯村渡 | 东迁乡枯村村 | 乡镇渡 | 1 艘 |
| 28 | 九里桥渡 | 东迁乡 | 乡镇渡 | 1 艘 |
| 29 | 付家港渡 | 马腰镇 | 乡镇渡 | 1 艘 |
| 30 | 后路高桥渡 | 马腰镇 | 乡镇渡 | 1 艘 |
| 31 | 菜子湾渡 | 横街乡 | 乡镇渡 | 1 艘 |

续表 2-20-1

| 序号 | 渡口名称 | 渡口所在地 | 渡口性质 | 渡船数量 |
|---|---|---|---|---|
| 32 | 祝塘渡 | 横街乡 | 乡镇渡 | 1 艘 |
| 33 | 灯塔渡 | 横街乡 | 乡镇渡 | 1 艘 |
| 34 | 铁家浜渡 | 三长乡祝塘村 | 乡镇渡 | 1 艘 |
| 35 | 凌介兜渡 | 旧馆镇麒麟村 | 乡镇渡 | 1 艘 |
| 36 | 二十五里牌渡 | 旧馆镇 | 乡镇渡 | 1 艘 |
| 37 | 五星渡 | 旧馆镇三桥、泮家庄村 | 乡镇渡 | 1 艘 |
| 38 | 良将桥渡 | 双林镇三田漾村 | 乡镇渡 | 1 艘 |
| 39 | 朱塘渡 | 含山镇朱塘村 | 乡镇渡 | 1 艘 |
| 40 | 王家墩渡 | 菱湖镇王家墩、西庄村 | 乡镇渡 | 1 艘 |
| 41 | 查家旦渡 | 菱湖镇查家旦村 | 乡镇渡 | 1 艘 |
| 42 | 砖瓦厂渡 | 菱湖镇沈六大村 | 专用渡 | 1 艘 |
| 43 | 里山渡 | 下昂镇许联村 | 乡镇渡 | 1 艘 |
| 44 | 茅山渡 | 下昂镇三山村 | 乡镇渡 | 1 艘 |
| 45 | 石村渡 | 下昂镇射中村 | 乡镇渡 | 1 艘 |
| 46 | 南北山渡 | 下昂镇 | 乡镇渡 | 1 艘 |
| 47 | 大家滩渡 | 新溪乡乔村村 | 乡镇渡 | 1 艘 |
| 48 | 鱼种场渡 | 和孚镇新荻村 | 乡镇渡 | 1 艘 |
| 49 | 云溪渡 | 和孚镇云溪村 | 乡镇渡 | 1 艘 |
| 50 | 南溪东渡 | 和孚镇放里村 | 乡镇渡 | 1 艘 |
| 51 | 夹塘渡 | 善琏镇 | 乡镇渡 | 1 艘 |
| 52 | 戴家村渡 | 洪塘乡 | 乡镇渡 | 1 艘 |
| 53 | 月明渡 | 花林乡 | 乡镇渡 | 1 艘 |
| 小计 | 湖州市直辖区 | — | 乡渡 51<br>专渡 2 | 53 艘 |
| 1 | 吴山渡 | 吴山乡王村 | 乡镇渡 | 2 艘 |
| 2 | 郭墟渡 | 吴山乡南淙村 | 乡镇渡 | 1 艘 |
| 3 | 南淙渡 | 吴山乡南淙村 | 乡镇渡 | 1 艘 |
| 4 | 胥仓渡 | 长城乡徐家斗村 | 乡镇渡 | 1 艘 |
| 5 | 午源渡 | 吕山乡门前村 | 乡镇渡 | 1 艘 |
| 6 | 便民渡 | 吴山乡南江村 | 乡镇渡 | 1 艘 |
| 7 | 葛经渡 | 吴山乡下目村 | 乡镇渡 | 1 艘 |

续表 2-20-2

| 序号 | 渡口名称 | 渡口所在地 | 渡口性质 | 渡船数量 |
|---|---|---|---|---|
| 8 | 三叉河港渡 | 林城镇洋河村 | 乡镇渡 | 1 艘 |
| 9 | 许家渡 | 包桥乡纽家村 | 乡镇渡 | 1 艘 |
| 10 | 张王渡 | 包桥下士村 | 乡镇渡 | 1 艘 |
| 11 | 跨塘渡 | 雉城镇竹园村 | 专用渡 | 1 艘 |
| 12 | 西坝渡 | 李家巷镇西坝村 | 乡镇渡 | 1 艘 |
| 13 | 钱家渡 | 洪桥乡太湖村 | 乡镇渡 | 1 艘 |
| 14 | 雁桥渡 | 新塘乡南张浜村 | 乡镇渡 | 1 艘 |
| 15 | 管家浜渡 | 夹浦镇喜鹊斗村 | 乡镇渡 | 1 艘 |
| 16 | 小午山渡 | 红星桥镇郑家村 | 乡镇渡 | 1 艘 |
| 17 | 官兜渡 | 下若寺乡官兜村 | 乡镇渡 | 1 艘 |
| 小计 | 长兴县 | — | 乡渡 16<br>专用渡 1 | 18 艘 |
| 1 | 塘经渡 | 三合乡塘泾村 | 乡镇渡 | 1 艘 |
| 2 | 朱介渡 | 三合乡朱介村 | 乡镇渡 | 1 艘 |
| 3 | 杨坟渡 | 三合乡下扬村 | 乡镇渡 | 1 艘 |
| 4 | 南摇坞渡 | 三合乡三合村 | 乡镇渡 | 2 艘 |
| 5 | 塘介渡 | 三合乡新兴村 | 乡镇渡 | 1 艘 |
| 6 | 转水湾渡 | 干山镇睦头村 | 乡镇渡 | 1 艘 |
| 7 | 石塘渡 | 干山镇石塘村 | 乡镇渡 | 1 艘 |
| 8 | 下塘渡 | 钟管镇下塘村 | 乡镇渡 | 1 艘 |
| 9 | 山水渡 | 钟管镇山水村华源颜料有限公司 | 专用渡 | 1 艘 |
| 10 | 晖山渡 | 钟管镇东舍墩村 | 乡镇渡 | 1 艘 |
| 11 | 沈介墩渡 | 钟管镇沈介墩 | 乡镇渡 | 1 艘 |
| 12 | 团田芋渡 | 洛舍镇冯介村 | 乡镇渡 | 1 艘 |
| 13 | 仲介渡 | 洛舍镇仲介 | 乡镇渡 | 1 艘 |
| 14 | 孟西渡 | 新市镇孟西 | 乡镇渡 | 1 艘 |
| 15 | 邵介坝渡 | 士林镇新塘村 | 乡镇渡 | 1 艘 |
| 16 | 千字坝渡 | 徐家庄乡坝里村 | 乡镇渡 | 1 艘 |
| 17 | 舍家环桥渡 | 勾里乡百富斗村 | 乡镇渡 | 1 艘 |
| 小计 | 德清县 | — | 乡渡 16<br>专用渡 1 | 18 艘 |

续表 2-20-3

| 序号 | 渡口名称 | 渡口所在地 | 渡口性质 | 渡船数量 |
|---|---|---|---|---|
| 1 | 上赵渡 | 梅溪镇上赵村 | 乡镇渡 | 1 艘 |
| 2 | 荆湾渡 | 梅溪镇荆湾村 | 乡镇渡 | 1 艘 |
| 3 | 上摆渡 | 梅溪镇乌山村 | 乡镇渡 | 2 艘 |
| 4 | 前湾渡 | 梅溪镇马村村 | 乡镇渡 | 1 艘 |
| 5 | 徐村湾渡 | 溪龙乡徐村村 | 乡镇渡 | 1 艘 |
| 6 | 柴台埠渡 | 安城镇横塘村 | 乡镇渡 | 1 艘 |
| 7 | 东山渡 | 三官乡赵家郎村 | 乡镇渡 | 1 艘 |
| 8 | 江渚溪渡 | 三官乡荷花塘村 | 乡镇渡 | 1 艘 |
| 9 | 万华渡 | 三官乡荷花塘村 | 乡镇渡 | 1 艘 |
| 10 | 石颠渡 | 梅溪镇宗址村 | 乡镇渡 | 1 艘 |
| 11 | 南门渡 | 安城镇安城村 | 乡镇渡 | 1 艘 |
| 小计 | 安吉县 | — | 乡渡 11 | 12 艘 |
| 总计 | 全市 | 合计 98 处渡口，其中乡镇渡 94 处、专用渡 4 处 | | 101 艘 |

## 二　撤渡建桥

1995 年后，市交通行政主管部门对撤销渡口乡（镇）实行补贴，以加快渡口、渡船淘汰。2000—2002 年，市港航管理部门开展“建桥撤渡”“筑路绕道” 调研。

2003 年，市政府把“五年内撤销全部渡口”列入政府工作议程，作为“十五”期间政府重要工作任务之一。市港航局《关于建桥撤渡工程计划及所需资金的报告》主要通过 3 种方法实施撤渡，“自行撤渡”，对长期停渡渡口，由乡镇督促所在村撤渡，2003 年内完成。“建桥撤渡”，建一桥可撤多渡，政府和有关部门给予资金补助。“筑路绕道撤渡”，撤多渡建桥梁需铺设供绕道路段，结合“乡村康庄工程”实施。

昔日渡口变大桥

2003 年，有 13 处渡口自行撤销。2004—2006 年，全市尚存 32 处渡口相继撤销，总投入资金 4086 万元，其中市、县政府投入 1710 万元，交通（港航）部门投入 1121 万元，乡（镇）政府集资投入 1135 万元，村民集资投入 120 万元。市政府“五年内撤销全部渡口”目标提前一年完成，湖州成为全省首个零渡口地级市。

## 第四节　水路运输经营

20 世纪 90 年代初，市境水路运输经营实体以国有和集体水路运输企业为主，水上个体运输船户运力规模、船舶吨位、市场占有率均处弱势地位。个体运输船舶以短途运输为主，长途货运主要由水运企业一列式拖带船队承担。至 2000 年，个体船舶运输替代水上运输企业占据市场主导地位，年货运量与周转量分别占总量 82.5%和 78.2%。2010 年末，个体船户运力占全市水上总运力 83.78%。

### 一　水上运输企业

1991 年，全市水运企业 18 家，有船舶 1965 艘、133888 载重吨、2760 客位。除湖州市航运总公司为全民所有制企业外，其他 17 家均为集体企业。湖州市航运总公司和湖州市内河航运公司同时经营水路客运和普通货船运输。水运企业船舶以一列式拖带船队为主。1997 年，湖州市被国家列为优化资本结构试点城市，全市企业产权制度改革全面启动。市航运总公司因改制成本过大仍保持国有性质并维持正常经营，3 家县级集体水运企业陆续改制为私营企业，其余 14 家集体水运企业都以破产方式退出水运市场。2010 年末，全市注册水路运输企业 36 家，拥有船舶 832 艘、25.1 万载重吨、965 客位，其中普货运输企业 27 家、液货危险品运输企业 3 家、客运企业 6 家，企业运力占全市水上总运力 17.6%。

**湖州航运实业总公司**　1951 年始建，前身浙江省航运公司湖州分公司，1989 年 5 月下放湖州时改名湖州市航运总公司，1994 年 1 月更现名。市属唯一国有航运企业。1990 年末，职工 5136 人，年客运量 180 万人次、周转量 3650 万人公里，年货运量 313 万吨、周转量 64232 万吨公里。1991 末，固定资产原值 6143 万元、固定资产净值 4350 万元，有机动船 76 艘、非机动船 443 艘、货驳 4 万吨位，年货运量 300 万吨。1993 年 9 月停开所有客运航班，利用原客运码头设施组建湖州通达经营公司、湖州市旅行社、湖州市货物储运公司、飞乐歌舞厅、湖航航修站 5 个内部独立核算商贸单位，大多无发展前景。1994 年货运首次出现亏损，后连年亏损，成为全市特困企业。1995 年，国有资产重新评估，固定资产原值 13919 万元、固定资产净值 8801 万元。1998 年起实施“调整结构、改革改制、水陆分离、化整为零、精干主业、减员增效，辅之必要政策扶持”，消化冗员，维持生产经营。同年起，公司优化运输方式，调整船舶结构，发展以 300 吨级为主体大吨位新型自航驳，逐步替代传统一列式拖带运输方式。至 1999 年 5 月，有 5 艘新建的 300 吨级自航驳投入营运。2003 年，职工 2016 名（其中内退、下岗等职工 647 名），固定资产原值 10533 万元、固定资产净值 5754 万元。下属 18 家单位先后改制或关停并转，湖州市自强水泥厂设备、厂房等（除土地资产外）1998 年 4 月有偿转让给湖州弁南茅柴园灰石矿业主，318 名职工、248 名退休人员归公司内部分流安置。湖航船厂 1998 年 11 月整体划出，作为一级法人单位由湖州市交通局委托市航管处管理，2001 年 12 月 27 日由市中级人民法院裁定宣告破产。湖州旅行社 1999 年 3 月成建制（无偿转让）划给市青年联合会；湖州交通医院资产 1999 年 5 月有偿转让给湖州市青年科技发展中心。湖州客运轮船码头 2000 年 10 月转让改建成湖州汽配市场。公司其他 14 家商贸单位先后关停，歇业、撤销，人员全部由公司内退、下岗、分流安置。2005 年底，公司在职职工 1334 人，有拖轮 31 艘、货驳 22940 吨、大吨位自航驳 31 艘（9050 吨位）。企业由原集运输、工业、商贸一体化实业公司，变为单一水上货物运输公司。2010 年底，在职职工 792 人、退休人员 3043 人、各类抚养人员 336 人、离休干部 18 人。总资产 9947.7 万元，其中固定资产净值 2791 万元。有营运船舶 126 艘、26304 吨、6871 千瓦，其中拖轮 9 艘、1189 千瓦，驳船 72 艘、8040 吨，（船龄已 30 年左右），自航驳 45 艘（其中 31 艘 290 吨级已老旧）、18264 吨、5682 千瓦。年总营收 4014 万元，职工年人均收入 9008 元，公司累计亏损 19222 万元。

**湖州市汇通实业总公司**　前身湖州市内河航运公司，1993 年改此名。湖州市集体所有制航运企业中规模最大。1990 年，有职工 2136 人，固定资产 2745.2 万元，钢质拖轮 53 艘、货驳 291 艘、客轮 2 艘、客驳 2 艘，年货运量 140.3 万吨、周转量 25372 万吨公里，客运量 15.7 万人次、399.7 万人公里。1996 年始，运输量持续下降，严重亏损。2000 年 11 月 17 日。法院宣告公司及下属湖州市汇轮建筑材料公司、湖州市苏湖建筑装潢材料公司、湖州市特密斯建筑防水材料厂、湖州华美工艺制品厂、湖州市交通供销公司 5 家独立核算二级单位破产还债，2003 年 3 月 19 日完成各项破产清算工作后企业注销。

**湖州华能物流有限公司**　前身安吉县溪龙运输有限公司，1984 年 8 月成立，2010 年 6 月 28 日更现名，注册资金 1000 万元，资产总额 4335 万元。办公地址吴兴区国际花园 1B502 室。有职工 158 人，船舶 32 艘、21412 载重吨，其中油船 8 艘、普通货船 21 艘、沥青船 1 艘、水煤浆船舶 2 艘。主要经营长江中下游及支流省际成品油船、普通货船运输。2010 年 6 月经国家标准评估为 AA 级物流企业，同年确定为中国物流与采购联合会会员单位。公司建立 SMS 船岸信息互动平台，船舶管理采用 IC 电子签证卡、GPS 船舶定位系统和 AIS 船舶识别、动态监测系统，货运票据使用电子单证记账方式，实现物流跟踪自动化。经评审，被列入 2010—2011 年度湖州市交通重点扶持物流龙头企业。2010 年营业收入 1564.3 万元，主营业务成本 1353.6 万元，营业利润 22.25 万元，营业收入和利润分别比上年增长 24.88%和 22.25%，主营业务成本下降 85.57%。

**湖州富博航运有限公司**　2006 年 2 月成立，现址吴兴区建设南路 163、165 号。注册资金 310 万元，资产总额 6961 万元。主要经营长江中下游及支流省际普通货船运输、水路货运代理、船舶代理。2010 年被列入湖州市水运物流龙头企业。至 2010 年末，有员工 188 人，营运船舶 58 艘、22722 载重吨，船舶全部安装高频电台和 GPS 动态监控设备。经评审，被列入 2010—2011 年度湖州市交通重点扶持物流龙头企业。2010 年营业收入 3741 万元、主营业务成本 2578 万元、营业利润 876 万元，分别比上年增长 75%、61%、115%。

**长兴长运船务有限公司**　前身长兴县运输公司，1999 年 9 月改制、更现名。现址长兴县雉城镇杨湾村庙角。注册资金 1380 万元，资产总额 6498.38。集内河运输、码头经营、船舶代理为一体运输型物流企业，主要经营长江中下游及支流省际普通货物运输，主要承运水泥、熟料、电煤等物资。2003 年起先后投入 200 余万元加强信息化建设，营运船舶全部安装甚高频电台（VHF）、自动识别系统（AIS）、GPS 动态管理系统、3G 无线视频监控中心机房等，2005 年后，公司拖带式船队逐步被大型舱机船取代。2008 年 11 月评估为 AAA 级物流企业。2009 年度湖州市服务业百家优强企业。被列入 2010—2011 年度湖州市交通重点扶持物流龙头企业。

2010年，有职工216人，营运船舶69艘、32900载重吨（全部为400～800吨级标准化落舱机船舶），年营业收入4012.3万元、主营业务成本3258.4万元、营业利润212.7万元，分别比上年下降12.26%、11.04%、44.37%。2010年6月1日，与长兴县电信局合作开发全省首个内河船舶远程视频安全生产管理系统，实施对运输船舶实时动态监控、调度管理。

**浙江兴一物流有限公司**　2007年1月成立，现址长兴县小浦镇。注册资金1000万元，资产总额6470万元。主要经营长江中下游干线及支线省际普通货船运输，承运水泥、熟料、煤炭、石料等。船舶管理采用IC卡电子签证和GPS动态监测，在百度建立网站推广平台，初步实现互联网营销模式。2008年评估为AAA级运输型物流企业。2008年、2009年连续为湖州市服务业百家优强企业。2010年，被列入浙江省服务业重点企业。被列入2010—2011年度湖州市交通重点扶持物流龙头企业。2010年末，有职工210人，自有船舶48艘、近2万吨载重量，年营业收入9076.3万元、主营业务成本7684.3万元、营业利润496.7万元，分别比上年增长8.92%、24.88%、5.18%。

**长兴鸿运航运有限公司**　1994年9月成立，现址长兴县洪桥镇工业园区。注册资金800万元，资产总额4441万元。主要经营长江中下游及支流省际普通货船运输。2007年评估为AAA级物流企业，为浙江省物流与采购协会常务理事、省物流行业重点联系企业。2009年，被省交通运输厅评为水路运输诚信企业、为湖州市服务业百家优强企业。被列入2010—2011年度湖州市交通重点扶持物流龙头企业。2010年末，有职工216人，有拖轮5艘、驳船60艘、普通货轮21艘，船舶总载重吨近1.3万吨，年运输量300多万吨，年营业收入2081.4万元、主营业务成本1708.1万元、营业利润41.2万元，分别比上年下降6.23%、2.39%、69.83%。

**长兴天顺物流有限公司**　2008年10月成立，现址长兴县小浦镇。注册资金500万元，资产总额3500万元。主要经营长江中下游干线及支流省际普通货船运输，兼营道路运输、码头货物中转等。2009年，评估为AA级运输型物流企业，评为浙江省水路运输诚信企业、湖州市服务业百家优强企业、省物流与采购协会会员企业。被列入2010—2011年度湖州市交通重点扶持物流龙头企业。2010年末，有职工123人，普通货船45艘、16715载重吨。船舶全部安装GPS定位系统，可通过港航部门电子航道图对船舶航行、货物流向进行全程跟踪。年营业收入6974.2万元、主营业务成本 5179.9 万元、营业利润 254.1 万元，分别比上年增长 44.54%、43.27%、24.01%。

**安吉县远大交通运输有限公司**　前身安吉县航运公司，1999 年 6 月改制、更现名，现址安吉县梅溪镇下街。注册资金 300 万元，资产总额 2915.4 万元。主要经营长江中下游及支流省际普通货船运输。被列入 2010—2011 年度湖州市交通重点扶持物流龙头企业。2010 年末，有职工 108 人，船舶 74 艘、12238 载重吨，其中拖轮 6 艘、717 千瓦，货船 13 艘、3456 千瓦。船舶全部安装 GPS 动态管理系统。年营业收入 1091.7 万元、主营业务成本 725.5 万元、营业利润 41 万元，分别比上年下降 42.82%、51.39%、32.34%。

**1991 年湖州市水运企业基本情况**

表 2-21

| 企业名称 | 经济类型 | 机动船 | | | | | | 非机动船 | |
|---|---|---|---|---|---|---|---|---|---|
| | | 货船 | | 客船 | | 拖船 | | 驳船 | |
| | | 艘 | 吨 | 艘 | 客位 | 艘 | 千瓦 | 艘 | 吨 |
| 湖州市航运总公司 | 全民 | 4 | 160 | 19 | 2568 | 53 | 6348 | 443 | 39940 |
| 湖州市内河航运公司 | 集体 | 10 | 440 | 2 | 192 | 39 | 2373 | 278 | 22190 |
| 湖州市菱湖运输装卸公司 | 集体 | — | — | — | — | 4 | 236 | 30 | 1865 |
| 湖州市双林运输公司 | 集体 | — | — | — | — | 2 | 132 | 21 | 1365 |
| 湖州市练市联运服务站 | 集体 | 1 | 30 | — | — | — | — | — | — |
| 德清县航运公司 | 集体 | — | | — | — | 14 | 1262 | 125 | 10750 |
| 德清县航运站 | 集体 | 10 | 500 | — | — | — | — | 14 | 880 |
| 德清县新市航快站 | 集体 | 15 | 466 | — | — | — | — | 6 | 208 |
| 安吉县航运公司 | 集体 | 6 | 284 | — | — | 14 | 1060 | 107 | 8358 |
| 长兴县运输公司 | 集体 | — | — | — | — | 29 | 2366 | 256 | 17885 |
| 长兴县二航公司 | 集体 | — | — | — | — | 10 | 714 | 87 | 5846 |
| 长兴县三航公司 | 集体 | — | — | — | — | 10 | 558 | 82 | 5526 |
| 长兴县四航公司 | 集体 | — | — | — | — | 7 | 383 | 62 | 4246 |
| 长兴县五航公司 | 集体 | — | — | — | — | 4 | 243 | 42 | 2978 |
| 长兴县六航公司 | 集体 | — | — | — | — | 4 | 230 | 32 | 2246 |
| 长兴县装卸运输公司 | 集体 | — | — | — | — | 7 | 484 | 60 | 4150 |
| 长兴县小浦装卸运输公司 | 集体 | — | — | — | — | 3 | 185 | 31 | 2163 |

续表 2-21

| 企业名称 | 经济类型 | 机动船 货船 艘 | 机动船 货船 吨 | 机动船 客船 艘 | 机动船 客船 客位 | 机动船 拖船 艘 | 机动船 拖船 千瓦 | 非机动船 驳船 艘 | 非机动船 驳船 吨 |
|---|---|---|---|---|---|---|---|---|---|
| 长兴县泗安装卸运输公司 | 集体 | — | — | — | — | 1 | 63 | 21 | 1412 |
| 合　计 | — | 46 | 1880 | 21 | 2760 | 201 | 16637 | 1697 | 132008 |

## 2010 年湖州市水路运输企业基本情况

表 2-22

| 序号 | 企业名称 | 经济类型 | 普通货船 艘 | 普通货船 载重吨 | 油船 艘 | 油船 载重吨 | 化学品船 艘 | 化学品船 载重吨 | 集装箱船 艘 | 集装箱船 载重吨 | 集装箱船 TEU | 客船 艘 | 客船 客位 |
|---|---|---|---|---|---|---|---|---|---|---|---|---|---|
| 1 | 湖州市航运实业总公司 | 国有 | 126 | 26972 | — | — | — | — | — | — | — | — | — |
| 2 | 湖州永大航运有限公司 | 有限公司 | 17 | 5063 | — | — | — | — | — | — | — | — | — |
| 3 | 湖州恒辉航运有限公司 | 有限公司 | 4 | 1128 | — | — | — | — | — | — | — | — | — |
| 4 | 湖州伟谊船务有限公司 | 有限责任 | 5 | 2164 | — | — | — | — | — | — | — | — | — |
| 5 | 湖州富博航运有限公司 | 有限责任 | 63 | 25144 | — | — | — | — | — | — | — | — | — |
| 6 | 长兴县长运船务有限公司 | 有限责任 | 53 | 25334 | — | — | — | — | — | — | — | — | — |
| 7 | 长兴县鸿运航运有限公司 | 有限责任 | 83 | 12703 | — | — | — | — | — | — | — | — | — |
| 8 | 长兴县兴源航运有限公司 | 有限责任 | 10 | 4720 | — | — | — | — | — | — | — | — | — |
| 9 | 长兴申兴物流有限公司 | 有限责任 | 17 | 6210 | — | — | — | — | — | — | — | — | — |
| 10 | 长兴康盛物流有限公司 | 有限责任 | 5 | 1646 | — | — | — | — | — | — | — | — | — |
| 11 | 浙江兴一物流有限公司 | 有限责任 | 54 | 33731 | — | — | — | — | — | — | — | — | — |
| 12 | 长兴天顺物流有限公司 | 有限责任 | 45 | 16807 | — | — | — | — | — | — | — | — | — |
| 13 | 长兴平安物流有限公司 | 有限责任 | 4 | 1520 | — | — | — | — | — | — | — | — | — |

续表 2-22-1

| 序号 | 企业名称 | 经济类型 | 普通货船 | | 油船 | | 化学品船 | | 集装箱船 | | | 客船 | |
|---|---|---|---|---|---|---|---|---|---|---|---|---|---|
| | | | 艘 | 载重吨 | 艘 | 载重吨 | 艘 | 载重吨 | 艘 | 载重吨 | TEU | 艘 | 客位 |
| 14 | 长兴顺通物流有限公司 | 有限责任 | 3 | 1659 | — | — | — | — | — | — | — | — | — |
| 15 | 长兴华顺物流有限公司 | 有限责任 | 2 | 1273 | — | — | — | — | — | — | — | — | — |
| 16 | 长兴林海物流有限公司 | 有限责任 | 2 | 1671 | — | — | — | — | — | — | — | — | — |
| 17 | 安吉县远大交通运输有限公司 | 有限责任 | 58 | 12500 | — | — | — | — | — | — | — | — | — |
| 18 | 安吉县顺航运输有限责任公司 | 有限责任 | 37 | 3997 | — | — | — | — | — | — | — | — | — |
| 19 | 安吉县永顺水路运输有限公司 | 有限责任 | 50 | 15423 | — | — | — | — | — | — | — | — | — |
| 20 | 安吉县远亚运输有限公司 | 有限责任 | 52 | 20090 | — | — | — | — | — | — | — | — | — |
| 21 | 安吉川达船务有限公司 | 有限责任 | 2 | 748 | — | — | — | — | 1 | 900 | 30 | — | — |
| 22 | 安吉盛通水路运输有限公司 | 有限责任 | 9 | 4561 | — | — | — | — | — | — | — | — | — |
| 23 | 德清县内河航运有限公司 | 有限责任 | 10 | 1494 | — | — | — | — | — | — | — | — | — |
| 24 | 德清县源顺船务有限公司 | 有限责任 | 10 | 1348 | — | — | — | — | — | — | — | — | — |
| 25 | 德清县万顺水路货运有限公司 | 有限责任 | 20 | 3797 | — | — | — | — | — | — | — | — | — |
| 26 | 浙江众人工贸有限公司 | 有限责任 | 7 | 2072 | — | — | — | — | — | — | — | — | — |
| 27 | 德清嘉顺运输有限公司 | 有限责任 | 4 | 939 | — | — | — | — | — | — | — | — | — |
| 28 | 湖州南太湖游船有限公司 | 有限责任 | — | — | — | — | — | — | — | — | — | 10 | 88 |
| 29 | 湖州红卫实业有限公司 | 有限责任 | — | — | — | — | — | — | — | — | — | 3 | 72 |
| 30 | 湖州太湖地效翼船有限公司 | 有限责任 | — | — | — | — | — | — | — | — | — | 1 | 10 |
| 31 | 湖州水城文化游艺有限公司 | 有限责任 | — | — | — | — | — | — | — | — | — | 4 | 146 |

续表 2-22-2

| 序号 | 企业名称 | 经济类型 | 普通货船 | | 油船 | | 化学品船 | | 集装箱船 | | | 客船 | |
|---|---|---|---|---|---|---|---|---|---|---|---|---|---|
| | | | 艘 | 载重吨 | 艘 | 载重吨 | 艘 | 载重吨 | 艘 | 载重吨 | TEU | 艘 | 客位 |
| 32 | 长兴仙山湖旅游投资开发有限公司 | 有限责任 | — | — | — | — | — | — | — | — | — | 8 | 216 |
| 33 | 德清县下渚湖旅游服务有限公司 | 有限责任 | — | — | — | — | — | — | — | — | — | 15 | 433 |
| 34 | 浙江华能物流有限公司 | 有限责任 | 24 | 12596 | 9 | 3609 | — | — | — | — | — | — | — |
| 35 | 德清县油品运输有限公司 | 有限责任 | — | — | 7 | 2990 | — | — | — | — | — | — | — |
| 36 | 浙江菱化实业股份有限公司 | 有限责任 | — | — | — | — | 5 | 756 | — | — | — | — | — |

## 二　水上个体运输船户

前志载，1952 年，湖州境内有各类木帆船 1818 艘、28000 多载重吨，均为个体运输船。1956 年，市境部分大吨位木帆船并入国营航运企业改作轮船拖驳，其他小吨位个体运输船舶实行互助合作、集体所有制等形式改造。个体经营水上运输被禁止，湖州水上客货运输主要由国营和集体所有制航运企业经营。1983 年，水上客货市场逐步放开，允许农村个体（联）户经营水上运输。1990 年末，全市个体营运机动船舶 6205 艘（其中拖轮 3 艘、118 千瓦，客轮 29 艘、1623 客位），非机动船（驳船）391 艘、16607 吨位。

1991 年，全市水上个体运输船户近 5000 户，营运船舶 5332 艘，总运力 14 万吨。运力规模相比国有、集体水运企业较弱，凭经营灵活、营运成本低廉优势逐步占据水运市场，使国有、集体水运企业货运量大幅下降。1995 年，市境个体（联）户机动船舶增至 6033 艘、261576 净载重吨，平均单船 43.36 吨位。

1998—1999 年和 2001—2004 年，水上个体运输船户自发形成船舶更新换代热潮，一大批新建船舶投入营运，航区运力总规模快速提升，营运船舶平均吨位大幅增长。2000 年，个体船舶运输替代水运企业占据市场主导地位，全市水上年货运量

3212.36万吨、468278.3万吨公里，其中个体运输船舶完成货物运输量2650.94万吨、365974.08万吨公里，分别占总量82.5%和78.2%。2005年，全市机动船5293艘，其中个体船户有4917艘、791792净载重吨，个体船舶平均净载重吨161.03吨位。

2009—2010年，累计新增船舶1185艘，新增水运运力48万载重吨。至2010年末，全市水上个体运输船户有机动船舶4640艘，运力规模（净载重吨）116.4万吨（单船平均250.86吨）。个体船户运力占全市水上总运力83.78%，是全市水路运输业主力。

# 第五节 船舶修造

## 一 船舶修造行业

前志载，明清时，湖州及四乡和各县镇市都有船场从事修造，尤其湖州织里、菱湖、新市、太湖诸溇港、长兴沿太湖夹浦、鸿桥等处，都有专门修船场。所造有书船（专用于贩书）、笔船（专用于贩笔）、农船、渔船、沙飞船（船之大者，船顶可架戏楼演剧）、航船（用于客货运输）、笋档船（用于贩鲜笋，型制以快为特点）、活水船（用于贩鲜鱼，有活水装置）等[①]，其中以织里书船最有名（详见丛录编“拾遗补阙”中“明清时水路客货运输”）。民国30年（1941），长兴夹浦有船工百余名。船工也叫“木捻工”， 多数船户习惯于临时抢滩自修，请工匠修理为辅。1949年，分散在湖州、获港、菱湖、双林、梅溪、新市等镇修船工匠数以千计，仅菱湖镇附近115人，大多半工半农。1955—1956年，湖州市区及长兴、德清、安吉三县先后成立10多个修造船合作社，分散修船小业主和修船工匠大批入社。1958年后，合作社相继并入各航运公司，组建船厂或保养场。20世纪80年代乡镇办修造船厂（场）渐兴。1990年末，全市国营、集体所有制船厂25家，其中湖州市航运总公司船厂规模最大，能制造功率较大客货轮船、工程船、专用船和军用舰艇。

1994年末，全市各类修造船厂94家，其中乡镇船厂75家，国营、集体所有制船厂19家。1995年10月市政府颁布《湖州市船舶修造业管理办法》，湖州船舶检

① 据同治《湖州府志·物产下》

验处对全市在册修造船企业生产技术条件检查认可。1996 年，经检查核定市境 19 家国营、集体船厂，有 6 家为乙级企业（湖州 3 家、长兴 1 家、德清 1 家、安吉 1 家），有 13 家为丙级企业（湖州 4 家、长兴 7 家、德清 2 家）。全市 75 家乡镇船厂核定换发经营许可证 55 家，如下表：

**1996 年度湖州市乡镇船厂核查情况**

表 2-23

| 核定结果 | 长兴 | 德清 | 安吉 | 湖州 | 合计 |
|---|---|---|---|---|---|
| 同意换证 | 14 | 10 | 12 | 19 | 55 |
| 暂不换证 | 9 | 1 | 0 | 0 | 10 |
| 取消资格 | 3 | 0 | 1 | 4 | 8 |
| 未经认可 | 2 | 0 | 0 | 0 | 2 |
| 合计 | 26 | 11 | 13 | 23 | 75 |

1997 年，全市 55 家乡镇船厂年度审查，44 家通过审查，1 家降级，10 家未通过审查。次年 3 月，再次调查全市各类船厂，有各类船厂 69 家，其中湖州 26 家、长兴 17 家、安吉 8 家、德清 18 家，国营和县以上集体所有制船厂 15 家、乡镇船厂 54 家。

2001 年末，湖州唯一国营湖州东航船厂（原湖州航运总公司船厂）宣告破产倒闭。其余集体所有制船厂随所依附航运企业相继破产或改制，乡镇办船厂纷纷改制为私营企业。

2003 年，市境改制后船厂有 25 家，投入 1500 余万元增量资金，有 18 家丙级船厂升为乙级船厂，全市乙级船厂增至 21 家。全市 80%新增船舶在本地建造，外省（市）船主到湖州造船有 80 余户，全年造船总产值 4 亿元左右。

2004 年，《中华人民共和国行政许可法》实施后，船厂经营许可和船厂等级评定职能从船舶检验部门划出，改由省经济信息化委员会承担。

2005 年，湖州市首次施行船舶监造机制。双林蓉湖船厂与客户签订一艘 400 立方米散装水泥船建造合同。客户为保证质量和工期，要求有偿聘请工程技术人员实行全过程监造。湖州市交通学会船舶部接受委托，派熟悉船厂生产管理有责任感工程技术人员进厂，全权代表用户对各道工序实施全过程监造，以保证所造船舶质量。

同年，市港航局开发并应用“船舶建造远程视频监控系统”。通过视频网络实现船舶制造远程管理，有效提高船舶建造监管效率，开创浙江省船检工作视频监管先河。至年末，“船舶建造远程视频监控系统”在辖区20余家船厂安装试行。

开创“五方”合作（港航部门、商业银行、保险公司、造船企业和船户）模式，为推进水上运力更新换代，帮助船户办理船舶抵押贷款。2007年10月至2008年3月，全市900艘船办理抵押贷款，抵押额6300多万元。2008年10月至2009年4月1日，全市累计承接订单800余艘，新建船舶类型以40米以上钢质货船为主。2009年有642艘个体船舶办理抵押贷款1.25亿元，同年，湖州普通散货船制造数量800余艘，定单签到2010年底，所有船舶制造厂船台爆满。

2009年湖州地区船舶交易额近2亿元，但交易经营行为不规范，船户双方骗买骗卖行为时有发生，船舶交易税收流失。2010年4月29日，浙江省内河首个船舶交易市场——湖州船舶交易市场开业。根据2010年4月1日交通运输部《船舶交易管理规定》，舟山浙江船舶交易市场有限公司与湖州市港航交通发展有限公司联合投资成立湖州船舶交易市场有限公司，引入沿海船舶交易模式，引导规范内河船舶交易市场健康发展。2010年，交易船舶196艘，成交额2.05亿元，全年为船户登记船舶出售求购信息200余条、免费发送需求短信130余条、提供信息咨询服务2500余次。

2010年3月11日，按省船舶检验局《关于第一批船舶设计单位评估情况的通报》，湖州市两家设计单位（湖州银舟船舶设计有限公司、湖州太湖船舶研究设计有限公司）分别取得乙级设计资质。同年末，全市在册船舶修造企业（含船舶设计、产品生产单位）81家，均为私营企业，其中吴兴区和南浔区33家、长兴县21家、德清县14家、安吉县13家。全年建造下水船舶712艘，创历史最高纪录，其中货船558艘、客船128艘、其他26艘。

**2010年末湖州市境船舶修造厂（包括设计单位、产品厂）**

表2-24

| 序号 | 单位名称 | 单位地址 | 生产经营项目 |
|---|---|---|---|
| | **吴兴区、南浔区** | | |
| 1 | 澳普兰游艇制造（湖州）有限公司 | 湖州市经济开发区 | 造船 |
| 2 | 湖州市苏台山造船厂 | 湖州市苏台山 | 修船 |
| 3 | 湖州市和孚荻港修船厂 | 湖州市和孚镇荻港草田村 | 修船 |
| 4 | 湖州市双林蓉湖船厂 | 湖州市双林镇东双林 | 造船 |
| 5 | 湖州市道场明志修船厂 | 湖州市道场乡双渎村 | 修船 |

续表 2-24-1

| 序号 | 单位名称 | 单位地址 | 生产经营项目 |
|---|---|---|---|
| 6 | 湖州吴兴新石水桥船舶修造厂 | 湖州市石水桥 | 造船 |
| 7 | 湖州吴兴炳林船舶修造厂 | 湖州经济技术开发区七里亭 | 修船 |
| 8 | 湖州市郭西湾船厂 | 湖州市郭西湾 | 修船 |
| 9 | 湖州南浔兴航船舶修造厂 | 湖州市南浔镇朱坞村 | 修船 |
| 10 | 湖州市城区浪湖造船厂 | 湖州市南门岘山脚下 | 造船 |
| 11 | 湖州吴兴冯发船厂 | 湖州市杨家埠严家坟村 | 修船 |
| 12 | 湖州吴兴新岩船厂 | 湖州道场肖王山 | 修船 |
| 13 | 湖州白雀水立造船厂 | 湖州市白雀乡 | 造船 |
| 14 | 湖州城区雄江船舶修造厂 | 湖州五一大桥西堍 | 造船 |
| 15 | 湖州城区道场泉科修造厂 | 湖州道场泉科 | 造船 |
| 16 | 浙疏船厂 | 湖州市太湖路 | 造船 |
| 17 | 湖州市龙溪三宝船厂 | 湖州市龙溪乡杨家庄 | 造船 |
| 18 | 湖州城区宝亮船厂 | 湖州市杨家埠镇杨家庄 | 造船 |
| 19 | 湖州市弁南船舶修造厂 | 湖州弁南乡 | 造船 |
| 20 | 湖州吴兴西门造船厂 | 湖州市双塘村 | 造船 |
| 21 | 湖州市城区金生船舶修造厂 | 湖州西塞路七里亭 | 造船 |
| 22 | 湖州东苕溪古梅船厂 | 湖州市道场乡云巢菰城村 | 造船 |
| 23 | 湖州城区永兴船厂 | 湖州市杨家埠镇杨家庄 | 造船 |
| 24 | 湖州市华西造船厂 | 湖州市道场溪家庄 | 造船 |
| 25 | 湖州丰顺船厂 | 湖州市善琏镇含山马其圩 | 造船 |
| 26 | 湖州含山修船厂 | 湖州市含山镇 | 修船 |
| 27 | 柏森红卫责任有限公司 | 湖州市区杭长桥 338 号 | 造船 |
| 28 | 湖州吴兴京东机械配件修造厂 | | 产品 |
| 29 | 湖州银舟船舶设计有限公司 | 湖州市南门直街 248 号 | 设计 |
| 30 | 湖州太湖船舶设计研究有限公司 | 湖州市南门直街 250 号 | 设计 |
| 31 | 湖州潍柴机电销售服务有限公司 | | 产品 |
| 32 | 湖州上柴销售有限公司 | | 产品 |
| 33 | 湖州机床厂有限公司通用机械分厂 | | 产品 |
| | **长兴县** | | |
| 34 | 长兴大河造船有限公司 | 长兴县吕山胥仓桥 | 造船 |

续表 2-24-2

| 序号 | 单位名称 | 单位地址 | 生产经营项目 |
| --- | --- | --- | --- |
| 35 | 湖州港口船业有限公司 | 长兴和平镇 | 造船 |
| 36 | 长兴浙北船业有限公司 | 长兴县李家巷蒋家村 | 造船 |
| 37 | 长兴全发船厂 | 长兴县虹星桥镇港口大桥 | 造船 |
| 38 | 长兴县申兴船业有限公司 | 长兴雉城镇杨湾村 | 造船 |
| 39 | 长兴长城船业有限公司 | 长兴县和平便民桥堍 | 造船 |
| 40 | 长兴立昌造船有限公司 | 长兴县吕山雁荡村 | 造船 |
| 41 | 长兴邵氏船舶修造有限公司 | 长兴县新塘路朱家桥 | 造船 |
| 42 | 长兴虹港船舶修造厂 | 长兴县虹星桥镇港口大桥西则 | 造船 |
| 43 | 长兴宏达船厂 | 长兴县林城镇东岗村 | 修船 |
| 44 | 长兴城西船舶修造厂 | 长兴县林城镇新港口 | 修船 |
| 45 | 长兴天平船舶修造厂 | 长兴县林城镇天平村 | 修船 |
| 46 | 长兴小浦船舶修理厂 | 长兴县小浦镇高地村 | 修船 |
| 47 | 长兴石城修船厂 | 长兴县李家巷都家桥 | 修船 |
| 48 | 长兴南许船厂 | 长兴县洪桥镇丁家桥 | 修船 |
| 49 | 长兴吴山朱家湾船舶修造厂 | 长兴吴山乡王村朱家湾 | 修船 |
| 50 | 长兴伟业船厂 | 长兴李家巷镇李家巷村 | 修船 |
| 51 | 长兴海明船舶有限公司 | 长兴港口大桥南堍西则施家村 | 造船 |
| | **德清县** | | |
| 52 | 德清县新市梅林钢质船厂 | 新市镇三里湾大桥西堍 | 造船 |
| 53 | 德清县排涝站东风船厂 | 乾元镇大桥西路 | 造船 |
| 54 | 德清德航游艇制有限公司 | 乾元镇 | 造船 |
| 55 | 德清洛洋游艇制造有限公司 | 德清县洛舍镇 | 造船 |
| 56 | 德清荣凌游艇有限公司 | 德清县洛舍镇张家湾村 | 造船 |
| 57 | 德清县建豪造船厂 | 德清县钟管镇下塘村 | 造船 |
| 58 | 德清县宇航船业有限公司 | 德清县乾元镇东效路 51 号 | 造船 |
| 59 | 德清县志国船舶修造有限公司 | 德清县三合乡三官塘 | 造船 |
| 60 | 德清县顺潮船舶修造有限公司 | 德清县新市镇城东村急水桥旁 | 造船 |
| 61 | 德清海鹰船艇有限公司 | 德清县洛舍镇工业区 | 造船 |

续表 2-24-3

| 序号 | 单位名称 | 单位地址 | 生产经营项目 |
|---|---|---|---|
| | 安吉县 | | |
| 62 | 62 | 62 | 62 |
| 63 | 63 | 63 | 63 |
| 64 | 64 | 64 | 64 |
| 65 | 安吉新丰船舶制造有限公司 | 安吉县梅溪镇陈斗村 | 造船 |
| 66 | 安吉县安城友年船厂 | 安吉县递铺镇蚕桑场村 | 修船 |
| 67 | 安吉县乌山庭有船舶修造厂 | 安吉县梅溪镇梅溪村 | 修船 |
| 68 | 安吉县安城毛竹山船舶修造厂 | 安吉县递铺镇 | 修船 |
| 69 | 安吉国强船舶修造厂 | 安吉梅溪镇荆南村 | 修船 |
| 70 | 安吉县超远船舶修造厂 | 安吉县梅溪镇马村村 | 修船 |
| 71 | 安吉强秦船舶配件厂 | 安吉县梅溪镇 | 产品 |
| 72 | 安吉县紫梅船舶辅机厂 | 安吉县梅溪镇 | 产品 |
| 73 | 杭州发达齿轮箱集团有限公司 | 安吉递铺镇石佛西路 299－307 号 | 产品 |
| 74 | 湖州迪赛潍柴产品销售服务有限公司 | 安吉递铺镇石佛西路 299－307 号 | 产品 |

## 1991—2010 年湖州市造船企业建造下水船舶

表 2-25

| 年份＼类型 | 建造下水船舶 | | | 全年总计 |
|---|---|---|---|---|
| | 货船 | 客船 | 其他 | |
| 1991 | 12 | 0 | 0 | 12 |
| 1992 | 31 | 0 | 3 | 34 |
| 1993 | 68 | 0 | 4 | 72 |
| 1994 | 88 | 0 | 1 | 89 |
| 1995 | 92 | 0 | 17 | 109 |
| 1996 | 19 | 0 | 2 | 21 |
| 1997 | 11 | 0 | 1 | 12 |
| 1998 | 18 | 0 | 4 | 22 |
| 1999 | 76 | 0 | 5 | 81 |
| 2000 | 40 | 0 | 4 | 44 |

续表 2-25

| 类型<br>年份 | 建造下水船舶 | | | 全年总计 |
|---|---|---|---|---|
| | 货船 | 客船 | 其他 | |
| 2001 | 177 | 0 | 11 | 188 |
| 2002 | 485 | 25 | 13 | 523 |
| 2003 | 540 | 26 | 13 | 579 |
| 2004 | 488 | 8 | 23 | 519 |
| 2005 | 437 | 86 | 14 | 537 |
| 2006 | 515 | 63 | 15 | 593 |
| 2007 | 139 | 49 | 8 | 196 |
| 2008 | 31 | 44 | 18 | 93 |
| 2009 | 442 | 85 | 16 | 543 |
| 2010 | 558 | 128 | 26 | 712 |

## 二　船舶建造类型

前志载，湖州修造木质船历史悠久，种类繁多，工艺精湛。20 世纪 70 年代始，钢质船舶修造增多。市航运总公司船厂设计生产主要产品有军用 068 登陆艇、999 型航标艇、94 吨潜水工作船、100～250 座客轮、59～184 千瓦拖轮、120～150 吨油轮、60～120 吨货驳、内河打捞艇等钢质船舶。

1991—2010 年，市境船舶建造向钢质化、大型化、专业化、自动化、高速化、豪华型方向发展，主要产品有大吨位普通散货船，专业化散装水泥船、集装箱船、危化品船、挖泥船、起重船、港用囤船等，高速化游艇、运动艇，豪华型观光艇、旅游船等。

标准化大型钢质运输船舶实现轮机、导航和舣装等方面自动化，可减少船员人数、改善船员劳动条件，与拖带式船队相比营运效率更高。一个拖带式船队装载 500 吨货物从湖州到上海需要 20 多个船员、航行近 30 小时，一艘 500 吨级标准化大型货船仅需 3 个船员、航行 15 小时左右。

现代化游艇建造工艺达到世界先进水平。澳普兰游艇制造（湖州）有限公司采用玻璃钢游艇复合材料树脂闭膜真空成型技术，为国外最先进技术，没有苯乙烯挥发物，工作场地清洁，芯材与插入部件容易黏结，成型固化后强度高。游艇轮机、电气、舾装、内装、涂装等硬件全部采用高、精、尖配套件及相关设备。公司正在生产和开发自主品牌系列产品有50英尺飞桥游艇、52英尺运动型游艇、64英尺飞桥型游艇、78英尺大型飞桥游艇、86英尺大型超豪华飞桥游艇、42英尺商务型游艇、58英尺商务型、观光型游艇、70英尺商务型、观光型游艇、11.5米水上巴士、46英尺海钓艇等。

湖州市船舶修造企业部分产品图：

普通散货船

散装水泥船

集装箱船

危险化学品运输船

挖泥船

68英尺豪华游艇

52英尺运动型游艇

11.5米水上巴士

# 三　主要船舶修造企业

**湖州港口船业有限公司（原长兴县港口造船厂）**　1998 年创建，在湖州市长兴县和平镇和平大桥北侧，西苕溪中游（梅湖线航道），距长湖申线航道 15 公里。公司占地 4.33 公顷，岸线长 300 米，有千吨级固定船台 17 个，有数控预制车间 1 个，有精工车间 1 个，船篷 2 座，固定资产 2000 万元。2010 年末，各类生产技术工程人员 120 名，其中高级工程师 2 名、工程师 5 名，助理工程师 4 名，轮机工程师 1 名，船电工程师 1 名，高级技工 15 名，中级技工 20 名，三类焊工 35 名。近年加大资金投入，增加造船大型设备，不断改进造船施工工艺，主要产品有可拆式海砂运输船、拆装式动力船（出口菲律宾）、500 ~ 1000 吨大舱口运输船、30 ~ 50TEU 内河集装箱船等。公司通过中国船级 ISO 9001:2008 质量体系认证。2000 年开始连续为市、县"守合同、重信用"单位，2006 年被湖州市船舶行业协会评为"遵规章、重质量、守信用"优胜单位，2010 年评为"诚信企业"。为湖州市境规模最大、设备最好、技术力量最强船厂，是湖州市船舶修造行业协会会长单位、浙江省船舶修造行业协会理事单位。

**安吉县金贵船舶制造有限公司**　1987 年始建，在安吉梅溪镇乌山村，2007 年 4 月注册后更现名。公司固定资产原值 160 万元，净值 138 万元，流动资产 60 万元。船舶建造营业额约 600 万元左右，注册资金 500 万元。2003 年 7 月 21 日取得浙江省船舶检验局颁发"乙类钢质船修造"生产技术条件认可证。厂区占地 20000 平方米，岸线长 205 米，有 1500 吨级船台 6 座、1000 吨级船台 8 座、500 吨级船台 16 座。行车、叉车、码头吊机、剪板机、折边机、弯管机以及各类冷加工设备齐全。有多名经验丰富船舶建造技术人员，其中高级工程师 1 名，工程师 3 名，助理工程师 3 名。承建产品有 45 米一级汽油船、34.5 米菱化集团Ⅱ类甲醇化工船、安吉川达公司 48TEU 集装箱船、内河机动散货船、散装水泥罐船等，建造质量受到船东、船检方一致好评。

**澳普兰游艇制造（湖州）有限公司**　2006 年创建，注册资本 3000 万美元，是澳大利亚游艇产业集团投资建设外资企业，湖州市最大游艇制造企业。公司总部设于湖州经济开发区，一期工业园建筑面积 35322.75 平方米，占地 4.58 公顷，投资总额 4980 万美元。有进口液压 50 吨吊艇机 2 套、数控车间 1 个、木工车间 1 个、玻璃钢车间 2 个、模具车间 2 个、烤漆房 1 个。各类生产技术人员 200 名，其中高级工程师 12 名、工程师 4 名、助理工程师 4 名、技工 40 名。2009 年 2 月，经意大利船级社考评合格，获得意大利船级社（RINA）质量管理认证，取得相关 ISO9001：2000 证书。公司具有年制造和销售 15 英尺到 86 英尺系列玻璃钢游艇能力 160 艘。核心产品有运动型 52 英尺游艇，飞桥型 38 英尺、42 英尺、50 英尺、64 英尺、78 英尺、86 英尺游艇。

**德清洛洋游艇制造有限公司**　前身德清县洛洋快艇厂，1983 年 4 月成立。成立初专业生产各种玻璃钢快艇以及其他玻璃钢制品，年生产能力 20 艘船艇，品种单一、规模小。后经上海船舶设计院及 708 研究所在制造设计、工艺技术、质量测试等方面指导，研制各种国际流行新款式舷外机快艇新产品，广泛使用于公园、风景区、公安、港监、渔政、海关和水上旅游业，其中 450 型快艇 1988 年度获市级金牛奖，650 型和 618 型豪华型巡海艇获 1993 年省级科技成果奖，12.5 米游船获 1992 年度省级新产品金奖。2005 年后，旅游业发展为企业提供良好机遇，新增年产 150 艘玻璃钢快艇项目，开发画舫系列、高速客轮系列、豪华游船系列、房船系列、木船、表演船系列等新产品，技术质量指标居同行业之首。2006 年 9 月，在洛舍经济开发区杨树湾征地 23 余亩，新建厂房，增添生产设备。

# 第三编　管　理

1991—2010年间，湖州市交通系统各级行政和行业管理部门根据市委市政府经济社会发展思路，切实履行管理职责，不断提升管理和服务水平。制定并实施湖州市公路水运交通发展规划，推动交通建设投融资体制改革，调动多方面积极性，为交通基础设施建设注入活力。转变政府职能，推进政企分开，改革行政审批制度和行业管理体制，加强交通行业法制建设，培育发展公开、公平和公正的建设、运输市场体系，营造“人便于行，货畅其流”交通环境，为实现湖州交通现代化打下坚实基础。

# 第一章　管理机构

湖州市交通局是湖州市人民政府下属交通管理职能机构，辖公路、水路、道路运输、交通工程质量安全监督等行业管理机构及交通建设投融资管理经营机构。

## 第一节　交通行政管理机构

### 一　市交通局

前志载，1954年8月建立嘉兴地区专署交通运输管理局，之后机构几经撤并变化。1971年7月成立嘉兴地区交通邮政局，1973年10月又分开单独成立交通局，1983年10月，因撤地建市，撤销地区交通局，建立湖州市交通局。

20世纪90年代，湖州市交通局逐步解除与所办经济实体和直属企业行政隶属关系，推进政企分开，促进交通企业经济体制转型，形成以公路水路全行业行政管理为主的交通行业政府公共管理体系。

市交通局机关原址朝阳路52号，1994年4月18日迁环城西路13号。

2001年12月31日，按市政府印发《湖州市交通局职能配置、内设机构和人员编制方案》，局机关设办公室、法规处、运输安全处（交通公安处）、规划财务处、建设管理处、组宣人事处、市交通战备办公室7个职能处室，人员编制32人。

**主要职责**　（一）根据国家和省的总体布局，拟定全市交通发展战略。组织编制全市和水路交通行业发展规划。制定固定资产投资、交通运输、交通科技、教育的中长期规划，并组织实施。负责交通行业统计和信息指导。（二）负责全市道路、水路客货运输、出租汽车、汽车租赁、搬运装卸、运输服务、机动车检修、维修改造和汽车驾驶员培训及驾驶学校等行业管理。综合平衡水陆交通运输运力，引导交通行业优化运输结构和协调发展。对国家重点物资运输和紧急客货运输进行必要的调控。会同有关部门培育和管理交通运输市场。（三）负责全市公路、水路交通基础设施及其配套项目的建设、维护和公路路政、航政管理工作。会同有关部门管理交通基础设施建设市场。（四）负责全市通航水域及港口的水上交通安全监督管理。负责船舶和船用产品的技术检验工作。负责港口、航道和港航设施建设使用岸线布局的行业管理。指导、监督全市乡镇渡口的安全管理工作。（五）负责水路、公路交通规费稽征，并进行监督管理和内部审计。负责全市公路车辆通行费征收的行业管理。（六）负责局直属单位国有资产的监督管理，指导交通行业的体制改革，维护道路、水路交通行业的平等竞争秩序。（七）组织指导交通行业科技开发，推动行业技术进步。指导交通行业职业技术教育、人才引进交流和成人教育。指导全市交通行业的精神文明建设和职工队伍建设。（八）负责全市交通战备办公室的日常工作。配合有关部门管理车站、港口（码头）的治安保卫工作。（九）承办市委、市政府和省交通厅交办的其他事项。

2008 年 6 月 19 日，局机关迁现址二环西路 2008 号。

2010 年 11 月 25 日，《湖州市人民政府机构改革方案》决定，湖州市交通局更名湖州市交通运输局，市交通局职责、市规划与建设局城市客运管理职责整合划入市交通运输局。（2011 年 6 月 8 日，市政府印发〈湖州市交通运输局主要职责内设机构和人员编制规定〉，2001 年 12 月 31 日印发〈湖州市交通局职能配置、内设机构和人员编制方案〉同时废止。市局机关设办公室、政策法规处、运输安全处、规划财务处、建设管理处、组宣人事处、市交通战备办公室 7 个职能处室，行政编制 23 名。主要职责，一、负责涉及综合运输体系规划的协调，会同有关部门组织编制公路、水路、铁路相协调的综合运输体系规划，指导交通运输枢纽规划实施。二、组织拟订并监督实施公路、水路等行业规划、政策和标准，拟订并监督实施物流业发展战略和规划及有关政策和标准，指导公路、水路行业行政管理体制改革。三、负责道路、水路运输市场监管。参与协调各种运输方式的综合平衡、引导运输结构优化，负责道路、水路交通运输及相关业务、城市客运、出租车、汽车租赁、搬运装卸、运输服务的行业管理，组织拟订并监督实施相关政策、制度和标准。指导城乡客运设施规划实施。四、负责公路、水路建设市场监管。拟订并监督实施公路、水路工程建设有关政策、制度和技术标准，指导全市公路、水路建设，组织、协调并监管工程建设、工程质量和安全生产。指导交通运输基础设施管理和维护。负责港口岸线的使用管理工作。五、负责通航水域的水上交通安全监管，指导道路、水路运输行业安全生产和应急管理。负责路政、港政、航政、运政管理。协调国家重点物资运输和紧急客货运输，协调和监测国、省道干线路网的运行，指导农村公路路网的运行监测和相关协调工作。六、协助市发改委做好物流等有关生产性服务业工作。指导协调全市物流业，综合管理现代物流业，牵头推进港口物流发展。七、提出公路、水路固定资产投资项目的规模、方向和资金安排建议，指导交通建设融资平台的建设，指导公路通行费、水路交通规费的稽征，并对其使用情况进行监管。八、指导交通运输信息化建设和交通运输行业技术进步，发布相关信息。指导公路、水路行业环境保护和节能减排工作。九、负责全市交通战备工作，拟订全市交通战备建设规划和战时交通通信保障计划，指导编制重点线路、目标的战时保障方案，指导督促交通战备专业队伍建设，开展专业训练和战备演习，配合部队做好军事行动的交通通信保障工作。十、承办市委、市政府交办的其他事项。）

**局党组织领导成员名单及任期（1991—2012）**

表3-1

| 职　务 | 姓　名 | 任　期 |
|---|---|---|
| 党委书记 | 齐德全 | 1990年续任至1991年9月 |
| | 胡学章 | 1991年12月至1998年6月 |
| | 吴哲勇 | 1998年6月至2007年6月 |
| | 夏坚定 | 2007年7月至2012年5月 |
| | 房石磊 | 2012年6月至今 |
| 党委副书记 | 吴继康 | 1991年4月至1994年11月 |
| | 陈敏耀 | 1994年11月至2003年7月 |
| 党委委员 | 胡学章 | 1990年续任至1991年12月 |
| | 吴希毓 | 1990年续任至1993年12月 |
| | 赖明芝 | 1990年续任至1993年11月 |
| | 黄钜培 | 1992年4月至2001年8月 |
| | 吴哲勇 | 1993年8月至1996年12月 |
| | 闻桂荣 | 1997年8月至2007年9月 |
| | 童建华 | 1996年6月至2002年12月 |
| | 顾荣荣 | 2001年8月至2010年9月 |

续表 3-1

| 职　务 | 姓　名 | 任　期 |
| --- | --- | --- |
| 党委委员 | 杨兴龙° | 2002 年 7 月至 2003 年 4 月 |
| | 夏坚定 | 2003 年 7 月至 2007 年 6 月 |
| | 房石磊 | 2003 年 8 月至 2007 年 7 月 |
| | 邵桂法° | 2003 年 9 月至 2010 年 7 月 |
| | 张树明 | 2007 年 8 月至 2013 年 7 月 |
| | 周　军 | 2007 年 8 月至今 |
| | 管仲龙 | 2010 年 1 月至 2010 年 9 月（实际未到任） |
| | 王武元° | 2010 年 7 月至今 |
| | 吴　敏 | 2010 年 5 月至 2012 年 6 月（省交通厅下派挂职） |
| | 沈　宏 | 2010 年 9 月至 2011 年 3 月 |
| | 章宇强 | 2010 年 11 月至今 |
| | 陈永华 | 2010 年 12 月至 2012 年 6 月 |
| | 陈元青 | 2012 年 9 月至今 |
| | 倪建国 | 2012 年 9 月至今 |

说明：上表中姓名有“° ”注号，为纪委、纪检组主要领导

## 局行政领导名单及任期（1991—2012）

表 3-2

| 职　务 | 姓　名 | 任　期 |
| --- | --- | --- |
| 局长 | 齐德全 | 1990 年续任至 1991 年 9 月 |
| | 胡学章 | 1992 年 1 月至 1998 年 6 月 |
| | 吴哲勇 | 1998 年 6 月至 2007 年 6 月 |
| | 夏坚定 | 2007 年 7 月至 2012 年 6 月 |
| | 房石磊 | 2012 年 6 月至今 |
| 副局长 | 吴希毓 | 1990 年续任至 1993 年 12 月 |
| | 黄钜培 | 1992 年 4 月至 2001 年 8 月 |
| | 吴哲勇 | 1993 年 8 月至 1996 年 12 月 |
| | 闻桂荣 | 1997 年 8 月至 2007 年 9 月 |
| | 童建华 | 1996 年 6 月至 2002 年 12 月 |

续表 3-2

| 职　务 | 姓　名 | 任　期 |
| --- | --- | --- |
| 副局长 | 陈敏耀 | 1998 年 7 月至 2003 年 7 月 |
| | 顾荣荣 | 2001 年 8 月至 2010 年 10 月 |
| | 夏坚定 | 2003 年 7 月至 2007 年 7 月 |
| | 房石磊 | 2003 年 8 月至 2007 年 7 月 |
| | 张树明 | 2007 年 8 月至今 |
| | 周　军 | 2007 年 8 月至今 |
| | 管仲龙 | 2010 年 2 月至 2010 年 9 月（实际未到任） |
| | 吴　敏 | 2010 年 8 月至 2012 年 6 月 |
| | 章宇强 | 2010 年 12 月至 2010 年 12 月续任 |
| | 陈永华 | 2010 年 12 月至 2012 年 6 月 |
| | 陈元青 | 2012 年 8 月至今 |
| | 倪建国 | 2012 年 8 月至今 |

## 二　县区交通局

**长兴县交通局**　1978 年 11 月成立，主管全县公路、水路等交通运输行业县政府职能部门。2010 年末，内设办公室、组宣人事科、运输管理科（交通战备办公室）、财务科、工程建设科 5 个职能科室。（2011 年 5 月更名长兴县交通运输局，设置办公室、组宣人事科、财务科、法制科、运输安全科挂交通战备办公室、工程建设科挂行政许可科、铁路建设办公室 7 个职能科室。）辖县公路管理段、县港航管理处、县公路运输管理所、县车辆通行费征收所。现址长兴县雉城镇明珠二路 58 号。

**长兴县交通局行政主要领导名单及任期（1991—2012）**

表 3-3

| 姓　名 | 职　务 | 任　期 |
| --- | --- | --- |
| 陈松春 | 局长 | 1990 年 4 月至 1993 年 4 月 |
| 宁坤源 | 局长 | 1993 年 4 月至 1998 年 3 月 |
| 朱顺良 | 局长 | 1998 年 4 月至 2007 年 3 月 |
| 李百英 | 局长 | 2007 年 3 月至 2008 年 9 月 |
| 闵世华 | 局长 | 2008 年 9 月至今 |

## 长兴县交通局党组织主要领导名单及任期（1991—2012）

表 3-4

| 姓　名 | 职　务 | 任　期 |
|---|---|---|
| 陈松春 | 书记 | 1990 年 4 月至 1993 年 5 月 |
| 宁坤源 | 书记 | 1993 年 5 月至 1998 年 3 月 |
| 朱顺良 | 书记 | 1998 年 3 月至 2002 年 5 月 |
| 吴建华 | 书记 | 2002 年 5 月至 2007 年 3 月 |
| 李百英 | 书记 | 2007 年 3 月至 2008 年 9 月 |
| 闵世华 | 书记 | 2008 年 9 月至 2009 年 7 月 |
| 王文中 | 书记 | 2009 年 7 月至 2011 年 6 月 |
| 王楚斌 | 书记 | 2012 年 3 月至今 |

**德清县交通局**　1973 年 5 月成立，县政府主管交通工作职能部门，主管全县公路水路交通设施建设、交通运输、运输生产安全等事项。2010 年内设科室有办公室、组宣人事科、运输管理（法规）科、计划财务科、工程科。[ 2011 年 5 月 5 日德清县交通局更名德清县交通运输局，科室调整为办公室、组宣人事科、计划财务科、政策法规科并挂行政许可科、运输安全科并挂交通战备办公室、工程管理科 ]。局下辖县港航（海事）管理处、县公路管理段、县公路运输（稽征）管理所、县车辆通行征费管理所。现址武康镇中兴北路 180 号。

## 德清县交通局行政主要领导名单及任期（1991—2012）

表 3-5

| 姓　名 | 职　务 | 任　期 |
|---|---|---|
| 戴顺龙 | 局长 | 1986 年 4 月至 1995 年 7 月 |
| 楼志生 | 局长 | 1995 年 7 月至 1999 年 5 月 |
| 施根宝 | 局长　（兼） | 1999 年 5 月至 1999 年 7 月 |
| 卫文伟 | 局长 | 1999 年 7 月至 2003 年 5 月 |
| 杨林官 | 局长 | 2003 年 5 月至 2007 年 4 月 |
| 王克林 | 局长 | 2007 年 4 月至 2012 年 6 月 |
| 郑其良 | 局长 | 2012 年 6 月至今 |

德清县交通局党组织主要领导名单及任期（1991—2012）

表 3-6

| 姓　名 | 职　务 | 任　期 |
|---|---|---|
| 戴顺龙 | 书记 | 1986 年 4 月至 1995 年 7 月 |
| 楼志生 | 书记 | 1995 年 7 月至 1999 年 5 月 |
| 施根宝 | 书记（兼） | 1999 年 5 月至 1999 年 7 月 |
| 卫文伟 | 书记 | 1999 年 7 月至 2003 年 5 月 |
| 王克林 | 书记 | 2003 年 5 月至 2007 年 4 月<br>2010 年 3 月至 2012 年 6 月 |
| 谈小根 | 书记 | 2007 年 4 月至 2010 年 3 月 |
| 何起炎 | 书记 | 2012 年 6 月至今 |

**安吉县交通局**　1978 年 11 月成立，县人民政府主管交通工作的职能部门，主管全县公路、水路交通设施建设、交通运输、运输安全等事项。1991 年内设机构有办公室、工程管理股、运输管理股、县乡公路管理股。2001 年 7 月，改设党政办公室、组宣劳资科、交通建设与管理科、企业管理科、运输管理科、财务科；2009 年 11 月，改设办公室（信息中心）、组宣人事科、建设管理科（规划科）、财务科、运输安全科、政策法规科。（2011 年 2 月 9 日更名安吉县交通运输局。）辖县公路管理段、县港航管理处、县公路运输管理所、县高等级公路收费管理所。现址递铺镇浦源大道西侧安吉交通中心。

安吉县交通局行政主要领导名单及任期（1991—2012）

表 3-7

| 姓　名 | 职　务 | 任　期 |
|---|---|---|
| 吴哲勇 | 局长 | 1990 年 6 月至 1993 年 9 月 |
| 王龙生 | 局长 | 1993 年 9 月至 1998 年 4 月 |
| 干永福 | 局长 | 1998 年 4 月至 2003 年 1 月 |
| 任　烽 | 局长 | 2003 年 1 月至 2007 年 3 月 |
| 黄根凤 | 局长 | 2007 年 4 月至 2011 年 1 月 |
| 陈作云 | 局长 | 2011 年 2 月至今 |

安吉县交通局党组织主要领导名单及任期（1991—2012）

表 3-8

| 姓　名 | 职　务 | 任　期 |
|---|---|---|
| 吴哲勇 | 书记 | 1990 年 6 月至 1993 年 9 月 |
| 王龙生 | 书记 | 1994 年 2 月至 1998 年 4 月 |
| 干永福 | 书记 | 1998 年 4 月至 2002 年 12 月 |
| 任　烽 | 书记 | 2002 年 12 月至 2007 年 3 月 |
| 陈建华 | 书记 | 2007 年 3 月至 2007 年 9 月 |
| 李德新 | 书记 | 2009 年 4 月至今 |

**吴兴区交通局**　2003 年 3 月 13 日成立，称吴兴区城乡建设与交通局。（2011 年 5 月 25 日，更名吴兴区住房和城乡建设局、交通局和人防办，一套班子三块牌子，合署办公）。内设交通管理科负责全区 7 个乡镇及开发区、度假区农村公路交通管理工作。辖吴兴区房产交易登记管理中心、吴兴区建设工程质量安全监督站。局址吴兴大道 1 号（区政府大楼内）。

**吴兴区交通局主要领导名单及任期（1991—2012）**

表 3-9

| 姓　名 | 职　务 | 任　期 |
|---|---|---|
| 裘晓维 | 党组书记、局长 | 2003 年至 2004 年 |
| 沈　俊 | 党组书记、局长 | 2004 年至 2005 年 |
| 费旭敏 | 党组书记、局长 | 2005 年至 2010 年 |
| 周建荣 | 党组书记、局长 | 2010 年 |
| 于新海 | 党组书记、局长 | 2010 年至今 |

**南浔区交通局**　2003 年 3 月成立，称湖州市南浔区城乡建设与交通局，内设办公室、规划房管科、建筑业管理科、城镇管理科、交通管理科。2008 年 4 月，更名湖州市南浔区城乡建设局、湖州市南浔区交通局，合署办公。（2011 年 9 月，更名南浔区住房和城乡建设局、南浔区交通局和人防办，一套班子三块牌子，合署办公。）内设办公室（挂行政审批科、法规科牌子）、规划管理科（挂测绘管理科牌子）、房地产管理科、建筑业管理科、城市管理科、村镇管理科、交通管理科、人防管理科。辖区城市建设办公室、区村镇建设服务中心、区城市房屋拆迁管理办公室、区建设工程质量安全监督站、区房产交易登记管理中心、区公用事业管理中心、南浔

城建发展公司、南浔城建投资发展公司、南浔区交通水利投资建设有限公司。局址南浔区政府机关北院。

南浔区交通局主要领导名单及任期（1991—2012）

表 3-10

| 姓 名 | 职 务 | 任 期 |
|---|---|---|
| 钦克勤 | 局长、书记 | 2003 年 3 月至 2005 年 1 月 |
| 华新民 | 局长、书记 | 2005 年 1 月至 2012 年 3 月 |
| 屠 峻 | 局长 | 2012 年 3 月至今 |
| 朱建章 | 党组书记 | 2012 年 3 月至今 |

# 第二节 交通行业管理机构

## 一 公路管理处（局）

前志载，民国 35 年（1946）9 月，国民政府交通部第一区公路工程管理局在湖州市境设吴兴和武康两工务段，负责杭长公路养护管理。新中国建立后，省交通管理局于 1949 年 10 月 16 日在市境设吴兴工务段，1952 年改称吴兴养路段（辖瓶窑、横湖、吴兴、长兴四个养路工区），归属杭州地区公路运输局。1958—1963 年，运养合一，吴兴养路段归属嘉兴地区公路运输局（公司）。1964 年，运养分开，成立德清、安吉两个工区，恢复吴兴、长兴工区，工区划归杭州养路总段，实行养路总段、养路工区、道路道班三级管理体制。1965 年 9 月，成立浙江省交通厅嘉兴养路总段（驻湖州），辖吴兴、长兴、安吉、德清、嘉兴、海宁六县（市）养路工区及大中修工程队。“文革”时期，养路总段改称浙江省交通厅嘉兴地区公路总段，养路工区改称公路段。1972 年 1 月 1 日，撤销地区公路总段与航管处，合并成立嘉兴地区交通工程队（分航道、公路两部分），6 月 6 日设为公路、航道两个养护处。1975 年 8 月撤销嘉兴地区交通工程队，分别成立浙江省嘉兴地区航道工程队与公路工程队。1979 年 1 月恢复成立浙江省嘉兴地区公路总段，辖嘉兴地区 10 县公路段。1983 年 10 月撤销嘉兴地区公路总段，成立湖州市公路总段和嘉兴市公路总段。湖州市公路总段隶属湖州市交通局，为副处级事业单位，辖湖州公路段、德清县公路段、安吉县公路段、长兴县公路段。1989 年 6 月 10 日更名湖州市公路管理处。

1997 年 4 月，市公路管理处增挂市公路管理处路政管理支队牌子。1999 年 9 月调整全市公路管理体制、机构设置和组织人事关系，长兴、安吉、德清公路管理段成建制归各县交通局。2000 年 6 月，市路桥工程处与湖州市公路管理处路桥工程大队合并设立湖州市交通工程总公司。2000 年 10 月，设立湖州市公路路政管理支队杭宁高速公路大队（后更名市公路路政管理支队高速公路大队）。2001 年，省公路管理体制实施改革，专业公路管理机构与县乡公路管理机构合并，高速公路养护管理职能纳入市公路管理机构，公路管理与养护分开，剥离养护管理中生产性和经营性部分，按市场运作、组建养护公司，自主经营、自负盈亏。2003 年 8 月，撤销湖州市公路管理处湖州公路管理段（挂湖州公路路政管理直属大队），新建湖州市公路管理处吴兴公路段（挂湖州市公路路政管理支队吴兴公路路政管理大队牌子）和湖州市公路管理处南浔公路管理段（挂湖州市公路路政管理支队南浔公路路政管理大队牌子）两个直属机构。2003 年 11 月，撤销湖州市县乡公路管理处，其职能并入湖州市公路管理处。[ 2012 年 9 月，市公路管理处设立湖州市吴兴公路应急抢险中心、湖州市南浔公路应急抢险中心和湖州市高速公路应急抢险中心。2012 年 11 月 16 日，市公路管理处更名湖州市公路管理局，局机关设办公室、组宣人事科、计划财务科、总工程师室、安全管理科、基建设备管理科、干线公路养护管理科、农村公路养护管理科、路政管理科、交通设施管理科、行政审批科、信息管理科、监察室共 13 个部门。下辖湖州市公路管理局吴兴分局、湖州市公路管理局南浔分局、湖州市公路路政管理支队高速公路大队、湖州市交通工程总公司、湖州市公路工程建设处（临时机构）。2013 年 2 月 22 日，市公路管理局事业编制 596 名（其中局本部 80 名、吴兴分局 150 名、南浔分局 163 名、高速路政大队 203 名），机构规格相当于副县级，经费形式为财政拨款。]

**主要职责**　（一）贯彻执行《中华人民共和国公路法》等有关公路管理的法律法规和政策。（二）监督指导全市高速公路和农村公路养护行业管理，负责全市普通干线公路养护行业管理。（三）负责全市高速公路、普通干线公路、农村公路的路政管理。（四）监督指导全市公路管理行业安全生产和应急管理工作，协调全市公路管理国防交通工作。（五）承担全市高速公路不停车收费服务管理。（六）按权限检查、指导、协调县（区）公路管理机构开展养护管理、路政管理、安全生产、公路信息、队伍建设、精神文明等工作。（七）承办上级行业管理部门和市交通运输行政主管部门交办的其他工作。

湖州市公路管理处（局）现址湖州市龙溪北路290号。

**湖州市公路管理处（局）主要领导名单及任期（1991—2012）**

表3-11

| 姓　名 | 职　务 | 任　期 |
|---|---|---|
| 武文辉 | 总段长 | 1979年1月至1984年2月 |
| 张建忠 | 总段长 | 1984年2月至1987年5月 |
| 张永耀 | 党委书记 | 1989年6月至1992年7月 |
| 胡绍祖 | 处长（总段长） | 1987年5月至1993年11月 |
| 费永林 | 党委书记 | 1992年7月至1993年11月 |
| 吴哲勇 | 党委书记（兼） | 1993年11月至1995年11月 |
| 俞梅根 | 处长<br>党委书记 | 1993年11月至1999年12月<br>1995年11月至1999年12月 |
| 夏坚定 | 处长 | 1999年12月至2003年8月 |
| 闻桂荣 | 党委书记（兼） | 1999年12月至2001年11月 |
| 周　军 | 处长 | 2003年8月至2007年9月 |
| 王俊勤 | 党委书记 | 2001年11月至2011年3月 |
| 徐伟国 | 处长（局长） | 2007年9月至今 |
| 芮振华 | 党委书记 | 2011年5月至今 |

## 二　港航管理局

前志载，民国16年（1927）11月，浙江建设厅在湖州市境设第三区船舶管理事务所，辖吴兴、德清、长兴、武康、安吉、孝丰等6县。民国19年（1930）2月，成立省航政局，在吴兴设第二区分局，辖平湖、硖石、嘉兴、南浔、乌镇、菱湖、长兴虹星桥等7个临时办事处。民国26年（1937）撤浙江省航政局和各区船舶管理事务所，设浙江省交通处。新中国成立后，1949年12月24日成立浙江省航务局。在湖州设船舶管理分所，隶属设杭州市浙西管理所。1952年1月改称浙江省航运管理局湖州管理所，1954年改称浙江省交通厅航运管理局嘉兴地区航管处湖州管理所，辖长兴、吴兴、安吉3个航管站，德清、武康航管站归属杭州拱埠管理所（1971

年3月划归嘉兴地区航管处）。1958年1月，撤销航运管理机构，管理职能并入国营航运企业。嘉兴地区同时成立民船管理处，各县成立民船管理所，与同级交通局合署办公。1959年初，各级民船管理所与国营航运公司合并。1962年，各县成立交通管理所，隶属市交通局，管理港航车船事务。1963年1月，恢复成立浙江省交通厅航运管理局嘉兴地区管理处，各县相继恢复航运管理站。1971年底，再度撤销各级航管机构，成立嘉兴地区车船监理所，隶属地区交通邮政局。1972年2月，各县分别成立交通管理站，隶属县交通局。1979年2月，成立嘉兴地区航运管理处和各县航运管理所。1983年撤地建市，10月21日嘉兴地区航运管理处撤销。1984年1月成立湖州市航运管理处，隶属市交通局，为自收自支副处级事业单位，辖长兴、德清、安吉3县及湖州市区航运管理所。1993年1月，增挂"湖州市港务管理处"牌子。

2002年9月16日，浙江省湖州市航运管理处、浙江省湖州市港务管理处两牌合并，更名浙江省湖州市港航管理局，增挂浙江省湖州市地方海事局和浙江省湖州市航道管理局牌子，三块牌子一套班子。内部机构设置为运输管理科、港航监督科、船舶检验科、航道管理科、计财稽征科、技术设备科、重点工程科、港务管理科、法制科、组宣人事科、办公室、培训科（挂航运培训中心牌子）。2007年2月，港航监督科更名海事科，港务管理科更名港政管理科。所辖本级和各县港航管理所相应更名港航管理处。（2012年11月16日，浙江省湖州市港航管理局、浙江省湖州市地方海事局、浙江省湖州市航道管理局分别更名湖州市港航管理局、湖州市地方海事局、湖州市航道管理局。同时，增挂湖州市水上交通执法支队牌子。浙江省湖州市港航管理局湖州管理处、浙江省湖州市地方海事局湖州海事处、浙江省湖州市航道管理局湖州管理处分别更名湖州市港航管理局直属分局、湖州市地方海事局直属分局、湖州市航道管理局直属分局，同时，增挂湖州市水上交通执法支队直属大队牌子。德清、长兴、安吉县港航管理处、地方海事处、航道管理处分别更名港航管理局、地方海事局、航道管理局。同时，分别增挂水上交通执法大队牌子。浙江省湖州市地方海事局湖州船舶检验处、浙江省湖州市地方海事局湖州海事处船舶检验所分别更名湖州市船舶检验局、湖州市船舶检验局直属船舶检验所。德清、长兴、安吉县地方海事处船舶检验所分别更名为德清、长兴、安吉县船舶检验所。2013年2月22日，市港航管理局事业编制550名，（其中市局本部98名、各直属分局及执法支队直属大队232名、德清县港航管理机构75名、长兴县港航管理机构88名、安吉县港航管理机构57名，机构规格相当于副县级，经费形式为财政拨款。)

**主要职能** （一）港航管理，1.贯彻执行国家关于水路运输的方针、政策、法规；负责对水路运输企业、各种运输船舶开业审批。2.负责对水利运输企业、各种运输船舶对国家和人民政府下达的运输计划执行情况的检查，并协调运输合同执行中发生的问题。3.对主管范围内水路运输情况进行研究，定期发布水运情况分析报告，负责汇总上报运输统计报表。4.及时汇集和发布水运技术、经济信息，为水路运输企业和各种运输船舶提供咨询服务，组织培训水路运输管理专业人员。5.维护运输秩序，协调各种水运业之间、运输船舶和港埠企业之间的平衡衔接，处置纠纷，督促提高运输、服务治理，组织交流先进运输经验，提高水运管理水平。6.负责对运输管理费的计收和使用，负责国内船舶运输经营资质管理的具体实施工作，负责对水路运输服务行业实施行业管理。7.负责编制港口发展规划、港口作业安全和调查统计工作；8.负责港区公共码头、专用码头的审查、复核和管理。（二）海事管理，1.负责贯彻国家和上级有关水上交通安全方针、政策、法令、法规和海事条例、规章。2.办理船舶登记、核发船舶国籍证书、船舶所有权证书或船舶登记证书或船舶执照，编制船名录。3.负责核发船舶航行签证簿，办理船舶进出港口签证，检查船舶适航状况和船员配备情况，监督管理辖区内船舶航行、停泊秩序，水上危险货物的安全装运和船舶排污。4.负责组织船员考试，核发船员适任证书，掌握辖区内持证船员情况，负责管理技术船员档案。5.负责部署水上遇险船舶和人员的救助，受理水上交通事故报告，负责水上交通事故的调查处理并定期统计上报，编制辖区重大水上交通事故专题报告，分析事故原因，提出防范措施。6.审核、管理辖区内岸线、水域的正常使用，监督辖区内导航设施和标志的正常使用，监督航道碍航物的及时清除，对狭窄危险航道、港口及锚地通道的船舶流量和密度的测定并研究提出改进措施。7.综合管理船舶检验工作。（三）航道管理，1.宣传、贯彻、执行与航道有关的法律、法规、规章，以及国家有关航道政策和技术标准。2.拟定航道建设规则、养护计划、航道技术等级，按规定报经批准后组织实施。3.负责航道管理、养护和建设方面的工作，对航道养护和建设工程实施管理。4.审批与通航有关栏河、跨河、临河建筑物的通航标准和技术要求。5.配合有关部门开展与通航有关河流的综合开发与治理，负责协调水资源、河沙资源综合利用中与航道有关的事项。6.组织开展航道科学研究先进技术交流和对航道职工进行技术业务培训。7.负责对航道养护费、船舶过闸费等规费的征收和使用管理。

湖州市港航管理局现址湖州市南门外南墩。

**湖州市港航管理局主要领导名单及任期（1991—2012）**

表 3-12

| 姓　名 | 职　务 | 任　期 |
| --- | --- | --- |
| 吕国伟 | 主任<br>党委书记 | 1984 年 2 月至 1991 年 4 月<br>1991 年 5 月至 1993 年 11 月 |
| 黄钜培 | 主任 | 1991 年 4 月至 1992 年 4 月 |
| 姚新民 | 主任<br>党委书记 | 1992 年 7 月至 1996 年 11 月<br>1993 年 11 月至 1996 年 11 月 |
| 陈海龙 | 处长、局长<br>党委书记、副书记 | 1997 年 7 月至 2007 年 9 月<br>1997 年 7 月至 2003 年 3 月 |
| 谢新元 | 党委书记 | 2000 年 9 月至 2001 年 12 月 |
| 章宇强 | 局长 | 2007 年 9 月至 2010 年 12 月 |
| 汪友余 | 党委书记<br>局长、副书记 | 2003 年 3 月至 2010 至 12 月<br>2010 年 12 月至今 |
| 沈　宏 | 党委书记 | 2011 年 3 月至 2012 年 9 月 |
| 赵列克 | 党委书记<br>副局长 | 2012 年 9 月至今<br>2006 年 5 月至今 |

## 三　公路运输管理稽征处（局）

1987 年 8 月 28 日成立，隶属市交通局副处级事业单位（自收自支）。1999 年 9 月，调整全市公路运输管理体制、机构设置和组织人事关系，长兴、安吉、德清三县公路运输管理（稽征）所成建制归各县交通局领导。2000 年 7 月 31 日，按省公安厅与交通厅联合下文要求，由交通部门实施驾校和驾驶员培训行业管理，同年 10 月 19 日，增挂湖州市机动车驾驶员培训管理处牌子。2010 年末，单位挂湖州市公路运输管理处、湖州市公路稽征处、湖州市机动车驾驶员培训管理处、湖州市道路运政稽查支队 4 块牌子。处机关设办公室、组宣人事科、计划财务科、客运科、货运科、维管科、征收科、稽查法制科、驾培科、客运出租车管理科和办证服务中心等部门，辖吴兴运管、稽征所（吴兴稽查大队）、织里运管所（织里稽查大队）、南浔运管所（南浔稽查大队）、高速公路稽查大队、客运出租车管理所（与客运出租车管理科合署办公）以及德清、长兴、安吉 3 个县运管（稽征）所，4 个省际公路稽查站，22 个运管站。（2012 年 11 月 16 日，浙江省湖州市公路运输管理处、湖州市公路运政稽查支队分别更名湖州市公路运输管理局、湖州市道路运政稽查支队。同时撤销浙江省湖州市公路稽征处、浙江省湖州市公路稽征处吴兴公路稽征所。湖州市公路运输管理处吴兴公路运输管理所、湖州市公路运输管理处南浔公路运输管理所、湖州市公路运输管理处织里公路运输管理所分别更名湖州市公路运输管理局吴兴分局、湖州市公路运输管理局南浔分局、湖州市公路运输管理局织里分局。湖州市公路运政稽查支队吴兴大队、湖州市公路运政稽查支队南浔大队、湖州市公路运政稽查支队织里大队分别更名湖州市道路运政稽查支队吴兴大队、湖州市道路运政稽查支队南浔大队、湖州市道路运政稽查支队织里大队。2013 年 2 月 22 日，市公路运输管理局事业编制 250 名，其中局本部 90 名、吴兴分局 40 名、南浔分局 40 名、织里分局 40 名、运政稽查支队高速公路大队 20 名、运政稽查支队公共交通大队 20 名，机构规格相当于副县级，经费形式为财政拨款。）

**主要职责**　（一）贯彻执行国家有关道路运输管理工作方针、政策、法规。（二）制定本市道路运输行业发展规划。（三）负责道路旅客运输、出租车运输、道路货物运输、机动车维修、机动车综合性能检测、机动车驾驶培训、客货运站（场）及相关运输服务业的行政许可、核准、认可。（四）负责对道路运输经营行为进行监督检查，调查处理各类运输违章行为，维护运输秩序。（五）负责道路运输行业安全监管，监督企业建立健全各项安全管理制度，落实安全管理措施，促进运输行业安全生产。（六）负责道路客货运、机动车维修及检测、驾驶培训教练员等从业人员的教育培训及全市道路运输从业人员从业资格证许可、管理。（七）负责道路运输客货运、车辆维修检测、征费等票据凭证的管理、监督检查。（八）完成指令性计划运输。组织协调重点物资、大宗物资等运输工作，做好战备、救灾、抢险等物资的运输组织工作。（九）负责道路运输行业生产、技术、经济资料的统计、汇总、综合分析。（十）负责运输规费的征收、稽查。协同物价部门制定运输价格，并实施对运输价格执行情况的监管。（2009 年底稽征职能取消）（十一）负责对本市所辖各县运政管理部门工作的监督和指导。

单位现址湖州市杭长桥南路 278 号。

湖州市公路运输管理处（局）主要领导名单及任期（1991—2012）

表 3-13

| 姓　名 | 职　务 | 任　期 |
|---|---|---|
| 费国林 | 处长 | 1987年8月至1999年4月 |
| | 党委书记 | 1999年5月至2001年9月 |
| 张永耀 | 党总支书记 | 1992年7月至1999年4月 |
| 房石磊 | 处长 | 1999 年 5 月至 2003 年 12 月 |
| | 党委副书记 | 2001 年 8 月至 2003 年 12 月 |
| 刘　斌 | 党委书记 | 2001 年 12 月至 2012 年 9 月 |
| | 处长（局长） | 2012 年 9 月至今 |
| 凌建荣 | 处长 | 2003 年 12 月至 2006 年 12 月 |
| 楼秋红 | 党委副书记 | 2006 年 12 月至 2012 年 1 月 |
| | 处长 | 2007 年 1 月至 2012 年 1 月 |
| 沈　宏 | 党委书记 | 2012 年 9 月至今 |

## 四　高速公路建设管理处（交通建设管理局）

1995 年 6 月 13 日成立，同时挂湖州市高速公路工程建设指挥部办公室牌子。内设行政秘书科、计划财务科、工程建设科、材料设备科。隶属湖州市交通局，副处级公益类自收自支事业单位，核定事业编制 15 名。2010 年末，单位地址湖州市环城西路 109 号。（2013 年 2 月 22 日，湖州市高速公路建设管理处更名湖州市交通建设管理处，单位性质、核定编制和经费形式不变。次年 11 月，更名湖州市交通建设管理局，单位性质和经费形式不变，核定事业编制增至 42 名，现址湖州市杭长桥北路 158 号。）

湖州市高速公路建设管理处主要领导名单及任期（1991—2012）

表 3-14

| 姓　名 | 职　务 | 任　期 |
|---|---|---|
| 章勤芳 | 处长、党总支书记 | 1995 年 8 月至 2009 年 12 月 |
| 周云龙 | 副处长、党总支书记 | 2008 年 7 月至今 |
| | 处长 | 2012 年 9 月至今 |

## 五 交通工程质量安全监督（造价管理）站

1995年12月8日组建湖州市交通工程质量监督站，1999年4月，增加造价管理职能，改称湖州市交通工程质量监督（造价管理）站。2008年，增加在建公路水运工程安全监督管理职能，更名湖州市交通工程质量安全监督（造价管理）站。隶属湖州市交通局，正科级监督管理类事业单位，核定事业编制15人，内设办公室、质监科、造价科、安监科和检测科，下辖湖州正通交通工程试验检测有限公司。（2013年6月14日，湖州市交通工程质量安全监督（造价管理）站经费形式由自理调整为财政拨款）。

**主要职责** （一）工程质量安全监督，1.贯彻执行国家、省、市有关公路水运建设工程质量、安全监督方面的法律、法规、规章和方针政策。2.监督全市公路水运建设工程从业单位和人员贯彻执行有关工程质量管理、安全生产方面的法律、法规、规章和工程建设强制性技术标准的情况，对工程质量、施工安全的违法、违规行为，依照委托权限实施行政处罚，或提出行政处罚建议。3.组织开展全市公路水运建设工程的质量、安全监督检查，并督促整改，掌握全市公路水运建设工程的总体质量、安全状况，发布质量、安全信息；指导各县（区）质量监督组开展质量、安全监督工作。4.指导和督促全市公路水运建设工程各相关单位开展安全生产管理工作，定期分析和发布安全生产形势。5.建立公路水运建设工程安全生产应急管理机制，制定《湖州市公路水运建设工程生产安全事故应急预案》。6.负责主管监督项目的竣（交）工质量鉴定（检测）、从业单位安全管理行为评价的审定，参加工程交、竣工验收。7.承担全市公路水运工程监理单位和人员的行业管理工作，指导公路水运工程监理制度的实施。8.承担全市公路水运工程试验检测机构和人员的行业管理工作，指导工程质量检测工作的开展。9.受理全市公路水运工程质量、安全方面的投诉、举报；组织或参与质量、安全事故的调查和处理。10.参加主管监督工程项目的设计文件审查，参与优秀勘察设计、优质工程的评审工作。11.组织全市公路水运工程质量安全监督、工程监理和试验检测工作经验交流，组织监督、监理、试验检测、安全管理人员及施工质检员的业务培训，承担相关业务咨询服务。（二）工程造价管理，1.贯彻执行国家、省、市有关公路水运建设工程造价管理方面的法律、法规、规章和方针政策。2.承担全市公路水运建设工程造价的行业管理工作，指导公路水运工程造价管理制度的实施。3.负责市管公路水运建设工程的设计概算、施工图预算、招标限价等造价文件的审查。4.组织开展全市公路水运建设工程实施阶段合同履行情况的监督、检查，并督促整改。5.定期调查、发布公路水运建设工程的材料价格信息、造价信息，积累造价资料，建立造价数据库。6.组织开展公路水运工程造价人员业务培训工作。7.调解公路水运建设工程造价和经济方面的纠纷，承担相关业务咨询服务。

单位现址湖州市二环西路 2008 号。

**湖州市交通工程质量安全监督（造价管理）站主要领导名单及任期（1991—2012）**

表 3-15

| 姓　名 | 职　务 | 任　期 |
|---|---|---|
| 徐章生 | 副站长、站长 | 1996 年 1 月至 2003 年 10 月 |
| 费增乾 | 站长、党支部书记 | 2003 年 10 月至 2007 年 9 月 |
| 何仲文 | 站长、党支部书记 | 2007 年 9 月至 2010 年 3 月 |
| 徐晓亮 | 站长、党支部书记 | 2010 年 3 月至今 |

## 六　交通规划设计院

前身湖州市交通工程勘察设计室，1985 年组建。1994 年 3 月 17 日更名湖州市交通工程勘察设计所，科级自收自支单位，核定事业编制 10 名。2003 年更现名，隶属湖州市交通局，正科级准公益类自收自支事业单位，核定事业编制 25 人。湖州市迄今唯一公路乙级设计单位，拥有市政道路丙级、设计咨询丙级等设计资质。2010 年末，有职工 52 名，其中大学本科及以上学历专业技术人员 40 人（中高级工程师 28 人）。院内设办公室、经营室、总师室、设计一室、设计二室共五个科室。单位现址湖州市环城西路 167 号。

**湖州市交通规划设计院主要领导名单及任期（1991—2012）**

表 3-16

| 姓名 | 职务 | 任期 |
|---|---|---|
| 黄卫军 | 院长 | 2003年9月至2009年3月 |
| 陆树荣 | 副院长（主持工作）、党支部副书记 | 2009年3月至2010年4月 |
|  | 院长、党支部书记 | 2010年4月至今 |

## 2010年末湖州市交通系统主要机构图

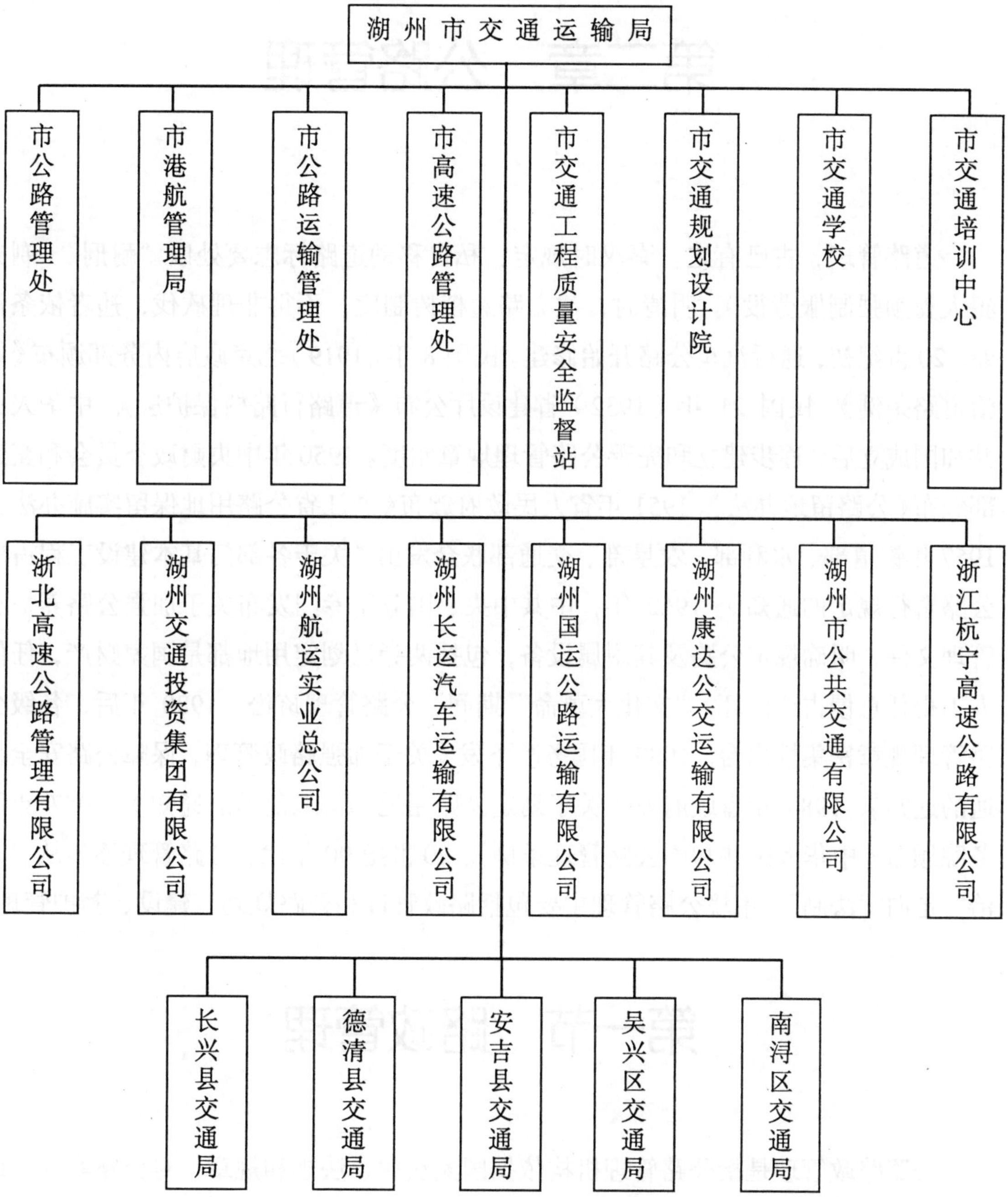


图 3-1

# 第二章　公路管理

道路管理，古已有之。秦汉时规定，私自移动道路标志要处以“耐刑”（剃光犯人鬓须强制服劳役）。明清时，建立路边植树制度，不得非理砍伐，违者依条治罪。20世纪初，通行汽车公路开始修建。民国8年（1919）北京政府内务部颁布《修治道路条例》。民国21年（1932）省建设厅公布《道路行路树保护法》。中华人民共和国成立后，逐步建立和完善公路管理规章制度。1950年中央财政委员会和交通部颁布《公路留地办法》。1951年省人民政府颁布《浙江省公路用地保留实施办法》。1957年铁道部、水利部、农垦部、交通部联合发出《关于各部门基本建设工程占用公路暂行规定的通知》。1962年，中共中央、国务院专门发布关于加强公路养护和管理文件，明确规定公路及其附属设备，包括两旁已划定用地都是国家财产，任何人不得任意侵占或破坏。“文化大革命”期间，公路管理疏松。1980年后，各级公路管理规章密集性出台。1983年国务院下发《关于加强路政管理，保障公路安全畅通的通知》、1984年省政府发《关于划定公路用地和留地范围的通知》、1987年国务院颁布《中华人民共和国公路管理条例》。20世纪90年代，公路管理逐步从“人治”走向“法制”。市境公路管理主要包括路政管理和公路规划、建设、养护管理。

## 第一节　路政管理

公路路政管理是指公路管理机构依据国家法律、法规和规章，对公路实施行政管理。通过公路巡查、定点检查、路政许可审批等，管理路产路权、超限运输、标志标线设置、控制区建筑等。

# 一 路政管理依据

1990—2010年，市境路政管理先后依据如下一系列管理法规履行职责。

1990年9月省人民政府发布《关于加强公路两侧建筑管理的通知》，规定在红线范围内不得修建永久性建筑，未经批准也不得搭建临时性建筑物。同年10月1日交通部颁布《公路路政管理试行规定》，提出公路路政管理工作应遵循“养工管一体”，“综合治理、预防为主、依法处理”原则。1991年4月省交通厅印发《浙江省公路及其附属设施损坏赔（补）偿标准的通知》。

1996年11月12日省政府发布《浙江省公路路政管理办法》，规定公路、公路用地、公路设施受法律保护，任何单位和个人不得侵占和破坏，各级人民政府应加强对公路路政管理工作的领导。

1998年1月1日开始实施《中华人民共和国公路法》。1999年10月31日九届全国人大常委第12次会议第一次修正公路法。

2001年7月25日省交通厅《关于进一步加强调整公路路政管理工作的通知》，规定高速公路路政管理工作机构、人员、装备和经费等。

2003年1月27日，“2003年第2号”交通部令公布《路政管理规定》，同年4月1日起施行，同时废止1990年颁布《公路路政管理试行规定》。

同年，省财政厅、物价局调整公路及其附属设施损坏赔（补）偿标准，新颁《浙江省公路路产赔（补）偿标准的通知》，同时废止1991年颁布《浙江省公路及其附属设施损坏赔（补）偿标准的通知》以及其他补充调整文件。

2004年8月28日十届全国人大常委会第八次会议第二次修改《中华人民共和国公路法》。

2005年1月13日，省十届人民代表大会常务委员会第十五次会议通过《浙江省公路路政管理条例》，同年4月1日起施行。规定公路路政管理事权范围，（一）许可挖掘、占用、利用公路的申请事项，制止和查处破坏或者非法占用公路行为；（二）许可超限运输申请事项，制止和查处违法超限运输行为；（三）管理公路附属设施设置和维护；（四）管理公路两侧建筑控制区；（五）管理公路施工秩序；（六）参与公路工程中涉及路政管理事项的设计审查、竣工验收；（七）实施公路路政巡查；（八）法律、法规规定的其他职责。

2005年9月1日起实施《浙江省高速公路运行管理办法》。同年，省交通厅发《关于进一步规范公路路政许可的通知》和《浙江省公路路政车辆管理办法》。

2007年12月27日，省第十届人民代表大会常务委员会第三十六次会议85号公告公布修改《浙江省公路路政管理条例》决定，将第五十八条修改为“土地所有权属于农民集体所有并符合公路技术标准的村道的路政管理，其行政许可、行政处罚及相关的监督检查，按照本条例对乡道的规定执行。村集体经济组织或村民委员会应当协助做好相关村道的路政管理工作”。决定自2008年4月1日起施行。次年，省交通厅发《关于切实做好村道路政许可、处罚及相关监督检查工作的通知》进一步规范村道路政管理工作。

## 二　路政管理机制

1983年前，公路路政管理是公路技术性管理范畴中一项具体内容，仅是保持公路技术性完整和对公路用地管理权，其计划、要求和考核都局限在公路技术业务范围内，尚未形成社会性管理内涵及其概念。1983年，按国务院下发《关于加强路政管理，保障公路安全畅通的通知》，市境开始注重公路路政社会性管理内涵。

1985年10月，按省交通厅与相关部门协调，市公路管理处内建立公安科，履行公路路政和公路沿线治安工作，各县公路管理段设置路政联防队。是湖州市公路路政管理第一个独立组织形式，借用地方治安组织形式开展公路路政管理。

1987年10月《中华人民共和国公路管理条例》规定公路路政管理的主体为县级以上政府后，市、县两级交通主管部门分别以行政委托方式，由市县两级公路管理机构以同级交通主管部门名义具体开展公路路政管理。

1990年始，根据省交通厅部署，各县公路管理段内设立路政队。1997年，全省公路路政管理体制调整，市公路管理处增挂市公路路政管理支队牌子，各县公路管理段增挂县公路路政管理大队牌子。公路管理机构与公路路政管理机构两块牌子、一套机构。同年成立湖州市公路路政管理支队和吴兴、德清、安吉、长兴县公路路政管理大队，同年原直属于省公路局长广煤矿矿区公路段体制下放给湖州市公路管理处，改称长广公路管理段。1999年，长广公路管理段划归长兴县公路管理段，改称长广公路管理分段。2004年撤“分段”，改长兴公路管理段长广公路管理站，并设长广路政管理中队。长广路政管理中队管辖公路为原浙江省长广煤矿公司矿区公路，地域在安徽省广德县牛头山区域。

2000年，市境第一条高速公路杭宁高速（一期）建成投入使用，建立湖州市路政管理支队杭宁高速公路大队，2003年12月25日更名湖州市公路路政管理支队高速公路大队，统一管理全市高速公路路政。2010年末，全市开通杭宁、申苏浙皖、申嘉湖、杭长4条高速公路，高速路政大队下设4个高速公路路政中队。

2003年，成立吴兴、南浔两个行政区，市公路路政管理支队遂分别设立吴兴、南浔两区公路路政管理大队。

2005年4月1日前，全市公路路政管理均实行委托管理方式，各县公路路政管理大队以同级交通局名义开展路政管理。吴兴、南浔和高速路政大队直接隶属市公路路政管理支队，并以市交通局名义开展路政管理。同年4月1日起，实施《浙江省公路路政管理条例》。按条例规定，县级以上公路管理机构具备法律授权进行公路路政管理条件，长兴、安吉、德清三县公路路政管理大队开始以自己名义开展公路路政管理。吴兴、南浔两区公路路政管理大队和市高速公路路政大队系市公路路政管理支队的直属大队，以市公路路政管理支队名义开展公路路政管理。

市公路路政管理事权划分以行政区域为主，结合公路等级，实行分级管理。国省道、高速公路等干线公路非许可类公路路政管理由县（区）公路路政管理法律主体单位管理。许可类公路路政管理，最终许可审批由市公路管理法律主体单位管理。县道公路路政由县级公路路政部门管理。乡村道路公路路政由乡、镇政府负责管理。

2006年，市公路管理处成立路政指挥中心，实时了解每一台路政巡查车辆所在位置及现场情况，根据需要及时调度巡查车辆及人员。同时建立治超远程监控中心，在三个固定治超站安装监控设施，实时了解各治超站运行情况。

2006年8月22日，湖州路政通过ISO 9000：2000质量管理体系认证，使工作流程清晰、优化，有章可循、有据可查、有人监督，形成执法过程控制和防错机制，此举在全省路政管理中属首创。

# 三　路政管理权责

## 超限运输①管理

超限运输行为认定依据《浙江省公路路政管理条例》第二十九条规定，在公路上行驶车辆不得超过最高限值，其中车货总质量 40 吨（集装箱半挂列车车货总质量 46 吨），双轮组单轴标准轴载 10 吨，车货总长度 18 米，车货总宽度 2.5 米，车货总高度从地面算起 4 米（集装箱车货 4.2 米）。

2003 年 1 月，全市第一个固定式公路治理超限运输检测站——104 国道长兴超限运输检测站建成。治超站建设规划、选点由市提出意见，经省交通厅复核审查，报请省政府批准建立。2010 年末，全市已建和在建超限运输检测站共 8 座。如下：

**湖州市公路超限运输检测站**

表 3-17

| 名　称 | 所在线路及位置 | 所在县区 | 建成时间 |
|---|---|---|---|
| 杭宁高速长兴超限运输检测站 | G25 国道 0K+100m | 长兴县 | 2005.11 |
| 申苏浙皖高速长兴超限运输检测站 | G50 国道 87K+400M | 长兴县 | 在建 |
| 104 国道湖州超限运输检测站 | 104 国道 1345K+250M | 吴兴区 | 在建 |
| 306 省道吴兴超限运输检测站 | 306 省道 1K | 吴兴区 | 在建 |
| 318 国道南浔超限运输检测站 | 318 国道 127K+100M | 南浔区 | 2005.6 |
| 湖盐公路湖州超限运输检测站 | 湖盐线 30K+900M | 南浔区 | 在建 |
| 306 省道安吉超限运输检测站 | 306 省道 68K+200M | 安吉县 | 2010.1 |
| 104 国道长兴超限运输检测站 | 104 国道 1316K+800M | 长兴县 | 2003.1 |
| 301 省道长兴超限运输检测站 | 301 省道 8K+200M | 长兴县 | 2011.5 |

超限运输按批准与禁止两类方式管理。批准类，超过最高限值，确属不能分解大型货物，行驶公路前向公路管理机构提出申请，由公路部门勘察、选定运输路线，确定运输技术方案，加固公路、桥梁承载能力，在公路部门引领下行驶公路。禁止类是“批准”外所有超限运输行为。发现禁止性超限运输后引导车辆进入超限运输

① 公路超限运输是指运输车辆超过公路、公路桥梁、公路隧道或者汽车渡船的限载、限高、限宽、限长标准的运输行为。

检测管理区，称重测算是否超限，超限车辆予以行政处罚、公路赔偿、超限部分货物卸载等处罚和处理。

超限运输检测站由所在县区公路管理段（公路路政管理大队）管理。设备配备由市规划、报省公路管理局批准后配置。各检测站均建有固定轴重称重仪，并配便携式轴重称重仪，建有停车场，卸载货物存储仓库。建有违法处理大厅，处罚依据、处罚程序、处罚结果全部公开。

**2003—2010 年湖州市公路超限运输查处情况**

表 3-18

| 年份 | 检测车辆（辆） | 其中违法车辆（辆） | 卸载 | |
|---|---|---|---|---|
| | | | 车辆（辆） | 货物重量（吨） |
| 2003 | 7219 | 4017 | 2208 | 15676.71 |
| 2004 | 51039 | 9685 | 7242 | 72753.4 |
| 2005 | 15350 | 7142 | 6029 | 34867.12 |
| 2006 | 57545 | 8165 | 6157 | 34420.66 |
| 2007 | 53967 | 11383 | 8822 | 37985.45 |
| 2008 | 92396 | 12458 | 10442 | 36516.36 |
| 2009 | 48826 | 9443 | 8224 | 14178.39 |
| 2010 | 74532 | 10613 | 9402 | 18035.72 |

## 公路标志标线管理

1998 年前，公路标志标线由公安交警部门管理。1998 年实施《中华人民共和国公路法》后改由交通主管部门、公路管理机构管理。1998 年 4 月 13 日，省交通厅、公安厅联合发文，确定 1998 年 7 月 1 日起，公路交通标志标线的设置和管理统一由交通部门负责。

湖州市公路交通标志标线管理纳入市、县两级公路路政管理范围。行政执法依据《中华人民共和国公路法》《中华人民共和国道路交通安全法》和交通部《道路交通标志和标线》、省交通厅《浙江省公路交通标志标线管理办法》等。新建、改建公路标志标线设置由公路管理部门规划设计，涉及公路交通禁令性标志标线分别经与市、县（区）公安交警部门协商会审后由公路路政部门实施，原设置禁令性交通标志标线变更由县级以上公安交警部门提出意见并会同同级公路路政管理部门实地勘察后提出变更意见，由市公路路政管理部门核准并组织实施。新建、改建公路及养护大中修工程标志标线设置经费纳入新（改）建预决算，公路交通标志标线日常性维护、更新经费由各地市提出经费需求计划,经省交通厅全省平衡审定后下拨。

根据1998年8月省公路管理局《浙江省公路交通标志标线生产施工招投标管理暂行办法》，市境公路交通标志制作、埋设和交通标线漆划工程全部实行招投标管理，至2010年末公路交通标志标线设置基本实现标准化，合理化。国省道主要干线公路标志标牌设置充足、醒目。

**1998—2010年湖州市国省道干线公路标志标线设置情况**

表3-19

| 年份 | 交通标线（平方米） | 交通标志（套） | 资金投入（万元） |
|---|---|---|---|
| 1998 | 90296 | 186 | 306.845 |
| 1999 | 73630 | 225 | 370.205 |
| 2000 | 87186 | 178 | 394.151 |
| 2001 | 58970 | 346 | 413.995 |
| 2002 | 96558 | 285 | 337.97 |
| 2003 | 85121 | 122 | 234.748 |
| 2004 | 122208 | 238 | 348.075 |
| 2005 | 103846 | 356 | 362.2 |
| 2006 | 98379 | 471 | 632.4 |
| 2007 | 45287 | 259 | 334 |
| 2008 | 190338 | 219 | 867 |
| 2009 | 180838 | 352 | 885.5 |
| 2010 | 57118 | 607 | 794.95 |

## 公路建筑控制区①管理

1984年8月起按省政府《关于划定公路用地和留地范围的通知》规定，公路留地范围宽度暂定为国家干线公路30米（以路面中心线推至两侧各15米），省级干线公路20米，县级及县级以下公路15米。1987年10月起按国务院《中华人民共

① 公路建筑控制区，亦称公路红线控制区，是指公路两侧一定距离内，除公路防护、养护需要外，禁止修建建筑物和地面构筑物的区域范围。

和国公路管理条例》规定，公路建筑控制区以公路两侧边沟外缘起，其建筑边缘与公路边沟外缘间距，国道不少于15米，县道不少于10米，乡道不少于5米。

2005年1月，执行省人大常员会颁布《浙江省公路路政管理条例》规定后，公路两侧修建永久性建筑边缘与公路边沟外缘间距，国道不少于20米、省道不少于15米、县道不少于10米、乡道不少于5米，其中高速公路不少于30米，互通立交桥和特大型桥梁不少于50米，公路弯道内侧及平交口附近建筑控制区依照国家规定满足行车视距或者改作立交桥需要。在建筑控制区内埋设管线、电缆等设施须经公路路政管理机构批准，涉及国道、省道许可由所设区域市公路路政管理机构审批，县道、乡道由县级公路路政管理机构审批。

## 公路巡查[①]

公路巡查由各公路路政管理大队负责，各公路路政管理中队具体实施。按规定每月有效巡查天数不少于24天，国省道干线公路路政巡查每天不少于2次，其他公路不少于1次，高速公路24小时全天候巡查。

路政巡查主要巡查发现、处理公路路产损坏情况，巡查、发现制止建筑控制区违法行为，巡查标志标线及其他公路附属设施，发现、制止和查处各类公路违法行为。公路出现紧急情况立即采取必要措施，及时报告严重影响道路通行秩序、重大路产损坏事故、重大违法案件，严重意外等情况。

## 路政许可审批

按《中华人民共和国公路法》规定，凡涉及占用、利用或挖掘公路、公路用地、公路两侧建筑控制区或工程需要公路改线，公路、公路用地、建筑控制区范围内跨越、穿越公路，修建桥梁、渡槽或架设埋设管线电缆等设施，大中型公路、桥梁和渡口周围200米范围内修筑堤坝、压缩或者拓宽河床，铁轮车、履带车和其他可能损害公路路面机具需在公路上行驶，超过限载、限高、限宽、限长标准超限车辆需要公路上行驶，公路沿线设置公路标志以外其他标志，公路上增设平面交叉道口，更新、砍伐公路用地上树木等七方面事宜要通过路政管理部门许可审批。

① 路政巡查，是公路路政管理最重要手段，基本任务是依据国家有关法律法规和规章，巡查公路，发现并制止、查处各种违法利用、侵占、污染、毁损和破坏公路路产行为，保障公路完好、安全和畅通。

## 1991—2010 年湖州市公路路政管理主要工作情况

表 3-20

| 内容<br>年份 | 查处违法案件数（件） | 拆除违法建筑（平方米） | 清理堆积物（平方米） | 拆除非公路标牌（块） | 整治马路市场（个） | 行政审批 | | | | | |
|---|---|---|---|---|---|---|---|---|---|---|---|
| | | | | | | 占用公路（件） | 挖掘公路（件） | 穿跨越埋设电缆、管线（件） | 增设交叉道口（件） | 设置非公路标牌（件） | 超限运输（件） |
| 1991 | — | 471 | 728 | — | — | — | 10 | — | — | — | — |
| 1992 | 732 | 4394 | 18022 | — | 18 | 23 | 41 | — | 54 | — | 792 |
| 1993 | 969 | 9067 | 49016 | — | 9 | 21 | 36 | 2 | 44 | — | 1780 |
| 1994 | 957 | 3928 | 19334 | — | 111 | 28 | 36 | — | 61 | — | 1978 |
| 1995 | 2151 | 27576 | 45171 | — | 403 | 40 | 34 | 3 | 119 | — | 2623 |
| 1996 | 149 | 628 | 1303 | — | 23 | — | — | — | 6 | — | — |
| 1997 | 3832 | 11722 | 73980 | — | 497 | 34 | 6 | — | 59 | — | 2947 |
| 1998 | 15441 | 7519 | 84830 | 9867 | 1697 | 42 | 23 | — | 14 | — | 2823 |
| 1999 | 15409 | 6122 | 69308 | 10021 | 1978 | 14 | 15 | 1 | 12 | — | 3376 |
| 2000 | 17649 | 46802.13 | 86541 | 7844 | 569 | 2 | 12 | 3 | 10 | — | 4174 |
| 2001 | 13660 | 11848.25 | 46356 | 3369 | 227 | — | 12 | — | 35 | — | 3895 |
| 2002 | 5644 | 2541 | 17446.5 | 824 | 162 | — | 3 | — | 2 | — | 806 |
| 2003 | 11792 | 4269.29 | 41520.93 | 2632 | 40 | 5 | 2 | 81 | 93 | 126 | 529 |
| 2004 | 9673 | 9673 | 4123.6 | 1910 | 16 | 6 | 11 | 57 | 76 | 138 | 97 |
| 2005 | 9414 | 3816.5 | 83006 | 1779 | 25 | 14 | 3 | 69 | 56 | 91 | — |
| 2006 | 6834 | 4125.79 | 94171 | 2197 | 103 | 13 | 7 | 93 | 84 | 172 | — |
| 2007 | 7612 | 8675 | 80084 | 2817 | 77 | 6 | 7 | 80 | 51 | 293 | — |
| 2008 | 9055 | 6226 | 100544 | 2099 | 121 | 9 | 7 | 87 | 70 | 156 | — |
| 2009 | 9509 | 7766.7 | 43160.4 | 3443 | 89 | 8 | 13 | 98 | 61 | 81 | — |
| 2010 | 9227 | 3012 | 49403 | 3042 | 605 | 12 | 6 | 59 | 52 | 62 | — |

# 第二节　公路规划管理

20世纪90年代中期始，湖州交通规划工作步入正轨。“规划是龙头，计划促有序”成为共识。

1996年，市交通局依据省交通厅第一个《浙江省公路水运交通建设规划（1996—2010）》和《中共湖州市委关于制定湖州市国民经济和社会发展“九五”计划和二〇一〇年远景目标的建议》，委托浙江省交通设计院合作编制湖州市第一个《湖州市公路水运交通建设规划（1996—2010）》。1997年12月完成，组织专家评审，1998年4月经市政府同意印发实施。该规划设总纲，分“社会经济和综合运输概况”“公路网、航道网现状及综合评价”“运输需求预测和分析”“公路水运交通规划”“建设规模和投资估算”“措施和建议”等六章，附湖州市现状交通图（1995年）和湖州市公路水运交通建设规划图。规划全市干线公路网由“四纵三横三连”构成，其中“四纵”为杭宁高速公路、104国道、安吉幽岭—长兴泗安线、南浔—练市—新市线，“三横”为318国道、申苏浙皖高速公路、塘栖（余杭）—安吉递铺（09省道及延伸线），“三连”为11省道（湖州连接安吉、孝丰至唐舍岭）、湖盐公路（湖州连接嘉兴）、湖州—菱湖—新市线（湖州连接菱湖区及德清东北部地区）。

2001年2月，湖州市交通局计划财务处更名规划财务处。

2002年2月，市交通局出台《湖州市农村公路发展规划（2001—2020年）》，其中近期规划建设改造南浔—练市、菱湖—新市、湖州—织里、双林—洋西、织里—墙千里、埭溪—芳山、墙千里—花城、保国—锦山—戈亭、青山—竹墩、白水湾—缸窑岭、王家庄—章村、李家弄—赋石、长兴—和平、长兴—新塘、德清—洲泉（德清段）、士林—锦山、武康—洛舍18条县道，菱湖—锦山、菱湖—洛舍、菱湖—钟管、马腰—安丰塘桥、钟管—千金、双林—横街、天荒坪—余村、深溪—龙王山、杭坑—苦岭山9条乡道。

2003年，市交通局根据《浙江省公路水运建设规划纲要（2003—2020）》，启动编修《湖州市公路水路交通建设规划（2003—2010）》，2004年6月出台。规划市境公路、水路主骨架交通建设规划融入全省交通规划大网络，根据省厅全面实施交通六大工程要求，重点落实2003—2007年交通建设项目，构筑内外畅通区域交通网。规划全市公路主干线网络从1998年规划中“四纵三横三连”扩展到“五纵四横十连”，其中“五纵”为杭宁高速公路、杭长高速公路、104国道、04省道、南新线，“四横”为申苏浙皖高速公路、申嘉湖高速公路、318国道、莫干山大道，“十连”为织里—双林高速公路、申嘉杭高速公路、09省道及其延伸线、10省道、11省道、12省道、13省道、湖盐公路、和杭公路、长和公路。至规划期末，全市新建公路近2000公里，路网密度由2002年0.6公里/平方公里提高到2010年0.92公里/平方公里，国道、省道公路平均技术等级由2002年1.76级提高到1.63级，公路网平均技术等级从2002年3.36级提高到2.35级，二级及以上公路占路网总里程从2002年20.9%提高到41.05%。

2006年6月，市交通局依据《浙江省公路水路交通“十一五”规划》《湖州市国民经济和社会发展第十一个五年规划纲要（2006—2010）》《湖州市公路水路交通建设规划（2003—2010）》，印发《湖州市交通“十一五”规划》，提出“七网二站一港”总体建设发展目标。其中“七网”为高速公路网、城市快速网、干线公路网、城乡统筹网、高等级航道网、大字形铁路网、城际轨道交通网，“二站”为浙北汽车客运总站、铁路湖州客运站，“一港”为湖州港。

高速公路网，总称“三纵两横一连”，“三纵”为杭宁高速公路、杭长扬高速公路、杭湖苏高速公路，“两横”为申苏浙皖高速公路、申嘉湖高速公路，“一连”为申苏浙皖、申嘉湖杭高速公路连接萧山通道的高速公路连接线。

城市快速网，湖州至织里快速通道、湖州至长兴快速通道、湖州安吉快速通道、莫干山大道德清至安吉快速通道。

干线公路网，总称“三纵二横八连”，“三纵”为104国道湖州段、彭泗线安吉段、南新公路，“二横”为318国道湖州段、莫干山大道，“八连”为09省道及延伸线、10省道长牛线、11省道鹿唐线、12省道孝泗线、13省道青临线、湖盐公路湖州段、和杭公路湖州段、长和公路。

城乡统筹网，即农村公路网。“十一五”期间，全市新建改建通村联网等级公路2080.3公里，基本实现农村公路网络化。

# 第三节　公路建设管理

## 一　工程项目综合管理

工程项目综合管理主要包括工程项目审批、设计、招投标、施工等方面技术和程序管理。20 世纪 80 年代前，公路建设项目管理缺乏相应规章制度，尤其地方公路建设较随意，多为“民办公助”修建，公路技术水平较差。

1983 年始，按交通部《公路工程基本建设管理办法》、浙江省《公路工程基本建设施工技术管理制度》，市境各县区上新公路建设项目时先进行可行性研究，后编制项目任务书，报地方政府批准后编制初步设计文件，再报市交通局审批，然后编制施工和施工预算列入年度公路建设计划，最后编制施工组织计划，由各县发文下达相关乡、镇执行。农村实行经济承包责任制后，建路单位多改投工为投资，民工参加筑路均以现金取代工分结算，每项工程一般都由双方签订合同，实行经济承包责任制。县交通局、工程管理单位则分别负责测设、施工技术指导、补助经费、采购物资、集资、组织施工和按工期、质量要求完成工程任务。一项工程完工后，县交通部门组织初验，市交通局组织验收，同意接养后全部工程告终。年度计划执行情况由县交通局向县政府及省交通厅、市交通局书面报告，重点工程专题报告，附竣工图案、财务结算等一并上报备案。公路建设基本程序虽不断规范，然与交通建设规模不断扩大相匹配管理法规不健全，建筑市场混乱，利用工程发包，索贿受贿，中饱私囊、非法获利现象时有发生。

1990 年后，实施交通建设项目管理体制改革，公路水运建设工程先后实行招投标制度、项目法人负责制度等，凡 50 万元以上工程均通过公开招标、邀请招标或议标方式来选择施工企业，多采用综合评估法。项目完成后经交工验收和竣工验收，其中交工验收流程“项目完工→建设单位组织对项目进行交工质量评定→建设单位将评定报告报交通质量监督部门备案→建设单位组织项目交工验收→建设单位将交工验收报告报交通主管部门备案→进入试运营”，竣工验收流程“项目通过缺陷责任期、各单项工程全部通过验收、工程决算获得批复等→建设单位组织对项目竣工质量评定→建设单位将评定报告报交通质量监督部门备案→交通质量监督部门将项目监督报告报交通主管部门备案→建设单位组织项目竣工验收→建设单位将竣工验收报告报交通主管部门备案→正式进入运营”。

1996 年起按省交通厅《浙江省公路水运工程招投标管理实施细则》，工程施工评标按工程造价、施工方案、建设工期、工程质量保证、企业素质及信誉等 5 个方面进行评价。

1999 年 9 月 23 日，按省交通厅修改补充印发《浙江省公路、水运工程施工招投标管理实施细则》，高速公路、国道及总投资 1 亿元（含）以上且有省投资省道新改建工程项目施工招标工作由省交通厅负责管理，其他由各市交通局负责管理。

2000 年 8 月 28 日始，市境公路建设按交通部第 7 号令《公路建设四项制度实施办法》中“凡列入国家和地方基本建设计划的公路建设项目必须实行法人责任制，由项目法人对建设项目负总责”、“经营性公路建设项目应依法成立有限责任公司或股份有限公司，对建设项目筹划、资金筹措、建设实施、运营管理、债务偿还和资金管理全过程负责”等规定，全面落实“四项制度，三个合理”（项目法人制、资本金制、社会监理制、工程招标制，合理标段、合理工期、合理造价）。

此后，市境公路建设执行国家和省有关招标文件，包括 2001 年省交通厅根据交通部《公路工程国内招标文件范本》发布《浙江省公路工程招标文件编制办法》。2003 年 8 月省交通厅针对有标底招标容易出现标底泄露问题下发《关于印发〈浙江省公路水运工程招投标管理实施细则（修订稿〉的通知》，开始在公路工程招投标中实行无标底招标法，开标后以投标人平均报价为基准，按相关规则测算出各投标人报价得分。2004 年国家发改委、建设部、铁道部、交通部、水利部、信息产业部、民用航空总局等七部委联合发布《工程建设项目招投标活动投诉处理办法》。2005 年国家发改委、建设部、铁道部、交通部、水利部、信息产业部、民用航空总局等七部委联合颁布《工程建设项目招标投标办法》《工程建设项目货物招标投标办法》。2008 年 5 月 7 日省交通厅《浙江省公路水运工程勘察设计招投标管理实施细则》。

2008 年，湖州市交通局作出规定，在建交通工程（含公路水路养护工程、材料采购等）全部按规定实行公开招标，规定设计费 50 万元以上设计项目亦实行公开招投标。同时针对招投标过程中借用资金、相互串标等问题，采取四项措施加强工程项目监管，一是严格纪律、掌握信息，把好施工单位准入关，二是严守程序、科学操作，坚持招标工作在初步设计批复后（一般项目）或施工图完成后（高速公路等重点项目）进行，三是加强合同管理，杜绝不合理变更设计要求，四是建立健全市场诚信体系，严厉查处中标后违规分包和违法转包行为。

按2009年10月9日省交通厅《浙江省公路工程施工建设招投标编制办法》，全市交通建设所有项目（62个施工项目、13个监理项目和4个设计合同段）全部按项目管理权限进入省、市、县招标中心交易，招标率达到100%，招标金额达22.8亿元，尤其是50万元以上设计项目首次实行公开或邀请招标。

2010年11月8日出台《湖州市县道建设项目管理办法（试行）》，共十一章、六十四条，规定县道建设项目建设审批、招投标、施工许可、安全质量监督、资金管理和设计变更等全过程监督管理工作要求和相关部门权限，明确市、县（区）交通主管部门相关职责。

## 二 建设市场管理

市交通主管部门按2004年12月21日交通部第14号令发布《公路建设市场管理办法》行施公路建设市场监督管理，主要贯彻执行国家有关法律、法规、规章和公路建设技术标准、规范和规程，配合省政府交通主管部门进行公路建设市场准入和动态管理，监督检查行政区域内公路建设市场，依法受理举报和投诉，查处公路建设市场违法行为，履行法律、法规、规章规定其他职责。

行施公路建设市场管理职责同时执行文件有2005年底省交通厅出台《关于加快推进全省交通建设市场信用体系建设工作的意见》,2006年4月30日省交通厅《关于进一步完善浙江省交通基础设施建设项目招标投标办法的通知》,2006年11月省交通厅发布《浙江省公路水运工程施工企业信用评价管理暂行办法》及次年出台《浙江省公路水运在建工程监理企业信用评价办法（试行）》。

2007年始，市交通主管部门督促辖区内在建项目建设单位建立施工、监理企业履约信誉情况台账制度，对项目施工和监理企业投标行为、合同履行、奖惩记录和社会责任等评价指标进行企业信用评价管理和信用评价动态管理，按季度核查，汇总后作为每年信用评价复评依据。督促各建设单位建立民工工资保障金制度，定期检查民工工资支付情况。按权限加强招投标工作监管。

2009—2010年，市交通局按《浙江省公路水运工程施工企业信用评价管理暂行办法》《浙江省公路水运在建工程监理企业信用评价办法（试行）》文件精神和相关规定，开展施工单位 2008 年度信用评价工作，全市交通系统公路水运工程施工企业和监理企业均被评为 A 或 AA 等级。

## 三　工程质量（造价、安全）监督管理

1995 年 12 月，市交通局按 1992 年交通部发《关于发布〈公路工程质量监督暂行规定〉的通知》，增设湖州市交通工程质量监督站，专司全市交通工程项目质量监督管理。1999 年 4 月增设湖州市工程造价管理站，与湖州市交通工程质量监督站合署办公，并改称湖州市交通工程质量监督（造价管理）站。 2008 年，增加在建公路水运工程安全监督管理职能，更名湖州市交通工程质量安全监督（造价管理）站。

市境交通工程质量监督依据 1997 年省交通厅发《浙江省交通建设工程质量监督实施细则》施行。1999 年，开展“公路水运工程建设三年质量年活动”。

市交通局 2001 年 3 月印发《湖州市交通建设工程兼职质量监督工程师、监督员管理办法》和《湖州市交通建设工程兼职造价管理员管理办法（试行）》。同年，市交通工程质量监督（造价管理）站引进 ZCD2000 路面平整度测试车、钢筋直径/保护层厚度测试仪、非金属超声检测分析仪等先进检测设备，大大提高工程质量检测的准确性和工作效率。年内，全市交通重点工程交工质量优良率为 100%，创历史最高水平。2003 年，按《浙江省公路绿化工程质量检验评定标准》《通村公路质量监督若干规定》，完善健全工程质量监督体系，加强农村公路质量监督。同年，市境全面实行交通工程质量管理责任合同制，建立健全从业主、设计、施工、监理到材料供应等全方位质保体系。申苏浙皖高速公路浙江段、湖织公路、浔练公路等重点建设工程创优目标明确，监管措施到位，各项制度健全，在省厅多次检查中均受好评。同时推动造价管理工作逐步从标底审查向工程设计、施工、竣工决算全方位、全过程造价控制转变。

2004 年，全市 29 项 500 万元以上公路项目全部纳入监督范围，监督覆盖率达 100%。年内交（竣）工质量鉴定项目 13 项合格率 100%，其中优良 12 项、优良率 92.3%。年内 3 个项目概算审查后核减金额 212 万元，1 个项目预算审查后核减金额 1.5 万元。编制项目标底 28 个，审查 8 个，完成小修养护经费查定、小修定额测定 55 项，大中修定额测定 133 项。同年，“乡村康庄工程”在市境全面铺开，市交通工程质量监督站负责为三县二区工程业主、监理一线管理岗位 84 人举办“康庄工

程”质量监理业务培训，参训 30 天结业考试，成绩合格者颁发“湖州市乡村康庄工程监理人员上岗证书”。先后开展全市康庄工程质量大检查 4 次，严格控制质量标准和施工程序，统一规范竣工资料整理装订。通过抓培训、抓质量、抓规范，保证全市“乡村康庄工程”整体质量，工程合格率达到 100%。

2005 年 3 月 20 日，湖州市交通工程质监（造价管理）站试验检测中心（湖州正通交通工程试验检测有限公司）挂牌。同年 9 月和 11 月分别通过浙江省质量技术监督局计量认证初查和复查，为乙级资质交通建设工程试验检测机构。基地在南浔区下昂镇，建筑面积约 2500 平方米，有价值 350 万元电脑测控试验机组和先进数显现场检测仪器，试验专业技术人员 27 人，其中教授级 1 名、高级工程师 2 名、中级职称 6 名。同年，全市 18 项 500 万元以上的公路工程（3000 万元以上公路项目 10 项）质量监督覆盖率 100%。施工现场检查 315 次，累计发出监督抽查意见书 88 份，完成竣（交）工质量鉴定 8 项合格率 100%，优良工程 7 项优良率 87.5%。年内对 15 个工程项目进行造价管理及合同稽查，共发出抽查意见书 23 份，合同稽查覆盖率 100%。2006 年，全市 16 项 3000 万元以上公路建设工程监督覆盖率 100%，实地检查 310 余次、发抽查意见书 261 份，完成工程质量鉴定 9 项（合格率 100%、优良率 88.9%），根据 2005 年《浙江省公路水运工程造价管理规定》，全年开展设计概算、投标控制价上限、监理标底、施工预算及变更单价等 19 个项目造价审查、核减金额 640 万元，完成小修测定 72 项、大中修 208 项。

2006 年，市交通工程质量监督站购置自动弯沉车、雷达测厚仪、自动化平整度仪等先进自动化检测设备，科学检测分析公路、桥梁工程实体质量。2007 年共抽检路基工程 23892 个（组）、合格率 99.0%，路面工程 1205806 个（组）、合格率 98.7%，桥梁工程 27274 个（组）、合格率 93.28%，隧道工程 46 个（组）、合格率 100%，交通安全设施工程 5462 个（组）合格率 95.68%。2008 年共检测路基工程 8423 点、合格率 98.5%，路面工程 492925 点（其中弯沉、厚度用自动化设备检测）、合格率 89.3%，桥梁工程 7219 点、合格率 94.4%，交安工程 10646 点、合格率 96.7%，全年完成 23 项工程交工质量检测，竣工质量鉴定工程 18 项（合格率 18 项、优良 15 项），年内审查长湖申航道浙江段、长兴 318 国道改建工程、湖州滨湖大道工程、干线路面大中修工程、安吉梅溪大桥改造工程等 47 个项目施工投标控制价上限，审查金额 81837 万元，比上年增加 19137 万元，核减金额 2015 万元。通过招投标节余金额6970万元。施工监理投标限价审查9项目、审查金额1629万元、核减金额56万元，通过招投标节余金额88万元。工程预算文件审查4项，审查金额2547万元、核减金额301万元。

2008年，湖州市交通工程造价管理站更名湖州市交通工程质量安全监督站，增设安全监督科。同年起开展为期三年“安全质量年”活动，排查在建工程安全隐患、开展安全生产教育培训、成立施工项目部安全生产管理机构、签订安全生产责任书、建立安全内业台账、加强高空作业安全防护等。

2009年，公路水运工程竣（交）工质量鉴定（交工检测）项目34个（交工质量检测项目4个、交、竣工合并项目29个、竣工质量鉴定项目1个），其中500万以上公路工程和100万以上水运工程竣交工质量鉴定合格30个、优良25个。同年9月，制定《湖州市公路水运建设工程生产安全事故应急预案》，以提高生产安全事故发生时应急快速反应和处置能力。全年工程概算、预算审查22项、审查金额91020万元、核减4454万元，工程量清单预算价审查54项次、审查金额206863万元，核减1639万元、招标节余19127万元，施工监理投标限价审查19项，检查12个在建项目合同造价，发出抽查意见书15份。

根据省交通厅质监局《关于进一步加强公路水运工程工地试验室管理的通知》和《浙江省高等级公路工地试验室标准化建设的指导性意见》，市交通工程监督部门自2006年起加强施工工地试验室检查监督，规范试验行为，严格执行工地试验室主任上岗考核和检测人员岗位登记制。至2009年末，全市有44家工地试验室通过技术考核，44人通过工地试验室主任上岗考核，88名检测人员岗位登记，全面清理试验检测人员重复挂名现象。

2010年，根据2009年底国家发改委、交通运输部等七部委联合印发《关于加强重大工程安全质量保障措施的通知》，全市公路水运工程质量安全监督加强，贯彻落实“政府监督、法人管理、社会监理、企业自检”四级质量保证体系，明确工程建设各方在各岗位、各环节质量安全责任，强化责任人质量安全意识。市交通工程质量安全监督站全年组织公路和水运工程质量、安全监督检查216次，发出质量、安全、监理、试验检测抽查意见书233份、检查情况通报5次、责令报废梁板2块、返工8处、停工或局部停工3处、撤换监理人员1人。全年组织工程交工质量检测5项、竣交工鉴定41项，合格率100%，其中6项重点公路工程竣工质量鉴定优良率 83.3%。全年完成概预算审查项目 8 个、审查金额 13.42 亿元，工程量清单预算价审查 45 项次、审查金额 22.53 亿元，施工监理投标限价审查项目 18 个。

## 四 “四自”公路管理

改革开放初期，国家处在百废待兴特殊阶段，交通投入长期欠账，公路基础设施远落后于经济发展和社会需求。国务院 1984 年作出贷款修路、收费还贷决定，允许通过集资或银行贷款修建收费公路（桥梁、隧道），对通过收费公路车辆收取过路（过桥、过隧道）费。1992 年 12 月，浙江省人民政府下发《关于加快交通基础设施建设的通知》，明确支持地方政府实施“四自”工程（自行贷款、自行建设、自行收费、自行还贷）。1993 年 2 月 25 日，市境 318 国道南浔—湖州—杨家埠段、318 国道长兴—泗安段改造工程被列入浙江省第一批公路“四自”工程，同年 8 月 25 日起，在 318 和 104 国道重合处杨家埠（104 国道 K1350.3 公里处）设征费站点收取车辆通行费。2000 年，杭宁高速公路湖州段一期工程完工，在青山、鹿山、湖州北、长兴设收费站，同年 12 月 27 日开征高速公路车辆通行费，为市境首条高速“四自”公路。

根据 1996 年省政府颁布《浙江省公路“四自”工程管理暂行办法》，市境“四自”工程项目必须符合省公路网规划，其规模和筹资方式必须符合交通部、财政部、国家计委 1994 年联合发出 686 号文件规定，即利用贷款需偿还、集资和股份制经营建成的公路，同时符合下列条件之一［1.长度超过 10 公里的封闭（包括部分封闭）型的汽车专用公路、2.平原微丘区超过 40 公里和山岭重丘区超过 20 公里的一般二级公路、3.长度超过 300 米公路桥梁、4.长度超过 500 米的公路隧道］。境内所有“四自”公路项目均报经省政府批准，规划设计、立项程序、工程招投标管理、建设监督等方面均符合“四自”公路建设规定。

1993 年至 2010 年末，湖州市经省政府批准“四自”公路项目累计 27 个，其中高速公路项目 5 个、普通公路项目 22 个。用“四自”公路方式新建改建公路里程合计 787.397 公里，累计投资 201.41 亿元。其中，新建 G25（长深高速）、G50（申苏浙皖高速）、S12（申嘉湖高速）、S13（练杭高速）和 S14（杭长高速）5 条高速公路，总长 264.107 公里；改建 104 国道、318 国道、临莫省道（S304）、彭安省道（S201）、鹿唐省道（S306）、长牛省道（S301）孝泗省道（S204）和县道公路湖盐线、青竹菱线、浔练线、德桐线、湖织线、菱新线、马良线等 14 条普通公路，总长 523.29 公里。高速公路设置收费站点 23 个（其中杭宁高速 7 个、申苏浙皖高速 8 个、申嘉湖高速 3 个、申嘉湖杭高速 4 个、杭长高速一期路段 1 个），普通公路“四自”公路收费站点 18 处。（市境普通“四自公路”历年收费额详见本编第三章第三节第二目规费征收）

国务院 2008 年发出《关于实施成品油价格和税费改革的通知》。改革涉及交通部门取消公路养路费、航道养护费、公路运输管理费、公路客货运附加费、水路运输管理费、水运客货运附加费等 6 项收费和取消政府还贷二级公路收费。同年省政府发布《关于贯彻成品油价格和税费改革的实施意见》，规定浙江省内政府还贷二级公路收费站点一律在 2010 年 2 月 28 日 24 时前撤销。2 月 28 日 23 时 58 分起，市境共取消政府还贷二级公路收费项目 12 项，总里程 293.75 公里。取消收费站点 6 个、代收点 8 个、降低收费标准收费站 1 个。（2012 年 1 月 1 日起，根据国家五部委〈关于开展收费公路专项清理工作的通知〉和浙江省收费公路专项清理工作实施方案，市境 104 国道德清收费站、304 省道收费站德清收费点、201 省道安吉收费站霞泉收费点停止收取通行费，同时桐德公路收费站干山收费点与桐乡市安全收费点合并在安全收费点收费。2012 年 4 月 28 日，根据省八部门关于收费公路专项清理整改意见，市境撤销 104 国道武康至上柏段、304 省道乔莫线德清境、201 省道幽岭至递铺、201 省道递铺至马家渡至良朋段、良朋至泗安段 4 项收费公路项目，撤销 104 国道德清收费站、304 省道公路收费站德清收费点、201 省道安吉收费站霞泉收费点、201 省道安吉收费站马家渡收费点 4 个收费站点。2012 年 10 月 14 日，市境最后一个，也是唯一收费期满的普通收费公路项目——104 国道长兴段（K1310—K1343+702）停止收费。至此，市境普通收费公路收费站全部撤销）。

**湖州市“四自”普通公路通行费征收站点**

表 3-21

| 所在线路 | 收费站名称 | 桩号 | 所在县区 | 收费起始时间 | 终止收费时间（撤站） | 备注 |
|---|---|---|---|---|---|---|
| 104 国道（京福线） | 104 国道长兴收费站 | 1316K+000 | 长兴县 | 1997.10.15 | 2012.10.14 | — |

## 湖州市“四自”普通公路通行费征收站点

表 3–32

| 所在线路 | 收费站名称 | 桩号 | 所在县区 | 收费起始时间 | 终止收费时间（撤站） | 备注 |
|---|---|---|---|---|---|---|
| 104 国道（京福线） | 104 国道湖州收费站 | 1350 K +300 | 吴兴区 | 1993.8.25 | 2003.11.30 | 站址搬迁 |
| | | 1344 K +800 | | 2003.12.1 | 2010.2.28 | |
| | 104 国道德清收费站 | 武康上柏白燕村 | 德清县 | 1994.12 | 1998.12 | — |
| | | 1408K +200（武康三桥） | | 1995.9.30 | 2011.12.30 | |
| 318 国道（沪聂线） | 318 国道湖州收费站 | 127 K +600 | 南浔区 | 1994.11 | 2010.2.28 | 一站二点式收费站 |
| | | 147 K +500 | 吴兴区 | 1996.4 | 2005.12.17 | |
| | 318 国道长兴收费站 | 181K+939 | 长兴县 | 1993.9.18 | 2005 | 建申苏浙皖高速公路时撤销 |
| 201 省道（彭安线） | 安吉县幽岭隧道收费站 | 27K+025 | 安吉县 | 1993.10.1 | 1997.10.31 | 并入霞泉收费站 |
| 201 省道（彭安线） | 安吉县霞泉收费站 | 30K+800 | 安吉县 | 1997.10.31 | 2011.12.31 | — |
| 301 省道（长牛线） | 301 省道长兴收费站 | 9K+600 | 长兴县 | 2007.11.18 | 2010.2.28 | — |
| 304 省道（临莫线） | 304 省道德清收费站 | 30K+550 | 德清县 | 1998.9.2 | 2011.12.30 | — |
| 306 省道（鹿唐线） | 306 省道孝丰收费站 | 68K+200 | 安吉县 | 2002.11 | 2008.11 | — |
| | 306 省道马家渡收费站 | 47K+700 | | 2006.11 | 2010.1.1 | — |
| | 306 省道鹿山收费站 | 0K +800 | 吴兴区 | 2002.12 | 2010.2.28 | — |
| 湖盐县道 | 湖盐公路收费站 | 30K+600 | 南浔区 | 2001.4 | 2010.2.28 | — |
| 浔练县道 | 浔练公路收费站 | 15K+350 | 南浔区 | 2003.12 | 2010.2.28 | — |
| 湖织县道 | 湖织公路收费站 | 5K+300 | 吴兴区 | 2003.11 | 2005.12.17 | — |
| 德桐县道 | 德桐公路德清收费站 | 17K+900 | 德清区 | 2007.6.20 | 2011.12.30 | — |

## 湖州市境高速公路收费站

表 3-33

| 路别 | 收费站名 | 所在地域 | 开征时间 |
|---|---|---|---|
| G25 杭宁高速公路 | 德清收费站 | 德清县武康镇秋山村 | 2002.11.28 |
| | 青山收费站 | 湖州市青山乡南侧 | 2000.12.27 |
| | 湖州收费站 | 湖州南门鹿山 | 2000.12.27 |
| | 湖州北收费站 | 湖州市杨家埠 | 2000.12.27 |
| | 长兴收费站 | 长兴县冯家湾 | 2000.12.27 |
| | 夹浦收费站 | 长兴县夹浦镇夹浦村 | 2002.11.28 |
| | 父子岭收费站 | 长兴县父子岭村 | 2002.11.28 |
| G50 申苏浙皖高速公路 | 浙沪主线收费站 | 南浔区富强村浙苏两省交界处 | 2006.10.30 |
| | 南浔收费站 | 南浔东迁圣驾村 | 2006.10.30 |
| | 织里收费站 | 织里大港村 | 2006.10.30 |
| | 湖州收费站 | 吴兴区环渚乡新安村 | 2006.10.30 |
| | 长兴西收费站 | 长兴姚家桥长桥村 | 2006.10.30 |
| | 林城收费站 | 长兴林城镇石狮村 | 2006.10.30 |
| | 泗安收费站 | 长兴泗安镇太平村 | 2006.10.30 |
| | 浙皖主线收费站 | 长兴泗安镇大东村 | 2006.10.30 |
| 12 省道申嘉湖高速公路 | 南浔南收费所 | 南浔区练市镇北 | 2008.12.28 |
| | 双林收费所 | 南浔区双林镇北 | 2008.12.28 |
| | 湖州东收费所 | 吴兴区和孚镇双幅桥 | 2008.12.28 |
| 13 省道申嘉湖杭高速公路练杭段 | 练市南收费站 | 南浔区练市镇 | 2010.2.6 |
| | 新安收费站 | 德清新安镇勾里俞家湾村 | 2010.2.6 |
| | 新市收费站 | 德清县禹越镇三来村 | 2010.2.6 |
| | 德清收费站 | 德清县雷甸镇新利村 | 2010.2.6 |
| 14 省道杭长高速公路 | 安吉北收费站 | 安吉县安城村 | 2008.1.1 |
| | 安吉收费站 | 安吉县递铺镇 | 2012.12.26 |

# 第四节　公路养护管理

## 一　公路养护管理机制

20世纪20年代，湖州公路养护实行省营省养、商营商养。杭长路和三莫支线，始由省公路局设杭长路养护所巡养，1946年后设工务段实行道班养护。湖浔公路和余安孝公路由承租商营汽车公司包工养护。解放后，按1950年11月省交通管理局第一次全省养路会议所议定，试行定级、定员、定料、定时“四定”养路制。1954年，贯彻实行地方交通建设“民用、民建、民养”方针，省政府颁发《实施道班群众分工共养试点办法》。1955年，嘉兴地区各县实施“道班与群众共养”试点。1956年，按《浙江省新建地方道路养护暂行办法》，商养路线全部收回省养，商营公司代办养路历史结束，开始形成省养为主、分级管理养护机制。1958年始实行运养合一，养路工作划归公路运输机构管理，湖州公路养路机构于1959年归属嘉兴地区公路运输局。“运养合一”后，经常性养护工作渐弱，路况呈下降趋势。1964年，湖州市根据1963年1月24日省人民委员会《关于加强公路养护和管理工作和紧急通知》精神，实施运养分开，恢复建立各级专业公路管理养护机构。1964年11月，省交通厅在安吉县试点农工道班养护，对原未养或新建县社（乡）公路逐步实施亦工亦农养护。1978年，县社（乡）公路采取群众修、群众管、群众养的社队养护方式。1979年，在全省推广浦江公路段经验，用经济手段管理班组，实行全面经济核算。1981年，浙江省实行“建、管、养”统一分级管理体制，专业公路养护部门重点转移到主要干线公路，县社（乡）公路归地方政府负责，由市县交通局组建县乡公路管理机构。1982年，按省交通厅《浙江省县社公路养护和管理办法》，县道由县交通局管理并组织社队养护，社（乡）道在县交通局统一管理下，由当地公社组织社队养护。1988年，湖州市撤销城、郊区建制，实行市直管乡镇体制，湖州郊区交通局相应撤销，县乡公路管理职能并入市交通局，同年10月1日市交通局增设县乡公路管理机构。

此后，市境公路养护管理执行1993年省交通厅《关于加强公路养护工作的通知》，“坚持建养并举，层层落实养护责任制，养路费坚持专款专用”，1995年省交通厅公路管理局《公路路况巡查制度》，1996 年《浙江省“四自”公路养护、路政管理办法》，1997 年《浙江省山区县乡公路建设管理办法（试行）》，县乡公路建设、养护和管理坚持“民办公助、民工建勤”方针和“自建、自养、自管”原则。

2003 年 11 月起，改革公路管理体制，专业公路管理机构与县乡公路管理机构合并，高速公路养护管理职能纳入市公路管理机构，公路管理与养护分开，生产性和经营性部分按市场运作方式组建养护公司，自主经营、自负盈亏。市交通局所属湖州市县乡公路管理处撤销，职责并入市公路管理处，各县县乡公路管理机构相应并入县级公路管理机构，同年长兴、安吉、德清和湖州市本级分别建立公路专业养护公司，自主经营、自负盈亏。养护公司通过招标获得养护工程，公路管理机构对养护实体实行合同管理，计量支付养护资金，逐步建立起公路养护市场。

2004 年，按《浙江省高速公路养护管理办法》，高速公路养护工程实行业主自检、政府监管、逐步推行社会监理。高速公路大修及专项工程的验收工作由高速公路经营业主组织，行业管理单位参加。

2008 年 12 月，根据同年 7 月发《浙江省农村公路养护与管理办法》，湖州市出台《湖州市农村公路养护与管理办法》（第 26 号政府令），其中第六条规定全市农村公路养护与管理实行以县区为主、乡镇村配合体制。县区政府应当履行下列职责：（一）贯彻执行农村公路养护与管理的法律、法规和规章，制定本行政区域农村公路养护与管理有关规定，督促所属部门和乡镇政府贯彻执行；（二）负责筹措和落实农村公路养护资金，将农村公路养护资金列入财政预算；（三）规定所属部门以及乡镇政府、村民委员会在农村公路养护与管理工作中的具体职责；（四）组织、协调本行政区域内农村公路养护与管理工作的重大问题，根据应急预案及时处置重大自然灾害和突发公共事件，保障农村公路畅通。乡镇政府按照上级政府规定，筹措农村公路管理养护资金，履行农村公路管理养护职责，落实责任部门和人员，做好农村公路养护与管理工作，村民委员会配合做好农村公路养护与管理工作。市、县（区）交通局主管行政区域内农村公路养护与管理工作， 具体由市公路管理处、县级公路管理机构（指县公路管理段和市公路管理处直属公路管理段）负责。市公路管理处、县级公路管理机构按规定增加农村公路养护与管理内设机构，配备专职人员。市、县区发改委、财政、审计、人事（编办）、劳动保障、公安、国土资源、农业、林业、建设、水利、环保等有关部门在各自职责范围内做好农村公路养护与管理相关工作。县道养护管理由县级公路管理机构直接负责，乡道、村道养护管理职责由县区政府根据当地实际确定。

2010年12月起，执行《关于修改〈浙江省农村公路养护与管理办法〉的通知》，农村公路养护工程建立“标准明确、企业自检、社会监理、政府监督”质量监督体系，确保农村公路养护工程质量。

## 二　养护工程招投标管理

1998年起，推行大中修养护工程系统内部招投标，以有效控制养护成本。2000年，湖州市探索养护市场化运作。2007年按《浙江省公路养护工程招标投标管理暂行办法》，7月1日起公路养护工程小修保养、大中修工程（专项工程）项目，投资额100万元（含）以上高速公路养护工程，投资额30万元（含）以上普通公路养护工程项目实行全社会公开招投标。

养护工程招投标一般程序为“编制招标文件—发布招标公告—发售招标文件—组织投标人勘察现场，针对投标人询问解释招标疑点—组织开标、评标并确定推荐中标人—发布中标公示—最终确定中标人，发出中标书—签订合同”。

按照《浙江省公路养护工程招标投标管理暂行办法》规定，市境参加公路养护工程项目投标公路养护工程施工单位必须具备相应类别从业资质，其中规模较大、存在一定技术难度大中修工程（专项工程）项目，除具有相应类别养护资质养护工程施工单位可参与投标外，具有高速公路养护工程相应经验与技术能力一级及以上施工资质单位可参与高速公路项目投标，具有普通公路养护工程相应经验与技术能力三级及以上施工资质单位可参与普通公路项目投标。

2010年末，按照交通部交公路发〔2003〕89号《公路养护工程市场准入暂行规定》条件，湖州市取得准入公路养护工程市场资质的公路养护工程从业单位13家。

## 三　养护资金管理

国家成品油价格形成机制改革前，公路养护资金来源于公路养路费、车辆通行费、车辆购置附加费、贷款资金等。2008年起成品油价格形成机制改革，公路养护资金来源相应变为燃油税、车辆购置附加费、车辆通行费、贷款资金等。

2008年及以前，公路养护资金属财政预算外资金，管理体制按公路养护计划和

“统一领导、分级管理”原则建立，主要采用“条条管理”模式，即公路养护年度计划由县到市再到全省汇总平衡后，由省交通厅确定全省年度公路养护计划，由省公路管理局按计划调拨养护资金到各地市交通局或各地市公路管理处，再由各地市交通局或公路管理处执行到县级公路管理机构。

湖州市“四自公路”养护经费来源分两种，私营实行自收自养，公营亦实行统收统缴，即收取车辆通行费上缴省公路局，由省公路局按公路养护工程计划拨支。

2008 年 12 月，出台《湖州市农村公路养护与管理办法》（第 26 号政府令），其中第九条规定，农村公路养护工程资金由省补资金和其他资金组成，实行预决算管理。除省补资金外，三县养护工程资金不足部分由县、乡（镇）财政配套解决，市财政对两区按一定标准进行补助，区财政按市补标准 1∶1 配套，不足部分由乡镇财政配套解决。第十条规定，农村公路日常养护资金由省补资金、县级拖拉机与摩托车养路费、市县区乡镇财政专项资金和其他资金组成，实行预决算管理。除省补资金外，拖拉机与摩托车养路费全部纳入农村公路养护资金。市、县（区）交通局将上年度汽车养路费超收分成不少于 30%用于农村公路日常养护。

2009 年，公路养护资金逐步纳入省级财政预算管理，逐渐转变为“块块管理”模式，全省公路养护资金计划经财政复核确立后，大部分公路养护资金由省对市、市对县财政直接支付或转移支付。

2010 年，湖州市公路养护资金来源分国省道、农村公路两块，国省道公路养护资金通过省公路局按实施计划拨支，农村公路养护经费按省财政厅 2010 年 12 月 2 日发出的《关于下达市县交通部门基本支出等资金的通知》，以 2009 年度省公路局拨付湖州农村公路养护资金（5234 万元）为基数，通过市财政转移支付，以后新增公路养护经费按里程另行追加。农村公路养护经费不足部分按《湖州市农村公路养护与管理办法》，由地方财政配套投入。

2010 年末，全市公路列养里程 7890.123 公里，比 1990 年末（1802.37 公里）增长 4.38 倍。其中专用公路 83.228 公里，除长广煤矿矿区公路由长兴县公路管理段养护外，其余分别由地域内专用公路受益者养护，属地公路管理段实施行业管理与监督。湖州市公路局全年投入养护资金约 3.2 亿元，比 1990 年（1253.26 万元）增长 25.4 倍。

公路养护资金主要管理依据有《中华人民共和国会计法》《事业单位会计制度》

《事业单位财务规则》等，同时受《浙江省公路事业单位会计核算办法（试行）》《浙江省交通资金管理暂行办法》及其他各项业务资金专项管理办法约束。

公路养护资金接受资金使用审计。审计形式有国家审计和内部审计。国家审计指省、市、县级政府委托审计局对公路养护资金使用单位审计，内部审计分社会中介审计和单位内部审计。

**2006—2010 年湖州市专业养护公路生产经费支出情况**

表 3-34　　单位：万元

| 年份 | 合计 | 大中修 | 小修 | 机械 | 场站库 | 绿化 |
|---|---|---|---|---|---|---|
| 2006 | 22235.6 | 17720.6 | 2909.4 | 307.9 | 1297.7 | — |
| 2007 | 21119.5 | 17739.3 | 1947.7 | 638.7 | 788.8 | 5 |
| 2008 | 13195 | 10029.4 | 2232.3 | 458.2 | 395.1 | 80 |
| 2009 | 27625.7 | 22529 | 3339.2 | 334.3 | 1383.2 | 40 |
| 2010 | 31827.6 | 27613.9 | 1405.6 | 823.3 | 1877.2 | 107.6 |

# 第三章　公路运输管理

前志载，国营嘉兴专区公路运输公司1958年12月成立后，市境实行客运独家经营和货运“三统”（统一货源、统一调派、统一运价）管理模式持续20多年。自1983年7月国家经委、交通部提出公路运输实行多家经营、发展多种经济形式，公路运输管理逐步从交通系统内部企业转向全行业。1987年8月，成立湖州市公路运输管理处。1991—2010年，市公路运输管理部门协助交通主管部门行施客运、货运、稽征、汽车维修、运价、运输安全和驾驶员培训等管理，发展和培育统一、开放、竞争、有序道路运输市场。客运管理主要依据1988年《汽车旅客运输规则》、2009《道路旅客运输及客运站管理规定》《浙江省道路快速旅客运输管理规定（试行）》和2010《出租汽车客运服务规范》。陆续推出客运经营权拍卖、客运服务质量招投标等新举措，为建立服务优良、竞争有序客运市场创造条件。货运管理则引导传统物流向现代物流转型。

## 第一节　客运管理

### 一　班车客运管理

20世纪90年代初，湖州形成长途客运以交通专业运输企业为主、短途客运以个体（联户）为主市场格局。低档次客运运力过度增长，无证经营、无序竞争现象较为普遍。1994年始，按照1993年《浙江省道路运输管理办法》及11个配套规定，整顿以“车进站、人归点”为目标道路客运市场。在市直辖区范围组建股份制有限公司，纳入个体中巴，实行规范管理，湖州、练市、织里、埭溪、新市等一批专业运输企业所属客运站对外开放，为进站车辆统一售票。次年11月出台《湖州市农用运输车管理实施意见》，中巴型农用车从事客运车辆一律先审批、后购置，以控制增长。新增客运运力同等条件下优先考虑专业运输企业。专业运输企业不得购入中巴型农用车从事客运。

1997 年 10 月 1 日始，进出湖州市区 500 多辆短途客运车辆，统一悬挂梯形票价表，实行明码标价。

2000 年始，为改变客运经营主体弱、小、散状况，全市范围开展道路旅客运输企业资质评定，运管部门以相应资质条件作为客运市场准入依据，促进客运企业兼并重组、做大做强，促使企业改变单车全额承包经营机制，加快班车公司制经营改造，优化运力结构，提高服务水平和社会效益。2001 年 4 月 18 日，市运管部门率全省之先开通公路运输投诉热线——96520，后被浙江省运管局确定为全省公路运输投诉热线号码。2000 年初全市尚有 1348 辆“农用中巴”从事客运，2002 年末全部淘汰。

2002 年，湖州长运公司兼并德清汽运公司，湖州国运公司兼并练市联运站等 4 家企业，全市道路客运市场平均每个经营业户客运车辆拥有量从 1997 年 3 辆增至 20 辆。

2003 年始，市境客运线路经营权重新配置。根据“到期退出、合理调控、择优配置、平稳过渡”原则，所有客运线路经营权在经营年限到期或相差两个以上资质等级线路车辆，均无条件终止。随后，对原线路经营者运输服务、经营模式、安全管理、运营方案等方面评审、打分，其结果作为经营者重获或取消经营权依据。

2008 年成立湖州市道路客运经营权招投标评审委员会，每次由 7 人（招标方 2 人、专家 5 人）组成，参加评审名单由招标方从专家库中随机抽取。同年 8 月，48 条城际公交线路和市直辖区范围 23 条城乡公交线路经营权到期，经服务质量招投标评审，由湖州长运汽车运输有限公司、浙江天成运输有限公司、湖州康达公交运输有限公司等 9 家企业获得经营权。

## 二 出租车管理

1995 年 9 月，根据《浙江省道路运输管理办法》，出租车行政管理从城建委划归交通局，具体职能由市公路运输管理处实施。1996 年 2 月，成立湖州市出租车管理所，隶属市公路运输管理处，负责市直辖区出租车营运证件审核、发放、变更、年审和监督检查等。1996年4月，修改1993年《湖州市客运出租汽车管理办法》，以市政府3号令重颁《湖州市出租车客运管理办法》，次年出台《湖州市客运出租汽车经营权有偿使用管理办法》。长兴县1997年，安吉、德清县2000年分别成立出租车管理站。

1997年，市直辖区实施客运出租车新增运力经营权拍卖制度，拍卖所得纳入市财政预算管理。1998年，出租车实行“七统一”， 统一车辆标识、统一两证编号、统一车内座套、统一顶灯规格、统一监督电话、统一运价标签、统一证件公示。

2002年，整顿、规范客运出租车市场，促进出租车行业实现六个转变，即经营模式转变，由原来的个体经营向企业化经营转变，车型由低档、单一向中档、多样转变，服务质量由脏乱差向规范整洁转变，经营企业由多、小、散、弱向规模化转变，经营者负担由过重向适度减负转变，行业管理由无管理依据向有章可循转变。同年7月，修订《湖州市出租汽车客运管理办法》，以市政府第16号令颁发。次年，相继出台《湖州市客运出租汽车驾驶员服务资格证管理暂行规定》《湖州市客运出租汽车驾驶员服务质量信誉考核办法》《湖州市客运出租汽车驾服务规范》。

湖州市区出租车开展文明服务活动

2004年8月，成立湖州市出租车权证交易中心。按照《出租汽车客运经营权价格评估程序》，出租汽车经营权转让须经物价主管部门所属湖州市价格认证中心评估，按规定程序操作。建立规范出租车市场进退机制，杜绝私下炒买炒卖行为。同年成立湖州出租车行业协会。

2004年，因国际石油价格持续升高，政府首次启动出租车燃油补贴，以稳定出租车运价并保证经营者基本利益。至2010年，湖州市直辖区范围出租车享受中央和地方财政拨付燃油补贴费累计2274万元，平均每辆出租车补贴2.8万元。

2009年4月，客运出租车运输企业实施《湖州市客运出租汽车驾驶员服务质量记分考核办法》，以强化出租车运输安全和服务质量源头监管。

2010 年出台《湖州市本级客运出租汽车营运权重新配置方案》。吴兴、南浔二区 815 辆客运出租车有 795 辆营运权 7 月底到期，行业管理部门收回营运权，后按《浙江省道路运输企业信用考核办法》规定，委托第三方机构对原经营者安全行车、企业基础台账、违章投诉情况及处理、服务质量和企业信誉等方面实行综合考核。合格者重获营运权，不合格者限期半年整改，仍不合格遂通过服务质量招投标方式重新确定经营主体。重新配置后营运权使用期限 8 年，有偿使用费按照 2002 年确定标准（3000 元/车・年）一次性收取，吴兴区、南浔区各大镇出租汽车有偿使用费标准调整与湖州中心城区出租汽车一致。

## 第二节　货运管理

改革开放后，湖州公路货运相对公路客运，市场准入门槛更低，经营主体长期呈小、弱、散状态。货运整体结构呈四大缺陷，一是功能单一，大部分货运企业以单一功能为主，或码头，或仓储，或运输，缺乏现代物流的系统性服务，附加值较低。二是经营粗放，基本处于一家一车跑运输局面，物流形态绝大部分以散货为主，回程放空率较高，运输效率与经济效益低下。三是装备落后，全市货运车辆车型偏小、车种陈旧，2005 年末全市营业性载货汽车中重型车、箱式车和专用货车占比仅 22%。四是现代化货运场站缺少，成为中小物流企业发展瓶颈，场站设施、物流技术设备、产业政策、投资融资、税收、海关、服务与运输标准等多方面问题分属不同政府职能部门，需要政府统一协调。

2007 年 10 月中共十七大首次提出建设生态文明战略任务，社会经济发展开始转型。提高运输效率、节能源减排放受到重视，市政府与交通主管部门推进传统物流向现代物流转型。同年，市公路运输管理部门将货运市场管理作为攻坚课题，组织力量撰写《湖州市货运业调研报告》《湖州传统货运业向现代物流业转型发展调研报告》《湖州市货运行业 2007—2012 年发展实施纲要》，与专业物流咨询公司合作编撰《湖州市城乡物流配送体系建设规划方案》。2009 年 11 月成立湖州市现代物流业发展工作领导小组，以副市长为组长、市政府副秘书长和市交通局局长为副组长、各县（区）政府和各相关部门领导为成员，在市交通局设办公室，市交通局负责全市现代物流业发展综合管理、指导和协调工作。

## 一　物流基地布局规划

2008 年，全市物流基地布局规划工作启动。2010 年 1 月，市交通局制定实施《湖州市物流基地布局规划》，规划范围全市，重点规划范围吴兴区、南浔区，规划期限以 2008 年为基年，目标年 2020 年。近期 2009—2015 年，远期 2016—2020 年。近期目标以湖州市公路、水路、铁路综合运输网络为支撑，构建以物流园区为核心、物流中心为骨干，配送中心为基础，农村物流配送点为延伸一体化物流节点体系，充分考虑现有物流资源，形成支持国际物流、区域物流、市域配送物流和农村物流综合发展的基础平台。远期目标构建适应湖州经济社会快速发展，促进现代服务业升级，提升湖州综合竞争力物流节点体系，规范物流服务市场，实现传统物流向现代服务业转型。物流基地布局规划为“三园区六中心”。

**湖州物流基地“三园区六”布局方案**

表 3-35

| 编号 | 名称 | | 位置 | 规模（亩） |
|---|---|---|---|---|
| 三园区 | 1 | 湖州综合物流园区 | 湖州城区西侧，以湖州港西塞作业区为中心，杭宁高速公路以西、宣杭铁路以东、长湖申航线两侧 | 1500 |
| | 2 | 德清临杭物流园区 | 位于德清县的雷甸镇，紧邻杭州市钱江工业城，东临 09 省道和杭宁高速，西沿杭湖锡线航道，南接京杭运河 | 3750 |
| | 3 | 长兴综合物流园区 | 位于长兴县东南方向，西靠长湖申航道，东面与 104 国道相接，北侧通过城市支路与 318 国道相连，南侧以城市支路与 104 国道“丁”字相接 | 2555 |
| 六中心 | 1 | 吴兴物流中心 | 由 2 个片区构成：环渚片区位于吴兴区环渚乡；八里店片区位于吴兴区八里店镇 | 594 |
| | 2 | 南浔物流中心 | 南浔城区西北侧，318 国道以南、适园路以北、外环西路以西，长湖申航道两侧 | 750 |
| | 3 | 织里物流中心 | 位于织里大道南侧，左侧紧邻织里客运站 | 150 |
| | 4 | 申嘉湖物流中心 | 申苏浙皖高速公路和申嘉湖高速公路连接线以西、盐湖公路以南、长湖申航道复线和湖乍铁路以北 | 525 |

续表 3-35

| 编号 | | 名　称 | 位　置 | 规模（亩） |
|---|---|---|---|---|
| 六中心 | 5 | 德清物流中心 | 武康镇东部、杭宁高速公路武康出口西侧、三箬线航道以西、09 省道两侧的地块 | 800 |
| | 6 | 安吉物流中心 | 位于梅溪镇，04 省道东侧，安城大桥北侧，沿西苕溪狭长地带 | 800 |
| 合计 | | | — | 11424 |

## 二　危险货物运输管理

市、县公路运输管理部门按辖区管理原则，对辖区内危险品运输企业实施安全监管和年度资质审查。1990—2000 年，危险货物运输以发展运力、满足需求、实现物流通畅为主，经营主体大多达不到资质要求，专业化程度低下。2001 年 2 月始，运输管理部门专项整治危险货物运输，审核企业资质、车辆技术状况、从业人员资格等，促进全市危险品运输市场主体优化，车辆技术状况改善，运输市场秩序逐步好转。2005 年 8 月起，按交通部颁《道路危险货物运输管理规定》，结合道路运输证件换发，重新审核危险货物运输条件，分类、分项核定经营范围。2007 年 9 月，市公路运输管理处专门成立货运管理科，以加强货运管理力度。2009 年，提高经营危险货物运输准入门槛，所有危险货物运输车辆安装 GPS 装置，车辆检测达到一级技术标准，罐体车辆经相关部门检测合格，所有危险货物运输车辆投保危险货物承运人责任险，安装合格危险货物运输标志灯和标志牌，随车携带运输危险货物安全卡。

# 第三节　稽征管理

## 一、运政稽查

前志载，民国 36 年（1947）浙江省公路局在湖州市境设吴兴、泗安、三桥埠公路运输管理站，专司车辆登记查验、违章肇事处理和养路费征收。1958 年 10 月至 1970 年 9 月，嘉兴地区公路运输公司负责全区公路运输和管理工作。此后，“车船监理所”、“车辆监理所”、“交通监理处”等机构负责运政稽查与车辆监理。1987年，交通监理权移交公安部门，同年8月成立湖州市公路运输管理（稽征）处，湖州市道路运政稽查支队为市级稽查部门，各县设稽查大队，实行运政、稽征合一专职稽查。

省运管局确定市境省级检查站有南浔检查站、德清上柏检查站、长兴金夹检查站、安吉孝丰检查站。

运政稽查包括上路检查、行政处罚、行政强制职权，保障行政许可、行政认定、行政决策等行政管理职能的实施。

1991年重点稽查公路运输中经济违法活动（私吞票款等）和违章运输现象，运管部门与专业公路运输企业联合出动检查人员10124人次，检查运输车140822辆次，查获违章车辆16898辆次，其中经济违法率2.6%、运输违章率4.9%。市内专业运输单位经济违法率2.9%。

1993年，市内专业运输企业全面实行单车承包经营后私吞票款现象消除。稽查重点转为营运手扶拖拉机、农用中巴车、自卸车、外来车辆、非贸易进口车等。全市各级运管部门上路检查6409人次，检查车辆107844辆次，查获违章车辆14454辆次，违章率13.4%。

1995年，重点抓好104国道文明样板路湖州段公路征费稽查站建设。长兴金夹征费稽查站被省交通厅评为104国道创建文明样板路活动先进单位。同年，稽查人员上路检查6618人次，检查车辆134009辆，查获违章车17540辆，违章率13%。

1997年，公路运输管理部门投入稽查人员10512人次，检查车辆197184辆，查获违章车辆60926辆，违章率31%（包括运输违章），补征养路费524.7万元。

1999年，重点开展“春运专项稽查活动”“客车超载专项稽查活动”“百日打黑”活动，全市共投入稽查人员20159人次，查处各类违章93536辆次，其中无证经营车辆1019辆次、欠缴规费车辆5630辆次。

2000年，湖州、长兴、德清、安吉相继建立公路运输违章处理中心，实行检查与处罚、罚款与缴款相分离。全市办结行政处罚一般程序案件2150起，简易程序案件24616起。3次专项稽查养路费，重点查堵各种漏费、逃费、欠费行为。上路稽查24247人次，检查车辆640074辆次，查处违章车辆214267辆次，追缴公路规费4038万元。

2002 年，先后 8 次专项稽查，重点检查无证黑车。投入稽查人员 28263 人次，检查车辆 522508 辆次，查获各类违章 118601 起，其中无证经营车辆 372 辆。2004 年，全市出动稽查 45419 人次，检查车辆 465203 辆次，查处违章车辆 34547 辆次，查获无证经营车辆 414 辆，追缴公路规费 1015.6 万元。

2005年6月7日，在长兴县召开浙江省打击无证营运行动现场会。同年9月5日，长兴县人民法院联合县运管所公开拍卖拒不履行强制执行内容车辆。拒罚非法营运“黑车”公开拍卖，在全省尚属首次。

2006 年，市公路运输管理处组建高速路检队，在全省率先拓宽运管执法到高速公路，全年查处各类运输违章车辆 2177 辆。公路养路费专项稽查 7 次，出动执法人员 32735 人次，检查车辆 164207 辆次，查处违章车辆 11736 辆次，打击各类“黑车”528 辆，追缴公路规费 1622 万元。全市各违章处理中心共受理违章案件 10940 起，处罚结案 10274 起。次年，市公路运输管理处与公安交警部门协商签订《湖州市运管、交警联席会议制度》，全市先后开展 3 次 “联合执法行动日”活动。

2008 年，全市货运市场专项整治等 9 次专项稽查活动，出动执法人员 41904 人次，检查车辆 115629 辆次，货运站场 85 家，查处违章车辆 10550 辆次，追缴公路规费 540 万元。

2009 年，国家推行“费改税”政策，停止养路费征收。运政、稽征合一稽查工作转为运政稽查为主。

2010 年，市运管部门继续整治道路运输市场，累计出动运政执法人员 57898 人次，查获道路运输违章案件 11867 起。

**外挂车现象附记：**　20 世纪 90 年代末，市境出现货运车辆外挂现象，大量货运车辆挂外省牌照，长年在市境内营运，其主要原因是规费差异。外省某些县市为达到多收规费目的出台“招车引资”政策。如山东省某县公路稽征部门公开提出外挂车辆养路费可以按山东省标准 50%征收（每月 110 元/吨），而浙江省养路费征收标准为每月 200 元/吨。另有些县市则在车辆核定征费吨位上作弊，如湖州核定为 25 吨车辆在外省有地方可能就核定为 15 吨。湖州市公路运输管理部门虽有整顿治理、补缴规费等措施，仍冲击市境运输市场公平竞争。随着 2009 年养路费征收取消，外挂车这种特殊时期市场现象随之销声匿迹。

## 二　规费征收（含车辆通行费）

公路交通规费主要有公路养路费、车辆购置附加费、公路建设专用基金（客货运附加费）、公路运输管理费以及“四自公路”车辆通行费。除车辆通行费之外，其他4项规费由湖州市公路运输管理稽征处征收。2009年1月1日起，根据国务院《关于实施成品油价格和税费改革的通知》，取消公路运输各项费收，实施“费改税”，公路运输管理部门规费稽征职能解除。市境收费公路车辆通行费由湖州市交通局所属车辆通行费征收处和各县交通局所属车辆通行费征收所征收，收取的通行费按“四自公路”投资比例分配，省、部投资归省公路局，市、县投资归市、县交通建设投资公司。

### 公路养路费

前志载，民国36年（1947）浙江省公路局湖州地区设站负责养路费、路租金征收，征收标准随物价、汽车运价变化调整。1950年7月起，按中央人民政府政务院制定“用路者养路”政策，开征汽车、拖拉机公路养路费。1986年10月起，按国务院《关于改革道路管理体制的通知》，负责养路费征收的湖州交通监理机构并入公安局交通警察支队。1987年7月，交通部门设立湖州市公路稽征处、各县公路稽征所，同年8月28日挂牌征收公路规费。1988年7月起，增收养路费附加费。1990年1月起，开征摩托车养路费，同年全市征收公路养路费3247.59万元（含养路费附加费439.17万元）。1993年1月起，调整按核定载重吨位计征汽车养路费征收标准每吨每月120元调整为135元，手扶拖拉机征收标准每吨每月50元调整为60元。1993年5月起，专业公路运输企业营运车辆养路费从原按总营收一定比例统缴，改按其他社会营运车辆计费办法缴纳，即营运客车每吨每月最低230元，营运货车每吨每月135元，养路费附加费每吨每月25元。1994年4月起，停收养路费附加费，调整征收标准。

1996年前，公路养路费为财政预算外资金，由省级交通主管部门按“统收统支、收支两条线”原则负责征收、管理和使用。1996年后纳入财政预算管理。2008年，湖州市车辆实征率93.13%。1991—2008年，全市累计征收养路费26.3亿元。2009年1月1日起，停征养路费，以税费形式加入燃油价格中。

**1994 年浙江省公路养路费征收标准**

表 3-36

| 项目 | 计算吨位 | 征收标准 | 备注 |
| --- | --- | --- | --- |
| 1.营运性客车 | 每月每吨 | 不低于 230 | — |
| 2.货车及非营运客车 | 每月每吨 | 165 | 包括营运货车、其他机动车 |
| 3.侧三轮摩托车 | 每月每辆 | 150 | — |
| 4.二轮摩托车 | 每月每辆 | 100 | — |
| 5.二轮轻便摩托车 | 每月每辆 | 50 | — |
| 6.拖拉机 | 每月每吨 | 540 | — |

## 车辆购置附加费

前志载，根据国务院《车辆购置附加费征收办法》，1985 年 5 月 1 日起开征车辆购置附加费。凡购买或自行组装使用车辆（不包括非机动车辆）购买时或使用前须缴纳车辆购置附加费。国内生产或组装车辆由生产厂或组装厂代征，费率为车辆实际销售价 10%；进口车辆由海关代征，费率为组合价格 15%。1990 年，全市征收车辆购置附加费 249.1 万元。1994 年 1 月 1 日起，由生产厂、组装厂和海关代征改由车辆落籍地公路规费稽征部门负责，由交通部归口，按照国家有关规定统收统支，统一安排。重点补助纳入交通行业规划的国家干线公路、特大桥梁、隧道及公铁交叉道口改建。2005 年始，车辆购置附加费由国税局征收。

## 公路建设专用基金（客货运附加费）

前志载，1986 年 7 月 1 日起向公路客运旅客征收客运汽车站和公路建设专用基金，征收客票价外每人每公里 0.003 元，作为公路建设专用基金，由省交通厅统收统支、专款专用、统筹安排。1988 年 7 月 1 日起，由客货运输经营单位向旅客、货主征收客货运输附加费，征收标准客运从原 0.003 元增至 0.01 元，货运按货票里程每吨公里征收 0.01 元。

1993 年，客货运附加费征收标准调整至每人（吨）公里 0.02 元，1997 年调整至每人(吨)公里 0.025 元，1998 年 9 月 1 日起汽车客运附加费调增到每人公里 0.035 元，货运不变。湖州公路运输管理部门在所在地工商银行开设“省公路建设专用基金”账户，按月全额解缴省公路运输管理局。至 2008 年末，全市累计征收公路客货运附加费 7.75 亿元。2009 年 1 月 1 日始停征。

## 公路运输管理费

前志载，按国家经委、交通部 1983 年 7 月规定，从事营运单位和个人每月按营收额 1%缴纳运输管理费，湖州市公路运输管理费起征于 1985 年。

1991 年 1 月起，浙江省增加向汽车维修行业按营业额 0.5%征收运管费。

1998 年，浙江执行国家计委、财政部《关于第一批降低 22 项收费标准的通知》，公路运输管理费从营业收入 1%降到 0.8%，取消对汽车维修行业征收运管费。同时核定从事客货运输车辆定额征收运管费标准，即按规定载重吨位计征货车 15 元/月吨、挂车 8 元/月吨，按核定座位载客汽车 4 元/月座，中型拖拉机 10 元/月吨，简易机动客车 1.5 元/月座，0.5 吨简易机动货车 6.5 元/月辆，手扶拖拉机 5 元/月辆，出租三轮摩托车 8 元/月辆。

运管费自收自支，按规定比例上缴。县级公路稽征运管部门按征收总额 15%上缴市级公路稽征运管部门（其中 1%缴交通部、9%缴省稽征运管部门、留用部分按规定使用）。1991—2008 年，全市累计征收运管费 2.13 亿元。2009 年 1 月 1 日起停收。

**1991—2008 年市公路运输管理稽征处规费征收情况**

表 3-37　　单位：万元

| 年份 | 公路养路费 | 其中：摩托车、拖拉机养路费 | 车辆购置附加费 | 公路建设专用基金 | 公路运输管理费 |
|---|---|---|---|---|---|
| 1991 | 3449 | 165 | 311 | 1098 | 334 |
| 1992 | 4016 | 348 | 303 | 1210 | 321 |
| 1993 | 5166 | 444 | 1577 | 2510 | 695 |
| 1994 | 6896 | 650 | 4140 | 3008 | 845 |
| 1995 | 7516 | 735 | 4175 | 3288 | 988 |
| 1996 | 9009 | 1047 | 5478 | 3656 | 1077 |
| 1997 | 9607 | 892 | 3124 | 4856 | 1150 |
| 1998 | 9848 | 1105 | 2769 | 5083 | 1073 |
| 1999 | 10305 | 1353 | 3623 | 5069 | 1048 |
| 2000 | 10789 | 1323 | 5808 | 5111 | 1096 |

续表 3-37

| 年份 | 公路养路费 | 其中：摩托车、拖拉机养路费 | 车辆购置附加费 | 公路建设专用基金 | 公路运输管理费 |
|---|---|---|---|---|---|
| 2001 | 12287 | 1714 | 5554 | 5445 | 1178 |
| 2002 | 14456 | 1898 | 11346 | 5886 | 1229 |
| 2003 | 16746 | 2158 | 22413 | 5683 | 1267 |
| 2004 | 23494 | 2414 | 1495 | 6381 | 1477 |
| 2005 | 24759 | 2403 | — | 5439 | 1439 |
| 2006 | 27276 | 2338 | — | 4865 | 1597 |
| 2007 | 31428 | 2219 | — | 4485 | 2226 |
| 2008 | 35916 | 2384 | — | 4374 | 2288 |

## 车辆通行费

按 1984 年国务院允许通过集资或银行贷款修建公路（桥梁、隧道）并对通过车辆收取过路（过桥、过隧道）费决定和 1992 年 12 月省政府《关于加快交通基础设施建设的通知》实施“四自”工程（自行贷款、自行建设、自行收费、自行还贷），有效加快市境公路建设步伐。市境第一个征费普通公路项目是 318 国道湖浔段和长泗段，在 318 国道与 104 国道重合处湖州杨家埠、318 国道长兴与安徽广德交界处分别设收费站。1993 年 8 月 25 日，湖州杨家埠收费站首先开征车辆通行费。2000 年，市境首个高速公路项目杭宁高速公路湖州段一期工程完工，在青山、鹿山、湖州北设收费站，同年 12 月 27 日开征高速公路车辆通行费。1994 年 12 月起湖州车辆通行费征收处所属站点开始实行车辆通行费期票（月票），期票收费标准分别于 1996 年、1998 年、1999 年、2001 年、2002 年作 5 次调整。

2001 年底，开始实施高速公路联网收费。建成高速公路全部纳入网内，除省界和起讫点外，均不设置主线收费站。针对多投资主体特点和全省域联网要求，采用“各站收费、统一解缴、按实拆分、按时结算”工作模式。省公路管理局作为行业管理部门，负责全省高速公路联网运行协调管理工作，实施高速公路联网收费统一结算工作，所需费用采用财政预算管理。

2010 年 4 月 16 日，在全省首期开通 108 个高速公路不停车收费（ETC）专用车道中，湖州市境申苏浙皖高速公路浙皖、浙苏，杭长高速公路安吉北，杭宁高速公路湖州南、德清秋山、父子岭及练杭高速公路练市南、德清等8个收费站不停车收费系统（ETC）即日同步开通。

2010年4月9日，出台《浙江省高速公路货车计重收费费率试行方案》，对集装箱车以外所有货车实行计重收费，以实现空车少收费、重车多收费、超限车加倍收费的目的。2010年末，市境内各条高速公路累计安装计重收费系统178套。

**高速公路货车计重收费费率附记**　一、合法装载车辆费率：根据实际车货总质量，小于5吨（含）的车辆按0.09元/吨·公里计费；5吨至15吨（含）的车辆按0.09元/吨·公里×1.5线性递减到0.09元/吨·公里计费；15吨至30吨的车辆按0.09元/吨·公里线性递减到0.06元/吨·公里计费；大于30吨的车辆按30吨计费。二、超限车辆费率：按照车货总质量超总轴限（或总质量限）的不同分别确定：（一）对超限量小于10%的超限超载车辆，按照合法装载车辆的基本费率进行计费；（二）超限30%以内（含30%）的车辆，超限10%以上部分按0.09元/吨·公里×1.2计，其余部分按上述“（一）”的规定计；（三）超限30%～50%（含50%）以内的车辆，合法装载部分和超限30%以内（含）部分，按上述“（二）”规定计，其余部分按0.09元/吨·公里×2计；（四）超限50%～100%（含100%）的车辆，合法装载部分和超限30%以内（含）部分，按上述“（二）”规定计，其余部分按0.09元/吨·公里×3计；（五）超限100%以上的车辆，合法装载部分和超限30%以内（含）部分，按上述“（二）”规定计，其余部分按0.09元/吨·公里×4计。三、其他规定：（一）车货总质量不足5吨的，按5吨计费；车辆计重收费不足10元的，按10元计费；（二）通行费尾数取舍，以元为单位，逢2退0、逢3进5，逢7退5、逢8进10，角、分四舍五入；（三）集装箱车辆的收费维持现行收费方式和标准不变，对进出宁波港的国际标准集装箱车辆的优惠政策继续实施；（四）运输鲜活农产品的货运车辆行驶鲜活农产品运输“绿色通道”在正常装载及超限30%以内（含）的情况下，免收车辆通行费，但车货总质量超限30%以上的车辆，按超限车辆的收费方法收取通行费；（五）实施计重收费后，各高速公路的隧道、桥梁叠加部分和代收费的方式和标准维持不变。

1993—2010年，全市22个普通“四自”公路项目累计征收车辆通行费40.1亿元，其中湖州市直辖区18.9亿元、长兴县7.47亿元、德清县8.22亿元、安吉县5.51亿元。2005—2010年，市境5条高速公路征收通行费合计72.84亿元，占建设投资总额（201.41 亿元）36.17%，其中杭宁高速公路有限公司所属 7 个收费站征收估计 54 亿元，浙北高速公路管理有限公司所属申苏浙皖高速 8 个收费站点征收 17.03 亿元、申嘉湖高速 3 个收费站征收 1.23 亿元、申嘉湖杭高速 4 个收费站征收 0.78 亿元，杭长高速公路有限公司所属杭长一期收费站征收 0.2 亿元。

**浙江省普通“四自”公路、桥梁、隧道通行费收费标准（1993 年）**

表 3-38

| 车 辆 种 类 | 收费标准 |
|---|---|
| 二、三轮摩托车（含轻骑） | 2 元/车次 |
| 2 吨以下（含 2 吨）和 20 座以下（含 20 座）的客货汽车及简易机动车 | 5 元/车次 |
| 5 吨以下（含 5 吨）和 50 座以下（含 50 座）的客货汽车 | 10 元/车次 |
| 10 吨以下（含 10 吨）和 50 座以上的客货汽车 | 15 元/车次 |
| 10 吨以上的车辆（含大型平板车、特种车），按行驶证规定的载重吨位（特种车按自重吨位）计征，超过 40 吨以上的部分按 50%计征。 | 2 元/车次·吨 |

**浙江省高速公路车辆通行费（车公里费、车次费）标准（1995 年 11 月）**

表 3-39

| 车辆分类 | 车辆分类标准 | 车辆通行费=车次费+车公里费率×里程 | |
|---|---|---|---|
| | | 车次费（元/辆次） | 车公里费率（元/车公里） |
| 一 | 20 座（含）以下客车<br>2 吨（含）以下货车 | 5 | 0.4 |
| 二 | 20 座以上 40 座（含）以下客车<br>2 吨以上 5 吨（含）以下货车 | 10 | 0.80 |
| 三 | 40 座以上客车（含 32 座卧铺车）<br>5 吨以上 10 吨（含）以下货车 | 15 | 1.20 |
| 四 | 10 吨以上 20 吨（含）以下货车 | 20 | 1.60 |
| 五 | 20 吨以上货车 | 25 | 2 |

**104 国道湖州城区段机动车通行费征收标准（1997 年 11 月 6 日）**

表 3-40

| 车 辆 种 类 | 收费标准 |
|---|---|
| 二、三轮摩托车（含轻骑） | 4 元/车.次 |
| 载客 20 人以下（含 20 座）和载重 2 吨以下（含 2 吨）的客、货汽车及简易机动车 | 10 元/车.次 |

续表 3-40

| 车 辆 种 类 | 收费标准 |
| --- | --- |
| 载客 50 人以下（含 50 座）和载重 5 吨以下（含 5 吨）的客、货汽车 | 20 元/车.次 |
| 载客 50 人以上和载重 10 吨以下（含 10 吨）的客、货汽车 | 30 元/车.次 |
| 10 吨以上的车辆（含大型平板车、特种车），按行驶证规定的载重吨位（特种车自重吨位）计征，超过 40 吨以上的部分按 50%计征。 | 4 元/车.次吨 |

## 湖州车辆通行费期票收费标准（1994 年）

表 3-41

| 车 辆 种 类 | 收 费 标 准 |
| --- | --- |
| 小型汽车 | 100 元/月 |
| 中型汽车、营运中巴 | 250 元/月 |
| 大型汽车 | 300 元/月 |
| 摩托车 | 30 元/月 |
| 拖拉机 | 50 元/月 |

## 湖州车辆通行费期票收费标准（2002 年）

表 3-42

<table>
<tr><th rowspan="2">车 辆 种 类</th><th colspan="4">收 费 标 准</th></tr>
<tr><th colspan="2">月 票</th><th colspan="2">年 票</th></tr>
<tr><td>二、三轮摩托车（含轻骑）</td><td colspan="2">20 元</td><td colspan="2">120 元</td></tr>
<tr><td>20 座以下(含)和 2 吨以下(含)客货汽车及简易机动车</td><td colspan="2">280 元</td><td colspan="2">2800 元</td></tr>
<tr><td>50 座以下(含)和 5 吨以下(含)客货汽车</td><td colspan="2">600 元</td><td colspan="2">6000 元</td></tr>
<tr><td>50 座以上和 10 吨以下（含）客货汽车</td><td colspan="2">1000 元</td><td colspan="2">1000 元</td></tr>
<tr><td>10 吨以上的货车</td><td colspan="2">1200 元</td><td colspan="2">12000 元</td></tr>
<tr><td>10 座以下（含）营运客车</td><td colspan="2">300 元</td><td colspan="2">3000 元</td></tr>
<tr><td>20 座以下（含）营运客车</td><td>经过一站<br>600 元</td><td>经过二站<br>720 元</td><td>经过一站<br>6000 元</td><td>经过二站<br>7200 元</td></tr>
<tr><td>50 座以下（含）营运客车</td><td>经过一站<br>800 元</td><td>经过二站<br>1200 元</td><td>经过一站<br>8000 元</td><td>经过二站<br>12000 元</td></tr>
<tr><td>50 座以上（含）营运客车</td><td>经过一站<br>1000 元</td><td>经过二站<br>1440 元</td><td>经过一站<br>10000 元</td><td>经过二站<br>14400 元</td></tr>
</table>

**湖州市普通“四自公路”车辆通行费（不含高速公路）历年征收额**

表 3-43　　单位：万元

| 年份 | 湖州直辖区 | 长兴县 | 德清县 | 安吉县 |
|---|---|---|---|---|
| 1993 | 1004 | 348 | — | 17 |
| 1994 | 3870 | 961 | 47 | 205 |
| 1995 | 5136 | 1035 | 2577 | 231 |
| 1996 | 7343 | 773 | 6835 | 339 |
| 1997 | 8513 | 2966 | 7493 | 211 |
| 1998 | 11050 | 7651 | 7364 | 1050 |
| 1999 | 12232 | 8429 | 8595 | 1176 |
| 2000 | 12631 | 8603 | 8980 | 1674 |
| 2001 | 10666 | 7754 | 7872 | 2423 |
| 2002 | 13793 | 7072 | 7001 | 5046 |
| 2003 | 13583 | 3694 | 2528 | 5526 |
| 2004 | 17107 | 6529 | 2071 | 5553 |
| 2005 | 16363 | 5717 | 2823 | 5731 |
| 2006 | 118710 | 4802 | 591 | 5919 |
| 2007 | 17200 | 1770 | 3493 | 5783 |
| 2008 | 11162 | 2651 | 3954 | 5315 |
| 2009 | 8666 | 2018 | 3865 | 5435 |
| 2010 | — | 1892 | 3795 | 3507 |
| 合计 | 189029 | 74668 | 82175 | 55140 |

说明：市境高速公路历年征收额在第一编第一章各条高速公路中分别记述

# 第四节　汽车维修管理

依据 1987 年交通部《汽车维修行业管理暂行办法》和《浙江省汽车维修行业管理暂行办法实施细则》，维修经营者开业条件划分汽车大修、汽车小修、汽车专项修理、摩托车修理四类。依据 1998 年交通部《汽车维修开业条件》和 2002 年《浙江省汽车及摩托车维修企业（户）开业条件》，汽车维修业户分三大类，一类汽车维修企业可从事汽车大修、小修、总成修理、车辆维护和专项修理，二类汽车维修企业中甲级可从事发动机总成大修、小修、一级维护和专项修理，乙级可从事汽车小修、一级维护和专项修理，三类汽车维修业户可专门从事车身修理、涂漆、篷布、坐垫及内装饰修理，电器、仪表、蓄电池、散热器、油箱修理，轮胎补修、汽车门窗玻璃安装、空调暖风机修理，喷油泵、喷油器、化油器修理，曲轴修磨、汽缸镗磨、车身清洁维护等专项修理和摩托车修理。

1995 年始，市公路运输管理部门对维修行业管理由交通系统内部企业转向全行业。管理重点是适度控制发展规模、提高维修服务质量，培育竞争有序维修市场。首先监管一类、二类维修业户，降级或取消不合格经营业户。

1998 年，成立湖州汽车维修行业协会，制定协会章程和维修质量、经营行为等自律制度，倡导规范经营，诚信服务。同年，管理部门全面普查三类维修业户，针对摊点多、布局乱、占道作业、经营不规范等问题，全市推行维修市场有形管理，统一规划，为三类经营业户提供有形维修市场。

2003 年，从维修服务、维修质量、文明安全环境、人员素质、设备设施、企业内部管理与经营行为、企业形象等 8 个方面对全市一、二类维修企业考核。

2004 年 3 月始，对全市一千多家维修企业和业户评定信用等级。汽修信用企业评定和冠名在行业管理部门指导下由市汽车维修行业协会组织实施，市汽车维修行业协会制定《汽车维修企业信用等级千分考评标准》。

根据交通部和浙江省道路运输车辆维护管理相关规定，市公路运输管理部门自 1998 年起陆续制定《湖州市快速旅客运输车辆技术规定》《湖州市危险货物运输车辆维修检测管理规定》《湖州市营运客车例检工作若干规定》等，在维修企业中全面推行车辆维修合同制度、维护前提醒制度和超期车辆不得配客出站制度，确保全市进站营运客车按时维护率达到 100%，营运车辆强制维护执行率保持 90%以上，车辆技术管理效率和水平处全省前列。

2010 年末，全市一二类维修企业资质全部达到交通部颁标准，维修质检人员实现全员持证上岗，维修质量投诉率保持在千分之一以下。

# 第五节　运价管理

## 一　客运运价

### 公路客运班车运价

市境公路班车客运运价按政府定价标准执行和管理。1990 年，普通客车每人公里客运费率 0.036 元，高靠软座大客车 0.046 元。

1992 年 8 月 15 日起实行价外燃油差价补贴，为弥补运输企业燃油供应平价转议价增加费用支出，在各类车型运价基础上，客运每人公里补贴 0.004 元、货运每吨公里补贴 0.03 元，不作运输企业营业收入，直接冲抵成本。1993 年 4 月 10 日起，又将补贴标准调至客运每人公里 0.01 元（货运每吨公里 0.07 元）。

1996 年 1 月 30 日起，再次调整客运基本运价。长途普通大客车每人公里运价为 0.06 元，高靠软座大客车为 0.072 元，同时取消价外燃油差价补贴。同年 2 月 20 日起，调高豪华客车运价。1999 年 12 月 1 日起，公路快客班车运价以现行普通豪华车运价为基价，允许企业在上下 10%幅度内浮动。

按 2005 年 9 月 15 日《浙江省道路客运班车运价管理暂行办法》规定，调整市境班车客运运价。跨省、市、县道路班车运价实行政府指导价，县境内道路班车运价实行政府定价。跨省、市道路班车基准运价由省价格主管部门会同省交通主管部门制定。市内跨县道路班车基准运价授权市政府制定，由市政府价格主管部门会同交通主管部门承担。跨省、市、县道路班车客运经营者根据运输成本变化和市场供需等情况，运价实行浮动，上浮幅度不得超过基准运价 20%，下浮后运价不低于运输成本（以避免恶性竞争）。县境道路班车运价授权县政府制定，由县政府价格主管部门会同交通主管部门承担。班车客票价保持基本稳定，不得频繁变动。班车客运业务经营者实施运价浮动，须提前十天报当地价格、交通主管部门备案，运价浮动前不少于 5 天在班车始发地售票场所醒目位置予以公示。班车客票价由班车运价、计费里程、车辆通行费、公路客运附加费、旅客站务费等构成，具体计算公式 3 种：1.跨省、市、县（市）道路班车基准客票价=班车基准运价×计费里程+每客票车辆通行费+公路客运附加费+旅客站务费。2.跨省、市、县（市）道路班车实施运价浮动客票价 = 班车基准运价 ×（1 ± 浮动幅度）× 计费里程 + 每客票车辆通行费+公路客运附加费+旅客站务费。3.县（市）境内道路班车客票价 = 班车运价 × 计费里程 + 每客票车辆通行费+公路客运附加费+旅客站务费。在基准运价全面上调同时，客运站站务费标准相应提高，每票次一级站 2 元、二级站 1.5 元、三级站 1 元（原每票次一二级站 0.5 元、三级站 0.2 ~ 0.3 元）。此次客运运价调整仅适用于班车客运，旅游车、包车和行包运价以市场调节、协议商定为主。

市随省自 1988 年始，每年春运期间汽车客运运价实行临时性上浮，具体上浮区间、时间、幅度由省物价、交通主管部门确定。2007 年起，春运期间客运价格停止上浮。2009 年 5 月 1 日起，湖州市客运车辆执行儿童半票新规，儿童身高线由原来 1.1 米 ~ 1.4 米提高到 1.1 米 ~ 1.5 米。

**浙江省公路客运运价一览**

（1996 年 1 月 30 日起执行）

表 3-44 单位：元/人 · 公里

| 车型 | 大型客车（30 座以上） | | | | 中型客车（16-30 座） | | | 小型客车（15 座以下） | | 卧铺客车 | |
|---|---|---|---|---|---|---|---|---|---|---|---|
| | 普通客车 | 高靠背客车 | 空调车 | | 普通客车 | 空调车 | | 普通客车 | 空调客车 | 普通客车 | 空调客车 |
| | | | 普通客车 | 豪华高级客车 | | 普通客车 | 豪华高级客车 | | | | |
| 费率 | 0.06 | 0.072 | 0.09 | 0.11 | 0.10 | 0.12 | 0.14 | 0.11 | 0.14 | 0.16 | 0.18 |

**浙江省跨省、市道路班车客运基准运价表**

（2005 年 9 月 15 日起执行）

表 3-45 单位：元/人 · 公里

| 车型 | 大型客车（30 座以上） | | | | | | 中小型客车（30 座及以下） | | | | | 卧 铺 | | | | |
|---|---|---|---|---|---|---|---|---|---|---|---|---|---|---|---|---|
| | 普通级 20 万（含）以下 | 中一级 20 至 40 万（含） | 中二级 40 至 60 万（含） | 高一级 60 至 120 万（含） | 高二级 120 至 180 万（含） | 高三级 180 万以上 | 普通 20 万（含）以下无空调 | 中一级 20 万（含）以下有空调 | 中二级 20 至 40 万（含） | 高一级 40 至 60 万（含） | 高二级 60 万以上 | 普通级 20 万（含）以下 | 中级 20 至 60 万（含） | 高一级 60 至 120 万（含） | 高二级 120 至 180 万（含） | 高三级 180 万以上 |
| 费率 | 0.10 | 0.13 | 0.16 | 0.20 | 0.24 | 0.28 | 0.12 | 0.14 | 0.18 | 0.20 | 0.22 | 0.16 | 0.18 | 0.20 | 0.24 | 0.28 |

### 客运出租车运价

由市（县）政府定价。1995 年 12 月 27 日，市物价局、交通局联合下达《关于湖州市客运出租汽车有关收费标准的补充通知》，桑塔纳车起步价每 3 公里 6 元，超基价每车公里 1.6 元，夏利车每 3 公里 5 元，超基价每车公里 1.4 元，7 公里内不收取空驶费。2006 年 6 月 20 日，运价调整为 2.5 公里内起步价 6 元，超基价每车公里 2 元，5 公里内不收取空驶费。2010 年，吴兴区（含市区）、南浔区出租车运价在原定价基础上每公里加收 2 元燃料费。

## 二　货运运价及其他收费

### 货运运价

1990 年 9 月起，市境根据省部署全面整顿公路汽车货物运价，按交通部《汽车运价规则》，调整不同运输条件货物运价。1992 年 12 月 25 日起，执行新颁《浙江省汽车运价规则》所规定货物运价。

随公路货运市场放开和市场机制初步形成，1993 年 7 月开始，除抢险、救灾、军运等重点物资运输实行政府定价，其他货物运价均以政府指导性价格为基准，依据市场行情及运输淡旺季节差异，实行上下浮动市场调节价格，由承、托运双方依法签订运输合同，协议商定运价。

### 其他收费

**搬运装卸收费**　20 世纪 50 年代由省物价、交通部门定价，60 年代起由市（地）政府定价，80 年代实行政府指导价，90 年代后实行市场调节、协议商定价格。

**汽车维修收费**　1995 年 2 月 10 日，市物价局与交通局联合发出《关于湖州市车辆维修收费标准的通知》，规定车辆维修工时最高限价和材料管理费率。2000 年之后实行市场调节，承、托修双方协商定价。

**汽车综合性能检测收费**　实行政府指导价格。其中，车辆二级维护竣工检测收费标准 145 元/辆次，车辆技术等级评定检测收费标准 180 元/辆次。

**浙江省汽车货物运输长途费率**

（1992 年 12 月 25 日起执行）

表 3–46　　单位：元/吨·公里

<table>
<tr><td rowspan="4">项目<br>费率</td><td colspan="13">整　车</td><td colspan="6">零　担</td></tr>
<tr><td colspan="3">普通货车</td><td colspan="6">特种货物</td><td rowspan="2">大型车运输普通货物</td><td colspan="3" rowspan="2">特种车</td><td colspan="4">一般零担</td><td colspan="2" rowspan="2">快件省内</td></tr>
<tr><td rowspan="2">一等货物</td><td rowspan="2">二等货物</td><td rowspan="2">三等货物</td><td colspan="3">长料笨重货物</td><td colspan="2">危险货物</td><td rowspan="2">贵重及特种鲜活货</td><td colspan="2">省际省内</td><td colspan="2">县乡</td></tr>
<tr><td>长度六米至十米重量四吨以上至八吨</td><td>长度十米以上至十四米重量八吨以上至十二吨</td><td>长度十四米以上重量二十吨以上</td><td>二级危险货物</td><td>一级危险货物</td><td>四十吨以上大型平板牵引车</td><td>普通冷藏车、专用车</td><td>槽罐车</td><td>制冷冷藏车</td><td>普通货物</td><td>特种货物</td><td>普通货物</td><td>特种货物</td><td>普通货物</td><td>特种货物</td></tr>
<tr><td>中型货车（3 吨及 3 吨以上）</td><td>0.26</td><td>0.29</td><td>0.31</td><td>0.34</td><td>0.37</td><td>0.40</td><td>0.37</td><td>0.40</td><td>0.37</td><td rowspan="2">0.26</td><td rowspan="2">0.37</td><td rowspan="2">0.40</td><td rowspan="2">0.44</td><td rowspan="2">0.46</td><td rowspan="2">0.60</td><td rowspan="2">0.58</td><td rowspan="2">0.78</td><td rowspan="2">0.55</td><td rowspan="2">0.72</td></tr>
<tr><td>小型货车（2.50 吨以下）</td><td>0.44</td><td>0.48</td><td>0.53</td><td>—</td><td>—</td><td>—</td><td>0.63</td><td>0.68</td><td>0.63</td></tr>
</table>

## 浙江省汽车货运短途运价、吨次费率及21至39公里递减费率

（1992年12月25日起执行）

表 3-47

| 项目 | | | | 1～5公里运价 | 6～20公里吨次费率 | 21～39公里吨次递减费率（每增加1公里递减） |
|---|---|---|---|---|---|---|
| （3吨及3吨以上中型货车） | 普通货物 | | 一等货物 | 1.06 | 4 | 0.20 |
| | | | 二等货物 | 1.17 | 4.40 | 0.22 |
| | | | 三等货物 | 1.27 | 4.80 | 0.24 |
| | 特种货物 | 长大笨重货物 | 长6至10米重4吨以上至8吨 | 1.38 | 5.20 | 0.26 |
| | | | 长10米以上至14米重8吨以上至20吨 | 1.49 | 5.60 | 0.28 |
| | | | 长14米以上重20吨以上 | 1.60 | 6 | 0.30 |
| | | 危险货物 | 二级危险货物 | 1.49 | 5.60 | 0.28 |
| | | | 一级危险货物 | 1.60 | 6 | 0.30 |
| | | | 贵重及特种鲜活货 | 1.49 | 5.60 | 0.28 |
| （2.5吨以下小型货车） | 普通货物 | | 一等货物 | 1.80 | 6.80 | 0.34 |
| | | | 二等货物 | 1.93 | 7.20 | 0.36 |
| | | | 三等货物 | 2.05 | 7.60 | 0.38 |
| | 特种货物 | 危险货物 | 二级危险货物 | 2.55 | 9.60 | 0.48 |
| | | | 一级危险货物 | 2.74 | 10.30 | 0.515 |
| | | | 贵重及特种鲜活货 | 2.55 | 9.60 | 0.48 |

计算公式：（1）5公里以内运价按不同货物、不同车型计价，不计吨次费（2）6～20公里　运费=费率×周转量+吨次费（3）21～39公里　运费=费率×周转量+[吨次费-(里程-20公里)×吨次递减费]（4）40公里以上　运费=费率×周转量 运价单位：元/吨公里；吨次费率、吨次递减费率单位：元/吨

# 第六节　运输安全管理

## 一　运输安全管理措施

### 运输安全生产责任制

市交通系统从职能管理部门到运输经营企业一直设有安全生产管理机构。1995年始，系统内推行安全生产责任制，交通主管部门—行业管理机构—道路运输经营企业—内部运输车队—驾驶员，层层签订安全生产目标责任书，自上而下落实安全管理企业主体责任和行业监管责任。2002年始，市公路运输管理部门在全省率先与辖区各危险品运输企业签订安全生产综合目标管理责任书，基本形成“横向到边、纵向到底”责任体系和管理网络。2003年，市公路运输管理处制定《道路运输安全生产管理制度》《道路运输应急任务处理预案》《道路系统防控突发公共卫生事件处置预案》，2007年制定《道路运输突发公共事件应急预案》。湖州长运汽车运输有限公司等企业根据相关法规，制定《运输安全管理规范》《客运站安全管理规范》《驾驶员安全操作规范》等。

### 安全生产主题活动

1980年始，市境每年5月开展全国“安全月”活动。1991年始，每年5月第三周开展全国性“安全生产周”活动。2002年始，“安全生产周”改为每年6月“全国安全生产月”活动。此外，根据运输生产安全形势和上级部署，经常开展“反三违月”“安全生产隐患排查治理年”“交通安全质量管理年”“安全生产知识竞赛”等阶段性安全生产整治、宣传活动，不定期开展安全检查。2005年市运管部门组织安全检查101次、检查企业300家次、整改安全隐患50处。2006年，全市道路运输生产安全事故次数比上年下降42%。2008年，安全排查企业399家次，整改隐患71处。2009年，全市道路运输生产事故、死亡人数、受伤人数和直接经济损失相比2008年分别下降41.12%、48.15%、56.52%和%50%。

### 驾驶员与车辆管理

按公安部、交通部联合颁布《城市和公路交通规则》，1972 年 7 月市境建立机动车驾驶员“周五安全活动”制度。按 1973 年 3 月 16 日省交通邮政局颁《浙江省机动车驾驶员安全公里管理办法（试行）》，车辆单位建立驾驶员安全公里（年资）资料档案，每年年底将驾驶员安全公里（年资）汇总造册并报车辆监理部门审核存档，作为驾驶员年度审验和各类安全生产评比主要依据。凡安全公里 50 万或安全年资 15 年以上驾驶员由所在单位报地区交通主管部门，凡安全公里 70 万或安全年资 20 年以上驾驶员由地区交通部门报省交通主管部门，分别给予表彰和奖励。如驾驶员在行车中发生责任事故，根据事故类别、责任，截断其肇事前部分或全部安全公里（年资）。

湖州长运汽车运输有限公司等专业运输企业坚持每月开展 4 次驾驶员安全活动，每个驾驶员参加安全活动不少于 2 次。1997 年 9 月 15 日，市交警支队在车管所设置市境第一条机动车驾驶员体能适应性检测线。1998 年 7 月 20 日，公安部门成立湖州市交通安全教育学校。2004 年 9 月始，湖州市强制推行营运客车承运人责任保险。

根据交通部相关规定，市境专业运输企业营运客车严格执行日常维护、客运站安全门检，车辆实行季审和年审，行驶里程达到 15000 ± 1000 公里执行二级维护和检测，确保病车不出站、班车无超载。非专业运输单位营运车辆实行“定期检测、强制维护”制度，规定小货车（蓝牌照）、租赁小型客车和教练车 6 个月，大型货车（黄牌照）4 个月，出租车、危险品运输车辆、客运车辆（含旅游客车、大中型租赁客车等）3 个月。

2006 年始，营运载客车辆、危险品运输车和集装箱运输车强制安装卫星定位设备（GPS）或行车记录仪。至 2010 年末，全市营运客车全部安装 GPS 设备或行车记录仪，危险品运输车和集装箱运输车的 GPS 设备和行车记录仪的安装率达到 100%。

## 二　道路运输生产事故

道路运输生产事故记发生在市境内营运车辆（含外地营运车辆）死亡 3 人及以

上或受伤 10 人及以上交通事故、湖州市道路运输企业发生在外地的重大运输生产事故。

1995 年 2 月 19 日凌晨 3：40 时，一辆安徽省营运客车载客 56 人从庐江至杭州途经长兴县境内 318 国道 181K+700 米处，从立交桥上坠落，致 6 人死亡，多人受伤。

1996 年 11 月 3 日，菱湖运输装卸公司所属农机物资公司的一辆东风五吨加长货车，从常州柴油机厂装载 42 台柴油机返菱，途经长兴县境后洋至夹浦中间路段一弯道时，与长兴一辆载客三轮机动车相撞，造成三轮机动车上乘客 5 人死亡。

1999 年 1 月 27 日，湖州市汽运总公司浙 E00618 客车由湖州驶往上海，途经 318 国道三济桥地段时，翻入旁边长湖申航道中，车上 12 名旅客受伤。

1999 年 2 月 21 日，湖州市汽运总公司浙 E03485 大客车由安徽芜湖返回湖州，19：50 时途经 321 国道线繁昌县境段 53KM+800M 处，与对面行驶的农用四轮运输车相撞，车上 7 人死亡，8 人受伤。浙 E 大客车司机负主责，被追究刑事责任。

2003 年 6 月 25 日下午 4 时左右，长兴旭宇物流公司驾驶员徐某驾驶浙 EB5692 小型客车（11 座），运载 29 名小学生，行至乔里村地段时前轮突然爆炸，方向失控，致使车辆冲出路基翻入 1 米多深的涧滩中，造成驾驶员、售票员和 9 名学生不同程度受伤。

2003 年 11 月 20 日上午 9 时 30 分左右，湖州长运汽车运输有限公司德清分公司浙 EA1798 快客从新市开往武康途径 09 省道英溪大桥时，冲出桥护栏翻入河中，车上 16 人全部落水，造成 1 人死亡，10 多人受伤的重大交通事故。

2004 年 3 月 9 日，长兴县晶鑫客运有限公司一辆乡村巴士由驾驶员余长明驾驶从安吉县小墅开往长兴县和平，途经 11 省道长安桥段，被随后同向行驶的农用车（驾驶员丁柏林）追尾相撞，两车翻车并坠落路坎下，造成 5 人死亡、7 人受伤、两车严重损坏的特大交通事故。

2005 年 10 月 8 日 23 时 37 分，在 104 国道湖州杨家埠九九桥处，一辆浙 CB2321 大客车与浙 E1216 富康出租车相撞，客车翻入河中。造成大客车上 22 名乘客溺水死亡。经交警部门认定，客车驾驶员因超速行驶、在禁止超车路段超车负事故主要责任。出租车驾驶员负次要责任。

2007 年 1 月 23 日 14 时 40 分，湖州长运公司浙 E05193 客车由安吉开往湖州，途径 11 省道 29KM+700M 路段处，与停于路边的无牌三轮摩托车相撞，造成 3 人死亡的特大事故。

## 第七节 驾驶培训管理

2000 年 12 月 2 日，成立湖州市机动车驾驶员培训管理处，与市公路运输管理处合署办公。2001 年始，地方机动车驾驶员培训机构开业许可证由湖州市交通主管部门核发。湖州市机动车驾驶员培训管理处受交通局委托，对全市机动车驾驶员培训实施全行业管理。

2002 年 7 月 1 日始，根据交通部《营业性道路运输驾驶员职业培训管理规定》，湖州市“营业性道路运输驾驶员从业资格证”换证和考试。

2003 年始，行业管理部门对驾驶培训市场加强监管和整治，督促驾校加强内部管理、完善设施设备、提高培训质量，促进市场竞争公平公正、规范有序。同年，5 所三类驾校通过浙江省道路运输管理局审核，升级为二类驾校。4 家公安部门办驾校与公安脱钩、政企分离。

2004 年 7 月始，根据《中华人民共和国道路运输条例》，机动车驾驶员培训行业行政许可及日常监管由所在地县级道路运输管理机构负责。次年，摩托车驾驶培训从公安部门转归交通部门管理。2006 年 6 月 2 日，湖州市机动车驾驶员培训行业协会正式成立。

2008 年，湖州市实施教练员诚信考核办法。建立 1071 名教练员诚信档案，47 名教练员诚信考核被扣分。1071 名教练员进行等级评定，其中 1023 名获 AAA 级、25 名获 AA 级，19 名获 A 级，3 名获 B 级。次年评选“明星教练”，8 位教练当选。

2009 年 6 月，全市驾培行业推行驾驶培训质量承诺制和回访制。同年根据省运管局要求，推广机动车驾驶培训学员意外人身保险，全市 29 家驾校中 28 家办理学员意外险。

# 第四章　航运管理

前志载，水运管理始于唐宋时期，官方对漕运、盐运和贡品纲运等事项实施专门管理，设有转运使、漕司、盐铁使等朝廷命官。民国16年（1927）11月，浙江省建设厅在湖州市境内设第三区船舶管理事务所，管辖吴兴、德清、长兴、武康、安吉、孝丰六县。1949年12月成立浙江省航务局，1952年改称浙江省航运管理局，湖州设航运管理所。1954年后，航管机构名称和体制多有变动。至1978年，形成现行省、市、县三级航政管理体制系统。

## 第一节　航道管理

### 一　航道行政管理

湖州市港航管理局为市境航道管理职能部门。航道行政管理的主要法律依据有1987年国务院《中华人民共和国航道管理条例》、1991年交通部《中华人民共和国航道管理条例实施细则》。在航道养护、航道资源行政管理、航道规划建设与技术标准、审批与通航有关拦河、跨河、临河建筑物通航标准和技术要求等方面均有明确规定。

20世纪90年代初期，在航道上修建码头、桥梁、水闸等临、跨（拦）航道建筑物由市、县级航道机构审批，其中干线航道由市级航道管理机构审批，支线航道由县级航道管理机构审批。1995年起施行省政府第67号令发布《浙江省航道管理办法》，1997年起施行省交通厅《关于印发加强航道行政管理工作意见的通知》、《关于印发〈浙江省航道管理、航道养护三级分工职责〉的通知》，明确省、市、县三级航道管理机构分工，湖州市航道管理部门调整市境临、跨（拦）航道建筑物审批权限，四级以上航道报省航道管理局审批，五级航道由市级航道管理机构审批，五级以下航道由县级航道管理机构负责审批。

2000 年 12 月，根据省交通厅部署，成立湖州市航政管理支队，各县相应成立航政管理大队。

2011 年 1 月 1 日起施行《浙江省航道管理条例》，1995 年 10 月 31 日省政府发《浙江省航道管理办法》同时废止。

## 二　航道规划管理

前志载，市境主干航道京杭运河、长湖申线在“七五”期间列入交通部重要航道整治规划。长湖申线南浔市河段改善工程、湖州市河改线工程 1986 ~ 1990 年完成，京杭运河市域段的新市、练市二大弯道改善工程“七五”期内完成。

“八五”期间，市交通局继续将“加快内河航道整治和改造，提高航道等级和通行能力”作为工作重点。到“八五”期末，全市列为国家正式通航里程 117 条航线 1162.7 公里中，现状达到 4 级和 5 级标准航道 7 条 315.7 公里，6 级、7 级航道占大部分。其中，长湖申线市域段 77.1 公里，航道等级 5 ~ 7 级，以 6 级航道居多。京杭运河市域段 43.01 公里，除个别弯道经改造达到 4 ~ 5 级航道标准外，基本处于自然状态，等级低，通航条件差。

1998 年 4 月，出台《湖州市公路水运交通建设规划（1996—2010）》。“九五”期间，长湖申线小浦镇弯桥—雪水桥段按 5 级航道标准、雪水桥—南浔省界段按四级航道实施改造。京杭运河市域段按 4 级航道进行改造。杭湖锡线市域段长 76.6 公里（其中与长湖申线重合 28.4 公里），规划 2001—2005 年按 5 级航道标准改造。东宗线为长湖申线与京杭运河的连接线，全长 21.6 公里，规划 2001—2005 年按 5 级航道标准整治改造。

1999 年 5 月，市航运管理处出台《湖州市主要支线航道建设规划（1996—2010）》，规划整治改造市域 8 条主要支线航道、13 条连接主要货源基地矿区航道，总里程 285.6 公里、总投资 9.51 亿元。

2004 年 6 月，出台市交通局新编修《湖州市公路水路交通建设规划（2003—2010）》，根据浙江省内河航道干线网“十线三连”规划总体布局，遵循省委、省政府“建设大交通、促进大发展”战略和“水运强省工程”精神，市境内河航道规划期内主要建设“五干五支”，即京杭运河、长湖申线、杭湖锡线、东宗线、湖嘉申线（湖申复线）5 条干线航道，梅湖线、东苕溪线、武新线、李湖南线、泗湖线 5 条支线航道。实现干支直达，区域成网，干线航道高等级化。京杭运河、长湖申线、湖嘉申线等主要航线船舶通航等级达到300吨级以上,支线和县区级航线可通航100吨级船舶。

至 2010 年末，规划目标超额完成。全市 1171.51 公里内河航道通航里程中，3 级航道 77.38 公、4 级航道 207.30 公里、5 级航道 94.65 公里、6 级航道 192.57 公里、7 级航道 115.43 公里。等级航道中 5 级及以上航道占比过半，达到 55.32%。

# 第二节　船舶检验管理

## 一　船舶检验机构

1984 年 1 月，浙江省船舶检验处湖州检验所及各县检验站分别在市航管处和各县航管所挂牌。1993 年 3 月 1 日，“处、所、站”三级改为“局、处、所”。湖州船舶检验处辖湖州环城检验所、长兴检验所、安吉检验所、德清检验所，行政级别、行政隶属关系及业务分工不变。市、县（区）船检机构与市航运管理处及各县（区）航运管理所一套班子。船舶检验管理主要依据是 1993 年《中华人民共和国船舶与海上设施检验条例》，交通部 1983 年《关于加强地方验船工作的通知》和 1986 年《关于进一步加强地方船检工作的通知》。市船舶检验处检验船舶、船舶图纸和船用产品。

按 1995 年 2 月 23 日省船舶检验局颁布《浙江省船舶检验三级分工职责》，湖州船舶检验处有资格审查船舶有 4 种，包括 200 总吨以下和主机单机功率小于 220 千瓦的船舶、载客定客在 250 人以下客船、150 总吨以下油船和冷藏船、省船舶检验局授权的其他船舶。各县船舶检验所根据船舶检验处授权，办理除客船、油船及特种船舶以外建造（改装）初次检验和营运中船舶监督检验。

1997 年，市船舶检验处调整处、所二级船舶检验职责分工，各种图纸审核由市船舶船检处负责（省局审核范围转省局审核），内河挂机货驳、农村渡船各种检验（制造、改装、初次、特别、中间、年度）由各船舶检验所负责，各种机动船（除海船、旅游、客船、油船、危险品和化学品专用船、冷藏船、散装水泥船、工程船、特种船舶)、驳船、摩托艇、农用小客班的营运检验(初次、特别、中间、年度)由各船舶检验所负责。

2000 年 2 月 22 日，湖州船舶检验处联合其他 3 个单位发起成立湖州市船舶修造行业协会，旨在通过协会加强行业管理，增强企业自律。

按 2001 年交通部《中华人民共和国验船人员适任考试、发证规则》，湖州市船舶检验处 2002 年 1 月成立船舶检验机构资质认可和验船人员考证领导小组及工作小组。2002 年 8 月，省船舶检验局公布船舶检验证书审核、签发人员，湖州检验处 2 名、所属检验所各 1 名，全处共 7 名成为首批船舶检验证书审核、签发人。

2002—2003 年，市船舶检验处 30 名验船人员申报，经浙江省船舶检验局和上海船舶检验管理处审核、考试，均取得适任证书。

2003 年，省船舶检验局印发《浙江省船检分支机构认可条件》。湖州船检处及所属湖州环城检验所、长兴检验所、安吉检验所、德清检验所一并获资质认可，同时增配 GPS(测航速用)、风速仪、超声波测厚仪等高级检验设备和工具。

2004 年 4 月 1 日，国家海事局为湖州市船舶检验处颁发《中华人民共和国船舶检验分支机构资质认可证书》。浙江省船舶检验局湖州检验处代码 3121，资质 B 级，船舶法定检验业务为经省船舶检验局授权非国际航行船舶(《中华人民共和国船舶和海上设施检验条例》限定者除外)法定检验及签发相应船舶检验证书。

2007 年，取消省船舶检验局湖州环城检验所、长兴县检验所、德清县检验所和安吉检验所称谓，改称环城、长兴、德清和安吉 4 个船舶签证点，同年 1 月 1 日起统一以省船舶检验局湖州检验处名义开展指定范围船舶检验及签证工作。

2008 年，国家海事局组织全国在岗验船师过渡性考试，湖州市 28 名验船师通过并取得 C 级注册验船师资格。根据 2009 年 2 月 20 日国家海事局《关于开展注册验船资格考试工作的通知》，开始面向全社会开放验船师资格考试，考试设船舶检验专业法律法规、船舶检验专业实务、船舶检验专业综合能力、船舶检验专业案例分析 4 个科目。

2009 年，根据省船舶检验局调整各检验处业务范围，湖州船检处业务范围相应调整，包括船舶图纸审核(辖区除 250 客位以上客船外新建内河船舶设计图纸审核、改建和初次检验内河船舶设计图纸、内河船舶完工图纸、船检莫干山协议签署单位批准内河船舶图纸在辖区建造检验前图纸符合性审查、承担省局指定或委托的船舶设计图纸审核工作），船舶检验（辖区新建和重大改建内河船舶建造检验、本地船籍船舶营运检验、承担省局指定或委托的船舶检验、承担其他船检机构委托的营运检验），船用产品检验（辖区船用产品型式认可和初次检验前期工作、辖区船用产品日常检验和发证工作、协调专业检验组在本辖区检验工作、承担省局指定或委托船用产品检验工作）。

## 二　船舶检验与标准化管理

1994 年 3 月 14 日，湖州市船舶检验处制定《湖州市挂桨（机）船舶载货吨位及干舷核定暂行规定》，同年 10 月 14 日起检查辖区个体（联）户营运钢质船，丈量船舶主尺度（总长、量吨长、型宽、型深、干舷等），按照规范核定总吨和净吨，清理易地办证船舶，整改船证不符、大船小证船舶，全市累计丈量船舶 269 艘，其中湖州 97 艘、长兴 102 艘、安吉 52 艘、德清 18 艘，查出实际载货吨比原证书核定载货吨高出 5 吨以上船舶 34 艘、最大超载 28 吨，船检处予以通报并处罚。同年 11 月 25 日起，规定市境机动货船（挂机和座机）总吨核定及机动货船载货吨核定计算方式，计费吨位计算系数 0.38。

1996 年，市船检处下发《关于启用换发新内河船舶检验证书及检验报告的通知》。次年，全市启用新证书 ZSB-1、ZSB-2 及其检验报告（沿用至今），4 月 29 日，启用持证船舶管理信息系统（V2.0）。

1998 年 10 月 5 日起，湖州船检计费按国家发展计划委员会新颁《船舶检验计费标准》执行，同年 11 月 15 日起执行《浙江省船舶检验局船舶检验证书和检验报告签发规定》《浙江省船舶检验局船舶图纸审查规则》《浙江省船舶检验局船舶图纸审查程序》。2000 年 1 月 1 日起，启用国家海事局 1999 版国内航行船舶检验证书格式。

湖州船舶检验处按 2000 年 6 月 5 日省船舶检验局《浙江省船舶检验计费暂行管理办法》，同年 7 月 27 日发布船舶检验、发证、收费有关权限，同年全市完成初次检验船舶 654 艘计 4200 吨，营运检验船舶 5608 艘计 364520 吨，检验费收入 192 万元，审查图纸 5 套。

2002 年，省船舶检验局湖州检验处下发《关于加强新建船舶管理的通知》，实地调查辖区内船厂，未按照批准图纸施工或没有批准图纸施工船厂停检和整顿，屡次不改船厂取消造船资格。船厂不得超资质修造，不得超尺度建造，规定船舶最大总长 45 米、最大宽度 10.8 米、满载吃水 2.10 米之内，超过尺度船舶不得检验发证，新建船舶使用旧机构、旧材料拼装不予检验。

2004 年按交通部《京杭运河标准船型》、交通部海事局《京杭运河航行船舶检验管理暂行规定》、省港航局《关于做好 2004 年度我省内河标准船型研发工作的通知》，针对市境内河散装水泥运输船舶技术标准较低现状，市港航局和湖州龙腾船舶技术服务有限公司共同开发研制 100 吨、200 吨、300 吨、400 吨、500 吨 5 种散装水泥运输船舶标准船型。次年，全市船检部门完成制造检验船舶 493 艘、55076 总吨，特别检验船舶 143 艘、16128 总吨，中间检验船舶 726 艘、72350 总吨，年度检验船舶 3553 艘、4142265 总吨，临时检验船舶共 823 艘、76172 总吨。

随着辖区船舶主尺度不断增大、船舶线型不断改变，按 1994 年颁发《湖州市挂桨（机）船舶载货吨位及干舷核定暂行规定》核定船舶总吨位不尽合理。2007 年，市船检处下发《关于执行核定船舶总吨位规定的通知》，各船舶检验所核定船舶总吨位一律按 2004 年《内河吨位丈量规范》规定执行，船舶总吨位丈量与计算数据由船舶设计单位提供，验船师负责审核船舶设计单位提供船舶总吨位丈量与计算方法和结果。

2009 年 1 月 21 日，按国家海事局《关于公布国内航行船舶新增船检证书格式及 VIMS5.0 系统升级等有关事项的通知》，更新船舶检验证书纸及版式，增加新防伪码，同时升级船舶检验管理信息系统管理软件。

2009 年 9 月 9 日，根据国家海事局部署专项整治船舶吨位丈量工作。湖州辖区 3064 船普通货船纳入检查范围，按省港航管理局新计算方法（计算系数 0.735 调整为 0.85），80%船舶增加总吨位，增幅 15%～25%之间。针对船舶吨位上升后与船舶配员不相符问题，国家海事局同年 11 月 11 日下发《关于运输船舶吨位丈量专项检查活动有关内河船舶船员适任证书和配员证书过渡规定的通知》，解决市境运输船舶吨位增大船员配置少问题。至 2010 年 11 月末，湖州市完成船舶吨位丈量工作，大船小证现象得到综合治理。

2010 年，全市船检部门完成制造检验船舶 705 艘、201211 总吨，特别检验船舶共 699 艘、117388 总吨，中间检验船舶共 573 艘、86074 总吨，年度检验船舶共

3185 艘、607097 总吨，临时检验船舶共 667 艘、149753 总吨。

# 第三节 地方海事管理

## 一 船舶管理

### 乡镇船舶

改革开放后，乡镇运输船舶发展迅猛，运输中违法违章现象普遍，水上交通事故频繁发生。1987 年，按国务院《关于加强乡镇运输船舶安全管理的通知》、省政府《浙江省乡镇船舶安全管理办法》，市境开始建立乡镇船舶管理机构，落实乡镇船舶管理人员，明确管理职责，加强安全管理。1988 年，湖州市在各县、区建立乡镇船舶安全管理机构，设乡镇船舶管理站 89 个，同时由乡镇政府聘用乡镇船舶管理员。1989 年末，全市受聘乡镇船舶管理员 112 名，行政上受当地政府领导、业务上受海事部门指导，人员工资和业务经费在收取“乡镇船舶管理费”中列支。1993 年，国务院明令取消乡镇船舶管理费后，长兴县、安吉县相继撤销乡镇船舶管理机构。1998 年 5 月，市直辖城区、南浔区、菱湖区 38 个乡镇船舶管理站列为非法人事业机构，经考核合格 38 名管理人员由乡镇政府聘用，相关经费市海事部门每人每年补贴 3000 元，不足部分乡镇政府自筹解决。同时推行乡镇船舶安全管理责任制，分管市长与各县区分管领导、各县区与各乡镇、各乡镇与村一直到渡工和船舶所有人，层层签订安全责任书。

2000 年，全市水路货运量 4104 万吨，其中乡镇船舶完成运输量占水路总运量 90%以上。2001 年，全市乡镇营运船舶 8422 艘，乡镇农用船舶（包含机动船、非机动船，最小 0.5 吨脚划船到最大 40 吨运泥船）2 万余艘。

2001 年 9 月，在湖州市行政服务中心设立港航管理分中心（船舶办证中心），由海事、船检、运管等主要业务科室抽调人员联合办公，所有涉及船舶办证事务统一受理、发放。各县港航处成立相应船舶办证服务窗口，受理各类船舶办证申请。2002 年办理入籍船舶登记 1273 艘，办理各类船舶证书 15000 余本。

2002 年，国务院决定撤销乡镇船舶管理部门。次年，全市乡镇船舶管理站全部撤销。同年8月1日，根据《中华人民共和国内河交通安全管理条例》第五条规定，海事管理机构退出对乡镇船舶管理员行政管理、人事管理、经济管理等事务，监督检查乡镇船舶航行安全职能不变。

2005年，湖州港航处成立违章处理中心，建立调处分离制度和分级审批管理制度，同年始，引导航区船舶安装卫星定位系统（GPS）终端，至2008年末累计安装2841台，客船、危险品船等重点船舶和太湖航线船舶GPS终端安装率达100%。

2008年，全市6000多艘运输船舶全部安装《船舶垃圾告示牌》。市地方海事部门在主干线港航管理站点设置船舶生活垃圾接收设施，免费接收船舶提交生活垃圾，联系当地有关政府和村镇及时清运。同年，市港航管理局推动乡镇非运输船舶三级安全责任制，德清、安吉、长兴三县先后签订县、乡目标考核责任书，南浔、吴兴两区在乡镇非运输船舶安全监管职责纳入乡镇“一中心六站”基础上，与乡镇衔接，落实监管人员。

## 淘汰船舶

**农村小客船**　市境乡镇全部通达公路后，农村小客船交通功能大大减弱，人货混装、违章超载等安全隐患严重。2000年5月，市地方海事局出台《关于开展农村小客班专项整治的实施意见》，制订小客班淘汰实施计划。2000年7月中旬，19艘农村小客船全部淘汰（或改装成货船或卖往外地），同时注销所有客运航线，湖州城北、城西和长兴仓前街3处小客班码头和全市其他小客船停靠点同时关闭。

**水泥质营运船**　1993年7月始，市海事部门停止水泥质营运船舶入籍办证，水泥质船进入主干线航道实施通行证制度。2000年开始，计划3年内分批淘汰自重大、安全性差的水泥质营运船舶。2000年4月5日，市交通局、市航管处会同安吉县交通局、航管所在安吉县毛竹山航段召开水泥质营运船舶销毁现场会，首艘水泥质营运船舶“浙安吉挂 01214”在现场当众解体，拉开湖州航区销毁营运水泥质船序幕。2000年销毁营运水泥船47艘、转港和停运557艘，同年8月1日起，禁止水泥质船进入长湖申线湖州段航行。2000—2002年，全市销毁水泥质营运船舶819艘，剩余转为其他用途，不再从事营运。水泥质营运船舶彻底淘汰，市境营运船舶全部实现钢质化。

**钢质挂桨机船**　2001年9月，湖州海事部门出台《关于湖州航区淘汰挂桨机船舶的通告》，成立淘汰挂桨机船舶领导机构，制定2005年底淘汰噪音大、污染重的挂桨机船舶工作目标。同年制定出台《挂桨机船舶改装检验暂行规定》，鼓励挂桨机船主改装船舶。至2003年9月底，全市230多艘挂桨机船舶完成改装。至2006年12月30日，全市5075艘钢质挂桨机船退出营运。

## 二 船员管理

民国时期按省颁规定管理船员。民国17年（1928），省建设厅《浙江省内河小轮船舵工机手登记规则要点》规定不遵照规则登记领有本省执照者不得在本省内河小轮服务。民国18年（1929），省政府《浙江省船舶管理规则》规定轮船汽船舵工、机手须领有交通部或建设厅发给合格证书方准充任。

1953年起，按交通部《内河船舶船员职务规则》和《关于内河小型轮船船员鉴定考试暂行办法》和1964年《中华人民共和国轮船船员考试办法》，不定期组织船员鉴定考试，合格者发给船员证书。1966—1976年“文化大革命”期间，船员培训考试管理基本停顿。此后，按1979年12月交通部《中华人民共和国轮船船员考试发证办法》《浙江省轮船船员考试发证补充规定》《浙江省内河船员职务规则》《浙江省船员培训工作管理暂行规定》《浙江省船员考试工作管理若干规定》等规定，市港航管理部门恢复中断多年船员培训、考试和证书发放等管理工作，并逐步走上正轨。

1993年前，内河船员任职职务名称分正驾驶、副驾驶，正司机、副司机。1993年始，根据1992年《中华人民共和国内河船员考试发证办法》按船舶等级变更船员任职职务，五等船舶为驾驶（驾机员）、司机，四等船舶为二副、大副、船长，二管轮、大管轮、轮机长，三等船舶为二副、大副、船长，二管轮、大管轮、轮机长。湖州航区无二等以上船舶。同年末，全市注册船员中正驾驶361人、副驾驶259人，正司机251人、副司机134人。2000年末，全市注册船员10661人，其中五等驾驶（驾机员）7812人，四等二副856人、大副395人、船长547人、二管轮371人、大管轮126人、轮机长252人，三等二副169人、大副33人、船长42人、二管轮51人、大管轮18人、轮机长25人。

2004年，按2003年5月1日省交通厅港航管理局《浙江省内河船员培训管理办法》，开展内河客船、散装化学品船、油船船员特殊培训工作，所有内河客船、危险品船船员均持特培证书上船任职。2005年，执行交通部《中华人民共和国内河船舶船员适任考试发证规则》，年末，全市注册船员11855人，其中五等驾驶（驾机员）814人，四等二副3481人、大副1981人、船长452人、二管轮1603人、大管轮915人、轮机长211人，三等二副917人、大副325人、船长286人、二管轮466人、大管轮192人、轮机长212人。2007年9月1日施行《中华人民共和国船员条例》，市海事管理部门依据条例，建立健全船员管理监督检查制度。

根据2010年交通部《中华人民共和国内河船舶船员适任考试和发证规则》，原船舶船员五个等级改成三类划分，一类适任证书适用于1000总吨及以上或者500千瓦及以上内河船舶上任职船员，适用船员职务资格为船长、大副、二副、三副、轮机长、大管轮、二管轮、三管轮。二类适任证书适用于300总吨及以上至1000总吨或150千瓦及以上至500千瓦内河船舶上任职船员，适用船员职务资格为船长、驾驶员、轮机长、轮机员。三类适任证书适用于300总吨及以下或者150千瓦及以下内河船舶上任职船员，适用船员职务资格为船长、驾驶员、轮机长、轮机员。湖州市海事管理部门在全市换发注册船员新版船员适任证书。（2011年完成换证工作，至年末全市注册船员8496人，其中三类船舶船长1587人、驾驶员120人、轮机长796人、轮机员196人，二类船舶船长848人、驾驶员789人、轮机长494人、轮机员443人）。

## 三 通航安全管理

1999年前，航道上碍航渔网鱼簖星罗棋布。2000年，根据交通部统一部署，市地方海事局联合农业、渔业管理部门开展"水上安全统一执法行动"，全市七级以上航道现有网簖宏观上实行总量控制、逐年减少，七级以上航道和习惯航道内严禁新设置渔网鱼簖，通航水域内设置渔网鱼簖须经航管、渔政部门批准，已设置碍航渔网鱼簖予以拆除或移位，至达到通航要求。全市清理碍航渔网鱼簖200余副，其中14副过河渔网严重妨碍水运畅通和船舶安全，水运企业和船主反映强烈，通过申请人民法院强制拆除。2001年后，全市主干线航道碍航设施大幅度减少，船舶通航环境显著改善。

2002年，按照省地方海事局部署，张贴、发放《告船员书》20000余份、分发《关于严禁船舶超载的通告》到各矿区、码头法人代表1000余份，查处超载船舶和上甲板不穿救生衣船员，各级港航管理部门设立违章教育培训点，开展违章船员安全再教育，在湖州城西和升山分别设立超载船舶卸载点，强制卸载严重超载违章船舶。全年共查处超载船舶10663艘次、处罚金额58.73万元，卸载船舶934艘次、卸载货物11485吨，受安全再教育培训违章船员20000余人次。通过整治，船舶超载现象得到有效遏制，上甲板穿救生衣渐成船员自觉行动。

2000—2002年，根据交通部统一部署，市境开展“水上运输安全管理年”活动。与1997—1999年3年相比，全市水运事故次数由187.5件降为115件，死亡人数由25人降为12人，沉船艘数由51艘降为43艘，经济损失由356.79万元降为312.91万元，降幅分别为38.67%、52%、15.68%、12.29%。系统上报事故次数由168件降为105件，死亡人数由19人降为10人，沉船艘数由46艘降为36艘，经济损失由299.39万元降为271.48万元，降幅分别为37.5%、47.36%、21.24%、9.32%。

2004年7月3日下午受第7号强热带风暴“蒲公英”影响，太湖水面狂风巨浪，致使多艘船舶接连沉没。市地方海事局13时赶到现场组织搜救，至23时左右成功救助16艘船舶48名遇险人员。至次日17时，57名遇险人员获救、2人失踪、2人死亡。同年，全航区查处超载船舶6532艘次、卸载货物17万吨，严重超载船舶控制20%以内。

2005年4月1日起，对进入湖州航区危险货物运输船舶实施提前24小时动态报告制度。进入湖州市吴兴区、南浔区、长兴县、安吉县范围内航行、停泊、装卸的危险货物运输船舶须提前24小时以传真方式向湖州地方海事处环城海事所报告，进入德清县范围内航行、停泊、装卸的危险货物运输船舶必须提前24小时以传真方式向德清县地方海事处新市海事所报告。同年，市境地方海事系统发布水上危险品事故应急反应预案，于次年作为市政府总体应急预案分预案《湖州市水上突发公共事件预案》由市政府公布施行。

2005年，湖州地方海事局受理船舶交通事故873起，死亡20人，沉船37艘，直接经济损失406.8万元。其中本港船舶发生上报事故21.7起、死亡1人、沉船13艘、直接经济损失43万元，市境（含外港船舶）发生上报事故55.5起、死亡5人、沉船26艘、直接经济损失137.4万元。

2006年9月，湖州市水上交通指挥中心大楼建成，10月指挥中心开展工作，开通水上搜救专用电话“12395”和三部业务专线电话，主要负责湖州市本级范围水上接（处）警和全航区水上救助、交通管制、“三防”值班和指挥等。2008 年底，水上搜救专用电话“12395”覆盖全航区，船员只需拨打“12395”即可实现报警、咨询等事项。市地方海事局从此结束依赖“110”转接受理水上突发事件和船员报警历史。2009 年 1—6 月，水上交通指挥中心接（处）警 679 次，各海事所接警后出动海事艇救助遇险船舶 48 艘次，化解沉船、堵航险情 25 次。

2008 年，完成 7 条主航道跨航桥梁警示、安全标志共 490 块、拆除碍航桥梁 2 座。危险品码头和船舶专项整治检查中，累计完成 57 家水上加油站和危险品码头港口危险货物装卸作业资质认可工作，检查危险品运输船舶 600 余艘次，强化危险品运输装卸监管，充分利用危险品码头已有电信宽带网络实施视频监控，9 月开通全省内河首个水上加油站视频监控，至年底开通 5 家。年内查处超载船舶 650 艘，卸载超载货物 12000 余吨。全年受理水上交通事故 470 起、死亡 3 人、沉船 13 艘、经济损失 189.9 万元，四项指标与上年相比分别为下降 14.2%、持平、下降 31.6%、下降 21%。次年，新建航道视频监控点 29 个，加上前期建航道视频监控点，共 65 个“电子眼”，覆盖湖州航区各重要航段。

2010 年，全市受理水上交通事故 484 起、死亡 7 人、沉船 13 艘、直接经济损失 186.91 万元，分别比上年上升 4.3%、75%、116.7%和 39.1%。

**严重堵航事件附记：** 1991—1993 年，长湖申线等主航道堵航 21 次。主因一，船舶质量差、沉船事故多，沉船引起堵航 15 次，沉船中有 13 艘为水泥质船。主因二，航道通航能力低下，长湖申线从长兴至平望弯道多、桥闸多、岔口多、浅滩多，瓶颈多，难以适应 80～150 吨级船舶航行。1999 年 6 月 25 日起，全市连降暴雨，平均降雨量 461.9 毫米，全市 150 万亩农田受淹。6 月 30 日全市进入紧急防汛期，航道全部封闭，2 万艘船舶滞航。2002 年 3 月至 2004 年 5 月，长湖申航线湖州五一大桥以下至江苏平望航段发生大小堵航 90 余次。其中 2002 年堵航 20 次、累计 670 小时，受堵船舶 12 万艘次，运费损失 4200 万元左右；2003 年堵航 31 次、累计 2232 小时，受堵船舶 27 万艘次。2002 年长湖申线航道湖州段 20 次堵航情况如表：

## 2002 年长湖申线湖州段堵航情况

表 3-48

| 日　期 | 主要航段 | 船舶受堵时间 | 船舶通过流量 |
|---|---|---|---|
| 3 月 16—17 日 | 湖州南浔建材场 | 26 小时 | 4680 艘 |
| 3 月 30—4 月 1 日 | 湖州八里店市河 | 35 小时 | 6300 艘 |
| 5 月 31 日 | 湖州船闸 | 3 小时 | 540 艘 |
| 6 月 7—12 日 | 湖州杨家庄-东迁 | 144 小时 | 25920 艘 |
| 9 月 2 日 | 湖州二十五里牌 | 16 小时 | 2880 艘 |
| 9 月 20—28 日 | 江苏平望-震泽 | 影响我市 92 小时 | 16560 艘 |
| 10 月 2—3 日 | 湖州南浔九里桥 | 27 小时 | 4860 艘 |
| 10 月 5—7 日 | 湖州旧馆、八里店 | 30 小时 | 5400 艘 |
| 10 月 8—15 日 | 江苏平望—震泽 | 影响我市 96 小时 | 17280 艘 |
| 10 月 24 日 | 湖州南浔晟舍 | 2 小时 | 360 艘 |
| 10 月 25 日 | 湖州邵家墩航段 | 5 小时 | 900 艘 |
| 10 月 27 日 | 湖州邵家墩航段 | 3 小时 | 540 艘 |
| 11 月 6—7 日 | 八里店—升山 | 20 小时 | 3578 艘 |
| 11 月 8—11 日 | 震泽、八都航段 | 影响我市 50 小时 | 8967 艘 |
| 11 月 17 日 | 仁舍—三济桥 | 2 小时 | 373 艘 |
| 11 月 24—2 日 | 湖州船闸新市河 | 29 小时 | 5220 艘 |
| 1126—27 日 | 震泽堵航 | 影响我市 10 小时 | 1701 艘 |
| 12 月 1—3 日 | 震泽堵航 | 影响我市 30 小时 | 5229 艘 |
| 12 月 4—5 日 | 湖州二十五里牌 | 24 小时 | 4331 艘 |
| 12 月 6—7 日 | 湖州升山利川桥 | 26 小时 | 4684 艘 |
| 合　计 | 20 次 | 670 小时 | 120303 艘 |

说明：1.出动海事执法人员累计 4187 人次。2.船舶通过量为高峰期测流量

2004—2010 年，市境长湖申线、京杭运河、杭湖锡线、东苕溪等主航道发生堵航 32 次，累计 1152 小时，受堵船舶 14 万艘次。2003—2010 年，京杭运河共堵航 8 次、累计 384 小时，受堵船舶 32000 艘次。堵航原因多方面，航道超负荷运行，部分航道受桥梁水闸限制船舶无法分流，航道河床淤积严重，大吨位、大功率船舶易搁浅，长湖申线航道江浙交界处到江苏吴江平望 20.5 公里航段仍处五级或六级航

道状态，此段航道堵航次数占 25%，堵航时间占 41.49%。其间，2007 年，市境发生 24 小时以内堵航 20 次，105 小时，交通管制 1030 小时，出动海巡艇 652 艘次，海事人员 6176 人次，疏导管制船舶 9 万多艘次。2008 年 7 月下旬至 8 月初，台风“莫拉克”带来强降雨使湖州东部平原和太湖水位迅速上涨，湖州太湖小梅口水位 4.17 米，超警戒水位 0.47 米。8 月 7 日，湖州东苕溪沿线水闸和湖州船闸防洪闸相继关闭，长湖申航线水上运输中断，湖州航区全面封航。8 月 10 日，全航区滞留船舶超过 8000 艘，滞留船员 3 万余人。到 8 月 18 日，湖州航区封航时间 12 天。2008 年底，湖嘉申线改造完成并交付使用，成为湖州航区横跨东西第二条水上大通道。此后，湖州航区通航状况有根本性改善，堵航事件大幅度减少。

## 四　水上交通运输事故

水上交通运输事故记载市境或外地运输船舶发生在湖州市航区死亡 3 人及以上的水上交通事故。

1991 年 5 月 10 日晚 8 时许，长兴吴山乡一艘 20 吨挂机与本市弁南乡一挂机相撞，14 人落水，死 10 人。

1994 年 3 月 20 日，湖州菱湖区新溪乡五余村农民吴某驾驶一艘 3 吨水泥质农用挂机船，违章载客 20 人前往超山烧香拜佛，途经新溪乡火漾面航段时，因天雾，能见度差，与迎面驶来的长兴一艘钢质挂机船相撞。水泥农挂机船上 21 人全部落水，其中 6 人溺水死亡。

1994 年 11 月 5 日，德清县洛舍镇仲介村，无证驾驶员沈某驾驶 5 吨无证水泥挂机船，于 17：40 时空载从洛舍岳母家返村，到达德清县洛舍镇何介坝塘口西施田航段时，洛舍镇何介村毛某无证驾驶 3 吨无证水泥挂机船，载客 23 人（8 人坐在船头上），从何介村塘口下行洛舍。由于天黑视线差，双方均无夜航设备，未能及时发现对方，19 时 15 分两船对遇互见，彼此相距已不足 10 米，慌乱中毛某船向本船左侧转向避让，双方发生碰撞，3 人溺水死亡。

1995 年 8 月 12 日，“湖州农机 1550 号”（1.5 吨水泥质农机船）于 11 时 30 分载客 7 人去旧馆镇新兴港村东介坝进香。上海市崇明县“长征 10 号”（55 载重吨钢质船）空载去湖州，双方同向上行。“湖州农机 1550 号”未注意周围航道情况，在仁舍轧钢厂码头西 100 米航段，盲目突然操左舵，大角度转向，横越长湖申航道，意欲走右岸的支流小港；“长征 10 号”船艏无人瞭望，“湖州农机 1550 号”又进入视线盲区，造成下船碰撞，“湖州农机 1550 号”迅即沉没，人员全部落水。有 3 人直接溺水死亡，1 人经医院抢救无效死亡，直接经济损失 113234 元。

1999 年 12 月 16 日 16 时 15 分，德清县对河口水库管理局无证无照摩托艇（25 马力，玻璃钢质），由无证人员李某操作，私自载游客四人，入水库游览，因李某操作失误，致摩托艇翻沉，又因艇上无救生设备，4 位游客及李某共 5 人全部溺水死亡，直接经济损失 35 万元。

2002 年 1 月 12 日 18 时 20 分左右，“浙长兴挂 01039 号”（钢质，48GT、26.46KW）船，重载下行，途经梅湖线航道长兴县和平镇便民桥村航段，未沿本船右舷一侧航道行驶，夜航未显示号灯，船舶严重超载。“浙安吉挂 02093 号”（钢质，79GT、35.2KW）船空载上行，双方在弯道处对驶相遇，发生碰撞。“浙长兴挂 01039 号”船沉没，4 人落水，3 人溺水死亡，一位 5 岁小孩获救，直接经济损失约 35 万元。

2004 年 7 月 3 日下午，受第 7 号强热带风暴“蒲公英”影响，太湖水面狂风巨浪，致使多艘船舶接连沉没。湖州市地方海事局迅速组织搜救力量于 13 时赶到现场展开救助行动。至 7 月 4 日 17 时，成功救助了 16 艘船舶的 57 名遇险人员。但仍有 2 人失踪、2 人死亡。

2004 年 11 月 25 日 19 时，“浙湖州货 0482 号”船（钢质、68GT、31.6KW）重载上行，“皖灵璧挂 0505 号”船（钢质、32GT、26KW）重载下行。在杭湖锡线航道湖州菱湖大桥下游双方互见，“浙湖州货 0482 号”船错走航路，双方碰撞，“皖灵璧挂 0505 号”船沉没，6 人落水，3 人获救，3 人溺水死亡。

2005 年 3 月 24 日 07 时 30 分左右，“浙长兴货 2129 号”船（钢质、132GT、142KW），空载上行，由刘某值班，途经长湖申线航道湖州长兴李家巷镇陈家浜村航段，申苏浙皖高速公路第九标段一艘“三无”人力船，满载 16 名民工过河，在横向跨越航道时，与顺航道行驶的“浙长兴货 2129 号”船发生碰撞，“三无”人力船倾侧，全部人员落水，5 名人员死亡，直接经济损失 100 万元。

# 第四节 水上运政管理

## 一 水运业及水运服务业市场管理

### 水运业市场管理

前志载，解放前，市境水上运输市场由船帮势力把持，政府无专管机构。1949 年解放后，湖州水上客货运输逐步纳入“三统”管理（统一调配货源、统一调派船只、统一核定运价），1956 年完成私营轮船业主社会主义改造并入国营航运企业，组织民间木帆船成立运输合作社。客运由国营航运企业独家经营，统一售票，统一码头上下客。货运由计划部门按企业或合作社运输能力统一分配，并统一货物运输票证。1983 年后，开始计划运输与市场调节相结合、宏观控制与微观搞活相结合，允许乡镇和个体（联）户购买机动船或办船队经营客货运输。

1990 年始，市境水路运输市场实现向市场经济为主导的市场自主调节模式转变。2000 年，取消水路货运月度平衡衔接会议，改为每季度召开重点物资运输计划检查和水路运输信息分析会议。

2001 年 4 月 1 日起，按交通部《国内船舶运输经营资质管理规定》重点查处无自有运力、无办公场所、无管理人员、只靠委托管理他人船舶生存企业。先后制定实施三年淘汰营运水泥质船目标方案、五年淘汰挂桨机船方案。2003 年 1 月 1 日起，按《浙江省水路运输管理条例》，规范水路运输市场经营活动，构建统一开放、公平竞争、规范有序水运市场体系。同年末，市境水运机动船舶 7092 艘，其中个体船舶 6963 艘。

2005 年，在省港航管理局指导下，湖州市开展个体运输船舶公司化管理试点。安吉县永顺水路运输公司为首个试点单位，试行个体经营船舶挂靠企业、委托经营，企业和个体船户均有不同程度受益。市港航管理局由此形成《浙江探索个体船舶公司化管理》一文刊登《中国交通报》，引起交通部领导关注并作出批示。随着社会发展和市场经济体制完善，内河个体船舶运输在运输安全、货源组织、市场竞争等方面后劲不足、弊端显现。水运抽样调查显示，大多船户每航次只能重载一程、空载一程，甚至几个月接不到货而停航休息，运输效率和经济效益低下又造成恶性竞争、秩序不良、管理困难、事故频发等后果。个体船舶公司化经营成为实现水运效率和效益最大化好方式，除以挂靠、委托、租赁等试点方式依托水运企业经营外，如何通过松散型中介服务组织对庞大个体船舶群体实施有效管理和集约经营是最值得探索市场运作方式。

2006年，启动京杭运河船型标准化推广工作。2008年，根据5月5日交通运输部《国内水路运输经营资质管理规定》和同年修订重颁《浙江省水路运输管理条例》，出台《湖州市2007—2012年交通建设与管理工作实施纲要》《湖州市2007—2012年港航建设与管理工作实施方案》。2010年末，全市水运市场有机动船舶5256艘，其中个体船舶4640艘。

### 水运服务业市场管理

水路运输服务业包括水路客货运站经营、船舶代理、客货运代理和船舶管理等。市境水路运输服务市场主要以船舶代理和货运代理为主。1996年前，湖州水运服务业自发形成，服务单一，管理无章可循。1996年6月后按《中华人民共和国水路运输服务业管理规定》开始实行行业许可证制度，逐步进入规范、有序轨道。至2000年后，服务业经营日趋活跃，但总体仍滞后于湖州水运业发展。2005年末，全市水路服务企业14家，总资产5945.09万元，负债总额2625.75万元，全年货运代理量46.79万吨，船舶代理量130.3艘，年利润59.44万元。2010年末，全市在册水路运输服务企业17家。

## 二　运价管理

20世纪90年代初期，湖州水运客货运输价格由物价和交通部门联合管理，航运部门具体执行，物价部门实施监督。1991年，杭嘉湖航区内河停泊基价为每吨3元、航行基价150公里以内（含）每吨公里0.03元、150公里以上部分每吨公里0.024元，货物运价等级执行八级制，即货物运价级差率一级货物100%、二级货物110%、三级货物120%、四级货物130%、五级货物150%、六级货物170%、七级货物230%、八级货物300%。90年代中期，随着个体水路运输占全市水运业比重增加，湖州市水路货运价格实际转变为市场自主议价为主。到2001年，按国家计委和交通部联合发文，全面放开水运客货运输价格，实行市场调节价，具体价格由水运企业根据经营成本和市场供求情况自行确定。

## 三　水运规费①征收

前志载，1990 年，水运规费主要有航道养护费、货物港务费、船舶港务费、航道护岸费、船舶检验、丈量费等。1991—2010 年，港航管理部门先后征收规费种类 13 项，陆续取消 7 项，2010 年末仍执行规费 6 项。

### 征收中 6 项规费

**货物港务费**　前志载，根据 1979 年省革命委员会批转省交通局《关于征收航运货物港物费的报告》，1980 年 1 月 1 日起向货物托运单位或个人征收。费率标准甲类（1～4）级每吨 0.10 元，乙类（5～9 级）每吨 0.20 元，厂矿企业自备船及副业运输船舶每月每吨固定 2.00 元。1994 年 9 月 1 日起施行省物价局、省交通厅《浙江省港口费收规则》，征收引航费、移泊费、系缆费、解缆费、船舶港务费、停泊费、开舱费、关舱费、船舶代理费、旅客港务费、货物港务费、货物装卸和杂作业费、货物保管费、驳运费、驳船取送费、供油供水费等港口费用，1976 年《浙江省海港费收规则》同时废止。货物港务费率按重量吨计费每吨 0.35 元、按体积吨计费每吨 0.25 元，国标 2 吨集装箱每箱 0.72 元、国标 5 吨集装箱每箱 1.15 元，厂矿企业自备船（包括水产运输船）按船舶载重吨每月每吨 4.00 元，由船籍港所在地港航管理部门征收。产运销结合难以按其进、出口货物运量计收货物港务费船舶按月统缴，1995 年 4 月起，产运销结合船舶按省物价局、省交通厅核准统一按每月每载重吨 2.5 元计征。同年 7 月 1 日起，湖州港航管理部门规定外省两户船航次货物港务费定额统一按每吨 0.50 元标准计征。2005 年 8 月 1 日起，根据省《关于调整货物港务费征收标准的复函》，向国内航线船舶及国内进出口货物收取货物港务费标准调整为沿海港口 0.50 元/吨、内河港口 1.00 元/吨。经营运销结合难以按其进出口货物运量计收货物港务费内河运输船舶，月度定额标准按每载重吨 4.00 元计征。

**船舶港务费**　前志载，按 1976 年省革命委员会批准《浙江省海港费收规则》，

① 水运规费是港航部门为船舶拥有者、使用者提供交通基础设施建设服务和履行管理职能时，按国家规定收取的费用，是港航基础设施建设和实施行业管理重要资金来源。

对港口装卸货物船舶计征船舶港务费。1988 年 10 月 1 日起按同年 8 月 31 日省交通厅、浙江省物价局联合颁发《浙江省船舶港务费征收办法》征收船舶港务费。内河港口船舶每进港或出港一次各征收每净吨 0.1 元，在城镇专门从事短驳运输船舶按每月每载重吨 1.0 元计征，企、事业单位自备船、租用船按每月每载重吨 0.5 元计征，国营、集体所有制专业运输单位的内河船舶按该单位拥有营运船舶总载重吨（拖轮按马力）总数，每月每载重吨 1.0 元计征。1994 年 9 月 1 日起施行《浙江省港口费收规则》，进出内河和港内作业各类船舶、排筏和水上设施，均向当地港航管理机构缴纳船舶港务费。湖州市境按月定额计征，营运船舶总净吨（拖轮按总千瓦）按每月每净吨 3.00 元，拖轮按每月每千瓦 4 元。

**船舶及船用产品检验费**　1993 年 9 月 1 日起，执行《船舶检验计费规定》和《船用产品检验计费规定》,《船舶检验计费规定》计算公式中“K”值，浙江省取 1.0。后按 1998 年 9 月 24 日省物价局、交通厅转发国家发展计划委员会《关于发布船舶及船用产品检验计费标准的通知》执行，计算公式中河船“K”值调整为 0.76。

**水上安全监督费**　按照 1992 年 4 月 25 日国家物价局、财政部《关于发布交通部水上安全监督收费项目及标准》，水上安全监督收费包括船舶港务费、港务监督管理费（船舶登记费、船员适任证书申请考试发证费、船员服务簿申请及证书费、海员单项专项训练发证费、海员证费、油污水化验费、海事调解费、水上危险货物监督管理费、船舶证明签证费、特种船舶和水上水下工程护航费、清除污染管理费、水上水下作业许可证费、船舶申请安全检查复查费、浮油回收费）、海岸电台无线电报电话费和船舶吨税。

**船舶过闸费**　1991 年，湖州市物价局、交通局联合发文，同年 6 月 15 日起开征湖州市河船闸船舶过闸费。通过长湖申线湖州市河船闸重载船舶均缴纳过闸费，过闸费由货主单位负担，运销结合由船户负担。其中，向货物托运单位或船户计征的过闸费按托运货物计费吨每吨每次 0.1 元，装载易燃、易爆、危险的船舶按托运货物计费吨每吨每次 0.3 元，承运船舶或运输船户按船舶载重吨每月每吨 0.50 元，洪水期间或关闸期重载船舶过闸除按上述计费外每吨加收 0.30 元。过闸费收入实行“以闸养闸，专款专用”原则，全部用于船闸养护维修管理。1993 年 1 月 1 日调整过闸费收费标准，每吨次 0.10 元调整为 0.20 元，作为港口建设专项资金。2003 年 12 月 25 日，浙物价费〔2003〕410 号文件核定船舶过闸费为经营性收费，市境原开征长湖申线湖州市河船闸船舶过闸费并入，不再重复征收。

**浙北干线航道通行费**　根据省政府2005年《关于浙北干线航道改造项目列为省内河“四自”航道工程的批复》和《省人民政府办公厅关于印发〈浙江省内河“四自”航道管理暂行办法〉的通知》精神，2005年11月1日起，通过浙北干线航道（三堡船闸以北）船舶均缴纳通行费，用于浙北干线航道建设和还贷资金来源。行业主管部门为省交通厅，由省港航局具体负责征收管理，委托浙北航区各级港航管理部门征收。月度定额统缴标准3.00元/吨（千瓦、客位），航次缴纳标准1.00元/吨（千瓦、客位）。实行月度足额统缴船舶全年按月度定额统缴标准缴纳10个月通行费。

## 停止征收7项规费

**航道养护费**　按1964年8月6日交通部、财政部《内河航道养护费征收和使用试行办法》开征，费率按运费收入，一般不超过5%、最高不超过8%。1965年9月16日执行省交通厅、财政厅《浙江省内河航道养护费征收和使用试行办法》，专业运输企业船舶按运费收入4%（同时停征原3%的航管费）征收，机关、企事业单位的船舶、机动船按每月每吨（马力）1元征收，非机动船按每月每载重吨0.5元征收。航运管理部门所收航道养护费逐级全部上缴，所需整治、维护航道资金由省交通厅航运管理局统一使用，按计划下拨。1972年1月1日起，费率提高到6%。1992年10月1日起按8月4日交通部、财政部、国家物价局联合颁发《内河航道养护费征收和使用办法》，航养费按月或按季度征收，营业性运输船舶按运费收入8%计征，难以准确反映运费和水上作业收入船舶按其总吨或载重吨、客位、千瓦、比照营业性运输船舶费率标准择大者计征，非营业性船舶按其总吨或载重吨、客位、千瓦、比照营业性运输船舶航养费费率标准择大者计征，竹木排筏、浮运物体按立方米（吨）公里比照营业性运输船舶航养费费率标准计征。1996年4月1日起按1月4日省物价局、交通厅《关于杭、嘉、湖、绍水运规费征收定额问题的通知》，载重40吨以下船舶内河航道养护费、水路运输管理费、水路货运附加费月度征收定额仍按现行规定（船舶每载重吨每月内河航道养护费4元、水路运输管理费0.8元、水路货运附加费2元），载重40吨及以上船舶按载重40吨以下船舶标准计费外，每增加1载重吨（不足1吨按1吨计算），内河航道养护费增收0.10元、水路运输管理费增收 0.02 元、水路货运附加费增收 0.05 元。按定额计征水运各项规费尾数以角为单位，角以下四舍五入。载重 100 吨以上船舶每载重吨增收费率均按 100 载重吨费率标准计算。1998 年 1 月 1 日起，内河航道养护费收费标准从按运费收入 8%降低到 6%。2002 年起按 2001 年 9 月 21 日交通部《关于进一步做好航养费征收工作的通知》，一律停止执行对缴费人一次缴纳数月至全年规费予以适当优惠做法。为加速淘汰噪音大污染重挂浆机船，推广使用标准船型，经省物价局、财政厅同意，自 2005 年 1 月 1 日起，标准船型船舶内河航道养护费、水路运输管理费、货物港务费、船舶港务费标准在时行收费标准基础上统一降低 30%，挂桨机船舶各类规费收费标准 2005 年 1 月 1 日起在定额标准（1996 年 4 月 1 日起执行）基础上，载重 40 吨以下船舶加收 10%、2006 年 1 月 1 日起加收 20%、2007 年 1 月 1 日起加收 30%。其他各类船舶内河航道养护费、水路运输管理费、货物港务费、船舶港务费收费标准仍按现行收费标准执行。2008 年 12 月 22 日，根据财政部、国家发改委、交通运输部、监察部、审计署等五部门联合下发通知，航道养护费取消，停止征收。

**水路运输管理费** 根据 1990 年 3 月 5 日国家《水路运输管理费征收和使用办法》和 1990 年 4 月 10 日《浙江省水路运输管理费征收和使用实施办法》，个体（联户）水路运输管理费定额标准统一为船舶载重吨 60 吨及以上每月每载重吨营收测定标准 60 元、运输管理费定额标准为每月每载重吨 0.9 元，40 吨以上 60 吨以下每月每载重吨的营收测定标准 50 元、运输管理费定额标准为每月每载重吨 0.75 元，40 吨及以下每月每载重吨营收测定标准 40 元、运输管理费定额标准为每月每载重吨 0.6 元。1991 年 10 月 5 日执行省交通厅、财政厅、物价局联合颁发《浙江省水路运输管理费征收和使用实施办法》，营业性水路客货运输（包括轮渡）、水路运输服务企业、单位、个人和本省注册核发水路运输（服务）许可证外省市企业、单位、个人及长期（半年以上）固定在省内从事运输船舶，按规定缴纳水路运输管理费，征收标准按水路运输（服务）企业、前单位、个人营运（营业）收入 1.5%，难以准确反映营运收入的运输企业、单位和个人按船舶核定载重吨（客位或千瓦）定期、定额计征。1996 年 4 月 1 日起，载重 40 吨以下船舶征收水路运输管理费每月每载重吨 0.8 元，载重 40 吨及其以上船舶，按载重 40 吨以下船舶的标准计费外，每增加 1 载重吨（不足 1 吨按 1 吨计算）增收 0.02 元，载重 100 吨以上船舶每载重吨增收费率均按 100 载重吨费率标准计算。2008 年 12 月 22 日，取消水路运输管理费等

6 项收费。

**内河航道建设费**　1993 年 9 月起在杭嘉湖开征，义务缴纳人为开采和生产石料、黄沙、石灰石、砖瓦、水泥预制品单位和个人。石料、石灰石、砖瓦每吨征收不超过 1.00 元，黄沙每吨不超过 0.50 元，水泥预制品每吨不超过 2.00 元。收费专款用于建设内河干线航道建设。2002 年 12 月 31 日起停止征收。

**港口设施建设资金**　1992 年 9 月 10 日，市交通局于根据市政府〔1992〕132 文件颁布《港口设施建设资金征收管理办法》开征，市境内起运和市外到达水路运输物资均按每吨 0.2 元收取，厂矿自备船按实计征，个体船按 1.2 元/月船吨标准计收。1998 年 8 月 6 日起停止征收。

**水路货运附加费**　1993 年 1 月 1 日起按 1992 年 12 月 18 日省交通厅《浙江省水路货运附加费征收管理办法的通知》征收，其中内河货运按全程运费 5%计收（市内运输 3%），内河 40 吨以下每吨 2 元，40 吨及以上 60 吨以下每吨 3 元，60 吨及以上 80 吨以下每吨 4 元，80 吨及以上每吨 6 元。1999 年 9 月停止征收。

**乡镇船舶管理费**　1988 年起按 1987 年交通部、农牧渔业部等 8 个单位联合颁布《关于加强乡镇船舶安全监督管理的通知》，湖州航运管理部门向营运乡镇船舶征收。征收标准按总吨每吨 0.80 元。1993 年 7 月 22 日，按中共中央办公厅、国务院办公厅发布《关于涉及农民负担项目审核处理意见的通知》，取消乡镇船舶管理费征收项目。

**水路交通建设费**　1999 年 9 月 1 日开征，2002 年 5 月停征。

**湖州市港航管理局 1991—2010 年港航事业费征收情况**

表 3-49　　单位：万元

| 费种<br>年份 | 航道养护费 | 货物港务费 | 船舶港务费 | 水运管理费 | 船舶检验费 | 货物附加费 | 港口建设费 | 水路交通建设费 | 浙北航道通行费 | 合计 |
|---|---|---|---|---|---|---|---|---|---|---|
| 1991 | 1070 | 489 | 213 | — | 26 | — | — | — | — | 1798 |
| 1992 | 1524 | 616 | 285 | — | 37 | — | — | — | — | 2462 |
| 1993 | 3173 | 854 | 515 | 507 | 92 | 1453 | 554 | — | — | 7148 |
| 1994 | 3664 | 1023 | 528 | 533 | 347 | 1661 | 546 | — | — | 8302 |
| 1995 | 3725 | 1105 | 599 | 620 | 267 | 1920 | 665 | — | — | 8901 |
| 1996 | 3375 | 1326 | 530 | 578 | 226 | 1990 | 668 | — | — | 8693 |

续表 3-49

| 年份＼费种 | 航道养护费 | 货物港务费 | 船舶港务费 | 水运管理费 | 船舶检验费 | 货物附加费 | 港口建设费 | 水路交通建设费 | 浙北航道通行费 | 合计 |
|---|---|---|---|---|---|---|---|---|---|---|
| 1997 | 3148 | 1249 | 471 | 507 | 200 | 1477 | 541 | — | — | 7593 |
| 1998 | 2572 | 1202 | 455 | 559 | 235 | 1309 | 365 | — | — | 6697 |
| 1999 | 2760 | 1117 | 586 | 626 | 224 | 964 | — | 451 | — | 6728 |
| 2000 | 3336 | 1286 | 833 | 637 | 219 | — | — | 1562 | — | 7873 |
| 2001 | 4184 | 1695 | 1041 | 887 | 365 | — | — | 2113 | — | 10285 |
| 2002 | 7045 | 2608 | 1464 | 1660 | 437 | — | — | 947 | — | 14161 |
| 2003 | 9682 | 3360 | 1797 | 2295 | 647 | — | — | — | — | 17781 |
| 2004 | 11321 | 3935 | 2058 | 2820 | 583 | — | — | — | — | 20717 |
| 2005 | 11548 | 4020 | 1953 | 2857 | 539 | — | — | — | 822 | 21739 |
| 2006 | 12621 | 4606 | 2037 | 3087 | 750 | — | — | — | 5347 | 28448 |
| 2007 | 13260 | 5941 | 2105 | 2553 | 612 | — | — | — | 5596 | 30067 |
| 2008 | 12536 | 7236 | 2066 | 1662 | 663 | — | — | — | 5634 | 29797 |
| 2009 | 12 | 9399 | 2701 | 2 | 1150 | — | — | — | 7288 | 20552 |
| 2010 | — | 10002 | 3114 | — | 1441 | — | — | — | 7675 | 22232 |
| 合计 | 110556 | 63069 | 25349 | 22390 | 9060 | 10774 | 3339 | 5073 | 32362 | 281974 |

# 第五节　港政管理

## 一　港口规划

1999 年 11 月，浙江省交通规划设计研究院与湖州市港航管理部门联合编制第一部《湖州港总体布局规划》，成为市境港口码头建设管理依据。规划基准年 1996 年，规划水平年 2000 年、2005 年、2010 年、2020 年。规划湖州港界北起小梅口、南至道场乡范围、东起八里店镇与晟舍乡交界处、西至弁南乡与长兴交界处。设置八里店港区、城南港区、西塞港区、旅游港区。

2005 年 4 月，湖州市开始重新编制《湖州港总体规划》，2006 年 2 月经市政府第37次常务会议审查通过后上报省政府及交通部，同年9月20日通过交通部和省政府联合组织专家会审，2008年1月获交通部和省政府联合批复颁布。规划基准年2005年，规划水平年近期2010年、远期2020年。规划港区陆域由市境通航内河两岸港区组成、水域为市境所有供船舶装卸作业时停泊、待港候泊所涉及水域。

《湖州港总体规划》将全市原有 21 个港口整合成为一个湖州港，按地理位置划分吴兴港区、南浔港区、长兴港区、安吉港区、德清港区、太湖旅游港区6大港区。湖州港发展方向以能源、建筑原材料等大宗散货运输为主，发展集装箱、件杂货和旅游客运，逐步发展成为具有装卸存储、中转换装、临港工业、现代物流、旅游客运等功能综合性港口。

湖州港港口岸线利用规划重点为京杭运河、长湖申线、杭湖锡线、湖嘉申线、东宗线、东苕溪、梅湖线、妙湖线、泗湖线、武新线等航道两侧岸线，可用岸线约590公里，已利用130公里。规划24个重点综合作业区及太湖旅游港区、预留8个综合作业区，规划港口岸线长17243米。

2008年4月25日，下达《湖州市人民政府关于湖州港总体规划的实施意见》。明确2008—2012年全市港口建设和港口整治主要任务，总体目标，2020年力争把湖州港建设成为具有装卸存储、中转换装、临港工业、现代物流、旅游客运等功能齐备全方位、综合性内河大港，并成为物流园区、区域贸易中心和产业带重要组成部分。主要指标，力争2020年集装箱吞吐量达到100万TEU，建成码头泊位154个，其中1000吨级码头泊位47个、500吨级码头泊位56个、300吨级码头泊位49个、100吨级码头泊位2个，其中集装箱码头泊位16个、旅客码头泊位2个。县区政府牵头开展港口综合整治，加快港口资源整合，同时探索建立港口建设投融资机制，加快新码头建设及老码头改建、扩建步伐。

2009年，湖州市港航局会同上海国际航运研究中心，分析湖州加快发展内河型临港经济必要性和可行性，制定湖州加快内河型临港经济发展总体构想和临港产业优化布局方案，提出创建“国家级内河型临港经济试验区”思路。

## 二 港口建设管理

2004年前，市境港口设施建设管理缺乏依据，码头建设基本处于自发状态。随2004年1月1日《中华人民共和国港口法》、2005年6月1日交通部《港口工程竣工验收办法》、2007年6月1日《港口建设管理规定》、同年10月1日《浙江省港口管理条例》实施和2008年出台《湖州港总体规划》《关于湖州港总体规划的实施意见》，市港口管理部门先后制定《湖州市港口设施建设使用岸线许可程序》《企业投资港口建设项目执行程序》等规定。2008年4月2日，市港口管理局审批首例按交通部《港口建设管理规定》程序建设码头工程（次年3月12日通过工程交竣工验收）。此后，凡市境码头建设工程由市港口管理部门实施“开工备案、过程监管、竣（交）工验收”全过程工程质量监管。同年起启用《湖州市港口建设项目选址意见书》。2009年5月27日，湖州市政府召开港口资源整合协调会，合力整治港口。年内关闭不符合《湖州港总体规划》、严重影响通航安全和城市环境散、乱、弱、小码头22座。年内新建成码头泊位15个，其中500~1000吨级泊位14个、300吨级泊位1个，在建码头泊位10个，累计完成投资2.2亿元。2010年，关闭不符合《湖州港总体规划》码头23座，督促码头业主按港口建设程序规范港口建设管理容，全年建成码头泊位15个、在建码头泊位7个，累计完成投资额2.43亿元。同时开展港口项目跟踪服务，严格要求码头业主按基建程序落实港口项目。

## 三　港口经营管理

2004年1月1日《中华人民共和国港口法》和《港口经营管理规定》颁布施行后，湖州市随之启动港口经营管理，由市港航部门具体负责港口经营日常管理，主要包括港口经营行政许可和港口经营资质监管。

2005年，市交通局制定发布《湖州市港口行业管理工作实施意见》《关于开展港口经营秩序清理整治的通知》《湖州市港口经营行政许可工作流程暂行规定》等。同时设计完成《港口经营业务申请书》，制定《港口经营行政许可条件细化标准》。同年，建立全市港航经济运行月度分析报告制度和原始调查记录抽查核实制度，实施港航统计信息定期发布制度。

2005年9月5日，港口管理部门核发市境第一张港口经营许可证。2007年9月1日起，港口经营行政许可实施网上申报。2008年，港口企业经营行为纳入监管内容，结合《湖州港港口安全生产巡查制度》建立港口企业经营行为检查台账。

2010年3月启动港口经营许可证换发工作。以“保留一批、整改一批、注销一批、取缔一批”换证原则，全面清理辖区内港口企业。（2011年完成换证工作，累计清理注销100座达不到资质要求码头证书。）

## 四 港口安全管理

湖州港口安全管理工作在《中华人民共和国港口法》和《港口危险货物管理规定》颁布施行后得到加强。2006年，市港航管理部门举办两期港口危险货物管理、作业人员上岗培训班，169人参加培训。2007年9月，制定《湖州港港口安全监管巡查制度》，建立港口企业安全检查台账，督促危险品码头开展港口安全评价工作。同年11月1日，港口管理部门核发市境第一张危险货物港口作业许可证。

2010年，上海世博会期间组织相关单位56人参加全省内贸港口设施安保培训班，编印700余份内贸港口设施安保资料分发到码头业主。3月1日至11月15日，全市办理入沪船舶专项安全检查9031艘次，入沪船舶专项签证10.2万艘次，其中进入世博核心管制区8840艘次，办理进入世博核心区的船员信息报告4744人次。全市入沪船舶标识清晰率、船舶签证率均达到100%。其间，配合上海海事有效实施一级水上交通管制8次。市地方海事局被交通运输部海事局授予2010上海世博会水上交通安全保障工作集体三等功。

# 第五章　交通建设投融资管理

改革开放前，市境国省道公路建设多为国家投资，地方公路建设多采取“民办公助”、“民工建勤”原则。改革开放后，公路建设从主要靠国家投资转向投资主体多元化。根据 1992 年 12 月省政府《关于加快交通基础设施建设的通知》，开始实施“四自工程”（自行贷款、自行建设、自行收费、自行还贷）。1993 年始，湖州市突破“等拨款、靠规费”交通建设旧模式，市、县交通局依靠地方政府，先后建立交通投融资企业和经营性公路收费机构，形成“国家投资、地方筹资、社会融资、引进外资”和“货款修路、收费还贷、滚动发展”公路建设投融资体制。1993 年 8 月，湖州市第一条“四自”普通公路诞生（318 国道市境段）。2000 年 12 月，湖州市第一条“四自”高速公路诞生（杭宁高速公路一期）。2006 年 8 月，市境第一条“四自”航道改建完成（妙湖线）。湖州市按照“政府引导、市场运作”的原则，积极探索以业主招标、土地捆绑、合资合作、收费权转让、发行债券等形式拓宽融资渠道，吸引民间资本和境外资金进入交通建设领域，使湖州交通基础设施建设得到迅猛发展。1991—2010 年，湖州市交通基础设施建设投资 485.51 亿元，其中“八五”期间完成交通建设投资 21.32 亿元（公路 18.37 亿元、航道 2.75 亿元、站场 0.2 亿元），“九五”期间完成 51.75 亿元（公路 44.97 亿元、航道 5.17 亿元、港口 1.24 亿元、站场 0.37 亿元），“十五”期间完成 137.14 亿元（公路 104.8 亿元、航道 9.24 亿元、港口 1.8 亿元、站场 6.3 亿元、铁路 15 亿元），“十一五”期间完成 275.3 亿元（公路 163.5 亿元、航道 17.9 亿元、港口 7.5 亿元、站场 14.1 亿元、铁路 72.3 亿元）。

## 第一节　交通建设投资

1993 年，全市完成公路水运交通建设投资 1.42 亿元。同年引进日本国松尾桥梁株式会社投资 460 万美元（按当年汇率折合人民币 4278 万元），用于 318 国道南浔至湖州段改建（湖州市首条路宽 24.5 米，双向四车道的高等级公路，工程总投资 2.08 亿元），合作期为 11 年（1995—2006 年）。

1995 年，全市完成公路水运交通建设投资 3.43 亿元。同年 4 月 15 日，湖州市副市长叶兆旭代表湖州市政府与省交通厅签订《湖州市内河世界银行贷款项目工程建设协议书》，就湖州航区的京杭运河新市至邵家村航段 18 公里、长湖申线吕山至杨湾航段 8 公里和湖州铁水码头中转港工程建设达成建设依据、建设规模、工程主要内容、建设资金、工作分工等方面协议。

1996 年，全市完成公路水运交通建设投资 6.17 亿元。同年 5 月 22 日，世界银行向湖州内河航运建设贷款 829 万美元，由湖州市财政局与市交通局、长兴和德清县政府分别签订转贷协议。转贷期限 20 年，自 2001 年起每年分两次偿还贷款本金。1998 年完成公路水运交通建设投资 10 亿元。2000 年完成交通建设投资额 16.5 亿元，接近于“八五”期间全市交通基础设施建设投资总额。2002 年，全市 23 项交通建设工程完成投资 12.6 亿元。2003 年，完成交通基础设施建设投资 17 亿元，其中高速公路工程完成 7.9 亿元、航道工程完成 8300 万元、公路干线工程完成 7 亿元、乡村道路工程完成 1.6 亿元、场站建设完成 8585 万元，同年经省政府批准，湖州妙湖线航道列为省内首批航道“四自”改造项目，次年 4 月开工，开创全国内河水运建设“四自工程”先河。

2001 年 12 月 20 日，市人大常务委员会以湖人大〔2001〕36 号文件批复同意市政府《关于提请审议从财政筹集公路建设偿债基金的议案》报告，2002 年起每年从财政预算内外筹措 3000 万元纳入公路建设偿债基金，以改善交通部门财务信用结构，解决湖盐公路、11 省道鹿唐线、竹青公路、湖织公路、浔练公路等已建公路和在建公路贷款问题。2004 年，全市交通基础设施建设完成投资 29.8 亿元，其中高速公路工程 14.35 亿元、干线公路工程 8.55 亿元、水运工程（含政策处理）7000 万元、乡村道路工程4.35 亿元。2005 年完成交通建设投资 42.94 亿元，其中高速公路工程 28.78 亿元，干线公路工程 7.59 亿元，水运基础设施建设 3.63 亿元。

2006 年，全市交通建设完成投资 44 亿元，其中高速公路 30.5 亿元，干线公路 6.42 亿，航道建设 3.24 亿元，农村公路 2.51 亿元。同年 8 月，“四自航道”妙湖线改造工程完工，其“自行收费”方式为船舶签证时按船舶在航道航次收取通行费。

2007年完成投资27.2亿元，其中高速公路工程15.58亿元、国省道、重要县道等干线公路路面整治工程5.07亿元，航道工程1.1亿元，配套设施工程7500万元，农村公路完善工程4.7亿元。2008年完成交通基础设施建设投资29.86亿元，其中3项高速公路工程完成投资11亿元、22项区域干线公路工程完成投资8.02亿元、3项内河航道工程完成投资4.53亿元。2009年组织实施29个交通建设项目，完成投资73.48亿元，其中2项高速公路工程完成投资13.7亿元、宁杭铁路工程完成投资27亿元、长湖申航道工程完成投资4.14亿元、318国道李家巷至浙皖界牌段改建等16项干线公路工程完成投资17.45亿元，农村联网公路等5项农村公路完善工程完成投资7.47亿元，太湖搜救中心等3项配套设施工程完成投资1.53亿元，港口建设完成投资2.2亿元。

2010年，全市组织实施35个交通建设项目，完成投资92.6亿元，创历史新高。其中高速公路工程完成投资6.63亿元、铁路工程及配套工程完成投资49.22亿元、水运工程完成投资7.46亿元、干线公路工程完成投资23.69亿元、农村公路工程完成投资5.6亿元。

**湖州市“四自”公路建设项目投资情况**

表3-50

<table>
<tr><th rowspan="2">序号</th><th rowspan="2">项　目</th><th rowspan="2">所属区域</th><th colspan="3">建设规模（公里）</th><th rowspan="2">投资（万元）</th></tr>
<tr><th>高速</th><th>一级</th><th>二级</th></tr>
<tr><td>1</td><td>杭宁高速公路浙江段</td><td>湖州、德清、长兴</td><td>86.42</td><td>—</td><td>—</td><td>372885.47</td></tr>
<tr><td>2</td><td>申苏浙皖高速公路浙江段</td><td>—</td><td>88.225</td><td>—</td><td>—</td><td>519517</td></tr>
<tr><td>3</td><td>申嘉湖高速公路湖州段</td><td>—</td><td>41.928</td><td>—</td><td>—</td><td>317856</td></tr>
<tr><td>4</td><td>申嘉湖杭高速公路湖州、德清段</td><td>—</td><td>28.994</td><td>—</td><td>—</td><td>226700</td></tr>
<tr><td>5</td><td>杭长高速公路泗安至安城段</td><td>—</td><td>18.54</td><td>—</td><td>—</td><td>62398</td></tr>
<tr><td>6</td><td>104国道长兴雉城分流线</td><td>长兴县</td><td>—</td><td>3.31</td><td>—</td><td rowspan="2">30869</td></tr>
<tr><td>7</td><td>104国道长兴段</td><td>长兴县</td><td>—</td><td>—</td><td>29.328</td></tr>
<tr><td>8</td><td>104国道湖州市区段改建工程</td><td>吴兴区</td><td>—</td><td>43.033</td><td>—</td><td>23704.3</td></tr>
<tr><td>9</td><td>104国道湖州市区过境段工程</td><td>吴兴区</td><td>—</td><td>15.6</td><td>—</td><td>50928</td></tr>
<tr><td>10</td><td>104国道武康至上柏段</td><td>德清县</td><td>—</td><td>—</td><td>19.243</td><td>9835.8</td></tr>
<tr><td>11</td><td>318国道湖州段及湖州市区过境段</td><td>吴兴区、南浔区</td><td>—</td><td>40.2</td><td>—</td><td>34012</td></tr>
<tr><td>12</td><td>318国道长兴至泗安段</td><td>长兴县</td><td>—</td><td>39.691</td><td>—</td><td>53669</td></tr>
</table>

续表 3-50

| 序号 | 项　目 | 所属区域 | 建设规模（公里） | | | 投资（万元） |
|---|---|---|---|---|---|---|
| | | | 高速 | 一级 | 二级 | |
| 13 | 04 省道递铺至马家渡至良朋段 | 安吉县 | — | 16.407 | — | 12957.27 |
| 14 | 04 省道良朋至泗安段 | 安吉县 | — | 13.188 | — | 10559.3 |
| 15 | 04 省道幽岭至递铺 | 安吉县 | — | 20.013 | — | 11552.73 |
| 16 | 11 省道鹿山至马家渡段 | 湖州、长兴、安吉 | — | — | 44.72 | 28798 |
| 17 | 11 省道递铺至孝丰段 | 安吉县 | — | 21.8 | | 19554 |
| 18 | 09 省道乔莫线德清段 | 德清县 | — | — | 27.627 | 16710 |
| 19 | 09 省道跨宣杭铁路、104 国道立交 | 德清县 | — | — | 6.25 | 11018 |
| 20 | 湖织公路 | 吴兴区 | — | 14.102 | — | 17202 |
| 21 | 浔练公路 | 南浔区 | — | — | 16.82 | 16173 |
| 22 | 湖盐公路湖州段 | 南浔区 | — | — | 37.44 | 25668 |
| 23 | 青山至竹墩至菱湖公路 | 南浔区 | — | 13.8 | 0.563 | 12496 |
| 23 | 桐德公路德清段 | 德清县 | — | 21.3 | 5.8 | 29060 |
| 25 | 长兴至和平公路 | 长兴县 | — | — | 20.825 | 31700 |
| 26 | 10 省道长牛线长兴段 | 长兴县 | — | — | 34 | 53000 |
| 27 | 菱湖至新市湖州段 | 南浔区 | — | — | 18.23 | 15300 |
| | 合　计 | 787.397 | 264.107 | 262.444 | 260.846 | 2014122.9 |

## 湖州市航道建设部分重点项目投资情况

表 3-51

| 航道项目 | 等级标准 | 改造里程（公里） | 改造时间 | 投资金额（亿元） |
|---|---|---|---|---|
| 长湖申线湖州段 | 四级、五级航道 | 44.68（四级）<br>30.56（五级） | 1995.12—1998 | 2.17 |
| 京杭运河湖州段 | 四级航道 | 43.9 | 1996.11—1999.8 | 1.64 |
| 东宗线湖州段 | 四级航道 | 23.66 | 2001.2—2002.12 | 1.17 |
| 杭湖锡线湖州段 | 四级航道 | 48.46 | 2003.2—2004.10 | 1.44 |
| 湖嘉申航道湖州段 | 三级航道 | 43.2 | 2005.1—2007.12 | 8.11 |
| 妙湖线（四自） | 五级航道 | 6.3 | 2004.4—2006.8 | 0.4613 |
| 合　计 | — | 240.76 | — | 14.99 |

# 第二节　交通建设投（融）资机构

**湖州市交通建设投资开发公司**　1993 年成立，正科级事业单位，与市交通局合署办公。主要职能根据省“自行贷款、自行建设、自行收费、自行还贷”公路建设新举措，为市直辖区交通基础设施建设投资融资及开发交通经济技术项目。1994 年，在国务院特区办的支持下，成功引进日本松尾桥梁株式会社外资 460 万美元（按当年汇率折合人民币 4278 万元），用于 318 国道南浔至湖州杨家埠段二级加宽“四自”工程，合作期为 11 年（1995 年至 2006 年）。根据 2000 年交通部颁发的《公路建设四项制度实施办法》中关于“经营性公路建设项目应依法成立有限责任公司或股份有限公司，对建设项目筹划、资金筹措、建设实施、运营管理、债务偿还和资金管理全过程负责”的规定，2000 年 4 月 19 日组建湖州湖兴公路经营有限公司，取得工商注册号 3305001000902 企业法人营业执照，注册资本 600 万元，负责南浔至练市、湖州至织里公路建设及经营，公路沿线附属性设施开发经营。2002 年 4 月 19 日组建湖州浙通公路建设有限公司，取得注册号 3305001000912 企业法人营业执照，注册资本 1000 万元，负责“四自”收费公路建设及营运管理，公路沿线附属性设施开发经营。2003 年 12 月 17 日组建湖州申湖高速公路开发有限公司，取得注册号 3305001000696 企业法人营业执照，公司注册资本 3000 万元，负责高速公路建设养护及营运管理、车辆清洗、仓储、建筑材料批发。2005 年 11 月，公司投、融资职能和债权债务及下属子公司全部移交湖州市交通投资集团有限公司。2008 年 2 月 22 日，根据《湖州市人民政府办公室关于事业单位分类工作的实施意见》，撤销湖州市交通建设投资开发公司。

**湖州市交通投资集团有限公司**　2005 年 11 月 28 日，以湖州市交通建设投资开发公司为基础，通过公司制改造组建成立，市政府直属国有独资企业，公司主要经营交通基础设施投资、开发、建设、养护、经营和管理，交通工程设计、监理和施工等。2007 年新增房地产开发经营和土地收储经营项目。注册资本 8 亿元，总资产 29.4 亿元，净资产 7.8 亿元。2007 年 5 月，成功发行湖州市首个交通投资债券“2007 湖州交通投资集团有限公司债券”，债券总额 15 亿元，主要用于申嘉湖杭高速公路等重大交通基础设施建设。2008 年 2 月 28 日，在市政府与省交通投资集团公司主持下，在湖州举行浙江申苏浙皖高速公路有限公司、浙江杭长高速公路有限公司股权置换协议签订仪式。省交通集团公司将其持有浙江杭长高速公路有限公司股份转让给湖州市交通投资集团有限公司，湖州市交通投资集团有限公司同时将其持有浙江申苏浙皖高速公路有限公司股份以及浙江申嘉湖杭高速公路有限公司股份转让给省交通投资集团公司。2009 年 3 月 30 日，湖州市政府与省农业银行在湖州举行杭长高速二期项目融资签约仪式，杭长高速公路二期项目总投资 66 亿元，农行将提供 42 亿元贷款支持项目建设。同年 5 月 21 日，“2009 湖州交通投资集团有限公司债券”成功发行，总额 15 亿元，融券资金主要用于缓解宁杭城际轨道项目及杭长高速公路二期项目建设资金压力。同年末公司注册资本增至 18 亿元。2010 年底，总资产 215 亿元、净资产 133 亿元，累计融资 186.79 亿元，累计完成工程建设投资 136.38 亿元。资产结构转向高速铁路、高速公路为主。集团本部设综合事务部、计划财务部、人力资源部、党群工作部、投融资部、资产管理部及工程管理部 7 个职能部门，下辖全资子公司 4 家（浙江湖州港务有限公司、湖州国际物流有限公司、湖州太湖度假村、湖州市交通枢纽建设有限公司），控股子公司 6 家（浙江杭长高速公路有限公司、湖州市宁杭铁路投资有限公司、湖州市公路水运监理咨询有限公司、湖州申湖高速公路开发有限公司、湖州浙通公路建设有限公司、湖州湖兴公路经营有限公司），参股公司 3 家（湖州市浙北高速客运中心有限公司、杭宁高速公路有限责任公司、湖州长运汽车运输有限公司）。集团本部及下属子公司（不含参股公司）职工 265 人。集团本部地址在湖州市二环西路 2008 号。

**长兴县交通建设投资公司**　1994 年 6 月成立，由长兴县交通运输局出资设立，注册资金 1000 万元。公司成立后，通过各种方式为长兴交通基础设施建设先后筹集资金 80 多亿元，显示较强资本运作能力。公司主营交通建设项目策划、经营和管理，交通建设项目经济技术咨询服务、土地储备和开发、房地产开发、城市基础设施建设。辖 12 家子公司，包括长兴县永兴建设开发有限公司、长兴长牛公路经营有限公司、长兴长和公路发展经营有限公司、长兴互通建设开发有限公司、长兴莱茵建设开发有限公司、浙江长兴安顺化建民爆有限公司、长兴宁杭铁路投资有限公司、长兴建设房屋开发有限公司、长兴滨湖建设开发有限公司、浙江长兴江南山乡旅游开发有限公司、长兴顺通建设开发有限公司、浙江长宜高速公路有限公司。

（2011 年末，公司注册资本及实收资本均为 3 亿元，总资产 208.09 亿元，年主营业务收入 3.51 亿元）。

**德清县交通投资集团有限公司**　原名德清县交通发展总公司，1993 年 12 月 2 日成立，由德清县交通局出资建立，注册资金 200 万元。公司主要承担德清县交通基础设施和市政基础设施开发与建设，同时涉及土地开发和建设、道路运营、供水、污水处理等业务。辖 15 家子公司，包括德清华通公路建设有限公司、德清县立交公路经营有限公司、德清县杭宁城际铁路投资有限公司、德清县德桐公路经营有限公司、德清县武新航道经营有限公司、德清县虹运高速客运有限公司、德清县京河物业有限公司、德清经济开发区建设发展有限公司、德清县城市建设发展总公司、德清县水务有限公司、德清县恒丰污水处理有限公司、德清县狮山污水处理厂、德清县兴源市政工程有限公司、德清经济开发区担保有限公司、德清县水务水暖管道有限公司。至 2010 年末，注册资本及实收资本均为 5000 万元，总资产 121.79 亿元。2010 年度主营业务收入 7.6 亿元，利润总额 1.81 亿元。

**安吉县交通投资公司**　2005 年 11 月成立，由安吉 11 省道投资有限公司（2001 年建立）、安吉 04 省道投资有限公司（1997 年建立）、安吉县城市建设发展总公司、安吉县资产经营有限公司等多方共同投资合并组建。注册资金 2 亿元。主要承担县内交通基础设施投资融资、开发建设、养护管理、资产经营等。主要经营实业投资、交通基础设施投资、经营维护及收费，交通工程建设、施工及相关物资经营，交通运输及物流服务。2010 年末，公司注册资本及实收资本 2 亿元、总资产 27.19 亿元。2010 年度主营业务收入 1267 万元，年初利润 4666 万元，全年利息支出 3847 万元，再除去各项业务成本，年末利润总额 – 696.98 万元。

## 第三节　公路经营机构

**湖州市公路通行费征收处**　1993 年 8 月 16 日成立，始名湖州市车辆通行费征收所，1997 年 10 月 22 日更现名，正科级社会公益类准公益性自收自支事业单位，隶属市交通局，负责市直辖区（吴兴区、南浔区）范围除高速公路之外“四自公路”车辆通行费征收。至 2003 年，有 104 国道湖州收费站、318 国道湖州收费站南浔收费点、318 国道湖州收费站八里店收费点、湖盐公路练市收费站、11 省道鹿山收费站、湖织公路补（验）票点及浔练公路补（验）票点等 7 个收费站点。2005 年末撤销 318 国道湖州收费站八里店收费点、湖织公路补（验）票点。2010 年 2 月 28 日 23 时 58 分起，所属 104 国道湖州收费站、318 国道湖州收费站南浔收费点、湖盐公路（练市）收费站、11 省道鹿山收费站、湖盐公路（浔练）收费点 5 个收费站点停止收取车辆通行费。全处 284 名职工全部分流，其中 80%左右人员分流到吴兴区、南浔区公路段从事超限超载治理工作。2010 年末，单位处于待撤之中。（2013 年 2 月 22 日，市编制委员会下文撤销湖州市车辆通行费征收处，原定编制收回）。

**浙北高速公路管理有限公司**　2006 年 6 月 15 日成立，6 月 28 日挂牌，注册资金 3000 万元。由浙江省交通投资集团有限公司全额出资组建，受托全权负责申苏浙皖、申嘉湖杭高速公路的建设、维护、营运和管理。受托管理高速公路里程合计 181.142 公里。至 2010 年底，累计完成工程建设投资 137 亿元，累计征收高速公路通行费合计 19.04 亿元。公司内设办公室、人力资源部、财务审计部、路产养护部、安全管理部、营运管理部、法务部、纪检监察室等职能部门，辖申苏浙皖高速公路 8 个收费站点、2 个服务区，申嘉湖和申嘉湖杭高速公路共 10 个收费站点、2 个服务区。2010 年末，职工 676 人，受托管理总资产 125 亿元、净资产 32 亿元，公司本部地址湖州市练市镇新丰村宋浜兜。

**杭宁高速公路股份有限公司**　2004 年 4 月 21 日注册成立，浙北地区首家民营高速公路营运管理公司。主要经营管理 G25 国道（长深高速）浙江段（又称杭宁高速公路浙江段）。公司按“责权明确、高效精干”原则实行垂直管理，由总经理和分管营运、工程养护、财务行政副总经理组成公司经理室负责日常经营管理。内设综合部、财务部、营运部、工程养护部、巡查拯救部，辖 9 个收费站（余杭、南兜庄、德清、青山、湖州、湖州北、长兴、夹浦、父子岭）和 2 个服务区（太湖、湖州）。公司股权结构为上海标准基础设施投资集团有限公司出资 5547 万元占注册资本 55.47%，浙江省公路局出资 1220.2 万元占注册资本 12.2%，湖州市交通投资集团有限公司出资 1505.7 万元占注册资本 15.06%，长兴县交通建设投资公司出资 868.5 万元占注册资本 8.59%，德清县交通投资公司出资 858.6 万元占注册资本 8.59%。（2005 年 12 月出售给上海标基投资集团）。2005—2010 年，杭宁高速公路市境段通行费累计收入估算 54 亿元。2010 年末在编员工 494 人。公司地址湖州南门鹿山。

**杭长高速公路有限公司**　2005年4月11日成立，由湖州市交通投资集团有限公司、杭州市交通投资集团有限公司和安吉04省道投资有限公司共同出资组建，湖州市交通投资集团有限公司控股59%。经安吉县工商行政管理局核准登记注册，注册资本3亿元。经营高速公路投资、筹资、建设、维护管理、建筑材料销售。公司注册地址安吉县安吉大道777号。2010年末，内设前期部、营运管理部、综合管理部、人力资源部、财务审计部、党群工作部、质量安全部、项目管理部和路产养护部，辖安吉北收费所和巡查拯救队，主要负责杭长高速公路安吉安城至长兴泗安段营运、管理及杭长高速杭州至安城段（二期）工程建设、管理，拥有资产44.97亿元，正式员工69人。

# 第四编　科　教

2003年始，根据省交通厅“科技兴交”战略，市交通部门贯彻落实科学发展观，走资源节约型和环境友好型发展道路，努力实现由外延式粗放型增长向内涵式集约型增长转变，引领交通又好又快发展。2005年，市交通局组建全省交通系统首家科技中介服务机构——湖州市交通学会科技成果应用推广中心，面向行业开展交通类技术推广、成果转化、科技咨询、人员培训等服务。“十一五”期间，市交通系统实施省交通运输厅科技成果应用推广项目26项、实施省厅下达交通科技研究项目27项（其中16项完成专家评审和鉴定、1项待验收），投入科研经费总概算1285万元中省厅补助资金总额483万元。全市公路水路交通主要科技领域人才学历结构和技术职务结构不断改善，2010年末，全市交通系统工程类技术人员448人，其中高级工程师79人、中级208人、初级161人。通过技能培训，职业教育、从业培训，培养合格车船驾驶人员，职业技术人才，从业合格者。通过各种途径岗位培训或深造，通过各种形式思想教育活动，有效提高市交通行业队伍整体素质。

# 第一章　交通设施建设与公路养护科学技术

近 20 年，湖州市交通事业快速发展，交通基础设施建设任务繁重，运输服务要求不断提高。尤其是进入 21 世纪后，不仅面临重大技术突破和管理水平提升挑战，还面临土地、能源、环境、资金等因素制约，科技进步对交通发展尤显重要。前志未设篇章专门记录交通科技。本章重点记述市境公路与桥梁等建设科技、公路养护科技、交通管理服务与信息科技及交通可持续发展技术。

## 第一节　公路与桥梁建设科学技术

### 一　公路建设科技研究

#### 真空预压加固软土地基试验研究

研究项目结合杭宁高速公路二期工程软土地基，选取代表性路段，通过现场试验、路段观测、资料整理和理论分析等途径，研究真空预压荷载作用下地基土变形规律，地基土在不同预压荷载作用下孔压发展规律，不同排水板间距加固效果，设置不同排水垫层材料加固效果，相同地质和荷载条件、不同加固方式下效果与效益比较，适宜用真空预压法加固路基条件。经分析，认为真空预压法加固高速公路高填方宕渣路堤软土地基是切实可行而且必要，为解决路基不均匀沉降与稳定、桥头跳车等质量通病提供较好经验，得出在一定地质条件下比塑排板堆载预压法有较好稳定性及节省工期这一结论。试验中对加固方案修正，施工方法改进和施工工艺完善等采取一系列措施，使真空预压法在高速公路软基处理中取得较好效果，在所在地区或类似工程中可进一步推广应用。

真空预压加固软土地基运用在高速公路高填方路堤软基处理中在本省尚属首次，为浙江省高速公路高填方宕渣路堤软基处理创造出一种新路子，对解决高填方宕渣路堤沉降与稳定、桥头跳车等质量通病具有重要现实意义。科研项目由浙江省杭宁高速公路管理委员会完成，协作单位有南京水利科学研究院、德清县杭宁高速公路建设指挥部、浙江省交通规划设计研究院、中港第一航务工程局第四工程公司、陕西公路交通工程监理咨询有限公司。2001 年 9 月 1 日，浙江省交通厅组织项目鉴定，认为浙交鉴定〔2001〕8 号科研项目提供鉴定技术资料齐全完整，数据可信，完成预定研究内容，符合鉴定要求。课题针对深厚软土地基上填筑高填方宕渣路堤，对采用真空预压和真空联合堆载预压法加固软土地基进行系统试验研究，掌握预压荷载作用下地基土变形特征及孔隙水压力变化规律，明确不同条件下加固效果，与堆载预压法相比具有排水固结快、工期短、路基填筑快速、稳定安全、综合经济效益显著等优点。用于加固高速公路高填方宕渣路堤软土地基方面具有创新性，为解决路基不均匀沉降与稳定及桥头跳车等质量通病提供较好经验，可供类似工程作进一步推广应用，研究成果达到国内领先水平。

### 高等级公路沥青稳定柔性基层研究与开发

课题由省交通厅立项，市公路管理处与上海同济大学合作研发，依托 104 国道市郊至鹿山段拓宽改建工程为实体项目。2002 年 3 月开始编制课题大纲，2005 年 5 月结题，2005 年 8 月通过省厅组织专家鉴定，项目达到国内领先水平。

**项目研究背景**　20 世纪 80 年代后，为适应重交通、重载要求，以无机结合料稳定粒料（土）类为基层、沥青混凝土为面层半刚性基层沥青路面被大量用于高等级公路路面，一直强调“强基薄面”设计思想，半刚性基层具有整体强度高、刚度大、抗变形能力强、取材方便、建设成本低等优点，在公路建设中得到越来越多广泛应用。但半刚性沥青路面裂缝问题十分突出，不能有效阻挡雨水侵入，一旦雨水进入裂缝积存在路面结构层之间，水在行车动荷载作用下，产生很大动水压力，以至将水从缝中挤压出来，形成所谓唧浆现象。此外，半刚性基层脆性过大，在车辆动载不断冲击作用下，很容易发生脆裂，难以修复，造成很大经济损失。

**主要研究成果**　1.国外沥青稳定类基层材料与结构调研表明，在交通较大道路上都采用各种类型沥青稳定基层。2.路面力学理论分析表明，在标准荷载作用下沥青层内最大剪应力位于深度 8 厘米处，向下则剪应力明显减小，且随着基层厚度增加，沥青层内剪应力降低，因此厚沥青层不会产生结构性车辙。3.乳化沥青稳定碎石、热拌大粒径沥青混合料、泡沫沥青稳定碎石都可以用作路面基层。研究表明乳化沥青稳定碎石成型机理比较特殊，只有当所含水分排除后经二次压实才能形成强度。泡沫沥青是一种新型基层材料，它既可用作新集料又可用于旧料再生。4.在分析路面结构各层次功能基础上，提出沥青稳定基层沥青路面典型结构。5.试验路证明，采用沥青稳定基层没有反射裂缝，也无结构性车辙问题。6.路面使用周期寿命费用分析表明，采用沥青稳定基层其经济性优于半刚性基层。课题主要创新点，对乳化沥青稳定碎石、大粒径沥青混合料及泡沫沥青稳定碎石等材料研究与开发，其中沥青稳定材料施工工艺优化具有创新性。

## 申嘉湖高速公路真空网点吸水联合堆载预压法试验研究

项目由申嘉湖高速公路管理公司与省交通规划设计研究院、浙江黄岩宾王土工合成材料有限公司共同承担，被列入交通厅 2005 年交通科研项目。项目试验路段位于申嘉湖高速公路湖州段 H6 合同 K88+345—K88+530 路段两座中小桥之间，总长 185 米，软土层埋深 24～27 米。2005 年 6 月 8 日，第一阶段真空吸水试验取得圆满成功，现场观测真空网点吸水效果十分显著。试验分三种不同真空吸水方式进行，分别布设在长约 60 米三个观测试验路段，每段布设 3 台真空吸水泵。试验区域内布设观测仪、沉降观测板、剖面沉降管、深层沉降管、分层沉降管、测斜管、孔隙水压力计、土压力盒等大量观测仪器、仪表，进行现场试验及观测，并配合室内模拟试验，研究和分析真空网点吸水联合堆载法作用机理。试验研究成功后全面应用于申嘉湖高速公路建设中深厚软基处理，工艺为国内外首次应用，为解决深厚软基高速公路桥头跳车等质量通病探索一种软基处理新办法。

## Duroflex 添加剂在沥青路面中的应用研究

课题由浙江省交通厅立项，市公路管理处与省公路管理局、上海同济大学合作研究，依托 318 国道及 104 国道大中修工程为实体项目。2004 年 11 月始编制课题大纲，2006 年 10 月结题，2006 年 12 月通过省厅组织专家鉴定，项目达到国内领先水平。2010 年被省公路学会评为科学技术三等奖。

**项目研究背景** 公路交通量迅猛增长，公路承受严峻考验，一些公路出现车辙、开裂等病害。一些大交通量公路，常规沥青混合料难以适应，须寻求一些高性能沥青混合料。作为新型沥青混合料性能改性剂，Durofle×具有施工工艺简单、改性效果较好优点。

**主要研究成果** 1.通过测定不同制备条件下改性沥青性能，提出制备 Durofle×改性沥青最佳条件。2.Durofle×改性沥青性能测试结果表明，Durofle×可较为明显提高沥青高温性能，主要表现在提高沥青软化点、粘度，降低针入度。3.采用荧光显微照相技术观测 Durofle×改性沥青相态结构，发现 Durofle×在沥青中分散不均匀、Durofle×颗粒不规则且尺寸差异较大，这有助于提高沥青黏度但不利于其延展性。4.Durofle×改性剂性能测试结果表明，其低温性能逊色于 SBS 改性沥青，因此在 Durofle×改性剂时不宜采用制备成改性沥青形式使用。5.Durofle×添加剂较明显提高温抗车辙性能、抗水损害性能、低温抗抗裂性能以及耐疲劳性能。掺加 Durofle×添加剂后，沥青混合料使用性能明显改善，可达到国内改性沥青混合料技术标准。6.增加 Durofle×掺量会显著提高 SMA 混合料高温稳定性和抗飞散能力，同时水稳定性也得到增强。7.适当提高拌和温度、延长拌和时间有利于发挥 Durofle×改性效果。8.提出 Durofle×最佳拌合工艺。9.编制 Durofle×改性剂应用指南。课题主要创新点，通过室内试验，以 Durofle×为添加剂 AH-70 沥青作为结合料拌制沥青混合料各项技术指标能符合改性沥青混合料技术要求。建议掺量指标在室内试验和工程应用中得到验证，效果良好。测试方法采用荧光显微照相技术观测 Durofle×改性沥青相态结构，发现该材料有助于提高沥青的黏度而不利于其延展性特点，并对改性机理和效果作出分析评价。

## 高等级道路超薄沥青磨耗层研究与应用

课题由省交通厅立项，市公路管理处与上海同济大学合作研究，依托 318 国道 K156+200—K158+200 试验路为实体。2004 年 10 月始编制课题大纲，2006 年 10 月结题，2006 年 12 月通过省交通厅组织专家鉴定，项目达到国际先进水平。

**项目研究背景** 沥青路面作为一种无接缝连续式路面，具有平整、抗滑、耐久便于养护维修等优点，但由于交通量和重载车辆猛增，造成沥青面层的损坏，导致路面服务性能下降，必须采用一些适当养护措施，防止路面损害进一步恶化，提高路面使用性能和延长路面服务寿命。尽管沥青路面预防性养护理念已被公路管理部门广泛接受，但能将“普通适用性、性能稳定性和成本经济性”有机结合在一起，并充分考虑国内现有施工技术水平和施工设备限制路面养护技术上不完备。如何选择保证“适用性、稳定性、经济性”沥青路面养护技术，并符合国内“建设资源节约型、环境友好型”科学发展观要求，是公路管理部门和科研单位面临的挑战。

**主要研究成果**　1.超薄磨耗层发生疲劳开裂可能性较小，而发生层间滑移概率较大，因此层间抗剪强度计算是超薄磨耗层结构设计重点。2.如何使细粒式沥青混合料具有良好抗滑移性能而且具有很强抗松散能力，是超薄沥青混合料组成设计核心问题。3.超薄沥青混合料宜采用骨架密实结构和骨架空隙率结构，并提出相应超薄沥青混合料设计方法与指标体系，以指导超薄沥青混合料配合比设计。4.通过研究提出采用 SMA-10 是铺筑超薄沥青磨耗层理想材料。5.超薄磨耗层与普通 4 厘米罩面层初期建设费用基本相同，但其使用过程中养护费用低、使用寿命长，具有良好经济性。6.完善超薄沥青磨耗层设计技术、超薄沥青混合料生产、摊铺与压实工艺要求，初步提出“超薄抗滑沥青磨耗层设计与施工技术指南”，为超薄磨耗层在省（市）内应用奠定技术基础。课题主要创新点，通过理论分析得出超薄磨耗层发生疲劳开裂可能性较小，而发生层间滑移概率较大结论，对超薄磨耗层结构设计具有指导意见。在分析国内外常用超薄沥青混合料组成设计方法与技术要求基础上，基于理论分析结果认为超薄沥青混合料宜采用骨架密实结构，提出相应超薄沥青混合料设计方法与指标体系。提出超薄抗滑沥青磨耗层设计与施工技术指南。

## 重载条件下沥青路面设计方法及设计指标分析研究

项目被列入省交通厅科技计划，由市交通学会，湖州市交通规划设计院、市交通工程质量监督站、市公路管理处和同济大学等 5 家单位合作研究，2009 年 12 月项目通过鉴定。项目研究重点分析重载条件下不同沥青路面结构的力学响应及其应力应变规律，剖析重载条件下沥青路面的破坏机理。通过室内车辙试验及实体工程验证，建立基于车辙试验的沥青层永久变形预估模型，提出了基于厚度分层容许永久变形检验的车辙控制方法。研究成果在 318 国道交叉口路面结构设计中得到应用。专家鉴定认为有独到见解，具有系统性、完整性和实用性。

## 振荡压实技术在特殊沥青路面施工中应用研究

课题由省交通运输厅立项，依托湖州湖盐公路南浔段、G318 国道吴兴段大中修工程为实体项目，2010 年 6 月始编制课题大纲，2011 年 12 月结题。（2012 年 2 月通过省厅组织专家鉴定，项目达到国内领先水平。）

**项目研究背景** 压实是路面工程建设中关键环节之一，直接影响着路面强度、稳定性和耐久性。研究和实践均表明，在渠化交通条件下，若压实不足，会使沥青路面出现明显车辙病害，且导致沥青路面空隙率增大，使空气和路表积水更易进入路面结构层内部，从而加速沥青老化，降低沥青混合料疲劳寿命，并容易造成沥青路面水损破坏。而过度碾压则会使矿料颗粒破碎，并使材料过于密实，导致空隙率太小，容易出现泛油失稳，影响路面整体强度与稳定性。因此，压实效果不佳是导致目前国内一些沥青路面出现严重早期破坏一个重要原因。振动压实技术是压实工艺发展中一项突破性进步成果，但并不适用所有类型工况，如桥面薄层碾压等。近年振荡压实技术发展填补此项空白，即利用激发被压材料颗粒发生水平振动，使之重新排列而变得更加密实，与垂直振动一样可削弱颗粒之间联系，但却不像垂直振动那样给上部机架及周围和下层建筑结构带来害振动和结构损伤。这就从根本上克服垂直振动不足，更充分的利用振动能量，降低能源消耗，提高压实效率。

**主要研究成果** 1.振动压实对桥梁结构影响大于振荡压实，振荡压实比振动压实具更高碾压效率，比振动压实提高 20%以上。2.振荡压路机振动能量沿水平方向在某一层面内传播，当铺层压实材料能够吸收的能量达到饱和状态时，振荡压实轮开始滑转，不会像振动压路机那样对已压实铺层路面产生振松现象，从而使路面压实度保持稳定，因此振荡压实不会出现过压现象。3.振荡压实滚轮始终接触路面，产生交变剪切力对沥青混合料具有反复连续揉搓压实作用，路面表现出更高压实均匀度。4.将振荡和振动两种压实方式相结合，有利提高较大厚度路面压实质量，改善路面压实度和压实均匀度。5.提出桥面碾压工艺，桥面薄层沥青混凝土压实工艺为摊铺机—钢轮静压（1～2 遍）—钢轮振荡（4～5 遍）—胶轮碾压（2～4 遍）—钢轮静压收面（1～2 遍），桥面厚沥青混凝土面层的压实工艺为摊铺机—钢轮静压（1～2 遍）—钢轮振动+振荡（4～5 遍）—胶轮碾压（2～4 遍）—钢轮静压收面（1～2 遍）。6.振荡压路机碾压速度为 4 公里/小时左右。振荡碾压时压路机须遵循“先起步、后起振，先停振、后停车”原则，且须保证压路机碾压速度恒定。7.编制沥青路面振荡压实施工技术指南。课题主要创新点包括首次测定了振荡和振动压实在同一桥面碾压全过程的振动加速度时域信号，并基于相应频域处理结果，通过主频及倍频振幅对比分析两种压实方式对桥梁振动影响；通过计算整个压实过程中不同碾压遍数下振动密度，第一次从能量角度对比分析振荡和振动压实在桥面压实度上差异和原因；根据振荡和振动压实过程中路面压实度变化及振荡和振动碾压结束后路面压实度均匀性，首次对比不同压实方式对于厚沥青路面（压实 8 厘米）压实效果；首次就压实过程对沥青混合料级配破坏程度做调查研究，证明振荡压实对混合料级配破坏小于振动压实。

## 沥青稳定材料加铺水泥混凝土路面应用研究

课题由省交通运输厅立项，依托 318 国道南浔段旧水泥混凝土路面“白改黑”改造工程为实体项目，自 2010 年 6 月开始编制课题大纲。（2012 年 3 月结题，2012 年 7 月通过省交通厅组织专家鉴定，项目达到国内领先水平。）

**项目研究背景** 借鉴国内外对先前半柔性路面材料（如水泥胶浆灌入母体沥青混合料、水泥—乳化沥青半柔性材料与泡沫沥青冷再生混合料等）研究成果基础上，研发水泥—泡沫沥青半柔性材料，由于其胶结料同时含有沥青和水泥，即具有类似于半刚性材料高承载性能，又具有类似热拌沥青混合料柔性特点，将其作为旧水泥混凝土路面、半刚性基层和刚性基层加铺沥青面层应力吸收层。可以有效防止雨水下渗，避免路基湿软，具有良好抗变形能力和弹性恢复作用及优良抗疲劳性能，能有效防治反射裂缝产生，延长道路使用寿命，具有广阔工程应用价值。

**主要研究成果** 1.对水泥—泡沫沥青半柔性材料成型机理进行探讨，其抗剪强度明显高于普通泡沫沥青混合料。2.提出水泥—泡沫沥青半柔性混合料设计主要控制指标。3.制定旧水泥混凝土路面现状调查内容与评价标准。4.建立三维有限元力学分析模型，适当增加沥青面层厚度对于防治反射裂缝十分有效，在旧水泥混凝土板上加铺泡沫沥青半柔性混合料，其厚度不宜低于 8 厘米。5.施工时注意加强复合路面各结构层层间结合力，各层之间应洒粘层油，能有效提高层间结合力。课题主要创新点包括在泡沫沥青冷再生技术研究成果基础上，在国内外首次创新研发骨架密实型水泥—泡沫沥青半柔性混合料，与其他半柔性材料相比，具有造价低、环保节约、施工便利特点；首次探讨水泥—泡沫沥青半柔性材料成型机理，通过对比试验研究与普通悬浮密实型泡沫沥青混合料与骨架密实型水泥—泡沫沥青半柔性混合料主要物理力学性能，发现骨架密实型水泥—泡沫沥青半柔性混合料具有优越物理力学性能，能够获得较高抗弯拉强度、理想劲度和较高抗剪强度等。根据物理力学性能研究，要获得理想半柔性材料，须对材料进行合理设计，尤其对于材料级配、水泥和沥青合理用量等关键参数，使材料性能能够发挥和充分体现半柔性材料性质，以满足其使用性能；首次针对旧水泥混凝土路面采用以水泥—泡沫沥青半柔性材料作为应力吸收层加铺技术应用特点，提出针对旧水泥混凝土路面需要调查内容与评价标准，包括路面使用性能调查与评价标准、路面结构性能调查与评价标准，作为今后施工指导规范；首次运用三维有限元分析软件 ANSYS 建立以采用水泥—泡沫沥青半柔性材料为应力吸收层水泥路面加铺沥青路面结构三维有限元力学模型，准确模拟水泥—泡沫沥青半柔性加铺路面力学响应，计算沥青路面应力应变情况，通过计算分析，得到水泥—泡沫沥青半柔性材料加铺沥青路面结构设计范围。

## SBS 改性沥青中 SBS 含量测试方法研究

课题由省交通厅立项（2009H15），市交通学会、市交通工程质量安全监督站、市公路管理处、省公路物资有限公司、同济大学联合研究。（2011 年 1 月 19 日省交通运输厅组织专家鉴定，研究成果总体达到国际先进水平。）

**项目研究背景**　SBS 改性沥青以其优异路用性能广泛应用于高速公路、机场跑道、桥面与隧道铺装等工程建设养护。SBS 改性沥青优良使用性能主要来源于 SBS 改性剂，其含量直接影响路面长期使用性能。研究目的借助先进设备建立 SBS 改性沥青及其混合料中 SBS 含量测试规程（指南）。

**主要研究成果**　项目提出基于红外光谱技术 SBS 改性沥青中 SBS 含量测试方法。研究红外光谱样品制备方法、特征峰比选、特征峰强度与 SBS 含量关系、SBS 含量计算方法等关键技术，分析热储存、稳定剂等因素对 SBS 含量测试精度影响，编制 SBS 改性沥青及混合料中 SBS 含量测试操作规程。主要创新点，提出溶液盐片成膜法是 SBS 含量测试最佳红外光谱制样方法，建立以 966cm−1/810cm−1 特征处高度为指标 SBS 含量定量计算方法。研发以四氢呋喃作为溶剂、利用超声波加速溶解沥青混合料、采用高速离心机提取沥青、基于红外光谱测试沥青混合料中 SBS 含量测试技术。形成基于红外光谱测定改性沥青及其混合料中 SBS 含量的方法，编制测试规程。

### 中温高模量沥青混凝土研究

课题由省交通厅立项（2010H36），市交通学会、市交通规划设计院、同济大学联合研究。(2011 年 8 月 27 日省交通运输厅组织专家鉴定，研究成果总体达到国际先进水平。)

**项目研究背景**　湖州地处中湿和过湿地区，夏季高温且持续时间表长，在重载、大交通量条件下，控制或减少车辙一起是公路沥青路面建设与养护核心问题之一。使用高模量沥青混凝土能减少路面结构变形，延缓车辙产生，改善路面疲劳性能，延长路面使用寿命。

**主要研究成果**　提出中温高模量沥青混凝土概念，研发基于岩沥青+聚乙烯蜡、中温高模量直投料两种中温高模量沥青混凝土制备技术，形成中温高模量沥青混合料设计方法，测评其静态和动态模量力学性能、高低温性能和水稳定性等路用性能，并在实体工程中验证。项目创新点，提出中温高模量沥青混凝土技术并进行工程应用，实现中温高模量沥青混凝土技术和温拌沥青混凝土集成创新。研发基于岩沥青+聚乙烯蜡、中温高模量直投料两种中温高模量沥青混凝土制备技术，实现在 145℃左右条件下高模量沥青混施工技术。

## 二　桥梁建设科技研究

### 粉体喷射搅拌桩加固桥头软土地基试验研究

为解决杭宁高速公路一期工程建设出现“桥头跳车”问题，由湖州市高速公路工程建设指挥部承担、青海省公路桥梁公司和江苏交通咨询监理总公司协作，2000 年组织工程科技人员开展“粉体喷射搅拌桩加固桥头软土地基”试验研究。以杭宁高速公路一期王青段工程为基础，通过现场监测、资料整理及理论分析等途径，研究运用粉喷桩进行软基处理路基受力及变形规律，包括沉降速率与加载速率关系、变形影响深度、桩土应力分担比一般规律、侧向位移变化规律、土体发生明显变形临界填土高度等，在此基础上将粉喷桩和塑料排水板进行对比，得出湖州地区在一定条件下桥头软基处理粉喷桩优于塑料排水板这一结论。还在土工织物与粉喷桩联合使用加固地基方面进行研究，得出相应有价值结论。研究成果大部分在杭宁高速公路二期工程软土地基处理中（包括设计、施工）得到推广应用，对二期工程进一步克服“桥头跳车”等质量通病起到良好指导作用，并对今后湖州地区高等级公路建设具有重要参考价值。2001年4月，市科委组织召开项目评审会，认为研究分析方法可行、提供资料完整、数据可信，达到研究目的，取得一些有价值成果，对浙江省同类工程建设有良好指导意义，属国内先进水平，省科委为此核发科验字〔2001〕第04号评审证书。

## 小桥涵软土地基整体基础试验研究

课题由省交通厅立项，依托湖盐线八里店小桥、青菱线三山小桥为实体项目，2002年3月开始编制课题大纲，2003年10月结题，2003年11月通过省厅组织专家鉴定，项目达到国内领先水平。

**项目研究背景**　软土地基上修建小桥涵难以解决地基承载力差问题，地基强度满足不了设计要求，需要对地基进行处理，或采用钢筋混凝土箱涵，这些方法都有不足之处，工期长、造价高。而采用钢筋混凝土板整体基础，不但结构可靠，而且施工方便，工期短，造价低，又不会发生“桥头跳车”，具有较大推广应用价值，但对于小桥涵整体基础试验研究尚未见有关文献报道，还是空白，其设计计算没有定论，有待解决。因此，有必要对小桥涵整体基础进行试验研究，取得关键性数据，为设计计算提供依据，提出可供工程实用的设计计算方法。

**主要研究成果**　1.钢筋混凝土板整体基础适用于软土地基小桥涵，适应孔跨为4～8米。2.可用于常见淤质黏土、亚黏土地基，板下应做垫层，要求地基容许承载力不小于60KPa。3.整体基础板可采用文克尔地基模型作为压弯组合构件进行计算，配合文克尔弹性地基梁程序在微计算机上进行计算，可供工程实际应用。基床系数可用查表法确定，计算活载时，可提高一倍采用。课题主要创新点，软土地基小桥采用整体基础，结构简单可靠、施工方便、工期短、造价低，具有显著社会和经济效益，适宜因地制宜推广应用。

## 既有桥梁钢筋混凝土空心实心矫形板梁加固与修复技术研究

由省交通厅立项，依托318国道集马桥、三里桥为实体项目，2004年2月始编制课题大纲，2005 年 5 月结题，2005 年 7 月通过省厅组织专家鉴定，项目达到国内领先水平。被湖州市科委评为科学技术三等奖。

**项目研究背景** 公路桥梁大部分为中华人民共和国成立后所造，不少桥梁发生老化、破损、裂缝等现象，危桥逐年增多，荷重能力明显下降，危旧桥加固、维修任务十分繁重。因此，必须尽早确定合理的危旧桥梁处理对策和加固方案，对既有桥梁进行加固和维修，尽可能地提高其技术标准以满足日益增长交通运输需要。

**主要研究成果** 1.综合分析评定粘钢加固与CFRP加固技术优劣，优选出CFRP加固钢筋混凝土空/实心板梁技术。2.针对湖州地区桥梁现状，提出钢筋混凝土空心/实心矩形板加固和修复方案（CFRP 加固钢筋混凝土空心/实心板梁技术），加固效果好、施工方便、经济合理。课题主要创新点，应用 CFRP 加固钢筋混凝土空心/实心板梁技术具有加固效果较好、施工工艺简单、工期较短，加固费用较低等优点，有明显社会经济效益和推广应用价值。

## 桥面铺装损坏调查与结构设计研究

课题由省交通厅立项，依托 104 国道湖州西大门改建工程九九桥新建实体项目，2005 年 6 月始编制课题大纲，2007 年 12 月结题，2008 年 1 月通过省厅组织专家鉴定，项目达到国内领先水平。2010 年被浙江省公路学会评为科学技术三等奖。

**项目研究背景** 随着大跨径桥梁日益增多，桥面铺装层对车辆运行中平稳、舒适性和桥梁耐久性及投资效益影响充分显现。由于沥青路面所设计规范对桥面铺装层未作出指导性说明，没有具体设计理论与方法。桥面铺装层受行车荷载、梁体变形和环境因素等受力使用条件更为复杂情况未受充分关注。因此需要分析桥面铺装层的实际应力应变状况，为桥面铺装层材料和结构组合设计提供力学理论依据和控制性设计性指标，以期延长铺装层使用寿命，最大限度减少桥面铺装层翻挖维修对交通带来不利影响，降低桥梁维护加固费用，提高桥梁整体建筑水平。

**主要研究成果** 1.总结混凝土桥面沥青铺装层存在典型病害类型，揭示混凝土桥面铺装层主要病害成因，提出混凝土桥面沥青铺装层设计与施工中应注意关键问题。2.建立混凝土桥面沥青铺装层整桥模型，确定混凝土桥面铺装层结构关键设计指标与结构设计方法。3.提出基于抗剪、防水桥面防水黏结层技术要求与测试方法，指导了防水黏结层的选择应用。4.形成了中小桥混凝土桥面打砂处理成套技术，提出打砂处理工艺、流程与利用设备，保障防水黏结层发挥最佳效果。5.提出基于“防排结合”原则排水设计方法，保障桥面铺装层和防水层耐久性。6.提出混凝土桥面沥青铺装层典型结构，建立桥面铺装层材料选择原则。7.形成混凝土桥面沥青铺装示范工程，掌握桥面打砂处理、防水黏结层设置、沥青铺装层施工等关键技术，提出使用性能和服务寿命，推动桥面铺装技术的发展。课题主要创新点主要包括建立混凝土桥面沥青铺装层整体模型，基于三维有限元力学分析桥面铺装层结构力学响应，发现沥青铺装层与桥面板层间剪力随铺装层厚度增加面减小，但当铺装层厚度大于6厘米时影响不显著；为控制防水黏结层剪切破坏和沥青铺装层疲劳开裂，提出以铺装层与水泥混凝土层间剪应力、铺装层表面拉应力作为关键指标的混凝土桥面沥青铺装层表面拉应力作为关键指标混凝土桥面沥青铺装层结构设计方法；运用正交试验方法对防水黏结层抗剪性能进行测试分析，发现剪切破坏主要发生在水泥混凝土界面破坏和黏结层材料破坏；提出采用小型打砂机扫除浮浆，再用钢丝清扫机清扫，最后用强力吹风机吹除浮灰这一混凝土桥面打砂处理工艺；采用桥面铺装层边缘预设金属螺旋排水管措施，形成桥面铺装层内部排水系统。

## 独柱整体式板（梁）桥力学行为与提载研究

课题由省交通运输厅立项，依托湖州青塘坝桥改造工程为实体项目，2009年2月始编制课题大纲，2010年12月结题。（2011年1月通过省厅组织专家鉴定，项目达到国内先进水平，2012年被中国公路学会评为科学技术三等奖。）

**项目研究背景**　随城市桥梁建设对美观和环境要求越来越高，独柱整体式板（梁）桥逐渐成为城市立交工程中优先考虑结构形式，得到越来越广泛应用。独柱整体式板（梁）桥是双向受力空间体系，受力性能复杂，常采用荷载横向分布理论将其简化为平面杆系结构进行分析，或者直接作为单梁用平面杆系有限元程序分析。这些计算方法不能准确分析其横向内力，因而造成设计盲目性较大，不是过于保守就是偏于不安全，急需研究其力学行为并提出实用简化计算方法。此外，国内早期修建独柱整体式板（梁）桥，受外界各种因素作用和影响，实际承载力出现不同程度下降，不能承受原设计荷载和不断提高设计荷载要求。在不可能全部推倒重建情况下，加固提载研究，恢复甚至提高其承载能力，成为亟待研究解决课题。对独柱整体式板（梁）桥静动力力学特性、设计计算方法和提载加固理论与方法进行深入研究，具有较大工程应用价值。

**主要研究成果**　1.分别建立整体式板梁桥在独柱下部结构及普通桩柱式下部结构情况下有限元实体模型，通过恒载、活载及温度荷载作用下受力特性分析比较，发现独柱整体式板梁桥具特有静力特性。2.利用空间有限元模型分析比较独柱与非独柱下部结构情况整体式板（梁）桥各自动力特性，并结合实桥动载试验数据对理论模型计算结果进行检验。3.提出梁格法分析独柱整体式板桥建模方法，对独柱整体式板梁桥进行分析，并与有限元实体单元模型进行比较分析。4.结合实桥具体情况，进行提载潜力分析，制定可行加固方案。课题主要创新点包括全面分析独柱整体式板梁桥力学行为提出若干设计建议，提出梁格法分析独柱整体式板梁桥时单元划分原则和梁单元截面特性计算方法，依托实桥加固提载工程进行独柱整体式板（梁）桥提载加固理论分析与加固方法研究并形成一整套提载加固技术。

## 新型纤维增强混凝土材料在公路混凝土桥梁中应用研究

课题由省交通运输厅立项，依托318国道浙北大桥及塔儿桥维修改造工程为实体项目，2009年3月始编制课题大纲，2011年9月结题。（2011年11月通过省厅组织专家鉴定，项目达到国内先进水平。）

**项目研究背景**　近年实桥调查研究表明省内许多钢筋混凝土桥梁出现诸多病害。如钢筋锈蚀、混凝土保护层锈胀开裂、梁板之间绞缝混凝土开裂脱落等，严重影响交通运输。研究新型耐久材料，并应用于混凝土桥梁维修加固，将有效改善桥梁使用性能，延长桥梁使用寿命，减少桥梁后期维护费用。

**主要研究成果**　1.PVA 纤维混凝土在氯盐环境下冻融循环性能和理论分析模型。2.建立 PVA 纤维混凝土在标准水冻和盐冻下的随机损伤预测模型。3.提出用于混凝土中 PVA 纤维合适掺量。4.依托实桥加固提载工程，提出钢筋混凝土桥梁 PVC 纤维混凝土砂浆加固方法。课题主要创新点包括得到 PVA 纤维混凝土在氯盐环境下冻融循环试验结果，对 PVA 纤维混凝土和砂浆在氯盐和冻融耦合环境下使用提供指导；建立 PVA 纤维混凝土在标准水冻和盐冻下随机损伤预测模型，得出 PVA 纤维对混凝土材料与混凝土结构耐久性影响规律。

# 第二节　公路养护“四新技术”应用

## 一　新技术、新工艺

**储存式冷补沥青混合料**　1995 年起，公路修补中采用，解决冬季和雨季沥青路面坑洞修补中因气温低、湿度高难予保证修补质量问题。技术操作方便，无污染，沥青料成型快，形成强度高，且缩短施工作业时间，交通不易受阻。

**石灰土路基**　2001 年，南浔—练市公路改建工程路基填筑，采用结合农田整治，开挖田埂高坝，就地取土办法，由沿线地方政府发动村民挑土堆筑自然沉降，形成土方路基，此种路基高含水量、高压缩性、易触变、承载能力低。市公路管理处为提高路基强度，研究开发根据不同土质与含水量，采用细磨生石灰、水泥不同配置，严格控制材料拌和均匀度和压实度，成功总结出适合湖州地区水网地带土质石灰施工质量控制办法。

**破旧水泥路面碎石化改为沥青路面**　2003 年 10 月，市公路管理处在 104 国道埭溪畅通工程项目中，将破旧水泥混凝土路面破碎改为沥青路面（俗称“白改黑”，破碎原白色水泥混凝土路面作基层，上铺黑色沥青混凝土路面），破碎水泥混凝土变为基层后，结构上不再是刚性板块，成为碎石基层，即柔性基层，从而彻底解决反射裂缝问题。埭溪段路面经三年通车观察，没有发生反射裂缝。其工艺技术改造破旧严重水泥路面，具有速度快，施工方便，对沿线周边干扰少，影响交通时间短等优点。在 104 国道其他“白改黑”和长牛线等其他类似情况公路大修中得到普遍应用。

**乳化沥青稀浆封层**　2004 年，在对 104 国道部分沥青路预防性养护中采用此技术，铺洒 3～8 毫米沥青稀浆，填充和治愈路面裂缝，提高路面密实性和抗水、抗滑、抗磨耗能力，延长路面使用寿命。此技术在公路养护中常有应用。

**超薄沥青磨耗层**　2005 年，市公路管理处与上海同济大学合作在 318 国道湖州外环线养护工程中铺设 2 公里 2.5 厘米厚沥青稳定超薄磨耗层试验段。试验表明，此技术使路面具有良好抗滑性、耐久性、不渗水，可降低行车胎噪，性价比高，既可用于沥青路面养护，也可用于新建公路路面铺设。试验后推广快、应用普遍。

**沥青路面泡沫沥青就地冷再生技术**　2006 年 8 月，市公路管理处在 318 国道南浔段实施 1 公里泡沫沥青就地冷再生试验。就地冷再生技术可将全部旧路面材料重新加以再生利用，降低成本，节约运力，不仅可以有效防止和减缓半刚性基层反射裂缝，避免路面早期损坏，延长使用寿命，而且机械化程度高、施工速度快，节省路面修筑材料，保护生态环境。2006—2010 年，相继在湖盐线、318 国道、104 国道、304 省道、306 省道、204 省道等公路大中修工程中应用，累计完成单幅 129.9 公里，再生面积 114.1 万平方米。

**路面灌缝新工艺**　2008 年，南浔公路管理段在国道公路养护中使用，以路面灌缝新工艺机械灌缝 33 公里，主要在裂缝较规则路段和新建路段使用，成效较好，全市推广，普遍应用。工艺利用综合性公路养护机械，以机械开槽彻底清除路面及其裂缝杂物，以高压吹尘机快速清理开槽残留杂物，然后热气喷枪与灌缝输料软管同步工作，提高工艺中热交换效率，增强材料与灌缝黏结强度及施工及时性。灌缝机械具方型输料出口，有利灌缝美观整齐并增强防水，防沙，高黏结功效。路面灌缝新工艺相对热沥青人工灌缝，具有灌缝质量好，使用寿命长，施工基本不受气温影响（可在低温条件下施工）等优点。

**水泥路面共振碎石化技术**　传统水泥路面“白改黑”工艺施工中，处理老水泥路面主要采用挖除和多锤头破碎两种方法，存在振动噪声大、工人劳动强度大、碎块尺寸大且不均匀、需要多次重复作业等缺陷，尤其用不均匀碎块作基层使用易使新路面产生反射裂缝。2009 年，市公路管理处在 104 国道吴兴境路面“白改黑”工程中引用共振破碎新工艺，以机械共振作用将原破旧水泥路面板块破碎成均匀且理想尺寸。此工艺破碎深度可控，施工范围大、施工噪声低、破碎扬尘少，对附近居民生活影响小，能获得更高工程质量，延长路面使用寿命。

**锚喷混凝土加固拱桥技术**　2009 年，长兴县公路管理段对在高阳桥—三里桥县道公路上三里桥采用。锚喷混凝土加固技术具有较高黏结强度，能向任意方向和在任意部位施工操作，灵活调控锚喷厚度，能将黏结料射入建筑结构表面较大洞穴和缝隙，具有快凝、早强、施工简便、不中断交通等特点。维修后满足二类桥梁技术标准，既保证桥梁安全性，又节省约 2/3 造价，在拱桥维修中应用广泛。

**魁道完全封层技术**　2010 年 7—8 月，市公路管理处在 104 国道等路段作完全封层试验。针对公路病害特点选取 4 种典型路况试验，包括主裂缝较窄（小于 10

厘米）、主裂缝较宽（大于10厘米）、桥梁伸缩缝区域和龟裂区域，以魁道压缝带+CAP沥青完全封层技术，龟裂区域采用CAP沥青还原剂完全封层技术。具体工程为104国道AK1354+476裂缝处治、104国道AK135+500裂缝处治、104国道BK+1354+221桥梁伸缩缝处治、杨丘公路龟网裂处治。魁道压缝带+CAP还原剂技术是简单快捷、针对性强的修补工艺，可提高处治对象稳定性能，达到完全封水效果，对减少病害扩展延长路面使用期具有显著作用。

**沥青纤维碎石封层技术**　应用此技术后使路面具有高耐磨性、高防水性、高稳定性、良好应力吸收和分散能力，施工快捷。2010年7月，市公路管理处引进纤维封层设备，依次在湖盐公路、104国道、318国道和201省道等处试验并推广应用。至年底，实际运用53.08公里计70万平方米，快速恢复路面使用性能，延长路面使用寿命，降低路面寿命周期费用。

**沥青路面振荡压实技术**　2010年，南浔公路管理段在湖盐公路南浔段K21+500—K22+000左幅西庄桥桥面铺装和318国道K131+600—K132+800左幅较厚沥青路面（8厘米）压实中进行振荡压实和传统振动压实对比试验。振荡压实技术具有更好路面平整度，对桥梁、城市高架、居民房屋等结构物影响小，在消除原路面病害，路面压实度，压实均匀度等方面较传统振动压实具有明显优势。

## 二　新材料、新设备

**碳纤维布**　2000年，104国道长兴境大苑桥等桥梁空心板梁、立柱、盖梁裂缝维修中采用碳纤维布材料和碳纤维布修补技术。用碳纤维布对裂缝粘贴加固，恢复与增强原梁、柱强度与刚度。随后市公路管理处与浙江大学合作，采用对比研究，对318国道吴兴三里桥梁底裂缝采用碳纤维布技术加固，另一桥梁集马桥梁底裂缝用钢板加固，经科学比较，碳纤维加固具有施工方便，质轻高强，耐久性好，维修工作量小，操作比钢板加固便捷等优点，在桥梁维护中普遍应用。

**沥青混凝土拌和楼**　2000年，市公路管理处首次购置拌和楼用于公路沥青路面新建和沥青路面大修，具有智能、环保、人性化、机电一体、沥青混凝土配计量准、拌和质量好、生产效率高等优点，扩大拌和料供应范围和距离。至2010年末，全市已拥有拌和楼4座。

**路面铣刨**　2003年前，对柔性路面公路拥包、车辙凸起等病害处理采用人工开挖修补或震荡挖掘修补等方法，效率低、扬尘大。2003年起新添置路面铣刨机械，开始在公路沥青路面大修中采用机械铣刨拥包、车辙等病害。引进德国WF1300铣刨机铣刨路面性能高、质量好、效益高，操作方便，且对铣刨出废料即时喷水湿润，不扬尘，环保。

**SBS改性沥青**　具有高温抗车辙、低温抗裂缝能力。2004年，在104和318国道长兴境部分交通流量大、车载车辆多地段沥青路面面层大修中采用，取得效果。随后在其他公路维修和新、改建公路沥青路面浇筑中普遍使用，提高路面耐久性。

**岩沥青、改性沥青混合料**　岩沥青具有抗车辙、抗剥落、抗老化、抗高温不含蜡等特点，使用岩沥青材料所形成沥青混合料，能有效解决低速重载车辆碾压路面产生车辙等病害。2008年市境首次使用，针对318国道K149—K158+300地段出现裂缝、横向裂缝、龟裂、沉幅、交叉口处严重车辙等病害，采用具有优良高温稳定性能及水稳性能天然岩沥青与SBS改性沥青进行复合改性，并和ATB-25稳定碎石级配配合提高路面抗剪切性能，解决重载交通下高温车辙问题，延长道路维护周期和使用寿命。此材料及其工艺在公路大中修中应用较广。

**Superpave沥青混合料**　2009年，长兴县公路管理段针对长牛线矿车作用频繁，出现大范围车辙、坑槽等病害，在K10＋00—K15+000左幅道路首次采用7厘米厚SBS改性沥青Superpave-25沥青混凝土替代传统AC-25C下面层，表面采用SBS改性沥青AC-16C沥青混凝土路面结构。维修后比采用传统马歇尔方法设计沥青路面在抵抗车辙、抗疲劳破坏、抗温度裂缝和水稳定性能方面都有较大提高，特别是抵抗车辙能力表现突出。目前，此材料及其工艺已普遍应用。

# 第二章　交通管理服务与信息科学技术

进入 21 世纪后，市交通系统在行政管理、公路与水路行业管理和公众服务中，探索运用信息化手段，建立一批业务管理系统和办公自动化系统，推进交通行政管理模式从传统型向现代型、从静态型向动态实时型转变，管理效率和办公效率明显提高，信息化在交通事业发展中作用日益显现。至 2010 年末，全市交通信息化基础设施建设初具规模。通过全市交通信息化硬件和网络基础设施建设初步形成纵横结合的交通运输网络平台，依托全省交通主干通信网络，初步建成覆盖市、县（区）的交通运输专用通信网络，实现全市大部分交通运输行政主管部门网络互联互通。通过市政府政务内、外网专线接入构建起与其他政府部门横向网络基础。视频监控图像采集点逐步覆盖全行业，至 2010 年底，市境集成建起约 100 个高速公路监控点和 60 多个航道监控点，大部分互通立交、大型桥梁、客运码头、客运场站、两客一危运力及部分高风险特殊区域设置视频监控点。GPS 技术在交通运输行业的运用，安全监管和应急保障能力提高。

## 第一节　水上交通管理业务信息化科学技术

### 一　航道数字化管理技术开发与应用

#### 航标电子遥测监控系统研究

被列入省交通厅 2002 年度科技计划项目，主要应用计算机技术和 GSM 通讯传输技术建立实时、动态航标监控管理平台，解决野外航标技术参数实时采集和传输，实现受控航标实时监测，加强内河航标管理和维护。系统通过手机短信控制，用户根据需要巡查航标运行情况，具有一定创新性和推广应用价值。项目于 2003 年 6

月安装投入试用，2003 年 12 月通过省交通厅组织专家鉴定。2004 年，获湖州市科学技术进步三等奖。项目应用提高航标发光率和正常率，降低航标维护成本，促进航标管理向科学化、自动化方向过渡。

### 航道视频流量分析系统应用

采用交通部与清华大学 2007 年科研成果——视频识别技术，通过航道岸边视频采集系统，对经过定点航道断面船舶 24 小时流量流向统计，能计算船舶长度，估算船舶载重吨。2007 年，在湖嘉申线湖州段航道改造工程中应用设置 5 个流量视频分析点，效果明显。改变航道流量统计长期来人工观测方式，连续观测能力和数据精度大大提高，管理成本明显降低。

## 二 水上交通安全指挥系统

水上交通安全指挥中心

依据《浙江港航信息化规划（2003—2010 年）》要求，由省港航管理局立项建设水上交通安全指挥系统。系统利用计算机技术、网络技术、视频监控与视频处理技术、地理信息系统（GIS）、全球卫星定位系统（GPS）、全球移动通讯技术（GSM）等高新技术，建立水上交通指挥管理体系。水上交通安全指挥中心对各种交通管理信息资源融合提炼、智能决策和信息发布共享，提高水上交通管理和运行效率，成本降低。

2006 年 10 月，市水上交通指挥中心集成工程投入应用。应用水上交通安全指挥系统，投资 217 万在湖州市水上交通指挥中心建成大屏幕电视墙系统、视频监控系统、视频会议系统、数字录音录像及点播系统、会议扩声系统、数字会议系统、摄像记录系统、矩阵切换系统、UPS 系统、信息采集与发布系统、呼叫中心、船舶 GPS 动态管理系统、湖州港航地理信息平台（一期）等配套软硬件系统等。

2008 年 10 月开始研发湖州港航地理信息平台（一期）项目，2009 年 2 月投入试用，2009 年 10 月通过验收。系统利用湖州航区 1∶10000 电子地图数据，优化电子地图显示效果，实现与卫星影像图对比显示，增强港航专题图层分类管理（如航道、桥梁、港口码头、视频监控点、管理所站、修造船厂等）。船舶 GPS 动态数据信息共享、利用和展现，为水上交通安全指挥、调度、搜救、管理、服务等提供支持，同时促进业务数据资源共享和平台功能有效利用，特别是船舶档案、规费、证书、签证、违章等信息的自动分析，为主动性、立体化综合监管航区船舶提供信息化手段。且在地理信息平台上集成航道视频监控、航标电子遥测、航道水位监测、港航短信发布等系统应用，建立基于 GIS“一站式”业务管理平台。

## 三 水上交通安全保障设施技术研究

### 内河疏航艇开发研究

被列入 2003 年省交通厅科技计划项目（计划编号 2003011），2004 年通过省交通厅组织专家鉴定。研究项目为一艘适应浙北航道条件大马力疏航艇，实船排水量 65.3 吨、总长 18.4 米、型宽 5.20 米、型深 2.00 米、设计吃水 1.5 米、主机功率 410 千瓦、拖力 75 千牛。疏航艇主尺度较小，吃水浅，拖带能力较强。使用中能快速拖浅，打通航道，及时解除堵航隐患，减少堵航。

### 新型湖面搜救艇研究

列入省交通厅 2005 年科技计划项目（编号 2005006），主要针对太湖航区水域、气候、水文条件（平均水深不到 1 米）等特定情况，研制一艘吃水不到 1 米、航速大于 30 公里/小时、抗风等级不低于 10 级新型湖面搜救艇。2006 年 12 月项目通过省交通厅组织专家鉴定，鉴定研究成果具一定创新性，能满足太湖特定水域湖面搜救、抢险等需要，实船试用情况良好，在类似水域中有较高推广应用价值。实船总长 20.30 米、总宽 4.50 米、型深 1.70 米、平均吃水 1.00 米、排水量 33 吨，配备 2 台沃尔沃 257 千瓦柴油发动机、德国 ZF 齿轮箱（带滑差）、奥南发电机组，设计航速每小时 31.4 公里、抗风能力达 10 级，同时配置雷达扫描系统、GPS 卫星定位系统、360 度可调式数字微波直播系统、两艘充气式 15 马力冲锋舟、水下打捞轻潜及抛绳枪等专用设备。

# 四　水运业务管理技术开发应用

## 港航综合监管系统

1996 年，湖州港航局开始制定“科技兴航”计划，提出对航区船舶网络化、动态化综合监管思路，旨为船舶正常营运提供良好环境，保障航行安全和航道畅通。2001 年 3 月，“港航综合监管系统”研制应用方案经省交通厅批准列入 2001 年科技计划（编号 2001004），2002 年 12 月 5 日通过省交通厅科技项目鉴定，鉴定结论表明，项目适应行业管理发展趋势，具有明显创新性，填补国内同行业空白，有很大应用推广价值，达到国内领先水平。湖州航区成功应用开创全省内河港航管理方式改革先河，为杭嘉湖航区港航管理发展方向提供借鉴。

## 内河港口综合管理信息系统

被列入省交通厅 2005 年科技计划项目（编号 2005W026），主要通过研究开发内河港口综合管理软件，建立港口管理信息平台，动态反应内河港口企业、码头单位、港口吞吐量等基本情况，规范港口生产、统计和业务管理，实现港口经营许可证、危险货物港口作业认可证等相关证书业务审批、网络化管理和证书制作，提高内河港口管理信息化程度和管理水平。2007 年，通过省交通厅组织专家验收，在全省推广使用，效益明显。

## 船舶登记系统开发应用

被列入省交通厅 2003 年科技计划项目（编号 200308），主要结合港航系统海事部门船舶登记业务管理现状，应用计算机、网络通信技术、数据库技术和远程数据同步技术，研究基于 C/S 结构，适应省“四合一”管理体制要求网络版船舶登记管理系统。2004 年 11 月通过省交通厅组织专家鉴定，认为系统结合交通部要求和本省实际需求，实现船舶登记业务网络化管理，有利于规范审批和审核业务、监控管理人员行为。系统采用客户机/服务器架构安全可靠，功能实用全面、操作简便、可移植性和可扩充性强。系统实现船舶登记机构业务数据动态共享和信息化管理，既提高管理效能又方便船户，具有明显经济效益和社会效益。成果在国内同类系统中处领先水平。

## 第二节　公路与运输管理服务信息化科学技术

### 一　湖州公路信息服务与应急指挥中心

“十一五”期间，市公路管理处加大公路信息化建设投入，至 2010 年基本建成，集“路网运行实时监测、24 小时公路网应急接警、交通阻断信息采集与发布、远程应急指挥、服务咨询与热线投诉”等功能为一体。中心主要有路网监控、指挥调度、路况发布和举报投诉四大功能。

**路网监控**　通过固定摄像头对市境高速公路、国省道干线公路隧道、互通立交、大型桥梁、治超站、收费站等重要站点、重要路段 24 小时不间断监控，实时掌控路况信息。接入指挥中心高速公路视频信号 100 路，国省道视频信号 10 路，治超站、监控中心视频信号 12 路，国省道大型桥梁视频信号 12 路。指挥中心 DLP 大屏和监控显示屏定时切换视频数据。75 辆路政和养护巡查车安装视频采集系统，依托巡查车对高速公路、国省干线公路进行流动监控，采用 3G 无线传输技术将车辆巡查路况信息及时反馈指挥中心。固定监控和流动监控相结合，确保全市范围公路路况监控全覆盖。

**指挥调度**　除 75 辆路政和养护巡查车统一安装车载 GPS 指挥调度系统，48 个路政中队、养护站均配备单兵系统。车辆到达不了的地方可利用单兵系统进行图像采集和实时语音通话，使应急抢险现场视频和语音数据第一时间传回指挥中心，在电子地图上确定事发地点位置，快速估算出最近抢险车辆到达事发地点距离、最优线路和所需时间，就近调度抢险车辆和物资，实现快速反应、正确指挥、就近调度，最短时间内展开应急抢险。

**路况信息发布**　利用“国省道可变电子情报板、湖州交通广播电台、车载滚动显示屏、湖州日报、市公路网站、短信平台”等资源向驾乘人员及时发布气候变化、施工占道、公路封道、交通管制、公路重特大交通事故等与公路出行相关信息，同时以“96266”服务热线为依托配置语音查询、短信发布、转接服务等功能，综合受理各类交通出行信息类咨询。

**举报投诉** 通过“96266”热线和公路网站举报窗口，受理群众对市境破坏公路设施、搭建违章建筑、路政执法、超限运输和公路工程施工中有关问题举报。受理群众对公路管理部门及直属单位办事效率、服务质量、依法行政、廉政建设等方面投诉意见，加大社会监督力度。

## 二 智能公路运输稽征系统研究应用

### 行政处罚智能量化系统

行政处罚自由裁量权规范化作为研究课题被列入 2007 年度省交通厅科技计划项目，由湖州市公路运输管理处承担。通过计算机软件技术控制，规范公路运输行政处罚自由裁量权行使实体规则和程序，设计符合行政处罚自身规律管理流程，把传统由执法人员凭经验裁量过程交由电脑按既定规则裁量，达到裁量规范化、减少随意性。项目成果 2008 年 2 月投入试用。2009 年，被列入省交通运输厅科技成果全面推广应用项目。

### 运政执法 AVI（视觉识别）系统

2006 年 10 月，市公路运输管理（稽征）处研究开发养路费智能稽查系统，将自动车辆识别技术和原有移动稽查系统相结合，自动从动态车流中识别车牌，找出问题车辆并据预先设定条件分类报警。工作人员对系统自动识别结果核实并采取相应处理，降低稽查人员劳动强度，提高稽查工作效率。系统包含移动式车辆识别系统和固定式车辆识别系统。移动式识别系统安装于稽查车上，固定式识别系统安装在距离稽查站所在地约 500 米道路边。2009 年，推广应用到 3 县运管所及若干重点乡镇运管站。

### 规费申缴网络服务系统

2005 年，市公路运输管理（稽征）处研究开发。不论车主是否在市境，只需登陆市公路稽征处网站填写相关资料，通过网上银行转账即可完成养路费缴纳。网络申缴成为继征费大厅、银行之后第三条更便捷缴费途径。

## 三　智能道路运输服务系统研究应用

### GPS（卫星定位系统）监控平台

通过“营运车辆GPS监控管理系统”，可对安装GPS技术终端营运车辆实时监控，即在GPS监控中心电子地图上找到车辆最新位置并了解其速度、空或满载、经度纬度、车辆类型、驾驶员资料、建筑物、道路位置等，可通过短消息形式或分组下发通知或一对一发送信息，也可及时接收司机信息。

2000年，湖州长运汽车运输有限公司与杭州、宁波汽运公司联合建立GPS（卫星定位系统）监控平台，2001年，公司长途客运车辆全部装置GPS仪器。随着三地汽运公司车辆增多，设在杭州监控平台流量超负，实时监控效果渐差，湖州长运公司2003年独立建成GPS监控平台。2004年10月，市公路运输管理部门牵头建成道路交通信息服务中心，对湖州市直辖区出租车和危险品运输车实施监控调度，市民拨打叫车电话13905720000，监控调度中心即可就近安排车辆抵达指定地点。

2010年，全市3350辆营运客车中3136辆安装GPS设备，其中吴兴、南浔二区安装率97.82%。跨省、跨市、跨县客运班车，旅游客车，学生接送车安装率100%。货运车辆GPS设备主要在危险品运输企业和重点物流企业推广。2010年末，全市607辆安装GPS设备载货汽车中，危险品运输车532辆、集装箱车67辆、普通载货汽车8辆。

### 货运行业信息平台建设

2003年，湖州货运行业信息化建设起步。湖州祥瑞物流公司开发全市首个公益性物流信息平台--湖州物流网。2007年，在全市货运企业推广应用浙江省物流公共信息平台和通用物流软件，推进“以企业信息化为基础，公共信息平台为载体，企业平台和公共平台联网联动为核心”物流信息化建设。2009年，市境56家货运企业安装物流通用软件，从运输接单、运输追踪、成本管理等方面定制研发，为国内物流企业免费提供。湖州祥瑞物流中心应用该软件后，从订单到最终配送至消费者，实现一个系统一张单，一家负责到底，大大提高第三方物流信息化水平。

2010 年，“全省仓储通用软件”“物流与制造业信息联动平台”“水陆联运信息平台”及“金融物流项目”等省级物流信息化示范项目在湖州开发调试和推广。

### 客运车站电脑售票与网上购票系统

20 世纪 90 年代初，湖州汽车客运总站购入 UNIX 软件，研制电脑售票系统和客运班次电子显示屏。2000 年初，电脑售票系统软件升级为 WINDOWS。2010 年，湖州长运汽车运输有限公司始建区域性客运联网售票系统。[2011 年 1 月，浙北高速客运中心联网售票系统开通，购票者登入浙江省客运联网售票网后，选择始发城市、出发日期、目的城市查询和购票下单，支付成功（支持中国工商银行和支付宝）后，可获取订单号和密码，最后凭订单号和密码到客运站服务总台取票。]

## 四　车辆维修检测服务网与检测技术

2008 年，市运管处自主开发建立湖州市机动车维修与检测服务网（www.hzwgw.com），以实现对全市机动车维修企业与检测站网络化管理，有利于全市 171 家一、二类汽车维修企业信息的沟通以及维修行业数据查询。

2009 年，湖州市车辆综合性能检测站启动并实施省交通运输厅节能减排示范项目——“车辆检测综合平台研究与应用”。项目主要原理是通过优化检测工艺，缩短上线检测时间，减少上线次数，避免被检测车辆长时间排队待检，达到节约燃油消耗及电能消耗，减少有害气体排放量，提高检测站工作效率的目标。项目首先通过硬件改造优化检测线作业流程，即原有“三工位布局”改进为“四工位布局”模式，理论上每车检测时间缩短 25%，同时检测设备电能消耗节约 25%。其次研发和应用“车辆检测数据智能化辅助分析系统”软件，提升检测分析精确度。

以往检测结果报告数据和结果简单，无法向驾驶员和维修人员全面反映检测不合格原因，致使盲目维修，反复修理上线仍不易合格，费时费力费钱。“车辆检测数据智能化辅助分析系统”使用脉冲波形分析原理，考察左右制动力曲线上升速率、最大幅度和相位差，结合左右轮重差、左右制动力最大幅度差、左右制动力/轮重百分比等辅助参数分析制动性能，据此向用户报告制动不合格由哪些原因造成，有效增强被检车辆维修和调试针对性，减少上线复检次数，有效节约工时费、材料费和燃油消耗。

### 五　公路桥梁管理系统（CBMS）应用

1995 年，市公路管理部门根据省交通厅部署，调查公路桥梁。在调查基础上，建立全市公路桥梁管理系统（CBMS）。系统为交通部开发，基于桥梁结构工程、病害机理、检测技术和数据采集技术，运用电子计算机系统所提供的数据处理功能，评价决策方法和状态预测。2002 年，再次调查国省道公路桥梁。2005 年，公路桥梁 CBMS 管理系统升级和完善，同时对 2005 年 6 月底前通车高速公路、国道及县道以上所有桥梁开展调查，全面检查和掌握公路桥梁使用情况，完善公路桥梁信息管理系统 ，实现公路桥梁系统省、市、县三级公路管理机构联网。公路桥梁信息管理系统按规定每年检查、整理、补充和完善。

## 第三节　办公自动化与政务信息化建设

2001 年 4 月始，市交通局、德清县交通局、长兴县交通局、市运管处、市航管处、市公路处 6 单位联手筹备办公自动化工作。委托杭州银润信息技术有限公司负责湖州市交通局办公自动化系统开发，湖州师专电脑技术有限公司负责机关局域网布线工作，2001 年 12 月 7 日通过验收，投入建设资金近 150 万元，包括基础系统、收文管理、发文管理、档案管理、督办管理、信息采编、外发转储及日常办公等功能。系统使用改变传统办公习惯和工作方式，提高工作效率。

2005 年始，陆续建成湖州交通网站和公、航、运等行业网站，推行政府信息公开。各网站公开组织机构、政策法规、重大项目建设情况、招标情况、行政许可目录，提供办事流程、办事期限、办理依据、申报材料、表格下载等服务。开辟“政务信息”，及时更新。通过“出行服务”栏目发布“实时路况”“港航动态”“公路动态”，通过开辟网上互动栏目及时回应社会呼声。湖州交通网、湖州港航网、湖州运管网、湖州公路网等网站扩大政府与社会沟通渠道，树立交通新形象。至 2010 年末，基本构建全市交通基础业务信息网上平台。省到市主干网络带宽 6Mbit/s，市到县网络带宽 10Mbit/s。省市县（区）交通管理单位均建立局域网，计算机普及率

100%。建成全省视音频指挥及会议系统，省、市、县三级能在网上召开视频会议。

“十一五”期间，湖州交通信息化建设起步，主要投入硬件建设及行业信息系统建设，以部门管理为首要目标，交通管理各部门网站在后期初步建成面向社会公众信息服务系统，但普遍存在信息缺少价值、更新不及时、内容简单重复、实用信息缺少、服务内容欠丰富、服务手段缺乏创新性和灵活性等问题。

湖州市交通局网站界面

2014年1月建成湖州市综合交通应急指挥中心

# 第三章　交通可持续发展技术

“十一五”时期始，湖州交通发展更注重与经济、社会、资源、生态统筹兼顾。2009年12月30日，市交通局出台《湖州市交通运输节能减排专项行动计划（2009—2012年）》，在全市开展“道路运输结构优化”“水路运输结构优化”“港口技术设施改造”“废旧沥青再生利用”“隧道照明技术改造”“驾培设施技术改造”6项专项行动。

路网建设，注重规划，选址、设计、建设、养护和管理过程中尽可能注入生态因素，以实现经济效益、社会效益和生态效益统一。在09省道、11省道、04省道、湖盐公路推广泡沫沥青冷再生技术，利用专用再生设备铣刨旧沥青路面，喷入泡沫沥青拌和，形成泡沫沥青混合料，经平地机整平和压路机压实成型施工作业方法，既延长路面使用寿命又降低大中修次数，节约资金、减少损耗。

内河水运，在湖嘉申线建设中尝试采用亲水性、透水性预制砼沉箱式护岸断面形式和椰丝毯护坡技术，既满足通航功能，又为水生动植物生长繁衍提供良好条件。应用桥梁一次性整体顶升技术，节约大量资金和土地。每条驳船配备垃圾箱和油水分离器，从源头控制和减少水域污染。引导营运船舶应用新能源。（2013年湖州船舶“油改气”工程拉开帷幕。）

道路运输，湖州在全省率先启动双燃料出租车改造。据环保部门检测，车辆使用天然气后，尾气一氧化碳含量减少80%，尾气中粉尘、含铅物质、噪音等污染明显下降。市境947辆双燃料出租车一年减少一氧化碳排放34.95万立方米。[2011年始，市境陆续投放LNG（液态天然气）大客车和货车]。

# 第一节 航道生态保护与水土保持技术

建设中引入的混凝土沉箱

湖嘉申线市境段是浙江省内河第一条千吨级航道，省交通运输厅典型示范和精品工程实施项目。2006年，工程被交通运输部列入长江三角洲环境友好型内河水运建设示范项目。在满足航运功能的基础上，工程建设最大限度维护沿岸生态环境、保持生态平衡。

**柔性设计** 统筹兼顾生态保护、水利防洪和资源节约。结合沿线城镇规划、新农村建设、生态环境等周边情况调查，研究航道线位、护岸型式、桥梁接线等因素，多方案论证比选。利用湖嘉申线湖州部分航段边缘水域成片芦苇较好原始生态，采用坡脚抛石处理，在抛石以外3米范围内再种植芦苇，不仅阻挡船行波，而且为水鸟、鱼虾栖息提供绝佳环境。

**生态护岸** 解决传统浆砌块石硬性隔断地表水和地下水交换问题。引入亲水性、透水性强的预制混凝土沉箱式护岸型式。护岸采取墙体箱内填土，强化护岸透水性，再造湿地环境，为水生动植物生长提供较好条件。同时，河岸堤坡采用椰丝毯护坡技术，在保证岸坡透水性、抗冲刷同时提高沿线防洪能力。传统内河航道护岸迎水面无法种植植物，生态环境影响较大。在生态护岸迎水面建设中引入预制混凝土连锁块铺面，既方便快速安装，整个铺面形成整体，又能在缝隙处植草，防止水土流失，保护生态、美化环境。新型生态护岸将工程措施与生物措施相结合，满足通航条件，

建成后的生态型护岸

改善沿线生态环境，提高航道可观赏性。

**保护文物遗产** 湖嘉申线湖州段航道沿线有建于清代省级文物保护单位“双林三桥”、建于民国初期石拱桥（五谷塘桥）。工程建设涉及名胜古迹航段多方案论证。为确保双林三桥文化整体性和完整性，采用航线绕道方案，直接增加投资8000多万元。五谷塘桥无法绕开，实施异地重建，既保持古桥原样，又使古桥得到修缮。

人文环境景观

**人文景观** 湖嘉申线改造注重文化再造和历史传承。营造“船在水上行、人在画中游”通航环境，沿线设计人文与环境景观，体现不同地域特色和风光。全线绿化采取多层次设计，形成乔木、灌木、水生植物相结合生态群落观光航段，展示“风驰杨柳摇绿纱，雨荡荷藕卷红帘”江南湿地风光。

## 第二节 桥梁顶升技术应用

在航道升级改造中，经常遇到跨河桥梁通航净高无法满足标准，大多采取拆除后再重建，工期长、造价高、对周边环境影响大。跨湖嘉申线航道屺风大桥和跨长湖申线南林大桥采用顶升技术改造节约建设资金3828万元，节省重建土地资源。

### 屺风大桥整体顶升

屺风大桥在南浔区练市镇，横跨湖嘉申线航道，2003年新建桁架拱公路桥，桥长255.3米、主跨73.3米、净高4.5米。湖嘉申线市境段航道按三级通航标准改造建设，屺风大桥净高无法满足通航标准，拆除重建浪费土地资源和建设资金。2006年3月，根据桥型参照国内桥梁顶升成功范例，采用整体顶升改建。顶

屺风大桥整体顶升

升工程4个月完工，顶升高度2.5米，为国内桥梁顶升最高纪录。大桥整体顶升总体施工采用PLC液压同步顶升控制系统，使主桥、引桥同时同步顶升。主桥采用整体顶升盖梁方法实现抬高主桥桥面标高，引桥通过顶升抱柱梁方法实现抬高。顶升完成后连接并加强墩柱。大桥主桥顶升重量约1600吨，单跨引桥顶升重量约200吨，12跨共计顶升重量约2400吨。屺风大桥成功顶升节约建设资金1500万元，缩短工期12个月，为省内河航道“四改三”桥梁建设积累经验，提供范例。

### 南林大桥整体顶升

南林大桥在南浔开发区，北侧与318国道交接，南侧与泰安路交叉，跨长湖申线航道，1997年建成，连接南浔镇运河两岸，全长356米，其中主桥132米,南北引桥各112米。航道等级提升，桥梁净空不满足航道要求，需整体抬升3米，南引桥调坡处理。2009年6月启动顶升施工，2010年1月完工。

南林大桥整体顶升

大桥为3跨连续箱梁，南引桥7跨，北引桥分东西引桥各7跨，整体顶升总重量14000吨左右，创国内桥梁整体顶升重量记录。顶升总面积7120平方米，为迄今同类项目中面积最大。南侧引桥分步顶升2~3米，主桥及北侧引桥同步顶升高度3米。

整体顶升合同价640万元，相比拆除重建施工节约资金2328万元，同时节省施工时间18个月。

## 第三节 运力节能环保技术与活动

### 一 出租车“双燃料”改造

2002年7月，湖州交通学会会同有关企业在湖州改造8辆双燃料出租汽车投入试运行。2007年1月19日，10辆配有天然气原厂加气装置“爱丽舍”出租车在湖州投入使用。“双燃料”指配有天然气和汽油两套动力系统，可根据需要切换使用。在天然气价格低于汽油价格情况下达到经济与环保的双重目的。至 2009 年，全市 1501 辆出租车中更新或改造“双燃料”动力技术 915 辆，占总数 60.96%。

以 1 辆桑塔纳轿车每百公里耗油 8.5 升计算，全市每年少消耗燃油 8639 吨。以使用天然气比使用汽油每天节省 68.80 元计算，每辆出租车一年节支万余元。使用天然气车辆一氧化碳排放量比燃油车辆减少八成。湖州出租车“双燃料”改造列入省交通厅 2008 年全省交通行业首批节能降耗示范项目。2010 年末，全市“双燃料”出租车占比 63.1%，居全省第一。

## 二　天然气（LNG）客货营运汽车投放

根据《湖州市交通运输节能减排专项行动计划（2009—2012 年）》，2011 年，启动公交车更新换代，全年投入 3000 余万元资金，购置 77 辆液化天然气（LNG）公交车。同年 9 月，湖州市长运公司首批（7 辆）40 座 LNG 清洁能源城际大巴投入湖州至无锡、常州、镇江、溧阳、扬州 5 条班线营运，尚属全省首批跨省市天然气营运客车。2012 年全市淘汰更新客运车辆 271 辆，新投放 LNG（液态天然气）客车 250 辆；淘汰更新货运车辆 3546 辆，市境首批新能源 LNG 货运车辆 5 月在长兴县投运，实现全市货运行业新能源车辆零突破，同年末，全市有 13 辆 LNG 货车投入运营。据测算，LNG 车辆 PM2.5 排放量比柴油车降低 90%以上，对改善大气环境有重要意义。

## 三　甩挂运输

湖州现代物流作业技术尚处起步阶段。市境鑫达、华安、一通等物流企业在“十一五”期间开始淘汰国产普通小吨位车辆，引进世界顶级型沃尔沃、斯堪尼亚、福特等大功率环保牵引车，逐步形成“甩挂运输”雏形。

“甩挂运输”，即牵引车按照预定运行计划，在货物装卸作业点甩下所拖

挂车，换上其他挂车继续运行的运输组织方式。一个牵引车可带多个挂车，大大缩短车辆停驶等待装卸时间和货物出库时间，加快车辆与货物周转速度。“甩挂运输”提高车辆运输生产力 30%～50%，降低运输成本 30%～40%，油耗下降 20%～30%。2007 年末，全市牵引车 281 辆、4104 吨位，集装箱挂车 36 辆、37 吨位。2010 年末，全市各类牵引车 800 辆、18376 吨位，集装箱挂车 72 辆、2176 吨位。

## 四　大吨位标准化船舶

2001 年 9 月，湖州海事部门出台《关于湖州航区淘汰挂桨机船舶的通告》，成立淘汰挂桨机船舶领导机构，引导全市发展环保、经济、节能型的钢质货船，以保护和改善水环境。至 2006 年末，全航区普通货船中挂桨机全部改造为落舱机。2010 年，新建船舶标准化率达到 100%，全市在册营运船舶每千吨公里平均油耗 5.6 公斤，比上年减少 0.25 公斤，比 2005 年减少 2.65 公斤。

标准化节能环保运输船畅行湖嘉申线湖州段

## 五　开展船舶垃圾袋装回收活动

2007 年，太湖北岸蓝藻暴发，地处太湖之南湖州着力构建全方位、立体化防御网络。出入太湖货船生活垃圾倾倒问题引起湖州港航部门关注。按每艘货船平均每天产生 1 公斤垃圾计，每月约 1 吨生活垃圾直接排入太湖。港航部门利用每天有 300 艘（次）货船要办理签证手续机会，印制《告船员书》，见船就发，海事人员登船宣传蓝藻暴发成因及推广生活垃圾袋装化意义。7月底，首批两万只、每只约2公斤容量垃圾袋定制完成，向入港太湖货船陆续发放，同时建立电子档案。货船下次把垃圾袋放入港口指定垃圾收集处时，由海事人员在船舶垃圾回收记录卡上登记，累计记满20次，重新领取20只垃圾袋，还能换取毛巾、肥皂、无磷洗衣粉等日常生活用品。船员自备袋装垃圾，同样受到鼓励。市港航管理局在太湖管理站试点成功基础上，在全市19个港航管理检查站全部推行送垃圾袋上船，免费使用、回收有奖政策。

市港航管理部门免费为船户配备船舶垃圾储存箱

## 六　开发新型能源游船

2006年，德清洛洋游艇制造有限公司成功开发10.8米和13.6米电动游艇，舱体坚固、低噪音、无污染、操作方便、外形别致，能与各风景区风格协调，杭州西湖、西溪湿地、杭州世界休博园、温州三垟湿地、福建冠豸山及青岛、宁夏等国内各著名风景区客户上门订货，产品成功进入新加坡旅游风景区。2009年10月，公司成功开发以石油液化气为燃料新型能源游船，动力性能好，航速快，在行驶过程中动力部分的污染排放量为零，环保节能，具有很大推广应用价值和市场销售潜力。

# 第四章　交通运输职业培训

交通运输职业培训依据国家交通部不同时期所颁发《营业性道路运输驾驶员职业培训管理规定》《机动车驾驶员培训管理规定》《道路运输从业人员管理规定》《中华人民共和国内河船员考试发证规则》及《浙江省内河船舶船员培训管理办法》等法规。职业培训目的是提高交通运输从业队伍整体素质，确保交通运输安全优质。

## 第一节　机动车驾驶员培训

### 一　普通机动车驾驶员培训

根据相关法规，普通机动车驾驶员能力培训分一级普通机动车驾驶员培训（大客）、二级普通机动车驾驶员培训（大货）、三级普通机动车驾驶员培训（轿车）3类。

1959年2月，嘉兴专区汽车运输公司在安吉晓墅举办汽车驾驶员训练班，每期6个月，培训驾驶员157人，开市境机动车驾驶员集体培训先河。此前，汽车驾驶员来源主要靠车辆单位以师带徒，以运带训。拥有车辆的单位中，年满18周岁并具有驾驶员体质条件和相当小学毕业文化职工，由经验丰富老驾驶员收徒任师，即可向所在地监理部门申领学习驾驶证。学习期满，经地（市）车辆监理所考试合格换领实习驾驶证，实习期满再换领正式驾驶证。此后，汽车驾驶员培养“以运带训”和“集体培训”并存。

1986年3月，交通主管部门取消有车单位“以运带训”培养方法。同年11月成立“湖州市汽车驾驶员培训中心”，汽车驾驶一律通过驾校培训。

1987年8月，车辆监理工作划归公安交警，驾驶员培训管理工作一并移交。1994年2月，国务院明确汽车驾驶培训工作和行业管理职能纳入交通部门，实际未予落实，驾驶员培训管理依然归属公安交警部门职能范围。

据公安部门统计，1985—2000 年，市境各驾校培训出汽车驾驶员约 50000 人、摩托车驾驶员（含轻骑）约 140000 人。

2001 年 3 月，市境驾驶员培训和行业管理职能正式纳入交通部门。各类驾校全部由交通行政主管部门核发经营许可证。全市获经营许可证汽车驾驶培训学校 9 所（一类驾校 1 所、二类驾校 2 所、三类驾校 6 所），有教练车 200 辆。

随着私家车快速增长，学习驾驶热潮持续升温，推动驾培行业快速发展。驾驶员培训由公安、交通部门垄断局面打破。2004 年，全市驾驶培训学校增至 25 家、各类教练车 810 辆、教练员 840 名。全年培训学员 36082 名，比 2003 年增长 50%。

2005 年 12 月 1 日，湖州实施驾培指纹 IC 卡"计时制"管理，以确保培训质量。由驾校指纹 IC 卡计时管理及验证软件、指纹采集处理和制卡设备、驾培 IC 卡、车载指纹 IC 卡计时管理设备 4 部分组成。每车安装 1 部车载指纹 IC 卡计时器，驾校安装学时管理系统。每名学员配备 1 张 IC 卡，全市统一序号和编码加密，具有不可篡改和高度防伪性能。培训记录符合要求学员才能到公安部门参加驾驶证考试。2007 年 8 月，"全省驾培指纹 IC 卡升级现场交流会"在湖州市召开，向全省推广湖州市驾培指纹 IC 卡升级系统。

2005 年 12 月，湖州长运驾校购置 4 台真车模拟器，在全省率先开展驾驶模拟器试点。2008 年 5 月，又率先安装 2 台电动训练仪。

驾驶培训教练场地

2009 年，全市各驾校在驾驶培训教学中全面使用驾驶培训模拟器，每个学员使用驾驶培训模拟器不少于 3 个学时。各驾校按每 10 辆教练车配备 1 台模拟器规定，累计配备驾驶培训模拟器 98 台（套）。有 10 家驾培机构累计配备电动驾驶培训仪 20 台。使用驾驶培训模拟器和电动驾驶培训仪节能、安全、环保，并减少操作教练力量投入。

2010 年末，全市有汽车驾驶培训学校 32 所（一级驾校 1 所、二级驾校 16 所、三级驾校 15 所），其中吴兴和南浔 2 个区 12 所、长兴县 7 所、德清县 7 所、安吉县 6 所，各类教练车 1238 辆（含摩托教练车 75 辆），驾培行业从业 1700 人，其中操作教练员 1257 人、理论教员 104 人，全年培训各类机动车驾驶员 58251 人。

2001—2010 年，市境各驾校培训各类机动车驾驶人员共计 375252 人。

2010 年 10 月 21 日，市残联、市运管处和市交警支队在南浔统一驾校联合举行全市首期残疾人驾驶培训班开班仪式，标志湖州市残疾人驾驶培训工作启动。

**2001—2010 年全市机动车驾驶员培训情况**

表 4-1

| 年份 | 2001 | 2002 | 2003 | 2004 | 2005 | 2006 | 2007 | 2008 | 2009 | 2010 |
|---|---|---|---|---|---|---|---|---|---|---|
| 培训（人次） | 9000 | 14500 | 24000 | 36082 | 45053 | 30435 | 40219 | 42521 | 61420 | 72022 |

## 二　道路运输从业资格培训

根据相关法规定，经营性道路客货运输驾驶员、道路危险货物运输从业人员、机动车维护技术人员、机动车驾驶培训人员、道路运输经理人和其他道路运输从业人员均应通过从业资格培训和考试。

2002 年 7 月 1 日，开始实施《营业性道路运输驾驶员职业培训管理规定》，全市“营业性道路运输驾驶员从业资格”培训、考试和换证工作全面展开。同年，完成道路运输驾驶员从业资格培训 4241 人，其中客运 1281 人、货运 2960 人。

2006 年 2 月 27 日，湖州在全省率先开发使用营运驾驶员从业资格考试无纸化系统。

2002 年至 2010 年末，全市累计完成各类道路运输从业资格培训 25000 人左右。

**2004—2010 年全市道路运输从业人员资格培训情况**

表 4-2

| 年份 | 培训合计（人次） | 客运（人次） | 货运（人次） | 危险品运输（人次） | 其他（人次） |
|---|---|---|---|---|---|
| 2004 | 2586 | 1274 | 939 | 156 | 217 |
| 2005 | 2697 | 951 | 1288 | 129 | 329 |
| 2006 | 2552 | 993 | 1094 | 151 | 314 |

续表 4-2

| 年份 | 培训合计（人次） | 客运（人次） | 货运（人次） | 危险品运输（人次） | 其他（人次） |
|---|---|---|---|---|---|
| 2007 | 2360 | 854 | 1232 | 121 | 153 |
| 2008 | 2210 | 839 | 1308 | 63 | — |
| 2009 | 2867 | 721 | 2082 | 64 | — |
| 2010 | 2571 | 499 | 1997 | 75 | — |
| 合计 | 17843 | 6131 | 9940 | 759 | 1013 |

## 第二节　船员培训

1979 年始，部级、省级一系列关于加强船员管理的规章制度密集出台。为提高水运从业人员素质，嘉兴地区交通局领导积极斡旋，在湖州创办嘉兴地区首个水上运输从业人员培训基地——浙江省航运技工学校嘉兴分校。

1992 年按交通部发布《中华人民共和国内河船员考试发证规则》，根据湖州地区船舶等级，船员资格培训分 3 个等级，其中五等船舶驾驶（驾机员）、司机，四等船舶二副、大副、船长，二管轮、大管轮、轮机长，三等船舶二副、大副、船长，二管轮、大管轮、轮机长。

1993—1995 年，全市各级地方海事部门举办船员培训班 223 期，参训者累计 15767 人，全市有各类持证船员 20713 名。

2004 年，根据《浙江省内河船舶船员培训管理办法》精神，实行考、培分开。同年 4 月 23 日，省地方海事局《关于同意受理杭州江河船舶技术事务所等 3 家培训机构内河船员适任考试的通知》中，湖州交通学校和湖州江海船舶管理有限公司 2 家培训机构获资质认可，授权开展三等及以下船员等级职务适任证书考前理论及实际操作培训。2006 年，内河三等船舶船员适任考试、发证工作收回省地方海事局统一管理，地市地方海事机构负责四等及以下船舶船员适任考试、发证工作。

2008 年，市地方海事局组织有关专业人员起草船员考试试题库，投资 20 万元委托有关单位开发船员无纸化考试程序，建立无纸化考试教室。同年 5 月，湖州市率先在全省推出船员无纸化考试模式。

# 第三节　教育培训机构

## 一　湖州交通学校

湖州市交通运输局主办，中等职业学校，1996 年创建。前身湖州市交通职业高级中学，1999 年经省教委和计经委批复同意更现名，同年评为省级重点职业学校。现址湖州市杭长桥南路 278 号。1999 年，被评为省一级重点职业学校、省优秀民办学校。2000 年，成为湖州首批国家级重点职业学校。2004 年，被授予“省级绿色学校”称号。2006 年，被评为“省职业教育先进集体”“省教研先进单位”；2006 年，校汽修实训基地获得中央财政奖励资金 320 万元。2009 年，校物流实训基地评为省级实训示范基地。2010 年 1 月，与韩国全罗南道潭阳工业高等学校结为友好学校。

至 2010 年，校区占地 16.67 公顷，各类教学设施建筑面积 38383 平方米，其中汽修、路桥、物流等专业的厂房式实训中心和各类实训室 8200 平方米。学校有全日制中职学历在校生 2296 人，各类教职员工 146 人，其中中高级教师占专任教师的 47%、双师型教师占专业教师 93%。办学 16 年培养 8000 余名中等职业技术人员，同时向各类高等院校输送 1180 余名优秀中职生继续深造。学校还充分利用教育资源为交通系统在职人员提供学历及职业资格提升的教学服务，各类培训人员累计达 31600 人次。（2012 年末，学校与湖州市交通培训中心合并，发展方向“学历教育与非学历教育并重、培养和培训并举”，成为集学历教育、职业培训、技能鉴定、校办产业“四位一体”职业学校。）

## 二　浙江省汽车驾驶技工学校嘉兴（湖州）分校

前身 1973 年 11 月由嘉兴地区汽车运输公司创办“嘉兴地区汽车驾驶训练班”，地址长兴和平四矿。1974 年 8 月第一期汽车驾驶培训班开班。训练班一般每期 6 个月。1976 年 5 月纳入浙江省汽车驾驶技工学校，改名浙江省汽车驾驶技工学校嘉兴分校（校址不变），同年末招收首届汽车装配修理技术专业的学员，学制二年，招生范围杭嘉湖地区。此后，招收学员多为汽车驾驶专业，学制多为二年，其间有少量汽车驾驶短期培训班。1981年4月改名“浙江省汽车驾驶技工学校湖州分校”。1976—1982年，学校累计招收7届二年制学员（每届60～80人），除1976届汽车装配修理技术专业外，其余均为汽车驾驶专业。1983年，学校主管单位浙江省汽运公司撤销浙江省汽车驾驶技工学校湖州分校，同年10月成建制归属浙江省汽车运输公司湖州分公司，改名浙江省汽车运输公司湖州分公司职工学校。

## 三　浙江省航运技工学校嘉兴分校

1979年经省交通厅、省劳动厅同意筹建，校址吴兴区妙西镇塔山某铁矿遗址。1980年9月，在全省范围招收首届学员96人，设置轮机和驾驶2个专业班，学制2年。1983—1984年未招生，主要从事湖州航运企业职工培训。1985—1986年恢复招收学员，继续培养轮机、驾驶专业技术工人，招生范围限于湖州、嘉兴地区，学员累计180人左右。1987年8月，学校主管单位浙江省航运公司决定撤消“浙江省航运技工学校嘉兴分校”，分校在校学员及1987年新招学员全部转入杭州“浙江航运技工学校”本部。分校教职员工分流，财产由省、市航运公司接收。

## 四　湖州市交通培训中心

1985年成立，现址湖州市吴兴区凤凰路215号，隶属市交通运输局，为公益型（二类）事业单位，人员编制10名。主要根据交通职业技能教育有关法律法规和政策，在行业主管部门和市劳动部门许可范围内负责湖州市境交通行业从业人员岗位和职业资格培训教育以及考核鉴定工作。2010年，完成岗位培训2901人次、国家职业资格培训404人次、其他专项培训523人次，完成岗位考核鉴定1812人次、职业资格鉴定556人次。培训中心先后获浙江省职业技能鉴定工作先进单位、浙江省质量服务信誉无投诉推荐单位、湖州市职业技能鉴定工作先进单位、湖州市民办职业培训工作先进单位等荣誉称号。（2012年12月与湖州交通学校合并。）

## 五　机动车驾驶员培训机构

**湖州长运汽车运输公司驾驶员培训学校**　前身浙江省汽车驾驶技工学校湖州分校，1983年10月改名浙江省汽车运输公司湖州分公司职工学校。1988年2月省汽运公司湖州分公司成建制下放湖州市，学校改名湖州市汽运总公司职工学校，同年校址迁湖州道场乡肖皇山村。2001年8月1日，湖州市汽车运输总公司改制为湖州长运汽车运输有限公司，学校更今名。2005年，获省交通厅颁发十佳汽车驾驶培训机构称号，完成一级综合类驾校资质认定，为市境唯一一级驾校。同年9月投资300万元建立全省首家驾培模拟室、安装4台VR—4驾驶模拟器。2008年获全国文明诚信优质服务学校称号。2009年10月兼并湖州正方摩托车驾驶培训学校。2010年末，学校有两个校区、一个训练场，分别坐落湖州南郊鹿山、湖州东门八里店、湖州原老车站停车场。总占地30000平方米，其中“九选六”标准训练场10000平方米、教室400平方米、食堂200平方米、办公楼1000平方米。有教练车92辆，其中C1/82辆、C2/2辆、B1/1辆、A1/2辆、B2/5辆。具资质理论教师9名、实习指导教师102名。年培训驾驶员5000余人。学校同时是湖州市营运驾驶员（旅客运输、货物运输、危险品货物运输）从业资格证培训定点机构，年培训3000余人。

**湖州市机动车驾培机构总况** 2010年末，湖州市共有机动车辆驾驶培训机构32家，其中吴兴区8家、南浔区4家、安吉县6家、德清县7家、长兴县7家，一级培训机构1家、二级14家、三级17家。

## 2010年末湖州市机动车驾培机构

表4-3

| 区域 | 校名 | 创建年月 | 地址 | 资质 |
|---|---|---|---|---|
| 吴兴区 | 湖州长运汽车运输有限公司驾驶员培训学校 | 1973年11月 | 湖州市东门八里店镇陆旺村 | 一级 |
| 吴兴区 | 湖州交通汽车驾驶学校 | 2003年3月 | 湖州市杭长桥南路278号 | 二级 |
| 吴兴区 | 湖州海景驾驶培训有限公司 | 2010年8月 | 湖州市杨家埠镇 | 二级 |
| 吴兴区 | 湖州市公共交通有限责任公司驾驶员培训中心 | 2001年3月 | 湖州市杭长桥南路318号 | 二级 |
| 吴兴区 | 湖州大同驾驶员培训有限公司 | 2001年6月 | 湖州市南门苏台山脚下 | 二级 |
| 吴兴区 | 湖州百佳驾驶员培训有限公司 | 2003年10月 | 湖州市织里镇工业园区 | 二级 |
| 南浔区 | 湖州市练市吉祥驾驶培训有限公司 | 2004年4月 | 湖州市练市镇工业园区9号路 | 二级 |
| 南浔区 | 湖州南浔新诚驾驶培训学校 | 2005年4月 | 湖州市南浔镇方丈港村 | 二级 |

续表 4-3-1

| 区域 | 校　名 | 创建年月 | 地　址 | 资质 |
|---|---|---|---|---|
| 南浔区 | 湖州市南浔统一驾驶员培训学校有限公司 | 2003 年 10 月 | 湖州市南浔镇浔北村 | 二级 |
| 南浔区 | 湖州市南浔全通驾驶员培训学校有限公司 | 2003 年 10 月 | 浙江省湖州市南浔镇吴越路东侧 | 二级 |
| 吴兴区 | 湖州东吴机动车驾驶培训学校有限公司 | 2001 年 6 月 | 湖州市杨家埠镇九九桥村 | 三级 |
| 吴兴区 | 湖州湖丰机动车驾驶员培训学校 | 2004 年 10 月 | 湖州市经济开发区田横路 355 号 | 三级 |
| 安吉 | 安吉县顺远机动车驾驶培训有限公司 | 1985 年 9 月 | 安吉县递铺镇经济开发区天荒坪南路 199 号 | 二级 |
| 安吉 | 安吉天顺驾驶员培训有限公司 | 2003 年 3 月 | 安吉塘浦工业园区 | 三级 |
| 安吉 | 安吉长运驾驶培训有限公司 | 2004 年 1 月 | 安吉县递铺镇马家村马家渡 | 三级 |
| 安吉 | 浙江省南湖林场机动车驾驶员培训学校 | 1986 年 6 月 | 安吉高禹镇 | 三级 |
| 安吉 | 安吉县交运汽车驾驶员培训有限公司 | 2003 年 10 月 | 安吉县经济开发区南北庄 | 三级 |
| 安吉 | 安吉县众安机动车驾驶培训有限公司 | 2010 年 12 月 | 安吉县孝丰镇杨坑桥村 | 三级 |
| 德清 | 德清县众达驾驶员学校有限公司 | 2004 年 4 月 | 德清县新市镇工业园区 | 二级 |
| 德清 | 德清县金鹅山机动车驾驶员培训学校有限公司 | 1993 年 3 月 | 德清县乾元镇明星村乌牛山 | 二级 |
| 德清 | 德清县武康疗养院机动车驾驶员培训学校 | 1992 年 8 月 | 德清县武康镇英溪南路 59 号三楼 | 二级 |
| 德清 | 德清长运机动车驾驶员培训学校有限公司 | 2005 年 8 月 | 德清县武康镇志远路 91 号 | 三级 |
| 德清 | 德清县人才汽车驾驶学校有限公司 | 2004 年 3 月 | 德清县武康镇莫干山经济开发区北星桥街 88 号 | 三级 |
| 德清 | 德清海越驾驶员培训学校有限公司 | 2005 年 9 月 | 武康镇兴康南路 390 号 | 三级 |
| 德清 | 德清莫干山燎原机动车驾驶员培训有限公司 | 2004 年 3 月 | 德清县武康镇英溪南路 646 号 | 三级 |
| 长兴 | 长兴天工驾驶员培训有限公司 | 2003 年 7 月 | 长兴县雉城镇解三星抖长桥村 | 二级 |
| 长兴 | 长兴大众汽车驾驶员培训学校 | 2004 年 11 月 | 长兴县龙山街道渚山村后夹山 39 号 | 三级 |

续表 4-3-2

| 区域 | 校　名 | 创建年月 | 地　址 | 资质 |
|---|---|---|---|---|
| 长兴 | 长兴白云驾驶员培训中心 | 2007 年 1 月 | 长兴县雉城镇新兴工业园区 | 三级 |
| 长兴 | 长兴平安驾驶员培训有限公司 | 2010 年 2 月 | 长兴县虹星桥镇观音村 | 三级 |
| 长兴 | 长兴县长安机动车驾驶员培训有限公司 | 2001 年 3 月 | 长兴县雉城镇开发区看守所旁 | 三级 |
| 长兴 | 长兴利民驾驶员培训学校 | 2003 年 7 月 | 长兴县小浦镇 73810 部队营区内 | 三级 |
| 长兴 | 长兴长日驾驶员培训有限公司 | 2004 年 11 月 | 长兴县雉城镇新兴工业园区曹家桥 | 三级 |

# 第五编　丛　录

本编首录《傅亨退传》《荣誉录》《专记》。《傅亨退传》配以号召学习其先进事迹有关文件、媒体通讯报道，以彰显人物形象。《荣誉录》主要录入市交通系统省级以上先进集体和市级以上劳动模范。《专记》记录湖州交通人精神风貌，尤其面对洪水、台风、冰雪等灾害无畏无惧、敢打硬仗，彰显"惠民、奉献、服务"浙江交通精神。

次录《拾遗补阙、前志勘误》，"记前志有、补前志阙"是谓续志。除各编章记述中适当上溯补遗外，集中补缺"明清水路运输""现存主要古桥""市区自备代步工具发展""管道运输""市交通局20家直属企业改制概况""湖州十大旅游景点交通指南"。

三录"文献"，包括《湖州市综合交通体系建设与发展研究报告》、《湖州市交通发展"十二五"规划》摘要、《湖州交通运输发展2013—2017年行动计划》和交通行业一系列重要规范性文件，以存史备查。

# 第一章　傅亨遐传　荣誉录　专记

人的世界观、人生观、价值观，是人的灵魂，也是行业的灵魂，决定着行业的特质。交通人整体价值取向，是推进交通事业发展的真正动力。

## 第一节　傅亨遐传

傅亨遐（1940—1996），祖籍浙江宁波，生于湖州市安吉县皈山乡。1960 年毕业于南京工学院（现东南大学）土木系道桥专业，分配到吉林省公路工程局工作。1987 年加入中国共产党。曾任吉林省公路局副局长、总工程师和中国道路协会理事、吉林省道路专业委员会主任委员。1988 年，带病援非赴苏丹，担任青尼罗河大桥工程队总负责人兼技术组总工程师。傅亨遐从事道路、桥梁设计和施工工作 30 余年，理论造诣较深，实践经验丰富，先后主持多项大型施工项目，其中，长春至农安公路施工项目获省颁设计、施工三等奖，创省级优质工程，研究并实施“粉煤灰筑路技术”获国家科技进步三等奖。1991 年，被评为吉林省第三批有突出贡献中青年专业技术人才，被列入 1993 年出版《吉林英才大全》。

傅亨遐

傅亨遐于 1990 年调回湖州工作，在市公路管理处任总工程师。先后参与安吉幽岭隧道和天荒坪公路工程设计和施工指挥，曾担任湖州首条一级公路 318 国道湖浔段拓宽改造工程总工程师兼总监。1992 年 10 月 1 日，为表彰傅亨遐在国家工程技术事业中做出的突出贡献，国务院发给他享受政府津贴荣誉证书。1996 年 3 月，傅亨遐处肝癌晚期，仍坚持参与104国道湖州段二期改建工作。1996年6月14日11时45分，因病医治无效，在湖州逝世。生前参与公路建设3000余公里，几十年如一日，勤勤恳恳、兢兢业业，为国家公路建设事业默默奉献出毕生精力。

中共湖州市委、浙江省交通厅党组、湖州市交通局党委、湖州市公路管理处党委相继作出决定，在全市范围、全省交通系统开展向傅亨遐学习活动。1996年12月3日，傅亨遐生平和先进事迹展在湖州市博物馆开展。1997年4月，组成傅亨遐先进事迹报告团在全省交通系统巡回演讲。1997年12月，人民交通出版社出版长篇报告文学《长路当歌》（马雪枫著），讴歌傅亨遐先进事迹。1998年1月21日，湖州市委、省交通厅在北京人民大会堂江西厅举行傅亨遐先进事迹报告会。

链接一：中共湖州市委〔1996〕14号文件

## 关于开展向傅亨遐同志学习活动的决定

（一九九六年十月三十一日）

市公路管理处总工程师傅亨遐同志，1996年6月14日在湖因病不幸逝世。傅亨遐同志为我市的公路建设事业工作到生命的最后时刻，他把毕生的精力献给了我国的公路事业。他的崇高精神和先进事迹，在全市引起了强烈反响。

傅亨遐同志1940年出生于安吉县皈山乡，1960年毕业于南京工学院土木系道桥专业，1987年加入中国共产党. 曾任吉林省公路工程局副局长、总工程师和中国道路学会理事、吉林省道路专业委员会主任委员。1988年，他带病援非赴苏丹，担任青尼罗河大桥工程队总负责人兼技术组总工程师。1990年，调回湖州工作后. 参与了安吉幽岭隧道和天荒坪公路的工程设计及施工指挥。1994年，他担任我市第一条上等级公路318国道湖浔段拓宽改建工程的总工程师兼总监，为使这一工程提前完工并获得省优作出了突出贡献。1996年3月，已处肝癌晚期的傅亨遐，仍坚持参与了104国道二期的改建工作。他一生参与国道建设3000余公里，几十年如一日，勤勤恳恳，兢兢业业，刻苦钻研业务，为我国的公路建设事业默默奉献，真正做到了把一切献给党和人民。

傅亨遐同志是我市共产党员和知识分子的杰出代表，他的先进事迹和思想品德集中体现了共产党人全心全意为人民服务的宗旨，体现了新时期党的干部为建设有中国特色社会主义和实现共产主义远大理想奋斗不止的崇高精神境界。傅亨遐同志是杨东海、陈金水式的党的好干部，罗健夫、蒋筑英式的优秀科技工作者。为了表彰傅亨遐同志的先进事迹，弘扬傅亨遐同志的先进思想和高尚品德，市委决定，在全市开展向傅亨遐同志学习的活动。

要学习他“凡事要讲党性”的高度政治觉悟，时刻不忘党的宗旨，永当人民的好公仆；学习他“心中只有国道线”的奉献精神，工作高标准，忘我作贡献；学习他治学严谨、勇于实践的优良作风，勤奋学习，务实创新；学习他“心里多想群众”的高贵品德，处处以他人为重，弘扬社会主义新风尚；学习他一身正气、两袖清风的高尚风范，秉公办事，清正廉洁。

全市各级党组织要在学习贯彻十四届六中全会精神中，把开展向傅亨遐同志学习的活动，作为加强社会主义精神文明建设和新时期党的思想政治建设的一项重要内容，认真安排部署。学习活动要紧密联系实际，注重实效。要把学习傅亨遐的活动与学习孔繁森、杨东海、陈金水的活动结合；与弘扬湖州精神、实践湖州精神结合起来；与加强干部队伍思想政治建设结合起来；与争做有理想、有道德、有文化、有纪律的社会主义公民结合起来；与进一步推进社会主义精神文明建设结合起来。通过学习活动，使傅亨遐同志那种忘我工作、无私奉献、关心他人、廉洁奉公的精神在全市人民中发扬光大，激励和引导广大党员、干部和群众以傅亨遐同志为榜样．树立爱国主义、集体主义、社会主义思想，树立建设有中国特色社会主义的共同理想和正确的世界观、人生观、价值观，积极投身于改革开放和社会主义现代化建设事业，把我市两个文明建设不断推向前进。

要充分运用新闻媒介、文艺载体和各种形式，广泛深入地宣传傅亨遐同志的先进事迹和高尚品德。同时，要大力宣传各地、各条战线涌现的像傅亨遐同志那样的先进典型，使之成为推动我市两个文明建设的强大精神动力。

链接二：中共浙江省交通厅浙交党〔1997〕21号文件

## 关于开展向傅亨遐同志学习活动的决定

（一九九七年六月十二日）

各市（地）交通局（委）党委（党组）、厅属各单位党委、厅直属机党委、厅机关党委、省高速公路指挥部党委：

傅亨遐同志是湖州市公路管理处原总工程师，因积劳成疾，1996年6月14日不幸逝世，年仅56岁。

傅亨遐同志是新中国党培养的知识分子。1940 年出生于安吉，1960 年毕业于南京工学院土木系道桥专业，1987 年加入中国共产党，曾任吉林省公路工程局副局长、总工程师，中国道路学会理事，吉林省道路专业委员会主任委员。1988 年. 他带病援非驻苏丹，担任青尼罗河大桥工程总负责人兼技术组总工程师。1990 年调回湖州后，参与了安吉幽岭隧道和天荒坪公路的工程设计及施工指挥。1994 年，他担任了湖州市第一条高等级公路 318 国道湖浔段拓宽改建工程的总工程师兼总监。1996 年 3 月，已处肝癌晚期的傅亨遐，仍坚持参与了 104 国道二期的改建工作。傅亨遐同志一生参与国道建设 3000 余公里，几十年如一日，勤勤恳恳，兢兢业业，刻苦钻研业务，把毕生的精力献给了我国的公路事业。1991 年被吉林省评为第三批有突出贡献的中青年专业技术人才，1992 年享受国务院批准的政府特殊津贴，1993 年载入吉林省教育出版社出版的《英才大全》。

傅亨遐同志的事迹十分感人。他坚定党的信念，树立共产主义远大理想，不断改造主观世界，处处以一个共产党员的标准严格要求自己，为报效祖国，不惜牺牲个人的一切；他超越自我，忘我工作，把自己的知识和才华，毫无保留在奉献给了祖国的交通事业，不管是东北的严寒，还是苏丹的高温，他不怕任何困难，为自己树立一个又一个的“高标点”，即便在生命的垂危时刻，他想到的还是国道建设，鞠躬尽瘁，死而后已；他治学严谨，勇于实践，无论在大学求学，还是在工作岗位，求知若渴，开拓进取，以扎实的理论功底和丰富的实践经验，取得了一项又一项的科研成果，为国脉建设创造了财富；他一身正气，两袖清风，为了党的事业，从不讲名利、待遇和享受，从不利用职权为个人谋取私利、自觉抑制工程建设中的不正之风，用自己的实际行动净化社会风气；他待人诚恳，乐于助人，像雷锋一样，把忙碌、辛劳、清贫留给自己，为他人送去温暖，为了年轻科技人员的成长，他诲人不倦，甘当阶梯，为了解决他人困难，他无偿献出金钱、住房。

傅亨遐同志是交通战线共产党员和知识分子的杰出代表，他的先进事迹和思想品德集中体现了中华民族的传统美德和共产党员的高尚情操，体现了新时期党的干部为建设有中国特色社会主义和实现共产主义远大理想奋斗不止的崇高精神境界。傅亨遐同志光辉的一生，为广大交通干部职工树立了榜样。为了表彰傅亨遐同志的先进事迹，弘扬傅亨遐同志的先进思想和高尚品德，厅党组决定，在全省交通系统开展向傅亨遐同志学习的活动。

交通系统广大干部职工，要学习傅亨遐同志“凡事要讲党性”的高度政治觉悟；“戎马几忘年，承露向人间，,的高尚爱国情操；“心中只有国道线”，生命不息，工作不止的无私奉献精神；“孜孜不倦学无涯”，脚踏实地，科学严谨，求真务实的工作作风；“心里多想群众”，廉洁奉公，甘于清贫，关心他人的高贵品德。像傅亨遐那样，坚定共产主义信念，树立爱国主义、集体主义、社会主义思想，弘扬社会主义新风尚，自觉维护党的利益、国家的利益、人民的利益，为国分忧，为民造福，为党增光；像傅亨遐那样，树立学习上事业上的“高标点”，以强烈的求知欲望学技术、学科学、学管理，不断开拓进取，立足岗位成才，以高度的主人翁责任感，敬业爱业，忘我工作，多作贡献；像傅亨遐那样，树立正确的人生观、价值观，在名利面前不伸手，在原则问题上不让步，秉公办事. 清正廉洁，自觉抵制行业不正之风，努力塑造良好交通形象。

各级党组织要在贯彻落实党的十四届六中全会精神中，把开展向傅亨遐同志学习的活动作为创建文明行业，实施“三文明一提高”工程的一项重要举措，认真安排部署。

要充分运用新闻媒介，文艺载体和各种形式，广泛宣传傅亨遐同志的先进事迹和高尚品德，使傅亨遐同志的精神深入到每个班组、每个职工、每个师生，做到人人皆知，人人都向傅亨遐同志学习。同时，要大力宣传本单位涌现的先进典型，形成崇尚先进，赶超先进的风气，使之成为推动交通各项工作的强大精神动力。

各级领导要以身作则，率先垂范，带头学习。要像傅亨遐同志那样，刻苦自砺，求真务实，努力提高思想政治素质和业务工作水平，更好地担当起实现跨世纪宏伟目标的神圣职责，进一步增强公仆意识，全心全意为人民服务，为民甘当铺路石。同时，要高度重视学习活动，加强领导，狠抓落实。

要紧密联系本单位的工作实际和干部、职工、学生的思想实际，注重实效。当前要把学习傅亨遐同志的活动与完成交通建设、管理、运输、生产、科研、教学的各项任务结合起来，与创建文明行业的各项工作结合起来，与行风评议活动结合起来，切实解决与人民群众利益息息相关的重点、热点问题。通过学习活动，使傅亨遐同志那种无私奉献、忘我工作、求真务实、廉洁奉公的精神在全省交通职工中发扬光大，激励和引导广大常员、干部、职工以傅亨遐同志为榜样，积极投身于改革开放和社会主义现代化建设事业，把我省交通两个文明建设不断推向前进。

链接三：《湖州日报》报道《魂系国脉》全文（1996年10月9日刊发）。

## 魂系国脉

——记国务院颁发政府特殊津贴获得者、湖州市公路管理处总工程师、共产党员傅亨逷

没有鲜花，却有青山岭葱茏的松木；

没有哀乐，却有穿梭在104国道上汽车的车轮声……

1996年6月17日上午，人们噙着热泪，为湖州市公路管理处总工程师傅亨逷作最后的送行。遵照这位共产党员的遗愿，将他的骨灰撒在青山岭下，国道两旁。

生前，他像一颗铺路石，为了共和国的公路建设默默的奉献；

死后，他要永伴国道……

不管病魔多肆虐　心中只有国道线

当人生最后的驿站向傅亨逷靠近时，他将自己对党的事业的挚爱之情，渗透在分分秒秒之中，忘我地书写着无悔于国道建设的生命篇章。

1996年3月26日下午，离104国道二期改建招标会议只有一天半时间了，可肝癌引起的阵阵剧痛，已使傅亨逷难以正常工作。但是标书上还有许多不够完善的地方需要修改，如不及时纠正，就会使会议推迟召开，而会议的推迟则意味着国道改建工程的推迟。这对于傅亨逷来说，是比病痛更加痛苦的事。

傅亨逷执意要亲自修改标书。公路管理处的小吴登门看望时，只见傅亨逷坐在书桌前，左手按着阵阵剧痛的腹部，右手拿着笔在标书上改动着。人，随着左手的一按一松在微微地颤动，眉头紧锁。小吴急忙走上前去拿标书：“傅工，你不能再写了……”

“小吴，国道改建工作必须分秒必争，一天也不能耽搁！”

3月30日深夜，时钟已敲响了12时，主持了3天104国道二期改建招标会议的傅亨逷，靠在床上还在审阅各竞标单位的资质材料。

晚期肝癌，已折磨得傅亨逷瘦削的脸庞变黑，不时地剧痛使他额上直冒虚汗，他想起来喝口水，浮肿的双腿刚一下地，“扑通”一声，人就倒在了地上。

年已七旬的叔叔傅允稼，听见声音赶紧从隔壁的房间过来，扶住傅亨逷：“亨逷，看你病成这个样子，别忙了。”

“明天招标就要结束了，这些文件关系到工程质量，今天不看完，我心里不踏

实。叔叔，本该我应照顾你，可现在……”傅亨遐的话充满了内疚。

104 国道招标 3 天来，傅允稼心里一直在担忧，傅亨遐白天开会，晚上读文件到深夜，一工作就忘掉了自己。看着侄子长大的傅允稼眼噙泪花，一边为侄子倒水，一边喃喃地说：“亨遐，你内心唯独没有自己。”

1990 年初，傅亨遐从吉林调回湖州。那时湖州境内的 104、318 等国道都是 12 米宽的双向、两车道二级公路，交通制约着湖州的经济建设。作为高级工程师的傅亨遐深感责任重大，可是就在这年 10 月，他在公路管理处的一次例行体检中，被发现已患肝硬化。医务室的姚医生向领导汇报这一情况，处领导决定让他马上住院治疗，可傅亨遐硬说，我这病搁得起，眼下工作正忙，过段时间再说。他继续参加国道改建工作，协助湖州市交通局领导在公路建设招标中引进竞争机制。参照国际咨询工程师联合会“菲迪克”合同条例，结合湖州的实际，使招标竞争逐渐趋向规范化。接着，他又马不停蹄地参与了安吉幽岭隧道和天荒坪公路的工程设计及施工指挥工作。

1994 年，湖州市第一条高等级公路 318 国道湖浔段拓宽改建工程正式开始，总工程师兼总监的傅亨遐具体负责这一改建工程的质量。

公路沥青施工正是炎热的夏季。7 月流火，路上刚浇注的沥青达到 120℃的高温，常人站在路旁，难以忍受灼人的蒸气和刺鼻的沥青味。本应躺在床上疗养的傅亨遐，不仅亲临工地指挥施工，而且还常常手拿温度计，在烈日下测试沥青温度，一天要来来回回检查质量几十趟。一次，工地施工标段经理栾成立突然发现傅亨遐脸色已成了紫色，便扶着傅亨遐的手臂说：“傅工，你有病，不要再上工地了。”

回到家里，傅亨遐连晚饭也不吃就倒在了床上。脱鞋时，栾成立看到傅工的脚板上有好几个黄豆大的血泡。此时，傅亨遐却不顾自己的疲劳，紧拉住栾成立的手说：“小栾，今后在施工中，你要特别掌握好沥青的温度，特别要注意路面的厚度和平整度……”傅亨遐讲到这里，顿时气急起来，瘦削的脸上出

现了一条条血丝。

栾成立看到傅亨遐虚弱的身体，决意要送他去医院。傅亨遐摇了摇了手说：“不用，我吃几片药，躺一下就没事。”

这几年，湖州境内的国道发生了巨大的变化，过去的二级公路逐渐被 24 米宽的双向四车道一级公路所替代。然而傅亨遐心里仍然装着国脉，对自己的工作树起

了更高的“标点”——要为湖州人民久已盼望的高速公路尽自己的一份力量。1995年5月，傅亨遐满怀着要亲手参与设计湖州首条高速公路的愿望，拖着病躯到江西考察，回湖后终于病倒了。

解放军第九八医院诊断结论：傅亨遐肝癌已到晚期，必须立即住院开刀。

傅亨遐知道自己的来日不长，但湖州国道建设正处在关键时刻，他执意要在有限的时间内，为党为公路建设事业多作一点贡献。他下定决心，不住院开刀，以赢得更多的工作时间。他说：“这个病的结果我很清楚．一旦动了手术，就只能永远待在医院里，那工地怎么办呢？”

市公路管理处处长俞梅根苦口婆心地做他的思想工作“傅工，你若不同意，我就不让你工作……”1995年6月6日，傅亨遐在杭州邵逸夫医院进行了肝脏切除手术。人躺在病床上，傅亨遐的心却牵挂着湖州的工地。他叫前来医院服侍的侄子傅力拿来图纸。傅力说：“你刚开过刀，这些资料是否出了院再看？”“公路建设是大事，我个人是小事，图纸稍有差错，工程就会多支出数万元，国家就会蒙受损失。”

仅住院半月，傅亨遐坚持要求出院，回到了湖州。

在回安吉皈山老家养病前，他再三要求处里的同事和领导，凡是工程上有什么问题，一定要告诉他。

今年春节，长春的继女陈雪慧来湖州看他，劝伯父到长春养病。“我不能走。”傅亨遐说。“咋呢？”“我来湖州干工作日子不多，贡献不大，我很对不起湖州的父老乡亲。”“去年你的病已经很重了。”“去年是去年，今年不是好了吗。”后来，陈雪慧多次来电来信请伯父到长春养病，他总是说，等工程完了就走。这句话，直到逝世未能实现。

今年3月，傅亨遐得悉104国道湖州段二期改造工程招标开始，他从皈山又“溜”回了湖州。

工程招标顺利结束，但傅亨遐由于过度疲劳，病情更加恶化，造成了肝腹水，4月12日他不得不又住进了医院。

虽是危重病人，傅亨遐执意不住干部病房，却住进了普通病房。在病床上，他把图纸带在身边，病房几乎成了他的办公室。直到4月下旬，经医生多次干涉，傅亨遐才交出了图纸。尽管如此，他嘴里常常念叨着国道工程的进展情况。

5月的一天，工程师小章和小沈去探望傅亨遐，傅亨遐看见两位年轻人的到来，原来无神的双眼顿时亮了起来，显得异常兴奋。他始终不谈自己的病情，而是详细地询问有关“弯沉值”等施工技术问题。

两位年轻人边听边落泪：“傅工，你放心好了，别再说了。”

6 月上旬，傅亨遐肝昏迷接踵而来，每次醒来，他总是唠叨着说：工程怎么样了？

6 月 14 日上午 8 时，傅亨遐又从昏迷中醒来，在他弥留人世前的 3 小时，他望着床前的市公管处的党委副书记杨俊成和叔叔傅允稼，断断续续地吐出了最后的话语：“我要走了……请求组织把我的骨灰撒在 104 国道旁……我活着看不到它改建工程的完成……死也想陪伴着它……”

## 放弃个人情长事　满腔热血献青春

6 月 14 日，当傅亨遐逝世的消息传到吉林省公路工程局时，全局上下自动聚集在一起，默默致哀，缅怀他们的老局长、他们的好同事。许多人眼含热泪着哭着说：“傅工，你的病是累出来的……”

1960 年秋，毕业于南京工业学院的傅亨遐，踏上了吉林这块深莽肥沃的黑土地，走进了深山老林修公路的施工队。工人们惊讶地发现，这位穿着朴素、性格朴实的青年，原来是位大学毕业的高才生。从此他和大家一起，风餐露宿，为祖国的桥梁和公路建设默默奉献自己的青春和才华。

1965 年秋天，25 岁的傅亨遐来到大西北一个军事工地担任技术员，随他一起的描图员是一位年轻姑娘。

这位姑娘是日本侵华战争中日本人留在东北的孤儿。两人在工作中互相配合．互相关心，渐生情愫。就在傅亨遐正准备婚事时，姑娘的日本亲人找到了她，并接她回了日本。

姑娘走了，傅亨遐和她只能以鸿雁寄情。“亨遐，我在日本已有工作，希望你能来日本定居……”

面对恋人的来信，傅亨遐想起了生他养他的祖国，想到火热的工地等待他去建设，于是，他强忍思念之情，回信说：“我不能来日本，祖国的建设需要我……”

中国人最热闹的节日是春节。傅亨遐想念自己的家乡——湖州，想念远方的亲人。晚上他铺开宣纸，拿起湖笔，将苕溪水、道场山描绘在纸上，悬挂在墙上，寄托自己的思念之情。春节假日一过，傅亨遐把它摘下来，卷起放进箱子，连同自己的思念之情锁进了书箱，又走上了工地。每年除夕画一幅，年年如此。

在第二故乡吉林，他奔忙于晖春至东林县、桦甸至白石山、桦甸至夹皮沟公路和密江隧道等工程建设工地上。工人们说，傅工总是第一个到工地，最后一个才回来。在密江隧道处理险情时，他不顾个人安危，带头冲进隧道，果断处理问题，排除了险情。他在三线基地指挥工程建设时，办公和住宿的地方都是在长白山上。冬天，白雪皑皑，气温降至零下32℃。傅亨遐和大家一起，住在一个用桦树枝搭成的棚内，睡的床搭在70厘米厚的积雪上，忍受严寒，一住就是一年。

为了工作，傅亨遐全身心地投入，付出一切。1981年，在北京交通部、核二院等单位工作的同学应汉宗、朱培京、陈真、曹沛霖、陈允玮，发现他们的好友傅亨遐已四十出头的人，还没有一个家。为此，在首都为傅亨遐介绍了一位理想的女友，彼此十分满意，频传书信，商定于金秋之时在首都会面，以便约定终身。但是傅亨遐为了工作，未能去京赴约，又一次失去了机会。当同学来信埋怨他时，傅亨遐也深感这已是无法挽回的遗憾，但他将遗憾埋在心底，将爱移在工作上。他在给同学的回信中，附上自己作的词《卜算子·六朝松》以表达自己的宏志，并和同学共勉：

“边陲秋风里，戎马几忘年。

远山空蒙淡天阔，翠黛原正肥。

鸡鸣园隅松，六朝凌紫烟。

钢杆铁爪枝（谐志）未衰，

承露向人间。”

傅亨遐用自己的行动实现自己报效祖国的志向——“戎马几忘年，承露向人间”，在党的培养下，用自己的行动，使思想境界不断升华。

傅亨遐在大学求学时是一名共青团员，曾写过入党申请书，后来由于家庭出身问题没有解决，但他没有放弃追求。参加工作后又立即向党组织递交了入党申请书，并定期自觉向党组织写书面思想汇报，主动找党员谈心，表达自己对党的坚定信念。1987年7月13日，他终于实现了多年的夙愿，光荣地加入中国共产党。他说：组织入党是一个手续，更重要的是思想入党。我是一名高级知识分子党员，我要按党员的标准更加严格要求自己。他是这样说，也是这样做的。他多年被局评为优秀共产党员。

1988年夏天，吉林省公路工程局奉命派工程队援非建造青尼罗河大桥。傅亨遐被任命为青尼罗河大桥工程队总负责人兼技术组总工程师。出发前体检。发现他患有慢性肝炎。鉴于身体，他可以不去。但是傅亨遐毅然前往。他说，我是一名共产党员，又是一名领导干部，重任在肩，岂能卸担?

夏日的青尼罗河畔，骄阳似火，气温高达 52℃。白天，傅亨遐顶着烈日在施工现场指挥作业；夜阑人静，挑灯审阅图纸，研究技术问题。从祖国寒冷的北疆来到炎热非洲的苏丹，地域、气候带来的不适和超负荷的工作，使得傅亨遐的身体健康越来越差，慢性肝炎开始肆虐。有一天傍晚，他拖着疲惫的四肢回到宿地，感到一阵恶心，晚餐粒米未进。第二天一早，他还想撑起身子去工地，可怎么也撑不起来，组织上得知这一情况，专门派人去苏丹接他回国，而傅亨遐却说，造这座大桥是周总理生前的嘱托，我还是留下吧。

傅亨遐和工程队全体人员克服困难，完成大桥的架设，得到了苏丹人民的好评。

在吉林 30 多年时间里，他担任过大庆公路会战、扶余松花江大桥、乌江大桥和国道建设等大型工程的技术设计和指挥，其中长春至农安公路施工项目获吉林省设计、施工三等奖，创优质工程；长春至四平、长春至吉林北线工程获省优质工程……

1991 年，傅亨遐虽已调回家乡湖州，但因他成绩卓著，仍被吉林省评为第三批有突出贡献的中青年专业技术人才，享受国务院颁发政府特殊津贴。1993 年，他的事迹被载入吉林省教育出版社出版的《英才大全》。

孜孜不倦学无涯　殷殷丹心献才华

在非洲苏丹建造青尼罗河大桥时，由于缺乏技术参数，无处查阅资料，工程进度一下子卡了壳。回国拿资料肯定来不及，傅亨遐靠自己的扎实功底，硬是把各种数据通过推算，准确无误地拿了出来，保证了工程的正常进行。同事们惊讶他的水平，称他为“活字典”。

这“活字典”的雅号来自傅亨遐对知识孜孜不倦的追求。他说，多学点知识，才能为国家多作贡献。

傅亨遐从小学到大学品学兼优。在南京工学院（现东南大学）就读时，学的专业是“公路和城市道路”。他在学好本专业课程外，增学了无线电专业。他在大学专修的外语课程是俄语。为了不荒废中学学过的英语，他常用英语写日记。5 年的大学生涯，足足记下了 20 万字的英文日记。他还自学德语、日语，利用多种外语知识学习国外科技新成果。在大学毕业设计时，导师要求设计一座中型桥梁，本可选用所学的常规桥梁，但傅亨遐不满足于此，提出新型的结构设想。他运用扎实的数学、力学、结构方面的知识，去解决设计计算问题。在学校里，他常常热情辅导学友，被大家誉为“小助教”。

傅亨遐各门功课成绩名列前茅，年年享受助学金。读大学时，正是国家困难时期，他主动向学校领导提出要求减少助学金，而自己千方百计节约开支，连必买的学习辅导资料也是向同学借读的。

在求学期间，傅亨遐不仅在学术上有了结合实际开拓创新的精神，而且在人格上有了为国分忧、乐于助人的精神，这种精神一直贯穿在他几十年的工作之中。

在 70 年代初期，大批火力发电厂的粉煤灰，被当作废物白白的扔掉，而且严重地污染了环境。而傅亨遐却在默默地想，能不能化废为宝，利用粉煤灰掺进石灰、碎石（简称两灰碎石）来浇筑公路地基呢!但抗压等强度指标的高低，是关系到这一科研项目的成败。他经过近百次的试验，终于形成了合理的配比度，这项成果因合理利用了废水、废气、废物“三废”中的废物，使公路建设的成本大大地降低了，又保护了环境。为此，他荣获了国家科技进步三等奖，并在全国推广。他于 1978 年被任命为中国道路学会理事，现在大江南北的国道施工，都凝聚着傅亨遐这一科技成果的结晶。

我国公路施工用的沥青摊铺机，大多数是从日本进口的。但由于日方技术保守，提供资料不全，使机器在浇注路面时，沥青路面“麻面”严重，给施工质量直接带来了影响。为了攻克这一难题，傅亨遐经常静静地蹲在机器旁，观察机器启动时的性能，有时顶着烈日在机旁一站就是半天。经过分析和计算，他让感应器提早传出信号，与“搅龙”合拍，并增加一块挡板来均匀原料，终于解决了“麻面”难题。

市公路管理处的领导常说，傅工扎实的理论功底和丰富的实践经验，不仅为我们领导分了忧，而且为工程建设创出的财富不可估量。

1994 年 3 月，318 国道一期工程东迁段的 1. 8 公里路基完工，但在放行通车时，发现整块路基有颤动现象。大多数工程技术人员认为，只有一个办法——返工。可返工又谈何容易，像钢板一样坚硬的路基，一个人一天只能刨掉一平方米左右的路面，1. 8 公里路基的返工，没有半年时间是绝对完不成的，而且工程费用也起码得增加 50 万元。

负责施工的江苏邳州道桥公司经理陆宝华，会同技术人员开了 10 多次会议，还是拿不出解决问题的办法，急得团团转。

傅亨遐得悉后，及时赶到现场，进行了实地考察，徒步走完了 1.8 公里的路基，凭着广博的理论知识和丰富的实践经验，他果断地找出症结：主要是设计有问题，筑在水田上的路基厚度，应该同筑在一般土地上的厚度有差异，现在“密实度”达到了，而“弯沉值”没有达到。

在傅亨遐的主持下，路基用“二灰砂粒”加厚 15 厘米，经检测“弯沉值”达到百分之一百，路基颤动立即消失，而且此路段质量验收达到优良，直接减少经济损失 30 余万元，还几乎没有耽误施工进度。

1995 年夏天，湖州 318 国道二期改造工程到了最为关键的时刻。这时，在旧馆镇路段的软土地基却迫使工程施工延缓了进度，而市里要求务必在国庆节前通车。原先负责施工的队伍一看情况不妙，“临阵脱逃”；而前来支援的市政工程总公司也感到问题很棘手，怎么办？负责这个路段施工质量的陶总工程师急得连饭也吃不下。

作为总工程师，技术总监的傅亨遐本可嘱托他人去处理，但他得悉后，不顾自己重病缠身，不顾天气炎热，及时赶到了现场，提出了“增强早期强度，二层基础同期养护”的办法，并大胆拍板，付诸实施。仅用了短短 14 天时间，赶在国庆节前顺利通了车。

## 一生正气传南北　两袖清风铸人格

在湖州公路工程建设处的 10 多个施工队，对傅亨遐的秉公办事有口皆碑。

1995 年 8 月中旬的一天，傅亨遐和公路管理处的领导冒着高温来到 318 国道二期六标段检查施工质量，而施工单位是他的老部下——吉林公路工程局 4 处工程队。傅亨遐一边检查，一边向标段经理栾成立指出路面不平是由于铺路油石比率有问题。晚上，他打电话将栾成立叫到家中，把自己拟定的几组石料级配曲线和油石比率值告诉栾成立。第二天，要小栾反馈实践的结果，确定不同温度下合理的配比度，这天，他和小栾一直忙到了晚上 10 时多。傅亨遐语重心长地对小栾说：“不是我老局长不够意思，因质量是百年大计，不能出半点差错。另外我对吉林也有感情，我不希望因为质量问题而砸了你们的牌子，希望你能理解。”

傅亨遐的严格要求，使栾成立心中充满了对这位老局长的敬仰之情。他说：“在吉林，在湖州，傅工都是我的上级。我到湖州两年时间内，傅工多次帮助我。我为了感谢他对我工作上的支持，曾多次邀请他吃一餐饭，可他从未答应过。”

作为一名党员、一名科技工作者，傅亨遐想的是党的利益、国家的利益，处处严格要求自己。1983 年，他任吉林公路工程局副局长兼总工程师，手中有了实权，然而他从未为个人谋取一分私利。

1987 年，吉林延边自治区有一个交通工程队为了在公路工程建设招标中“顺利”一点，来人找到傅亨遐：“傅局长，你能不能在技术上帮助帮助我们。”“你们有技术问题，尽管来。”“我们工程队想请你当顾问，但你工作很忙，只要挂个名，一个季度就可给你 1 万元的劳务费。”傅亨遐听到这里，立即回绝：“这个名我不能挂。”

傅允稼过去从侄子傅亨遐那里学过一点建筑学方面的知识，曾在乡镇企业工作过。由于傅允稼年岁已大，傅亨遐特让叔叔来吉林，生活上可相互照顾，叔侄有着父子般亲情。

那个工程队又找到了傅允稼表示说，倘若傅允稼愿意挂个名，照样可以付给可观的报酬。

傅亨遐知道后对叔叔说：“会干建筑的人很多，为什么要请你？这件事你千万答应不得。你生活有困难，有我侄子在，尽管放心好了。”

傅亨遐身体不好，缺少人照顾。1985 年，19 岁的侄女陈雪慧作为继女来吉林长春和傅亨遐住在一起。傅亨遐常对陈雪慧说：“伯父是个平平淡淡的人，这辈子没有做过对不起人的事，你要老老实实做人，认认真真工作。”

陈雪慧一到长春便到基层施工队做临时工，长期在野外作业。平时根本没有时间照顾傅亨遐。而傅亨遐却不吭一声，没有向组织提出要求安排好侄女的工作，更没有提出过迁户口的事。直到 4 年后，领导发现了这件事，才由组织出面，将陈雪慧迁了户口，安排了工作。

在吉林，傅亨遐是处级干部，厅里安排给他一辆小汽车，而傅亨遐将小汽车留作公用，即使身体不好，上医院也乘公共汽车。1985 年，局里分给他三室一厅的住房，而傅亨遐想到的是比他更困难的同志，于是他将分到的三室一厅新房，同一位技术科长调了一套二室一厅的房子。陈雪慧有点想不通：“伯父，你为啥不要更宽敞一点的房子呢. 你不要，恐怕人家也不会说你好!”傅亨遐严肃地说：“凡事要讲党性，我们要多想想有好多职工还没有住上房呢。”1989 年。陈雪慧结婚了，家里常住人口增至 3 人，再加傅允稼常来住一段时间，30 多平方米的居室狭窄了一点。

陈雪慧对伯父说："能不能调一套大一点的。"傅亨遐又说："许多老工人的住房比我们紧张，有的5口人才住10多个平方米。当局长，不能光考虑自己。心里应多想一想群众。"

1990年，傅亨遐从吉林调回家乡湖州，同时，他把在吉林不争名利、廉洁奉公、严于律己的好作风也带到了湖州。

傅亨遐调到湖州时，组织上没有安排他什么职务，可他做到了能上能下，能官能民，没有因为自己曾是一名处级干部而在待遇上提出过任何要求，相反更加严格要求自己。他起先住在一个13平方米的单间里。有一次，一位老校友到湖州看他，见他房里除了一只木板床、一只旧桌子、一把椅子和几个纸箱的书以及衣服外，另无他物，感到十分惊讶，责备他不该这样苛求自己。傅亨遐笑笑说："老同学，现在市里连搞公路建设的资金都很困难。如果讲待遇、讲享受，我何必来这里?"

1992年分房时，处理根据他的级别准备安排一个大套给他，而傅亨遐坚决谢绝："我只有一个人，不需要大套。"组织上只好分配给了他一个42平方米的中套。

傅亨遐住在吉北小区，单位在杭长桥南堍。市东、市西相距3公里，而傅亨遐不会骑自行车。处里为了照顾他的身体，上班用小汽车接送，但傅亨遐一口谢绝照顾，坚持步行上班。后来处领导要他"打的"上班，可以报销，但傅亨遐从没有向单位报销过一张车票。

在吉林当副局长，他有实权；在湖州，虽不是领导干部，可在工程招标中也有主要发言权。但他以国道利益为第一，照样秉公办事从不谋私。

1994年3月，318国道二期改建工程开始施工。一天中午，某施工队的负责人来到傅亨遐家，扔下一个纸包就走。傅亨遐打开一看，一叠人民币。他一边叫住外甥女朱琴数钱，一边叫朱琴的丈夫张健出门去追那人。那人走得快，一溜烟就不见了。

这一叠钱正好是1万元。吃过中饭，傅亨遐请张健乘车赶到施工队驻地旧馆镇。把钱如数退还了。

第二天，那人又拿着钱叩开了傅亨遐的家门。傅亨遐严厉地对他说："没有资格干工程，送钱再多也没有用；参与公开竞争，资质、施工技术能超过别人，不花一分钱也能拿到工程。"那人听完傅亨遐掷地有声的一番话后，拿了钱悻悻地走了。

有好处他不要，有利他不图，有便宜他不贪。无论时空怎样变化，傅亨遐用自己的言行，净化着周围的“空气”，履行着一个共产党员对党的诺言。

有一次，处里派车将傅亨遐送回安吉县老家养病，车到递铺镇已是中饭时光。在饭店就餐时，驾驶员点了几个菜，想让傅工吃得好一点，饭后，驾驶员去付款，傅亨遐要回发票并当场撕了，自己拿出280元钱还给驾驶员。驾驶员不好意思接受，傅亨遐说：“我回家养病是私事，用公家的车来送，已经是揩单位的油了，怎么吃了饭还要公家报销。你也别声张，这件事就这样算了。”

市公路管理处的领导曾多次向医院和傅亨遐的亲属表示，无论花多少钱，也要挽救和延长傅亨遐的生命。

傅亨遐的几位亲属为挽救他的生命，数次外出购药。仅在今年6月上旬，傅允稼去西安购中药就花去9000元，先后共1.6万元。傅亨遐再三叮嘱叔叔：“单位已经为我花了很多医院费．我内心很是过意不去，这1万余元你无论如何不能去单位报销。我是党员，不能带头破例。”

### 甘当人梯累自己　乐作春风暖他人

傅亨遐为了国家的建设培养更多的人才，他的家几乎每天都要接待前来请教的年轻人。有时常常辅导到深夜。他对年轻人的态度是——热情“传、帮、带”。

市公路工程建设处的小章、小沈、小陆都是80年代毕业的中专生。对他们，傅亨遐在理论上辅导，工作中大胆启用，为他们的成长创造条件。

一次，处里委派人去长春商榷解决318国道改建的方案，原定傅亨遐带班北上。为了让年轻人多一个学习锻炼的机会，傅亨遐和处领导商量，建议换小沈去。小沈得悉后，傍晚找到傅亨遐家里：“傅工．我恐怕不行。”“别怕，天下无难事，多挑担子有好处。”接着，傅亨遐帮助小沈拟定方案，把各种要注意的细节讲给小沈听，一直到小沈完全理解为止，这时，已过午夜12时。

傅亨遐在传授知识的同时，还把自己的人格精神也传授给年轻人！

今年3月的一天，小章去看望在家养病的傅亨遐。“小章，估计你的同济大学本科函授马上就要毕业了。我想看看你的毕业设计方案。”傅亨遐靠在床上关心地说。

小章望着他发紫的面庞，不知道说什么好，心中一阵激动，傅工啊傅工，病到如今．你心里还惦记着别人，你病得这样重。我怎么能麻烦你呢！

“你快拿来，我来帮助你出出点子。”

第二天下午，小章又来到傅亨遐床前。当他拿着自己那张密密麻麻被傅亨遐改动了上百处的毕业设计方案时，双眼潮湿了："傅工，你一夜没合眼吧!"

"小章，我的愿望是想让你们年轻人早点接我们的班!"

傅亨遐虽然没有儿女，然而他把年轻人当作自己的子女来对待，在技术上、知识上帮助他们，在思想上、生活上关心他们……

那是 1994 年秋的一个星期天，在湖州师范专科学校读书的侄女傅月红，领着同班同学毛晓华来到傅亨遐的住处做客。小毛整个上午郁郁寡欢，不讲一句话。傅亨遐悄悄地问月红："看上去小毛不大开心，她有什么心事吗？"月红告诉伯父："小毛有病，学校里不能住。她是义乌人，湖州有个姐姐，可家里住不下。"傅亨遐说："我这里有个小房间，让小毛住在这里就是了。"

毛晓华从心眼里感谢这位善良的长者。傅亨遐安顿好她的生活，将家中的钥匙交给她。小毛生病住院，花去医药费 2000 多元，傅亨遐一次性给她付清了费用。还像对待自己的女儿一样，不时买些书籍、食品给她。

1995 年夏，小毛毕业了，因有病，一时难以安排工作，顿时愁眉不展。

傅亨遐说："小毛，这里就是你的家，你不嫌弃，就住在这里。"

小毛心中常常闷闷不乐。傅亨遐就做她的思想工作，谈人生观、价值观、世界观；谈国内外形势，用好学上进、业精于勤的事例开导她、鼓励小毛奋发向上。

一年多来，傅亨遐不仅提供小毛吃住，而且每月给她 200 元零用钱。

毛晓华的姐姐毛晓慧是位丝厂工人，经济拮据，对妹妹毛晓华念书无力扶持。她几次到老傅家登门表示感谢，但总是看到傅亨遐身上穿的尽是些破旧衣服。6 月 14 日下午，她特地上街买了两件新衬衫，向妹妹的恩人傅工表示谢意。可她万万没想到，自己来迟了一步。她呆滞地望着手棒的两件衬衫，不禁心中一酸，潸然泪下。

无论在东北还是在湖州，不管是亲朋、同事，还是不相识的人，谁有困难，他总是伸出温暖之手。

吉林公路工程局老工人戴明胜的孩子上中学时，数学一直跟不上，而当时傅亨遐工作又很忙。戴明胜犹豫再三，最后鼓足勇气，抱着试试看的心情找到傅亨遐，"傅工，我求你一件事行不？"傅亨遐说："戴师傅，咱们在一起这些年了，客气啥？说吧!"戴明胜照实说了："我的孩子数学不行，请你抽空给指教指教。""咋说指教呢？互相学习吧!我今晚就上你家去。"

就这样一连多少个夜晚，傅亨遐守着戴师傅的孩子辅导数学。孩子的成绩很快上去了。

追忆往昔。戴明胜说，我快 60 岁的人了，不少事都忘了。但是忘不了傅工辅导我那孩子时屋里亮的那盏灯。那天我听说傅工去世了，心理真难受啊!吃饭不香，入夜不眠。我孩子现在是研究生了，年年回来都打听傅老师……说着痛哭失声。

在吉林得到傅亨遐帮助的岂止是戴明胜一家？当傅亨遐逝世的噩耗传到吉林省公路工程局，许多老工人噙着泪花说：傅工，我们欠你的情实在太多了。

70 年代，不少老工人的家庭生活困难。有的开口向傅工借钱，傅工总有求必应；有的不愿开口，傅亨遐知道后，主动把钱送到人家手上。吉林省公路工程局办公室的张重阳说，受傅亨遐帮助的人无数，他借出去的钱也无数，他帮助人不看身份地位。不管你是烧饭的、扫院子的，他都挂在心上。那时有一位工人，家庭很困难，自己喜欢喝酒，大伙叫他“二锅头”，常得到傅亨遐经济救济，感动得这位工人常说，傅工，等你成家的时候，我一定好好表示表示。可傅亨遐一直没成家。

傅亨遐借钱、送物、帮助人，从不要人家回报。当他调回家乡湖州时，留在吉林成家的继女陈雪慧，曾开玩笑地对傅亨遐说：“伯父，你把借出去的钱给我列一个清单，我好帮你讨。”“人家有难才向我借钱，你不要帮我做这件事。”傅亨遐认真地说。

在吉林省公路工程局大家都这样说，傅工帮助别人，并不是因为他富裕，而是傅工的心眼好。

傅亨遐的生活十分节俭。在吉林，大伙见他在食堂吃饭，总是挑最便宜的菜买，从不穿一件像样的衣服，自己花钱省得很。他的许多多衣服总是补得不能再补了，还照样穿。原副局长、总工程师郭长生说，那年，老傅的一件衣服破旧得不像样子，还要补。我建议他扔了算了，他不愿意。最后，还是请求我的老伴帮助补好又穿了一年。

作为一位处级干部，在吉林工作近 30 年，傅亨遐没有留给陈雪慧什么家产，自己调回湖州，仅装了 3 个纸箱：1 箱旧衣服、2 箱书。

在湖州的新居里，人们含着泪花整理他的遗物，几乎没有一件时髦的衣服，连内衣都是补了又补……

年仅 56 岁的傅亨遐走了，然而，他亲手参与建设的 3000 公里国脉已同共和国心脏一起搏动，为祖国的经济建设创造着无穷的财富；他留下的人格力量，成为一

笔巨大的精神财富，在人们的心中树起了一座不灭的丰碑。（通讯员　张锦国　湖州日报记者　朱达林　沈晓华　汤建驰）

# 第二节　荣誉录

主要录入全市交通系统省级以上先进集体和市级以上劳动模范。

## 1991—2010 年省级及以上先进集体名录

表 5-1

| 年份 | 获奖单位 | 荣誉称号 | 颁奖单位 |
| --- | --- | --- | --- |
| 1992 | 湖州市交通局 | 交通管理先进单位 | 交通部 |
| | 湖州市交通局 | “七五”交通战备工作先进单位 | 国务院、军委 |
| 1995 | 湖州市汽车客运总站 | 1993—1995 年度文明汽车客运站 | 交通部 |
| | 湖州市交通局 | “二五”普法先进单位 | 浙江省委、省政府 |
| 1996 | 湖州市交通局 | 社会综合治理先进集体 | 浙江省委、省政府 |
| | 湖州市交通局 | 公路“四自工程”施工现场管理先进单位 | 浙江省政府 |
| | 湖州市交通局 | “八五”交通战备工作先进单位 | 南京军区 |
| | 长兴县公路管理段 | 省级文明单位 | 浙江省委、省政府 |
| 1997 | 湖州市公路运输管理、稽征处 | 军民共建社会主义精神文明先进单位 | 中宣部和总政治部 |
| | 湖州市交通局 | 1996 年度公路“四自工程”营运管理先进单位 | 浙江省政府 |
| | 湖州市交通局 | 1996 年度全省创建文明样板路活动优胜单位 | 浙江省政府 |
| 1998 | 湖州市交通局 | 行风建设先进集体 | 浙江省委、省政府 |
| | 安吉县交通局 | 1997 年度公路“四自”工程质量管理先进单位 | 浙江省政府 |

续表 5-1-1

| 年份 | 获奖单位 | 荣誉称号 | 颁奖单位 |
| --- | --- | --- | --- |
| 1999 | 湖州市公路运输管理、稽征处 | 全国精神文明建设工作先进单位 | 中央文明委 |
| | 湖州市公路运输管理、稽征处 | 省级文明单位 | 浙江省委、省政府 |
| | 湖州市长运汽车运输有限公司 | 先进基层党组织 | 浙江省委 |
| 2000 | 湖州市公路运输管理、稽征处 | 1998—1999 年度道路运政管理文明单位 | 交通部 |
| | 湖州汽车客运总站 | 文明汽车客运站 | 交通部 |
| | 湖州市交通局 | 1999 年冬季退伍安置工作先进单位 | 浙江省政府、省军区 |
| | 湖州市航运管理处 | 公路、水路运输全行业统计工作先进集体 | 交通部 |
| | 湖州市航运管理处 | 水上统一执法行动先进集体 | 交通部 |
| 2001 | 湖州市公路运输管理、稽征处 | 2000-2001 年度道路运政管理文明单位 | 交通部、人事部 |
| | 湖州汽车客运中心女子快客服务班 | 全国汽车客运系统优秀班组 | 交通部、中国公路运输工会 |
| | 湖州航运管理处、湖州市公路运输管理（稽征）处、湖州市长运公司客运中心、长兴县公路管理段、湖州市车辆通行费征收处 | 省级文明单位 | 浙江省委、省政府 |
| | 湖州市公路管理处 | 第二次全国公路普查工作先进单位 | 国家统计局、交通部 |
| | 湖州市车辆通行费征收处 | 全国交通系统创建文明行业先进集体 | 交通部、人事部 |
| 2002 | 湖州市公路管理处 | 第二次全国公路普查先进集体 | 交通部、国家统计局 |
| | 湖州市港航管理局、安吉县航运管理所 | 全国航道系统先进集体 | 交通部 |
| | 湖州市港航管理局 | 全国内河航道技术等级评定工作先进单位 | 交通部 |
| 2003 | 湖州市公路运输管理、稽征处 | 全国交通文明行业 | 交通部 |
| | 湖州市长运汽车运输有限公司 | 模范职工之家 | 全国总工会 |
| | 湖州市车辆通行费征收处团委 | 全国“五四红旗团委” | 团中央 |

续表 5-1-2

| 年份 | 获奖单位 | 荣誉称号 | 颁奖单位 |
|---|---|---|---|
| 2003 | 104 国道湖州收费站团支部 | 全国青年文明号 | 团中央 |
| | 湖州公路运输管理、稽征处 | 浙江省防治非典型肺炎工作先进基层党组织 | 浙江省委 |
| | 安吉县高等级公路收费管理所 | 省级文明单位 | 浙江省委、省政府 |
| 2004 | 湖州市交通局 | 拥军优属模范单位 | 浙江省委、省政府 |
| | 湖州市港航管理局湖州管理处 | 第二次全国内河航道普查先进集体 | 交通部 |
| 2005 | 湖州市公路运输管理、稽征处 | 全国文明单位 | 中央文明委 |
| | 湖州市公路运输管理、稽征处 | 全国交通系统创建文明行业先进集体 | 交通部　人事部 |
| | 湖州市公路管理处、湖州市港航管理局湖州管理处、湖州市交通学校、德清县港航管理处、长兴县万宏汽车运输有限公司、长兴县港航管理处 | 省级文明单位 | 浙江省委 |
| | 湖州市车辆通行费征收处 | 全国精神文明创建工作先进单位 | 中央精神文明建设指导委员会 |
| | 104 国道湖州收费站 | 全国交通行业文明示范窗口 | 交通部 |
| 2006 | 湖州市长运汽车运输有限公司、湖州市公路运输管理稽征处湖州管理所、长兴县公路运输管理稽征所、安吉县港航管理处 | 省级文明单位 | 浙江省委、省政府 |
| | 104 国道湖州收费站 | 全国“五一”劳动奖状 | 中华全国总工会 |
| | 湖州市港航管理局 | 京杭运河船型标准化示范工程推进工作先进单位 | 交通部 |
| | 湖州交通学校 | 全省职业教育先进单位 | 浙江省政府 |
| 2007 | 湖州市交通局 | 全国农村公路通达情况专项调查先进单位 | 交通部 |
| | 湖州市港航管理局 | “九五”“十五”期间全国内河水运建设先进集体 | 交通部 |
| | 湖州市港航管理局 | 全国海（水）上搜救先进单位 | 交通部 |

续表 5-1-3

| 年份 | 获奖单位 | 荣誉称号 | 颁奖单位 |
|---|---|---|---|
| 2008 | 湖州公路运输管理、稽征处 | 全国交通行政执法责任制示范单位 | 交通运输部 |
| | 湖州市交通局、长兴县交通局、安吉县交通局 | 抗击雨雪冰冻灾害先进集体 | 浙江省委、省政府 |
| | 湖州市交通局 | 全国交通行业抗灾保通先进集体 | 交通部 |
| | 湖州市公路路政管理支队高速公路大队 | 全国青年文明号 | 共青团中央 |
| 2009 | 长兴县交通局 | 浙江省重点建设立功竞赛先进集体 | 浙江省政府 |
| | 湖州市公路路政管理支队高速公路大队、安吉公路运输管理所 | 省级文明单位 | 浙江省委、省政府 |
| | 湖州市港航管理局 | 内河水运建设示范工程活动先进集体 | 交通运输部 |
| | 湖州市地方海事局太湖海事所 | 全国海（水）上搜救先进集体 | 交通运输部 |
| | 湖州市港航管理局 | 第三次全国港口普查先进集体 | 交通运输部 |
| | 长湖申线湖州段航道扩建工程指挥部 | 全省重点建设立功竞赛先进集体 | 浙江省政府 |
| 2010 | 湖州市交通局 | 农村公路建设质量年活动先进集体（2008—2010年） | 交通运输部 |
| | 湖州市公路管理处 | 全国交通运输行业 2009—2010 年度文明单位 | 交通运输部 |
| | 湖州南浔港航管理检查站 | 全国交通运输行业文明示范窗口 | 交通运输部 |
| | 德清县公路管理段、吴兴公路管理段 | 省级文明单位 | 浙江省委、省政府 |
| | 湖州市公路路政管理支队高速公路大队 | 全国示范职工书屋 | 全国总工会 |
| | 湖州市公路路政管理支队高速公路大队 | 全国交通运输文明执法示范窗口 | 交通运输部 |
| | 安吉县交通局 | 2006—2010 浙江省法制宣传教育先进单位 | 浙江省委、省政府 |

## 1991—2010 年市级及以上劳动模范名录

表 5-2

| 年份 | 姓名 | 性别 | 出生年份 | 所在单位 | 荣誉称号 | 颁发单位 |
|---|---|---|---|---|---|---|
| 1994 | 杨长江 | 男 | 1955 | 湖州市航运总公司 | 市级劳动模范 | 湖州市政府 |
| 1994 | 祁荣喜 | 男 | 1960 | 湖州市航运总公司 | 浙江省劳动模范 | 浙江省政府 |
| 1994 | 徐章生 | 男 | 1950 | 湖州市港航局 | 市级劳动模范 | 湖州市政府 |
| 1994 | 罗中和 | 男 | 1944 | 湖州市汇通公司 | 市级劳动模范 | 湖州市政府 |
| 1994 | 卢爱义 | 男 | 1934 | 湖州市道路运输管理处 | 交通部先进个人 | 交通部 |
| 1995 | 祁荣喜 | 男 | 1960 | 湖州市航运总公司 | 全国劳动模范 | 国务院 |
| 1996 | 张三莉 | 女 | 1970 | 湖州丝厂（2004 年调入湖州市车辆征费处） | 全国“五一”劳动奖章 | 中华全国部工会 |
| 1996 | 陈浙新 | 男 | 1949 | 湖州市长运公司 | 市级劳动模范 | 湖州市政府 |
| 1996 | 费国林 | 男 | 1945 | 湖州市运管处 | 市级劳动模范 | 湖州市政府 |
| 1996 | 刘中晖 | 男 | 1955 | 湖州市长运公司 | 市级劳动模范 | 湖州市政府 |
| 1996 | 汤来根 | 男 | 1955 | 安吉县港航处 | 市级劳动模范 | 湖州市政府 |
| 1998 | 应才金 | 男 | 1949 | 湖州市航运总公司 | 市级劳动模范 | 湖州市政府 |
| 1998 | 罗慧明 | 男 | 1953 | 湖州市长运公司 | 市级劳动模范 | 湖州市政府 |
| 1998 | 陈竹寿 | 男 | 1951 | 湖州市公路管理处 | 市级劳动模范 | 湖州市政府 |
| 1998 | 王万春 | 男 | 1948 | 长兴县公路段 | 市级劳动模范 | 湖州市政府 |
| 1998 | 沈宝珠 | 女 | 1952 | 德清县源顺船务有限公司 | 交通部先进个人 | 交通部 |
| 2000 | 陈志强 | 男 | 1951 | 湖州市长运公司 | 市级劳动模范 | 湖州市政府 |
| 2000 | 虞根源 | 男 | 1955 | 湖州市车辆征费处 | 市级劳动模范 | 湖州市政府 |
| 2000 | 费增乾 | 男 | 1953 | 湖州市公路管理处 | 市级劳动模范 | 湖州市政府 |
| 2000 | 朱益明 | 男 | 1961 | 湖州市港航局 | 市级劳动模范 | 湖州市政府 |
| 2000 | 林方金 | 男 | 1958 | 湖州市运管处 | 市级劳动模范 | 湖州市政府 |
| 2000 | 郑继农 | 男 | 1969 | 安吉县交通局 | 市级劳动模范 | 湖州市政府 |
| 2002 | 赖升祥 | 男 | 1944 | 湖州市公路管理处 | 市级劳动模范 | 湖州市政府 |
| 2002 | 汤士良 | 男 | 1948 | 湖州市公路管理处 | 市级劳动模范 | 湖州市政府 |
| 2002 | 周森泉 | 男 | 1956 | 湖州市国运公司 | 市级劳动模范 | 湖州市政府 |
| 2004 | 楼建平 | 男 | 1974 | 德清县车辆征费所 | 浙江省劳动模范 | 浙江省政府 |

续表 5-2

| 年份 | 姓名 | 性别 | 出生年份 | 所在单位 | 荣誉称号 | 颁发单位 |
|---|---|---|---|---|---|---|
| 2005 | 虞根源 | 男 | 1955 | 湖州市车辆征费处 | 全国交通运输系统先进工作者 | 人社部、交通运输部 |
| 2006 | 胡巍 | 男 | 1969 | 湖州市运管处 | 市级劳动模范 | 湖州市政府 |
| 2006 | 汪晓娟 | 女 | 1966 | 湖州交通学校 | 市级劳动模范 | 湖州市政府 |
| 2006 | 徐金明 | 男 | 1971 | 湖州市港航局 | 市级劳动模范 | 湖州市政府 |
| 2006 | 吴新荣 | 男 | 1960 | 长兴县万宏公司 | 市级劳动模范 | 湖州市政府 |
| 2007 | 邬伟奇 | 男 | 1965 | 湖州市公路运输管理处车辆检测站 | 全国“五一”劳动奖章 | 中华全国总工会 |
| 2007 | 汤一强 | 男 | 1963 | 湖州市长运公司 | 市级劳动模范 | 湖州市政府 |
| 2007 | 胡银台 | 男 | 1962 | 安吉县公路管理段 | 市级劳动模范 | 湖州市政府 |
| 2008 | 王月英 | 女 | 1967 | 湖州市公共交通公司 | 全国“五一”劳动奖章 | 中华全国总工会 |
| 2009 | 陆新民 | 男 | 1966 | 湖州市公路管理处 | 全国交通运输系统先进工作者 | 人社部、交通运输部 |
| 2009 | 楼秋红 | 女 | 1967 | 湖州市运管处 | 全国交通运输系统先进工作者 | 人社部、交通运输部 |
| 2009 | 丁晓春 | 男 | 1959 | 湖州市长运公司 | 浙江省劳动模范 | 浙江省政府 |
| 2010 | 张启标 | 男 | 1962 | 湖州交通规划设计院 | 全国劳动模范 | 国务院 |

说明：所在单位、颁奖单位均按当时名称

# 第三节　专 记

## 一　1999 年湖州交通系统抗洪救灾

1999 年梅汛期间，湖州市境总降雨量 747.5 毫米，超过常年梅汛平均雨量 3 倍。其中 6 月 23 日至 7 月 1 日，连续普降大到暴雨，8 天降雨量 461.9 毫米，域内河网、水库水位大多超过历史最高纪录，暴发了历史罕见的特大洪灾。全市 150 万亩农田被淹，57 个城镇积水，数十万群众被洪水围困。境内交通严重受阻，有 44 条公路交通中断，航道全部封闭，航区内近 2 万艘船舶滞航，工程施工现场受淹，交通运输企业停运。全市交通系统直接经济损失 8873 万元，其中公路水毁损失达 5700

万元。

## 公路

318 国道南浔段大面积水淹 0.5～0.7 米（东迁、升山、八里店、三里桥等路段水淹 0.6 米；长兴至泗安段有 10 多处水淹，其中林城段水淹达 1.2 米）。104 国道青山、武康、三桥埠等路段水淹 0.5 米。11 省道鹿唐线南埠段、长兴和平段、青山段水淹 0.7 米。09 省道德清雷甸段水淹 0.8 米，冲毁路基 5.2 万立方米/51 公里。

据统计，全市公路冲毁路面 226.8 万平方米/556 公里，冲毁桥梁 237 米/25 座，冲毁涵洞 112 道，冲毁护坡 2700 平方米/16 处，冲毁驳岸 1.4 万立方米/61 处、挡墙 1.7 万立方米/132 处，其他各类坍塌 1.5 万立方米/176 处。

为受淹公路恢复畅通，全市交通系统累计出动抢险救灾人员 5 万多人次，出动抢险车辆 1 千多台次、船舶 2 千多艘次，动用潜水泵 100 台次，封堵决口、渗漏 46 处，排除公路、航道护岸的水淹险情 500 多处，抢筑公路拦水堤坝 6000 多米，装填、运垒沙袋 20 多万只，抢救并转移群众 2000 多名，抢运抗洪救灾物资 8000 多吨。

## 水路

1999 年 6 月 25 日上午，最高水位超出危急水位 89 厘米，市防汛指挥部下达命令：湖州船闸 13：00 时关闭。湖州航管处立即启动《洪水期间湖州船闸（长湖申线）交通管制实施方案》，停止对所有船舶进、出港口签证，各航段巡航艇人员对在航船舶实行截拦就地靠泊，12800 艘船舶滞留航道。25 日 15 时，湖州市委书记斯鑫良视察水情，并要求航管部门确保重点物资运输，切实做好水上交通安全管理工作。7月1日上午，省委副书记周国富、副省长叶荣宝等领导到湖州乘巡航艇视察灾情。7月10日，时任中共中央政治局委员、国务院副总理温家宝在省委、省政府主要领导张德江、柴松岳和湖州市委书记斯鑫良等陪同下，乘“浙湖监111”艇视察湖州灾情。向战斗在抗洪一线的航管人员表示慰问，还在长湖申线廿五里牌航段登上滞留船舶看望船员，仔细询问滞留时间、船上生活、饮用水等情况。温总理对航管部门的抗洪抢运和服务工作表示满意。

洪水期间，湖州船闸发挥重要输运作用。2416艘船舶通过船闸将大量重要物资运进湖州、长兴、安吉，保障工业、农业生产和群众生活必需品市场供给，对湖州市社会稳定、生产生活起到重要作用。

## 二　2003—2005年湖州市康庄工程建设

在省交通厅和湖州市委、市政府的部署和领导下，市境2003~2005年全面组织实施乡村康庄工程建设。全市投入建设资金8亿元，实施路基改造1215.6公里、路面硬化1370.6公里、桥梁改造400座，公路通村率和路面硬化率分别从原来的59.5%和56.3%提高到两个100%，比计划提前两年完成了建设任务。乡村康庄工程的实施，促进农村交通建设实现了大跨越，受到广大农民拥护，推动社会主义新农村建设进程。

### 抓发动，全面调动干部群众积极性

根据市委、市政府统一部署，2003年开始用三至五年时间实现“村村通公路”、“村村通油路”目标。乡村康庄工程建设涉及56个乡镇（占乡镇总数的93.3%），505个行政村（占行政村总数的45.4%），受益人口超百万。2003年7月29日全市组织实施交通“六大工程”工作会议后，各级党委政府层层召开动员大会，并运用报刊、广播电视、简报、标语等形式，广泛宣传乡村康庄工程建设重大意义和上级有关政策要求，营造良好建设氛围。据不完全统计，全市各级召开动员（现场）大会和工作会议500多次，其中市政府召开乡村康庄工程动员大会和年度工作会议4次，现场会2次，专题工作会议19次。各级康庄办编发康庄工程简报178期，长兴县、安吉县和南浔区在本县区电视中举办专题节目，进行宣传发动。通过广泛的宣传发动，充分调动了广大干部群众建设乡村康庄工程的积极性，逐步形成大干快上、争先创优的良好局面。

## 抓组织，建立工程建设管理机制

2003年7月成立湖州市农村公路改造工程领导小组，由分管副市长任组长、各相关职能部门领导组成，同时成立湖州市交通局乡村康庄工程领导小组。两小组下设两个办公室（均设在市交通局，合署办公）。各县区先后建立领导小组和办公室，各乡镇普遍成立乡村康庄工程建设指挥部，并在工作实践中逐步建立起“路长制”。市与县区、县区与乡镇、乡镇与村层层签订工作目标责任书。明确各级政府“一把手”为乡村康庄工程第一责任人。各级工作班子积极开展工作，制订工程建设的总体规划、年度计划和有关规定措施，指导和帮助基层搞好工程建设，参与工程建设全过程全方位管理。做到工程建设事事有人问、处处有人管，管理工作纵向到底、横向到边，为胜利实施乡村康庄工程奠定可靠的组织基础。

2005年乡村康庄工程实现“双百”目标任务后，全市各级思想不松、班子不散、人员不减，继续抓紧抓好乡村康庄工程完善配套工程建设和收尾工作，做好新农村公路建设各项准备工作。

## 抓调研，制定建设计划和工作方案

为全面掌握乡村康庄工程的情况与各阶段工作形势，主管部门调查研究，分析工程建设形势，调整工作思路和方法，采取相应管理措施，推动工程建设健康有序地发展。

四次大普查：（1） 2003年8月，开展全市通村公路等级和硬化情况大普查，摸清“家底”，制订全市乡村康庄工程建设总计划和年度实施计划；（2）2004年8月份，结合电子图制作进行乡村康庄工程建设情况大清查，调整工程建设总计划，并相应调整年度建设计划；（3）2005年6月，通村公路桥梁情况大普查，摸清全市通村公路桥梁“家底”，提出低承载力桥梁改造总体设想和建设计划；（4）2005年第三季度，全市农村公路安全设施情况大普查，会同交警、安监、路政等部门共同制定《农村通村公路安全设施实施意见》，并制定各县区农村公路安全设施实施计划。

下基层调查研究：据不完全统计，全市各级领导干部对乡村康庄工程建设调查研究累计300多次，其中市、县区领导调研120次。通过调查研究了解情况，找准问题，采取措施，推动工作。2004年上半年，有些地方盲目抓进度、忽视抓质量，工程质量一度受到影响。市交通局分管领导及时向市政府作专题汇报，立即采取措施扭转被动局面，从而保证工程建设健康发展。

## 抓筹资，强化乡村康庄工程保障

市各级政府广开渠道，深挖潜力，采取“政府财政挤一点、部门支持凑一点、集体经济拿一点、干部群众捐一点、社会捐赠添一点”办法，筹措建设资金。南浔区善琏镇以“一事一议”发动农民群众自筹建设资金；浙江兆山新星集团安吉水泥有限公司捐款270万元；长兴县水口乡江排村93岁村民杨美松老人主动捐献100元。据统计，全市筹措地方配套资金5亿多，其中市财政补贴1705万元、各县区财政补助7210万元、乡镇和村及社会各界筹措资金4.2亿元。同时争取到省补助款2.81亿元，有效保证全市乡村康庄工程建设顺利推进。

## 抓管理，促进工程建设有序开展

首先，结合乡村康庄工程特点和湖州实际情况，陆续制定《湖州市乡村康庄工程实施意见》《新（改）建农村公路工程技术标准》《湖州市乡村康庄工程施工招投标管理实施细则》《湖州市乡村康庄工程质量监督实施办法》《湖州市乡村康庄工程（交）竣工质量鉴定及验收办法》等规章制度，指导全市乡村康庄工程建设管理工作。

针对建设业主（乡镇政府）缺乏乡村康庄工程建设管理经验情况，市交通主管部门在长兴县《乡村康庄工程建设程序》基础上，修订编制《湖州市乡村康庄工程建设程序》（范本），统一全市乡村康庄工程建设管理程序，规范工程建设管理。同时逐步建立“一路一卡”制度，推进管理工作进一步规范。

湖州水乡平原，软土地基偏多。市康庄办会同质监站、设计院等单位，在南浔区菱湖镇选择项目试点，摸索和总结水乡软基处理规律，提出路基和路面基层弯沉值等指导性技术数据，既有效控制工程质量，又加快工程进度。

吴兴区、南浔区城交局工程技术管理力量薄弱，市交通主管部门组建指导监督组，重点帮助和指导两区工程建设管理工作，有效保障全市乡村康庄工程建设整体进度与质量。

## 抓培训，努力增强基层管理能力

乡村康庄工程建设业主是乡镇人民政府。交通主管部门会同市交通质监站等有关部门，举办5期培训班，分别重点培训县区和乡镇分管领导、管理人员、监理人员和财务人员。各县区根据各自情况与工作需要，相应举办各类培训班。据统计，全市举办与康庄工程相关各类培训班56期，培训人员1768人次。通过培训使相关人员掌握业务知识、增强管理能力，有效解决工程建设中管理力量薄弱难题。

## 抓质量，确保工程百分之百合格

建立健全四级质量保证体系，“政府监督、业主负责、工程监理、企业自检”。为加强政府监督力度，康庄办和质监站建立联合共抓乡村康庄工程质量机制，在各县区组建乡村康庄工程质监组，实行县区康庄办和质监组合署办公做法加强监督与管理。各建设业主履行乡村康庄工程质量管理第一责任人职责，乡镇指挥部工作人员和“路长”发动沿线群众主动参与工程管理。安吉县、吴兴区和南浔区向社会聘请监理公司实行社会监理，长兴县和德清县采取社会监理和工程监理相结合的办法加强工程监理。各施工企业都建立企业自检制度。

建立定期和不定期检查制度。市康庄办会同市交通质监站定期检查工程。2003年每季度检查一次，2004年两月检查一次，2005年每月检查一次。市交通质监站把乡村康庄工程作为重点工作来抓，站长分管康庄工程，利用检查其他重点工程机会顺便检查附近康庄工程。市指导监督组和各县区康庄办、质监组每天上路检查，督促各乡镇加强质量管理，督查施工质量。市和各县区三年多发出抽查意见书208份，大检查通报13份，其中市发出抽查意见书38份、大检查通报13份。市对工程监督检查覆盖面50%以上，县区达到100%。

严把交（竣）工验收关。根据上级有关规定，确定以县交通局、区城交局为交（竣）工验收主管部门。各县区交通主管局根据各建设业主要求和乡村康庄工程项目多特点，会同康庄办、质监组、交警大队、运管所等有关部门，分片、一次组织多项目办法进行交（竣）工验收，以工程质量为重点，查资料、看现场，对每个项目严格检查。不达标项目一律不予通过，存在某些质量缺陷部位限期整改，复查合格后才准予通过。全市乡村康庄工程合格率100%，工程优良率20.8%。

### 抓进度，力争提前完成建设任务

根据省委、省政府5年完成康庄工程统一部署，湖州市提出“确保4年、力争3年完成乡村康庄工程建设”目标。制定分年度实施工作方案，即2003年起好步、开好头，夯实工作基础；2004年重点突破、加快建设，争取一批乡镇率先完成建设任务；2005年全力以赴、全面攻坚，力争全市提前2年实现“双百”目标。

2004年底，全市累计完成2076.8公里建设任务，完成投资5.416亿，达到总建设任务81.5%，为提前2年实现“双百”目标打下可靠基础。2005年，查漏补缺，对建设任务尚重吴兴区、安吉县重点帮扶。吴兴区城交局领导分工负责，每个局领导分工帮扶1~2个重点困难项目，全力以赴保“双百”。2005年上半年，全市实现“村村通公路”目标未。同年7月17日，德清县在全市率先完成乡村康庄工程建设任务。到年底，各县区全部完成，全市提前2年实现公路通村率和路面硬化率“双百”目标。

## 三　2003年湖州交通系统防控“非典”

2003年4月16日至5月20日，湖州市交通系统进入防控“非典”紧急状态，尽最大努力防止非典型肺炎通过交通工具传播和扩散。先后设立16个省际公路检查登记站、31个消毒点和7个车站隔离室，24小时登记外省入境车辆、人员，并对所有营运车辆严格按规定进行消毒。

据统计，全市交通系统投入抗“非典”经费487万元、参与抗“非典”人员5.3万多人次，检查入浙省际车辆543805辆次、入浙省际旅客健康登记2058028人次、客运站始发旅客健康登记1163155人次，其中检查来自重点疫区的车辆4898辆次，随车人员10192人次，消毒客运车辆294832辆次，实现“交通不断、货流不断、人流不断、传染源切断”目标，为湖州地区疫情“零记录”作出应有贡献。湖州市交通局、湖州市公路运输管理处、湖州市长运汽车运输有限公司分别被市委、市政府评为抗“非典”先进集体，其中湖州市公路运输管理处党委被省委评为抗“非典”先进基层党组织。

# 四　2008 年湖州交通系统抗击冰雪灾害保畅通

## 抗击暴风雪，湖州公路交出满意答卷

2008 年 1 月 26 日起，湖州持续多日强降雪。全市 5818 平方公里土地的积雪厚度、低温时间和覆盖范围达到 50 年一遇，给湖州公路安全畅通带来严重影响，造成重大经济损失。自 1 月 27 日开始，湖州境内 6 条主干线公路全部告急。特别是 104 国道青山岭、鹿山岭、父子岭、318 国道界牌岭、11 省道安吉唐舍岭、九九桥、八里店大桥等路段严重受阻。据统计，灾害造成境内路面损坏 1895967 平方米、安全设施 4352 处、道路标牌设置及告示 2866 处、压垮压坏树木 198168 棵，边坡碎落及坍方 48650 方、沿河堤岸损毁 1542 余米、损毁桥梁防撞护栏 1228 余米、压毁大棚 17 处。直接损失 26298.71 万元。

为抗雪防冻保畅通，公路管理部门先后铺撒工业盐 7934 吨、防滑材料 51000 余吨，投入人工、机械使用工日 65255 个，修补路面坑洞 6939 余平方米。据统计，各种人工、机械、材料等费用累计 3658.68 万元。

面对历史罕见的冰冻灾害，湖州市公路管理系统全体干部职工众志成城，全力以赴，向政府和百姓交出了一份满意的答卷。灾害期间，104、318 国道没有中断，04、09、11、13 省道没有中断，湖盐线没有中断……全市干线公路通行顺畅。

**——吹响抗雪防冻保畅通“集结号”**

1 月 27 日，湖州大地便笼罩在一片白色苍茫之中。104、318 国道告急！04、09、11、13 省道告急！湖盐线告急！雪情就是命令，抗雪防冻保畅通成了公路部门第一要务。上午 10 时，市公路管理处三楼会议室，全市交通系统道路交通预防雪灾协调会紧急召开。副市长周杰传达刚刚结束的市府紧急会议提出的要求：确保不出现长时间堵车，确保不出现重特大交通事故，确保人民群众的正常出行。市公管处处长徐伟国下达命令：按照“三个确保”要求，迅速组织所有力量投入抗雪防冻保畅通。

几乎在同一时间，清障抗灾组成立，路面巡查组成立，后勤保障组成立。

清障抗灾组及时组织人力、物力清除路面、桥梁积雪，抢以机械为主，人力为辅，先干线，后支线。

路面巡查组负责对干线公路、道路桥梁、公路易塌方、高速公路匝道路段的巡查，会同公安等部门做好道路车辆通行指挥工作，合理分流车辆，维护交通秩序；

后勤保障组做好打“持久战”准备，落实人员、设备、材料，所有因素均考虑7天以上，统一调度全处铲车、推土机等清障机械以及防滑、融雪材料。

全处上下建立24小时值班制度，确保信息畅通。各单位、部门主要领导亲临一线，现场指挥。

指挥得当，抢险及时。湖州主要干线公路在暴雪第一次袭来时保持安全畅通！

可是，天气好像有意考验公路人的毅力和斗志。2月2日上午9时，经历短暂的晴朗之后，一场更大的降雪再次袭击湖州全境。所有人都知道，这对于已经奋战6天6夜的公路人和尚有积雪的湖州道路来说，将意味着什么。

2月3日早上，湖州市公路管理处再次召开紧急会议，向全市公路系统干部职工发出“全力抗雪防冻，保障公路畅通”的倡议。

时值春运，为及时摸清与湖州紧邻的安徽、江苏道路情况，路政人员在积极联系沟通的同时，派出高速路政两名中队长，分赴安徽、江苏，每半个小时汇报一次申苏浙皖高速公路安徽段、杭宁高速公路江苏段通行情况，为疏导湖州车辆和客流提供保障。

暴雪时断时续地在湖州肆虐一个多星期，橙色预警信号升级为红色，再降为橙色，随即又升为红色。但市境内104、318国道始终没有中断，04、09、11、13省道没有中断，湖盐线没有中断。2月1日，前来视察灾情的省交通厅厅长郭剑彪说：“浙江北大门保持畅通，湖州公路立了大功！”

**——抗击冰雪不由天，以路为家不言苦**

318国道长兴段是浙皖两省“咽喉”，地理位置异常重要。道班副班长唐仲阳带领30多人组成的抢险小组，日夜奋战在这个路段。地处山区，雪密风劲，凛冽的北风夹杂着雪花、冰粒，打在脸上隐隐生疼；作业时滑倒，融化的雪泥贯入鞋内，冰冷刺骨；被雪水和汗水浸透的棉衣、手套异常厚重。有的干脆脱下棉衣、手套，甩开膀子奋力铲雪、敲击冰块、铺撒防滑材料，大伙的双手、双耳长时间在风雪中冻得渐渐麻木。饿了，工人们就蹲在路边匆匆吃公路段送来的快餐；渴了，就掬一捧白雪咽下。路过的司机看到风雪中一个个忙碌的身影，不约而同地鸣几下喇叭，向养路工人表示敬意。

318国道长兴境大洪暴路段，约2公里长，呈东西走向，坡势较陡。1月29日中午，纷纷扬扬下了3天多的暴雪暂歇，当晚7时气温急剧下降，路面开始结冰，不断有车辆打滑抛锚，有的还是10吨大货车。“死守大洪暴！绝不让318国道中断”，长兴公路段机械材料公司副经理李卫兵下达命令并坐镇指挥，迅速增调10多名养路工人增援。推车、铲雪、除冰、铺撒防滑盐和碎石……几个小时的奋战，终于使排成长龙的车队终于缓缓前行。

德清公路段承担104国道和09省道两条干线公路的抢险任务。1月26日晚上7时，09省道乾元大桥开始结冰，过往车辆轮子打滑，险象环生，随时都有可能发生意外。抢险车赶赴现场，养护工人何森林第一个跳下，由于冰冻路滑，重重地摔倒在地，撑在地上的手一下子流出血来，他顾不得察看伤势，立即投入抢险。夜晚气温降到零下4度，大家的手冻得发麻了，鞋子湿透了，但没有一个退缩。直到27日凌晨3时，09省道德清段恢复畅通。大伙儿没有休息，紧接着又赶赴104国道三桥段，增援另一支抢险队伍。大雪使抢险队员闻玉良家中的蔬菜大棚危在旦夕，父亲打来多个告急电话要他回家，他在电话中向老爸说明情况后，又义无反顾地投入抢险中。

吴兴公路管理宛山公路养护站，担负着区域内107公里公路的养护任务，其中104国道46.14公里、318国道外环线11.2公里、11省道13.9公里和其他县乡道35.76公里，包括36座公路桥梁和5个岭。养护站成立了11个公路抢险小分队，备足了抢险机械和防滑材料，对高边坡、高挡墙等易冻易滑地段实行24小时巡查。2月6日除夕之夜，吴兴公路段宛山养护站接到报警电话，11省道妙西公铁立交桥出现冰冻，影响过往车辆通行。站长吴海平当即带着7名养护工人急赴现场，铲冰层、铺撒工业盐和碎沙石。刚刚排除险情又接到报警，104国道埭溪大桥出现冰冻，工人们冒着零下4度的严寒继续上路、抢险。养路工人赵建国已连续工作三天没回家了，家人本以为除夕夜可以团聚，可为了保畅通他和工友们仍然忙碌着。像这样以路为家的人还有很多，如八里店养护站站长孔利平据守的路段距离家只有几公里路，可在抗击冰雪保畅通的关键时刻，他硬是四天四夜没有踏进家门一步。宛山公路养护站的铲车司机施百康，每天都是十五六个小时开着铲车，奋战在清除冰雪第一线……

这就是公路人抗雪灾不由天，保畅通不怕苦的职业精神！在这个没有硝烟的战场上，全市公路管理系统全体干部职工团结一心，众志成城，不怕困难，不怕艰辛，发扬连续作战的大无畏精神和无私奉献的“铺路石”精神，以坚韧不拔的毅力奋勇拼搏，攻坚克难，确保了全市6条干线公路的安全畅通，为湖州市全面完成抗雪救灾工作写下了浓重的一笔。摘编于《雪战》（湖州交通系统抗击冰雪灾害纪实汇编）。

## 同舟共济战风雪　众志成城保运输

2008年1月26日开始，50年不遇的罕见雨雪冰冻灾害袭击浙北大地，给湖州道路交通和春运工作造成了前所未有的影响。交通受阻、旅客滞留，面对突如其来的冰雪灾害，交通运输部门全体干部职工众志成城、全力以赴投入到这场抗雪灾保畅通、保春运的特殊战斗中，尽力让广大旅客赶在除夕前返乡与家人团圆。

**——风雪中，945名安徽籍农民工安全返乡**

1月26日开始的连续强降雪，给湖州道路客运造成严重影响。大多数客运班线受阻，许多运力堵在半途无法准点运输。湖州运管部门采取紧急措施，统一调配运力。经多方沟通、协调联络，先后组织机动车42辆，发放加班牌132张，尽最大努力缓解旅客出行困难。

1月30日清晨，由于安庆、太湖、芜湖、广德等地班车严重受阻，近千名安徽籍农民工聚集在车站，心急如焚，久久不肯离开。湖州运管部门会同车站，一方面给农民工安排休息场所，安抚大家情绪，另一方面紧急与安徽运管部门取得联系。在确认高速公路积雪有融化情况下，紧急调拨21辆45座豪华大巴。当天下午1时45分，大巴车队在运政车辆带领下开到杭宁高速湖州北入口处，再由湖州高速交警用警车将车队带上杭宁高速，再转上申苏浙皖高速。车至浙皖交界处，安徽宣城高速交警已等候在那里，迎接从浙江回家过年老乡。

湖州采取交通公安跨部门联动、浙江安徽跨省协作，安全运送农民工回家过年的非常办法，人民网、《人民日报》、中国网、中国文明网、搜狐新闻、网易新闻中心、《中国交通报》等媒体纷纷报道。

**——寒夜里，车站滞留旅客暖意浓浓**

外面天寒地冻，而高速客运中心候车室内却暖意浓浓。工作人员加班加点为旅客提供便利服务。她们不厌其烦地向旅客通报道路通行状况，解释班车停开原因，及时告知复班情况，让旅客在第一时间了解最新班车信息，如实告知车辆途中运行信息及可能等候时间。

1月31日晚上7点多，车站最后一班车发完后，稽查员小戴和他的队友们已经在车站连续值勤11个小时了，家里的孩子还在等着他回去做饭，但他心里有着另一份牵挂——车站滞留的500多名旅客。小戴和他的队友们依然忙碌着，为旅客们送上热腾腾的盒饭、泡面和御寒毛毯，为老弱者、妇女儿童提供专门休息场所……，等忙好回到家中，让孩子吃上饭菜已经是晚上10点了。

准备从安吉回南京老家过年的卢先生从1月26日起就在浙北高速客运中心候车了，2月1日上午，他终于踏上了回家的班车，临上车前他告诉记者："虽然我在这里等了整整6天，但在这6天里我感受到了车站里特别的温暖。"

2月2日晚上10点多，市运管处相关负责人同10余名青年志愿者再次来到浙北高速客运中心候车厅，为滞留车站的旅客带来了30多床棉被和方便面、矿泉水等应急物品。旅客们激动地说："大雪无情人有情啊！"。

**——危情下，千方百计保障必需品输送**

为确保全市生产和群众生活必需品的安全输送，湖州市运管部门及时启动道路运输预案，紧急调度安排10吨以上重型货车23辆，危险品运输车辆10辆，全力保障生产生活物资和救灾物资的安全运输。

湖州实华运输公司抽调技术熟练的驾驶员，平均每天出车100余辆次，运输汽柴油1200余吨，确保市区各加油站的油品供应不间断；湖州新源和泰顺危险品运输公司全力增调配送车辆和工作人员，为市区各居民生活区、各小区服务点配送液化石油气，保障居民生活需要；湖州京城危险品运输公司安排专用车辆为市区各大医院配送医疗氧气，平均每天配送150余瓶，为医疗卫生系统医疗用气提供保障。湖州祥瑞、联丰、一通等运输车队认真做好重要物资应急准备，安排专人24小时值班，车辆和驾驶员手机时刻开机待命，确保遇到紧急运输任务时能安全、及时完成任务。安吉是雪灾的重灾区，冰雪覆盖了通往湖州的道路，基本没有车辆敢进出。2月2日，装载救灾物资的车辆在交警和路政部门的协助下运往安吉，用推土机开路，平常40分钟的路程艰难跋涉了数小时，终于在深夜10点半安全送达安吉县阿祥集团厂区。[摘于《雪战》(湖州交通系统抗击冰雪灾害纪实汇编)]。

## 五　2008年湖州市交通系统支援汶川地震灾区

2008年5月12日四川发生强烈地震后，湖州市各级交通部门积极响应党中央和省、市委号召，发扬“一方有难，八方支援”精神，为支援抗震救灾工作尽一份力。

**——全系统干部职工捐款赈灾**

据统计（不含网上、社区等其他途径的捐款），全市交通系统内干部职工为灾区共捐款1847698.20元，其中特殊党费713486.20元、特殊工会会费7700元。除了发动全市交通系统干部职工捐款捐物，还通过行业管理部门发动社会上交通从业人员为灾区人民献爱心。如湖州市交通运输管理部门于5月16日在出租车行业发起“我为汶川免费开趟车”活动，号召“的哥、的姐”将当日开车首笔生意所赚的钱捐给灾区同胞。湖州市区众多“的哥、的姐”积极响应，从上午10点开始，市运管部门在湖州大润发商场设置的爱心捐款箱前就排起赶来捐款的出租车长队。按活动要求，出租车驾驶员只要捐出一笔生意所得的钱就够了，但不少出租车驾驶员都捐出几乎半天的营运额。活动当天，约有200余名驾驶员参加活动，募得善款近2万余元。

**——派精兵强将赴川抗震抢修保交通**

6月4日，在省交通厅的统一部署和指挥下，湖州市派出陆新民、嵇哲明、胡琪伟、姚琦、张启标5名桥梁技术骨干，奔赴四川广元，对灾区的公路桥梁进行检测评定，以便科学制定桥梁抢修方案，为大部队入川开展灾后重建做好前期准备工作。湖州小组6月5日下午到达广元剑阁县后，顾不上舟车劳顿，连夜召开会议，听取当地交通部门对公路桥梁总体受灾情况介绍，马上研究制定方案，分头整理桥梁检测装备，安排部署检测工作。受余震影响，当地山体滑坡和山石滚落的险象仍时有发生，在交通安全形势非常严峻的情况下，湖州小组分别到达剑阁县、朝天区、元坝区，每天行程200多公里，通过“实地测、仪器量、群众问、资料查、综合评”方法和步骤，在广元市11天中对51座桥梁（其中剑阁县15座、朝天区15座、元坝区21座）进行检测评定，提出加固、维修、改造初步意见与建议。

**——全力保障湖州地区抗震救灾物资的运送**

5月22日，胡锦涛在主持召开中央政治局常委会专门研究继续全力做好抗震救灾工作后，立即赶赴湖州实地考察救灾帐篷生产情况。全市上下立即行动，创造一切条件，全力保障帐篷生产和运送。湖州市3家专业企业添加设备增开生产线，迅速扩大产能，并从50多家企业调集数千名熟练工人充实一线日夜赶制，提前两天完成中央和慈善总会下达的救灾帐篷任务15万顶，占全国救灾帐篷生产任务的六分之一。湖州交通部门接到运送任务后，紧急抽调华安物流、一通物流、安达汽车运输公司、祥瑞物流、联丰汽车运输队和大地运输车队6家企业34辆运输车辆应急待命，并对所有承运车辆实施GPS全程监控，全力保障抗震救灾帐篷等物资快速、安全运送到灾区。5月25日至6月16日，湖州组织汽车队共安全运送救灾帐篷4.7万顶、1500余吨，发车48辆次，提前4天完成应急运输任务。8月份，又组织抗震救灾活动板房运输。管理部门与运输企业共同努力克服板房运量大、时间紧、运输条件要求高等困难，使2280套抗震救灾活动板房安全、及时抵达灾区。

湖州一通物流公司运载援灾物资的集装箱车

湖州运管人员和武警战士装载救灾物资

湖州援灾物资车队在途中

湖州武警战士为灾区人民搭建帐篷

## 六 2009年湖州港航抗洪抢运

2009年7月下旬至8月初，湖州地区连续降雨，第8号台风“莫拉克”带来强降雨使湖州东部平原和太湖水位迅速上涨，湖州太湖小梅口水位达4.17米，超警戒水位0.47米。为保护东部平原安全度汛，8月7日，湖州东苕溪沿线水闸和湖州船闸防洪闸相继关闭，浙北水上运输大动脉——长湖申航线水上运输中断，湖州航区全面封航。截至8月10日，全航区滞留船舶超过8000艘，滞留船员3万余人。到8月18日，湖州航区封航时间长达12天。封航期间，王建满副省长带领省政府有关部门领导到湖州航区现场视察船舶滞留情况，湖州市委副书记、市长马以到市港航局了解情况，指导工作，并协调有关部门共同做好湖州航区安全维稳工作。

港航管理人员用港航艇为滞留船舶送去饮用水、蔬菜等生活必需品

洪水期间，湖州市港航管理局围绕全力以赴保航区稳定、保船舶安全、保重点物资运输、保船员生活四个方面开展工作，共出动425海巡艇次、3400人次，确保12.99万吨重点物资（煤炭11.16万

吨、油料 0.43 万吨、其他物资 1.4 万吨），以及 54.21 万吨出港物资安全有序运输，有力地保障了汛期电厂和大型工业企业的正常运转和人民群众的正常生活。

## 七　援川抗震救灾桥梁工程师张启标事迹

张启标，男，汉族，1962 年 6 月出生，湖北仙桃人。1983 年 7 月参加工作，2000 年 10 月加入中国共产党。2001 年 9 月前，在铁道部大桥局谷城桥梁工厂从事施工、设计、管理等工作，被聘任为副总工程师。2001 年 9 月，被湖州市交通规划设计院作为高级人才引进，担任副总工程师，2008 年 9 月升任总工程师。2006 年 8 月被聘任为湖州市政府专家咨询委员会委员。2008 年，“5·12”汶川大地震发生后，张启标主动请缨，要求到抗震救灾一线工作，担任湖州市支援四川省青川县灾后恢复重建指挥部工程建设组副组长。6 月 4 日，他与市交通系统另外 4 名同事一起，冒着余震不断的危险，克服种种生活困难，在四川省广元市来回辗转 3500 公里，凭借精湛的专业知识，实地勘察了青川、剑阁、元坝等地的 52 座桥梁，为灾后重建打下了坚实基础，受到当地干部群众的高度评价。2008 年 10 月，从灾区回来仅 3 个月的张启标同志再次报名要求参加援建，并获得批准。他撇下体弱多病的妻子和参加高复的女儿，第二次奔赴灾区负责道路和桥梁建设。他夜以继日地高负荷工作，终于劳累过度，病倒在一线工地。2009 年 5 月 9 日，经广元市第一人民医院检查，张启标患有严重高血压症，并伴有心肌梗塞、冠心病等病灶。医院心血管专家诊断，张启标突发重病，是长期加班加点超负荷工作，导致肌体过度劳累、身心疲竭、免疫力下降所致。

张启标

2009 年 5 月 16 日，生命垂危的张启标被接回到湖州。中心医院医生为他实施心脏介入治疗，植入支架和 2 毫米金属管进行血管扩张手术；6 月 19 日，又进行第二次手术。经过医生精心治疗，张启标身体逐步好转。8 月 9 日，他又踏上了去青川的路。张启标患病期间，省、市领导多次慰问看望，精心安排相关治疗事宜。新华社、浙江日报、四川日报、浙江电视台、湖州日报、湖州电视台等媒体也派出记者进行采访和报道，他的先进事迹极大地鼓舞和感召了四川广元和湖州两地百姓。2009年8月24日，湖州市交通局党委作出在全市交通系统开展向张启标同志学习的决定，要求全系统各级党组织要把学习张启标同志先进事迹作为一项重要任务，紧密联系实际，认真安排部署，采取有力措施，迅速形成学习的热潮，要采取先进事迹报告会、图片展、座谈会、讨论会等多种形式，把学习活动不断引向深入。广大党员干部特别是领导干部，要以身作则，率先垂范，带头对照先进找差距，带头宣传张启标同志先进事迹，认真践行“立党为公、执政为民”理念，把学习活动激发出来的热情和干劲转化为促进各项工作的强大动力。

张启标先后被浙江省交通厅和省援川指挥部评为抗震救灾先进个人；被四川省青川县委、县政府授予优秀共产党员和荣誉市民称号；被湖州市评为“感动湖州”2009年度最具影响力人物；2010年，全国总工会授予他全国劳动模范称号。

链接：湖州市交通局湖交党委〔2009〕45号文件

**关于在全市交通系统开展向张启标同志学习的决定**

二〇〇九年八月二十四日

张启标，男，汉族，1962年6月出生，湖北仙桃人，1983年7月参加工作，2000年10月加入中国共产党，现任湖州市交通规划设计院总工程师、湖州市支援青川县灾后恢复重建指挥部工程建设组副组长。

“5.12”汶川特大地震灾害发生后，张启标同志主动请缨，要求到抗震救灾第一线工作。2008年6月4日，他和市交通系统另外4名同志一起，奔赴四川省广元市，14天来回辗转3500公里，凭借精湛的专业知识，先后实地察看了剑阁、朝天、元坝等地52座损毁桥梁，提出了一系列科学的修复加固及改建方案，为灾区重建打下了坚实基础，受到当地党员干部群众的高度评价，被省交通厅授予“抗震救灾先进个人”荣誉称号。

2008年10月，根据省委、省政府的统一部署，青川县马鹿乡归口湖州对口援建。从灾区回来仅3个多月的张启标同志获知消息，再次在单位第一个报名参加援建，获得批准。11月4日，张启标同志告别家人和朋友，撇下体弱多病的妻子和参加高考复读的女儿，第二次奔赴灾区，任工程建设组副组长，负责灾后的道路和桥梁建设。

在灾区工作期间，张启标同志顾全大局，尽职履责，爱岗敬业，无私奉献，不畏艰险，克难攻坚，开拓创新，在为“第二故乡四川青川”建功立业的同时，也为“第一故乡浙江湖州”增光添彩。最终，积劳成疾，病倒在援建一线。8月9日，身体尚未完全康复的张启标不顾医生的劝阻，第三次奔赴四川，投入工作。他以实际行动模范践行了伟大的抗震救灾精神，以及新时期“团结拼搏、务实创新、无私奉献、服务大局”的湖州交通精神，展现了一名共产党员的崇高境界和高尚情操，为广大党员干部树立了榜样。

为了进一步弘扬张启标同志的先进事迹，营造崇尚先进、学习先进的良好氛围，局党委决定，在全市交通系统的党员干部中开展向张启标同志学习活动。

学习、宣传张启标同志的先进事迹，对于全面贯彻党的十七大、十七届三中全会和市第六次党代会精神，深入贯彻落实科学发展观，教育引导广大党员干部进一步加强党性修养，树立正确的世界观、人生观和价值观，始终保持共产党员的先进性，推进全市交通事业又好又快发展，具有重要意义。

向张启标同志学习，要学习他忠诚使命、顾全大局的崇高境界，像他那样，讲政治、讲大局、讲党性，坚定理想信念，勇当先锋模范，永葆共产党人先进性，在关键时刻能够挺身而出，勇挑重担，为国出力，为民分忧。

向张启标同志学习，要学习他牢记宗旨、一心为民的公仆情怀，像他那样，牢固树立宗旨意识和群众观念，时刻把群众的冷暖安危挂在心上，怀着对人民群众的深厚感情，努力为群众办实事、做好事、解难事。

向张启标同志学习，要学习他埋头苦干、无私奉献的敬业精神，像他那样，对事业、对工作高度负责，干一行，爱一行，恪尽职守，勤奋学习，善于钻研，乐于创新，吃苦在前，享受在后，努力争创一流工作业绩。

向张启标同志学习，要学习他不怕牺牲、顽强拼搏的坚强意志，像他那样，面对急难险重任务，豁得出、冲得上，牢记宗旨，不辱使命，永远工作在一线阵地，始终保持着昂扬向上的斗志和锐意进取的精神。

开展向张启标同志学习活动，重在实践，贵在行动。全系统各级党组织要把学习活动与学习贯彻市委六届八次全会精神结合起来，与正在开展的深入学习实践科学发展观活动结合起来，与加强党员干部队伍思想作风建设结合起来，与推动本单位的各项工作结合起来，教育引导广大党员干部自觉以张启标同志为榜样，切实增强党性，改进作风，砥砺意志，拼搏奉献。

局党委要求，全系统各级党组织要把学习张启标同志先进事迹作为当前一项重要任务，紧密联系实际，认真安排部署，采取有力措施，迅速形成学习的热潮，要采取先进事迹报告会、图片展、座谈会、讨论会等多种形式，把学习活动不断引向深入。广大党员干部特别是领导干部，要以身作则，率先垂范，带头对照先进找差距，带头宣传张启标同志先进事迹，认真践行“立党为公、执政为民”理念，把学习活动激发出来的热情和干劲转化为促进各项工作的强大动力。

局党委号召，全系统广大党员干部要以张启标同志为榜样，牢记宗旨、服务大局，心系群众、无私奉献，务实创新、勇于拼搏，爱岗敬业、真抓实干，严于律己、不计名利，在各自工作岗位上，以改革创新的精神、科学严谨的态度、求真务实的作风、切实有效的措施，锐意进取，奋发作为，加快构建现代化综合交通运输体系，为我市建设现代化生态型滨湖大城市做出新的更大的贡献！

## 八　热衷环境保护的交通人任卫中事迹

任卫中，1964 年 9 月出生，1985 年毕业于江苏南通河运学校，就职于安吉县港航管理局。1992 年始，利用业余时间从事环保。1997—1999 年考察太湖水系。1999 ~ 2002 年在安吉天目山区创建环境教育基地。2004 年去法国参加清华—耶鲁 ESDLP 项目培训。2005 年始下派剑山村任农村工作指导员，在安吉农村进行乡村建筑实践，并把成果推广到“中国美丽乡村”和四川灾区建设。

1999 年，任卫中带动家乡报福镇统里村村民着手创建生态村，并使之成为部分上海大中学校环境教育实践基地。统里村的典型示范，推动全县教育实践基地的建设。如今安吉不仅是上海市政府命名的上海大中小院校的环境教育实践基地，而且成为长江三角洲最著名的学生教育实践基地。

“农村建房——最重要的节能减排项目”，任卫中有着非同寻常的眼光。他在呼吁鲜有人响应的情况下，毅然拿出自己所有积蓄付诸实践。2005 年，在开发区剑山村开始生态民居的建筑实践，从垒每一寸土开始，他既是设计师又是泥水匠，亲手“种下了”有生命轮回的房子。然而他的成果却被地方“专家”否决。但他没有停下脚步，通过调整方案，改良实践，又“种”下了视为儿女般的三幢生态房子，终于得到学术界的认可和推崇。任卫中开创生态屋的精神和作品感动、启发了大批志愿者投身于农村环保建筑实践，他的生态民居理念已被当地政府采纳，成为安吉县建设“中国美丽乡村”的重要内容。2006年中央电视台以“剑山村来了农村工作指导员”为题，在新闻联播中播放了任卫中的生态屋。2007年，任卫中作为唯一非建筑界人士入选为“建筑中国2007年度点评活动”年度焦点人物。

2008 年“5·12”汶川大地震发生后，心系灾区的任卫中马上把生态民居运用到四川灾区重建中，他为四川灾区重建设计的农村住宅方案被国家住房和城乡建设部采用。随着自然资源的短缺，住房建设与环境的矛盾也日益突现，任卫中的生态农居将越来越被人们所接受，对中国乃至世界环保事业产生影响。

任卫中执着于环保绿色事业 20 年，使他获得许多奖励。2002 年福特汽车环保奖、2003 年浙江省十大杰出青年志愿者、2004 年湖州市首届十大杰出青年、2004年清华--耶鲁 ESDLP 项目奖学金获得者、2004 年安吉县“生态卫士”、2005 年浙江省绿色公益使者、2006 年浙江青年“五四”奖章、2005 年与 2007 年二度评为安吉骄傲、2007 年“浙江交通十大感动人物”提名奖、2007 年 SEE.TNC 生态奖、2007年首届建筑中国年度焦点人物、2008 年首届“中国建筑传媒奖”最佳建筑奖提名、2009 年改革开放 30 年浙江交通创业创新先进个人、2009 年中国青年丰田环保奖。

## 九　公交车驾驶员王月英事迹

王月英，湖州公交公司驾驶员，11年多的驾驶生涯，安全行驶 50 万余公里，从没发生过一起交通事故和客伤事故。

王月英

1999 年，王月英从湖州三天门丝厂下岗，但她并未气馁，在众多下岗女工中，被择优录取进了市公交公司，先从售票员做起，继而成为一名公交车驾驶员。工作虽然辛苦，但她总是任劳任怨，以己之执着，展示公交人文明之风采，以己之言行，传播公交“以人为本、服务社会”的经营理念。

“乘客对公交服务的需求是多方面的，但‘安全、方便、舒适’是最基本的”，王月英是这样说，也是这样做的。乘过王月英车的人都知道，遇老年人上车，她总会热情地招呼道：“老人家，别急，我会等您的”；遇需要帮助的人上车，如盲人、残疾人，她就会主动下车搀扶；遇到学生放学高峰，她就会以师长的身份，教育学生遵守秩序、尊老爱幼、文明乘车。日复一日，年复一年，3路上的老年乘客都尊称她为“王师傅”，学生乘客都亲切地叫她“王阿姨”，王月英也乐此不疲，她将整个心都系在了乘客身上。

作为一名共产党员，她处处发挥先锋模范带头作用。逢年过节，她总是坚持开末班车，将与家人共享天伦的机会留给线路其他驾驶员。她积极践行和倡导“服务无终点”的工作理念，总结出“三心四点”服务老年乘客工作法，并在公司内部推广，多次得到乘客各种形式的表扬。她带领下的3路线是公司的“星级线路”和乘客心目中的“文明线路”，也是市级“工人先锋号”和交通建设系统部级的“工人先锋号”。

鉴于王月英的出色表现，2004 年被评为全省公交系统服务明星，2006 年被评为全国城市公共交通先进个人，2007 被评为湖州市劳动模范，同时获得省级“五一劳动奖章”、省职业道德建设“十佳标兵”荣誉称号。同年当选为浙江省第十一届人大代表。2008 年又获得“全国五一劳动奖章”，并作为中国工会十五大代表出席了工会十五大，受到了胡锦涛的亲切接见。

## 十　致力古船桥文化研究的交通人朱惠勇事迹

朱惠勇

朱惠勇，笔名无声。1945 年出生于浙江省德清县新市镇，祖籍浙江省绍兴县。朱家吃了三代船家饭，祖父、父亲摇了一辈子的船。朱惠勇德清三中初中毕业后，在货船上当过学徒，在船厂当过船匠，后又在德清航运公司干航船调度与管理工作，一干就是40多年。1984 年，修志热在全国各地悄然兴起，爱好写作的朱惠勇受命编写《德清县交通志》。四五个年头后，20 余万字的《德清县交通志》出版了，帮朱惠勇打响了名声。一年多后，安吉县交通局邀他帮忙修志。正当事业如火如荼之际，不幸发生了。1993 年冬天，由于连续在两本交通志上用脑过度，积劳成疾的朱惠勇患上了“神经性耳聋”。那一年，他 48 岁。挫折没有打倒他，反而点燃了他对这份事业的钟爱。编志八年，帮助他收集了大量的古船、古桥文字资料和图片。出身于船上人家的他，立志在中国的古桥、古船上做点文章。《中国古船与吴越古桥》是他列出的第一个写作目录。为了查资料、拍照片，他的足迹遍布沪、苏、浙、皖、鄂、渝等地区。朱惠勇著书录资料都是手写，笔芯用完后，就放进纸箱。至今积累了足足 396 支，平均每年使用圆珠笔近 50 支。2000 年 12 月出版《中国古船与吴越古桥》、2001 年 11 月出版《中国古桥录》、2003 年 7 月出版《中国船文化》、2004 年 1 月出版《湖州古桥》、2004 年 12 月出版《江南古桥风韵》、2005 年 6 月出版《桥诗纪事》、2006 年 8 月出版《船诗纪事》、2007 年 9 月出版《中国古桥雕刻》、2008 年 11 月出版《中国古桥楹联》、2011 年 4 月出版《中国古桥文化》，再加上德清、安吉二县交通志，合计发表文字 420 万左右。作品在美国、加拿大、日本、澳大利亚、马来西亚、新加坡等国家和台湾、香港地区的书店上柜或被大学和个人收藏。现为浙江省作家协会会员，中国残疾人作家联谊会会员。

# 第二章　拾遗补阙　前志勘误

## 第一节　拾遗补阙

### 一　明清时湖州水路客货运输

湖州水运自古发达，明清时航船运输达到鼎盛。前志对此记载欠详，本志根据相关资料予以补志。

据清同治《湖州府志》卷 33《物产下》记载：“有载客及寄书、带货，往来近处各城市者曰航船”。航船载客、带货早已有之。“寄书”则至明中叶更盛，是晟舍镇成为江南雕版印书中心之故。航船的称呼略有差异，“东至上海、嘉兴，西至四（泗）安、梅溪，南至杭州，北至苏州，及各县、各村镇皆有之，有日航船和夜航船之分”，其中到杭州称“报船”，到苏州的称“装船”，其余都称“航船”。明代黄汴的《西商必要》一书记载：湖州到各处都是夜航船，只有到震泽、乌镇才有日航船。

据黄汴《士商必要》记载湖州府水路：苏州府跳船至思安一线，自苏州灭渡桥，夜船至震泽。震泽，夜船至湖州府，湖州府西门，有夜船至思安。

又据黄汴《士商必要》，湖州府四门夜船至各处：东门夜船 70 里至震泽，又夜船 130 里至苏州灭渡桥，至南浔 60 里，南去嘉兴府至乌镇 90 里，至练市 70 里，至新市 80 里，至双林 50 里；西门夜船至浩溪、梅溪并 90 里，（梅溪通竹筏水陆并三十里至安吉），去思安 120 里，至长兴县 60 里，至湖平（和平）50 里；南门夜船至瓶窑 140 里，至武康 170 里，至三桥埠、德清县并 90 里；北门夜船 90 里至夹浦，过太湖 40 里入里港，90 里至宜兴县；南门夜船 36 里至龙湖，又 36 里至改山，又 20 里至武林港（北 5 里至唐栖），南 50 里至并新关，20 里至杭州府。湖州至各处俱是夜船，惟震泽、乌镇二处有日船可答（搭）。

据陈学文《湖州府城镇经济史料类纂》记录，明末时，苏州～湖州～孝丰水路：阊门（新门河搭湖州夜航舡每人2分，50里）—吴江县（40里）—平望（12里）—梅堰（18里）—双阳桥（6里）—震泽（12里）—南浔（换舡每人与银8厘，12里）—东迁（15里）—旧馆（18里）、深（升）山（9里）—八里店（8里）—湖州府（西门外搭夜航舡每人与银1分9厘）—杨家庄（9里）—严家坟（西北往四安，9里）—潘店（9里）—木灰山（9里）—下严渡（18里）—吴山湾（9里）—小溪口（9里）—金湾（9里）—梅溪（30里）—安吉州（10里）—三馆（10里）—沿干（5里）—白庙（15里）—孝丰县。

**明清时快船一览表**

表5-3

| 船名 | 经过地点 | 本镇停泊埠头 | 班次 |
|---|---|---|---|
| 王店船 | 濮院 | 印家桥堍 | 每日一次 |
| 湖州船 | 马腰、横街 | 同上 | 同上 |
| 震泽船 | 严墓 | 二井桥 | 同上 |
| 湖州船 | 双林、琏市 | 同上 | 同上 |
| 嘉兴船 | 新塍、琏市 | 同上 | 同上 |
| 塘栖船 | 新市、琏市 | 同上 | 同上 |
| 南浔船 | 乌镇、炉头、桐乡、屠甸镇、硖石 | 宫桥北 | 一来一往 |
| 长安船 | 南浔、乌镇、炉头、石湾、崇德 | 经乌镇不停<br>遇客傍岸 | 每日来往 |
| 桐乡船 | 炉头 | 浮栏桥堍 | 同上 |
| 崇德船 | 石湾 | 同上 | 同上 |
| 硖石船 | 乌镇、炉头、桐乡、屠甸镇 | 二井桥 | 隔日一次 |
| 濮院船 | 石谷庙 | 印家桥堍 | 每日一次 |
| 善琏船 | 琏市 | 二井桥 | 同上 |
| 湖州船 | 乌镇、横街 | 同上 | 同上 |

据清康熙《乌程县志》、同治《湖州府志·物产下》记载，明清时，湖州东部织里一带造船业繁荣，所造之船有书船、笔船、农船、渔船、航船、活水船、沙飞船、笋档船等，其中以书船最为著名。

湖州博物馆陈列的织里书船模型

湖州织里书船是一种专门卖书的船，它的建造和经营，基于湖州雕版印刷业的繁荣。湖州雕版印刷在中国印刷史上占有重要地位，历南宋、元、明、清代长盛不衰，尤其是明代嘉靖以后进入极盛时期。与此同时，书船的建造和经营也随之兴旺，直到20世纪30年代初还十分盛行。

书船置船棚，棚下两侧置书架，陈设各种书籍，中间设书桌和木椅，供选书者翻阅时享用。书商们向刻书家趸购书籍，装货出运，由两名船夫轮流摇橹，一路沿埠相售，任人上船选择书籍。

嘉庆年间海宁有位藏书家有诗形容湖州书船之多："阿侬家近状元台，小阁临窗面面开。昨夜河面新水涨，书船都是霅溪来"（霅溪位湖州）。湖州北通太湖、南下运河，河港四通八达。书船南至钱塘、东南至松江、北可达京口，主要经营范围在今"长三角"一带。书商不仅卖书，还设法收购秘卷轶本。沿埠买家若有多余孤本奇书可用来交换新书，或向沿埠贫家收购闲置好书。于是书商们手中常有秘本好书，转售刻书之家刊印，不仅双方得利，推动刻书、贩书业发展，也为藏书家藏书的聚、散起到中介、流通作用。清代湖州藏书家刘承干、陆心源曾收购到大量珍贵书籍，或许书船有功劳。书船贩书业曾在湖州"兴旺发达"约400年，是湖州船运史上浓墨重彩的一笔。

## 二　市境现存主要古桥

湖州古桥是古代道路交通重要设施。古桥保留至今是前人留下宝贵文化遗产。根据湖州市文物局提供文物调查资料，至2010年末，市境尚存古桥1116座，其中吴兴区 197 座、南浔区 351 座、长兴县 181 座、德清县 268 座、安吉县 119 座。在相关湖州古桥文化遗产中，列入国家级文物保护单位 1 处、省级文物保护单位 7 处、市级文物保护单位 28 处、县级文物保护单位 52 处。以下择历史相对悠久、研究价值较高古桥详记之：

**1. 源洪桥**

位于吴兴区东林镇青山村新桥头自然村一条溪沟上。东北—西南向单孔石拱桥。长 16 米、宽 2.9 米，面积约 46 平方米。拱券采用纵联并列手法砌筑，拱券整体呈弧形，无券睑石。压券石装饰乳钉纹。压券石两端设系梁石，系梁端首浮雕花卉。桥面由三块条石并列铺成，总体呈弧形。桥面石两侧施须弥座式栏板，栏板线脚较硬，两侧无踏步，但均设有马道。金刚墙块石垒砌。南面桥额双钩颜体楷书“源洪”。桥南北埯为民居。俗称“卖鱼桥”。建筑形式及拱券造型类似德清的寿昌桥，具有宋代风格，对于研究宋代桥梁的发展演变过程具有很高的研究价值。

**2. 白莲桥**

位于吴兴区白雀乡瑶阶坝村北坝自然村，三孔石梁桥，南北向；通长 15.55 米、宽 2.50 米，面积 38.86 平方米。三长条石并列竖式桥墩，外侧棱削杀，中间桥墩有荷叶衬托字堂，字迹漫漶不清；墩顶置系梁，系梁端面弧凸抹角；桥面略呈弧状，桥面两侧踏步各由整块石凿成，各 6 步，收分明显。护栏饰阳刻如意云纹，望柱作鼓墩状。金刚墙靴钉式砌筑，大部被路土掩埋。保存尚好。桥名阴刻楷书“白莲桥”。从弧形桥面、护栏如意云纹、鼓墩式望柱等风格判断为明代桥梁。2003 年，被列为湖州市文物保护单位。 白莲桥独特的望柱形式，整体的踏步构件，昭示具较高历史、艺术研究价值。

3. 潘公桥

位于湖州市吴兴区龙泉街道，龙溪港和务前河合流处。南北向，始建于明万历十三年（1585），清道光19年（1839）年重建，改五孔石梁桥为三孔石拱桥。长55.90米、宽5.20米、高9.50米，面积531.05平方米。拱券纵联分节并列式砌置，设券睑石，有系梁5对，楹联石2对。桥面设阶梯形踏步，外出檐；金刚墙错缝平砌，靴丁稀疏；南边踏步50级，北边踏步47级，用材均花岗岩。桥额楷书"重建潘公桥"，其上有"放生官河"铭文。桥面两侧设吴王靠桥栏，内侧刻捐助者名录及纪年。

潘公即潘季驯（1521—1595），明代著名水利专家，湖州环渚人。明嘉靖二十九年（1550年）进士，历任工部尚书，兼左都御史，又先后改任兵部尚书、刑部尚书。被削职乡居期间，潘季驯闲居乡间时捐银2500两，亲自设计、建造该桥，从万历十三年（1585年）破土动工，历时5年竣工。后人为纪念潘公建桥功绩，命名为"潘公桥"。

清代至解放后，多次维修，重建，结构坚固，形象壮观，1997年，被公布为浙江省文物保护单位。

### 4. 潮音桥

位于吴兴区朝阳街道慈感寺7号西侧，东西向三孔石拱桥，横跨霅溪。桥长50米、宽4.87米，面积243.5平方米。主孔净跨13.2米、矢高6.2米，次孔径跨10.4米、矢高5米。原为渡，名“慈感寺渡”。渡之前，宋皇祐年间（1049—1054）曾建有“皇祐桥”，后桥圮为渡。渡后名“潮音渡”，“潮音”之义一说与佛教有关，另一说渡口众水汇合浪涛之声如潮故名。至明嘉靖十八年（1539）年始建现桥，桥以渡名。万历三十一年（1603）年重建。拱券纵联分节并列式砌置，置券睑石。系梁3对，端首饰吞水兽，楹联石两对。压面石出檐，两堍设阶梯形踏步；金刚墙错缝平砌。桥两侧设吴王靠桥栏。其造型结构具重要历史、艺术价值，1984年列为湖州市文物保护单位。2003年，湖州市文物局组织对潮音桥维修，依原样整修金刚墙、桥面、桥栏和台阶，新配石狮，西次孔下拓为水面，其上新建一仿明代风格小型石梁桥，行人仍可从桥孔下通过。 同年5月，被列入第五批浙江省文物保护单位推荐名单。

### 5. 安丰桥

坐落南浔区和孚镇双福桥村茧站西，毗邻湖盐公路，东西向，三孔石梁桥。通长13.7米、宽2.2米，面积约为30平方米。中孔跨度4.7米、边孔跨度2.8米。桥墩由3条武康石竖向并列组成，下宽上窄逐渐收分；中孔墩壁有莲荷浮雕字堂，字堂风化严重似无文字。有系梁两对，系梁端首严重风化，桥面南北两侧铺武康岩条石，中间铺块石。桥心为团花纹。桥东墩壁有字堂一对，图案组成如中孔，其中有铭文“岁次丁亥乾道三年五月廿一日建造□亥三□”。桥额为阴刻楷书“安豐橋”，桥面立面呈弧形。是湖州首次发现的有南宋年号款的古桥梁。

### 6. 种德桥

位于湖州市南浔区菱湖镇竹墩行政村前丘，系3孔石拱桥，呈东西向横跨于清溪河，以武康石为材料，桥长34米、宽3.7米、高5.9米，中孔拱矢高5.3米，占地面积约125平方米。整体呈弧形。该桥始建于天顺元年，后为成化年间吴凤重修。桥墩较薄，水磐石宽0.85米，高0.5米，长4.63米，水磐石与盖桩石之间有两层基石。肩墙为错缝垒砌，不见坚壁石，拱券为纵联分节并列砌置法，不用券睑石。两堍各有21级台阶。2005年3月，被公布为省级文保单位。

### 7. 双林三桥

均为三孔石拱桥，位于双林镇新街社区，南北向横跨双林塘上，分布面积约14473平方米。由东至西依次为万元桥、化成桥、万魁桥。

万元桥，由花岗岩建造，长48.7米、宽3.5米、高（桥面至水盘石上皮）7.0米。拱券采用分节并列砌置，肩墙为靴钉式砌置法，置系梁5对，两坡置素面栏板，桥顶置吴王靠，间置10对坐狮望柱，末端置抱鼓石。桥心石为“漩涡”图案，但磨损严重。南北坡分别有44级和43级台阶。桥面两侧阳刻“万元桥”楷书额，并署“道光丙申冬，里人重建”款。

化成桥，由太湖石与花岗岩共同构建，长45米、宽3.4米、高6.8米。拱券采用分节并列砌置法，肩墙为靴钉式砌置法，置系梁5对，两坡用素面栏板，桥顶置吴王靠，间置8对仰覆莲望柱，末端置抱鼓石，北坡为伏狮状。桥心石为“漩涡”图案，磨损严重。桥面两侧阳刻“化成桥”楷书额，东侧桥额阴刻“乾隆甲寅，三月重建”款。南北坡各有36级与41级台阶。

万魁桥，长49.8米、宽3.2米、高6.8米。用太湖石砌置。拱券采用分节并列砌置法，肩墙用太湖石做靴钉式砌置，上置系梁5对。桥面两坡用素面栏板，桥顶设吴王靠，间置方形开光望柱12对，末端置抱鼓石。桥面东侧阳刻“万魁桥”楷书额，西侧则为“万奎桥”，两侧均署“乾隆壬子，六月重建”款。

双林三桥于2005年3月被公布为省级文物保护单位。

万元桥

化成桥

万魁桥

### 8. 寿昌桥

又名上渚桥，为单孔石拱桥，位于德清县三合乡二都村。据明代嘉靖《武康县志》记载："寿昌桥，宋咸淳间（1265—1274）邑人姚智建。"现桥非水平长度 52.3 米，桥顶面宽 2.86 米，桥地面宽 3.24 米，拱券矢高 7.16 米，净跨 17.4 米。整桥用南宋时盛产于当地著名的武康石砌筑，结构科学，造型古朴，色泽华贵，气势雄伟。寿昌桥是杭嘉湖乃至长三角地区迄今发现的单孔跨度最大、保存最完整的宋代古桥梁，是研究中国桥梁建筑史极其珍贵的实物资料。1989 年被列为浙江省文物保护单位。2006 年 5 月被公布为全国重点文物保护单位。

### 9. 德清古桥群

德清县境河道密布、古桥众多，尤其保留十余座宋、元时期石桥，实属难得和罕见，是研究中国古代桥梁的重要实物例证。古桥群由以寿昌桥为首 11 座宋、元时期建造石桥组成，有拱桥、梁桥两种类型，拱桥均单孔，梁桥有单孔、多孔之分。拱桥 4 座，拱券均为分节并列砌筑，无眉石，对联石素面，桥栏多须弥座式、覆莲望柱，宋代特征明显。梁桥 7 座，单孔 1 座、三孔 5 座、五孔 1 座，桥墩均为数块条石并列，造型简洁、风格古朴。2005 年 3 月，公布为省重点文物保护单位。11 座古桥分别是：寿昌桥（单孔拱桥）、万寿桥（单孔拱桥）、普济桥（三孔梁桥）、清河桥（单孔拱桥）、社桥（五拱梁桥）、兼济桥（单拱梁桥）、追远桥（三拱梁桥）、上邻桥（三拱梁桥）、僧家桥（三拱梁桥）、万安桥（三拱梁桥）、永安桥（单孔拱桥）、青云桥（单孔拱桥）。

### 10. 安城北川桥

位于安吉县递铺镇安城村安城城墙北城门外，南北向跨护城河，方向 25°。东连陈家墩，南接安城北城门，西邻城内至湾长公路，北为湾长村。为三孔石梁桥，桥面长 26.35 米、宽 4.35 米、通高 5.15 米。中孔跨 5.85 米，两侧孔跨 6.2 米，孔高 4.85 米。桥墩块石错缝叠筑，与河床平行方向则砌成三角状以利分水，桥墩顶部横置天盘石以架石梁，中孔石梁南立面镌刻楷书“咸丰癸丑里人重建”等字。桥面条石横向嵌于两石梁间。两侧金刚墙块石错缝砌筑。桥面两侧置石板间于石柱（柱头原有雕刻现已损毁）桥栏。两端引桥为两侧条石，中间块石铺就。

据清同治版《安吉县志》记载，建于清咸丰三年（1853）。该桥对研究古安吉城的城市规划布局及建桥技术可提供珍贵实物资料。

**11. 安城汪婆桥**

位于安吉县递铺镇安城村安城西城城门外的护城河上，东西向跨护城河，方向 110°　。东接安城西城门，西端紧邻安城丝厂。

根据该桥的构造，结合方志关于安吉城建城史等记载分析，推断应为明代建筑。该桥系条石砌筑，具典型安吉北部平原特色，对研究古安吉县城的城市建筑布局及民间建桥技术可提供珍贵的实物资料。

为单孔石拱桥，拱圈系条石平列分节拱筑。桥面长 9.10 米、宽 3.42 米，通高 4.53 米。拱跨 9.10 米，矢高 4.20 米。两侧金刚墙为条石错缝平砌。桥东端引桥为块石错缝砌筑，连接马道。

## 三　湖州市区自备代步工具发展变化

湖州中心城市自备代步工具随着国家改革开放，经济社会发展和人民生活水平提高，经历了自行车—摩托车—电瓶车—轿车的发展过程。

**自行车**　前志载，1926 年自行车始现于湖州城。20 世纪五六十年代开始增多，七十年代成为城乡百姓主要私人代步工具，时因自行车供不应求，采取凭票购买，普通百姓往往一票难求，改革开放后自行车供应量逐步充足。据不完全统计，1991 年，湖州城内有牌照自行车 7610 辆，次年增至 1.7 万余辆。1993 年末，全市有自行车 11.3 万辆，其中湖州市区 64787 辆。2005 年，全市拥有 26.6 万余辆，城市每百户居民有自行车 136 辆，农村每百户居民有自行车 147 辆。2006 年 6 月 1 日始，省公安交警部门根据相关规定取消自行车上牌制度。后随着电瓶助力车和私家轿车的普及，自行车作为百姓出行主要自备交通工具的功能逐步减弱。全市自行车数量逐年下降，2010 年，全市农村每百户居民有自行车数量降至 101 辆。（2013 年 12 月 1 日，湖州中心城区首批 1500 辆公共自行车服务系统建成，供市民免费使用。）

**摩托车**　湖州市第一辆私人摩托车出现于 1954 年，由个体中医师吴士彦购置。20 世纪 80 年代始，摩托车作为私人交通工具逐渐增多。1993 年，全市有私人摩托车 7593 辆，其中市区 4088 辆，德清县 691 辆，长兴县 1888 辆，安吉县 926 辆；全市每百户城乡居民有摩托车 0.97 辆。2003 年末，市区每百户居民有摩托车 26 辆，全市农村每百户居民有摩托车 81 辆。2010 年末，市区城市每百户居民有摩托车 35 辆，全市农村每百户居民有摩托车 123 辆。

**电瓶助力车**　20 世纪 80 年代，以铅酸、镍镉、镍氢和锂离子电池为动力的助力车在中国研制开发，90 年代开始投放市场。进入 21 世纪以后，电瓶助力车产业呈高速发展态势。据不完全统计，1996 年湖州市区有电瓶助力车 3026 辆；2000 年增至 2.8 万余辆。2003 年末，市区每百户居民有电瓶助力车 11 辆；2005 年末，市区居民每百户人家有 30.5 辆。2010 年末，市区居民每百户人家有电瓶助力车 59 辆；全市农村居民每百户人家有 75 辆。电瓶助力车以其环保、节能、快速和省力的特点已成为城乡百姓代步工具的首选。

**私家轿车**　前志载，湖州市境最早出现的私家轿车是 1920 年美国传教士孟杰（译音）来湖州建立福音医院时带入的（福特轿车和吉普车各一辆）。轿车真正进入普通百姓家庭是在 20 世纪 80 年代改革开放后。90 年代，作为私人代步工具的小轿车增多。1998 年，湖州城区私家小轿车 1299 辆；2003 年增至 8391 辆，2005 年发展到 15450 辆。2006 年始，私人轿车呈井喷式增长，年均增长率达 30%以上。2007 年全市私人轿车拥有量为 4.98 万辆，比上年增长 32.7%，市区每百户居民有轿车 6 辆。2010 年末，湖州市私人轿车总量达到 12.27 万辆，比上年增长 37.2%，市区每百户居民有轿车 16 辆，全市农村居民每百户人家有汽车 9 辆。

**1991—2010 年湖州市直辖区自备代步工具**

表 5-4

| 年份 | 自行车 | 电动车 | 摩托车 | 私人轿车 |
|---|---|---|---|---|
| 1991 | 7610 | | 8268 | |
| 1992 | 17340 | | 11662 | |
| 1993 | 29040 | | 16637 | |
| 1994 | 42290 | | 22958 | |
| 1995 | 60417 | | 30900 | |
| 1996 | 83937 | 3026 | 50661 | |
| 1997 | 112037 | 7134 | 52215 | |
| 1998 | 139397 | 11498 | 44465 | 1299 |
| 1999 | 168817 | 16411 | 55335 | 1547 |
| 2000 | 180629 | 21518 | 62461 | 1867 |
| 2001 | 197402 | 28248 | 85912 | 2305 |

续表 5-4

| 年份 | 自行车 | 电动车 | 摩托车 | 私人轿车 |
|---|---|---|---|---|
| 2002 | 213397 | 36158 | 117741 | 3638 |
| 2003 | 236397 | 43796 | 160852 | 8391 |
| 2004 | 255393 | 61263 | 208892 | 11537 |
| 2005 | 266393 | 59206 | 229212 | 15450 |
| 2006 | | | 572270 | 20013 |
| 2007 | | | 574439 | 26324 |
| 2008 | | | 581419 | 32699 |
| 2009 | | | 586124 | 45015 |
| 2010 | | 128135 | 588320 | 61511 |

说明：2006—2010 年轿车、摩托车数量含南浔、菱湖

## 四　管道运输

湖州市境内由公路、水路、铁路、管道等四种运输方式构成交通运输网络。因管道运输内容较少不足以单独成篇章，故在“拾遗补阙”中予以记载。前志载，1990 年，湖州最长的运输管道是长兴县泗湖航道大德桥码头到八三机场的输油管道，长 17 公里。

至 2010 年末，湖州境内运输管道增至 384.6 公里，分为 5 条油气输送管道：1. 川气东送管道，市境长 110 公里，2010 年建成，在吴兴区道场乡施家桥村设湖州输气站，隶属天然气川气东送管道分公司苏浙沪管理处，是川气东送管道主干线分输站；2. 西气东输管道，市境长 24 公里，2003 年建成，在长兴五里桥设西气东输长兴分输站，隶属西气东输苏浙沪管理处常长支干线，站辖管段起于江苏洑东镇梯子山脚下，穿越江苏浙江交界处父子岭村进入浙江省境内，向南至长兴输气站；3. 省天然气支线管道，市境长 130.6 公里，2011 年建成，管理门站在杨家埠卢山村周家村，管理主线为长兴至德清管道约 60 公里，管理支线为南浔东林至安吉约 70.6 公里；4. 甬沪宁原油管道，市境长 71 公里，2004 年建成，在长兴夹浦设输油站，甬沪宁长距离输送进口原油管道，是我国目前管径大，距离长，连接油库、码头和炼化企业最多的输油管道，整条管道采用常温密闭顺序输送工艺，实现全线自动控制；

5. 金嘉湖成品油管道，市境长49公里，2007年建成，在湖州市苏台山油库设末站，中国石化金嘉湖成品油管道全长约250公里，其中浙江境内管道近200公里，起点站在上海石化的陈山油库，分输站二座（嘉兴、桐乡）、末站二座（湖州、苏州）。

## 五　湖州市交通局20家直属企业改制概况

1993年11月，中共十四届三中全会作出《关于建立社会主义市场经济体制若干问题的决定》，明确把建立现代企业制度作为国有、集体企业改革方向。湖州市交通局围绕产权制度改革和理顺劳动关系两个重点，通过破产、兼并、托管、租赁、股份合作制等方式对下属企业实施改革改制。

1993年末，湖州市交通局有直属企业20家（国有企业7家，集体企业13家），共有各类人员14774人，其中在职职工10273人，退（离）休人员3745人、精简、遗属等各类扶养人员756人。市交通局遵照市委、市政府“彻底改、改彻底”的工作要求，成立以局长为组长的交通企业改革领导小组，确定交通企业改革改制指导思想、工作原则和“突出重点、抓住难点、兼顾一般”的工作思路，切实推进交通企业改革改制工作。至2000年末，19家企业先后完成各种不同形式的改革改制，其中实施有限责任公司改制1家（市长运汽车运输有限公司），实施民营化（股份合作制）改制3家（市汽配公司、市联运公司、市建筑五金公司），实施破产解困6家（汇通公司、装卸公司、起重公司、东航船厂、富通公司、练市电子元件厂），在6家破产企业实施破产过程中，为有利于职工分流安置，对破产企业中有生存能力的二级单位通过企业资产和职工身份双置换形式，成立了4家民营化企业（汇通船用敷料厂、装卸锅炉压力容器安装公司、长城机电轴承公司、起重公司设备安装队），实施兼并（合并）4家（广达公司、埭溪汽运装卸公司、练市联运站、南浔装卸站），成建制下放到所在镇4家（菱湖运输装卸公司、双林交通实业公司、善琏装卸站、和孚装卸站）。

湖州市航运实业总公司规模大、冗员多、负债重、历史遗留问题复杂，实施“彻底改制”成本巨大，且难以解决企业所有问题，故在依旧保持其国营体制同时，采取“调整结构、改革解困、水陆分离、化整为零、精干主业、减员增效，辅之必要政策扶持”“非彻底”措施，维持生产经营，促其逐步创造条件实施市场化运作和产权制度改革。

据不完全统计，20家企业在改革改制过程中有4000余名职工或下岗、转岗，或提前退休。下岗职工是企业改革成本主要承担者，政府十分关注这一弱势群体，拓宽再就业渠道，帮扶特困人员，鼓励支持自谋职业、自主创业。东航船厂下岗职工秦兰英1994年卖房筹资20万元，在远离湖州市区90公里郊区承包1亩荒地，与一友合伙劈山整地办养鸡场。至2002年，养鸡场已颇具规模，年收入10万元左右。秦兰英因此成为“浙江省十大再就业明星”，获“全国五一劳动奖章”和“全国劳动模范”。

**湖州市交通局直属企业改制人员基本情况**

（1994年劳资年报统计人数）

表5-5

| 序号 | 企业名称 | 性质 | 合计 | 其中 | | | 改革改制 | |
|---|---|---|---|---|---|---|---|---|
| | | | | 在职职工 | 退（离）休人员 | 精简、遗属等各类抚养人员 | 形式 | 实施时间 |
| 1 | 市航运实业总公司 | 国有 | 6814 | 4426 | 1916 | 472 | 改革解困 | 正在实施中 |
| 2 | 东航船厂 | 国有 | （东航船厂原系湖航二级企业、1998年从湖航公司分立出来） | | | | 破产 | 2001.12 |
| 3 | 市汽运总公司 | 国有 | 1791 | 1413 | 309 | 69 | 有限责任 | 2001.3 |
| 4 | 市汽配公司 | 国有 | 71 | 58 | 13 | — | 股份合作制 | 1997.12 |
| 5 | 市广达实业总公司 | 国有 | 352 | 320 | 32 | — | 兼并 | 1999.4 |
| 6 | 市联运有限公司 | 国有 | 164 | 160 | 4 | — | 股份合作制 | 2001.12 |
| 7 | 市富通总公司 | 国有 | 13 | 13 | | — | 破产 | 1995.5 |
| 8 | 市汇通实业总公司 | 集体 | 3078 | 2179 | 751 | 148 | 破产 | 2000.11 |
| 9 | 市运输装卸公司 | 集体 | 897 | 577 | 278 | 42 | 破产 | 2000.12 |
| 10 | 市起重安装运输公司 | 集体 | 565 | 389 | 165 | 11 | 破产 | 2001.12 |
| 11 | 市建筑五金公司 | 集体 | 36 | 36 | — | — | 股份合作制 | 2000.10 |

续表 5-5

| 序号 | 企业名称 | 性质 | 合计 | 其中 | | | 改革改制 | |
|---|---|---|---|---|---|---|---|---|
| | | | | 在职职工 | 退（离）休人员 | 精简、遗属等各类抚养人员 | 形　式 | 实施时间 |
| 12 | 市交通器材公司 | 集体 | 17 | 13 | 4 | — | 关门走人 | 1995 |
| 13 | 菱湖运输装卸公司 | 集体 | 373 | 275 | 95 | 3 | 成建制下放 | 2000.4 |
| 14 | 双林交通实业总公司 | 集体 | 183 | 152 | 31 | — | 成建制下放 | 1997.1 |
| 15 | 埭溪运输装卸公司 | 集体 | 125 | 54 | 62 | 9 | 兼并 | 2002.7 |
| 16 | 南浔装卸站 | 集体 | 93 | 51 | 40 | 2 | 兼并 | 2004.10 |
| 17 | 善琏装卸站 | 集体 | 23 | 9 | 14 | — | 成建制下放 | 1996.7 |
| 18 | 练市联运服务站 | 集体 | 37 | 23 | 14 | — | 兼并 | 2002.7 |
| 19 | 练市电子元件厂 | 集体 | 102 | 93 | 9 | — | 破产 | 1999.8 |
| 20 | 和孚装卸站 | 集体 | 40 | 32 | 8 | — | 成建制下放 | 1992.11 |
| 合　计 | | 国有 7 家集体 13 家 | 14774 | 10273 | 3745 | 756 | 已完成 19 家，正在实施 1 家 | |

# 六　湖州十大著名旅游景区交通指南

## （一）国家级风景名胜区——德清莫干山

莫干山在德清县西部，为天目山余脉。距杭州 32 公里、上海 180 公里、南京 200 公里。沿 304 省道临莫线（余杭区临平镇至德清县莫干山）可直达景区；104 国道、G25 长深（杭宁高速）、S13（练杭高速）在德清县设有出口处，转 304 省道，或沿县道三桥埠至莫干山（三莫线）公路（13.5 公里）均可抵达莫干山景区。德清县城武康镇英溪北路与春晖东街岔口设有公交汽车站，每天约有 6～8 个班次公交车通达景区，票价 25 元/人。

莫干山山名缘于春秋时干将、莫邪夫妻在此山铸剑的民间传说。东西横亘 15 公里，南北纵贯 12.5 公里，面积 6.45 万亩，最高峰塔山海拔 720.2 米。为浙江省第一批风景名胜区（1986 年公布）。1994 年 1 月 10 日，被国务院批准列入第三批国家重点风景名胜区（2006 年改称国家级风景名胜区）。

莫干山以竹、云、泉“三胜”和绿、凉、清、静“四优”蜚声海内外，与庐山、北戴河、鸡公山并称“中国四大避暑胜地”。

山上有清末民初所建 200 多幢风格各异别墅，誉为“世界建筑博物馆”，国家级文物保护单位（2006 年 5 月公布）。著名景点有天池寺遗址、清凉亭、武陵村、芦花荡、荫山洞、剑池等。

### （二）国家 AAAA 级景区——安吉中国竹子博览园

位于安吉县城南郊灵峰山东麓，浒溪之畔，距递铺镇中心 6 公里。201 省道彭安线、306 省道鹿唐线、205 省道青临线、杭长高速公路均可达安吉。县城内有公交车通达竹博园。

景区前身为安吉竹种园（1974 年，中国林科院亚林所、安吉县林业局和灵峰寺林场始建），面积 260 多亩，集本地和闽、赣、桂、粤、湘、蜀、黔等 12 个省市龟甲、厌水、湘妃、金镶玉、菲白、方、花毛、紫、斑、佛肚等稀世珍贵竹种 200 余种 33 属 389 种，成为国内最大散生、混生茎竹品种齐全的竹种大观园。1992 年，开始扩建至 1200 亩。1999 年，建成 60 亩修竹湖，楼、亭、廊与翠竹丛林融合，假山、喷泉、小桥、流水、树根盆景千姿百态。2000 年建成中国竹子博物馆，与竹种园融合成新景区安吉竹子博览园。2005 年，被评为全国科普教育基地、全国农业旅游示范点，是国家开展竹类研究、教育与提供竹种重要基地。

景区主要包括竹种观赏区、竹文化风情区、中国竹子博物馆等主要区域，以竹海风光、竹文化、竹风情为特色，展现竹子王国内涵。分中国竹子博物馆、竹乡风情苑、竹子文化村、竹乡水村、竹子引种科研区（放在园外）五大景区，有修竹湖、江南丝竹、黑竹院、竹事传说、竹志岛、玉竹贵人、竹乐园、盆景苑、竹工坊、绿湾垂钓、筱园问竹、墨竹院、潇湘馆、千浪阁、竹峰栈道、竹乡水村、万篁精舍、逍遥竹屋等景点。

### （三）国家 AAAA 级景区——中南百草原

位于安吉县，距县城递铺 3.7 公里。沿 201 省道彭安线可直达县城，306 省道鹿唐线、205 省道青临线、杭长高速公路均可转 201 省道彭安线。县城有公交车直达。

中南百草原景区占地 253.33 公顷，是全国农业旅游示范点。植被覆盖率达 95%，是天然大氧吧。园内林深花奇、鹿奔雁翔，景色极其秀美。它集生态农业野外生存、旅游观光、体育活动于一体，是浙江省野生动物驯养基地、全国野生动物保护科普教育基地。

生态植物观光区占整个景区大半面积，特色景点最多，包括 1500 亩天然阔叶林、380 亩美国湿地松林、200 余亩杉树林、6 万平方米大草坪。景区包括森林、草原、湿地、竹海、野生动物。

### （四）国家 AAAA 级景区——太湖旅游度假区

位于湖州中心城市北 7.9 公里。G25 长深高速公路（杭宁高速）、G50 沪渝高速公路（申苏浙皖高速）、S12 申嘉湖高速公路、318 国道、104 国道等均可达湖州，自中心城区沿太湖路可达旅游度假区。中心城区有公交车（4 路）可直达。

太湖旅游度假区北濒浩瀚太湖，西倚湖州主峰弁山。度假区西南为 7 平方公里原生态湿地，周边依水村落。“吴兴富山水，弁为众峰尊”，弁山如展翅大鹏，昂首于西北，点尾于东南,其景以苍莽雄浑著称，主峰云峰顶海拔 521.6 米，雄踞弁中，为环太湖第一峰。山东麓法华寺是千年古刹。主要景区景点有太湖乐园（后改为月亮酒店）、湖州军民治太纪念碑（后迁移他处）、环太湖大堤等；接待设施有太湖山庄（三星）、太湖疗养院（二星）、望湖宾馆（二星）、交通宾馆（二星）、哥伦波太湖城堡、水上别墅、紫金假日山庄等；旅游产品有太湖百合、太湖“三宝”（银鱼、白虾、鲚鱼）、太湖状元蟹等。2004 年 5 月，

月亮酒店

被列入省“十佳”休闲度假胜地。

主要景点太湖乐园利用略呈三角形狭长洲岛——太湖梅洲（面积约7公顷）修建。1995年5月始建。1997年8月18日，一期工程“水上风情娱乐园”竣工开放。乐园由千米栈桥将梅洲本岛与太湖中两座人工岛屿相连，按地貌特征分为同心苑、梅岭、休闲娱乐及湖上风情4个景区。2008年5月18日始，景区动工兴建月亮酒店。（2012年12月30日建成并试营业。酒店由上海飞洲集团投资兴建，建筑大师马岸松先生主创设计，建设历时5年，耗资15亿元。）

极限运动场在太湖乐园内。1998年，评为省水利旅游区。1999—2010年，连续承办11届“全国极限运动大赛”。2005年，湖州市因此被国家体育总局授予“极限运动之都”称号。

### （五）国家AAAA级景区——南浔古镇

位于湖州中心城区东30.3公里，318国道可直达南浔，G50沪渝高速公路（申苏浙皖高速）、S12申嘉湖高速公路在练市南浔出口下。湖州市中心城区有公交车（101路）直达。湖州浙北客运中心有快客直达南浔，班车间隔时间15–20分钟，约1小时车程。

古镇建于1252年（南宋淳祐十二年），其时“耕桑之富甲于浙右”，号为重镇。镇以古浔溪为骨架，多条小港纵横，水巷、古桥、临水人家交织成秀丽水乡古镇风貌。故自古以江南园林和豪宅、古建筑与中西合璧建筑之多出名。1991年，被公布为第一批“浙江省历史文化名镇”。2005年，国家建设部、国家文物局认定公布为“中国历史文化名镇”。同年，被中央电视台评为“中国十大魅力名镇”。

主要著名景点有小莲庄、嘉业藏书楼及其花园与江南第一民宅——张氏旧宅建筑群，2001年6月被公布为国家级文物保护单位。还有百间楼、适园、颖园、述园快阁、张静江故居、刘氏梯号等，古浔溪与“通津”“垂虹”“广惠”等众多古桥，浓缩南浔历史文化的“文化公园”“明清一条街”等。

### （六）省级湿地公园——德清下渚湖

位于德清县城武康郊区，距县城约10公里。304省道临莫线、G25长深高速公路（杭宁高速）、104国道、S13（练杭高速）均可达德清。2010年5月武康县城开通105路（客运总站至景区）公交班车，票价4元/人。

下渚湖是浙江省第五大内陆湖，中心湖区 1950 亩，水深约 2 米，是长三角地区原生状态保持最完整的天然湿地之一。湖区有大小土墩 600 余处，湖中墩、墩中湖，港汊纵横、芦苇遍布，形成水网交错的独特水乡景观。湖中红荷菱角，莲藕生香，鱼虾蚌鳗等水产丰盈。夏季白鹭、灰鹭成群，冬季野鸭出没，近又引进朱鹮落户，水鸟成为湿地一大景观。下渚湖是良渚文化发源地之一。

在下渚湖南有防风古国文化园。2005 年 9 月 25 日，一期工程开园，为国内首个博物馆遗址式景区。二期工程于 2006 年 10 月开放，有六合广场区、军事防御区、先民居住区、山顶祭祀区、陶玉作坊区五大景区。

### （七）国家级自然保护区——长兴金钉子远古世界景区

位于长兴县城西北、槐坎乡东北 2 公里荷青村青塘山麓，距县城约 26 公里。G25 长深高速公路、G50 沪渝高速公路、318 国道、104 国道等均可达长兴，而后转 301 长牛线、煤青线可达景区。公共交通有牛头山—煤山—长兴线班车。

长兴金钉子远古世界景区（长兴灰岩地质保护区），是世界晚二叠纪最高层位、全球二叠系至三叠系界线层型标准剖面。1981 年 3 月 1 日，以“长兴地质剖面”列为省重点保护区（面积 275 公顷，保护类型地质遗迹，主要保护对象二叠纪石灰岩地质剖面）。1982 年 5 月，立下镌有中英两种文字的永久性标志。1999 年 10 月 25 日至 2000 年 1 月 15 日，国际地层委员会通过“长兴灰岩”作为全球“古生界—中生界”界线“金钉子”唯一候选对象。2005 年 8 月 5 日，被国家环保总局宣布为“国家级自然保护区”，为省内唯一入选的保护区。

金钉子，是一种永久性纪念标志代名词，全世界仅 2 颗，在国际地质学界具至高地位。全世界所有地方二叠系至三叠系地层，均以此作标准进行比较，是一段地质年代地层“权威”。2003 年，竖立“金钉子”标志塔，塔高 9 米。

景区主要景点有金钉子广场、世界地质遗迹剖面、地质博物馆、古木化石馆。

### （八）省级自然保护区——安吉龙王山景区

位于安吉县西南部，西邻安徽省宁国县，南连杭州临安县。201 省道彭安线、306 省道鹿唐线、205 省道青临线、杭长高速公路均可达安吉，沿孝丰–深溪–龙王山公路可达景点。乘安吉递铺客运中心发出的至孝丰、章村班车，在章村转乘去龙王山。孝丰客运站每天有两班车直接到龙王山。

龙王山景区面积1240公顷。主峰海拔1587.4米，比西天目山主峰高81.5米，为“天目第一峰”。幽深峡谷水景，险峻峰崖岗岭，峰峦层叠、幽谷溪流、繁茂花木构成主体风景。春天樱花和杜鹃花、夏天云海、秋天满山红、冬天冰雪世界，四季有“景观”。主要景点有仙人洞、龙头瀑布、云龙飞瀑、水滴石穿、水车岩等10余处。石级通往海拔1300多米龙王山顶“千亩田”（高山沼泽）。2006年建成直达山顶公路，开发为旅游区。峰崖山景，缘于龙王山山体高大，保护区内海拔1000米以上山峰18座。峰岗与峡谷高差几百米，造成众多险峻雄奇悬崖峭壁。主要景点有龙王山顶千亩田、拇指峰、观云台、千丈岩、仙人锯板、点将台、虎啸岩、半山岩、松峰天堑、象鼻岩、百步阶等。地势造就众多水体景观，瀑布深潭幽谷流水，主要景点有翡翠双瀑、石槽瀑、马峰瀑、沸水潭、五彩潭、听雷峡、仙人涧峡等。龙王山有“黄浦江源”之说。

### （九）省级风景名胜区——安吉天荒坪江南天池

位于安吉县东南天荒（篁）坪镇，地处东天目山北麓。距县城17公里。201省道彭安线、306省道鹿唐线、杭长高速公路均可达安吉，205省道青临线直达天荒坪景区。安吉递铺客运中心、孝丰客运站均有到天荒坪景区的往返公交班车。

天荒坪因抽水蓄能电站闻名。有上水库（原称天篁湖、现称江南天池）与下水库（龙潭）。景区植被覆盖率98%，青峰兀立、秀岭相邻，茂林修竹、清泉莹澈，飞瀑如练、镜湖碧透。主要景区：天荒坪蓄能电站及其天篁湖与龙潭湖、看灯台、藏龙百瀑（长谷溪瀑）、龙庆园、珍茶园、天下银坑、盘路山景、竹山田园、横坑坞白茶谷、仙首岩（看灯台西侧）等。

天荒坪蓄能电站建在海拔近千米大山峰上，峰顶平缓广阔，所建蓄水发电上水库（天篁湖）主坝长503米，坝高72米。周2.37公里、广28.67公顷，库容8850立方米，最高蓄水位905.2米，最低蓄水位863米，工作深度42.2米，昼夜变幅29.43米，利用峰谷电抽水蓄库再予发电。目前名列世界第二、亚洲最大，年发电量31.6亿千瓦时。与天篁湖配套有下水库“龙潭湖”，因其上游溪谷两岸蜿蜒、峰岩成群而名。附近翠谷丛中有“凉亭瀑”，白练高悬，一泻千丈，蔚为壮观。与天篁湖隔大溪相望天篁山顶有“看灯台”，海拔800米左右，是登高远眺好去处，观山景一览无余。天荒坪风景区为全国工业旅游示范点，省级风景名胜区。

### （十）省级风景名胜区——长兴顾渚山大唐贡茶院

位于长兴县城西北 17 公里的水口乡顾渚村，海拔 355 米。G25 长深高速公路（杭宁高速）、G50 沪渝高速公路（申苏浙皖高速）、318 国道、104 国道等均可达长兴，沿长达线可达顾渚山风景区。长兴县城公交车有大自然城市花园–顾渚专线。

顾渚山森林生态系统自然保护区在唐代中期盛产贡品紫笋茶、金沙泉而闻名于世，是目前已知历史上第一座皇家贡茶院，连续作贡达 800 余年。也是陆羽撰写完成世界上第一部《茶经》的地区之一，被誉为“中国茶文化发源地”。

区内地势西高东低，气候温和，水资源丰富，植被茂密。1983 年，区内西北部约 6 平方公里列为省 344 号保护区（顾渚山风景区）。1996 年，陆羽山庄中心景区 30.8 平方公里确定为“顾渚山风景名胜区”，属省重点保护开发旅游风景区。2003 年，景区总面积发展至 50 平方公里。

中心景区在顾渚村，主要景点有陆羽山庄、忘归亭、金沙泉、圃里茶园以及贡茶院、清风楼、枕流亭、息躬亭、木瓜堂等遗址。贡茶院遗址位于顾渚山侧虎头岩，唐大历五年（770）始建，中国历史上首座皇家茶叶加工场。

寿圣寺景区在金山村，三面群山环抱，翠竹掩蔽，古树参天。旧志载，三国赤乌年间始建。1995 年重建。寺内两棵千年古银杏，一雄一雌，是寿圣寺镇寺之宝。其中雌银杏树四围孕育出后代，旧称“五世同堂”，今可谓“六代同堂”。

霸王潭景区在悬臼岕。因传说楚霸王项羽率兵进入安徽时在此停留汲泉留下膝印而得名。潭边溪涧激流而下，潭之上即明月峡，有唐、宋文人摩崖石刻。1997 年 8 月，此处与金山村白羊山、斫射岕老鸦坞二处 3 组 9 处摩崖题记（含贡茶院遗址）公布为省级重点文物保护单位。

# 第二节　前志勘误

表 5-6

| 页行 | 误 | 正 |
|---|---|---|
| 扉页 2、末行说明 | 谭建亟 | 谭建丞 |
| 湖州市交通图 | 1.三长至桃源漏印乡道公路线 | 应加标红色线条 |
| | 2.湖盐公路至洪塘支线误标黑线 | 应改标红色线条 |
| | 3.三天门至弁南乡道公路误标为蓝线 | 应改标红色线条 |
| | 4.湖州—织里—轧村水路误标为红线 | 应改标蓝色线条 |
| | 5.三济桥至轧村乡道公路误标蓝线 | 应改标红色线条 |
| | 6.塘甸至杨渎桥漏标乡道公路线 | 应加标红色线条 |
| 4 页 3 行 | 蔬城 | 菰城 |
| 4 页 9 行 | 青山 | 菁山 |
| 7 页倒数 4 行 | 65 公里 | 65 华里 |
| 11 页 14 行 | 途径 | 途经 |
| 48 页 17 行 | 新市镇西栅 | 新市镇南栅 |
| 49 页 7 行 | 立米米/秒 | 立方米/秒 |
| 69 页 2 行 | 茶叶 2500 万担 | 茶叶 2500 担 |
| 69 页 14 行 | 出口 66.6 吨 | 出口 66.6 万吨 |
| 79 页 10 行 | 110 万吨 | 10 万吨 |
| 80 页 1 行 | 长度 125 | 长度 125 米 |
| 85 页 22 行 | 见无戌者 | 见无戍者 |
| 95 页示意图右下角 | 胡家儿 | 胡家兜 |
| 69 页 7 行，100 页倒数 3 行，107 页倒数 9 行 | 峻工 | 竣工 |
| 98 页 19 行，183 页 1 行 | 姚武关 | 耀武关 |
| 99 页 11 行 | 1348K—1836K | 1384K—1386K |

续表 5-6

| 页行 | 误 | 正 |
|---|---|---|
| 152 页下图 | 1986 年重建的杭长桥 | 1929 年建成的一字桥 |
| 153 页上图 | 1929 年建成的南门大桥 | 1989 年建成的五一大桥 |
| 153 页下图 | 1989 年新建的南门桥 | 1986 年重建的杭长桥 |
| 170 页 18 行 | 古绩 | 古迹 |
| 172 页末行 | 拱卷 | 拱圈 |
| 182 页 8 行 | 高 48 米 | 高 4.8 米 |
| 186 页 16 行 | 公路建路 | 公路建设 |
| 202 页 8 行格 | 圹西 | 塘西 |
| 227 页 14 行 | 三域 | 三城 |
| 271 页 8 行 | 停造 | 停靠 |
| 271 页 18 行 | 毗领 | 毗邻 |
| 272 页 9 行 | 68731 公里 | 41731 公里 |
| 272 页 11 行 | 30472 公里 | 3472 公里 |
| 280 页 2 行格 | 营运客车 | 营运货车 |
| 284 页 21 行 | 小客车大修车 | 小客车大修厂 |
| 337 页 21 行 | 龙五庙 | 龙王庙 |
| 340 页 15 行 | 暂于免征 | 暂予免征 |
| 369 页 12 行 | 多种经济形成份并存 | 多种经济成分并存 |
| 313 页任期表第 3 格 | 地区行署建设科长 | 地区行署建设科 |
| 364 页机构表 | 湖州市公路运输管理、稽收处 | 湖州市公路运输管理、稽征处 |
| 412 页 1 行 | 秘藉 | 秘籍 |
| 412 页 24 行 | 圆孤形 | 圆弧形 |
| 430 页 10 行 | 迴车岭 | 回车岭 |
| 440 页 11 行 | （125 公里） | （125 万公里） |
| 440 页 13 行 | （106 公里） | （106 万公里） |
| 446 页 10 行 | 宁杭地区 | 宁沪杭地区 |

# 第三章　文献

## 第一节　报告　规划　计划

### 一　湖州市综合交通体系建设与发展研究报告

2010年1月，由湖州市交通局和浙江省交通规划设计院联合完成《湖州市综合交通体系建设与发展研究报告》，摘录如下：

#### （一）综合交通体系发展现状评述

**发展现状**

改革开放以来，湖州市综合交通发展不断得到改善，基础设施建设成就显著，运输服务水平明显提高，初步形成铁路、公路、水运等多种运输方式共同发展的综合交通运输体系，引导湖州市交通行业的可持续发展。

**1. 综合交通基础设施规模日益扩大。**截止到2008年底，湖州市交通网络总里程达到8752公里，其中铁路里程194公里，公路里程7386公里（其中高速公路235公里、一级公路334公里、二级公路392公里），内河通航里程1172公里（其中等级航道687公里，三、四级航道共363公里），各运输方式分别占综合交通网络里程的2.22%、84.40%、13.38%。湖州港共分6个港区，拥有泊位1125个，最大靠泊能力1000吨级，码头总延长近6万米，2008年完成货物吞吐量1.43亿吨。湖州市境内公路网密度较高，比浙江平均密度高出6.2%，各乡镇都已覆盖四通八达的公路网，等级公路通村率已达100%。由此可见，综合交通网络覆盖面和通达度迅速提高，客流、物流的快速性、便捷性、安全性、可靠性获得明显改善。

**2. 综合交通枢纽地位逐步确立。**湖州市是长三角地区重要城市，具有承东启西，接南纳北的区位优势，是浙江省北部综合交通枢纽和国家公路运输枢纽。国家“五纵五横”综合运输大通道、长三角“两纵三横一圈”综合运输大通道和浙江省“两纵三横”运输通道中多条轴线在此交汇，交通区位优势明显，地位突出。（1）长三角区域重要节点城市。湖州市位于苏浙皖沪三省一市的中心地带，是以上海为龙头的长江三角洲城市连接南北两翼的节点城市，是杭州都市经济圈和环太湖经济圈的重要成员，也是环杭州湾产业带和宁杭产业带的重要组成部分。（2）区域性综合交通枢纽。湖州市位于多条国家及长三角综合运输大通道上，是长三角及浙江省重要区域性综合交通枢纽，并已纳入国家公路运输枢纽，是浙江省“接轨上海、融入长三角，呼应苏南、辐射皖赣” 的区域性综合交通枢纽。（3）长三角高等级航道网重要组成部分。湖州市高等级航道横穿东西、纵贯南北，以京杭运河、杭湖锡线、长湖申线、湖嘉申线等主干航道为核心，以梅湖线、武新线、东苕溪线等支线航道为补充，共同组成湖州市航道网，也是长三角高等级航道网重要组成部分，是浙北和皖东南地区重要的江海联运、内外贸运输中转通道，是湖州市发展临港工业的重要依托，也是湖州市经济社会发展的重要基础。

**3. 综合运输通道布局初步显现。**目前湖州市境内主要运输通道有两条：一是由申苏浙皖高速公路、申嘉湖高速公路、318 国道、长湖申线等构成的东西横向综合运输通道，主要负责沟通湖州与沪、苏南和皖南地区间的联系；二是由宣杭铁路、杭宁高速公路、杭长高速公路、104 国道、京杭运河、杭湖锡线等构成的南北纵向综合运输通道。两条通道加强了与周边省市的衔接，是长三角经济区最主要的运输通道之一。综合运输通道布局初步显现，有力地增强了湖州市接轨长三角、对接周边地市、辐射皖赣的通道运输能力，巩固了湖州市作为重要交通枢纽的特殊地位。

**4. 区域及城乡交通一体化得到加强。**湖州市区域对外交通涵盖铁路、公路、水路等多种运输方式，对外交通联系显著加强。东部通过申嘉湖（杭）高速、申苏浙皖高速、318 国道、长湖申线、湖嘉申线、京杭运河等交通干线，加强与沪、苏州衔接，对接接口 6 个。西部依托申宣杭铁路、申苏浙皖高速、318 国道、11 省道等交通干线，强化对皖赣地区辐射，对接接口 5 个。南北方向依托新长铁路、杭长高速、杭宁高速、104 国道、杭湖锡线等交通干线，强化与杭州、无锡联系，其中与杭州接口 11 个，与无锡接口 3 个。城乡交通一体化成果显著，初步打破城乡交通二元分割的局面，基本实现城乡交通资源相互共享、相互衔接。城乡交通网络化的基础设施基本建成，全市乡（镇）、村公路通达率100%，城乡一体的公交网络日益完善，农村交通环境明显改善，有力地保障了社会主义新农村建设。

**5. 枢纽及集疏运网络开始引起重视。**综合交通枢纽和港站集疏运网络建设步伐加快，推进了综合交通运输体系协调发展，又促进了城镇和产业布局发展。综合客运枢纽零距离换乘及综合货运枢纽无缝衔接理念引起重视，以国家公路运输枢纽站场为龙头，重点物流园区、物流中心、重要客运场站等综合交通枢纽站场、城乡客货运输集散点进一步加快建设。加快湖州港规划建设，整合内河航道、内河港口资源，完善枢纽、港口集疏运网络，发挥公水联运优势，进一步拓展湖州港口腹地和辐射范围。

**存在问题**

近年来，按照“发展大交通、建设大网络、促进大发展”的要求，湖州市交通运输发展迅速、成就显著。但站在新的历史条件下，从综合交通科学发展的角度，从“接轨大上海、融入长三角、呼应苏南、辐射皖赣”的高度，湖州市综合交通体系仍然不足，主要存在以下一些问题：

**1. 综合交通结构性矛盾突出。**在综合交通网络中，各运输方式所占比重不合理，公路网层次结构不均衡不协调，水运资源优势尚未得到充分发挥，水运各种运输方式之间衔接不畅，铁路发展相对滞后。公路居于主体地位，约占整个综合交通网络里程的84%，承担98.9%的客运量及39%的货运量，而铁路所占综合交通网络里程比例较小，约为2.2%，承担1%的客运量及4.6%的货运量，发展相对滞后。湖州市公路总里程7386公里，全市公路密度约127公里/百平方公里，位居全省第二，但高等级公路（指二级及以上）比重较低，仅为13.0%。航道结构性矛盾突出，三、四级以上航道里程占内河航道总里程的30.97%，而支线航道等级偏低，建设发展缓慢，干线航道与支线航道发展不匹配。内河港口结构有待优化，港口规模偏小，公用码头泊位数量少，专业化泊位缺乏，内河水运疏运货种较为单一，临港产业不发达，港口效益差。

**2. 各种运输方式缺乏一体化规划协调。**各种运输方式缺乏合作与协调，由于受到体制制约，湖州市公路水路、铁路分别隶属于不同部门，各种运输方式发展未能充分统筹协调，难以有效衔接，综合交通一体化运输优势难以充分实现。

**3. 发展方式以粗放型为主。**交通发展方式仍以粗放型增长为主，重投入轻管理，重建设轻效益，重单一发展轻综合系统考虑。湖州市高速公路、内河航道等交通基础设施建设规模扩大，投资力度持续增长，但公路养护管理等方面投入不足，“建、管、养”发展不均衡，且综合交通信息化、运输管理保障体系建设相对缓慢，运输效率不高，交通管理水平及服务水平较低。

**4. 交通与城市发展缺乏统筹协调。**交通规划建设与城市发展、城镇体系规划不完全匹配协调，与城市交通衔接仍存在问题。随着城市化进程加快，城市规模不断扩大，部分国省道干线城市化日益突出。例如 104、318 国道既承担城市过境道路功能，又承担城市重要道路功能，成为城市交通的瓶颈路段，不能充分发挥区域干线道路功能。

**5. 交通管理体制不适应发展需求。**交通大部制已经在国家层面迈出一步，但在地方各级政府的整合尚未开始，各运输方式不能统筹兼顾、统一规划、统一政策、统一管理，难以形成有效合作和协调机制，难以发挥综合交通运输的效益。

## （二）综合交通体系发展需求研究

**1. 交通运输面临的国际与国内形势。**

从国际环境看，世界金融危机导致全球经济增长进入一个相对下降时期。尽管面临全球经济下滑的巨大挑战，但中国经济发展的基本面和长期态势没有改变，改革开放取得的巨大成就为我国在本轮经济调整中占据了有利地位，在危机中将迎来更大的发展机遇。

从国内环境看，2008 年全国人均 GDP 达到 22640 元，已进入 3000 ~ 6000 美元的快速发展阶段。扩大内需将成为拉动经济增长的重要动力，以保障民生、促进社会和谐为目标的体制机制改革也将全面开始，未来 10 年左右时间是全国建设全面小康社会的关键阶段。

2008 年，国务院发布了《关于进一步推进长江三角洲地区改革开放和经济社会发展的指导意见》。未来一段时期，长三角地区将进一步深化改革、扩大开放，推进经济结构战略性调整，进一步促进城乡区域协调发展，提高社会保障水平，实现基本公共服务均等化，在全国率先基本实现现代化。

浙江省尤其是环杭州湾地区城市群将以接轨大上海、融入长三角为方向，更大程度上承担上海外围产业与居住功能。湖州市作为“接轨上海、融入长三角，呼应苏南、辐射皖赣” 的区域性枢纽城市，将积极融入长三角区域经济一体化发展格局，扎实推进经济社会各方面建设，努力争取全面建设小康社会，提前基本实现现代化，这对湖州市综合交通发展提出新要求，将带来交通需求新变化。

### 2. 经济社会发展趋势

**发展阶段**　2008 年湖州市地区生产总值达到 1035 亿元，人均地区生产总值 40089 元，折合 5772 美元，略低于全省的 6078 美元，接近中上等国家的平均发展水平，正处于工业化发展的中期关键发展阶段。未来一段时期内，湖州市将全面建设小康社会，逐步开始进入工业化后期阶段，开始向基本现代化迈进的关键阶段。

**发展目标**　根据发展形势，结合湖州市相关规划，2020 年湖州市国民经济和社会发展主要指标达到或超过目前中等发达国家水平，市域基本实现现代化。预计 2015 年全市 GDP 约为 1700 亿元，城镇化水平超过 60%。到 2020 年，全市 GDP 约为 2600 亿元，人均 GDP 突破 1 万美元，城镇化水平达到 70%左右，产业结构进一步优化升级，基本公共服务均等化程度显著提高，可持续发展能力进一步增强，人民生活满意度进一步提高。

### 3. 综合交通发展需求预测

**运输需求持续增长**　从上世纪 90 年代起，湖州市经济社会快速发展，全社会客、货运量持续增长，1991—2008 年间的客运量增长 1.86 倍，货运量增长 4.35 倍，年均增长率分别达到 6.4%和 10.4%。全球金融危机对“十一五”后两年客、货运总量将有所影响，但总体来看，从现在到 2020 年全市客、货运总量仍能保持较快的年均增长速度。预计 2015 年客运总量达到 1.75 亿人次左右，货运总量达到 2.85 亿吨左右；2020 年客运总量达到 2.51 亿人次左右，货运总量达到 3.78 亿吨左右，分别是目前的 2.4 倍和 2.2 倍。

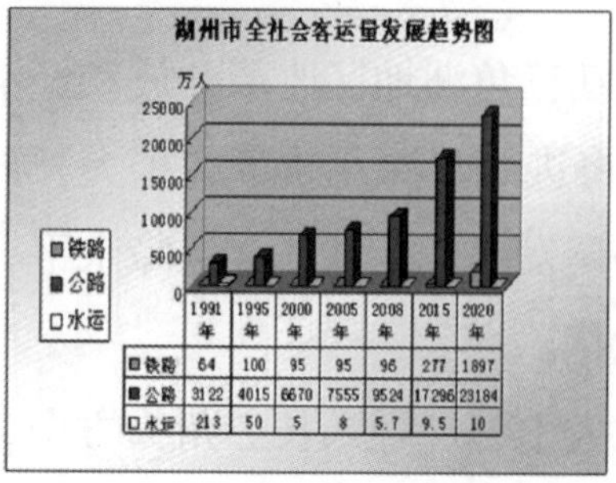


图 5-1

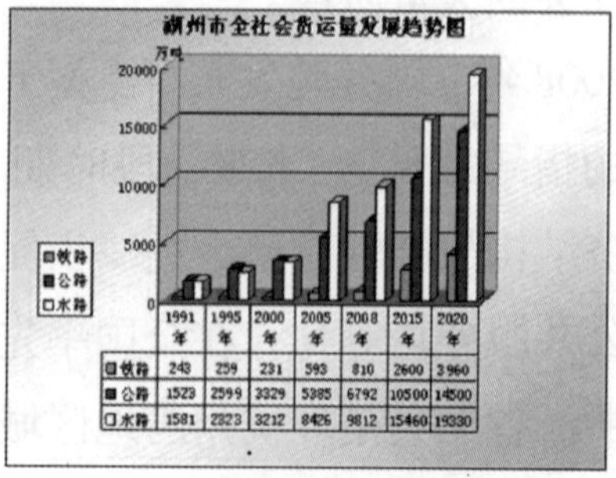


图 5-2

**运输结构趋于合理**　客运结构。未来随着宁杭城际铁路、合（肥）湖杭（州）铁路、湖苏沪城际铁路等干线的建成营运，湖州市铁路客运量将稳步增长，但客运分担率仍比较低，预计到2020年铁路客运分担率为7.56%；公路客运分担量稳中有降，但仍居于主体地位，约占92.40%左右；水运客运基本维持现状，变化不大。

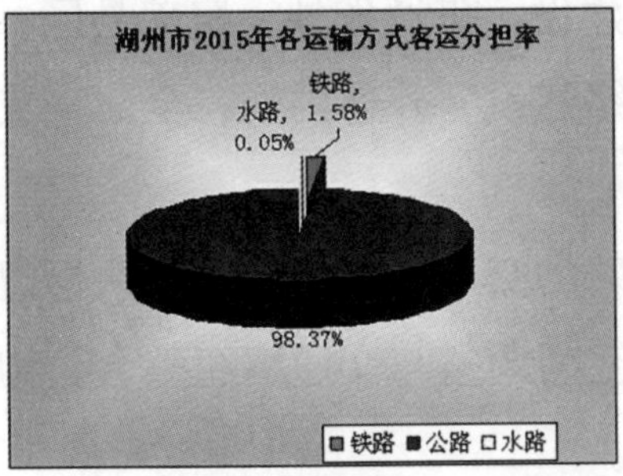


图 5-3

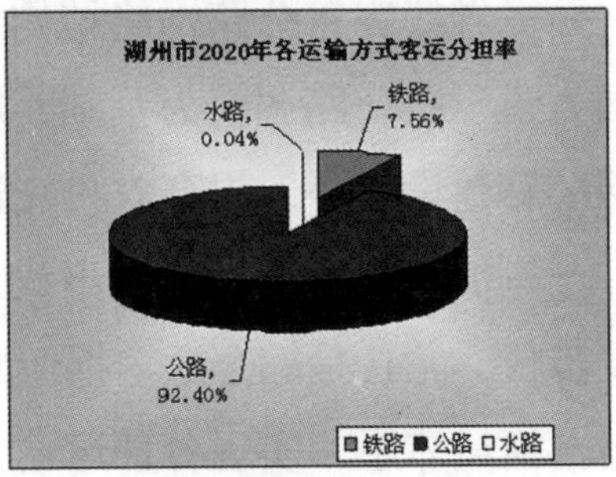


图 5-4

**货运结构**　随着宣杭铁路电气化改造、湖嘉乍（沪）铁路建成通车，铁路货运能力稳步提高，货运量将较快增长，预计2020年铁路货运分担率超过10%；湖州市水运优势明显，在货运方面居于主体地位，未来运输份额仍占整个货物运输的50%以上；公路运输所占份额基本保持稳定，约为38%左右。

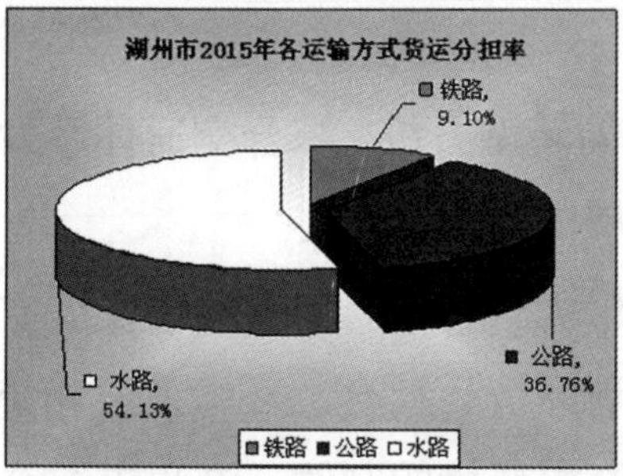


图 5-5

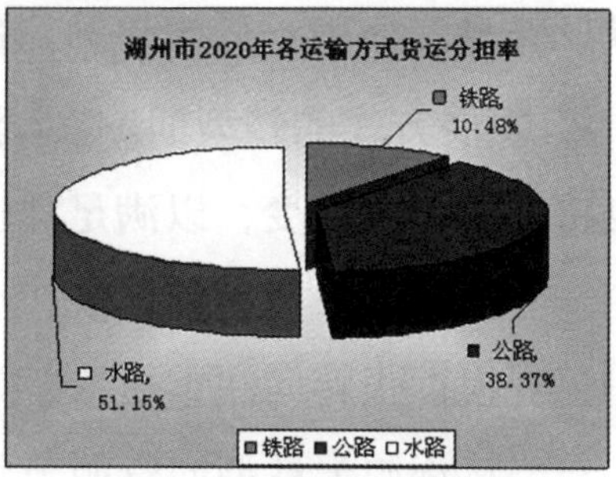


图 5-6

## （三）综合交通体系建设与发展目标

### 综合交通发展阶段特征

根据经济社会发展趋势分析，从满足经济社会发展需求、应对体制政策环境变化的角度，湖州市综合交通发展将进入新的历史阶段。

**1. 建设高潮的持续期。**根据湖州市经济社会发展目标，随着“十二五”现代化建设目标的提出，使得“十二五”期间乃至更长一段时期内，湖州市综合交通设施建设仍将处于高潮期。主要体现在以下方面：

——强化综合运输通道建设。立足于接轨大上海、融入长三角一体化发展格局，加强与苏南交通衔接，提高辐射皖赣能力，推进公路网络化、铁路干线化、航道等级化、港口一体化，强化主要交通运输大通道，提高通道运输能力。

——继续完善公路网络结构。加快高速公路建设，贯通省外，覆盖县区；以普通国省道干线公路调整为基础，加快干线公路网络建设，外通内畅；全面完成农村联网公路建设任务，提高农村交通服务水平。

——加快枢纽节点建设步伐。依托湖州市特殊的交通区位优势，加快枢纽节点建设步伐，尤其是综合运输枢纽建设。通过城市空间调整与交通枢纽整合，构建综合运输枢纽体系，实现各种运输方式的有效衔接。

——推进内河航道等级提升，加快港口资源整合。合理布局规划内河航道，集中力量提升干线航道等级，完善支线航道网络，整合港口资源，完善港口功能，充分发挥水运优势，进一步提升湖州港的综合竞争力。

——铁路及城际轨道交通建设乘势而上。根据铁道部中长期铁路网规划和省部协议，顺应同城化趋势，抓住铁路现代化建设机遇，启动与沪杭及长三角区域的高速铁路及城际轨道交通网规划建设。

**2. 发展方式的转型期。**随着湖州市经济社会的转型升级，综合交通体系发展方式也将迎来重要转变，以满足和适应经济社会发展的需要。

——从经济效益型向经济、社会、环境效益相统一转变。交通运输发展方式将从单一规模扩张转向注重质量、效率的提高，实现经济、社会、环境效益相统一。

——从资源消耗型向资源节约型转变。受到资源环境的制约，湖州市综合交通发展必须走资源节约型道路，改变单纯依靠资源投入的粗放型发展方式。

——从环境污染型向环境友好型转变。要充分发挥各种运输方式的协同作用，减小交通运输对生态环境产生的负面影响。

——从投资驱动型向创新驱动型转变。应用新技术，提高交通现代化的技术和管理水平，促进综合交通运输系统的发展。

**3. 综合交通的整合期。**从国家及区域发展大局来看，未来一段时期，湖州市铁路建设将加快，水运优势将充分发挥，公路注重优化完善路网结构，公、铁、水运传统运输方式将得到合理发展。在此期间，整合综合交通资源，实现各运输方式从单一分散发展向统筹协调发展转变，是当前及今后一段时期综合交通发展的重要任务。

——交通网络向综合集成转变。改变各种运输方式分散发展状况，促进交通网络从规模扩张向综合集成转变，提高交通网络的整体效率。

——运输系统向一体化方向发展。深化交通管理体制改革，优化交通运输结构，提高交通资源配置效率，加快形成一体化的运输系统。

***发展思路***　坚持以科学发展观为指导，全面贯彻省委省政府“两创”战略，紧紧围绕建设现代化生态型滨湖大城市的奋斗目标，全力实施增强“三力”、奋力崛起发展战略，以服务于全市经济建设、社会发展和人民生活需求为出发点，整合资源、完善布局、优化结构、扩充能力、强化功能、提高效率、改善服务，构建“能力充分、布局合理、结构均衡、资源集约、衔接畅通、绿色安全”的综合交通体系，实现城乡交通一体化、区域交通一体化、综合交通一体化，以适应城乡统筹发展、全市经济社会发展的需要，为湖州市全面建成小康社会、提前基本实现现代化的目标提供强有力的交通保障。

***发展目标***　到 2020 年，市域内部交通设施网络进一步完善，网络通达深度和通行质量进一步提高，实现“对内通达、对外通畅”的总体目标，全面适应湖州市经济社会的发展。公路网等级结构合理，四通八达；内河航道网干支相连，层次分明；铁路网串联市域，对接周边，形成“宜公则公、宜水则水、宜铁则铁”的最佳格局。全市交通基础设施总规模、空间布局以及各运输方式间的结构趋于合理稳定，综合交通运输通道进一步强化，交通枢纽节点有效促进各运输方式间的衔接，基本满足一体化综合运输需求，基本形成布局合理、衔接充分、管理现代化信息化的综合交通运输体系。

**1. 加快铁路及城际轨道网络建设。**湖州市是长三角重要区域交通枢纽，根据铁道部中长期铁路网规划、长三角地区和浙江省的铁路建设发展规划，湖州市将迎来铁路建设发展时期。伴随着在建的宁杭城际铁路及规划中的合（肥）湖杭（州）铁路、湖苏沪城际轨道和湖嘉乍（沪）铁路的建设发展，2020 年湖州市铁路规模预计达到 435 公里，将有力推动湖州市经济社会的快速发展。

**2. 优化公路网结构。**湖州市公路总里程约 7386 公里，路网总规模基本满足经济社会发展需要。由于土地等资源环境的制约，下一轮公路网建设以优化完善路网结构为主。继续加快湖州市至周边主要城市的高速公路骨架网建设，充分发挥其功能和效益。同时，以全省普通国省道公路网调整为基础，加快湖州市普通国省道和地方干线公路发展，提升相关公路技术等级，扩大区域重要干线路网规模，提高高等级公路在公路网中的比重。推进农村联网公路建设，促进城乡统筹发展，服务于社会主义新农村建设。

**3. 推动航道及港口建设。**湖州市拥有丰富航道资源，航道总里程 1172 公里，其中等级航道里程达到 687 公里（主干等级航道 264 公里，内河支线航道 196 公里），重点发展高等级（三级、四级）主干航道网，以发展完善支线航道（五级、六级）为补充，逐步建立干支相连的内河航道网络，充分发挥水运优势。同时，加快整合湖州市港口资源，按照"一港六区、三层划分"的框架，以有序竞争、错位发展、优势互补为原则，建立层次分明的港口体系，提供安全、便捷、高效和有竞争力的运输服务，将湖州港逐步发展成为具有装卸存储、中转换装、临港工业、现代物流和旅游客运等功能的综合性港口。

**4. 发展其他运输方式。**湖州市境内尚无机场，但周边分布多个机场，充分利用杭州萧山国际机场、上海虹桥国际机场、上海浦东国际机场、宁波栎社机场、苏州机场和无锡机场，发展航空运输。管道运输正在初步发展阶段，加快原油管道建设，调整运输布局和运输方式，降低原油运输成本。湖州市天然气管道是西气东输工程、川气东输工程主要支干线的组成部分，重点确保天然气管道按期开工建设、建成和运营，同时对老管道进行安全性改造。

## （四）综合交通体系建设与发展基本框架

根据湖州市综合交通体系建设与发展目标，以"完善网络、强化通道、突出枢纽、注重服务"为方针，构建"完善一网、突出四轴、打造多节点、发展四系统"的综合交通体系基本框架。完善一网：完善湖州市综合交通基础设施网络布局；突出四轴：强调四条综合运输通道轴线发展；打造多节点：构建"一主四副十点"的综合交通枢纽体系；发展四系统：加强快速客运系统、现代货运系统、交通信息支持系统和港站综合集疏运网络系统建设。

完善综合交通基础设施网络　满足适应并适度超前区域经济发展的要求，以全面、协调、可持续发展为主要思路，进一步建设完善湖州市综合交通基础设施网络，形成由多种运输方式构成的结构合理的高通达、高覆盖率的综合交通运输网络。

**1. 公路网建设与发展方向。**重点推进“畅通省际、完善体系、优化网络、提升能力”高速公路网络建设，加快推进干线公路网络建设，继续完善农村联网公路建设，努力构建城乡统筹网。

（1）高速公路　重点完善“三纵三横”高速公路主骨架网络。“三纵”为练杭高速及北延、杭宁高速、杭长高速；“三横”为申苏浙皖高速、申嘉湖（宁国）高速、杭州都市经济圈高速公路环线（湖州段）。加快推进杭长高速公路杭州至安城段、杭长高速公路北延、钱江通道北延、申嘉湖高速公路西延、杭宁高速改扩建、杭州都市经济圈高速公路环线（湖州段）等重大项目建设，形成贯通省外、连接省内、市域成网的高速公路骨架网络，更好地接轨上海、杭州都市经济圈，呼应苏南、辐射皖赣等地区。

（2）干线公路　加快推进干线公路网建设。以全省普通国省道公路布局调整为基础，加快推进湖州市干线公路建设，形成“五纵五横”干线公路网布局。“五纵”为吴兴—余杭（湖州段）、吴兴—富阳（湖州段）、104国道（湖州段）、长兴—诸暨（湖州段）、安吉—磐安（湖州段）；“五横”为吴兴—长兴、318国道（湖州段）、平湖—安吉（湖州段）、海盐—安吉（湖州段）、余杭—安吉（湖州段）。加快湖州主城区至南浔、长兴、安吉、德清等快速通道的建设，构建城市组团、卫星城市快速网，加强城市组团和卫星城市间的交通联系，方便城镇居民生活和人民群众出行。加快地方公路建设，提高路网技术水平，形成覆盖市、县和重要乡镇的快速交通网，有效衔接开发区、工业园区、旅游区及交通枢纽，加强中心城市对各县区的辐射作用，促进地方区域经济发展。

（3）农村公路　继续完善农村联网公路建设，努力构建城乡公路统筹网。以服务于城乡均衡协调发展和社会主义新农村建设为目标，继续加强农村公路建设，提高农村公路通达水平和网络化水平，构建县、乡镇、中心行政村、行政村的城乡公路统筹网，发展农村交通，改善民生，实现农村公路交通的“便捷、畅通、安全、和谐”。预计到2012年湖州市农村联网公路总里程约1783公里，至2015年底湖州市农村联网公路规划总里程将达到 2487 公里，全市将形成四通八达的村道公路网络体系，将有力地促进湖州市全面建设小康社会、提前基本实现现代化目标的实现。总建设任务约1143.3公里，总投资约8.39亿元。

**2. 水运网建设与发展方向。**继续完善水运网络建设，重点建设主干航道，逐步完善支线航道；加快开发建设湖州港，逐步完善湖州港现代化港口功能，加快发展湖州市临港经济。

（1）内河航道　湖州市航道规划布局以京杭运河、长湖申线、湖嘉申线、杭湖锡线、东宗线5条主干线航道为骨架，以梅湖线、李湖线、东苕溪线、武新线、泗湖线5条主要支线航道以及众多矿区航线为支脉，形成以湖州市区为中心、连接各县区的干、支航道网络。

京杭运河是我国南北向重要的水上运输大通道，纳入骨干航道规划布局，随着货运量的增长，适时提高等级并开辟二通道，规划为三级航道。长湖申线横跨两省一市，是长江三角洲地区东西向重要的运输通道，纳入骨干航道规划布局，正在按三级航道标准改造。杭湖锡线是杭州与无锡之间的一条省际旅游线，纳入骨干航道规划布局，规划为四级航道。湖嘉申线作为长湖申线的复线和分流航道，全线建成后将成为浙西北地区通往上海最便捷的水上通道，纳入骨干航道规划布局，规划为三级航道。东宗线是京杭运河、长湖申线、杭申线等航道的沟通连接线，纳入骨干航道规划布局，规划为四级航道。

梅湖线主要承担湖州西部地区的建筑石料、石灰石、黄砂和竹制品的运出以及煤炭、燃油及工业原材料等物资的运入，规划为四级航道。东苕溪沿线矿山码头林立，建材石料、水泥、蚕茧等物资可通过该航道运往江苏、上海及杭州、嘉兴等地，也是该地区的主要排洪通道，自然条件较好，规划为四级航道。李湖线是沟通长湖申线与太湖的重要连接航道，起于杨家浦，终于小箬桥，现状等级为七级～六级，规划为五级航道。武新线是连接京杭运河、杭湖锡线、东苕溪的重要连接航道，规划为六级～五级航道。泗湖线是湖州市内河航道网向湖州西部延伸的重要支线航道，规划为五级航道。

（2）内河港区　按照“一港六区、三层划分”的规划布局，将湖州港划分为六个港区，分别为吴兴港区、南浔港区、德清港区、长兴港区、安吉港区与太湖旅游港区。吴兴港区规划为湖州港的核心港区，下设五个作业区，其中西塞规划为重点建设的集装箱专用作业区、国际集装箱代理点。南浔港区规划为综合性地区重要港区，下设五个作业区，其中南浔规划为重点建设的集装箱专用作业区。长兴港区规划为国内外贸易服务的综合性港区，下设七个作业区，其中雉城、小浦、泗安规划为重点建设的水泥熟料与电厂作业区。安吉港区规划为综合性地区重要港区，下设递铺作业区和梅溪作业区，其中递铺规划为重点建设的集装箱专用作业区、国际集装箱代理点。德清港区规划为综合性地区重要港区，下设五个作业区，其中乾元、新市规划为重点建设的集装箱专用作业区。太湖旅游区规划为太湖度假休闲及旅游客运港区，主要为杭湖锡开发所带来的旅游需求，以及南太湖旅游度假区水上运动游艇及维护保养服务。

（3）临港产业　以湖州港为龙头，加快内河临港产业带规划建设。湖州内河水运优势比较突出，是全省乃至全国内河水运最发达的地区之一。湖州港吞吐量排名全国十大沿江、沿河港口的第二位，仅次于苏州港。2008 年全市水路货运量占到全社会（公路与水路）总运输量的 59%。为进一步充分发挥湖州水运优势，加强与周边沿海港口合作，发展海河联运，促进海河联运产业的形成与发展；加快发展内河临港产业，做大做强港口经济，实现港口功能布局与产业发展有机结合，促进临港工业、临港物流业、临港商贸业的协调发展，促进区域经济发展，实现内河水运事业持续健康发展。

**3. 铁路网建设与发展方向**。从服务于国家和区域铁路建设发展的战略全局出发，根据铁道部中长期铁路网规划、长三角地区和浙江省的铁路建设发展规划，湖州市铁路网建设发展重点为：

——至 2020 年，重点建设线路包括宣杭铁路电气化改造、宁杭城际铁路、湖嘉乍（沪）铁路（以货为主）、湖苏沪城际轨道，预计总规模约 365 公里。

——目前国家规划研究合杭铁路（安徽合肥—浙江杭州），湖州总里程约 70 公里，总投资约 90 亿元。

——远景考虑湖州市区至各县（区）市域轨道建设。

优化综合运输通道布局　以综合交通运输大通道建设为重点，突出湖州市域四条交通轴线发展功能，形成两大综合运输通道和两条交通走廊带，以促进产业布局优化和城镇体系发展。通过提升综合运输大通道和交通走廊带的综合运输能力，全面提高综合交通体系的效率，带动综合交通运输体系的发展和完善。

**1. 纵向综合运输大通道**。由普通铁路、城际轨道、高速公路、国道、内河航道等多运输方式构成，纵贯湖州市域中部，是湖州市最集聚的交通通道，也是浙江省综合运输通道中一纵的组成部分。主要运输干线有：宣杭铁路、宁杭城际铁路、合

（肥）湖杭（州）铁路、杭宁高速、104 国道、杭湖锡线等。

**2. 横向综合运输大通道**。由铁路、高速公路、内河航道等运输方式构成，东接苏南（沪），向西辐射皖南地区，引领环太湖城镇群发展，是浙江省综合运输通道中一横的组成部分。主要运输干线有：宣杭铁路、湖嘉乍（沪）铁路、申苏浙皖高速公路、申嘉湖高速公路、318 国道、长湖申线航道等。

**3. 市域西部交通走廊带**。主要以高速公路、省道、内河航道为依托，经过市域西部，连通各重要景区，促进生态旅游经济的发展。主要运输干线有：杭长高速公路、11 省道、04 省道、12 省道、梅湖线航道等。

**4. 市域东部交通走廊带**。主要以高速公路、内河航道为依托，经过市域东部，连通重要中心镇，有效对接杭州、苏州和嘉兴，带动东部城镇的发展。主要运输干线有：练杭高速、申苏浙皖高速公路与申嘉湖高速公路连接线、京杭运河等。

**构建综合交通枢纽体系**

综合交通枢纽是综合运输大通道中重要的结点，是综合运输体系运转的指挥中枢、运输组织与管理、中转换乘、信息服务的基地，对提高运输效率，降低运输成本，节约资源，优化城市内外交通，实现运输的现代化具有重要作用。城市综合交通一体化建设的关键，就在于构建一个以综合交通枢纽为核心的交通衔接系统。

湖州市位于多条综合交通运输通道交汇处，是浙江省北部综合交通枢纽和国家公路运输枢纽。作为区域性综合交通枢纽，湖州市对外加强接轨上海、呼应苏南、辐射皖赣，加快融入长三角一体化进程；对内构建“一主四副十点”的综合交通枢纽体系，推进城乡一体化进程。根据《湖州市城市总体规划（2003～2020）》，按照现有运输资源配置范围和枢纽辐射区域，湖州重点突出“湖州中心城区综合交通主枢纽地位，南浔区和其他 3 县城区为次综合交通枢纽，10 个中心镇为交通集散节点”的辐射全市域的综合交通枢纽体系，进一步强化湖州中心城区及各副中心城区的交通枢纽功能，为实现综合交通一体化创造条件。重点协调主枢纽与次枢纽间协作关系，积极构建各等级公路、铁路干线、水运与综合交通枢纽的有机衔接，为客货流集散提供高效、便捷的运输通道。“一主”即湖州中心城区综合交通主枢纽，“四副”指南浔区、长兴、德清、安吉四个次综合交通枢纽，“十点”分别是由练市镇、新市镇、菱湖镇、双林镇、梅溪镇、泗安镇、孝丰镇、煤山镇、和平镇、埭溪镇十个中心镇构成的交通集散节点。

客运站场布局形成以宁杭城际铁路湖州站、浙北高速客运中心为龙头，以汽车客运东站、汽车客运北站、织里汽车客运站、南浔汽车客运站和其他三县客运站为中心，以中心镇客运站为依托贯通周边、辐射城乡的客运站场服务网络。货运站场布局形成以湖州综合货运枢纽站为核心，以南浔物流园区、申嘉湖物流中心、八里店物流中心、织里物流中心和其他三县物流中心为骨干，以中心镇货运站为基础沟通内外、联通城乡的货运站场服务网络。

**发展综合运输服务保障系统**

**1. 快速客运系统。**构建以高速公路骨架公路网、市域干线公路网、铁路干线网络为基础，以客运枢纽站场为节点，以信息服务为手段，有效衔接铁路、公路、港口等客运枢纽的快速客运系统，推动客运体系的网络化、科技（信息）化、人性化发展。此外，加强完善城市公共交通系统，加大对公共交通扶持力度，提高公共交通服务水平。同时按照公交优先、城乡统筹原则，以港湾式停靠站、换乘枢纽等为基础，整合市县公交系统，完善城乡公交一体化。

**2. 现代货运系统。**构建以高速公路骨架公路网、市域干线公路网、铁路干线网络和内河航道运输网络为基础，以货运枢纽站场为节点，以信息服务为手段，有效衔接各种运输方式的现代货运系统，满足社会经济发展对货运系统的需求，充分发挥货运系统的整体功能和效益，提升湖州市的运输枢纽地位，增强对周边区域的辐射作用。重点构建以物流园区为核心、物流中心骨干，以配送中心为基础，以农村物流配送点为延伸的一体化现代物流体系。

**3. 交通信息支持系统。**运用现代信息技术和信息化管理理念，依托完善的交通基础网络，在市域内构建布局合理、配置优化、资源共享、科学先进的交通信息支持系统，包括交通数据信息管理系统、交通信息服务平台、客货运电子商务平台、安全应急指挥系统，高效、安全、环保的运输装备等。

**4. 港站综合集疏运系统。**公铁站场、港口等枢纽是综合交通网络中重要节点，通过集疏运网络建设才能充分发挥其交通枢纽功能。完善重要港站的集疏运网络，是综合交通运输一体化发展的需要。

加快“一港六区”建设，完善湖州港集疏运系统，更好地发挥水运在接轨大上海、融入长三角中的作用，构建以湖嘉申线、杭湖锡线、长湖申线、京杭运河等为主骨架的高等级航道网，并相应加快相关码头作业区建设，带动六大港区发展，形成高速公路网、内河高等级干线航道网、铁路运输网络衔接通畅，枢纽站场转运功能明确，内外辐射范围广，功能齐全的港口集疏运系统。

发展公路客运站场系统，建成浙北汽车客运总站，完善客运站场设施，加快形成三省交界高速公路“快客”服务（集散）中心；为乘客提供优质、优良服务，为实现湖州市在杭湖宁发展带中间“率先崛起”发挥好公路优势。

发展铁路站集疏运系统，将铁路站场建设成功能完善的综合交通枢纽，配套换乘中心或物流中心。铁路客运站纳入城市综合交通枢纽体系，配套建设可便捷快速换乘其他运输方式的枢纽中心。

## （五）对策措施

**一是加强综合交通发展规划引导**

**1. 重视发展战略研究。**对一定时期内事关湖州市综合交通系统网络结构、发展方向、发展政策等总体战略问题作全局性、长远性和前瞻性筹划，从单纯的设施布局和建设规划转向更为注重交通资源的优化配置，从空间资源、市场资源、财力资源等方面优化各运输方式，充分发挥交通系统对湖州市空间结构与城市发展的支持和引导，正确把握规划从空间“量的扩张”向系统服务“质的提高”转移。

**2. 建立健全规划体系。**建立健全包括综合交通规划、专项交通规划等在内的交通规划体系，同时高度重视综合交通规划与其他规划的衔接，加强综合交通运输规划与城市规划、区域规划、国土规划等其他相关发展规划的衔接协调，既注重交通运输系统内部协调发展，更注意与其他行业相关发展规划相互衔接统一。

**3. 强化政策法律支持。**市场机制无法解决交通运输发展的可持续性、公平性等问题，加快构建现代综合交通体系，必须加强政策层面的支持和引导。通过法律规范和相应政策导向，制定综合性的优惠和扶持政策，抑制不合理运输行为，鼓励加快综合交通发展，引导不同客货流选择经济、合理的运输方式出行，使各种运输方式合理承担客货运量。

**二是促进综合交通管理体制改革**

**1. 加快市县级综合交通管理体制改革。**加快建设职能有效统一的大交通行政主管部门，统一对公路、内河港口、航道运输、邮政等进行管理。市级层面形成公路管理、港航管理、陆上运输管理为主的基本构架；县（市）级形成公路管理、道路运输管理为主的基本构架。

**2. 积极推进建设管理体制改革**。随着湖州市经济社会的发展，交通基础设施项目建设任务仍然繁多。因此，特别需要加强监管工作，在保证质量和进度的同时，确保资金安全及规范运作。

**3. 改革研究体制，完善咨询机制**。湖州市铁路规划建设由上级部门负责，建议形成由分属于铁路、公路、水路、城市交通等主管部门组成的合作协调工作机制，加强湖州市综合交通体系的发展研究。

**三是推进投融资体制改革**

**1. 实行金融创新，完善资金筹集渠道**。加强与各种金融机构合作，利用国内外商业银行、金融机构贷款等间接融资方式广筹资金，争取更优惠的贷款条件，加快交通建设资金保障。

**2. 大力吸引社会资金投入交通领域建设**。深化投融资体制改革，建设市场化运作方式，完善政府投资、社会集资、市场融资的资金筹集渠道，积极争取国家和省投融资政策，广泛吸纳民间资本和国外资本，通过多种方式筹集资金发展湖州市综合交通体系。

**四是重视土地集约利用**

**1. 加强节约用地**。推进土地资源的市场化配置，促进节约用地，对经营性基础设施用地逐步实行有偿使用。交通建设用地实行源头控制，加强用地的宏观控制和管理，强化行业监督，做好土地保护工作。

**2. 挖掘节地潜能**。交通建设始终贯彻节约用地核心理念，在可行性条件下，公路建设大力推行降低路基高度、减小中央分隔带宽度、采取以桥带路、老路复耕等成功做法，以达到节约用地目的。

**五是把握综合交通建设发展重点**

**1. 推进通道资源优化利用**。随着综合交通进一步发展，未来同一通道内存在多运输方式的多条线路，如杭宁通道内就存在高速公路、高速铁路、普通铁路、城际轨道等线路，造成各种交通基础设施线路的功能定位、具体线位、技术标准和建设时序难以统筹安排，往往导致土地资源和建设资金的浪费。因此，合理配置通道资源，统筹安排各种运输方式基础设施建设，实现通道资源的优化利用。

**2. 推进综合交通枢纽站场及其集疏运网络建设。**铁路、公路、水运枢纽站场大多按照各自运输生产规划建设，布局分散，缺乏真正意义上的现代综合交通枢纽场站。枢纽场站集疏运体系不完善，往往制约客、货运输服务区域功能的发挥。湖州市重点围绕宁杭城际铁路湖州站与浙北高速客运中心等综合客运枢纽，充分考虑各运输方式的换乘衔接，实现城市交通与对外交通有效衔接。

**3. 推进综合运输服务一体化。**各运输方式间技术标准不统一、信息平台不对接等问题，导致多式联运发展缓慢；受到行业壁垒等制约，区域一体化服务程度不高；此外，统一的城乡客运市场尚未建立，阻碍了城乡一体化发展进度。因此，发挥各种运输方式的组合优势，加快发展多式联运，促进区域运输一体化，促进城乡运输一体化。

## 二　湖州交通发展“十二五”规划

湖州市交通局　湖州市发改委

（2011 年 6 月）

### （一）公路网建设规划

“十二五”期间，湖州公路建设以构筑融入长三角、畅通周边的大开放路网、与其他交通方式全面对接的大立体路网、服务于社会主义新农村建设和基本公共服务均等化的大民生路网为重点，加快构建 “三纵三横” 高速公路主骨架网、“五纵五横”干线公路网络和农村公路建设。新增高速公路 54.7 公里、一级公路 121.8 公里、二级公路 362.9 公里。2015 年末，全市公路总里程达到 9183.6 公里，其中高速公路 318.8 公里、一级公路 468.9 公里、二级公路 825.4 公里，公路网密度 157.8 公里/百平方公里。

**湖州市公路网“十二五”规划指标表**

表 5-7

| | | 2005 年底到达数 | 2010 年底到达数 | 2015 年底预计到达数 |
|---|---|---|---|---|
| 公路总里程（公里） | | 3044.862 | 7890.123 | 9183.595 |
| 按行政等级分 | 国道 | 264.78 | 352.379 | 410.749 |
| | 省道 | 288.945 | 376.29 | 555.54 |

续表 5-7

| | | 2005 年底到达数 | 2010 年底到达数 | 2015 年底预计到达数 |
|---|---|---|---|---|
| 按行政等级分 | 县道 | 1398.518 | 1625.689 | 1628.209 |
| | 乡道 | 971.811 | 1391.543 | 1358.459 |
| | 村道 | | 4060.994 | 5198.193 |
| | 专用公路 | 120.808 | 83.228 | 32.445 |
| 按技术等级分 | 高速公路 | 86.064 | 264.107 | 318.807 |
| | 一级公路 | 273.375 | 347.04 | 468.85 |
| | 二级公路 | 273.129 | 462.502 | 825.354 |
| | 三级公路 | 342.829 | 330.605 | 283.791 |
| | 四级公路 | 1954.672 | 5739.26 | 7286.793 |
| | 等外公路 | 114.793 | 746.609 | |

1. **高速公路网**。按照“畅通省际，完善体系、优化网络、提升能力”的方针，加快建设湖州连接江苏、安徽、浙江杭州等周边省市的高速公路，完善市域内联网高速公路布局，对不适应交通需求的路线进行扩容改造。“十二五”期间，高速公路建设的重点是加快构建“三纵三横”高速公路主骨架网络，提高高速公路通行能力，其中“三纵”为钱江通道北接线、杭宁高速、杭长高速；“三横”为申苏浙皖高速、申嘉湖高速、杭州绕城高速公路西复线。全市规划新、改建高速公路 140.8 公里，“十二五”期间投资 36.2 亿元。

**续建杭长高速公路二期**　续建杭长高速公路二期安吉段，全长 24.5 公里，总投资 19.3 亿元，2008 年开工，2012 年完工，“十二五”期间投资 4.2 亿元。

新建杭长高速公路北延　新建杭长高速公路北延，全长 30.2 公里，总投资 26 亿元，2012 年开工，2015 年完工，“十二五”期间投资 12 亿元。

改扩建杭宁高速公路　改扩建杭宁高速公路湖州段，全长 86.1 公里，总投资 20 亿元，2011 年开工，2013 年完工，“十二五”期间投资 20 亿元。

**新建申嘉湖高速公路鹿山至安吉段（预备项目）**　新建申嘉湖高速公路湖州至安吉段，全长 41 公里，总投资 28.7 亿元，2014 年开工，2018 年完成。

**新建杭州绕城高速公路西复线德清段（预备项目）**　新建杭州绕城高速公路西复线德清段，全长 51.7 公里，总投资 74.5 亿元，2014 年开工，2018 年完工。

**新建钱江通道北接线湖州段（预备项目）**　新建钱江通道北接线湖州段，全长10公里，总投资12亿元，2014年开工，2018年完工。

**2. 国省道及区域干线公路网。**根据全省普通国省道干线公路网调整方案和建设"五型公路"要求，按照"先通后扩，通扩并举"的原则，立足打通断头路、拓宽瓶颈路，优先建设服务南太湖产业集聚区、出省、出市通道的国省道干线公路，实现普通国省道干线公路与高速公路、农村公路的协调发展，实现与综合交通运输网的顺畅衔接。"十二五"期间，重点加快形成以吴兴至余杭、吴兴至富阳、104国道、长兴至诸暨、安吉至磐安"五纵"以及吴兴至长兴、318国道、平湖至安吉、海盐至安吉、余杭至安吉"五横"为主脉的国省道区域干线公路网布局，进一步提升湖州市次骨架路网的通行能力和服务水平。重点建设104国道长兴过境段、104国道杨家埠至鹿山段、318国道长兴段、09省道、13省道、环太湖公路，申苏浙皖至申嘉湖高速公路连接线、318国道南浔至吴兴段等54项国省道及区域干线公路项目建设。新改建国省道及区域干线公路共643.9公里，其中：一级公路325.4里，二级公路307.4公里，"十二五"期间投资155.4亿元。

**3.农村公路网。**遵循"地方为主、分级负责"原则，坚持"因地制宜、量力而行、立足交通、关注民生"，完善农村公路网络，进一步推进城乡交通统筹发展，实现区域内公路网总体布局的协调和路网整体效益的发挥。重点建设连接物流园区、南太湖产业集聚区的集疏运公路，通省市级"中心镇、中心村"公路，促进县域经济社会发展的重要县乡公路；为改善民生条件，发展农业农村经济，提高农村公路网络服务水平，稳步推进农村联网公路建设；支持"美丽乡村"建设。"十二五"期间，完成73.4公里的一般县乡公路建设和1143公里的农村联网公路建设。至2015年底，全市农村公路里程8217.3公里，农村公路网密度141.2里/百平方公里；全市联网公路总里程2477公里，农村联网公路网密度42.6公里/百平方公里，路网连通度达到1.8。

## （二）水运网建设规划

按国务院、交通部关于加快内河水运发展的要求，加快推进内河水运建设，服务于临港工业的发展，进一步增强内河水运带动和促进经济社会发展的作用。到2015年，全市三级航道达到149.3公里，四级及以上高等级航道里程达到317.3公里，港口吞吐能力达到1.5亿吨，集装箱港口吞吐能力达到45万标箱，基本建成"五干五支一港六区”水运网。

五干：京杭运河、长湖申线、湖嘉申线、杭湖锡线、东宗线5条主干线航道；

五支：梅湖线、李湖线、东苕溪线、武新线、泗湖线5条主要支线航道；

一港：湖州港；

六区：吴兴港区、南浔港区、长兴港区、德清港区、安吉港区、太湖旅游港区。

**1. 航道**。以优先建设干线航道为原则，集中力量建设长湖申线、京杭运河等高等级航道网，同时，拓宽融资渠道，积极动员社会力量，引导沿河厂矿企业、乡镇拼盘建设，加快推进梅湖线、李湖南线等支线航道、矿区航道改造，构建干支直达、高效、平安、绿色的内河航道网体系。

“十二五”期间，全市计划改造航道6项，里程169.5公里，其中三级航道105.9公里、四级航道15.1公里、五级航道48.5公里。投资估算42.62亿元，其中“十二五”期间投资29亿元。

**2. 港口**。改善内河港口布局，加快港口功能调整，重点建设内河公用型码头，拓展内河港口物流服务功能，促进港口现代物流发展。加快建设煤炭、钢材、矿建等货物的区域性物流中心，到2015年，初步形成以湖州中心城市港区为龙头、各县区港区为辅助、相互配套衔接和分工明确的内河港口体系，基本实现湖州港的合理布局和有序发展。湖州港货物吞吐能力达1.5亿吨，集装箱吞吐能力45万标箱，新建成货运码头泊位40个、游艇泊位300个，完成投资8.4亿元。

## （三）铁路网建设规划

根据国家中长期铁路网规划和长三角地区、浙江省铁路建设发展规划，湖州市抢抓投资机遇，积极构建通南达北、承东接西的高速铁路网架，以奠定湖州在长三角区域交通节点城市的战略地位。

**宁杭铁路客运专线湖州段**　线路起自南京南站，经溧阳、宜兴、长兴、湖州、德清、余杭，终于杭州东站，全长248.96公里（浙江省境102公里），共设11座车站，项目概算总投资313.8亿元，计划建设工期三年。其中湖州市境内段长77.5公里（市中心城区段32.3公里、德清段16.1公里、长兴段29.1公里）。2009年4月1日，湖州段正式开工建设。铁路等级设计为I级电化双线，设计时速300公里/小时，预留350公里/小时条件。至2010年末，湖州境段工程完成建设投资45.3亿元，约占湖州段总投资的42%。预计2012年底建成。

**商合杭铁路客运专线湖州段**　线路起于河南商丘，经安徽阜阳、合肥、芜湖，接入湖州枢纽，全长770公里，设计时速350公里，项目总投资830亿元。其中，湖州市境段51公里左右，概算投资91.3亿元。商合杭线与湖苏沪线在湖州相接后将成为浙沪直通国家中西部地区的新华东第二通道，有利于宣杭线既有功能进行调整，强化其货运功能（特别有利于本省煤运）。该线对于湖州成为浙北地区铁路枢纽具有重要意义。至2010年末，项目“预可”已经通过铁道部评审，项目建议书已报国家发改委待批，可行性研究报告已报铁道部。力争“十二五”期间开工建设。

**湖苏沪铁路湖州段**　线路起于湖州，经江苏吴江、上海青浦，终于虹桥枢纽站，客运专线，设计时速200公里以上，全长147.6公里（浙江段43.5公里、江苏段57.6公里、上海段46.5公里），项目总投资约230亿元。其中，浙江湖州段（43.5公里）概算投资53亿元。湖苏沪铁路建成后将连接浙江湖州、江苏南部与上海之间众多人口密集、经济发达的中小城镇，弥补长三角经济腹地城际铁路网建设的不足，并且通过与商合湖杭铁路连接，将进一步增强长三角对中西部地区的经济辐射力。2010年，湖州市委托铁四院研究并制定接入虹桥枢纽的技术方案。计划与商合杭铁路同步建成。

**宣杭铁路电气化改造工程**　线路北起安徽合肥，途经巢湖、芜湖、宣城和浙江湖州，终于杭州乔司站，全长433公里，其中湖州市境118公里。宣杭铁路电气化改造和“平改立”工程，总投资约56亿元，其中湖州段投资约8.2亿元。2010年12月，铁道部在合肥组织召开了可行性研究报告评审会，计划2011年开工建设。

## （四）管道运输网建设规划

规划新增成品油管线100公里、新增各类天然气管线1100公里，逐步形成布局合理、安全可靠、设施先进、覆盖全市的成品油管网、天然气管网系统，保障全市成品油和天然气供应。

1. **输油管道**。杭州—湖州—宣城湖州段成品油管道：全长100公里，投资4亿元。2011年开工，2015年建成。

2. **输气管道**。湖州天然气利用工程：规划建设各类管线1100公里，湖州门站累计达到7座左右。总投资20亿元，“十二五”期规划投资15亿元。

## （五）综合交通枢纽建设规划

按照“零距离换乘”和“无缝衔接”的要求，进一步加快客货运站场建设，全面提升综合交通运输的运营效率，到“十二五”末，基本形成“一主四副十点”的综合交通枢纽空间布局。客运站场建设上，重点完成湖州综合交通枢纽、南浔汽车客运站2个主枢纽以及安吉客运中心等2个地区性客运枢纽和湖州出租车综合服务中心等2个集散性运输枢纽的新建，进一步完善农村公交场站、首末站、港湾式停靠站建设。货运站场建设上，充分依托湖州交通优势和产业优势，以湖州市公路、水路、铁路综合运输网络为支撑，构建以物流园区为核心、物流中心为骨干，配送中心为基础，农村物流配送点为延伸的一体化物流节点体系。根据湖州市物流基地布局规划，“十二五”期间，努力构建“三园六中心”现代物流布局以及20个农村乡镇客货运一体站的新（续）建。

**湖州综合交通枢纽**　在湖州铁路南站原址上建造，主要由湖州站主站房、站前区域配套工程两大块组成。主站房占地面积1万平方米左右，作为宁杭城际铁路配套车站，另预留商合杭铁路、湖苏沪铁路接入条件。站前区域配套工程总用地38.6万平方米，主要包括站前广场、公跨铁立交桥接坡、漾西路连接线、新开河、站前路和环北路等工程，概算总投资 10 亿元左右。根据规划，设置站前景观广场、地下停车库及广场管理服务用房，场地东南角布置长途客运站及管理用房，场地西南角布置公交枢纽站、社会大巴停车场等。

## （六）道路水路运输服务提升规划

通过整合客货运输资源，畅通水陆联运通道，优化运输产业结构，加快推进运输产业升级，实现城乡统筹协调发展，充分发挥综合运输的整体功能效益，基本形成人便于行、货畅其流的综合运输体系。

**1. 道路旅客运输。**“十二五”期间，通过各项措施的落实，客运运力和场站基础设施的有效供给能力明显增加；客运结构基本合理，骨干客运企业主导市场的作用明显增强；行业科技进步、道路客运信息化建设进一步取得显著成果；行业服务质量和信息化水平明显提升，科技进步，文明创建取得新的成果。

**城际快运网**　充分发挥公路客运比较优势，完善提升长三角城际快速客运网，重点开通铁路提速甩站或覆盖不足地区重要城市的客运班线，重点发展务工进出湖城密集城市的客运线路；深入开展中长途客运资源整合改造工作，进一步深化毗邻省、市客运班线公交化改造；大力拓展旅游客运，积极开通至省内及长三角区域的特色精品旅游客运班线。

**城乡客运网**　按照城乡客运一体化的建设要求，加快城乡公交场站枢纽建设，优化城乡公交线路布局，有效衔接城市内部公交线路与通村公交线路，提升场站使用效率和线路运输效益；拓展经营方式，创新经营模式，保障农村行政村通达率，提高自然村通达率，扎实推进农村客运网络化，全面提升农村客运的公共服务水平。

**城市公交网**　大力实施"公交优先"战略，通过加大基础设施建设投入、优化线网布局、加快车辆提档升级、提升科技含量，大幅提升公共交通服务能力，逐步建立起与人口规模、城市和经济社会发展相适应的结构合理、设施配套、高效便捷的城市公共交通体系。到"十二五"末，中心城区居民公交出行分担率达到20%以上；万人公交车拥有率达到 12 标台以上；高档空调车、新能源车占公交车总量的70%以上；中心城区公交站点覆盖率（按500米半径计算）达到95%；中心城区公交车平均运行速度达到25公里/小时以上；中心城区线网密度达到4公里/平方公里以上；规划建设BRT线路1条。

2. **道路货运**。大力发展现代物流，通过五年的努力，进一步提升物流业的增加值，提高对经济社会发展的贡献率，降低物流成本占GDP的比重，使交通运输业走出一条集约化、规范化、可持续化的发展新路子。

**加快物流基地建设**　"十二五"期间，重点加快长兴综合物流园区、德清临杭物流园区、湖州综合物流园区、安吉物流中心、南浔物流中心等重点物流基地建设。

**培育现代物流龙头企业**　分类择优培育扶持重点物流龙头企业，"十二五"期间在 2010 年 16 家市级龙头企业的基础上，每年培育新增市级龙头物流企业 1～2 家，省级龙头企业新增至2～3家。

**加快物流公共信息系统建设**　按照省物流信息建设框架，重点围绕推广使用若干个物流通用业务推荐软件，引导、扶持龙头物流企业的信息化建设，加强物流公共信息系统与口岸、海关等部门以及相关企业、协会物流信息系统的互联互通，搭建制造业与物流业信息互通平台。

**拓展物流服务**　以干线公路运输网络为依托，通过股权合作、特许经营和品牌联盟等方式整合各类货运资源，大力发展与省内主要城市至国内主要城市的干线运输网络，培育若干条精品货运干线；依托全市日渐完善的农村公路网络和农村客运体系，基本形成“一体、两网、多库”的城乡物流配送体系。

3. 水路运输。“十二五”期间，以强化行业监管，规范水路运输秩序；推进公司化经营，提高运输主体集约化程度；强化运输组织，提高运输生产效率；大力发展特种船舶，丰富水路运输货种；深化银企合作，拓展水运物流发展融资平台；建立健全失信惩戒制度，引导市场主体诚信经营等工作为抓手，不断提高水运业服务地方经济社会发展能力。

**提高内河运输组织化程度**　积极探索建立航运、港口联盟，引导和促进全市航运与港口企业、航运与航运企业间进行多种形式的联合与合作，推进航运企业规模化发展、集约化经营，鼓励航运企业做大做强。

**大力发展现代航运服务业**　做大做强传统航运业等中游产业，加快发展船舶交易等上游产业和运输代理服务等下游产业；加快航运结构调整，加快发展现代航运服务业和船舶交易市场。

**进一步规范水路运输市场**　重点做好全市水路运输（服务）业年度核查工作；进一步规范水路运政检查工作，强化水路运输市场的动态监管；充分结合水路运输管理信息系统，逐步建立水路运政系统各类统计，努力提高系统数据的实时性、完备性、准确性。

**确保水路重点物资运输、节日旅客运输**　从保民生、促发展高度，确保水路重点物资运输任务完成；加强组织协调，科学安排运力，确保节日水路旅客运输安全、优质、有序。

## （七）公路水路运输装备发展规划

### 1. 公路运输装备

**公路客运**　到“十二五”末，全市营运客车达到4051辆，其中班线客车1680辆，出租车1931辆，旅游车300辆；中高级班线客车比例70%以上。重点加快班线客运车辆的更新换代，不断发展节能、环保的高档客车，使运输结构不断向大型化、高档化、环保型发展；城市公交大力发展低底盘、高档环保型车辆；农村客运重点发展适合农村道路通行条件的安全、实用、经济型车辆；出租车客运重点推广节能型运力。

**公路货运** 到“十二五”末，全市营运货车达到20443辆，总吨位112213吨，营运货车保有量年均增长5.4%，总吨位年均增长8.5%左右。全市营运重型车、专用车、厢式车占营运货车比例分别提高到20%、6%和24%。大力推广厢式货车，加快普通敞篷货车的厢式化进程，重点发展适合高速公路、快速干线公路的大吨位厢式半挂货车；鼓励和支持大型运输企业大力发展集装箱、专用运输车辆和多轴重载大型车辆，满足现代物流领域中集装箱运输和特种运输的需求。

**2. 水路运输装备。**2015年末，全市运输船舶总运力保持平稳增长，内河船舶总运力达到160万载重吨，单船平均吨位达到300载重吨，平均船龄不超过10年，集装箱运力达到500标箱。

重点是适应水运市场发展要求，加大运力结构调整力度，重点发展500吨级以上的标准化运输船舶，不断提高水路运输生产力。同时，积极引导扶持航运企业发展内河集装箱船、特种船舶运输，拓展服务市场，吸引新的货种，实现全市内河水运物流业新的增长。

## （八）生态交通建设规划

深入贯彻科学发展观，牢固树立“以人为本、节约资源、尊重自然、保护环境”理念，紧紧围绕建设和谐交通和可持续发展交通的目标，扎实推进《湖州市生态交通建设行动方案》，为湖州建设现代化生态型滨湖大城市、实现国家生态市命名及成为全省、长三角生态文明建设的先行区提供生态交通保障。

**1. 实施网络设施优化行动。**通过道路网和道路运力优化，2015年比2010年节约标准煤6.6万吨，降低二氧化碳排放21.1万吨；通过水运网和水上运力优化，2015年比2010年节约标准煤6.4万吨，降低二氧化碳排放20.5万吨。

2015年，全市公路大中修沥青路面再生利用里程累计达到80公里，沥青路面废旧材料再生利用达到9万立方米；每公里公路隧道照明耗能比2010年下降15%；干线公路预防性养护比率达60%；全市高速公路所有出入口具备不停车收费功能。

**2. 实施运输产业升级行动。**围绕构建综合交通运输体系，基本形成以物流园区为核心、龙头企业为骨干、信息平台为支撑的现代物流服务体系；努力建成覆盖城乡、衔接顺畅的公共交通服务体系；调整运输结构，优化运输组织，提高运输服务能力，实现交通运输产业转型升级。

2015 年，物流园区（中心）总数达到 8 个，龙头企业的业务量增加 50%，物流公共信息服务覆盖全行业；运输资源配置更加合理，公路水路运输与其他运输方式的衔接更加顺畅；企业结构和运力结构明显优化，努力实现“一城一交”格局；能耗指标明显下降，2015 年与 2010 年相比，营运货车单位能耗比下降 5 %，船舶平均油耗下降 8 %，危险品运输船舶与规划作业区污水综合回收与处理率达到 100%。

**3. 实施工程生态保护行动。**牢固树立生态文明理念，按照对生态环境“最小程度的破坏，最大限度的保护，最强力度的恢复”的原则，合理统筹规划，注重创新设计，强化建设管理，提高交通基础设施的耐久性，转变发展方式，推动湖州交通的可持续发展。

落实最严格的耕地保护制度和节约用地制度，大力推广节地技术，土地和岸线资源集约利用取得明显成效；工程项目严格执行环境保护“三同时”制度，公路、水运建设项目按规范程序开展环境影响评价，办理环境影响评价审批手续，并通过环保和水土保持的专项验收；高速公路服务区同步配套污水治理设施，实现污水达标排放；坚持从实际出发，用全寿命周期成本的理念指导设计、施工，提高工程结构的耐久性、安全性和防灾减灾能力，干线公路基本实现“五型公路”的创建；五年完善提升国省道公路绿化 231 公里、边坡复绿 15 万平方米，新增农村公路绿化 461 公里，国省道公路可绿化率达到 100%，新增航道绿化 50 公里，主干线航道的绿化率达 95%以上，同时，加强公路、水路绿化养护，巩固绿化建设成果。

**4. 实施技术进步引领行动。**坚持把科技创新作为生态交通建设的战略基点和调整交通经济结构、转变交通增长方式的中心环节，大力研发应用生态技术，发挥科技引领作用，优化科技资源配置，突破与推广应用科学、先进的生态建设的关键技术和现代管理技术，为发展交通运输生态文明提供保障。

积极开展科技成果推广应用，年度科技成果推广应用数超过 6 项；年度列入省厅科研计划项目数稳定在 6～8 项，成果总体水平保持全国领先水平；整合信息资源，实现行政、公路、港航、运管四大综合业务管理信息 70%业务之间的协同管理，网上服务业务达 50%以上、网上审批业务达 80%以上；积极出台并实施节能减排技改政策，探索和推进智能交通建设，公路、港航、运管各实施 1 项交通节能减排示范项目，双燃料出租车占比达70%以上。

**5. 实施行业文明推进行动**。将生态交通建设作为行业管理的重要内容，开展树立生态交通理念、挖掘生态交通典型、培育生态交通文化活动，结合文明创建工作，在行业内倡导并形成具有时代特征、行业特点和湖州特色的生态、节约、环保的思想观念和行为模式。

健全工作机制，积极探索交通生态文明新途径、新方法，形成管理部门组织协调、行业企业密切配合、新闻媒体引导推进、从业人员积极参与的工作机制，出台并实施交通生态建设的局级文明示范站点创建实施办法，创建文明行业4个、文明单位35个、文明示范窗口5个、局级文明示范站点20个；组织公众参与，鼓励社会公众参与到生态交通的监督活动中来，鼓励工会、共青团、行业协会等社会团体和公众参与环境保护和生态交通建设，鼓励绿色机关、绿色企业等创建活动；培育生态文化。培养善待生命、善待自然的伦理观，树立环境是资源、环境是资本、环境是资产的价值观，努力倡导绿色消费，节约资源、文明健康的生活方式。

## 三　湖州交通运输发展2013—2017年行动计划

2013—2017年，是湖州经济和社会发展的重要阶段，也是湖州交通运输实现跨越式发展的关键时期。为全面落实党的十八大、省第十三次党代会和市第七次党代会精神，科学指导和有序推进全市交通运输工作，依据湖州市国民经济和社会发展“十二五”规划纲要和湖州市交通运输“十二五”发展规划，制定我市交通运输发展2013—2017年行动计划如下：

**1. 指导思想**

以邓小平理论、“三个代表”重要思想、科学发展观为指导，以加快转变发展方式为主线，坚持全面对标，整体推进，重点突破，协调发展，大力推进“五个交通”建设，努力构建畅通、高效、安全、绿色的现代化综合交通运输体系，全面提高交通“三个服务”的能力水平，为打造“四个湖州”，加快建设现代化生态型滨湖大城市提供坚实的支撑保障。

**2. 工作目标**

（1）建设干支相连、四通八达的网络交通。坚持适度超前，加快完善交通基础设施，是“五个交通”建设的根本基础。2013—2017年，继续保持交通有效投资合理增长，科学把握发展节奏，按期、保质完成各项重点建设项目；进一步优化路网结构，充分发挥港口枢纽的中转衔接作用，强化公路、铁路、水路基础设施的有效对接，建设形成覆盖全市、区域协调、城乡一体、运行高效的综合交通网络。

计划建成高速公路 213.14 公里、国省干线公路 201.7 公里、农村公路 1493.85 公里，新改建内河航道 158.1 公里，完成港口建设项目 8 个，建成湖州综合交通客运枢纽、安吉县交通客运枢纽中心等 5 个综合交通枢纽，建设 4 个功能完善的综合性物流基地。到 2017 年底，全市公路总里程达到 9323 公里，公路网密度 160.2 公里/百平方公里；二级以上公路里程达到 1752 公里，占比达到 18.8%；全市三级航道达到 149 公里，四级及以上高等级航道里程达到 317 公里；湖州港货物吞吐能力达到 1.5 亿吨，集装箱吞吐能力达到 60 万标箱，新建货运码头泊位 100 个。

（2）建设公正透明、规范诚信的秩序交通。坚持依法行政，不断提高交通行业管理水平，是“五个交通”建设的重要内容。2013–2017 年，通过推进交通法制建设，完善信用管理体系，健全行业监管机制，加大市场监管力度，不断改善交通执法质量，逐步提高交通工程建设水平和运输市场管理的能力，基本形成竞争有序、经营规范的交通运输市场环境。

到 2017 年底，交通行业管理法制化、规范化程度显著提高，基本建立起与交通发展相适应的地方交通法规规章体系；交通建设和运输市场信用体系全面完善，行业公信力和服务质量明显改善；交通项目建设程序规范，质量监督到位，全市公路水运工程质量监督覆盖率达到 100%，受监工程质量合格率达到 100%，三县两区全部设立县级质量安全监督机构；运输市场秩序规范良好，主体竞争公平守信，车辆、船舶非法营运行为得到有效遏制，干线公路超限运输率达到 4%以下，公路和水上安全管理不断加强；行业监管制度日益健全，行政执法责任制全面落实，行政执法群众评议满意度达到 95%以上，实现行政处罚、行政许可及行政复议正确率 100%，行政诉讼败诉率为零的工作目标。

（3）建设安全便捷、舒适低碳的民生交通。坚持以人为本，增强交通运输公共服务能力，是“五个交通”建设的核心目标。2013–2017 年，大力实施农村公路、公共交通等民生工程，进一步改善城乡居民通行条件，统筹城乡客货运输协调发展；加快促进运输产业升级，适应多样化的运输需求，提高客货运输专业化、标准化水平和组织化程度；深入推进“生态交通”建设和节能减排行动，积极倡导低碳出行、绿色运输；加强交通运输安全管理，提高应急处置能力，努力减少一般事故，遏制重特大事故发生，保障人民群众安全出行。

到2017年底，全市行政村公交通达率保持在100%，城乡物流配送行政村覆盖率达到100%，中心城区居民公交分担率达到25%以上；城乡公交站点覆盖率（按1KM半径计算）达到90%，中心城区公交站点覆盖率（按500米半径计算）达到95%，中心城区线网密度不低于3.5公里/平方公里以上；国省道MQI（总体技术状况）达到85%以上，高速公路PQI（平均路面使用性能指数）达到95%以上，普通国省道PQI达到90%以上；农村公路优良路率达到67%以上，通村公路达到等级以上标准，基本消除县乡公路四、五类桥梁和村道五类桥梁；骨干航道年通航保证率达到98%以上，等级以上航道年通航保证率达到90%以上；行业综合能耗下降5%以上；交通安全事故三项指标实现“零增长”。

（4）建设科技引领、高效迅捷的智慧交通。坚持科技强交，不断提高行业自主创新能力，是“五个交通”建设的不竭动力。20133—2017年，进一步加大交通科技投入，全力抓好科技研发和科研成果的转化应用，完善信息服务，积极发展新工艺和新技术；集中力量加快交通运输信息化建设，重点围绕“一中心三平台”建设，加强顶层设计和总体规划，实现核心数据的共享利用和系统平台的互联互通，推进共建共享，不断提升交通运输建设、管理、发展的科技含量和现代化水平。

到2017年底，智慧交通建设初具规模，完成科技研发和推广项目50项；基本建成综合交通应急指挥中心，加快推进物流信息交互平台、公众出行服务平台和市场动态监管平台建设；实现80%以上的公路航道重点基础设施监控全覆盖，95%的车辆船舶实现动态定位跟踪监测覆盖；重点车站、码头100%实现安装视频监控设备；在建特大桥梁、长大隧道项目工程进展100%实现实时监控；高速公路ETC站点覆盖率达到100%；85%的行政许可实现在线办理；交通应急事件平均响应时间小于60分钟；公交“一卡通”、“船联网”等技术服务得到进一步完善；交通运输科技贡献率达到50%。

（5）建设勤政务实、廉明清正的阳光交通。坚持固本强基，努力塑造交通运输对外良好形象，是“五个交通”建设的关键保障。20133—2017年，围绕提升队伍素质、夯实发展基础这个根本，进一步加强系统班子和干部职工队伍建设，从体制机制、管理方式、组织建设、思想教育、能力培养等多个方面入手，积极转变队伍作风，突出抓好廉洁自律，不断深化文化建设，努力打造一支政治强、业务精、作风硬，能干事、干成事、不出事的干部职工队伍，为交通运输事业发展提供强有力的组织和人才保障。

到2017年，系统各级班子建设和干部职工建设不断深化，干部作风有效转变，队伍活力明显增强；交通惩治和预防腐败体系进一步完善，岗位廉政风险明显减少，违法违纪案件得到有效遏制；交通人才培养和引进力度持续加大，专业技术人员总量增加6%，高技能人才占比提高到6%，基本形成“总量适度、结构合理、素质优良、作用显著”的行业人才队伍。

**3. 主要任务**

**（1）网络交通建设**

**公路网**

计划完成投资465.45亿元，推进公路建设项目50个。新改建高速公路213.14公里；新改建国省道干线公路201.7公里，其中一级公路180.5公里，二级公路21.2公里；新改建农村公路1493.85公里，其中一级公路85.33公里，二级公路276.33公里，三级公路96.27公里，四级公路1035.92公里。

**高速公路** 计划完成投资234.66亿元，推进高速公路建设项目7个，新建高速公路126.72公里，改扩建高速公路86.42公里。

——新建杭长高速公路北延。全长30.2公里，总投资42亿元，2016年建成通车。时序安排：2012年启动项目前期，2013年视与江苏段对接情况择期开工建设，2016年完工。

——改扩建杭宁高速公路改扩建工程。全长98公里，总投资30.09亿元，其中湖州段全长86.42公里，总投资26.5亿元，2016年建成通车。时序安排：2012年启动项目前期，2014年开工建设，2016年完工。

——新建杭州绕城高速公路西复线湖州段。全长51.7公里，总投资95.11亿元，2017年建成通车。时序安排：2012年启动项目前期，2014年开工，2016年主体工程完工，2017年完工。

——新建申嘉湖高速公路西延线（至安徽省界）。全长86.8公里，总投资125.98亿元，先期实施鹿山至安城段44.82公里，投资66.74亿元，2017年建成通车。时序安排：2012年启动项目前期，2014年开工建设，2016年主体工程完工，2017年完工。

——新建杭宁高速长兴互通立交工程。主线拼宽长 0.963 公里，匝道总长 2.412 公里，投资 1.51 亿元，2014 年建成。时序安排：2012 年启动项目前期，2013 年开工建设，2014 年完工。

——新建申苏浙皖高速碧岩互通立交工程。匝道总长 2.15 公里，投资 1.7 亿元，2016 年建成。时序安排：2013 年启动项目前期，2014 年开工建设，2016 年完工。

——新建杭宁高速下渚湖互通立交工程。匝道总长 1.9 公里，投资 1.1 亿元，2016 年建成。时序安排：2013 年启动项目前期，2014 年开工建设，2016 年完工。

**干线公路**　计划完成投资 115.88 亿元，推进国省道干线公路建设项目 13 个，新改建国省道干线公路 201.7 公里，其中一级公路 180.5 公里，二级公路 21.2 公里。

续建并建成 318 国道南浔至吴兴段改建工程、104 国道湖州杨家埠至鹿山段改建工程、09 省道秋山至乾元段改建工程、09 省道塘栖至乾元段整治工程、13 省道安吉段改建工程、04 省道安吉兰田至良朋段整治建设等 6 项工程；启动并建成 318 国道湖州绕城段改建工程、104 国道湖州五一大桥改建工程、104 国道长兴夹浦段改建工程、104 国道长兴李家巷至德清跃武关段改建工程、09 省道德清武康至筏头公路改建工程、09 省道德清筏头至递铺段改建工程、11 省道马家渡至椅子塔段公路改建工程等 7 项工程。

**农村公路**　计划完成投资 114.91 亿元，推进农村公路建设项目 30 个，新改建农村公路 1493.85 公里，其中一级公路 85.33 公里，二级公路 276.33 公里，三级公路 96.27 公里，四级公路 1035.92 公里。

续建并建成湖州申苏浙皖至申嘉湖高速公路连接线、湖州杨家埠至丘城公路、余杭 320 国道至申嘉湖杭高速新市互通连接线（德清段）、德清县三家村至花墩桥公路（临杭物流园区公路）工程、吴兴妙西至新路头公路、安吉晓墅至南林场公路改建工程、德清三桥至莫干山公路改造工程等 7 项工程；启动并建成湖州综合交通枢纽至 11 省道连接线工程、南浔申苏浙皖至练杭高速公路连接线工程、长桥至虹星桥公路工程、长兴五青公路（10 省道至 318 国道段）、德清韶村至塘栖公路改造工程、德清庾村至烂树坑公路改造工程、安吉西亩至鄣吴公路改建工程等 23 项工程，完成 1034.62 公里农村联网公路的建设。

**水运网**

**内河航道**　计划完成投资22.77亿元，推进航道建设项目4个，新改建内河航道158.1公里，其中三级航道72公里、四级航道70.4公里。

续建并建成长湖申线（浙江段）航道扩建工程；启动并建成京杭运河浙江段航道整治工程、杭湖锡线武新支线航道改建工程；启动建设长湖申线西延（梅湖线）航道整治工程。

**内河港口**　计划完成投资13.59亿元，推进港口建设项目8个。

续建并建成湖州中景国际金属物流园码头工程、德清多功能港区、湖州名爵游艇俱乐部港池工程；启动并建成长兴综合物流园码头作业区、华能长兴电厂码头工程、德清临杭物流园Ⅱ区码头作业区、安吉临港经济区码头工程、湖州综合物流园区码头工程。

**铁路网**

计划完成投资101.4亿元，推进铁路建设项目3个，新建铁路95.04公里，改建铁路118公里。

启动并建成宣杭铁路电气化改造；启动合湖杭铁路湖州段、湖苏沪铁路湖州段。

**交通枢纽。**

计划完成投资55.05亿元，推进枢纽、站场配套建设项目28个。

**客运枢纽**　计划完成投资10.42亿元，推进客运枢纽项目5个。

续建并建成湖州综合交通枢纽；启动并建成安吉县交通客运枢纽中心；启动湖苏沪铁路站前配套工程、南浔综合交通枢纽、德清县综合交通枢纽。

**货运枢纽**　计划完成投资42.96亿元，推进货运枢纽项目5个。

续建并建成长兴综合物流园区；续建德清临杭物流园区；启动并建成湖州综合物流园区、安吉现代物流园。

**客货运一体站**　计划完成投资1.67亿元，推进客货运一体站项目18个。

启动并建成吴兴区埭溪客货运一体站、吴兴区东林客货运一体站、吴兴区塘口客货运一体站、南浔区菱湖客货运一体站、德清新安客货运一体站、德清钟管客货运一体站、德清洛舍客货运一体站、德清新市客货运一体站、德清莫干山客货运一体站、德清下渚湖客货运一体站、德清筏头客货运一体站、安吉高禹客货运一体站、安吉溪龙客货运一体站、安吉昆铜客货运一体站、安吉姚村客货运一体站、安吉双舍客货运一体站、安吉西亩客货运一体站、安吉皈山客货运一体站。

## （二）秩序交通建设

### 1. 推进交通法制建设

——规范行政执法行为。树立正确的执法理念，深入开展交通运输行政执法文化研究，维护行业执法形象。组织开展“交通运输行政执法规范化工程”，规范交通运输行政执法人员仪表、举止，规范执法用语和统一执法文书，规范执法程序，提高交通运输行政执法规范化程度。继续规范交通运输行政处罚自由裁量权，逐步实现交通运输行政处罚、许可、强制等各类交通行政职权的规范行使。

——推进行政审批制度改革。建立和完善交通运输审批事项程序性规定，完善审批工作流程和管理规范，明确审批标准、审批职责和审批时限。改革交通运输审批运行方式和程序，积极推行电子政务、网上审批、联合审批，进一步减少审批层次、优化办事流程、减少办事环节、压缩办事时限，提高窗口就地办结率。

——加强行政执法队伍管理。严格交通运输行政执法队伍进人用人机制，建立交通运输行政执法考试准入制度和执法人员资格逐级审批制度，建立健全科学完善的考核、奖惩和选拔制度。加强交通运输行政执法能力建设，通过针对性、实用性强的执法培训，切实提高行政执法人员的思想政治素质、法律素质和依法行政、文明服务的水平。在全行业推广运用新的交通运输行政执法标识、执法车辆外观和执法场所外观。加强交通运输行政执法保障力度，加大执法硬件投入，推进执法装备标准化建设。

——完善行政执法监督机制。继续深入推行交通运输行政执法责任制，在建立动态的执法依据梳理机制、清晰的执法职权分解机制、科学的执法评议考核机制、统一规范的执法责任追究机制和有效的行政执法激励机制的基础上，重点加强对执法责任的追究落实。推进交通运输行政执法检查工作规范化、制度化、经常化，组织开展交通运输行政执法案卷评查，加强对交通运输行政执法的社会监督。聘请行风评议监督员，开展行风问卷调查，召开行风评议座谈会，广泛征询社会各界和人民群众对交通运输行政执法工作的意见和建议。

### 2. 构建市场信用体系

以维护公平竞争的市场秩序为目标，以加强企业主体和从业人员遵章守法、遵守职业道德、诚信经营、优质服务为重点，发挥行政推动与市场引导双重作用，建立健全配套法规制度，推进交通运输市场信用体系建设的制度化、规范化。进一步建立健全运输市场引导体系、源头监管体系和退出体系，完善体制机制，增强科技和信息化支撑，积极引导我市公路、水运企业争创省级“诚信企业”，激发企业争创诚信的积极性，引导市场主体诚信经营。完善交通建设信用管理系统，建立信用评级指标，扎实开展公路水运施工、监理企业信用评价工作，督促建设业主认真做好施工企业信用动态管理台账，营造“守信得市场、失信失市场”的良好氛围。力争用5年左右时间，基本建立起比较完善的全市交通建设、运输市场“五大体系”，即诚信法规体系、诚信信息征集和披露体系、诚信评价体系以及失信惩戒体系。

3. 加强工程质量安全监管

——提升质量监督管理能力。全面落实工程质量责任制，强化项目法人、项目总监、项目经理三个关键人的质量意识，充分发挥项目法人在工程建设中的核心主导作用；积极创新监督手段，全面推行首件质量控制责任制、重点环节交验制、小型结构物工厂化预制制，着力提升执法大检查的质量和效果；大力推广质量成果，深入治理质量通病。将沥青路面“五八工程”成果从高速公路向国省道公路延伸，将砼质量通病治理成果从公路工程向水运工程延伸，将工地标准化建设从高速公路向国省道和重要县道、大型水运工程延伸，实现结构安全、使用耐久、外观精细、生态优美的质量目标；加强技术服务和引导，以点带面，促进全市工程质量整体提高。

——提升工程安全监管能力。健全项目业主、监理、施工企业安全生产管理网络体系，项目法人、项目经理、项目总监三个关键人安全管理意识明显增强，社会监理安全管理职能有效发挥，施工企业安全管理制度全面健全。认真落实企业主体责任、从业人员自律责任和行业监管部门的监管责任。强化安全管理制度的执行力，把好开工前的安全生产条件审查备案关、施工过程中的“平安工地”达标考核关、交工前的从业单位安全生产管理行为评价关。进一步完善隐患排查与动态监控制、教育培训制、安全风险评估制、安全评价考核制。大力推进安全管理信息化建设，及时发布安全生产预警信息，应用物联网技术，在大型桥梁、隧道、预制场等重点施工现场推广安装远程视频监控系统，实现安全监管模式转型升级。开展安全事故应急演练，提高安全事故应急处理能力。

4. 规范行业市场秩序

——加大建设市场监管力度。严格招投标程序，严格把好市场准入关，继续推行资格后审、合理设置评标标准、强化标后合同管理、严肃查处投诉案件，努力构建统一、开放、竞争、有序的招投标市场。推行现代化工程管理，调整完善现有公路、水运工程质量安全监督规定，加强工程施工监管，大力推行专业化管理、标准化设计、工场化施工和信息化监管；推行工程监理总监负责制，加强工程施工试验检测工作。加强设计督察、概算审查、造价控制等工作，进一步规范分包行为，杜绝转包，防止拖欠工程款、民工工资等现象发生。

——加大运输市场监管力度。以“安全生产年”“隐患排查治理”“双基”建设等活动和非法营运整治、超限超载治理等专项整治行动为载体，密切关注公路水路、客运货运市场动向，每年确定监管重点，严格落实监管举措。认真做好重点时段、重点部位和重点领域各主要公路、航道的通行保畅工作，严格落实危险品车船、乡镇非运输船舶的监管责任，巩固深化。继续加强联合执法，积极协调有关部门建立健全长效管理机制，适时组织联合整治行动，依法查处各类违法违章行为，维护经营者的合法权益，营造良好的竞争环境。

### （三）民生交通建设

#### 1. 改善交通出行环境

——大力推进国省道公路边“三化”工作。坚持近期与远期、重点突破与全面整治、治标与治本相结合的原则，以“一种三清”（种植绿化，清理建筑和生活垃圾、清理违法建筑、清理违法和无序广告）为重点，依法彻底整治国省道公路沿线环境的脏乱差，实现公路沿线绿化梯次分布，公路用地、建筑控制区内外无垃圾、无违法建筑，非公路标志标牌设置规范有序，促进公路沿线环境与自然的和谐统一。在2012年基本完成高速公路的“三化”目标的基础上，到2013年底前，基本完成普通国省道公路的“三化”目标；到2014年底前，进一步提升国省道公路沿线“三化”水平，营造形成整洁优美的交通出行环境。

——深入实施公路、航道养护工程。扎实开展干线公路养护质量年活动，加大路面专项整治力度，积极实施公路路面大中修工程，完成不少于56公里/年；实施农村公路路面大中修工程，每年至少完成220公里，力争到2017年全市农村公路大中修率达到4%以上。严格执行《内河骨干航道经常性养护管理规定》，重点对京杭运河、长湖申线、湖嘉申线、杭湖锡线、东宗线等骨干航道共246公里按标准实施养护，保障经常性养护费投入，完成航道养护专项工程计划。

——建设提升农村公路等级。在加大农村公路建设力度的基础上，逐步提高农村公路等级，按通乡、通行政村、通自然村公路的不同情况，加快通乡公路、通行政村公路等级改造力度。力争到 2017 年，通乡镇公路至少一条达到二级公路以上标准；通中心村公路达到三级公路以上标准；通一般行政村、规划保留自然村、村民规模 100 人以上自然村达到等级公路以上标准；基本消除县乡公路四、五类桥梁和村道五类桥梁，基本形成“结构合理、功能完善”“便捷、畅通、安全、和谐”的农村公路网络体系，努力推动农村公路“建管养运”全面协调可持续发展。

——全面落实农村公路养护职责。严格执行《湖州市农村公路管理养护办法》，进一步明确县区政府的农村公路养护管理工作主体责任，将管养资金列入财政一般预算经常性科目，保障农村公路养护管理的资金来源。认真总结和推广各县区成熟的工作经验和先进的管养模式，全面推进农村公路网格化管养工作，确保全市 5 个农村公路养护管理中心和 19 个分中心有序运转。按照明确一个机构名称、落实一名专职人员、安排一处办公场所、筹措一笔工作经费、制订一个乡规民约、完善一套内业台账的“六个一”要求，切实加强基层农村公路养护管理机构的建设。

——加快完善公路、桥梁安保设施。开展公路桥梁隐患治理年活动，实施“危桥改造工程”，国省道四、五类桥当年处治率达到 100%，国省干线一、二类桥梁比例每年保持在 95%以上；加快农村公路危病桥梁维修改造，到 2017 年，力争消除乡道及以上公路四、五类桥梁，村道基本完成五类危病桥梁改造及部分四类桥梁维修改造。实施干线公路“灾害防治工程”，同一路段灾害损毁重复发生率控制在 5%以内。深入实施公路安保工程，完善公路安全保障设施，到 2017 年，全市干线公路标志、标线完好率达到 100%；农村公路标志、标线完善率县、乡、村道分别达到 91%、78%、62%。

——大力实施工程生态保护行动。集约利用土地和岸线资源，优化交通工程建设方案，加强公路、航道生态保护和污染治理，进一步减少交通工程建设对生态环境的破坏和影响。2013–2017 年计划完成国省道公路绿化 211 公里、边坡复绿 10 万平方米，国省道公路可绿化率达到 100%；新增农村公路绿化 420 公里、航道绿化 18 万平方米，主干线航道的绿化率达 95%以上。

**2. 统筹城乡运输协调发展**

——巩固提高城乡公交一体化。整合和优化城乡客运资源，加快建设城乡公交换乘枢纽、乡镇公交首末站，不断优化线网分级分层网络，提升线路公司化运营比重，增强城镇、镇镇、镇村等不同层次公交网络之间的衔接，满足城乡居民出行需求的层次性和服务需求的差别化。到2017年，全市行政村100%保持公交通达，市区新增城乡公交线路28条，优化调整线路14条，更新公交车辆250辆，新改建乡镇公交首末站10个。

——加快建设城乡货物配送体系。整合城乡配送资源，促进发展县区到乡镇、专业市场的优质农村配送专用通道，加快建设一批城乡物流配送网点。到2017年，市区90%的乡镇建有农村货运分拨中心或客货（邮）一体站，70%行政村建立村级货运代办网点站，城乡物流配送网络覆盖市区所有行政村，加快发展形成城乡物流干线配送、快运小件配送、乡邮网配送等各种形式的运输网络。积极探索、总结城市配送模式，研究制定城市配送车型标准、优化组织模式的指导性意见，完善城市配送车型等相关制度规范，逐步降低城市配送综合成本。

**3. 大力实施“公交优先”战略**

——建立健全公共交通规制体系。以湖州市人民政府《关于加快市区公共交通发展的实施意见》为基础，推动出台《湖州市区公共交通管理办法》《湖州市区公共财政购买公交服务办法》等为配套的公交发展政策规制文件，形成基本完善的公交发展规范制度体系。

——推进公交站场基础设施建设。根据《市区公共交通综合规划》，按照站场建设标准，加快公交换乘枢纽、换乘中心、首末站、港湾式停靠站等公交基础设施建设，形成较为完善的公交场站体系。到2017年，市区新改建和扩建公交站场61个，其中综合换乘枢纽2个，大型换乘枢纽5个（部分含首末站功能），特色旅游枢纽2个，大型首末站3个，4个停车保养场，新改建一般首末站45个。

——优化城市公交线网。充分依托公交换乘枢纽、换乘中心和首末站，通过新增盲区线路、缩短拉直非直线系数过大的线路、减少绕行等方式，科学合理设置公交线网，不断提高公交线网的覆盖面，减少换乘次数。到2017年，全市新增调整城市公交线路90条以上，其中市区新增城市公交线路23条，调整优化城市公交线路22条。

——加快公交车辆更新投放。以“足量、安全、舒适、环保”为目标，加快车辆更新换代步伐，加大清洁能源车辆在公交中的推广应用，不断提升公交车辆新度系数，逐步提高与人口规模、城市和经济社会发展相适应的公交车辆配备比例。到2017年，全市新增更新公交车辆1000辆以上，其中市区新增更新公交车辆550辆，高档空调车、新能源公交车辆达总量的70%以上。

——加强公共交通通行保障。协调公安部门试点完成南街、红旗路、苕溪路、人民路和东街、青铜路等严重拥堵路段的公交优先（专用）道、优先信号系统建设，提高公交车辆运行速度和准点率。至2014年，力争完成南街、红旗路、苕溪路、人民路公交优先道、优先信号建设；至2017年，完成东街、青铜路等路段公交专用道建设。

——探索“水上巴士”建设：立足湖州水网密布的自然条件，减轻城市交通压力，缓解城市陆路交通拥堵，增加群众出行方式选择，探索开辟水上巴士建设。先行选择市河、龙溪港等航道，到2017年，逐步建立起较为完善的中心城区水上公交运行系统，并与现有商业、办公等就业、服务中心相互衔接，与地面公交形成互为补充。

**4. 促进运输产业转型提升**

——优化物流运输组织。推进部、省甩挂运输试点工程，引导试点企业积极创新甩挂运输运营组织模式，促进甩挂运输快速发展；以全市块状经济和产业集群为依托，创新“公路港”发展模式，推进各类专线物流资源的整合，构建覆盖长三角和全国的快速专线物流网络；充分利用我市内河水运比较优势，加强湖州至上海内河集装箱支线沿线物流企业、港口资源和集装箱源的有机整合，重点围绕大宗商品和国际集装箱两大物流业务体系，探索发展海河联运，提高内河集装箱运输效率和效益，到2017年，全市集装箱船舶运力达到30艘、1080TEU，内河集装箱运输通江达海，内河码头与上海港、宁波港实现有效对接。加大物流企业培育力度，到2017年，培育新增2A级以上物流企业10家，全市2A级以上物流企业总数达到30家。

——加快运力结构调整。到2015年末，全市重型化、厢式化、专业化货车比重提高到22.5%、20.5%和7.5%，水运单船平均吨位达到300吨，“双燃料”出租车占比达到65%，新能源公交车占比达到70%。到2017年末，全市重型化、厢式化、专业化货车比重提高到23%、21%和8%，水运单船平均吨位达到305吨，“双燃料”出租车占比达到70%，新能源公交车占比达到75%。

——努力降低能源消耗。到2015年末，营运客车和货车运输周转量能耗分别比 2012 年下降 3%和 5%左右，道路运输节约燃油折合标准煤 3.08 万吨，降低二氧化碳排放 7.7 万吨；营运船舶运输周转量平均能耗下降 8%左右，港口单位吞吐量综合能耗降低 10%左右，水路运输节约燃油折合标准煤 5.19 万吨，降低二氧化碳排放量 12.98 万吨；全市公路大中修沥青路面再生利用里程累计达到 50 公里，沥青路面废旧材料再生利用达到 50 万平方米以上；国省道每公里公路隧道照明耗能下降 15%，节约能耗折合标准煤 1.05 万吨，降低二氧化碳排放 2.62 万吨。到 2017 年末，全市营运车辆单位运输周转量能耗比 2015 年下降 3%左右，营运船舶单位运输周转量能耗下降 8%左右，港口单位吞吐量综合能耗降低 8%左右，主要污染物排放量显著降低，全市公路大中修沥青路面再生利用里程累计达到 100 公里，沥青路面废旧材料再生利用达到 90 万平方米以上；国省道每公里公路隧道照明耗能下降 20%左右。

**5. 保障人民群众安全出行**

——严格控制安全生产指标。严格按照省市下达的各项指标要求，切实加强安全监管，努力杜绝 10 人以上重大安全生产事故，严控 3 人以上较大安全生产事故，减少一般事故，确保交通运输安全生产“零增长”。

——实施交通运输安全生产标准化建设。在 2012 年试点开展 2-3 家道路客运企业的标准化建设的基础上，2013 年全面推进安全生产标准化达标，从事客运、危险化学品和烟花爆竹等重点运输企业在 2013 年底前实现达标；其他交通运输企业在 2015 年前全部实现达标。

——推进行业应急联动体系建设。以“一体两网多点”为目标，进一步完善全市交通运输系统应急联动指挥组织体系、指挥平台、工作制度、应急队伍、物资储备、预案体系，力争用五年时间，逐步构建起组织网络完备、指挥平台统一、联动工作顺畅、处置快捷高效的，全系统公、航、运联动一体、实体网络和信息网络相互融合、多支应急队伍和物资多点储备保障的交通运输行业应急联动工作体系，交通运输应对突发事件和服务人民群众的能力显著提高。到 2017 年，市本级应急联动指挥平台全面建立，与省厅、市政府应急指挥平台和公路、港航、运管及县区交通运输局平台实现互联互通、实时共享；应急联动工作制度建立完善，行业危机隐患库建设全面完成，交通主导、政府支持、社会化运作的工作机制基本确立；水上搜救、水上打捞、运输保障、公路抢通、交通战备钢桥架设等 5 支专业应急队伍进一步充实完善，交通应急物资储备保障有力；应急联动预案体系完善，各部门工作分工责任明确，定期组织开展综合实战应急演练和专业实战应急演练，交通应急突发事件平均响应时间小于60分钟。

## (四)智慧交通建设

**1. 加大科技创新和成果推广应用力度。**面向交通建设和运输管理发展需求，组织开展关键性技术攻关，进一步健全交通科技成果引进、推广、应用机制，加强标准化工作，不断提高科技成果转化率。20133—2017 年，力争完成列入省厅计划的科研项目20项以上；完成科技成果推广应用项目30项以上，每年不少于6项。

**2. 加快推进交通信息化建设。**重点建设“一中心”，加快构建“三平台”。

——建设市交通运输综合应急指挥中心。通过整合全市交通运输基础信息资源，以市公航运三大信息平台为支撑，重点建设全市交通运输呼叫中心、地理信息服务系统、视频监控系统、交通运输GPS应用平台、应急指挥管理信息系统等五大应用系统，从而构建向上连接省交通运输厅和市政府，横向接口其他交通运输相关政府部门，向下以县区交通运输部门为骨干节点，集综合交通指挥、突发事件应急指挥、交通运行状态监测、政府决策支持、公众出行信息发布等功能于一体的综合性交通指挥中心。

——构建物流信息交互平台。以省物流公共信息共享平台为依托，通过搭建本地基础交换网络、推广物流通用软件、推进信息系统接入，基本建立起涵盖物流信息共享交换、公共信息查询、信用评价、货物追踪、运输交易等内容的物流信息基础交换网络和门户网站，实现行业内相关信息平台交换标准统一，提供公正、权威的物流相关公共信息服务，提高运输组织效率，降低物流成本。20133—2017 年，每年新增通用软件安装不少于5家。全市重点物流企业全部使用纳入省公共物流信息平台统一软件，并实现数据交换；危险品运输企业全部使用全省统一 BS 版应用软件。

——构建公众出行服务平台。以区域客运联网售票系统、综合客运枢纽管理与服务系统、城市出租车监管与服务系统、公交运营智能化管理系统建设为重点，进一步强化路况、养护施工、交通管制、地理信息、气象预警等实时信息的服务，力争实现以全市统一交通服务为特征，提供有机衔接的多种服务手段，并覆盖全市公路、航道、港口、码头以及广大城乡地区的交通出行服务体系。到 2017 年底，建成全市公共交通统一信息监管平台，研发应用公交智能查询系统和智能调度系统，新建智能电子站牌达到 80 个；建设完善面向社会公众的交通服务网站，交通出行日常信息发布、查询及预警体系基本形成；建立公路、航道、桥梁的实时监控体系，实现对全市重点路段、航道以及大型（特大型）桥梁的运行监控和动态管理，基本形成比较完善的实施监测和安全预警体系。

——构建市场动态监控平台。建立健全重点营运车船和船舶的监测监控系统，重点跟踪“两客一危”车辆（长途客车、客运包车和危险货物运输车）、重点营运货车、客船、摩托艇和危险品运输船舶的安全技术状态和运行状况；建设多网联动的交通运输安全监管与应急处置系统，满足“监管到位、协调联动、上下贯通、左右衔接、响应迅速、处置有效”的要求。到 2017 年底，100%的营运车辆按要求配备 GPS 定位和动态监控设备，实现动态定位跟踪监测；通过 AIS、GPS 等手段，对所有进入辖区的船舶能够实施动态监管，本港船舶自动识别装备安装率（包括客船、危险品船舶跟踪管理率）达到 95%；完成市县两级道路运输数据中心的建设，建立与交警、路政等部门道路运输信息共享制度，加强对违法违章车辆的联防联治。

**3. 提高交通信息科技服务水平**

——重点抓好以“门户网站、服务电话、行政窗口”为核心的三位一体的现代交通信息服务体系建设，整合形成统一的对外交通服务热线，不断完善综合信息查询、公众投诉、求助服务等公众信息服务功能，推广人性化服务，提高交通信息化服务的影响力和公信力。

——深入推进交通办公自动化建设，加快建立和完善以网上审批为主的全市行政许可公众服务系统和以市场监管为主的全市公路、水路信用管理系统。到 2015 年，实现 70%业务之间的协同管理，80%行政许可网上审批和 50%的交通业务网上服务，公路管理、道路运输、水运航务、质量管理等信息化覆盖率达 85%以上。

——支持建设和推广客运公交“一卡通”、港航“船联网”、高速公路 ETC 不停车收费等交通信息化服务应用系统。到 2017 年，全市高速公路所有出入口具备 2 条 ETC 车道，其中省际收费站达到 4 条 ETC 车道，ETC 用户突破 2 万户；公交 IC 卡实现长三角城市互通，城市、城乡公交刷卡结算率分别达到 70%和 50%以上，建立更加灵活、便捷的刷卡、换乘优惠系统。

## （五）阳光交通建设

**1. 加强交通队伍建设。**

——加强管理人才队伍建设。以行政管理干部为主体，2015 年前完成对全系统管理干部的一次全体轮训。制定出台《关于进一步加强和改进市交通运输系统干部队伍建设管理的若干意见》及相关配套制度，进一步完善队伍管理制度。严格执行《深化干部人事制度改革纲要》《党政领导干部选拔任用工作条例》等有关规定，认真做好干部选拔工作，大力培养年轻干部，深入抓好教育培训，着力改善素质结构。

——加强技术人才队伍建设。以高科技人才、学术带头人和优秀青年人才为重点，加强人才梯队和高技术人才库建设，到 2017 年，系统内专业技术人员总量从 2012 年底的 1034 人力争超过 1100 人。制定专项计划，针对公路、桥梁、航道、物流、融资、交通信息化等湖州交通运输发展的重点领域，依托重点工程、重大项目，建立“人才与项目联动”的人才培养模式。加快系统内领军人才、学术带头人和优秀青年人才培养。鼓励和引导系统各单位、各企业与科研院所、高等院校建立战略联盟，采用导师制、工作站和流动站等多种“柔性合作”方式，加大传帮带力度，借力培养优秀拔尖人才。利用市内外、省内外高校资源，建立人才培养基地，定向培养急需的专业技术紧缺人才。

——加强技能人才队伍建设。到 2017 年，全行业技师、高级技师、高级工占技能劳动者总数比由 2012 年底的 4.5%提高到 6%，并带动中、初级技能劳动者队伍的梯次发展。立足我市交通运输发展转型升级需求，加强系统内技能人才培训基地、公共技能鉴定等场所建设，重点加强汽车检验与维修、船舶驾驶与轮机、工程设备管用养修、工程建设与养护、道路运输及现代物流等领域紧缺技能人才培养。建立全市交通运输高技能人才库，推行企业管理人员定期培训制度和名师带徒制度，有针对性加快推进经营管理人才、技能人才培养。组织开展各种形式的职业技能竞赛与岗位练兵活动，加强并规范高层次技能人才的竞赛选拔与表彰激励，推进以职业能力为导向、以工作业绩为核心的职业技能鉴定工作。

**2. 加强交通文化建设。**

大力推进湖州交通运输核心价值体系建设，以行业精神文化、制度文化和物质文化建设为重点，积极构建结构完整协调发展的行业文化体系。培育和发展具有鲜明行业特色的公路文化、港航文化、道路运输文化，挖掘交通特色、提炼共性品质，着力将文化融于行业建设、管理、服务的各个领域，以文化促进行业发展；实施品牌带动战略，按照交通运输部文化建设“十百千”工程的部署，开展“服务品牌（窗口）”评选活动，精心打造一批内涵丰富、特点突出、体系完备、质量过硬、辐射带动力强的交通服务品牌（窗口），扩大交通运输行业的社会美誉度和影响力；建设和完善行业视觉形象识别系统，开展交通运输行业徽标、标准字、标准色的研究和推广应用，逐步统一规范全行业服务窗口、工作场所、车辆船舶等外观标识，塑造行业良好的外部形象；积极开展群众性文化活动，广泛开展职工文艺会演、体育竞赛等多种文化活动，积极营造健康向上的湖州交通文化氛围。

**3. 深化反腐倡廉建设。**

加大教育、制度、监督、改革、惩处、纠风力度，制定《湖州市交通运输系统建立健全惩治和预防腐败体系 20133—2017 年实施方案》，健全交通运输特色的惩治和预防腐败体系和长效机制。强化宣传教育，落实领导干部廉政准则和各项要求，规范党政领导干部廉洁从政行为和国有企事业单位领导人员廉洁从业行为。深入开展交通廉政文化建设，积极推进廉政文化“6+1”活动示范点创建工作，争创省、市级廉政文化示范点 5 个。深入推进“小金库”等专项治理，着力解决工程建设领域突出问题。切实加强廉政监督检查，重点加强对“三重一大”等实行集体研究决策情况和重要领域、关键环节权力行使的监督，不断完善权力运行的监控机制，严肃查处违法违纪行为，努力取得党风廉政建设和反腐败工作的新成效。

**4. 推进政风行风建设。**

开展“群众满意基层站所（服务窗口）”活动，健全民主评议政风行风等制度，省厅、市级“群众满意基层站所（服务窗口）”覆盖率达到 30%。开展效能建设和效能监察，加大对政府重点工作、重要部门、重大项目的效能监察力度，严肃查处不认真、不及时履行职责和拒不履行职责等行为，切实解决效能建设中存在的突出问题，确保交通运输部门在全市万名群众评议机关活动中的名次逐年提高。

**（四）保障措施**

（1）加强领导、明确责任。坚持统一领导、完善组织机构、健全工作机制、明确目标重点、加大推进力度，努力创造良好的交通运输发展环境。重点围绕计划实施，成立专门的工作机构，强化领导力量，精心组织协调，确保各项工作按期推进。根据职责、职能分工，进一步细化方案、分解任务，重点明确计划阶段性的工作目标、工作重点、工作进度及责任人等内容，形成条块清晰的目标责任体系，严格遵照执行。建立定期分析制度，认真查找工作推进中存在的矛盾，切实研究解决问题的对策措施。充分发挥部门的主导作用、市场配置的主体作用和公众的参与作用，加强与建设、国土、环保、水利等部门间的联动协作，共同推进全市交通运输事业发展。

（2）争取政策、完善机制。加大项目前期工作力度，研究吃透上级政策精神，制定详细的前期工作计划，主动出击、上下联动，紧盯不放，积极争取和尽早落实交通重点项目的开工条件。以构建专业化、一体化交通建设为目标，进一步整合现有机构内工程建设职能，在现有相关机构职能的基础上，组建交通建设专业化管理机构，切实提高我市交通设施建设与管理水平。针对交通重点项目建设，健全完善领导挂钩督察、项目现场推进、信息月度专报、项目储备管理以及项目建设奖励等工作机制，确保项目建设有序推进。进一步明确公路、航道分级管养政策，充分调动地方乡镇积极性和主动性，建立完善建管养机制。充分发挥好政府在完善交通行业管理中的重要作用，加强对公共交通、现代物流等重点领域的规制体系建设，对现有政策的延续性进行深入考量，填补政策缺口，逐步理顺和完善行业管理政策体系，为交通运输事业发展营造良好的环境。

（3）拓宽渠道、落实资金。加强汇报对接，积极争取上级对我市公路建设、内河水运、枢纽港口、信息化等建设项目的资金支持，减轻地方筹资压力。积极协调市财政逐年加大对交通运输发展建设、管理配套资金的补助力度，督促县区各级政府安排好公路、航道、桥梁建设配套资金，落实好农村公路养护、公共交通发展及现代物流等专项资金。继续推进和完善交通投融资体制改革，紧扣政府投融资管理改革的新动向，多措并举争取更多的运作资源，以良性循环、保障建设为融资目标，全面构建“融、建、管、还”四位一体的投融资运作模式。进一步拓宽融资渠道，拓展银行合作和信贷领域，加大直接融资力度，研究和推广 BT 建设模式，引进国有和民营企业参与项目的投资和建设管理，缓解交通建设需求与建设资金紧缺的突出矛盾。优化项目规划设计，集约使用土地等要素资源，完善管理措施，降低发展成本。

（4）严格督察、强化保障。进一步建立健全工作绩效评估体系，制定和完善相关考核办法，建立督察督办制度，对计划确定的重点目标任务定期不定期地开展跟踪督办，及时协调解决计划实施过程中、重点工作推进及重大项目引进和实施等方面出现的重大矛盾和问题，强化问责和考核，确保各项工作按期、保质推进。同时，要立足行业实际和工作职能，进一步加强行业法制研究，建立健全各项管理规章制度，加大人才队伍建设和科技攻关和科技成果的推广应用力度，为推动交通运输加快科学发展、圆满完成计划的各项目标任务提供坚实的支撑保障。

湖州市交通运输局

二〇一三年一月十四日

# 第二节　湖州交通行业重要规范性文件

## 一　湖州市交通行政执法责任制实施办法

湖州市交通局

（2006年4月25日颁发）

### 第一章　总　则

**第一条**　为规范交通行政执法行为，促进依法行政，维护公民、法人和其他组织的合法权益，根据《国务院办公厅关于推行行政执法责任制的若干意见》和《浙江省人民政府关于全面推行行政执法责任制工作的通知》，结合我市交通实际，制定本办法。

**第二条**　本市各级交通行政主管部门和法律、法规授权或依法接受交通行政执法委托的市级交通行业管理机构（以下统称行政执法单位）及其行政执法人员的执法行为应遵守本办法。

**第三条**　本办法所称交通行政执法责任制是指各级交通行政执法单位依照法定的管理权限，将法律、法规、规章规定的职责分解到各执法岗位，明确责任人，并对其违法执法行为进行追究的工作制度。

**第四条**　实施执法责任制，要坚持职权法定、权责明确和实行公正、公开，有错必纠，教育与惩罚相结合，责任与处分相适当的原则。

**第五条** 市交通局统一组织领导全市交通行政执法责任制的建立和实施，并负责和各县交通局、市局直属各执法单位签订与其职责相适应的年度行政执法责任书。

各级交通行政执法单位具体负责本单位行政执法责任制的实施，其主要负责人对本单位执行行政执法责任制的工作负总责，其法制机构具体负责指导、监督本单位行政执法责任制的实施，并负责对违法执法行为的查处工作。

## 第二章 执法责任

**第六条** 各级交通行政执法单位必须建立、健全法制工作机构，配备与其职责相适应的专职法制工作人员，并将法律、法规、规章规定的行政执法职责分解落实到各内设机构、执法岗位和执法人员，确定其执法权限，同时，应制定具体的行政执法工作考评制度，切实完善奖惩机制。

**第七条** 行政执法单位对本单位负责实施及配合有关部门实施的法律、法规、规章负有依法贯彻执行的责任。

行政执法单位对其他执法部门在本行政管辖范围内依法实施的执法行为应当予以协助和配合，不得利用职权维护本地区、本部门的不正当利益。

**第八条** 行政执法单位对依法应当受理的各项许可申请，应当在法律、法规、规章规定的期限内审查办理；法律、法规和规章对办理期限未明确规定的，应当在收到申请之日起 5 个工作日内进行审查，符合条件的应当在 15 个工作日内办理完毕，对不符合法定条件的，应当按照《行政许可法》的规定书面告知当事人。

**第九条** 委托行政执法必须遵守下列规定：

（一）受委托组织必须依法成立，并具有行使相应职权必备的法定条件；

（二）委托必须合法，并履行书面委托手续；

（三）委托事项必须在委托机关的职权范围以内；

（四）受委托组织必须严格依照委托权限行使行政执法权，并不得将委托事项再行委托。

**第十条** 行政执法单位和执法人员必须依法履行法定职责，有下列行为之一的，应当予以追究：

（一）制定规范性文件超越法定权限，擅自规定行政处罚、行政许可、行政收费等项目或不按规定报送备案的；

（二）对公民、法人和其他组织提出的申请、复议、举报等应当受理而不受理，或者不应当受理而受理的；

（三）应当立案、撤案而未予以立案、撤案的；

（四）应当履行行政管理职责而不及时履行或者无故拖延的；

（五）超过规定时限，无故拖延办案的；

（六）应当对影响案件主要事实认定的证据进行勘验、查询、核对，以及应当采取证据保全措施而无故不办理的；

（七）应予处罚、强制执行而不处罚、强制执行的；

（八）应当依法征收的规费而不予征收或者不应当征收的规费而予以征收的；

（九）应当给付、减免、发放的款物而不予给付、减免、发放或者无故延迟给付、减免、发放的；

（十）应当赔偿而不予赔偿的；

（十一）应当颁发许可证、执照、资格证等证件而不予颁发的；

（十二）应当履行保护相对人人身权、财产权安全职责而不履行的；

（十三）对管辖范围内的违法行为，不及时查处或查处不彻底的；

（十四）其他应当作为而不作为及应当不作为而作为的。

**第十一条** 行政执法单位和执法人员必须遵守法定程序，有下列行为之一的，应当予以追究：

（一）擅自改变行政处罚种类、幅度的；

（二）实施处罚，不使用法定部门制发的罚款、没收单据的；

（三）超越管辖范围、法定期限的；

（四）滥用职权或越权执法的；

（五）违反回避规定的；

（六）不依法使用行政执法证件的；

（七）其他违反法定程序的。

## 第三章 调查处理

**第十二条** 对符合管辖、受理范围的检举、投诉和上级机关要求予以调查的行政违法执法案件，必须及时指定专人负责调查处理。

调查处理人员与案件或者当事人存在利害关系时，应当自行申请回避，当事人也可申请调查处理人员回避。

**第十三条**　决定立案的案件，应当按照法定程序调查取证，调查取证时不得少于两人，并应当依法向当事人或者有关人员出示证件，调查询问时应当制作笔录。

**第十四条**　行政执法人员在调查取证时，在证据可能灭失或者以后难以取得的情况下，经批准可以先行登记保存，并依法予以处理。

法律、法规另有规定的，从其规定。

## 第四章　责任追究

**第十五条**　实施责任追究，要分清主要责任和次要责任、领导责任和工作人员责任，做到事实清楚、证据确凿、定性准确、处理恰当、手续完备。

**第十六条**　不依法履行法定职责、不遵守法定程序，侵犯公民、法人和其他组织合法权益的行政执法行为，应当予以追究，并可由上级行政执法单位给予通报批评、责令改正。对有关责任人员视情节轻重给予相应处分。

**第十七条**　依本办法第十六条规定，应受追究的有关责任人员，按下列规定承担行政责任：

（一）行政执法人员在执法活动中直接作出的具体行政行为出现的错案，该执法人员为错案责任人；

（二）由于审核人的主观过错导致批准人失误而造成的错案，审核人为错案责任人；

（三）由于批准人的主观过错而造成的错案，批准人为错案责任人；

（四）由于行政执法人员和审核人、批准人的共同错误造成的错案，三者均为错案责任人，但应根据具体情况区分各自的责任；

（五）经集体讨论作出的具体行政行为而产生的错案，主持人或决策人为错误的主要责任人，提出并坚持正确意见不负责任。

**第十八条**　行政执法单位和执法人员的违法执法行为，有下列原因之一的，可以从轻、减轻或者免予追究责任：

（一）责任人主动纠正违法执法行为，积极挽回损失或者未造成相对人损失的；

（二）责任人受他人欺诈而为的。

**第十九条**　行政执法单位和执法人员的下列行为不予追究：

（一）因法律、法规规定不明确，导致适用出现偏差的；

（二）因出现新的证据，使原认定事实和案件性质发生变化的，但故意隐瞒或者因过失遗漏证据的除外；

（三）因相对人、当事人的过错造成错误裁决和处理的；

（四）因国家法律、法规修订或者政策调整而改变原处理决定的；

（五）其他法律、法规、规章规定可从轻、减轻或者不予追究的。

**第二十条** 错案追究的方式：

（一）错案情节较轻，造成的后果、损害和影响较小的，给予责任人批准教育；

（二）错案责任较重，造成的后果、损害和影响较大，责成责任人写出书面检查，同时分别情况给予警告或记过处分；

（三）错案情节严重，造成的后果、损害和影响重大，分别情况给予记大过或降级处分；

（四）属于故意执法违法、徇私枉法、严重失职而造成的错案，且情节恶劣，损害和影响较大，尚未构成犯罪的，分别情况给予取消行政执法资格、调离本单位、撤职直至开除的处分；构成犯罪的，移交司法机关依法追究刑事责任。

**第二十一条** 对违法执法责任人作出处理决定后，处理机关应当在5个工作日内将处理决定通知本人，本人对处理决定不服的，可以依照法律、法规规定向有关机关提出申诉。申诉期间不停止处理决定的执行。

## 第五章 考核与奖惩

**第二十二条** 交通行政执法责任制考核包括：

（一） 市交通局对各县交通局的考核；

（二） 市交通局对其直属的各交通行政执法单位的考核。

**第二十三条** 考核周期为当年的1月1日至12月31日。考核采用100分制，并实行一票否决，即：严重以权谋私、徇私舞弊的；挪用、截留、私分或者变相私分罚没财物或将罚没财物据为己有的；以及其他因行政不作为或行政乱作为，造成严重后果的。

**第二十四条** 考核的内容包括以下八个方面。

（一） 行政执法责任制的组织领导情况；

（二） 行政执法责任制实施情况；

（三） 行政执法各项基础工作完成情况；

（四）行政执法人员文明执法情况；

（五）建章立制及落实情况；

（六）执法程序和执法证管理情况；

（七）案件质量及文书规范情况；

（八）其他方面的情况。

**第二十五条** 各县交通局及市局直属各执法单位应在当年7月5日和次年的1月10日前向市局分别报送半年度和全年度的工作总结及下一步的工作打算。年终，市局在各执法单位对照《湖州市交通行政执法责任制考评标准》（另文印发）完成自查的基础上，对各县交通局、市局直属各执法单位进行全面的检查与考核，形成考核初评意见，报经局长办公会议审定后公布考评结果。

被评为国家级、省部级及厅局级行政执法先进或在行政执法活动中获奖等，酌情予以加分。

目标考核中弄虚作假者，一经查实，按不合格论处，并按有关规定严肃处理。

**第二十六条** 考评结果按考核得分多少划分为优秀、良好、合格、不合格四个等级：

优 秀：考核得分为90分及以上。

良 好：考核得分为80至89分；

合 格：考核得分为70至79分；

不合格：考核得分为70分以下（不含70分）；或发生“一票否决”事项的。

**第二十七条** 年终奖罚实行行政执法保证金制度，即由各考核单位于年初向市局上缴一定数额的行政执法保证金，并由市局配套专项资金，建立行政执法奖励基金，以定向奖励各行政执法单位的主要领导、分管领导、法制职能科室负责人及相关的法制工作人员。

（一）考核结果为优秀的，按该单位上缴之保证金的120%给予奖励；

（二）考核结果为良好的，按该单位上缴之保证金的110%给予奖励；

（三）考核结果为合格的，给予该单位上缴之保证金等额的奖励；

（四）考核结果为不合格的，扣罚该单位上缴的全部执法保证金；全市通报批评，并由单位主要领导向市局做出书面检查。

## 第六章　保障与监督

**第二十八条**　行政执法单位应当建立执法公示制度，将法定的执法范围、职责、标准、原则、时限、程序及收费依据以专栏、网站、汇编成册等形式向社会公开。法律、法规另有规定的，从其规定。

**第二十九条**　行政执法单位应当建立执法人员培训制度，定期进行执法培训，严格执法程序，规范执法文书，提高行政执法人员的执法水平。

**第三十条**　各级行政执法单位应当建立行政执法情况报告制度。

行政执法单位应每季编报行政执法统计表及重要行政执法情况说明，并于季后5日内上报市交通局。

**第三十一条**　行政执法单位应当建立执法层级监督制度和执法检查制度。执法检查以普查和抽查相结合的方式进行，同时，对责令整改的违法行为，应当定期进行监督检查。

市交通局将不定期地对各行政执法单位的行政执法情况进行监督检查。

**第三十二条**　行政执法单位应当建立和完善举报、投诉和执法督查员、执法评议等制度。主动接受同级政府、人大、政协、上级机关以及社会的监督。

**第三十三条**　本办法自市交通局印发之日起执行。

# 二　湖州市交通局关于重大事项决策社会征询、专家论证、听证公示的实施方案

（2009年5月22日出台）

重大事项决策社会征询、专家论证、听证公示工作是改革和完善决策机制，推动科学发展、加强依法行政、扩大人民民主的紧迫任务。为构建多方参与的重大事项决策论证体系，切实推动决策的依法化、科学化、民主化，根据《湖州市市属局级单位重大事项决策社会征询、专家论证、听证公示实施办法（试行）》（湖委办［2008］17号）精神，并结合全市交通工作实际，特制定本实施方案。

**一、指导思想**

以邓小平理论和“三个代表”重要思想为指导，深入学习落实科学发展观，全面贯彻党的十七大和十七届三中、四中全会精神，以完善健全决策机制、决策程序

为主要内容，以提高决策执行力为核心，以强化监督为保证，进一步完善全系统的领导方式和工作机制，增强决策透明度和公众参与度，努力构建深入了解民情、充分反映民意、广泛集中民智、切实珍惜民力的科学决策机制。

**二、工作原则**

1.坚持科学决策的原则。要以科学的决策理论为指导，从实际出发，运用科学的方式，选择最佳的决策方案，使决策符合经济社会发展规律，有利于解放和发展生产力。

2.坚持民主决策的原则。要实行民主集中制，切实做到公众参与、专家论证和政府决策相结合，充分发扬民主，走群众路线，拓宽人民群众参与决策的渠道，反映人民群众的意愿和要求。

3.坚持依法决策的原则。要实现决策权于法有据，决策行为依法进行，对违法决策依法追究责任。

4.坚持提高效能的原则。要适应行政管理的需要，在科学民主的基础上确定合法程序，完善内部决策规则，提高决策效率，防止久拖不决的现象发生。

**三、工作重点**

重大决策事项“三项制度”的实施，是一项长期的工作，为确保交通重大事项决策社会征询、专家论证、听证公示工作顺利开展，并切实抓出成效，应着力抓好以下工作：

宣传发动。局党委对交通重大决策事项“三项制度”的实施工作进行一次专题研究部署，并结合当前开展的深入学习实践科学发展观活动抓好宣传教育，统一思想认识，明确任务要求；同时，通过交通局网站对交通重大决策事项和具体的责任分工等情况进行公布，方便群众了解、查询，切实保障群众的知情权、参与权和监督权。

组织实施。依据局属有关单位和局机关相关处室所担负的职能，确定“三项制度”推进落实的责任单位（处室）及责任人，扎实推动“三项制度”在实际工作中的操作和运用。

建章立制。每年年底，由局法规处会同有关单位（处室），结合“三项制度”的年度开展情况对此项工作进行总结，查找问题，完善措施，确立长效机制。

**四、工作要求**

1.加强组织领导。为切实加强对交通实施“三项制度”的组织领导，市局成立由夏坚定局长任组长、张树明副局长为副组长、相关单位（处室）主要负责人为成员的“三项制度”实施领导小组， 领导小组下设办公室，由张树明副局长兼任办公室主任。领导小组办公室设于局法规处，具体负责“三项制度”的管理和督查落实工作。局属各有关单位应切实建立相应的组织机构，并结合各自实际，制定具体的实施方案，于6月10日前报局法规处备案。

2.规范决策程序。涉及重大决策事项“三项制度”的单位（处室）要明确社会征询、专家论证、听证公示的程序和时限要求，畅通公众参与渠道，使决策过程从相对封闭性转向开放性，确保决策的各个阶段都建立在科学、民主的基础之上。决策前，对社会征询事项必须通过媒体向社会发布征询意见公告，时间一般不少于15天；专家论证组的形成必须充分尊重民意，专家独立发表意见的权利必须充分保障；听证公示事项必须全面介绍决策对象基本情况，公示时间一般不少于 10 天，需听证的，提前 15 天发布听证公告。决策中，要以社会征询、专家论证、听证公示情况报告为重要依据，必须在吸取各方面正确意见形成新的方案后，由领导班子集体讨论决定。对重大事项的决策与社会征询、专家论证、听证公示结果不一致的应说明原因。

3.严格操作流程。“三项制度”的组织实施，关系社会经济发展全局、关系群众的切身利益，具有很强的专业性和技术性，决策内容的实施，必须按照程序进行操作，以严格的程序来保证决策的合法性和有效性。社会征询必须经过发布征询公告、广泛征求意见、形成征询情况报告、列为决策上会材料四个步骤；专家论证必须经过提出论证事项、确定论证人员、提供相关文件及背景资料、开展论证研究、形成论证报告、列为决策上会材料六个环节；听证公示必须经过拟定听证方案、发布听证公告、确定听证会参加人员、召开听证会、出具听证报告、列为决策上会材料、会议讨论决定、发布公示公告等八个环节。

4.强化备案督查。为切实强化对“三项制度”组织实施工作的监督，各相关单位（处室）对重大事项决策实行社会征询、专家论证、听证公示的，要及时向局法规处备案，并根据一事一记的原则，在社会征询、专家论证、听证公示全程记实卡中对每一环节进行详细记录，并由负责人签名。局法规处要对各相关单位（处室）“三项制度”的组织实施工作加强督查，防止“三项制度”流于形式，切实保障决策效率、提高决策质量。

## 重大事项决策社会征询、专家论证、听证公示责任分解表

### （1）社会征询项目

表 5-8

| 序号 | 项目名称 | 责任单位（处室） | 协同单位（处室） |
|---|---|---|---|
| 1 | 编制或调整湖州市交通中长期发展规划 | 局规财处 | 市公管处、港航局、运管处 |
| 2 | 列入省、市重点工程的重大交通建设项目选址、环境影响评价等 | 局规财处 | 市公管处、港航局、运管处 |
| 3 | 出租车车型的确定、标志色的变更 | 市运管处 | 局运安处 |
| 4 | 海事部门划定永久禁航区 | 市海事局 | 局运安处 |

### （2）专家论证项目

表 5-9

| 序号 | 项目名称 | 责任单位（处室） | 协同单位（处室） |
|---|---|---|---|
| 1 | 编制或调整湖州市交通建设规划 | 局规财处 | 市公管处、港航局、运管处 |
| 2 | 编制或调整湖州市交通建设专项规划 | 局规财处 | 市公管处、港航局、运管处 |
| 3 | 编制或调整航道发展规划、全市性道路客、货运发展总体规划 | 市港航局、运管处 | 局规财处、运安处 |
| 4 | 编制湖州港规划和湖州港各港区控制性详细规划 | 市港航局 | 局规财处<br>局运安处 |
| 5 | 列入省、市重点工程的交通基础设施建设项目可行性研究报告、初步设计等 | 局规财处、运安处 | 市公管处、港航局、 |
| 6 | 对辖区内发生的一次死亡 5 人以上特大水上交通事故的认定 | 市海事局 | 局运安处 |
| 7 | 海事部门划定永久禁航区 | 市海事局 | 局运安处 |
| 8 | 湖州市道路客、货运站场和湖州市出租车服务中心选址、建设方案 | 市运管处 | 局规财处、运安处 |

### （3）听证公示项目

表 5-10

| 序号 | 项目名称 | 责任单位（处室） | 协同单位（处室） |
|---|---|---|---|
| 1 | 湖州市一、二级客运站新建、搬迁选址 | 市运管处 | 局规财处、运安处 |
| 2 | 湖州市出租车运价调整、运力投放 | 市运管处 | 局运安处 |

续表 5-10

| 序号 | 项目名称 | 责任单位（处室） | 协同单位（处室） |
| --- | --- | --- | --- |
| 3 | 湖州市道路客运线路的新增、调整（仅需公示） | 市运管处 | 局运安处 |
| 4 | 湖州市道路客运线路班时、班次的调整（仅需公示） | 市运管处 | 局运安处 |

## 三　湖州市交通运输局关于行政审批职能整合和集中改革工作的实施意见

（2011 年 3 月 11 日）

市公管处、市港航局、市运管处：

为扎实推进行政审批职能整合和集中改革工作，进一步规范行政审批行为，提高行政服务效率，根据湖州市行政审批制度改革领导小组办公室《关于对市交通运输局行政审批职能整合和集中改革工作方案的批复》（湖审改办〔2011〕18 号）的文件精神，并结合我局实际，制定本实施意见。

**一、工作目标**

以“简化审批程序、减少审批环节、优化审批流程、提高审批效率”为工作目标，深化行政审批制度改革，推动审批职能整合，进一步规范行政审批行为，健全制约监督机制，行政审批事项“一审一核”比例达到 70%以上，行政审批事项集中办理率达 80 以上%，办结时限比法定时限提速 50%以上。

**二、工作安排**

（一）机构设置。市局设立行政审批处，负责市局及下属各单位行政审批工作的组织、协调与管理。市公管处、市港航局、市运管处分别设立行政审批科，具体负责本单位行政审批工作。行政审批处和行政审批科的设立形式由市编委办批复决定。

（二）职能调整。各单位要明确一名分管领导具体负责行政审批工作，列入集中办理的行政审批事项都要统一归口行政审批科行使，其他业务科室可以参与行政审批事项的会审、联审，提出建议和意见，但不得从事行政审批事项的受理和审批决定工作。

（三）运作方式。市局成立市行政服务中心交通分中心，下设公管、港航、运管3个办事大厅，接受市行政服务中心的监督管理和协调考核。各单位行政审批科整体进驻分中心各办事大厅，列入集中审批的全部事项都要进入各办事大厅集中办理，市局及各单位以书面形式将行政服务事项的办理权限授予办事窗口，委托其使用行政审批专用章。分管领导无法到窗口现场办公的，直接办理的事项要授权行政审批科科长审批，其他事项要委托行政审批科科长审批。

**三、集中办理的行政审批事项**

（一）在交通分中心公管办事大厅窗口直接办理，实施“一审一核”制的行政审批事项有10项：

1. 占用、挖掘公路或使公路改线作业许可；

2. 跨越、穿越公路作业许可；

3. 公路用地范围内架设、埋设管线等设施许可；

4. 增设公路平面交叉道口许可；

5. 建筑控制区内埋设管线等设施许可；

6. 铁轮车、履带车和其他可能损害公路路面的机具行驶公路许可；

7. 超限运输车辆行驶公路许可；

8. 公路用地范围内设置非公路标志许可；

9. 公路水运工程质量监督申请；

10. 公路工程质量责任登记；

（二）在交通分中心公管办事大厅实行会办制的行政审批事项有2项：

11. 公路用地林木更新、砍伐许可（权限：涉及高速公路以外的国道、省道）；

12. 公路禁令标志的增设或者变更；

（三）在交通分中心港航办事大厅窗口直接办理，实施“一审一核”制的行政审批事项有27.5项：

13. 水路运输服务经营许可；

14. 船舶营业运输证核发；

15. 设置专用航标及航标搬迁、拆除许可；

16. 通航水域禁航区、交通管制区、锚地和安全作业区划定审批（四级及以上内河航道）；

17. 船舶国籍证书核发（权限：船舶国籍证书签发；船舶临时国籍证书签发）；

18. 船舶安全与防污染证书文书核发（权限：高速客船操作安全证书签发；油污损害民事责任保险或其他财务保证证书签发）；

19. 在港口内进行采掘、爆破等活动许可（权限：内河港口）；

20. 水上拖带大型设施和移动式平台许可（权限：钱塘江出海拖带及跨县境水域拖带）；

21. 在港口水域内进行采掘、爆破等活动许可（权限：地方海事）；

22. 危险货物港口作业许可；

23. 在港口建设危险货物作业场所、实施卫生除害处理的专用场所许可；

24. 危险货物港口作业资质认定；

25. 港口工程竣工验收许可；

26. 船舶载运危险货物的适装许可；

27. 通航水域内沉船沉物打捞作业审批；

28. 船舶进入或穿越禁航区许可；

29. 船舶进出港口许可；

30. 防止船舶污染港区水域作业许可；

31. 通航河流施工停航审批；

32. 船用产品检验；

33. 船舶和海上设施建造（初次）检验；

34. 船舶所有权登记、变更登记、抵押权登记；

35. 船舶最低安全配员证书签发；

36. 船员适任考试核准；

37. 外省（市）水路运输经营者在本省内从事经营活动登记备案；

38-1. 建设项目使用港口岸线许可（权限：1000 吨级及以上港口深水岸线）；

39-1. 水路运输经营许可（权限：内河跨省旅客运输企业开业、合并、分离、变更经营范围；内河跨省个体运输船舶开业；开辟或调整内河跨省客运航线；内河跨省新增客船运力；实行总量调控区域新增船舶运力）；

40. 经营国际船舶管理业务登记（内资）；

41-1. 临、跨（拦）航道建筑物许可（四级及以上内河航道）；

（四）在交通分中心港航办事大厅实行会办制的行政审批事项有10.5项：

38–2. 建设项目使用港口岸线许可（权限：1000吨级以下港口非深水岸线）；

39–2. 水路运输经营许可（权限：内河省内旅客运输企业和省内液货危险品运输企业开业、合并、分离、变更经营范围；开辟或调整内河省内客运航线；省内新增液货危险品船，内河省内新增客船）；

41–2. 临、跨（拦）航道建筑物许可（五级及以下内河航道）；

42. 通航水域岸线安全使用和水上水下施工作业许可（权限：四级及以上内河航道岸线安全使用许可；四级及以上内河航道）；

43. 船员适任证书核发（权限：二类以下内河船舶船员适任证书签发；内河船舶船员服务簿签发）；

44. 港口经营许可（权限：为船舶提供码头、过驳锚地、浮筒等设施；为旅客提供候船和上下船舶设施和服务；为委托人提供货物装卸、仓储、内港驳运、集装箱堆放、拆拼箱以及对货物及其包装进行简单加工处理等；为船舶进出港、靠离码头、移泊提供顶推、拖带等服务；为船舶提供岸电、燃物料、生活品供应、船员接送及提供垃圾接收、压舱水处理、围油栏供应服务等船舶港口服务；从事港口设施、设备和港口机械的租赁、维修业务）；

45. 涉及航道的河道整治审批；

46. 港口码头工程项目开工备案；

47. 过船建筑物设计任务书、设计文件和施工方案审查；

48. 涉及航道的建设项目、建（构）筑物建设方案的审查；

49. 船舶和海上设施图纸审查；

50. 在航道内作业审查；

（五）在交通分中心运管办事大厅窗口直接办理，实施“一审一核”制的行政审批事项有14.5项：

51–1. 机动车维修经营许可（摩托车维修、机动车专项维修、汽车快修）；

52. 货运经营许可；

53–1. 危险货运经营许可（非经营性危险货运）；

54. 客运驾驶员从业资格考试；

55. 货运驾驶员从业资格考试；

56–1. 出租汽车经营资格证、车辆营运证和驾驶员客运资格证核发（出租车驾驶员客运资格证核发）；

57. 危险货物驾驶人员、装卸管理人员、押运员上岗资格认定；

58. 道路运输站（场）经营许可（货运站场经营许可含货物集散服务、货运配载服务、货运代理服务和仓储理货服务）；

59. 经营性客货运输车辆技术评定登记；

60. 经营性客货运输车辆审验；

61. 外省货运车辆驻点经营登记；

62. 经营性客货运车辆配发道路运输证；

63. 机动车驾驶员培训机构登记项目内容变更申请；

64. 道路货物运输和货运站经营者变更名称、地址等备案；

65. 机动车维修经营户变更名称、法定代表人、地址等申请；

66. 客运标志牌核发（包车、加班、顶班客运标志牌）；

（六）在交通分中心运管办事大厅实行会办制的行政审批事项有 5.5 项：

51–2. 机动车维修经营许可（二类及以上维修企业经营许可）；

53–2. 危险货运经营许可（经营性危险货运）；

56–2. 出租汽车经营资格证、车辆营运证和驾驶员客运资格证核发（出租汽车经营资格证、车辆营运证核发）；

67. 机动车驾驶员培训经营许可；

68. 客运经营许可（含客运经营许可、班线、旅游和包车）；

69. 机动车维修质量检验经营许可；

70. 三级及以下汽车客运站站级验收。

**四、工作要求**

（一）统一思想，提高认识。各单位要高度重视行政审批制度改革工作，主要领导要负总责。要从转变政府职能、强化公共服务的高度，按照省市有关深化行政审批制度改革的要求，认真做好行政审批职能的整合和行政审批流程的优化，做到一个窗口对外、集中办理，为社会提供高效便民、公开公正的行政审批服务。

（二）加强领导，精心组织。各单位要结合各自实际，在全面梳理行政审批职能的基础上，做好行政审批职能的调整以及行政审批科的设立和人员配备，行政审批科和行政服务分中心工作人员应业务熟练、综合素质高，人员应相对固定，实行AB 岗负责制。解决好部门之间工作职能的转变和交接、部门内部工作职能划分等问题，建立行政审批和行政监管相对分离、相互监督、密切配合的工作机制。各单位要积极推进行政审批信息化建设，进一步完善网上行政许可业务系统，有条件的要建立网上申请平台。

（三）及时总结，不断完善。各单位要及时总结经验做法，找准问题，提出措施，及时改进，确保行政审批职能整合和集中改革工作取得实效。对在推进工作中形成的好经验、好做法及时报市局行政审批处，以便总结推广；对改革工作落实不到位的，市局将进行通报。市局行政审批处将定期对各单位行政审批职能改革和行政审批事项办理情况进行监督考核。

## 四《湖州市农村公路养护与管理办法》（第 26 号市政府令）

（2008 年 12 月 2 日颁布）

### 第一章　总 则

**第一条**　为加强农村公路养护与管理，保护农村公路路产路权，保障农村公路完好畅通，促进农村经济社会发展和农村环境建设，根据《中华人民共和国公路法》、《浙江省农村公路养护与管理办法》等法律、法规和规章的有关规定，结合本市实际，制订本办法。

**第二条**　本市行政区域内农村公路的养护与管理适用本办法。

**第三条**　本办法所称农村公路，是指按照国家、省公路工程技术标准修建，并按照国家和省有关规定验收合格的县道、乡道（含专用公路）和村道。

县道，是指连接县区政府所在地与所辖行政区域内主要乡镇政府所在地、主要旅游景点、主要商品生产和集散地的公路以及不属于国道和省道的县区际间、连接国道和省道的重要公路。

乡道，是指不属于县道以上的县区政府所在地通往所辖行政区域内乡（镇）的公路，乡镇际间、乡镇与外部连接的公路以及具有重要联网功能的乡镇通往行政村的公路。

村道，是指不属于乡道以上公路的乡镇通往行政村、行政村之间及行政村与外部连接的公路。

县道、乡道、村道由省交通厅按照国家有关规定命名和编号。

## 第二章　养护与管理体制

**第四条**　市政府负责统筹、协调和监督全市农村公路养护与管理工作。

**第五条**　县区政府应当加强对农村公路养护与管理工作的领导，建立健全以政府投入为主的稳定的养护资金筹措、拨付机制，保障农村公路的养护管理和正常使用。

**第六条**　农村公路的养护与管理实行以县区为主、乡镇村配合的体制。县区政府应当履行下列职责：

（一）贯彻执行农村公路养护与管理的法律、法规和规章，制定本行政区域农村公路养护与管理有关规定，督促所属部门和乡镇政府贯彻执行；

（二）负责筹措和落实农村公路养护资金，将农村公路养护资金列入财政预算；

（三）规定所属部门以及乡镇政府、村民委员会在农村公路养护与管理工作中的具体职责；

（四）组织、协调本行政区域内农村公路养护与管理工作的重大问题，根据应急预案及时处置重大自然灾害和突发公共事件，保障农村公路畅通。

乡镇政府应当按照上级政府的规定，积极筹措农村公路管理养护资金，认真履行农村公路管理养护职责，落实责任部门和人员，做好农村公路的养护与管理工作。

村民委员会应当配合做好农村公路的养护与管理工作。

第七条 市、县区交通局主管本行政区域内农村公路的养护与管理工作，具体由市公路管理处、县级公路管理机构（指县公路管理段和市公路管理处直属公路管理段，下同）负责。

市公路管理处、县级公路管理机构应当按上级有关规定增加农村公路养护与管理内设机构，配备专职人员负责农村公路养护与管理工作。

市、县区发改委、财政、审计、人事（编办）、劳动保障、公安、国土资源、农业、林业、建设、水利、环保等有关部门，在各自职责范围内，做好农村公路养护与管理的相关工作。

**第八条**　县道养护管理由县级公路管理机构直接负责；乡道、村道养护管理职责由县区政府根据当地实际确定。

## 第三章　养护资金的筹集与使用

**第九条** 农村公路养护工程资金由省补资金和其他资金组成，实行预决算管理。除省补资金外，三县养护工程资金的不足部分由县、乡（镇）财政配套解决；市财政对两区按一定标准进行补助，区财政按市补标准 1：1 配套，不足部分由乡镇财政配套解决。

**第十条**　农村公路日常养护资金由省补资金，县级拖拉机与摩托车养路费，市、县区、乡镇财政专项资金和其他资金组成，实行预决算管理。除省补资金外，拖拉机与摩托车养路费应当全部纳入农村公路养护资金。市、县区交通局应当将上一年度的汽车养路费超收分成不少于 30%用于农村公路日常养护。

市财政对两区按一定标准给予补助，区财政投入农村公路日常养护的资金不得低于市补标准。

三县财政投入农村公路日常养护的资金不得低于省规定的标准。

乡镇财政对乡道、村道日常养护资金的投入分别不得低于省规定的标准。

**第十一条**　有条件的乡镇政府应当积极筹集农村公路养护资金，补充用于乡道、村道的日常养护与管理，但不得摊派和强行收取。

**第十二条**　村道养护如需村出资、投劳的，应当采用“一事一议”的方法依法由村民会议（或者村民代表会议）和村民委员会决定。

**第十三条** 市公路管理处、县级公路管理机构增加人员的日常管理经费由省级汽车养路费专项安排，乡镇政府农村公路管理养护工作的日常管理经费在日常养护经费中安排。具体标准按有关规定执行。

**第十四条**　市农村公路养护财政专项资金的提取和使用管理办法另行制定。县区政府应当制定农村公路养护资金的使用管理制度，监督农村公路养护资金的使用。

任何单位、个人不得截留、挤占、平调和挪用农村公路养护资金。

审计、财政和上级交通主管部门对农村公路养护资金依法实施监督检查，确保农村公路养护资金专款专用。

## 第四章　养护管理

**第十五条**　农村公路应当经常处于良好的技术状态，保持路基稳定、路面平整、路肩整洁、排水畅通、构造物和沿线各类设施完好。对桥梁、隧道、急弯、陡坡或者容易发生危险的路段，应当按照国家标准逐步设置标志标线和安全防护设施。

因自然灾害等不可抗力致使农村公路交通中断或者严重损害时，县区政府及其交通局、乡镇政府应当及时组织抢修，尽快恢复通行。

**第十六条**　农村公路养护分为养护工程和日常养护。农村公路养护工程和日常养护应当按国家、省公路养护技术规范和质量评定标准组织实施。

**第十七条**　农村公路养护作业单位应当通过招投标方式确定，鼓励有相应资质的公路养护企业积极参与农村公路养护作业的投标。

县级公路管理机构和由县区政府确定的乡道、村道养护管理机构应当与养护作业单位或者个人签订养护合同，明确双方权利义务和相关责任。乡道、村道养护管理机构与养护作业单位、个人签订的养护合同，应当报县级公路管理机构备案。

**第十八条**　农村公路养护工程应当建立“标准明确、企业自检、社会监理、政府监督”的质量监督体系，确保农村公路养护工程质量。

**第十九条**　县区交通局、县级公路管理机构和乡镇政府要根据农村公路养护特点，建立养护安全生产管理制度，督促养护作业单位和养护人员严格执行养护作业安全操作规程。

**第二十条**　农村公路养护作业时，应当遵守下列安全规定：

（一）在作业区间或者施工路段两端设置必要的交通安全设施与警示标志，采取相应的安全保护措施；

（二）公路养护作业人员要穿着安全标志服；

（三）养护作业车辆、机械设备要设置明显的作业标志；

（四）在夜间或者恶劣天气作业的，现场要设置醒目警示信号；

（五）养护作业完毕后，要及时清理遗留物；

（六）法律、法规、规章规定的其他养护作业安全管理规定。

**第二十一条**　农村公路养护作业期间，应当保障车辆通行的基本条件和安全，不得因养护作业而随意封道，中断交通。确因养护作业需要封道，中断交通 12 小时以上的，除紧急情况外，应当提前 5 日向社会公告。

**第二十二条**　县区、乡镇政府和村民委员会应当对农村公路养护所需的取砂、取石和取水等事项给予支持和协助。

**第二十三条**　农村公路养护作业单位应当遵守有关法律、法规，加强对沿线生态环境和植被的保护，减少水土流失，及时收集、清理养护废弃物。

**第二十四条**　县道和乡道的绿化按照《中华人民共和国公路法》等有关规定执行；村道绿化要参照《中华人民共和国公路法》等有关规定，因地制宜，自主实施。

任何单位、个人不得擅自砍伐绿化树木；确需更新砍伐的，要按照《中华人民共和国森林法》等有关法律、法规的规定办理审批手续。

**第二十五条**　市、县区交通局及市公路管理处、县级公路管理机构应当建立农村公路养护资料档案数据库；乡镇政府、村民委员会和农村公路养护作业单位应当按照有关规定做好资料档案的统计上报工作。

## 第五章　路政管理

**第二十六条**　农村公路的路政管理，按照《中华人民共和国公路法》和《浙江省公路路政管理条例》等法律、法规和规章执行。

**第二十七条**　市公路管理处负责全市农村公路路政管理工作的监督、指导。县级公路管理机构负责具体实施辖区内的农村公路路政管理工作。乡镇政府配合做好辖区内农村公路路政管理工作，协助县级公路管理机构履行职责。村民委员会协助乡镇政府和县级公路管理机构加强路政法律、法规的宣传，及时收集、反馈辖区内农村公路路政管理有关信息，做好路政管理中相关矛盾的排解工作。

**第二十八条**　市公路管理处、县级公路管理机构应当制订和完善农村公路路政管理的规章制度，做好农村公路路政管理工作。

## 第六章　法律责任

**第二十九条**　发生在农村公路上违反路政管理规定的行为，由县级公路管理机构依照《中华人民共和国公路法》《浙江省公路路政管理条例》等法律、法规和规章的规定实施行政处罚。

**第三十条**　县区、乡镇政府和市、县区交通局及其公路管理机构有下列行为之一的，由其上级政府或者交通主管部门责令改正；对负有直接责任的主管人员和其他直接责任人员，由有权机关按照管理权限给予行政处分；构成犯罪的，依法追究刑事责任：

（一）未依法履行农村公路养护与管理职责的；

（二）因监督管理不力，造成农村公路较大损坏或者他人人身损害、财产损失的；

（三）养护作业单位的选择未依法进行招投标的；

（四）截留、挤占、平调、挪用农村公路养护资金的；

（五）强令村出资、投劳，增加农民负担的；

（六）其他玩忽职守、徇私舞弊、滥用职权的行为。

**第三十一条** 任何单位、个人违反本办法规定，对农村公路、公路用地以及公路附属设施造成损坏或者造成他人人身损害、财产损失的，应当依法承担相应的民事责任。

## 第七章 监督考核

**第三十二条** 市政府对各县区政府农村公路管理养护工作进行年度考核;县区政府应当加强对农村公路养护与管理工作的监督，并对乡镇政府农村公路养护与管理工作进行考核。

**第三十三条** 市、县区交通局按照年度工作目标要求，对农村公路养护与管理工作逐级进行监督、检查、考核，考核办法另行制定。

## 第八章 附 则

**第三十四条** 本办法所称的农村公路养护工程，是指农村公路的大修和中修工程。

农村公路的日常养护，是指农村公路的小修、保洁、路肩边坡培护、边沟疏通、桥梁（涵洞、隧道）护管、绿化管护、交通安全设施维护、港湾式停靠站维护、附属设施维护等。

**第三十五条** 农村公路中的收费公路的养护与管理工作按照国务院《收费公路管理条例》、省市有关规定执行。

**第三十六条** 行政村所辖区域内的农村公路，可以逐步纳入村道进行养护与管理，具体办法按上级有关规定执行。

**第三十七条** 建在农村的不属于农村公路的单位专用道（含公共工程专用道）

的养护与管理，由其管理单位参照本办法执行。

**第三十八条**　农村公路的确权，按照《中华人民共和国物权法》等法律、法规和国家有关规定执行。

2009年1月1日起施行。

（注：国家“费改税”政策实行后，《办法》中所涉及的“养路费”部分，另行安排）

## 五　湖州市出租汽车客运管理办法

（2002年7月8日由市政府发布，2010年6月12日根据《湖州市人民政府关于修改〈湖州市出租汽车客运管理办法〉的决定》修订发布）

### 第一章　总　则

第一条　为加强本市出租汽车客运管理，维护客运市场秩序，保护合法经营，保障当事人合法权益，促进出租汽车客运行业健康发展，根据《国务院办公厅关于进一步规范出租汽车行业管理有关问题的通知》（国办发〔2004〕81号）和《浙江省道路运输管理条例》，结合本市实际，制定本办法。

第二条　本办法所称出租汽车，是指依法取得出租汽车客运营运权，根据乘客意愿提供不定点、不定线的运输服务，并按里程、时间计费营运的客运轿车（以下简称出租车）。

第三条　凡在本市行政区域内从事出租车客运经营服务活动的单位、个人（以下简称经营者），出租车驾驶员、乘客以及从事出租车客运相关活动的单位和个人，应当遵守本办法。

第四条　市、县交通行政主管部门负责组织领导本行政区域内的出租车客运管理工作。

市、县交通行政管理部门应当会同有关部门根据城市经济社会发展实际和城市交通规划，制定本行政区域出租车行业发展规划和出租车投放计划。市、县出租车投放计划由市人民政府批准后实施。

市、县道路运输管理机构负责具体实施出租车客运管理工作。

公安、工商、质量技术监督、财税、物价、行政执法、国土、劳动保障、规划建设等有关部门，应按各自的职责，做好出租车客运管理的相关工作。

依法成立的出租车行业协会是出租车行业的自律性组织，制定行业职业规范，加强行业自律，依法维护出租车经营者的合法权益。

第五条　本市出租车客运行业实行规模化发展的指导原则，鼓励和引导经营者实行规模化、集约化经营和规范化管理。

鼓励和推进出租车行业的科技进步，推广使用环保节能技术和设备，逐步建立和完善先进的信息服务和监督管理系统。

第六条　市、县人民政府应当保障出租车行业管理经费，出租车行业管理经费列入政府财政预算。

第七条　出租车客运经营者和驾驶员应当依法经营、诚实守信、公平竞争、安全营运、规范服务。

任何单位和个人发现出租车客运经营者、驾驶员违反本办法的，有权向有关部门举报和投诉。有关部门接到举报和投诉后，应当及时依法查处。

## 第二章　管理机构的职责

第八条　道路运输管理机构应当遵循公平、公正、公开和便民的原则实施管理，其职责：

（一）组织实施客运出租车行业发展规划和计划，依据有关法规和本办法制定出租车客运管理的信用考核等具体制度；

（二）实施出租车客运经营许可、配发车辆道路运输证和核发出租车驾驶员客运资格证；

（三）拟订出租车客运计价标准及其调整方案，经价格主管部门核准后公布执行；

（四）对出租车客运经营者、驾驶员在经营中遵守法律法规和执行本办法的情况进行监督、检查，并对其经营活动进行指导、协调和服务；

（五）履行出租车客运行业管理和服务的其他职责。

第九条　道路运输管理机构及其工作人员，应当模范遵守和执行本办法，公开办事章程，提高工作效率，接受群众监督。道路运输管理机构工作人员执行检查任务时，应当出示证件。

## 第三章 经营许可

**第十条** 出租车客运营运权实行有限期有偿使用制度。一次配置使用期限为八年，使用期限届满，由政府无偿收回后重新配置。

**第十一条** 出租车客运营运权配置应当遵循公开、公平、公正的原则，采取以服务质量为主要竞标条件的招投标方式。

**第十二条** 出租车客运营运权不得转让。

**第十三条** 从事出租车客运经营的客运出租车企业，应当符合以下条件：

（一）按规定取得出租车客运营运权；

（二）有符合规定要求的驾驶人员和经检测合格的车辆；

（三）有健全的安全管理制度与相应的责任承担能力；

（四）法律、法规规定的其他条件。

从事出租车客运经营的客运出租车企业，符合营运条件的客运出租车不少于50辆；原历史遗留的个体客运出租车经营者须取得出租汽车驾驶员客运资格证，并与行业协会认可的符合本条规定的出租车客运企业签订委托管理协议；受委托企业应为个体经营者提供有关教育和服务，加强对个体从业人员的法律法规、安全营运和行业自律教育。

鼓励个体客运出租车经营者与受委托管理企业在双方自愿的前提下开展股份制合作，逐步实行规模化、集约化、规范化经营。

**第十四条** 从事出租车客运经营，应当在以服务质量为主要竞标条件的招投标中取得出租车客运营运权，向道路运输管理机构提出申请，填写《出租汽车客运经营申请表》并提供符合本办法第十三条第一、二款要求的下列材料：

（一）安全生产制度、营运管理制度；

（二）出租车行驶证、车辆技术等级证明及复印件，或拟投入车辆承诺书；

（三）已聘用或拟聘用驾驶员的驾驶证和出租车驾驶员客运资格证及其复印件；

（四）承担责任能力的证明材料。

实行委托经营管理的，还应提供《出租汽车委托经营管理合同》和委托管理服务规范。

**第十五条** 道路运输管理机构受理出租车客运经营申请后，应当出具《交通行政许可申请受理通知书》；自受理之日起20个工作日内完成审查，作出许可或者不予许可决定。符合条件的，应当向申请人出具《交通行政许可决定书》、颁发《道路运输经营许可证》，并向申请人投入的营运车辆配发车辆道路运输证；不予许可的，应当书面通知申请人并说明理由。

获得出租车客运经营许可后，申请人应当依法办理工商营业执照和税务登记。

**第十六条**　出租车客运经营者需要变更《道路运输经营许可证》登记事项的，应当在取得行政许可有效期内，向原许可的道路运输管理机构提出书面申请。道路运输管理机构在受理变更申请之日起 20 个工作日内进行审查，符合条件的，应当依法办理有关变更事项。

依法需要办理工商、税务变更登记的，出租车客运经营者在《道路运输经营许可证》变更后，应当向工商、税务部门申请办理变更登记。

**第十七条**　出租车驾驶员应当符合以下条件：

（一）年龄不超过 60 周岁；

（二）取得相应的机动车驾驶证，并在 3 年内无重大以上交通责任事故记录；

（三）有本市出租车经营区域内常住户口；

（四）经市、县道路运输管理机构考试合格。

符合前款规定的驾驶员，由市、县道路运输管理机构核发《出租汽车驾驶员客运资格证》。出租车驾驶员应当持证上岗。

**第十八条**　出租车客运经营者应当与出租车驾驶员签订聘用合同。

## 第四章　营运管理

**第十九条**　出租车应当符合下列规定：

（一）应当按照营运车辆的要求进行维护和检验，确保车辆符合国家规定的技术标准；

（二）具有公安交通管理机关核发的现行有效机动车牌照和行驶证；

（三）车身应当喷涂符合规定的出租车标志色；

（四）安装符合道路运输管理机构规定的顶灯和经质量技监部门检定合格的计价器；

（五）安装 GPS 安保、调度、管理系统；

（六）设置、张贴明码标价表、企业名称、监督电话和其他服务标志；

（七）使用统一提供的出租车座套。

**第二十条**　出租车客运企业与个体客运出租车经营者应当按照委托管理合同行使权利，履行义务，承担法律责任。

**第二十一条**　出租车客运经营者，应当遵守下列规定：

（一）遵守国家法律、法规、规章，接受道路运输管理机构和有关部门的管理、监督、检查和业务指导；

（二）按规定组织开展安全生产、法律法规、职业道德教育和培训，并做好培训记录；

（三）执行政府和行业管理部门下达的战备、抢险救灾、节日运输和外事等各项应急任务；

（四）按要求及时上报行业报表和有关信息；

（五）按规定及时缴纳税费；

（六）每辆出租车配备驾驶员 2 名，特殊情况经道路运输管理机构批准可临时增加 1 名驾驶员，但时间不得超过 6 个月；

（七）执行出租车错时交接班制度；

（八）保持出租车技术状况良好，营运标志清晰、齐全、有效，车容车貌整洁；

（九）执行价格主管部门核定的统一收费标准，使用税务部门监制的出租车专用发票；

（十）建立和健全治安保卫工作责任制度和防范措施，做好出租车营运治安保卫工作；

（十一）投保旅客意外伤害险和法律法规规定的其他强制保险；

（十二）建立和健全安全生产责任制度，建立安全管理工作台账、行车安全台账和安全情况报告制度，定期报告道路运输安全情况，重、特大交通事故应当及时报告，不得瞒报、少报或者迟报；

（十三）不得聘用无《出租汽车驾驶员客运资格证》的驾驶员。

**第二十二条**　公安交通管理机关应当在主要城市道路和繁华商业街道设置有明显标志的出租车上下乘客的临时停靠站点。

出租车应当在出租车临时停靠站点停靠、上下乘客。在没有设置临时停靠站点的其他城市道路，出租车可以按照不影响交通和方便乘客的原则，选择路边安全位置临时停靠、上下乘客。

**第二十三条** 车站、医院、旅游景点、娱乐场所等公共场所，应当在停车条件许可的位置设置出租车专用候客点。

出租车专用候客点应当向所有出租汽车开放。任何单位和个人不得以任何形式向出租车经营者、驾驶员收取停车费用或者阻挠其正常营运。出租车驾驶员不得采取扰乱正常营业秩序的手段招揽乘客。

## 第五章 驾驶员、乘客

**第二十四条** 出租车驾驶员在营运服务时，应当遵守下列规定：

（一）遵守国家治安、交通管理法律、法规、规章；

（二）携带《道路运输证》《出租汽车驾驶员客运资格证》，并在规定位置放置《出租汽车驾驶员客运资格证》；

（三）仪表端庄、服装整洁、热情服务、礼貌待客、语言文明，为乘客提供方便、安全和优质服务；

（四）不得敲诈、勒索和刁难乘客，不得利用出租车进行违法犯罪活动；

（五）不得使用假币，不得向乘客套汇和索要外币；

（六）计价器应经质量技监部门定期检验合格，不得故意破坏计价器的准确度；

（七）按计价器显示金额收费并提供出租车专用发票，收取等候费、停车费、过路费、过桥费的，应当事先向乘客说明；

（八）按乘客指定的目的地选择最佳行驶路线，不得故意绕道、中途抛客和强行拼载；

（九）车内无乘客时必须显示空车待租标志，显示空车待租标志后，除本办法第二十五条规定的情形外，不得拒载乘客；

（十）遵守承运秩序，在车站、旅游景点等公共场所按序排队，服从管理人员调度，不得下车揽客、不得欺行霸市；

（十一）除载客至异地外，出租车不得跨区域营运或者在异地营运，不得异地滞留揽客；

（十二）乘客遗忘物品应当及时归还或上交，不得占为己有，因归还乘客遗忘物品而发生的车辆空驶费等合理费用，可以要求乘客承担。

**第二十五条** 有下列情形之一的，出租车驾驶员可以拒绝载客或者中途终止载客：

（一）乘客在禁止停车路段招手拦车的；

（二）乘客携带管制器具或易燃、易爆、有毒等危险品，及污损车辆的物品的；

（三）乘客为无人陪同监护的醉酒者、精神病患者的；

（四）前往外省市、县（市）或者偏僻地区时，乘客不配合驾驶员前往就近的出租车出城登记点或者公安机关办理登记手续的；

（五）乘客提出违法要求的。

**第二十六条** 乘客应当文明乘车，并遵守下列规定：

（一）不得携带管制器具，不得携带易燃、易爆、有毒等危险品；

（二）不得携带超重、超宽、超长及污损车辆的物品；

（三）不得乱扔废弃物，不得损坏车内设施，乘客污损车内设施应当赔偿；

（四）不得擅动计价器；

（五）不得向驾驶员提出违法要求。

**第二十七条** 有下列情形之一的，乘客有权拒绝支付车费：

（一）出租车无计价器或计价器不使用的；

（二）驾驶员不按照规定的收费标准收费，不出具专用发票的；

（三）出租车在起步里程内发生交通事故或者故障，无法完成运送任务的；

（四）驾驶员未经乘客允许强行拼载的。

**第二十八条** 乘客对客运出租车驾驶员违反本办法的行为，有权向道路运输管理机构和有关部门投诉，同时应当配合调查，并提供下列材料：

（一）投诉人的姓名、通讯地址、联系电话；

（二）被投诉出租车的证据（专用发票或者车牌号码、驾驶员客运资格证号码、出租车客运经营者名称等）；

（三）投诉的事实和要求。

**第二十九条** 道路运输管理机构和有关部门应当在受理乘客投诉之日起 15 个工作日内作出处理决定，并答复投诉人；情况复杂的，在 30 个工作日内作出处理决定。

被投诉的出租车驾驶员、经营者应当主动配合道路运输管理机构和有关部门调查。

## 第六章　信用考核

**第三十条**　道路运输管理机构应当对出租车客运经营者、出租车驾驶员实施信用考核，考核办法由道路运输管理机构负责制定。

**第三十一条**　本办法自二〇〇二年八月一日起施行。

原《湖州市出租汽车客运管理办法》（湖州市人民政府令第 3 号）和《湖州市客运出租汽车经营权有偿使用管理试行办法》（湖政办发〔1997〕92 号）同时废止。

# 六　湖州市市区公共交通管理办法

湖州市人民政府

（2012 年 8 月 12 日颁布）

## 第一章　总　则

**第一条**　为统筹城乡公共交通发展，发挥公共交通对经济社会协调和可持续发展的积极作用，保证市区公共交通安全有序运营，保障公共交通活动当事人的合法权益，根据《中华人民共和国道路交通安全法》、《中华人民共和国道路运输条例》、《浙江省道路运输条例》、《城市公共汽电车客运服务》（GB／T22484—2008）相关法律法规和国家标准，结合本市市区实际，制定本办法。

**第二条**　市区行政区域内公共汽车客运和公共交通设施规划、建设、运营及相关管理活动适用本办法。

公共汽车客运，是指利用公共汽车和公共交通设施，在市区行政区域内按照规定的线路、站点、车次和时间运行，为社会公众提供基本出行服务，具有社会公益性质的一种客运方式。

公共交通设施包括综合换乘枢纽、换乘中心、首末站、港湾式停靠站、招呼站、停车场、保养场等公共交通场站以及调度（控制）中心、乘客服务信息系统等保障公共交通运营的设施。

**第三条**　各级人民政府应当采取措施促进公共交通发展，在财政政策、城市规划、用地保障、设施建设、交通管理等方面优先支持公共交通发展，鼓励社会公众选择公共交通方式出行。

各级人民政府应当采取措施，提高乡村班车公交化水平，为农村居民出行提供安全、便捷、经济的客运服务。

**第四条**　鼓励市区公共汽车客运企业实行规模化、集约化经营，推广应用新技术、新设备，为社会公众提供安全舒适、方便快捷、经济环保的服务。

**第五条**　市交通运输局主管本行政区域内的公共交通管理工作；其所属的市道路运输管理机构负责具体实施公共交通管理工作。

发改（物价）、财政、建设（规划）、安全监管、公安、国土资源、审计、质量技监、城管执法等有关部门应当根据各自职责，做好公共交通管理和服务的相关工作。

**第六条**　实施公共交通发展财政扶持政策。对公共汽车客运经营者执行政府公共政策造成的经营亏损或收益减损给予合理的补贴；对公共汽车客运经营者购置符合政策导向的公交车给予适当的补助；在维持公共汽车客运经营者财务收支平衡的基础上，对提供合格服务的公共汽车客运经营者给予合理的投资回报。

交通运输部门应当会同财政、物价、审计等部门，建立对公共汽车客运经营者的科学、合理的考核及补贴、补偿机制。

**第七条**　公共交通发展和管理资金列入政府财政预算。

## 第二章　规划和建设

**第八条**　交通运输部门应当会同规划、建设、公安等部门，依据城市总体规划，编制市区公共交通规划。

公共交通发展规划应当包括市区公共交通发展目标、公共交通方式的构成比例和规模、公共交通设施和线路布局、公共交通车辆配置、路权优先措施、信息化建设以及公共交通设施用地布局等内容。

编制公共交通规划应当征求相关责任部门和社会公众意见，报本级人民政府批准后，纳入国民经济和社会发展规划，由交通运输部门负责组织实施。

**第九条**　控制性详细规划应当与公共交通规划相衔接，保障公共交通设施用地。

**第十条**　市区公共交通规划确定的公共交通设施用地符合划拨用地目录的，应当以划拨方式供地。

任何单位和个人不得非法侵占或擅自改变其用途。

**第十一条**　新区开发、旧城改造和规划、建设铁路客运站、水路客运码头、公路客运站、城市换乘中心等综合交通枢纽以及居住区、商务区、旅游景点、体育场馆等人流较为集中的建设项目，应当按照国家有关标准规划、建设配套的公共交通设施；配套的公共交通设施应当与主体工程同步设计、同步建设、同步竣工、同步交付使用。新建、改建、扩建城市道路和城乡道路的应当根据公共交通规划配套建设公共交通设施。配套建设公共交通设施的初步设计方案应征求交通运输部门、公安交警部门的意见。

对规划要求配套建设公共交通设施的建设项目验收合格后，配套建设的公共交通设施由建设方移交给交通运输部门，由交通运输部门负责组织管理维护。未按要求配建公共交通设施的项目由建设部门责令整改合格后予以验收。

**第十二条**　公安部门会同交通运输、规划、建设部门，在具备条件的城市道路设置城市公共汽车专用道、优先通行信号系统。

**第十三条**　任何单位和个人都有保护公共交通设施的义务。

## 第三章　营运服务

**第十四条**　公共汽车客运线路营运权应当采取招标等公平方式授予经营者。

取得公共汽车客运线路营运权的经营者在投入营运前，应当取得市道路运输管理机构核发的经营许可证。

申请经营许可证，应当符合下列条件：

（一）有企业法人资格；

（二）有符合规定标准的公共汽车和场站等设施；

（三）有符合规定条件的驾驶人员以及与营运业务相适应的其他专业人员和管理人员；

（四）有健全的安全生产管理制度、服务质量保障制度以及相应的责任承担能力；

（五）法律、法规规定的其他条件。

**第十五条**　公共汽车客运经营者应当遵守下列规定：

（一）按照核定的线路、站点、车次和时间营运；

（二）为车辆配备线路走向示意图、价格表、乘客须知、禁烟标志、特殊乘客专用座位、监督投诉电话等服务设施和标志；

（三）制定从业人员安全运行、进出站台提示、乘运秩序维持和车辆卫生保持等操作规程并监督实施；

（四）依法应当遵守的其他规定。

**第十六条**　道路运输管理机构应当根据公共交通规划和城市发展的实际需要，开辟、调整公共汽车客运线路；开辟、调整公共汽车客运线路应当征求社会公众和相关部门意见。

道路运输管理机构应当按照规定开展社会公众出行调查，收集、汇总社会公众出行目的、出行方式等交通信息，并作为开辟、调整公共交通线路的参考。

公共汽车客运经营者根据营运实际可以向道路运输管理机构提出线路发展建议。

**第十七条**　公共汽车客运经营者从事公共汽车客运线路经营，应当向道路运输管理机构提供下列资料：

（一）线路经营方案：主要包括站点、班次间隔、首班车和末班车时间、公交车数量、票价等内容；

（二）线路安全营运的各项管理措施；

（三）公交车型号及数量，驾驶员、乘务员数量；

（四）服务质量承诺书。

**第十八条**　公共汽车客运线路资源属国有公共资源，禁止取得营运权的经营者转让或者以承包、挂靠等方式变相转让公共汽车客运经营许可证或线路营运权。

公共汽车客运线路经营许可依法实行期限制。

**第十九条**　公共汽车客运经营者应当按照道路运输管理机构核定的公共汽车客运线路运营服务要求制定和实施作业计划，合理调度公共交通车辆从事线路运营，不得擅自变更、调整运营服务要求。

公共汽车客运线路运营服务要求应当包括站点、日总班次、班次间隔、首班车和末班车时间、公交车数量、公交车外观、车型、票制、票价、服务质量、安全应急措施等内容。

道路运输管理机构可以根据优化线路、提高服务质量等需要或公共汽车客运经营者的合理建议调整公共汽车客运线路运营服务要求。

**第二十条**　公共汽车客运线路站点应当按照统一标准设置线路站牌。线路站牌应当标明线路编码、首末班和班次间隔时间、所在站点和沿途停靠站点的名称、开往方向、运营收费标准、服务和投诉电话等内容，并保持清晰、完好；运营班次间隔在三十分钟以上的线路，应当标明每一班次车辆途经所在站点的时间。

**第二十一条** 因工程建设、大型群众性活动等特殊情况需要临时变更公共交通线路走向、站点或者运营时间的，公共汽车客运经营者向道路运输管理机构报备后应及时向社会公告。

**第二十二条** 未经道路运输管理机构批准，公共交通经营者不得擅自变更、暂停、终止公共汽车客运线路营运。经批准允许变更、暂停、终止公共汽车客运线路营运的，公共汽车客运经营者应当在变更、暂停、终止之日前30日向社会公告。

公共汽车客运经营者因破产、解散、吊销许可证或者其他原因不能正常营运时，道路运输管理机构应当采取有效措施，保证公共交通服务的连续性。

**第二十三条** 实行政府定价和政府指导价的公共汽车客运，其经营者应当按照核定标准收取费用，并按照规定使用由税务部门监制的车票，不得乱涨价、恶意压价、乱收费。

**第二十四条** 公共汽车客运经营者应当聘用有法定从业资格的驾驶人员，加强对乘务员、调度员等从业人员的管理和培训。

驾驶员、乘务员、调度员等从业人员从事公共汽车客运服务时，应当严格遵守有关法律法规，执行有关公共汽车客运服务规范。

**第二十五条** 公共汽车在营运中发生故障不能正常行驶时，驾驶员、乘务员应当及时向乘客说明原因；公共汽车客运经营者应当安排乘客免费换乘后续同线路同方向车辆或者调派车辆；后续车辆驾驶员、乘务员不得拒载。

**第二十六条** 公共汽车客运经营者应当通过技术革新，不断提高信息化、智能化管理服务水平。

公共汽车客运经营者应当建立公共客运信息化管理系统，并与道路运输公共服务信息系统联网。

## 第四章　公共汽车

**第二十七条** 公共汽车应当符合国家和省规定的综合性能技术标准、污染物排放标准和燃料消耗量限值，按照国家和省规定的行驶间隔里程或者时间进行维护和综合性能检测以及技术等级评定。

鼓励公共汽车客运经营者使用符合国家标准的清洁能源汽车从事公共汽车客

运。

财政给予购车补贴的公共汽车车型及相关技术要求由交通运输部门拟定。

**第二十八条** 道路运输管理机构应当向取得公共汽车客运线路营运许可的申请者投入营运的公共汽车配发车辆营运证。车辆营运证不得转让、出租。

公共汽车营运时应当随车携带车辆营运证。

**第二十九条** 在公共汽车和公共交通设施上设置广告的，除应当符合广告管理法律、法规、规章规定外，广告的色彩、图案、位置、面积、声响等不得影响公共汽车客运安全；公共汽车客运经营者及相关广告经营者在公共汽车车体和公共交通设施发布广告前，广告设计小样须征询道路运输管理机构和公安交通管理部门意见。

公共交通形象识别标识和广告设置规范由交通运输部门牵头制定并监督实施。

**第三十条** 公共汽车客运经营者对达到规定的报废、更新标准或者经检测不符合国家强制性标准要求的车辆，应当及时办理报废、更新手续，不得继续从事公共汽车客运活动。

**第三十一条** 道路运输管理机构应当建立公共汽车客运经营管理档案，并妥善保管；公共汽车客运经营者应当按照一车一档的要求建立公共汽车技术档案并妥善保管。相关内容的记载应当及时、完整、准确，不得随意更改。

## 第五章 安全与应急管理

**第三十二条** 交通运输、公安、建设、质量技监、安全监管等有关部门应当依照各自职责加强公共交通安全监督管理，及时协调、解决有关问题。

**第三十三条** 公共汽车客运经营者是公共交通运营安全的主体，对公共交通安全工作负有下列职责：

（一）建立、健全本单位的安全客运责任制；

（二）组织制定本单位安全客运规章制度和操作规程；

（三）保证本单位安全客运投入的有效实施，为从业人员提供必要的安全客运条件；

（四）督促、检查本单位的安全客运工作，及时消除客运安全事故隐患；

（五）加强对从业人员的安全客运教育与培训，组织制定并实施本单位的客运安全事故应急救援预案；

（六）建立安全管理档案和安全情况报告制度，及时、如实报告客运安全事故；

（七）及时掌握本单位车辆年检验、驾驶证年审验、车辆营运证年审验、交通违法未处理情况。对车辆逾期未检、驾驶员逾期未审、车辆营运证年未审、交通违法逾期未处理的要督促尽快处理；

（八）对管理部门依法下达的整改通知要按时按要求完成整改。

**第三十四条** 发生有人员死亡的道路交通事故的，事故车辆的经营者应当在规定时间内向有关部门和市道路运输管理机构报告，不得瞒报、谎报、漏报或者迟报。市道路运输管理机构接到报告后，应当在规定时间内报告市交通运输主管部门和上级道路运输管理机构。

**第三十五条** 公共汽车客运经营者应当在公共汽车和公共交通站（场）醒目位置设置安全警示标志、安全疏散示意图，并保持灭火器、安全锤、车门紧急开启装置等安全应急设施、设备的完好。

**第三十六条** 公共汽车客运经营者应当为乘客提供良好的乘车环境，保持车辆安全、清洁、卫生，并采取必要的措施防止在运输过程中发生侵害乘客和司乘人员人身、财产安全的违法行为。

**第三十七条** 乘客不得携带易燃、易爆、剧毒、有放射性、腐蚀性等影响公共安全的物品乘车。

公共汽车客运经营者应当拒绝携带前款规定物品的乘客乘车。

乘客应当遵守乘运秩序，保持车内卫生，不得干扰驾驶员、乘务员的正常工作，不得违反规定携带宠物乘车；违反规定携带宠物乘车的，公共汽车客运经营者有权拒绝该乘客乘车。

**第三十八条** 任何单位和个人不得有下列行为：

（一）损坏城市公共汽车客运服务设施；

（二）擅自拆除城市公共汽车客运服务设施或者将城市公共汽车客运服务设施移做他用；

（三）在城市公共汽车站停放非公共汽电车客运车辆、设置摊点、堆放物品；

（四）覆盖、涂改、污损、毁坏或者迁移、拆除站牌；

（五）其他影响城市公共汽车客运服务设施使用安全的行为。

**第三十九条** 交通运输、公安、安全监管、城管执法等有关部门应当加强监督检查，依法查处扰乱公共交通运营秩序、危害公共交通安全的行为。

**第四十条**　交通运输部门应当会同有关部门针对自然灾害、事故灾难、公共卫生事件等影响公共汽车正常运营的突发事件制定公共汽车客运应急预案，报市人民政府批准后实施。

公共汽车客运经营者应当根据市人民政府批准的公共汽车客运应急预案，制定本单位的应急预案，并定期进行演练。

**第四十一条**　交通运输、教育、公安等有关部门以及公共交通经营者应当加强安全乘车和安全应急知识宣传教育工作，普及公共汽车客运安全应急知识。第六章监督与服务

**第四十二条**　道路运输管理机构应当建立健全监督检查制度，依法对公共汽车客运经营活动进行监督检查。

相关经营者应当接受并配合检查，如实提供有关情况和材料。

**第四十三条**　公共汽车客运经营者应当在经营许可证、车辆营运证期限届满前提出延续申请；期限届满未提出延续申请，经公告后仍不提出延续申请的，由原许可机关注销经营许可证、车辆营运证。

**第四十四条**　道路运输管理机构在实施道路运输监督检查过程中，对没有车辆营运证又无法当场提供其他有效证件的公共汽车，报请交通运输主管部门予以扣押，法律、行政法规另有规定的，从其规定。

车辆扣押机关应当对车载乘客改乘其他车辆提供帮助，所需费用由经营者承担。

对车辆依法解除扣押后，车辆扣押机关应当通知当事人限期领取车辆；当事人逾期不领取的，逾期之日起的车辆保管费用由当事人承担。经再次通知限期领取，当事人逾期超过六十日仍不领取的，车辆扣押机关可以依法处理该车辆。

**第四十五条**　道路运输管理机构应当建立健全公开办事和举报投诉制度，接受社会监督，并确保举报投诉电话有人负责接听；对当事人的举报投诉应当受理，并在受理之日起二十日内作出答复和处理。

**第四十六条**　道路运输管理机构应当根据车况、高峰期乘客待车时间、乘客拥挤度、到站准时率、乘客满意度等因素对公共汽车客运经营者服务质量进行定期考核，并根据考核结果予以奖惩。服务质量考核应当听取公众的意见，并向社会公布

考核结果。

**第四十七条** 道路运输管理机构应当按照规定收集、统计、公布公共汽车客运经营和管理等相关信息，建立公共交通服务信息系统，为公众和相关经营者提供必要、方便的信息服务。

公共汽车客运经营者应当按照规定向道路运输管理机构和统计部门报送相关统计资料和信息。统计资料和信息应当保证真实、准确、完整，不得漏报、瞒报。

**第四十八条** 公安机关交通管理部门与道路运输管理机构应当建立公共汽车违法行为处理以及交通事故处置联动机制。

公共汽车驾驶人员被公安机关交通管理部门撤销机动车驾驶许可或者吊销机动车驾驶证的，道路运输管理机构应当相应吊销其从业资格证。

## 第六章　法律责任

**第四十九条** 未取得经营许可证、车辆营运证或者使用伪造、涂改、转让、租借、失效的经营许可证、车辆营运证从事公共汽车客运经营的，根据《浙江省道路运输条例》第七十一条规定，由道路运输管理机构，责令停止经营，没收违法所得，并处一万元以上五万元以下罚款。

**第五十条** 公共汽车客运经营者未按规定对已经核准的公共汽车进行维护和检验、使用不符合相应综合性能技术标准的车辆、改变已经核准的场地或者设施设备等许可条件，导致其与相应许可条件不符的，根据《浙江省道路运输条例》第七十四条规定，由道路运输管理机构责令限期改正，处一千元以上五千元以下罚款；逾期不改正的，由原许可机关吊销车辆营运证、经营许可证。

**第五十一条** 根据《浙江省道路运输条例》第七十五条规定，公共汽车客运经营者有下列行为之一的，由道路运输管理机构责令改正，处三百元以上三千元以下罚款，可以并处暂扣三十日以下车辆营运证、从业资格证；情节严重的，由原许可机关吊销车辆营运证、从业资格证、经营许可证。

（一）违反本办法第十五条规定行为的；

（二）未按规定实施安全生产管理制度的；

（三）未按规定期限报告道路运输安全情况或者隐瞒、拖延不报、谎报道路运输安全事故的。

**第五十二条** 根据《浙江省道路运输条例》第七十六条规定，有下列情形之一的，由道路运输管理机构责令改正，处一千元以上一万元以下罚款；情节严重的，由原许可机关吊销经营许可证：

（一）公共汽车客运经营者聘用无法定从业资格证的人员从事公共汽车营运相关活动的；

（二）公共汽车客运经营者未按规定向道路运输管理机构报送相关统计资料和信息的。

**第五十三条**　公共汽车客运经营者未按规定随车携带车辆营运证的，根据《浙江省道路运输条例》第七十八条规定，由道路运输管理机构责令改正，处警告或者二十元以上二百元以下罚款。

**第五十四条**　交通运输主管部门及其道路运输管理机构和其他有关部门的工作人员有下列行为之一的，由有权机关依法给予处分；构成犯罪的，由司法机关依法追究刑事责任：

（一）未按相关法律、行政法规和本条例规定的条件、程序和期限实施行政许可的；

（二）发现违法行为不及时依法查处的；

（三）违反法定权限和程序实施监督检查、行政处罚的；

（四）索取、收受他人财物，或者谋取其他非法利益的；

（五）其他违法行为。

## 第七章　附　则

第五十五条　本办法自发文之日起施行。各县可参照执行。

# 附录

## 《湖州交通志（1991—2010）》编纂机构

### （一）2010.9（湖交〔2010〕218号文）

**编纂委员会**

主　任：夏坚定

副主任：吴　敏

委员：顾荣荣　张树明　周　军　王武元　王克林　闵世华　黄根凤　周建荣　华新民　徐伟国　章宇强　楼秋红　周云龙　孙跃简　徐晓亮　陆树荣　胡传德　桂立君　黄卫军　沈　宏　沈建荣　杨海平　胡　巍　吴建中

**下设编纂办公室**

主　任：黄卫军（兼）

副主任（主编）：沈莉莉

成　员：宋占英　柴煜麟（市公管处）　沈普华　高宝平（市港航局）　郑利平　胡　琴（市运管处）　施诚华　徐国颖（长兴县交通局）　朱昭红　俞永明（德清县交通局）　章小龙　牟娇君（安吉县交通局）　李敏华（吴兴区交通局）　丁有法（南浔区交通局）　范惠婉（市交投集团）　张　琛（湖州交通学校）　楼天伟（浙北高速公路管理公司）　陆　工（市长运公司）　袁泽楼（湖航公司）　鲁建一（康达公司）　王丽丽（国运公司）

### （二）2012.10（湖交〔2012〕244号文）

**编纂委员会**

主　任：房石磊

副主任：周　军

委　员：张树明　王武元　章宇强　陈元青　倪建国　胡　巍　郑其良　闵世

华　叶新安　滕　辉　朱建章　徐伟国　汪友余　刘　斌　周云龙　徐晓亮　陆树荣　胡传德　桂立君　黄卫军　王　栋　沈建荣　杨海平　吴建中

**下设编纂办公室**

主　任：黄卫军（兼）

副主任（主编）：沈莉莉

成　员：童　燕　柴煜麟（市公管处）　沈普华、牛利锋（市港航局）　郑利平　胡琴（市运管处）　施诚华、潘技峰（长兴县交通运输局）　朱昭红　俞永明（德清县交通运输局）　章小龙　牟娇君（安吉县交通运输局）　黄　栩（吴兴区交通局）　丁有法（南浔区交通局）　范惠婉（市交投集团）　张　琛（湖州交通学校）　楼天伟（浙北高速公路管理公司）　陆　工（市长运公司）　袁泽楼（湖航公司）　张文铮（康达公司）　王丽丽（国运公司）　卞洪斌（市公交公司）

**三、2012年11月编纂办公室主任调整**

主　任：俞　正（兼）

# 后 记

根据省交通运输厅关于交通志编纂工作有关文件精神，湖州市交通运输局于2008年正式启动《湖州交通志》第二轮修志工作。2010年加强和健全编纂工作领导和机构，由湖州市交通运输局领导、市局各处室负责人，各县（区）交通局局长、市直交通系统有关单位负责人等组成编纂委员会，下设编纂办公室，由市交通局办公室主任兼任编纂办公室主任，设专职副主任（主编），系统内各相关单位办公室主任和具体工作人员作为编纂办公室成员。由于人事变动，2012年成立第二届编纂委员会，组成人员按原结构作相应调整。

本志录入资料主要来源1991—2010年《湖州市交通统计年鉴》，市港航管理局、市道路运输管理局和市公路管理局相关资料长编，1991—2010年市交通运输局档案室档案，三县交通运输局和二区交通局关于农村公路资料。图片资料主要由张锦国（市交通运输局宣传中心主任）、周雨顺（市港航管理局组宣科副科长）等提供。本志编纂过程中同时参考《湖州市地方志》《湖州市城乡建设志》《湖州史话》《湖州年鉴》《浙江交通年鉴》等书籍有关内容。

2015年4月16日，《湖州交通志（1991—2010）》评审稿通过湖州市地方志办公室和省交通运输厅交通志编纂办公室联合专家组评审。专家组认为，志稿指导思想明确、观点正确，体现党和政府有关方针政策和法律法规，体现唯物史观和实事求是精神。内容丰富、资料翔实，分类合理，脉络清晰。采用大编体例和篇章节目结构，述、记、志、传、图、表、录七体俱全，图文并茂，文表结合、运用恰当，特色鲜明、富有新意。

本志编写得到省交通运输厅编志办、市地方志办公室、市城乡建设局、市文物局等单位领导及相关人员大力支持，尤其是市地方志专家嵇发根先生对本志编纂有重要指导和帮助，在此一并表示衷心感谢！

著名书画家谭建丞（1898—1995）在九十五高龄时为湖州市首部交通志题写书名，谭老先生精湛的书法作品在本部续志封面设计中沿用。